ISBN 978-0-666-91488-0
PIBN 10750772

ZEITSCHRIFT

des

ereins für Volkskunde.

Begründet von Karl Weinhold.

Unter Mitwirkung von Johannes Bolte

herausgegeben

von

Fritz Boehm.

25. Jahrgang. 1915.

Mit einem Bildnis und 61 Abbildungen im Text.

BERLIN.

BEHREND & Co.

1915.

Inhalt.

Abhandlungen und grössere Mitteilungen.

Kleine Mitteilungen.

Berichte und Bücheranzeigen.

Kleie Mitteilungen.

Berichte ınd Bücheranzei

in Süddeutschland der
Freien zu tun hatte,
ch ein ungefährliches,
'euerbereitung für die
efähr 4 *cm* hohen und
xe Aussenränder einen

Max Roediger

Herrn Geheimen Regierungsra Dr. Max Roediger,

Erstem Vorsitzenden des Vereıs für Volkskunde.

Hochverehrter Herr Geeimrat!

Die ernste Zeit des Weltkrieges ist icht zu Feiern angetan, und mit Recht hat man deshalb darauf verziclet, das fünfundzwanzigjährige Bestehen des Vereins für Volkskunde fesich, [illegible] sonst gewiss geschehen wäre, zu begehen. Dennoch glaut[illegible] chnet[illegible] einstimmung mit mehreren Freunden und[illegible] ese[illegible] nicht ganz mit Stillschweigen übergehen [illegible] b[illegible] konnte ein so bedeutungsvoller Abschnitt in[illegible] rei[illegible] gehoben werden als da[illegible] dass an en[illegible] J[illegible] unserer Zeitschrift das [illegible] Mannesge[illegible] seit 15 Jahren mit oft be[illegible] ht d[illegible] K[illegible] sicher hindurchgesteuert[illegible] ersgen[illegible] eit inneres Leben und Ged[illegible] h. [illegible] Herr Geheimrat, dass es I[illegible] ents[illegible] an dieser Stelle Ihr segen[illegible] für [illegible] Verein mit vielen Worten pr[illegible] Mög[illegible] Beiträge, von alten und jungen [illegible] Mit[illegible] schweren Zeit mit Freuden gespe[illegible] ie[illegible] die Wissenschaft der deutschen Vo[illegible] mit der Sie Karl Weinholds teures [illegible] ermüdlich bestrebt sind. Sie noch la[illegible] Frische an unserer Spitze zu [illegible] vollen deutschen Frieden e[illegible] erleben, ist heute unser aller [illegible]

Herausgeber [illegible]

Max Roediger

Berlin, im April 1915.

Herrn Geheimen Regierungsrat **Dr. Max Roediger**,

Erstem Vorsitzenden des Vereins für Volkskunde.

Hochverehrter Herr Geheimrat!

Die ernste Zeit des Weltkrieges ist nicht zu Feiern angetan, und mit Recht hat man deshalb darauf verzichtet, das fünfundzwanzigjährige Bestehen des Vereins für Volkskunde festlich, wie es sonst gewiss geschehen wäre, zu begehen. Dennoch glaubte der Unterzeichnete in Übereinstimmung mit mehreren Freunden und Mitarbeitern, diesen Zeitpunkt nicht ganz mit Stillschweigen übergehen zu dürfen. Nicht besser aber konnte ein so bedeutungsvoller Abschnitt im Leben unseres Vereins hervorgehoben werden als dadurch, dass an den Anfang des 25. Jahrgangs unserer Zeitschrift das Bildnis des Mannes gesetzt wurde, der seit nahezu 15 Jahren mit oft bewährter Umsicht den Verein durch alle Klippen sicher hindurchgesteuert und mit nie versagender Liebenswürdigkeit sein inneres Leben und Gedeihen gefördert hat. Wir wissen, hochverehrter Herr Geheimrat, dass es Ihrem Sinne nicht entsprechen würde, wenn wir an dieser Stelle Ihr segensreiches Wirken für den Verein und in dem Verein mit vielen Worten preisen wollten. Mögen Ihnen die folgenden Beiträge, von alten und jungen Freunden und Mitarbeitern auch in dieser schweren Zeit mit Freuden gespendet, zeigen, wie Ihnen Ihr Verein und die Wissenschaft der deutschen Volkskunde für die treue Arbeit dankt, mit der Sie Karl Weinholds teures Erbe zu wahren und zu mehren unermüdlich bestrebt sind. Sie noch lange Jahre in alter Freudigkeit und Frische an unserer Spitze zu sehen und mit Ihnen nach einem ehrenvollen deutschen Frieden eine neue Blüte der deutschen Volkskunde zu erleben, ist heute unser aller sehnlichster Wunsch!

Im Namen der Mitarbeiter

Fritz Boehm,

Herausgeber der Zeitschrift des Vereins für Volkskunde.

Die Zundelmacherei.

Eine erlöschende Hausindustrie im Bayrischen Walde.

Von **Marie Andree-Eysn.**

(Mit 3 Abbildungen.)

Noch um die Mitte des 19. Jahrhunderts trug in Süddeutschland der Bauer, Fuhrmann, Jäger, kurz jeder, der viel im Freien zu tun hatte, Feuerstein, Stahl und Zunder bei sich; war es doch ein ungefährliches, leicht transportables, nie versagendes Mittel zur Feuerbereitung für die Pfeife. Stein und 'Schwamm' lagen meist in ungefähr 4 *cm* hohen und ebenso breiten Behältern aus Messing, deren konvexe Aussenränder einen 3 *mm* starken Stahl umschlossen. Oft waren diese Büchschen recht zierlich, mit getriebener Arbeit, gleich Abb. 1, vom Ende des 18. Jahrhunderts aus Rauris im Salzburgischen stammend.

Abb. 1.

Der Zunder wurde aus der artenreichen Gattung Polyporus (Löcherpilz) gewonnen. Die vieljährigen holzigen Arten, wie P. ignarius an Weiden und P. pinicola an Fichten, gaben nur minderwertigen, aber Polyporus fomentarius Fr. den vorzüglichsten Zündschwamm. Er wächst an alten Buchenstämmen, polsterartig, halbkreisförmig, graulich, im Innern gelbbraun, mit dicker, harter Rinde und langen Poren. Das weiche Gewebe seines Fruchtkörper-Innern liefert den Zunder.

Der Schwarzwald, die Eifel, der Bayrische Wald, die Wälder in Österreich-Ungarn boten früher reiche Ausbeute. In Baden, wo sich zu Anfang der siebziger Jahre des vorigen Jahrhunderts noch drei grössere Geschäfte mit Herstellung von Zunder befassten, und zwar eines in Freiburg, zwei in Todtnau, waren die heimischen Wälder schon damals nicht mehr ergiebig genug, die Pilze mussten aus Kroatien und Siebenbürgen bezogen werden und kamen in Ballen von je 200 Pfund dahin. Ein Bericht der Wiener Weltausstellung von 1875 erwähnt, dass Badens Zunderbereitung noch 70 Personen beschäftige und eines der Todtnauer Geschäfte im Jahre 1871 noch 750 Zentner Zunder herstellte. In Hessen waren im Jahre 1900 in den Kreisen Darmstadt und Dieburg noch vier, 1909 aber nur mehr zwei Zunderarbeiter. Im Bayrischen Wald fand ich im Frühjahr 1914 noch drei alte Leute an drei verschiedenen Orten, die sich damit befassten, und zwar Josef Hackl in Zwölfhäuser bei Mauth, Elisabeth Schwarz, allgemein 'Zunder-Lisl' genannt, zu Herzogsreut und Alois Roxleutner zu Altschönau bei St. Oswald. Früher konnte man für jährlich 8, später für 10 M. einen Pachtschein lösen, um den Pilz in den bayrischen Staatswaldungen sammeln, 'zundern'[1]) zu dürfen. Die Zundelmacher klagten mir, dass man in den Wäldern selten mehr einen 'Schwamm' findet, noch seltener Zunder verlangt wird und gar niemand mehr eine Mütze daraus tragen will. Denn je nach seiner Bearbeitung wurde er als Zunder oder zur Blutstillung bei Wunden für Apotheken oder zur Herstellung von Mützen, Westen u. dgl. verwendet.

Bis zu seiner Verarbeitung wird der Pilz an feuchten Orten aufbewahrt; ist er dennoch trocken und hart geworden, wird er in Wasser gelegt, dann entrindet und mit scharfem Messer in dünne Platten geschnitten, wobei man möglichst den Jahresringen folgt. Hierauf wird er mit einem Holzhammer geklopft und, damit die Lappen recht weich und biegsam werden, mit der Hand geknetet und gedehnt. Die schwammig lockere Beschaffenheit des Materials ermöglicht, dass ein gutes Stück bei Verminderung seiner Dicke auf das Zehnfache seines Flächeninhalts vergrössert werden kann. So wurde einstmals in Todtnau von einem besonders grossen Pilz eine mehrere Quadratmeter grosse Fläche gewonnen, aus der ein Talar für den Erzbischof von Freiburg gefertigt wurde. Die Weichheit und Leichtigkeit dieser gekneteten Lappen macht sie ganz besonders zur Herstellung von Mützen geeignet, wie sie früher im Bayrischen Walde von Jung und Alt getragen wurden und durch die kleinen Märkte an den Kirchweihtagen sich auch nach verschiedenen Orten des angrenzenden Gebietes verbreiteten. Die hübschesten 'Zunderhauben' bestanden aus einem einzigen Stück oder aus zwei Teilen, dem Mützenboden und dem 6–7 *cm* breiten, mit eingepresster Jagdszene verzierten Randstreifen (Abb. 2). Ich kaufte solche Haube 1914 in Passau um 4 M., bei ihrem Verfertiger um 3 M.; eine Mütze mit fünf- bis siebenteiligem Boden, zu dem kleine, minderwertige Lappen verwendet werden können, kostete nur 2 M. Bei allen sind die Ränder mit grünem Band umfasst, um sie dauerhafter zu gestalten (Abb. 3). Um einen leicht gewölbten Mützenboden herzustellen, wird ein Lappen über eine Hutform gestülpt, die aus zwei durch eine Schraube verbundenen Holzteilen besteht, und so lange

1) 'Sich des Zunderns und Pechens enthalten', Münchener Polizei-Anzeiger von 1819, Nr. 49; Schmeller, Bayr. Wtb. 2, 1134.

darüber gestreckt, bis die erforderliche Grösse erreicht ist. Der zum Rande bestimmte Streifen aber wird befeuchtet, dann mehrere Tage zwischen zwei starke Brettchen gepresst, wovon die Innenseite des einen die eingeschnittene Zeichnung eines bäuerlichen Künstlers trägt. Der warme bräunliche Ton eines gleichmässigen Pilzstückes gleicht oft kurz geschnittenem alten Sammt.

Auch in Ungarn und Siebenbürgen, wo der Gebrauch des Zunders noch weit mehr üblich ist als in deutschem Gebiet, stellte man vor Jahrzehnten in den Städten Agram und Hermannstadt verschiedene Gegenstände wie Kissen, Täschchen, Mappen u. dgl. aus diesem Material her.

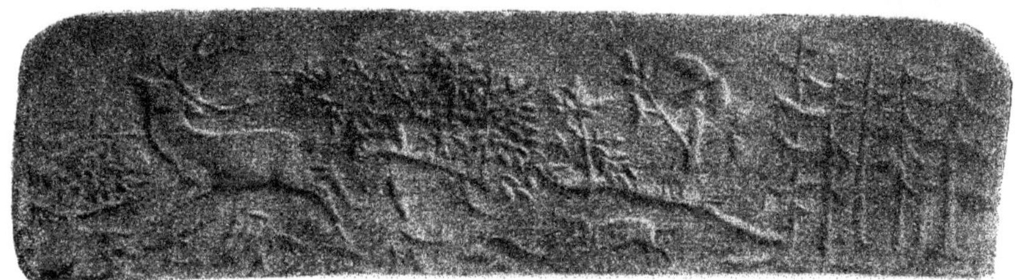

Abb. 2.

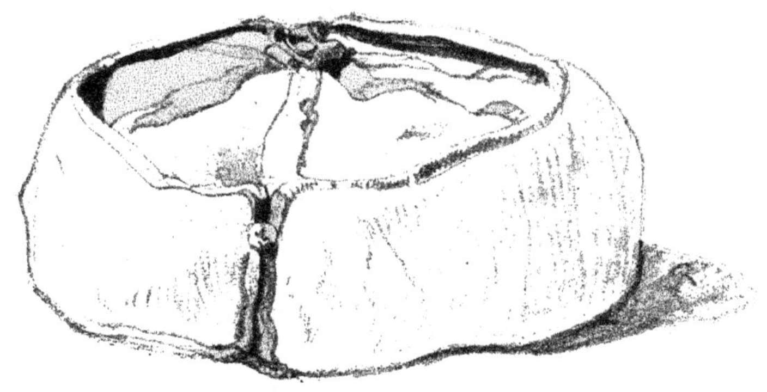

Abb. 3.

Was zu Zündschwamm bestimmt wird, kommt in einen Kessel und wird mit Zusatz von Asche oder Salpeter gekocht, dann an der Sonne getrocknet und wieder geknetet und gedehnt. An manchen Orten wünschte man nur dunklen, gefärbten Zunder. Der Preis richtete sich nach Grösse und Weichheit der Lappen. Nach dem schon erwähnten Bericht von 1875 kostete damals in Baden der Zentner gewöhnlichen Zündschwamms 9 Taler (27 M.), mittelguter 18 Taler (54 M.), feiner 40 Taler (120 M.). Der beste Wundschwamm für Apotheken ungebeizt und ungefärbt aber 70 Taler (210 M.). Im Bayrischen Wald kostet heute das Kilo gewöhnlichen Zündschwamms 6 M. Vergleicht man diesen Preis mit dem oben angegebenen vor 40 Jahren, so findet man ihn ausserordentlich gestiegen; denn der Zentner, das sind 56 Kilo, kostete damals 27 M. (9 Taler), heute 336 M.

Hand in Hand mit dem Bürstenhandel ging früher der Handel mit Zunder, und auch heute führen Hausierer diese zwei verschiedenartigen Artikel weiter, wie die Deutsche Bürstenmacher-Zeitung beweist, in der ab und zu Anzeigen erscheinen, dass Geschäftsleute in Thüringen und in Polen Zunder anbieten.

Rohmaterial und solches in dem Verlauf seiner Bearbeitung, gleichwie fertige Mützen, zeigen das städtische Museum 'Odenwald-Sammlung' in Darmstadt, die Königl. Sammlung für deutsche Volkskunde in Berlin und das Hamburgische Museum für Völkerkunde zu Hamburg.

München.

Im Kampf mit dem Erbfeind.

Von **Fritz Behrend.**

I.[1]) Erbfeind.

„Am ersten tausendjährigen Reich haben sich wettkriegend und -trügend versucht Italiener, Britten, Dänen, Schweden, Ungarn und Polen. Doch der Name Erbfeind gebührt vor allen den Franzosen. Jahrhunderte lang haben diese Verschmitzten und Beschwatzten die unselige Kunst geübt, uns zu verstricken und zu umgarnen.“ Als Friedrich Ludwig Jahn seiner Meinung in seinen 'Merken zum deutschen Volkstum' 1833 diesen Ausdruck gab, konnte er nicht ahnen, welchen Weltenkampf nur hundert Jahre nach dem Falle des gewaltigen Korsen ein neu erstandenes deutsches Kaiserreich würde durchfechten müssen. Neue, stärkere Feinde sind im Bunde mit den Franzosen auf den Plan getreten, denen gegenüber der alte 'Erbfeind' fast in den Hintergrund zu treten beginnt. Wie lange wird es dauern, bis der Sprachgebrauch den veränderten geschichtlichen Verhältnissen auch hier Rechnung tragen wird[2])?

1) Der zweite Teil folgt im nächsten Hefte.

2) Über 'Erbfeind' liegen einige wenige Belege im Grimmschen Wörterbuch und in dem von Moriz Heyne vor. Meine Studie, die sich auf rasch angelegte eigene Sammlungen stützt, welche um einige Nachweise von Freundesseite vermehrt wurden, vermag auch nur eine Skizze der Wortgeschichte zu geben Die Flugschriften- und Memoirenliteratur, die sich in reicher Fülle in unserer Berliner Kgl. Bibliothek vorfindet, habe ich ausgiebig zu Rate gezogen; es bleibt aber ein misslich Ding, aus dem Fehlen von Belegen sichere Schlüsse ziehen zu wollen. So mag auch aus dieser lückenhaften Skizze erhellen, wie nützlich ein das Grimmsche Wörterbuch, dessen Abschluss sich jetzt absehen lässt, überhöbender 'Wortschatz der deutschen Sprache' werden muss.

Lange Jahrhunderte staatlichen Lebens sind verflossen, ehe ein deutscher Mund mit dem uns so geläufigen Wort einen staatlichen Gegner kennzeichnete. Nicht dass es an nationalem Selbstgefühl den Deutschen im Mittelalter gefehlt hätte! Die Italiener schmähten sie hingegen ob des Übermasses. Wohl flammten schon in den Ritterheeren, die mit den Hohenstaufen südwärts gen Italien zogen, beredte Worte des Hasses und der Verachtung auf, aber man sprach von den 'argen Wälschen' und ihrer Tücke. Als 'des riches vinde' bezeichnete man die Franzosen, die Ungarn und wen immer. Ja, schon lange Jahrhunderte vor der Reichsbildung begegnen wir kräftigem germanischen Bewusstsein. Mit der ähnlichen Bewegung des Gemüts und der gleichen verächtlichen Geste, wie wir vom 'Erbfeind' reden, denken wir uns Hadubrands Scheltworte ausgestossen: 'du bist dir, alter Hûn, ummet spahêr'[1]).

Nicht den Gegner in Fleisch und Blut, den höllischen Fürsten selbst bezeichnete das deutsche Mittelalter mit 'erbvînt'[2]). Selbst die höfische Literatur meidet den Ausdruck nicht. (Nach Lexer bei Herbort von Fritzlar, liet von Troye, V. 2665.) Überreich schier wie die Koseworte für die himmlischen, guten Mächte, waren auch die Benennungen des Bösen: Satanas, Beelzebub, Belial, Antichrist, tiufel, fiant, altfiant, berifiant, hellehunt, hellebrant, erbhellekint, erbhellewolf und anderes mehr[3]); am geläufigsten scheint 'viant' schlechthin gewesen zu sein. Bei dem Fehlen von weiteren Belegen müssen wir annehmen, dass in der höfischen, sowie in der kirchlichen Literatur 'erbvînt' nicht gerade geläufig gewesen ist. Für die weitere Entwicklung wurde wichtig, dass Luther sich in seiner Bibelübersetzung mit 'dem Feind' begnügt[4]). Im Bewusstsein des Volkes blieb aber in der Folgezeit trotzdem haften, welche überirdische Macht mit dem 'Erbfeind' gemeint sei, mochte auch der Gebildete des 18. Jahrhunderts nur mit Achselzucken von dem Teufel reden, dessen Wesen ihm längst in nichts zerflossen war. Weit mehr lag ja diesem optimistischen Zeitalter mit Goethe von Erbtugend zu reden, als ein Wort überwundenen Hasses zu gebrauchen. Deutschland glich Iphigenie, die selbst in der Stunde der Verzweiflung das finstere Parzenlied der Ahnen nicht als eigene Überzeugung aus sich sprechen kann. Ihr Dichter aber, auch volkstümlicher Rede Meister, konnte daneben dichten:

1) Die Auffassung dieser Stelle ist freilich strittig; 'die germanische Sage kennt keinen Nationalfeind', so Andreas Heusler, Sitzungsberichte der Berliner Akademie 1909 S. 925.

2) Auch dogmatisch steht Erbfeind in nächster Nähe von Erbsünde. Den Urvater Adam, in dem die ganze Menschheit beschlossen war, brachte der Teufel als Schlange zu Fall. Die Feindschaft beider vererbt sich von Geschlecht zu Geschlecht.

3) Rudolf v. Raumer, Die Einwirkung des Christentums auf d. ahd. Sprache (1845) S. 379f.

4) Der 'alte, böse Feind' Luthers erinnert an den 'altfiant' des Mittelalters. — Der Teufel mit 'Erbfeind' bezeichnet noch im Theatrum Diabolorum I 109a (1587).

'Was auch der Pfaffe sinnt und schleicht,
der Prediger steht zur Wache,
und dass der Erbfeind nichts erreicht,
ist aller Deutschen Sache'.

Auch in dieser Bedeutung — von der übrigen Verwendung später! — war 'erbfeint' unliterarisch geworden. Nach unseren Dialektwörterbüchern könnte es scheinen, als ob auch die volkstümliche Rede heute das Wort verloren habe; dem ist jedoch nicht so. Unsere norddeutschen Bauern kennen noch heute Wort und Sinn; auch im Südosten deutschen Sprachgebiets wenden es in volkstümlichen Schriften Rosegger und Anzengruber[1]) an.

Im Laufe des 15. Jahrhunderts erlebte unser Wort eine Übertragung vom Dämonischen ins Irdische, vom Geistlichen ins Weltliche: eine Art weltlicher Kontrafaktur also. Freilich dem Zeitbewusstsein war dieser Schritt nicht so gross, wie er uns erscheinen mag. War doch die Welt erfüllt von Sendlingen des Höllenfürsten, und galt doch der Türke, der neue Träger des Namens, vornehmlich als Teufelskind[2]). Der Kampf gegen ihn war durchaus ein Glaubenskampf, den die gesamte Christenheit auszufechten hatte. Das galt auch noch, als die Diplomatie gelernt hatte, für ihre besonderen Zwecke diesen Wind in ihren Segeln aufzufangen[3]).

Freilich Jahrzehnte lang, seit der Eroberung von Konstantinopel (1453), begnügte man sich mit einer Übersetzung der offiziellen Ausdrücke der Kirche: Christi hostis oder hostis nominis Christi und ähnlicher.

---

1) Anzengruber z. B. im 'Meineidbauern' (III 2): Ferner: „Du verflucht Erbfeind! ... Gehe! Was steigst denn grau aus'm Boden auf, alter Erbfeind, warum nit in deiner Leiblivree — schwarz, ganz schwarz?"

2) Schon Luther hatte sich bemüht, die Genealogie des Türken ins Klare zu bringen, Gog und Magog spielten dabei eine besondere Rolle. Bei einem Heissspорn der Spätzeit, dem Neuburger Hofprediger Heilbruner, stellt sich das Verhältnis so dar (1614; 3. Aufl. seines 'Unkatholischen Papsttums'): „der orientalische Mahometische Antichrist, Gog Magog, der Türk, und der occidentalische Antichrist, der Mensch der Sünden und das Kind des Verderbens, der Papst zu Rom seynd zwey unächte Zwillinge, welche der Teuffel an eym tag ausgebrüttet"; vgl. Karl Lorenz, Die kirchlich-politische Parteibildung in Deutschland bei Beginn des 30jährigen Krieges im Spiegel der konfessionellen Polemik, München 1903, S. 16. — Auf den Papst habe ich in der bösen Streitschriftenliteratur 'Erbfeind' nicht angewandt gefunden. Erst im 17. Jahrhundert ein Beleg, dass die Protestanten ihre katholischen Gegner als Erbfeinde schelten: Classicum Belli Sacri der mächtige Allarm zum Religions-Krige ... erneuert und gebessert, 1619, S. 1. Die Spanier als „Erb vnd Ertzfeind Teutschlands" in „Der Evangelischen Churfürsten ... Schiltwacht" (1623, Bl. A 1 v).

3) Vgl. Gothein, Politische und religiöse Volksbewegungen vor der Reformation, Breslau 1878 S. 49: „Vielleicht seit den Kreuzzügen, jedenfalls in erhöhtem Masse seit den Hussitenkriegen, hatte sich im Volk die Ansicht festgesetzt, dass eine Leistung, die man dem Einzelnen, ganz abgesehen von seiner staatlichen oder gesellschaftlichen Zugehörigkeit, nur als Person zumutete, einen religiösen Zweck haben müsse ... In Koblenz erschienen die Türken an der Spitze der Motive für eine Reichssteuer, die in der Tat die Mittel zu einem französischen Kriege ergeben sollte."

In der Frankfurter **Reichskorrespondenz** (hsg. v. Janssen 1872) fand ich z. B. folgende Ausdrücke:

Bd. 2, S. 123 (1454) die gravßlichen Feinde Jhesu Christi.
S. 124 die Feinde Christi.
S. 127 (1455) die obberürten Unglaubigen, die Türken.
S. 264 (1471) die Türken und widerwertigen christenlichs Glaubens.
S. 282 (1472) den Vind Christi.
S. 321 (1474) der ungestüm wütend fyend Christi.
S. 385 (1485) den vermelten Veind Christi, den Tùrken.
S. 570 (1493) der Türkisch Kaiser als ein Veindt des namens Jesu Christi.
S. 690 (1505) den Türken, fyanden und durchechtern christlichen glaubens.
S. 979 (1518) den veind des christlichen glaubens, den Türken.

Doch bereits zur Zeit des Kaisers Maximilians I. muss der Türke auch als 'Erbfeind' bezeichnet worden sein, wie sich aus des Kaisers Redewendung[1]) 'Vom Erbfeind, der nach dem Rhein stehe' schliessen lässt. Das 16. und 17. Jahrhundert bringen nun mit ihrer reichen Türkenliteratur Beispiele von 'Erbfeind' in Hülle und Fülle. Sowohl der Mann der Wissenschaft als der Diplomat, am liebsten der Flugschriftenschreiber gebrauchen das Kampfwort. Es ist die eigentlich literarische Zeit des Wortes. Trotzdem dürfen wir uns nicht täuschen; auch in diesem Zeitabschnitt steht es im Gebrauch hinter anderen Ausdrücken wie 'die Türken', vor allem 'der Türk' weit zurück. Man greift zu 'Erbfeind' wie zu einer schwer schlagenden Waffe in nachdrücklichen Fällen: es bleibt in der Hauptsache ein Wort der Emphase, der Überschriften. In der Johanniterchronik des Freiherrn von Mörsperg (um 1600; Handschrift in der Landesbibliothek zu Sondershausen; vgl. oben 24, 77), der sich zwanzig Jahre lang mit den Ungläubigen herumschlug, stehen z. B. höchstens zwei Fälle von Erbfeind neben 98 anderen Ausdrücken. Nicht unwichtig blieb auch, dass Luther sich des Ausdruckes Erbfeind für die Türken nicht bedient hatte[2]).

Bezeichnend aber bleibt doch, dass alle Schichten unseres Volkes die Not gleich empfanden und alle Kreise, ohne Unterschied, unseren Ausdruck anwandten[3]).

---

1) Janssen, Frankreichs Rheingelüste [2] S. 17.

2) Bekannt ist, dass anfänglich in den protestantischen Kreisen der Hass gegen den Grosssultan, der in dem Rufe stand, die neue Glaubensrichtung zu schonen, nicht recht gedeihen wollte; Luther selbst scheute vor diesem vom Papst geforderten Krieg zurück; erst später änderte er seine Meinung, als er sah, dass es sich um eine nationale Gefahr handle. In den beiden Hauptschriften 'Vom Kriege gegen den Türken' 1529 und in der 'Heerpredigt wider den Türken' 1529 äusserte er sich so: (Erlanger Ausg. Bd. 31) S. 42: „der Türke ist unsers Herr Gotts zornige Ruthe und des wütenden Teufels Knecht". S. 48: „mit Ernst zu beten wider den Feind Christi". S. 69: „sich nicht allein teilhaftig machen aller des Türken und Teufels Bosheit". S. 90: „er ist des christlichen Namens Feind". S. 94: „keinen Zweifel haben soll, wer wider den Türken (so er Krieg anfäht) streit, dass er wider Gottes Feind und Christi Lästerer, ja wider den Teufel selbs streit".

3) Die zahlreichsten Belege stammen aus den Jahren 1660—1690.

So Fronsperger in seinem 'Kriegsbuch' 1565 S. 36b „unsers heiligen Christlichen glaubens und namens Erbfeind, dem Türken . . .“.

Im Beginn des 17. Jahrhunderts schreibt der vornehme 'Reichspfennigmeister' Zacharias Geitzkofler am 18./28. II. 1614 an den viel berufenen Bischof Melchior Klehsl: „dem Erbfeind christlichen Namens wird Thür und Thor in der Christenheit zu tyrannisieren . . eröffnet“[1]).

Und noch am Ende des Jahrhunderts finden wir um 1688 im 'Merkwürdigen Testament Friedrich Wilhelms des Grossen' (abgedruckt bei Moser, Patriot. Archiv 9, 192) „der Erbfeind der ganzen Christenheit, der Türkische blutdürstige Fürst erzittert vor meinem Namen.“

Aus der volkstümlichen Literatur mögen folgende Belege genügen:

1571 erscheint die 'Wahrhaftige Beschreybung des glücklichen Friedenreichen Waffensiegs, so die Christenheit hat an dem türkischen Erbfeind'.

1600 Zweybrücken: 'Kurze und warhafftige Anzeigung durch was Mittel man den Erbfeind den Türken . . bekriegen soll'.

1611: Propugnaculum Europae, eigentliche Beschreibung der Insel Malta, S. 160 . . . „Dem Erbfeind auf dem Mittelländischen Meer zu steuern . . .“

1685: J. Chr. Wagner, 'Interiora orientis detecta . . Beschreibung, . was seit dem Augusto deß verwichenen 1685 Jahrs gegen den Erbfeind Denkwürdiges verrichtet worden'.

Zu beachten bleibt, dass durchaus das Wort in der Einzahl gebraucht wird; wir würden das als eine Erinnernng an den ursprünglichen Wortgebrauch deuten, wenn wir nicht Angleichung an das überaus häufig gebrauchte 'der Türke' als Erklärung näher liegend fänden. Und so ganz fest haftete die Erinnerung von der Titulaturübertragung nicht mehr überall; finden wir doch in gelehrtem Umkreis gelegentlich einen anderen Deutungsversuch, wie z. B. im 'Reyßbuch deß heyligen Lands, das ist gründliche beschreibung . . . getruckt zu Frankfurt a. M. im Jahr MDLXXXIIII'. Dem Verfasser wird da der Türke zum Feind, der das Erbe Christi, d. h. das Heilige Land, inne hat.

Vorrede (Aiij): „denn von diesem Land allein sagt die Heilige Schrift, ja Gott selbs / daß Milch und Honig darinnen fließe, vnd daß er / Gott der Herr / seine mächtige Hand und gnädigs Antlitz darüber hebe / vnd sey sein außerwehltes Eigenthumb und liebstes Erbe / darinnen er sein Herd vnd Fever haben und heben wölle“ . . . „ob aber wol am tag / auch auß dem Gesatz vnd Propheten bewiesen / daß Gottes gerechtem vrtheil zufolg / dȝ Jüdisch volck verstossen vnd jr Land zu wüsten gemacht / wer doch billig, daß um der armen Christen willen / so an den orten vnter schwerem joch der Türckischen regierung sich verhalten . . bey einer so gerechten sach jr kräfft an dem Erbfeind versuchten.“

Eine besondere Betrachtung verdient das historische Volkslied. Unter den Türkenliedern des 16. und 17. Jahrhunderts sind noch manche des guten alten Stils, darin ist gewiss Wolkan beizustimmen[2]); nach meinen Unter-

---

1) Abgedruckt bei Karl Lorenz a. a. O.

2) Rudolf Wolkan, Zu den Türkenliedern des 16. Jahrhunderts (Festschrift des achten allgem. dtsch. Neuphilologentages in Wien 1898).

suchungen lässt sich überhaupt nicht die scharfe Scheidung, die Rochus von Liliencron[1]) zwischen altem und neuem historischen Lied vornahm, aufrechterhalten; sowohl manches der alten Stilform wie der Motive hat das Soldatenlied des 30jährigen Krieges mit den älteren Liedern noch gemein. Wolkans Scheidung in 'geistliche' und 'politische' Türkenlieder bewährt sich auch in unserer Frage. Während das weltliche Lied, altepischem Stilgesetz folgend, nur sehr sparsam statt des beliebten Ausdrucks der 'Türk' 'Erbfeind' setzt, ist das geistliche Trutzlied um einen Grad weniger spröde in dieser Verwendung; natürlich gibt es auch unter ihnen solche, die ausschliesslich 'der Türk' haben.

Aus der Zahl der geistlichen Lieder folgende Beispiele: Phil. Wackernagel, Das deutsche Kirchenlied von der ältesten Zeit bis zu Anfang des 17. Jahrhunderts Bd. 3 Nr. 976:

„Das der Türk jetzt zu dieser Frist
der allen Christen Erbfeind ist." (1569)

Bd. 3 Nr. 979, Lieder wider den blutdurstigen Erbfeind MDXXXXII Augsburg bei Heinrich Steyner; Bd. 4 nr. 722 (Bernh. Kreczschmer).

Ein schön new geystlich Lied von unserm Erbfeind dem Türken, Bd. 4 nr. 726 (Wolgang Planck):

„Ruck fort in Gottesgeleit
an den Erbfeindt ins feldt."

Ausschliesslich 'der Türk' (oder 'Blutbund, Mordhund') haben in dieser Gruppe folgende Lieder: Wackernagel Bd. 3 nr. 978. 981. 1473 u. a. 'Erbfeind' finde ich in folgenden weltlichen Liedern: (v. Liliencron, Historische Volkslieder 4, 150 V. 7 — Jahr 1557): „zu Viderstand Erbfeinds der Christen"; (v. Soltau, Einhundert Deutsche historische Lieder 1836 S. 470 vom Jahre 1622):

„werden verkauft mit macht
in Türkey dem Erbfeindt".

(Ditfurth, Histor. Lieder): „weil der Erbfeind ist kommen" oder (1664; abgedr. in: 'Historische Volkslieder u. Zeitgedichte vom 16.—19. Jhrt.', hsg. v. Hartmann, München 1911, 2, 30):

„Graf Serin, du edler Held . . .
vor des Erbfeinds Überfall".

Diesen wenigen Fällen, die sich nicht wesentlich vermehren lassen werden, stehen Aberhunderte anderer Bezeichnungen gegenüber; 'der Türk' finde ich z. B. bei Liliencron, Historische Volkslieder 1, 463. 2, 7. 57. 3, 34. 44. 101. 4, 123; bei Ditfurth, Das histor. Volkslied des österr. Heeres v. 1638—1849: S. 6 (1697). S. 26 (1716). S. 59 (1788) und an vielen anderen Stellen. — Entsprechend in der Einzahl gebraucht: 'Der Franzos' Liliencron 3, 32. 35. 91 (1513). 99. 181. 400. 423; dieser Gebrauch ist noch in den Franzosenliedern von 1870/71 bewahrt.

Mit der schwindenden Türkengefahr, Ende des 17. Jahrhunderts, verliert sich, wenigstens in der Literatur, allmählich das Wort des Hasses. Zwar kämpft das Haus Habsburg, vom Reiche gelegentlich unterstützt, noch das ganze 18. Jahrhundert hindurch gegen den alten östlichen Gegner;

1) Deutsches Leben im Volkslied um 1530, Einleitung.

seine Historiker dieses Säkulums aber, die sich mit dn Osmanen befassen, sprechen höchstens noch von Ungläubigen.

Wenn z. B. Joh. Christoph Beckmann in der 'Beschreibun des Ritterlichen Johanniter-Ordens . . vermehrt von Justus Christoph Dithmer Frankfurt a. O. 1726, einmal 'Erbfeind' setzt, geschieht es nur in indirekter Rde. S. 72: „Die Bedingungen seyn gewesen, daß sie wider die Türkische un Mohrische Seeräuber auch den christlichen Potentaten wider den Erbfeind z Hülfe stätig gewisse Galeeren halten sollten."

Die human denkende Zeit wischt auch diesen Sprachgebrauch aus. Den niederen Schichten aber bleibt gar wohl die Erinerung an den türkischen 'Erbfeind'. Einige Flugschriften gegen die Türken um 1820 und 1850[1]), die sich an die Volksleidenschaft wenden, sah ch ohne Ertrag durch, wohl aber begegnet es in einer 'Mahnenden Stimm des deutschen Vaterlandes an seine Bewohner' (2. Aufl. Augsburg 1831 wo von dem Türken noch immer als dem 'Erbfeind der Christenheit die Rede ist. Und auch 'De meckelnbörg'schen Montechi un Kapuletti' Reuters (Kap 3) verwenden es und sind gewiss, in der niederdeutschen Heimat verstanden zu werden.

Bei der Anwendung unseres Ausdrucks auf den Türken on einer echten weltlichen Kontrafaktur zu reden, wäre, wie wir sahen, unhistorisch. Davon kann auch nicht gesprochen werden, wenn wir vor 1600 gelegentlich die Russen als 'Erbfeind' bezeichnet finden; denn der Zug, andersgläubige oder Ketzer schlechthin als Ungläubige und Widerchristen anzusehen, hat sich lange über das Mittelalter hinaus erhalten. Rüssow der in seiner Livländischen Chronik über die Russen besonnene und noch heute wertvolle Urteile abgibt, fühlte sich in Riga als getreuen Untertan der Krone Schweden und sah in den Russen in erster Linie den Glaubensfeind[2]), mochte es zu Zeiten den protestantischen Gemeinden im Moskowiterreich auch gar nicht schlecht gehen, wie wir wissen[3]).

'Chronicka der Prouintz Lyfflandt dörch Balthas. Rüssouwe Revaliensem. Rostock MDLXXVIII' Bl. 97r: „Also lagen die beiden Christlien Potentaten (Polen und Schweden), de sieck des Lyfflandes wedder den Muscower wederümme angenomen hadden / alda in Lyfflandt in den Haren. Averst de Erffiendt ginck hyr fyne vorby vnangefochten vnd lachede in de Vuest..." Bl. 15a: „allent wat de armen lüde vor dem Erffiende (Russen) vorhelet hadden, henwe genamen."

Von einer eigentlichen Kontrafaktur lässt sich erst reen, als 'Erbfeind' in rein weltlichem Sinne angewandt wird. Kaiser Maximilian,

1) 'Die Vertreibung der Türken aus Europa eine sittliche Notwendigkt. Betrachtung aus dem Nachlasse eines deutschen Arztes' Berlin 1855 (geschrieben 182. — 'Ob Christ, ob Türke' 2. Aufl. 1857.

2) Vgl. auch Dresseri explicatio vaticinii cujusdam 1593, wo der Moskowiter einfach als Antichrist gedeutet wird. — Dass bei Rüssow das deutschnationale Empfinden sich zu regen beginnt, soll damit nicht geleugnet werden; es ist das aber die Ueberströmung

3) Vgl. Dalton, Beiträge zur Geschichte der evangel. Kirche in Rusland.

der Freund unsrer Humanisten und der Meister blendender und packender Rede[1]), scheintwirklich der Erste gewesen zu sein, der im geistreichen Aperçu den Fanzosen, den alten Reichsfeinden, die ihm auch persönlich so viel Harm ngetan, diesen Titel anheftete. Nach Janssen (a. a. O.) sprach er „vondem Erbfeind, der gegen den Rhein stehe". Wohl verstand es der ıtterliche Kaiser, der mit seinem Leibe selbst gegen französischen bermut eintrat, das Reichsschiff durch die nationale Welle tragen zu lasse. Wimpfelings 'Germania', und ähnliche Werke seiner humanistischer Genossen nicht weniger wie die warmherzigen Landsknechtslieder tützten die Politik des Kaisers. Die schmähliche Abweisung der Kaisertochter, der Verlobten des französischen Königs, empfand die anze Nation als Schimpf. Damals ging es ins allgemeine Gefühl über, ass die Deutschen und Franzosen einander von der Natur zu Gegnern bstimmt seien.

Vgl. z. B. iliencron 3, 346 (1520):

„Der Welsch dem Deutscheu nicht hold wird,
es ist ein angeboren art
wo hund und katz zamen komen
so dund sie gen einander grommen."

Man wu e, dass man das Reich an der Ostpforte gegen die Türken, an der Westporte gegen die Franzosen zugleich schirmen müsse[2]). Um so auffällige leibt es, dass Kaiser Max mit seiner Umprägung so wenig Schule mach. Die deutschen Städtechroniken haben, den Registern nach, Erbfein überhaupt nicht; in der Reichskorrespondenz Frankfurts finde ich es ı unserem Gebrauch nur ein einziges Mal.

2, 897 (151): „nachdem vor nyn erhort worden das sovil Tevtscher zu den erbfeinden (den F nzosen) wider des heilich reiche und Tevtsche nacion gezogen sein . ."

Wieviel chmach auch Frankreich während des 17. Jahrhunderts Deutschland ntat, das Wort des Hasses stellt sich deutscherseits nicht ein. Dass e die Soldatenlieder vermissen lassen, mag nicht so sehr auffallen, aber uch die Flugschriftenliteratur, die beim Falle Strassburgs z. B. von Wı, freilich einer ohnmächtigen, zeugt, meidet das Wort. Wo es sich nach ngabe unserer Historiker finden sollte, ergab sich, dass nur modern Übersetzung von 'hostis' es eingeschmuggelt hat[3]). Nicht

1) Erinne sei hier nur an seinen glänzenden Vergleich (1496) „aber ich will mich nicht wieder w in Worms [! der alten Nibelungenstadt, wo 1495 über des Reiches Wohl beraten worden ar] an Händen und Füssen binden und an einen Nagel henken lassen" (Janssen, Geschhte d. dtsch. Volkes, 1[15], 560). Ein Beweis, dass der Kaiser die Nibelungen nicht nr abschreiben liess, sondern auch gründlich kannte.

2) Liliencon 3, 328 (1519):

Die Türken und die Wallen
triben do Ritterschaft.

3) So heıt es z. B. im Prodigium et Elogium perfidiae ac ignaviae Strasburgensis olim civitatis ıperialis, Schwidnicii (1682) S. 120:

seine Historiker dieses Säkulums aber, die sich mit den Osmanen befassen, sprechen höchstens noch von Ungläubigen.

Wenn z. B. Joh. Christoph Beckmann in der 'Beschreibung des Ritterlichen Johanniter-Ordens . . vermehrt von Justus Christoph Dithmer', Frankfurt a. O. 1726, einmal 'Erbfeind' setzt, geschieht es nur in indirekter Rede. S. 72: „Die Bedingungen seyn gewesen, daß sie wider die Türkische und Mohrische Seeräuber auch den christlichen Potentaten wider den Erbfeind zu Hülfe stätig gewisse Galeeren halten sollten."

Die human denkende Zeit wischt auch diesen Sprachgebrauch aus. Den niederen Schichten aber bleibt gar wohl die Erinnerung an den türkischen 'Erbfeind'. Einige Flugschriften gegen die Türken um 1820 und 1850[1]), die sich an die Volksleidenschaft wenden, sah ich ohne Ertrag durch, wohl aber begegnet es in einer 'Mahnenden Stimme des deutschen Vaterlandes an seine Bewohner' (2. Aufl. Augsburg 1831), wo von dem Türken noch immer als dem 'Erbfeind der Christenheit' die Rede ist. Und auch 'De meckelnbörg'schen Montechi un Kapuletti' Reuters (Kap 3) verwenden es und sind gewiss, in der niederdeutschen Heimat verstanden zu werden.

Bei der Anwendung unseres Ausdrucks auf den Türken von einer echten weltlichen Kontrafaktur zu reden, wäre, wie wir sahen, unhistorisch. Davon kann auch nicht gesprochen werden, wenn wir vor 1600 gelegentlich die Russen als 'Erbfeind' bezeichnet finden; denn der Zug, Andersgläubige oder Ketzer schlechthin als Ungläubige und Widerchristen anzusehen, hat sich lange über das Mittelalter hinaus erhalten. Rüssow, der in seiner Livländischen Chronik über die Russen besonnene und noch heute wertvolle Urteile abgibt, fühlte sich in Riga als getreuen Untertan der Krone Schweden und sah in den Russen in erster Linie den Glaubensfeind[2]), mochte es zu Zeiten den protestantischen Gemeinden im Moskowiterreich auch gar nicht schlecht gehen, wie wir wissen[3]).

'Chronicka der Prouintz Lyfflandt dörch Balthas. Rüssouwen Revaliensem, Rostock MDLXXVIII' Bl. 97r: „Also lagen die beiden Christliken Potentaten (Polen und Schweden), de sieck des Lyfflandes wedder den Muscoviter wederümme angenomen hadden / alda in Lyfflandt in den Haren. Averst der Erffiendt ginck hyr fyne vorby vnangefochten vud lachede in de Vuest..." Bl. 158a: „allent wat de armen lüde vor dem Erffiende (Russen) vorhelet hadden, heuweg genamen."

Von einer eigentlichen Kontrafaktur lässt sich erst reden, als 'Erbfeind' in rein weltlichem Sinne angewandt wird. Kaiser Maximilian,

1) 'Die Vertreibung der Türken aus Europa eine sittliche Notwendigkeit. Betrachtung aus dem Nachlasse eines deutschen Arztes' Berlin 1855 (geschrieben 1822). — 'Ob Christ, ob Türke' 2. Aufl. 1857.

2) Vgl. auch Dresseri explicatio vaticinii cujusdam 1593, wo der Moskowiter einfach als Antichrist gedeutet wird. — Dass bei Rüssow das deutschnationale Empfinden sich zu regen beginnt, soll damit nicht geleugnet werden; es ist das aber die Unterströmung.

3) Vgl. Dalton, Beiträge zur Geschichte der evangel. Kirche in Russland.

der Freund unserer Humanisten und der Meister blendender und packender Rede[1]), scheint wirklich der Erste gewesen zu sein, der im geistreichen Aperçu den Franzosen, den alten Reichsfeinden, die ihm auch persönlich so viel Harm angetan, diesen Titel anheftete. Nach Janssen (a. a. O.) sprach er „von dem Erbfeind, der gegen den Rhein stehe". Wohl verstand es der ritterliche Kaiser, der mit seinem Leibe selbst gegen französischen Übermut eintrat, das Reichsschiff durch die nationale Welle tragen zu lassen. Wimpfelings 'Germania', und ähnliche Werke seiner humanistischen Genossen nicht weniger wie die warmherzigen Landsknechtslieder stützten die Politik des Kaisers. Die schmähliche Abweisung der Kaisertochter, der Verlobten des französischen Königs, empfand die ganze Nation als Schimpf. Damals ging es ins allgemeine Gefühl über, dass die Deutschen und Franzosen einander von der Natur zu Gegnern bestimmt seien.

Vgl. z. B. Liliencron 3, 346 (1520):

„Der Welsch dem Deutschen nicht hold wird,
es ist ein angeboren art
wo hund und katz zamen komen
so dund sie gen einander grommen."

Man wusste, dass man das Reich an der Ostpforte gegen die Türken, an der Westpforte gegen die Franzosen zugleich schirmen müsse[2]). Um so auffälliger bleibt es, dass Kaiser Max mit seiner Umprägung so wenig Schule machte. Die deutschen Städtechroniken haben, den Registern nach, Erbfeind überhaupt nicht; in der Reichskorrespondenz Frankfurts finde ich es in unserem Gebrauch nur ein einziges Mal.

2, 897 (1513): „nachdem vor nyn erhort worden das sovil Tevtscher zu den erbfeinden (den Franzosen) wider des heilich reiche und Tevtsche nacion gezogen sein . ."

Wieviel Schmach auch Frankreich während des 17. Jahrhunderts Deutschland antat, das Wort des Hasses stellt sich deutscherseits nicht ein. Dass es die Soldatenlieder vermissen lassen, mag nicht so sehr auffallen, aber auch die Flugschriftenliteratur, die beim Falle Strassburgs z. B. von Wut, freilich einer ohnmächtigen, zeugt, meidet das Wort. Wo es sich nach Angabe unserer Historiker finden sollte, ergab sich, dass nur moderne Übersetzung von 'hostis' es eingeschmuggelt hat[3]). Nicht

---

1) Erinnert sei hier nur an seinen glänzenden Vergleich (1496) „aber ich will mich nicht wieder wie in Worms [! der alten Nibelungenstadt, wo 1495 über des Reiches Wohl beraten worden war] an Händen und Füssen binden und an einen Nagel henken lassen" (Janssen, Geschichte d. dtsch. Volkes, 1[16], 560). Ein Beweis, dass der Kaiser die Nibelungen nicht nur abschreiben liess, sondern auch gründlich kannte.

2) Liliencron 3, 328 (1519):

Die Türken und die Wallen
triben do Ritterschaft.

3) So heisst es z. B. im Prodigium et Elogium perfidiae ac ignaviae Strasburgensis olim civitatis imperialis, Schwidnicii (1682) S. 120:

genügt zur Erklärung, dass nationaler Hass gegen Frankreich, von dem man so vieles Kulturgut überkam, nicht gedeihen konnte, da den Reichsfürsten das Bündnis mit dem westlichen Nachbar ständig ein Stein im politischen Brettspiel blieb, auch die gut habsburgische politische Volksliteratur, deren deutsche Gesinnung ungebrochen war, meidet 'Erbfeind'. Es blieb in dieser Anwendung im wesentlichen beim geistreichen Bonmot des Kaisers. 'Erbfeind' war und blieb der Türke.

Das 18. Jahrhundert vollends, das die staatliche Ohnmacht des Reiches immer deutlicher machte, hatte für deutsche nationale Gefühle keine starke Sprache[1]). Was sich in patriotischen Kreisen an Widerwillen gegen Frankreich aufspeichert, richtet sich vornehmlich gegen die unterjochende Kultur Frankreichs.

So schreibt Lichtenberg (7, 270): „weil sie nicht nach Paris, nach diesem christlichen Gomorrha, und zum Erbfeinde von uns und England geben wollen.“.

Erst die grosse Not der Franzosenzeit liess uns wieder mit feurigen Zungen vom deutschen Vaterlande reden. Wie in der Kampfzeit des 16. Jahrhunderts gewinnt das alte Testament mit seinen plastischen Bildern und seiner kernigen Sprache wieder ungeahnte Geltung. Gefühle und Worte uralten Hasses, die Jahrhunderte geschlummert hatten, werden wieder wach. Der Sturm peitscht sie aus der Tiefe an die Oberfläche. Kleist, Körner, Arndt, um nur wenige zu nennen, ergreifen das alte Sprachgut; in ihrer Hand wird es zur gefährlichen Waffe. Napoleon ist für Kleist der 'Erzfeind' (Erich Schmidt 4, 103), der 'Todfeind' (2, 448), 'ein der Hölle entstiegener Vatermördergeist' (Katechismus der Deutschen 4, 105). Arndt fordert ('Über Volkshaß', geschrieben 14. Juni 1813): „ich will den Haß gegen die Franzosen nicht blos für diesen Krieg, ich will ihn für lange Zeit, ich will ihn für immer.“

Der 'Rheinische Merkur', dem Napoleon seinen Gegenhass zuteil werden liess, behandelt den Korsen schlechthin als 'Antichrist' (Nr. 248. 5. Juni 1815) „. . . so ist das böse Princip nie gediegener, nie persönlicher unter uns aufgetreten, denn in der Hoffarth, dem zügellosen Menschenhasse und der Macht der Finsternis des Teufelskindes Napoleon Bonaparte.“ Es ist die Erkenntnis da, dass Frankreich, nicht Napoleon allein, Frankreich, der alte Feind von Jahrhunderten, wieder gegen Deutschland steht. Zeune schreibt (ohne sich zu nennen, aber greifbar genug) vom 'fremden Götzendienst'. Da heisst es S. 38: „Es ist eine ganz

Luna in Oriente, sol in Occidente
ambo, planetae potentissimi
unus a tergo, alter a fronte
. . te aggrederentur . . Nonne gravius erit,
tantis hostibus una vice resistere?

1) Jähns, Der Vaterlandsgedanke u. d. deutsche Dichtung (1896) weist S. 97 darauf hin, dass noch 1784 in einer Flugschrift vom 'Nationalhaß' der Baiern gegen die Oberpfälzer die Rede sein konnte.

ungeschichtliche Ansicht, wenn man glaubt, dieser Bonaparte habe erst alles Unglück über unser Vaterland gebracht. Er ist nur ein zweiter Ludwig XIV. Seit 200 Jahren ist Deutschland von Frankreich zerfleischt, geplündert, geschändet, seine Fürsten abgesetzt, verspottet, betrogen worden.

Der Boden ist bereitet, aber kaum stellt sich die Ernte ein; sie ist wider Erwarten äusserst spärlich[1]).

Aus all der durchgesehenen Flugschriften- und Memoirenliteratur kann ich nur folgendes beibringen:

'Die Franzosen; Teutschlands ewige und gefährlichste Feinde, wie sie waren, wie sie sind und wie sie seyn werden' 1814. S. 10: „Franzosen ... zum Krieg für diesen Zweck stets bereites Volk — die geschworene, natürliche Erbfeinde Teutschlands."

'Deutschlands Volks-Weihnachten oder vaterländische Bergfeuerrede' gehalten am 18. Oktober 1816 von Friedlieb Wilsing, 1816 S. 13:

„In Deutschland soll jeder für alle stehn
Und geck dem Erbfeind ins Auge sehn
Und errungenes Gut nicht verschmerzen.
Und wenn der Erbfeind einst wieder erwacht,
Unser Feldgeschrey sei: die Leipziger Schlacht!"

Stägemann, Ode bei der Enthüllung der Denkmäler der Generale v. Scharnhorst und Bülow 1822 (Privatdruck; s. Varnhagen v. Ense, Denkwürdigkeiten N. F. 2 [1842], 96): „Hier sei der Landwehr Bundsaltar! allhier im Sternenlicht vollendeter Brüder, hier Jedwedem Erbfeind unversöhnlich, schwöre sie Kampf bis zum letzten Pulsschlag."

So überraschend diese Tatsache sein mag[2]), nicht ganz unähnlich sind die Schicksale des alten Lutherliedes 'Ein feste Burg ist unser Gott' gewesen, das nach langem Schlaf erst wieder Zacharias Werner in seinem Drama 'Weihe der Kraft' 1805 zu neuem Leben erweckt hat. Während der Befreiungskriege gewann es erst allmählich wieder an Boden, bis es 1817 bei dem Wartburgsfest als erstes Lied gesungen wurde und dann, von Jahrzehnt zu Jahrzehnt, auch besonders in den Tagen nationaler Erregung, an Bedeutung gewann, bis es in unseren Tagen vor dem Schloss des Kaisers als Volkslied gesungen wurde[3]).

Ehe 'Erbfeind' in unseren Sprach- und Schriftgebrauch recht wieder eintrat, mussten erst die Taten von 1813 und 1814 in die Ferne gerückt

---

1) Auch die reiche österreichische Literatur von 1809 sah ich ohne Ertrag durch. (Achtzehnhundertundneun. Die politische Lyrik des Kriegsjahres, hrsg. v. R. F. Arnold u. Karl Wegner.) Glücklicherweise fruchtete damals wie später die ausdrückliche Mahnung des Kaisers Franz nichts, man möge im literarischen Kampf 'alle leidenschaftlichen Ausdrücke vermeiden' (Wertheimer, Archiv f. österr. Gesch. 79, 371).

2) Dort, wo es 1870 von selbst in die Feder geflossen wäre, fehlt es 1813; z. B. schrieb K. v. Wedel in seinen Lebenserinnerungen (gedruckt Berlin 1913) S. 4: „unter dem ... auf seine Kriegstaten stolzen Volke, dem natürlichen Feinde des meinigen", S. 39: „Begegnung mit dem Allerweltsfeinde." Diese Beispiele liessen sich verhundertfachen.

3) Vgl. den Aufsatz meines Freundes Pfarrer Lic. theol. W. Wendland in der Unterhaltungsbeilage der Täglichen Rundschau vom 31. Dezember 1914.

sein. Es ist vornehmlich der Turnvater Jahn, der uns ausser der Neuschopfung 'Volkstum' so manches gut geprägte Wort schenkte, der 'Erbfeind' wieder in Aufnahme bringt. Auch er hatte in seinen früheren Schriften vordem meist anders gesprochen und geschrieben.

Friedrich Ludwig Jahns Werke, hsg. von Euler (Hof 1884), Bd. 1 Runenbll. 1814 S. 416: „wenn sie nicht gar schaltsüchtig dem Erbfeind zufallen". Zahlreicher aber Bd. 2, 2 Hälfte S. 494, 1833 in den 'Merken zum deutschen Volkstum': „der welsche Erbfeind hat durch seine vergiftete Mordaxt unserer tausendjährigen Irmineiche die Krone heruntergeschlagen." Im selben Werk S. 523—535 ein ganzer Abschnitt über den 'Erbfeind', dem ich mein Eingangszitat entnahm. Ferner 1835 'Denknisse 1835': „.... gehören Sie zu den Feinden von Deutschlands Erbfeind."

Es waren die alten Freiheitskämpfer, die Jahr für Jahr die Erinnerung an die Schlacht von Leipzig feierten und ihren Kindern den Hass gegen Frankreich vererbten; die Jugend nannte nun schlechtweg den Gegner, mit dem die Väter gekämpft, 'Erbfeind', ohne viel an Teufel und Teufelssöhne zu denken[1]). Überall, besonders in den Zeiten nationaler Erregung blitzt nun das Wort auf.

Unsere nationale Geschichtschreibung, die sich an weite Kreise wendet, gebraucht es getreulich.

Als Beispiele genügen folgende. Hermann Baumgarten, Wie wir wieder ein Volk geworden sind, Lpz. 1870 S. 8: „Noch einmal glaubte der Erbfeind Deutsche gegen Deutsche führen zu können." Janssen, Frankreichs Rheingelüste² (1883) S. 1: „daß Frankreich . . bereits im 11. Jahrhundert bei uns als Erbfeind des Deutschen Reichs betrachtet ward." Georg Hesekiel, Deutsche Kriegs- und Siegs-Chronik 1870/71 (1872) S. 9; Theodor Lindner, Der Krieg gegen Frankreich (1895) S. 18.

Dagegen ist es nicht wieder ein Wort der hohen Literatur geworden. Dass die Diplomatensprache, die doch von derben Entgleisungen zu berichten weiss, es nicht hat, befremdet kaum. Aber auch die höher stilisierte Festrede scheint es, soweit ich sehe, zu meiden. In den zwei Bänden deutscher Reden, die Flathe zusammengestellt hat, findet sich wohl 'Reichsfeind', aber nicht 'Erbfeind'.

Wohl aber lassen sich aus dem Soldatenlied von 1870/71 Beispiele gewinnen:

Hans Ziegler, Deutsche Soldaten- und Kriegslieder, Leipzig 1884, Nr. 154: „dem Erbfeind gilt der kühne Ritt." Ditfurth, Histor. Volkslieder 1870/71, S. 12:

Auf, mein Deutschland . . .
Keine Zeit ist zu verlieren,
Schlägt der Erbfeind an das Schwert.

S. 17: „Der Erbfeind, der Franzos."

1) Die alte Bibelsprache und ihre Vorstellungen spielen aber noch 1848 ihre Rolle; Ed. Vehse liess z. B. eine Flugschrift ausgehen: 'Aus der Hölle heraus', worin er S. 17 schrieb: „Die Franzosen sind nicht der Satanas Europas."

Dass 'Erbfeind' als Bezeichnung für den westlichen Nachbar noch heute gang und gebe ist, beweisen die Briefe unserer Soldaten, in denen es sich häufig findet. Wohl wissen die meisten, dass Frankreich nicht mehr der 'Erzfeind' zugleich ist, und doch sträubte sich unser Sprachgefühl, als wir im Oktober 1914 in Berlin eine grosse öffentliche Rede 'Über die Engländer, unseren Erbfeind' angekündigt lasen. 'Erbfeind' ist eben eine Art Ehrentitel, der hart erworben ist; er kann nicht verliehen werden, sondern will durch langen Kampf erzwungen sein. Mehr Billigung mag es gefunden haben, wenn Friedrich Naumann[1]) feststellte, der Ausdruck sei vor dem Kriege ein Wort eigentlich nur noch der Jahrhundertfeiern gewesen.

Es ist kein Zweifel, dass bei systematischer Durchsicht vieler Mitarbeiter sich auch Beispiele finden werden, wo 'Erbfeind' gegen Czechen, Polen, Russen angewendet wurde. Dass die jahrzehntelangen Kämpfe der Holsten und Schleswiger gegen Dänemark das Wort der geballten Faust erschallen liessen, sei noch erwähnt.

Dr. Johannes Sass war so freundlich, mich darauf hinzuweisen, dass 'Erbfeind' in diesem Gebrauch in der Gedichtsammlung von Rasch 'Vom verlassenen Bruderstamm' 1862 sich findet. — Das Schweizerische Wörterbuch (1, 846) weist für die ältere Zeit nach, dass bis zur 'Ewigen Richtung' die Schweizer Österreich als 'Erbfeind' bezeichnet hätten.

Zu erwähnen bleibt, dass aus der triebkräftigen Wurzel auch einige Seitenschösslinge emporgeschossen sind. Im 18. Jahrhundert, als das Wort seiner Kernbedeutung so gut wie entledigt war, sprach man wohl auch von Krankheiten, der Gesundheit feindlichen Dingen und Abstrakten als 'Erbfeinden', wo wir einfach 'Erbübel' sagen würden.

So noch bei Hölderlin: „Der immerzürnende Boreas, mein Erbfeind" (S. 48). 'Die Freiheitsandacht', Görlitz 1813 S. 3. „Die kleinlichen Rücksichten, diese Erbfeinde der Freiheit, verschwinden". So auch noch heute (Unterhaltungsbeilage der Täglichen Rundschau vom 21. Dez. 1914) in 'Kriegsweihnacht': „Der Alltag und das Gewöhnliche, die Erbfeinde alles Erhebenden".

Berlin-Lichterfelde.

---

1) Friedrich Naumann, Deutschland und Frankreich (= Der deutsche Krieg, Heft 2, 1914) S. 15.

Volkskundliches aus der Humanistenliteratur des 15. und 16. Jahrhunderts.

Von **Fritz Boehm.**

I.

Die Schrift des Humanisten Lilio Gregorio Giraldi aus Ferrara (1479—1552) 'Philosophi Pythagorae symbolorum interpretatio'[1]) behandelt einen für die Kenntnis des antiken Volksglaubens nicht unwichtigen Stoff. Unter dem Namen der Symbole des Pythagoras wird bei verschiedenen Schriftstellern, besonders Jamblich, Porphyrius, Plutarch, Diogenes Laertius[2]), eine Anzahl Vorschriften überliefert, die angeblich in kurzgefasster Form die Hauptregeln der Sittenlehre des Pythagoras enthalten und von seinen Jüngern wie die Sätze eines Katechismus eingeprägt und befolgt wurden. So gehören zu den pythagoreischen Symbolen die allgemein bekannten Verbote des Fleisch- und Bohnengenusses, ferner Gebote wie: 'Überschreite keinen Besen', 'Schüre das Feuer nicht mit dem Schwerte', 'Schaue nicht mit einem Lichte in den Spiegel'. Welche von diesen Vorschriften auf Pythagoras selbst, auf die ältere oder neuere pythagoreische Schule zurückgehen, in welchem Sinne sie von den Pythagoreern älterer Richtung und den Neupythagoreern aufgefasst und befolgt wurden, lässt sich bei dem Mangel an glaubwürdigen Berichten schwer einwandfrei feststellen. Immerhin wird heute wohl allgemein angenommen, dass sich in einem guten Teil von ihnen altpythagoreische Askesegebote erhalten haben[3]). Die antike Überlieferung stimmt fast völlig darin überein, dass die Bestimmungen der Symbole nicht wörtlich zu nehmen seien, sondern ihnen ein tieferer, ethischer Sinn zugrunde liege, der vor profanen Ohren durch die alltägliche äussere Formung geheimgehalten worden sei. So wurde z. B. das Verbot, mit dem Schwerte das Feuer zu schüren, in dem Sinne gedeutet, dass man einen Zornigen nicht durch scharfe Gegenreden noch mehr reizen solle. Andere Symbole, wie z. B. das Bohnenverbot, waren nicht so leicht der angeblichen Hülle zu entkleiden, und ihre Ethisierung

1) Lilius Gregorius Gyraldus, Libelli duo, Basel 1551. Den ersten Teil des Buches bildet die Abhandlung über die Rätsel der Alten. Die erste Gesamtausgabe der Werke G.'s erschien 1580 in Basel. Ich benutzte vorwiegend die von J. Jensius 1696 in Leyden herausgegebene, im wesentlichen ein Abdruck der Erstausgabe; sie enthält die Schrift über die Symbole Bd. 2. Sp. 637 - 684.

2) Zur Quellenfrage vgl. C. Hoelk, De acusmatis sive symbolis Pythagoricis. Diss. Kiel 1894; P. Corssen, Rhein. Mus. 67, 240; W. Bertermann, De Jamblichi vitae Pythagoricae fontibus. Diss. Königsberg 1913.

3) Vgl. Erwin Rohde, Kl. Schriften 2, 109.

eröffnete ein weites Feld für allerlei gewagte Kombinationen und Spitzfindigkeiten, besonders als sich die Neupythagoreer der Sache bemächtigten; so sucht Jamblich im 21. Kapitel seines Protreptikus nachzuweisen, dass die Symbole sämtlich allegorisierte Mahnungen darstellten, sich der Philosophie des Pythagoras zuzuwenden[1]).

Dieselbe Auffassung von dem verborgenen Sinn der Symbole blieb die herrschende bei den Philologen des Humanismus und der Neuzeit, bis zuerst Lobeck[2]) und nach ihm Erwin Rohde in seiner 'Psyche'[3]) an verschiedenen Stellen darauf aufmerksam machte, dass die meisten dieser Sprüche nichts anderes als zum Teil auf uralte Volksanschauungen zurückgehende abergläubische Vorschriften seien, wie sie in ähnlicher Form über die ganze Welt verbreitet sind. Seitdem zweifelt wohl niemand mehr an der Richtigkeit dieser Auffassung; muss doch jeder auf dem Gebiete des Aberglaubens auch nur einigermassen Heimische auf den ersten Blick die wahre Natur der Symbole erkennen[4]). Auch die antiken Gewährsmänner müssen zugeben, dass die Symbole 'äusserlich' an abergläubische Gebote anklingen. So meint Plutarch quaest. conv. VIII 7, 3 (II 836, 43 Dübner), nicht zum mindesten aus den Symbolen gehe hervor, dass Pythagoras in Etrurien geboren und aufgewachsen sei, denn allein die Etrusker befolgten diese Vorschriften nach dem Wortlaut. Jamblich vit. Pyth. § 105 p. 77, 6ff. Nauck (= Protr. c. 21 p. 106, 9 Pistelli; vgl. vit. Pyth. § 227) sagt von den Symbolen: *καὶ εἰ μή τις αὐτὰ ἐκλέξας διαπτύξειε καὶ ἀμώκῳ ἐξηγήσει περιλάβοι, γελοῖα ἂν καὶ γραώδη δόξειε τοῖς ἐντυγχάνουσι τὰ λεγόμενα λήρου μεστὰ καὶ ἀδολεσχίας.*

An anderer Stelle[5]) habe ich einen Überblick über die Sammlungen und Deutungen der Symbole im 15. und 16. Jahrhundert gegeben und gezeigt, wie die berühmtesten Philologen jener Zeit, Marsilius Ficinus, Polizian, Erasmus von Rotterdam, Reuchlin u. a., ihnen ihre Aufmerksamkeit zuwandten. Auch sie erklärten die Symbole als sittliche Vorschriften, wobei sie sich meist mit der Wiedergabe der antiken Deutungsversuche begnügten; immerhin konnten auch sie die abergläubische 'Einkleidung' nicht verkennen, vgl. Polizian in der Lamia (Opera, Paris 1512, 2, 57 v): Praecepta vero si ipsius [sc. Pythogorae] audieritis, risu scio diffluetis (vgl. oben Jambl. *γελοῖα δόξειε*); Erasmus Chil. Adag. p. 14 (Baseler Ausgabe von 1520): Nam ea [sc. symbola] tametsi prima (quod aiunt) fronte superstitiosa quaepiam ac deridicula videantur . . .

1) Protr. c. 21 p. 105, 9ff. ed. Pistelli.

2) Aglaophamus 1, 248f.

3) Psyche² 1, 241. 245. 2, 85. 125. 164; vgl. Kl. Schr. 2, 109. 139.

4) Einige Symbole wurden als abergläubische Vorschriften auch von Riess in Pauli-Wissowas Realenzyklopädie Art. 'Aberglaube' erklärt. Eine Sammlung aller Symbole und Erklärung derselben aus dem Volksglauben suchte ich zu geben in 'De symbolis Pythagoreis'. Diss. Berlin 1905.

5) Beilage zum Jahresbericht des Kgl. Friedrich-Wilhelms-Gymn. zu Berlin 1913.

Auch Giraldi ist es nicht entgangen, dass für eine ganze Anzahl von Symbolen im Volksglauben seiner Zeit Entsprechungen nachzuweisen waren; seine hierauf bezüglichen Angaben können geradezu als Zeugnisse für den italienischen Volksglauben des 15. und 16. Jahrhunderts gelten. Einiges derart sei hier aufgeführt:

Bd. 2 der Ausgabe von 1696 Sp. 643 F (Verbot, über einen Besen zu schreiten): quod a quapiam fluxisse consuetudine existimo, quae et hodie est in vulgi frequenti sermone. — Sp. 651 F: hoc etiam nunc tempore in defunctorum celebri die fabas passim et esitamus ipsi et aliis impendimus. — Sp. 661 E: id etiam nunc quidam observant, ut cum primum ad ignem accedunt, si ollae adsit vestigium, statim conturbent. — Sp. 662 E (Verbot, an Festtagen sich Nägel und Haare zu schneiden): quam superstitionem et hodie a plerisque custodiri anxie videmus. — Sp. 664 D (Sitte, beim Aufstehen aus dem Bett die Spur des Körpers zu vernichten): sed certe hoc in usu est quotidiano apud ingenuos et praecipue in Hetruria. — Sp. 666 D: (Die vom Tisch gefallenen Brocken soll man nicht aufsammeln): observatur et hodie a plerisque symbolum, ut quod semel e mensa ceciderit nec ipsi edant nec colligi patiantur: id quod ab hoc Pythagoricorum more effluxisse videri poterit. — Sp. 672 G: adhuc hodie est apud nonnullos in con suetudine, ne se ad lucernae lumen in speculo intueantur.

Auch sonst begegnet man bei G. nicht selten einem gewissen Interesse für Fragen, die ins Gebiet der Volkskunde fallen oder wenigstens daran grenzen. Besonders in einigen seiner unter dem Titel 'Varia Critica' vereinigten 30 kurzen Dialogismen (2, 849—912) behandelt er derartiges, wenn er den Hauptwert auch auf die antiken Zeugnisse legt. Einige Überschriften mögen das zeigen:

De manus et digitorum nominibus (Dial. 2). De venatione accipitrum ceterarumque avium rapacium (6). De fascino et fascinatione (7). De eo genere osculi, quod a nostris parentibus Florentinum vocatur (9). De Nudipedalibus sacris (10). De tonsura et rasione capitis (11). De Melanzana (13). De spectris et praestigiis (24).

Auch in der Wahl des Gegenstandes seiner umfangreichen Schriften über die antiken Schiffe, über die Begräbnissitten und über die Rätsel zeigt sich ein gewisses volkskundliches Interesse.

Dies ist im Auge zu behalten für die Beurteilung des Schlussteiles der Schrift G.s über die Symbole, der in mehreren Beziehungen interessant ist. Nachdem G. die von den oben erwähnten antiken Autoren überlieferten Symbole in einer bis dahin unerreichten Ausführlichkeit und Vollständigkeit besprochen hat[1]), bringt er (Sp. 681—684) eine zweite Serie von Symbolen, die er in einem von der Hand des Pandolfo Collenucci geschriebenen Heftchen unter dem Titel 'Pythagorica praecepta mystica a Plutarcho interpretata' gefunden haben will. Die Aufzählung enthält zunächst 23 der bekannten, aus dem Altertum über-

1) Über den ersten Teil der Schrift siehe die in der vorigen Anmerkung angeführte Untersuchung S. 14—21.

lieferten Symbole, zum Teil solche, die G. selbst im ersten Teile seines Buches behandelt hat. Dann aber folgen 35 Symbole, die sonst nirgends belegt sind.

In der oben (S. 19 Anm. 5) angeführten Abhandlung S. 21 ff. glaube ich nachgewiesen zu haben, dass wir es hier mit einer nicht ungeschickt angelegten Fälschung zu tun haben, für welche der Verfasser in ausgiebiger Weise die 'Chiliades Adagiorum' des Erasmus von Rotterdam benutzt hat. Indem ich auf die an jener Stelle geführte genauere Untersuchung verweise, wiederhole ich hier nur die Ergebnisse: Plutarch ist nicht die Quelle. Die Schrift kann nicht von Collenucci verfasst sein, da dieser 1504 hingerichtet wurde, während die erste Ausgabe der Chiliaden des Erasmus, die zweifellos benutzt wurde, erst 1508 erschien. Der Verfasser ist aller Wahrscheinlichkeit Giraldi selbst, der die in seiner Jugend auf Grund seiner Vertrautheit mit den echten Symbolen als harmlose Übung verfasste Symbolreihe später unter dem Namen seines längst verstorbenen Freundes herausgab, — es liegt eine Bona-fide-Fälschung vor, wie sie in jener Blütezeit des Humanismus nicht ohne Seitenstück ist[1]).

Von volkskundlichem Interesse ist besonders diese 35 Nummern umfassende Reihe angeblicher Pythagoreischer Symbole, die wir als solche in der antiken Überlieferung nirgends bezeichnet finden.

Es sind folgende[2]):

1. Sepiam piscem non edendam.
2. In limite non consistendum.
3. Progredienti gregi e via cedendum.
4. Mustela e transverso offensa retrocedendum.
5. Arma a muliere subministrata reicienda.
6. In tenebris absque vestitu aliquo non vadendum.
7. Rectum pedem promovendum.
8. In poculi fundo residuum non relinquendum.
9. Colubrum intra aedes collapsum non interimendum.
10. Offensa in vestibulo obscoena vetula non egrediendum.
11. Noctu in tenebris deambulanti cavendum.
12. Sole collucente ignem deferre nefas.
13. Lapidem in fontem iacere scelus.
14. Pede in limine illiso retrocedendum.
15. Lumen post caput appensum detinere flagitium.

---

1) Die Unechtheit dieser Symbolserie ist bisher nicht erkannt, wenigstens nicht erwiesen worden. Über ihr Vorkommen in der Literatur siehe meine Programmabhandlung S. 27. Sie fand Aufnahme in die Sammelwerke von Mullach (Fragm. philos. 1, 510) und Orelli (Opusc. Graec. sententiosa 1, 71), mit unwesentlichen Änderungen im Wortlaut. Als echte antike Zeugnisse werden einige von Giraldis Symbolen auch benutzt von Frazer, Folk-Lore 1, 145 ff., E. Riess, Rhein. Mus. 49, 185, M. J. Tuchmann, Mélusine 5, 300 und M. B. Ogle, Am. Journ. of Philology 32, 251 ff.

2) Die den einzelnen Pseudosymbolen angehängten 'Erklärungen' sind hier fortgelassen, da sie meist nichts zur Sache tun; die folgende Einzelbehandlung gibt einige Proben (Nr. 1, 3, 4, 21, 27, 30, 31, 33).

16. Sinistra manu sumere cibum nefas.
17. In sacrato sepulchro dormitare periculosum.
18. Minuta panis pedibus conculcare turpe.
19. Egredienti introeuntique valvas exosculandas.
20. Lyram illotis manibus non attingendam.
21. Sudorem ferro abstergere tetrum facinus.
22. In solitudine sine baculo non ambulandum.
23. Apud quadrupedem poema non canendum.
24. Faciem in fluvio non lavandam vel spectandam.
25. Hominis vestigia non esse ferro configenda.
26. Integrum fasciculum in igne non esse ponendum.
27. Egredienti e laribus sinciput, redeunti occiput scalpendum.
28. De rheda iunctis pedibus non exiliendum.
29. In astrum nunquam esse digitum intendendum.
30. In arundineto non confabulandum.
31. Candelam ad parietem non applicandam.
32. In nive non scribendum.
33. Vulturem avem in augurio infelicissimam.
34. Facilius emori hominem, cui oculi claudantur.
35. Puerum aut feminam stricto vagari gladio, omen malum.

Auch von diesen Sprüchen sind nicht wenige, etwa der vierte Teil, aus antiken Sprichwörtern geformt, die der Verfasser den Adagien des Erasmus entnahm; die entsprechenden Belegstellen sind unten bei den einzelnen Nummern angegeben. Für die Mehrzahl der aus Erasmus nicht zu belegenden Pseudosymbole lassen sich aus antikem oder neuerem Volksglauben Gegenstücke beibringen, wie die folgende Zusammenstellung zeigt[1]).

1. Aus Erasmus Chil. I 1, 2 p. 14 (Baseler Ausgabe 1520). Am Schlusse seiner Besprechung des Symbols *μὴ γεύεσθαι μελανούρων* sagt Er.: quidam ad sepiam piscem referunt, qui atramento, quod in cauda gestat, semet occulit. Dazu stimmt gut die bei Giraldi gegebene Erklärung: res implicitas non recipiendas. Über die gelegentliche Verwendung der Sepien zur menschlichen Nahrung s. O. Keller, Die antike Tierwelt 2 (1913), 510. 514. Bei Lucian catapl. c. 7 *φιλόσοφος Κυνίσκος, ὃν ἔδει . . φαγόντα . . σηπίαν ὠμὴν ἀποθανεῖν* ist der Nachdruck natürlich auf *ὠμὴν* zu legen, vgl. Diog. L. VI 76.

2. Der Spruch ist durch Vereinigung zweier echter Symbole entstanden, die beide von G. in seinem Buche behandelt werden: *μὴ ἐπιστρέφεσθαι ἐπὶ τοὺς ὅρους ἐλθόντας* (Op. 2, 646 F, aus Ps.-Plut. de lib. educ. 12 E, vgl. Demetr. Byz. bei Athen. X 452 e; Diog. L. VIII 17) und *ἀπονυχίσμασι καὶ κουραῖς μὴ ἐπουρεῖν μηδὲ ἐφίστασθαι* (Op. 2, 662 D, aus Diog. L. VIII 17). Bemerkenswert ist ausserdem, dass der angebliche Collenucci das sonst in der Form *ἐπὶ χοίνικος μὴ καθῆσθαι* oder ähnlich überlieferte Symbol wiedergibt durch die Worte: 'super modio non consistendum' (Op. 2, 681 C). Über die Bedeutung der Grenze im Volksglauben s. Riess b. Pauly-Wissowa, Realenzykl. 1, 47; van Gennep, Rites de passage p. 24: Boehm, De symbolis Pyth. p. 47; Samter, Geburt, Hochzeit u. Tod S. 145.

1) Vgl. ausserdem meine Programmabhandlung S. 24 f.

3. Der Angang einer Schafherde ist nach Thiers, Traité des superstitions[3] 1, 227 unheilbedeutend, dagegen künden nach P. Sébillot, Folkl. de France 3, 98 Schafe Gutes, Schweine Unheil ('on sera regrogné'); dasselbe gilt im deutschen Volksaberglauben, Wuttke[3] § 272. Ein ähnlicher Volksglaube scheint dem Verf. des Symbols vorgeschwebt zu haben, wenn man nicht etwa annehmen will, dass er die von ihm als Deutung beigefügte Lebensregel 'multitudini non opponendum' durch dies naheliegende Bild ausdrückte; man vergleiche z. B. Wilhelm Rabes nachgelassenes Romanfragment Altershausen S. 37: 'Feyerabend wusste durch ihn, seinen Freund Ludchen, zuerst, dass man sich nie einer nach der Weide hindrängenden Herde, und wenn es auch nur eine Schafherde wäre, in den Weg stellen soll, wenn man nicht von den Füssen gehoben, in den Dreck gelegt und bipedisch wie quadrupedisch übertrampelt werden will.' Auch das echte Symbol 'τὰς λεωφόρους μὴ βαδίζειν ὁδούς' (Boehm, De symb. p. 45) konnte bei der nicht unähnlichen Bedeutung, die man ihm beilegte, Anlass zu dieser Neubildung geben.

4. Aus Erasmus Chil. I 2, 73 p. 78, wo das Sprichwort 'Mustelam habes' richtig auf Menschen gedeutet wird, denen alles misslingt, da man geglaubt habe 'hoc animal inauspicatum infaustumque esse iis qui haberent domique alerent'. Er. gibt weiterhin an, dass auch zu seiner Zeit der Angang des Wiesels für ungünstig gehalten werde; in England gelte bei den Jägern die blosse Nennung dieses Tieres als böses Omen. Statt dieser naheliegenden Deutung ist dem Pseudosymbol die weit gezwungenere angehängt: homines delatores fugiendos, nam mustelam ore parere affirmant (s. Aelian de nat. an. IX 65: τῷ στόματι τίκτει, vgl. Anton Lib. c. 29). Der Angang des Wiesels galt und gilt allgemein für unheilvoll: Frazer, Folk-Lore 1, 156; Schwarz, Menschen und Tiere im Abergl. (Progr. Celle 1888) S. 42; Riess in Pauly-Wissowas Realenzykl. 1, 81; ders. im Rhein. Mus. 49, 190 (zu Artemidor oneir. 3, 28); Lewy, oben 3, 135; Grimm Myth.[4] 2, 944. 3, 324; Liebrecht, Zur Volkskunde S. 114; Wuttke § 60. 170; Bolte, oben 17, 453 nr. 14 (nach Ch. Perrault 1628—1703); P. Sébillot, Folkl. de France 3, 24; Pitrè, Usi e costumi del pop. sic. 3, 440f.

5. Zugrunde liegt der bereits für das Altertum bezeugte Aberglaube, dass Waffen und Messer, wenn sie von menstruierenden Frauen berührt oder mit dem Menstrualblut benetzt würden, ihre Schärfe verlören; s. Plin. n. h. VII 64: superventu [sc. profluvii mulierum] acies ferri praestringitur . . ., aes etiam ac ferrum robigo protinus corripit; vgl. XXVIII 79. Zahlreiche Gegenstücke bei Frazer, Golden bough[2] 1, 325f. Eine verwandte Anschauung spricht sich in dem von Liebrecht, Zur Vkde. S. 328 nr. 133 mitgeteilten norwegischen Aberglauben aus: Tritt ein Frauenzimmer in eine Schmiede, so lässt das Eisen sich nicht zusammenschweissen.

6. vgl. Nr. 22.

7. Petron. sat. 30: cum conaremur in triclinium intrare, exclamavit unus ex pueris, qui super hoc officium erat positus: 'dextro pede'. Vgl. Friedländer z. d. St.; Waters z. d. St. (Ausg. der Cena Trimalchionis, Boston 1902) S. 64 verweist auf Juvenal 10, 5, wo 'dextro pede' fast = 'feliciter' gebraucht ist, vgl. entsprechend Apul. met. I 5: 'ut fieri assolet, sinistro pede profectum me spes compendii frustrata est'; s. auch Wander, Dt. Sprichwörterlex. 1, 1304. Der Aberglaube ist auch für Italien im 15. Jht. in dem Traktat des Mariano Sozzini 'De sortilegiis' bezeugt (Archivio per lo studio delle trad. pop. 15, 134): man sah bei der Hochzeit in Siena darauf, dass die junge Frau beim Verlassen des Elternhauses und beim Betreten des neuen eigenen Heimes mit dem rechten Fuss antrat. Vgl. auch das pythagoreische Symbol δεῖ τὸν δεξιὸν ὑποδεῖσθαι πρότερον, Boehm,

De symbolis S. 27f.; Grimm, Myth.[4] 3, 445 nr. 349; Panzer, Beitr. 2, 260; Sartori, oben 4, 151; Ebermann, oben 23, 123. Der damit zusammenhängende Glaube, dass man den ganzen Tag vom Missgeschick verfolgt werde, wenn man mit dem linken Fuss zuerst aus dem Bett gestiegen sei, ist bekanntlich äusserst weit verbreitet (Wuttke § 463; Sartori, Sitte u. Brauch 2, 25 nr. 30) und dürfte auch in der Entstehungszeit unseres Schriftchens gegolten haben, im Sprichwort ist er jedenfalls noch heute in Italien erhalten, s. Wander a. a. O.

8. Die Sitte, von einer Mahlzeit keinen Rest auf dem Tische zu lassen, ist in Deutschland wie anderwärts ausserordentlich weit verbreitet, s. Grimm, Myth.[4] 3, 441 nr. 168; Wuttke § 458f.; Sartori, Sitte u. Br. 2, 31 nr. 33; C. Haberland, Zs. f. Völkerpsychol. 18, 363; Frazer, Golden bough[2] 1, 316, an den beiden letzten Stellen zahlreiche Belege für aussereuropäische Gebiete. Der Grund ist die Befürchtung, durch das Medium der Reste behext zu werden. Unbewusste Spuren dieser Anschauung liegen in verschiedenen auf die 'Neige' im Glase bezüglichen Volksmeinungen vor, die Haberland a. a. O. S. 368 zusammenstellt, z. B., dass man damit dem Teufel ein Opfer bringe, dass sie der Trunk der Hexen, dass der 'Rest für die Gottlosen' sei, dass es Unglück bringe, in ein nicht ganz ausgetrunkenes Glas zuzuschenken, ein bekanntlich auch heute noch bei Gebildeten vorkommender Aberglaube. Vgl. ferner Revue des trad. pop. 27, 129 nr. 42: Celui qui boit le fond de la bouteille sera marié cette année ou pendu l'autre (Paris); vgl. Pitrè, Usi e costumi 4, 345. Bei der von Lewy oben 3, 134 berührten Trinksitte der Römer, jeden Becher bis auf den Grund zu leeren (Plin. n. h. XIV 145; Ambros. de Elia et jejunio c. 13. 17) handelt es sich natürlich nicht um einen allgemeinen Brauch, sondern um Rekordleistungen beim Gelage. So klagt M. D. Omeis in seinen Ethica Pythagorica (Altorf 1693), in denen auch die gefälschten Symbole benutzt sind, p. 126: 'Hoc vero Symbolum sensu nimis crudo ac superstitioso observant Germani nostri symbolorum collatores, poculorum remiges, „gnari cados cum faece siccare", ut loquar cum Horatio [carm. I 35, 26]'.

9. Im allgemeinen galt im Altertume das Erscheinen einer Schlange im Hause als Unheilvorzeichen, wie die bei Schwarz, Menschen u. Tiere im Abergl. S. 43 beigebrachten Stellen zeigen (s. ausserdem Clemens Al., Strom. VII 4, 25), doch fehlt es auch nicht an Fällen, wo man darin ein günstiges Omen sah, vgl. Schwarz a. a. O. Diese zwiespältige Auffassung erklärt sich daraus, dass sich die Seelen der Verstorbenen mit Vorliebe in Schlangengestalt zeigten, und jene werden, wie bekannt, bald als segenspendende, bald als unheilbringende Mächte betrachtet. Die gleiche doppelte Beurteilung finden wir auch im späteren Volksglauben. Günstig war der Angang der Schlange im Mittelalter, s. oben 11, 278; Nik. v. Dinkelsbühl bei Panzer, Beitr. 2, 259 In Mariano Sozzinis Traktat 'De sortilegiis' (15. Jht., Siena) gilt das Erscheinen einer Schlange als günstig (Arch. per lo stud. delle trad. pop. 15, 136); absichtlich unklar — um nicht der Verbreitung abergläubischer Meinungen Vorschub zu leisten — drückt sich Thiers, Traité[3] 1, 211 aus: ce sont des présages de bonne ou de mauvaise fortune . . . quand un serpent tombe par la cheminée. Nach Pitrè, Usi e costumi 3, 359 werden in Mazzara Schlangen im Hause und Stalle nicht getötet, weil dies Unheil bringen würde. Ebenso töten die heutigen Bewohner von Lesbos solche Schlangen nicht, sondern sehen sie als Beschützer des Hauses an; für Deutschland vgl. Grimm, Myth.[4] 3, 438 nr. 143; Wuttke § 57. 153 (Hausotter), für Frankreich Sébillot, Folkl. d. Fr. 3, 264; auch nach norwegischem Aberglauben bringt es Glück, wenn eine Schlange sich dem Hause nähert (Liebrecht, Z. Vkde. S. 328 nr. 129), während wiederum genau dasselbe in Florenz als übles Vorzeichen gilt (G. Siciliano,

Archivio trad. pop. 1, 430). Auch in Deutschland wurden, wie Omeis in seiner Erklärung des Symbols a. a. O. S. 128 angibt, Schlangen im Hause gehegt und geschont, vgl. Bolte-Polívka, Anm. zu Grimms Märchen 2, 459. Weitere Angaben zu der Erscheinung von Schlangen s. Lewy, oben 3, 37.

10. Der Angang einer alten Frau gilt allgemein für ungünstig, besonders für Jäger. Frazer a. a. O. p. 155 bringt Beispiele aus dem Volksglauben der Wenden, Esten, Tiroler, Pommern, Thüringer und Norweger bei, Tuchmann, Mélusine 5, 300 solche aus Cornwall, Irland, Niederösterreich, Ostpreussen und Böhmen. Als Beleg für das Altertum führt er nur das vorliegende gefälschte Symbol auf. Die einzige wirkliche antike Belegstelle für diesen Angangsaberglauben scheint Artemid. 4, 24 p. 217, 2 Herch. zu sein, wo die Erscheinung einer alten Frau im Traum als todkündend gedeutet wird; vgl. Riess, Rhein. Mus. 49, 192. Unser Symbol dürfte wohl eher einer gleichzeitigen Volksmeinung als der wenig hervortretenden der Antike entnommen sein, jedenfalls gilt der Angang einer alten Frau auch heute noch in Italien für übel, s. Bastanzi, Superstizioni delle Alpi venete p. 23.

11. Die abergläubische Furcht vor dem Dunkel der Nacht ist eine so allgemein verbreitete Anschauung, dass es keiner Belege bedarf, um den volkstümlichen Ursprung dieses Symbols zu erweisen. Nur der fast wörtlichen Übereinstimmung wegen verweise ich auf Fiebig, Jüd. Wundergesch. 1911 S. 25f.

12. Aus Erasm. Chil. II 5, 6 und 7 p. 421 'lucernam adhibes in meridie' und 'soli lumen inferre'; vgl. Chil. I 7, 57 p. 223 'lumen soli mutuas'.

13. Wie bereits mehrfach, lassen sich auch für dieses Symbol Entsprechungen sowohl in der antiken wie in der späteren Überlieferung feststellen, so dass man schwanken kann, aus welcher von beiden Wurzeln die Fälschung entstanden ist. Immerhin liegen für die abergläubische Warnung, Steine in eine Quelle oder ein sonstiges Gewässer zu werfen, klare Zeugnisse vorzugsweise aus späterer Zeit vor. Plin. n. h. II 115 berichtet zwar von einer Höhle, aus der bei heiterem Himmel ein Unwetter hervorbreche, wenn man irgend etwas hineinwerfe. Von Wasser ist hier aber nicht die Rede, auch handelt es sich in dem Zusammenhang der Stelle um die Entstehung des Windes. Dagegen besitzen wir aus dem Mittelalter mehrere Nachrichten über Gewässer, aus denen Unwetter aufstiegen, wenn ihr Spiegel durch einen Steinwurf u. dgl. getrübt wurde. Von einem solchen See bei Arles berichtet Gerv. v. Tilbury, Otia imp. S. 41 nr. 89 Liebr. (vgl. Sébillot, Folkl. d. Fr. 2, 225), von einem ebenso gearteten Bergsee in Catalonien ebda. S. 32 nr. 66. Zu der erstgenannten Stelle verweist Liebrecht auf gleichartige deutsche Sagen bei Grimm, Myth.[4] 1, 495f. 2, 909f; Schreiber, Sagen a. d. Rheingeg. 1839 S. 149 (Mummelsee) u. a.; s. auch Liebrecht, Z. Vkde. S. 335 nr. 183, wo weitere Sagenparallelen aus Böhmen, Island (vgl. dafür Feilberg, oben 5, 245), Khorassan und Ungarn zu finden sind. Besonders haften derartige Überlieferungen an hochgelegenen Bergseen, wie dem auf dem Pilatus (Dübi, oben 17, 56); weitere Beispiele derart bei Sébillot, Folkl. d. Fr. 1, 243. 2, 464. An unserer Stelle ist nur von Quellen die Rede; dass auch die blosse Beunruhigung solcher kleinerer Gewässer Unwetter zur Folge haben konnte, zeigt Sébillot a. a. O. 2, 225 (aus Bérenger-Féraud, Superst. et surviv. 3, 217: Provence). Immerhin brauchte der Anschauung des Volkes nicht immer diese Art der Rache vorzuschweben; die oben erwähnte isländische Sage vom Teich Hróarsskörð berichtet, der Frevler werde von dem zum zweiten Male hineingeworfenen und zurückfliegenden Stein verwundet, beim dritten Male aber getötet.

14. Aus Erasm. Chil. I 5, 77 p. 167. Vgl. Otto, Sprichw. d. Römer S. 193. Auch als deutsches (Wander 4, 464) und niederländisches (de Cock, Volkskunde 24, 151) Sprichwort belegt. Das Anstossen an die Schwelle galt im Altertum als böses Vorzeichen; zahlreiche Zeugnisse dafür bei M. B. Ogle, Am. Journ. of Philol. 32, 251 ff., der z. T. auf dem mir nicht zugänglichen Werke von H. Clay Trumbull, The threshold covenant, New York 1896 (s. zu Nr. 19), fusst. Für das Mittelalter ist der gleiche Aberglaube belegt durch Johannes Sarisberiensis († 1182) bei Grimm, Myth.[4] 2, 938; vgl. ferner oben 12, 9 (aus der Hs. des Thomas v. Haselbach † 1464), für Italien durch Mariano Sozzini (Siena, 15. Jht.), Archivio trad. pop. 15, 135: 'redire ad domum, si numen [l. limen] offenderit'. Dasselbe gilt noch heute in Sizilien, s. Pitrè, Usi e costumi 4, 465, wie bekanntlich auch in Deutschland, Wuttke § 317; Carstens, oben 20, 383 Beispiele aus anderen Ländern Europas und Asiens bei Ogle a. a. O. und Frazer, Folk-Lore 1, 156.

15. Belege hierfür liessen sich bisher nicht feststellen.

16. Das Symbol ist eine Äusserung von der im Altertum (vgl. Boehm, De symb. p. 8) wie in der Neuzeit allgemein verbreiteten Anschauung von der ominösen Bedeutung der linken Körperhälfte. Das Verbot, die Speise mit der linken Hand zum Munde zu führen ist, wie Haberland, Zs. f. Völkerpsychol. 18, 164 an zahlreichen Beispielen nachweist, sehr weit verbreitet, besonders im Islam, ferner bei den Hindus (schon im Gesetz des Manu), Singhalesen, Malaien, einigen Negerstämmen und in Neuseeland. Die Gründe, die für diesen Brauch angeführt werden, sind verschieden; häufig wird darauf hingewiesen, dass die Linke infolge ihrer Verwendung für verunreinigende Tätigkeiten ungeeignet sei. Vielleicht befürchtete man auch, dass die auf diese Weise aufgenommene Speise leichter bezaubert werden könne. Als sizilianische Tischsitte berichtet Pitrè, Usi e costumi 4, 344, dass man das Wasser nicht mit der linken Hand eingiesse, in Erinnerung daran, dass Judas mit der linken Hand den Wasserbecher ergriffen habe.

17. Das Schlafen auf einem Grabe brachte nach antikem Volksglauben Unglück, wie Artemidor. on. I 81 p. 82, 22 Herch. lehrt; dort gilt es als Vorzeichen des nahen Todes, wenn man im Traum auf einem Grabmal zu schlafen meint. Ebenso galt das Sitzen auf Gräbern in bestimmten Fällen (Hesiod op. 750, vgl. E. E. Sikes, Class. Rev. 1893, 392f.) für verderblich, noch mehr aber das Betreten derselben, wovor deshalb der Abergläubische bei Theophr. char. 16, 9 sich ängstlich hütet, vgl. ferner Plut. Lyk. c. 27; Seneca, Troad. v. 492; unter den Reinheitsvorschriften der Demeterpriesterinnen von Kos befand sich auch: *μηδὲ ἐπιβαίνειν ἐφ' ἡρῴιον*, s. Herzog, Arch. f. Relw. 10, 402; Wächter, Reinheitsvorschriften 1910 S. 59. 53, wo noch einige weitere Entsprechungen aufgeführt werden. Das Treten auf Gräber ist auch verboten nach böhmischem (Wuttke § 743) und neugriechischem Volksglauben (Georgakis-Pineau, Folkl. de Lesbos p. 177. 241). Aus derselben Anschauung ist der antike Volksglaube zu verstehen, dass das Abweiden von Gräbern dem Vieh Unglück bringe, Ovid, fast. IV 750.

18. Das Symbol scheint als Gegenstück zu dem echten *τὰ πεσόντ' ἀπὸ τῆς τραπέζης μὴ ἀναιρεῖσθαι* (Boehm, De symbolis p. 26) gebildet zu sein. Zugrunde liegt entweder die Nachricht Plin. XXVIII 27 über die ehrfurchtsvolle Behandlung heruntergefallener Brotkrumen oder die auch heute noch in Italien wie in Deutschland (Wuttke § 458) verbreitete Anschauung, dass es unheilvolle Folgen habe, wenn man solche Brotkrumen nicht vorsichtig wieder aufhebe, sondern darauf trete, s. v. Reinsberg-Düringsfeld, Ethnogr. Curiositäten 1879 S. 118 (Venedig, aus D. G. Bernoni, Credenze popolari veneziane 1874); Corsi, Arch. trad. pop.

14, 418 (Siena); Karusio, Arch. per l'Antropologia e la Etnol. 17, 319 (Bari); Pitrè, Usi e costumi 4, 340 (Sizilien). Denselben Aberglauben berichtet Lewy, oben 3, 142 von den babylonischen Juden des 4. Jhts. n. Chr.

19. Einen Beleg für diese merkwürdige Sitte vermag ich weder aus antikem noch italienischem Volksglauben zu geben. Nach Robertson Smith, Religion der Semiten S. 187, streichelten die Araber zur Zeit Mohammeds beim Verlassen und Betreten des Hauses die Hausgottheit mit der Hand. Ausser dieser Stelle führt van Gennep, Les rites de passage p 32, aus Clay Trumbull, The threshold covenant (New York 1896) p. 69 f., den Brauch syrischer Juden an, beim Verlassen des Hauses mit der rechten Hand die am Türpfosten angebrachte 'mazuza', die den Namen Gottes auf einem Zettel oder dergleichen enthält, zu berühren, dann den Finger zu küssen und die Worte: 'Der Herr segne deinen Ausgang usw.' zu sprechen. M. B. Ogle, The house-door in religion and folklore, Am. Journ. of Phil. 32, 264, führt das (gefälschte) pythagoreische Symbol als Zeugnis für die Verehrung der Tür im Altertum an; Herod. 2, 121, worauf Ogle verweist, gehört nicht hierher, die anderen angeblichen Parallelen bei Trumbull a. a. O. S. 12. 31. 116. 123. 190 liessen sich nicht nachprüfen, da mir das schon von van Gennep a. a. O. als selten bezeichnete Buch bisher unzugänglich blieb. Nützlich sind jedoch die Hinweise Ogles auf die bei Porphyr. de antro nymph. 27 von den Pythagoreern und Ägyptern berichtete Sitte, beim Durchschreiten von Türen und Toren Stillschweigen zu bewahren, womit die Türen in eine Reihe mit den Grabmälern gestellt wurden, bei denen man denselben Brauch übte, Aristoph. av. v. 1490; Alciphr. ep. III 58, 3. — Ob es sich bei dem Symbol um einen verschollenen Brauch oder ein *αὐτοσχεδίασμα* des Verfassers handelt, muss dahingestellt bleiben.

20. Aus Erasm. Chil. I 9, 55 p. 276 'illotis manibus'. Die Hinzufügung 'lyram non attingendam' aus Chil. I 4, 35 p. 129 'asinus ad lyram'.

21. Die beigefügte Erklärung lautet: labore parta nemini vi et viribus eripienda. Belege dazu, die auf einen Volksglauben schliessen lassen könnten, waren nicht zu ermitteln.

22. Aus Erasm. Chil III 4, 61 p. 609 'absque baculo ne ingreditor'; die Übereinstimmung ist hier also fast wörtlich. Mit diesem Sprichwort sinnverwandt und vielleicht ihm nachgebildet ist oben nr. 6.

23. Aus Erasm. Chil. I 4, 35 und 36 p. 129: 'asinus ad lyram' (s. o. nr. 20) und 'sus tubam audivit'.

24. Hier liegt wieder ohne Zweifel ein Volksglaube zugrunde. Zu dem Verbote, sich in einem Fluss oder sonstigem Gewässer zu spiegeln, bringt Frazer a. a. O. p. 152 eine Reihe von Belegen aus dem Gesetzbuch des Manu und den Gebräuchen der Zulus und Melanesier und verweist auf die Narzissussage (vgl. Wuttke § 12), der wie den vorerwähnten Gebräuchen die Vorstellung von einem im Wasser verborgenen und die Menschen herabziehenden dämonischen Wesen zugrunde liegt. Grundlage für das Spiegelverbot ist vielleicht Artemid. on. II 7 (p. 91, 7 Herch.): *τὸ ἐν ὕδατι κατοπτρίζεσθαι θάνατον προαγορεύει αὐτῷ τῷ ἰδόντι ἢ τινι τῶν οἰκειοτάτων αὐτῷ.* Aus dem oben bezeichneten Grunde vermeidet man an bestimmten Tagen des Jahres im deutschen Volksglauben bekanntlich, sich in Flüssen und Seen zu baden (vgl. Wuttke § 464). Doch ist das an erster Stelle stehende Verbot, sich das Gesicht in einem Flusse zu waschen, wohl eher durch die Scheu hervorgerufen, den Dämon des Wassers durch Verunreinigung zu beleidigen, s. z. B. P. Sébillot, Folkl. d. Fr. 2, 201. 477; vgl. auch Hesiod. op. 737 ff. Aus derselben Erwägung entstand das Verbot, ins Wasser zu spucken oder zu pissen (Wuttke § 12).

25. Das Verbot wendet sich gegen den weitverbreiteten Sympathiezauber, der mit der Fussspur getrieben wird. Besonders ist es üblich, einen Dieb dadurch zu bannen oder zu töten, dass man in seine Fussspur einen Nagel treibt, vgl. Frazer a. a. O. p. 157; Sartori, oben 4, 41; Krauss, ebenda S. 216; Grimm, Myth.[4] 3, 472 nr. 1011. 473 nr. 1040; Carstens, oben 20, 385 nr. 4; Wuttke § 186. 643. 392. 396. Auch im griechischen Zauberwesen spielt die Fussspur eine Rolle, wenn auch das Durchbohren mit einem Nagel nicht belegt ist. Nach Lucian dial. meretr. 4, 5 trat man mit dem rechten Fuss auf die linke Spur des Feindes und umgekehrt und sagte dabei: Ἐπιβέβηκά σοι καὶ ὑπεράνω εἰμί, vgl. auch Abt, Apol. des Apuleius S. 79. Verwandt ist auch der in den echten pythagoreischen Symbolen ausgesprochene Aberglaube, dass man die im Bette zurückgelassene Spur, ebenso die Spur des Kessels in der Asche verwischen müsse, vgl. Boehm, De symb. p. 40; der Brauch wurde noch zur Zeit des Giraldi in Italien befolgt, s. Opera 2, 661 E, oben S. 20.

26. Öfters findet sich im Volksglauben eine gewisse Furcht vor der Anwendung 'unangebrochener' Dinge; so lautet ein pythagoreisches Symbol: ἀπὸ ὁλοκλήρου (oder ὅλου) ἄρτου μὴ ἐσθίειν (μὴ ἀπόδακνε), s. Anaximander Miles. b Suid. s. v. Ἀναξίμανδρος; Hippol. Ref. VI 27 (vgl. Grimm, Myth.[4] 3, 436 nr. 63; Wuttke § 457). Aus derselben Anschauung ist der jüdische Aberglaube der Kaiserzeit entstanden, dass man nicht ein Stück Grünzeug aus einem ganzen Bunde essen dürfe, s. Lewy, oben 3, 143. In der Chemnitzer Rockenphilos. bei Grimm, Myth[4] 3, 446 nr. 354 heisst es, vor der Trauung müsse der Bräutigam das Fass anzapfen, sonst können ihm böse Leute etwas antun. Erst durch das Anschneiden des Brotes, das Aufbinden des zusammenhaltenden Fadens, das Anzapfen wird die dem Ganzen möglicherweise anhaftende Bezauberung wirkungslos gemacht. Die vorliegende Vorschrift ist offenbar ein Ausfluss derselben Vorstellung. Auch der von Grimm, Myth.[4] 3, 438 nr. 113 aus der Chemnitzer Rockenphilosophie mitgeteilte Aberglaube, die Bänder vom Bettstroh aufzuknoten, gehört hierher.

27. Vgl. Erasm. Chil. III 8, 79 p. 687 'a fronte simul et occipitio oculatus' und Chil. I 2, 19 p. 62 'frons occipitio prior' und die dort gegebenen Erklärungen, die der dem Symbol angehängten nicht unähnlich sind (praecautionem et diligentiam ad res agendas excitandam, his peractis memoriter examinandas).

28. Unmittelbare Parallelen aus antikem oder neuerem Volksglauben vermag ich hierfür nicht beizubringen, doch scheint eine Art 'Hinderungsaberglauben' vorzuliegen. Bekannt ist die Sage von Heras Versuch, die Geburt des Herakles dadurch zu verhindern, dass die Geburtsgöttin Eileithyia die Finger verschränken musste, vgl. Panzer, Beitr. 2, 336 ff.; Samter, Geb., Hochz. u. Tod S. 121 f. Auch dem Übereinanderschlagen der Knie schrieb man bei Geburten wie bei wichtigen Verhandlungen und gottesdienstlichen Handlungen hindernden Einfluss zu und verbot es daher, s. Plin. XXVIII 33; Panzer und Samter a. a. O. Zu den von Lewy, oben 3, 23 ff. mitgeteilten 'emoritischen Gebräuchen' gehörte es, wenn jemand sagte (S. 33 § 9): 'Lege deine Hände nicht auf den Rücken, damit uns die Arbeit nicht behindert sei!' Pitrè, Usi e costumi 4, 28, teilt folgenden sizilischen Aberglauben mit: 'Alla medesima pena (Unruhe nach dem Tode) son costrette le anime di coloro, che morendo coi piedi annodati, non poterono fare il viaggio di S. Giacomo (über diese beschwerliche Reise der Seele s. Pitrè a. a. O. 2, 246 f.). Codeste anime o restano sospese in aria o assumeranno la figura di un animale. Nel 'Vestru' del Guastella è rapportata siffatta credenza a proposito d'un buon sacerdote di quel casato, morto, come si dice, colle ginocchia strettamente legate da un tristo di sagrestano'. Eine ähnliche

Hinderungsanschauung liegt auch dem deutschen Volksglauben zugrunde, dass einem das Essen nicht bekomme, wenn man mit übereinander geschlagenen Beinen isst; auch die mohammedanische Sitte gestattet diese Haltung erst nach beendeter Mahlzeit, s. Panzer a. a. O. S. 260 (die von Panzer auf dieselbe Anschauung bezogene Stelle Aristoph. av. v. 966: *εἶτ αὖ προμαθεῖν ᾆσμ' ἐδίδασκεν τὼ μηρὼ μὴ ξυνέχοντας* gehört kaum hierher, sie bezieht sich wohl auf eine pädagogisch-hygienische Vorschrift). Nach böhmischem Volksglauben stockt die Unterhaltung in einer Gesellschaft, wenn jemand die Füsse übereinander schlägt, nach oberösterreichischem entsteht dadurch Streit (Panzer a. a. O.).

29. Dass man nicht mit den Fingern auf die Sterne zeigen dürfe, ist ein äusserst weit verbreiteter Aberglaube, s. Grimm, Myth.[4] S. 445 nr. 334 (Chemn. Rockenphilos.). S. 469 nr. 937. 947; Wuttke § 11; Liebrecht, Z. Vkde. S. 341 nr. 1; Frazer, Folk-Lore 1, 151; Lehmann-Filhès, oben 8, 286 (Island); Sébillot, Folkl. d. Fr. 1, 56. Es ist anzunehmen, dass dieselbe abergläubische Vorstellung auch in Italien zur Entstehungszeit des Symbols geherrscht hat.

30. Die beigefügte Erklärung: 'cum levissimis hominibus familiaritatem non habendam' weist von selbst auf die bekannte Erzählung Ovids (Met. XI 180 ff.) vom König Midas, dessen schwatzhafter Barbier das Geheimnis von des Königs Eselsohren, das er nicht bei sich behalten konnte, in ein in die Erde gegrabenes Loch flüsterte; später wuchs Schilf aus diesem Loche, und das Geheimnis kommt zutage

leni nam motus ab austro
obruta verba refert, dominique coarguit aures (v. 192 f.).

31. Die Erklärung: 'tardis et frigidis hominibus sapientiae laudes non commodandas' ist so gezwungen und nichtssagend, dass man als Grundlage auch dieses Symbols einen gleichzeitigen Aberglauben annehmen möchte. Als Parallele kann ich nur anführen, was Lewy, oben 3, 33 § 10 unter den 'emoritischen Gebräuchen', jüdischem Aberglauben der Kaiserzeit, mitteilt: 'Wenn jemand einen Feuerbrand an die Wand heftet und ruft 'Weg!', so gehört das zu den emoritischen Gebräuchen; vgl. dazu Lewy S. 34, der darin einen Schutz gegen Feuersbrunst zu sehen geneigt ist ('similia similibus').

32. Nachbildung nach Erasm. Chil. I 4, 56 p. 134 'in aqua scribis'.

33. Aus Erasm. Chil. I 7, 14 p. 210: 'si vultur es cadaver exspecta' (aus Seneca Ep. 95, 43, vgl. Otto, Sprichw. S. 380). Die beigefügte sonderbare Deutung innocuos homines facile esse infelices findet erst ihre Erklärung durch die Worte des Erasmus: minus nocens, quod neque fruges attingit neque ullum animal, quantumvis imbelle, occidit aut insectatur. Über die ominöse Bedeutung des Geiers s. Schwarz, Menschen u. Tiere im Abergl. S. 29; Abt, Apol. d. Ap. S. 53.

34. Dass dem Verstorbenen die Augen zugedrückt werden, ist ein weitverbreiteter, auch im Altertum geübter Brauch, vgl. Buchholz, Hom. Real. II 2, 299; Stengel, Griech. Sakralaltertümer S. 214; Becker-Göll, Gallus 3, 485. Für die Verbreitung der Sitte s. v. Negelein, oben 14, 21; Krauss, oben 1, 187. Als Grund wird meist die Besorgnis angegeben, dass das offene Auge des Toten andere Mitglieder der Familie nach sich ziehe[1]), ein in Deutschland wie auch Italien verbreiteter Aberglaube, s. Bastanzi, Superstizioni delle Alpi Venete p. 64; v. Reinsberg-Düringsfeld, Ethnogr. Curiositäten 1879 S. 113; Balladoro, Archivio

1) Eine abweichende Erklärung — man will den Toten verhindern, den Weg zurückzufinden — gibt W. Caland, Arch. f. Relw. 17, 496.

trad. pop. 18, 124; Pitrè, Usi e costumi 1, 211. Dass im Altertum die Augen auch bereits vor Eintritt des Todes zugedrückt wurden, zeigt Plin. XI 150: 'Morientibus illos (sc. oculos) operire rursusque in rogo patefacere Quiritium magno ritu sacrum est'. Diese Stelle dürfte vielleicht auch der Ausgangspunkt des Symbols sein.

35. Aus Erasm. Chil. II 5, 18 p. 423 'ne puero gladium' und II 5, 51 p. 429 'ne gladium tollas mulier'.

36 Entnommen aus Porphyrius, Vita Pyth. c. 40 = Hieron. c. Ruf. 23, 507 Migne. Um seine Fälschung, die er mit einer langen Reihe von echten Symbolen begonnen hat, vor sofortiger Entdeckung zu schützen, setzte der Verfasser diesen durch die Überlieferung als pythagoreisch bezeichneten Spruch an den Schluss.

Die vorstehende Untersuchung erhebt weder den Anspruch auf Vollständigkeit noch auf unanfechtbare Sicherheit in Einzelheiten. Immerhin werden sich einige Tatsachen als feststehend betrachten lassen. Dass es sich nicht um antike Symbole handelt, glaube ich, wie oben bemerkt, an anderer Stelle bewiesen zu haben. Die Person des Verfassers ist vom volkskundlichen Standpunkt aus verhältnismässig gleichgültig, immerhin hat die Vermutung, dass Giraldi selbst es sei, grosse Wahrscheinlichkeit. Fest stehen als Grenzpunkte der Entstehungszeit die Jahre 1508 (1. Ausgabe der zweifellos benutzten 'Chiliades Adagiorum' des Erasmus) und 1551 (Erscheinungsjahr der Libelli duo des Giraldi). Deutlich zu erkennen ist ferner die Arbeitsweise des Fälschers. Entsprechend der gelehrten Anschauung seiner Zeit von der 'Doppelnatur' der pythagoreischen Symbole suchte er aus ihm bekanntem antiken und gleichzeitigen Volksglauben eine Anzahl von Vorstellungen zusammen, denen sich eine den echten Symbolen ähnliche paränetische Form geben und eine mehr oder weniger plausible 'Erklärung' anhängen liess. Da unter den antiken Sprichwörtern und Redensarten, die Erasmus in den Adagien in so unerschöpflicher Fülle gesammelt hatte, nicht wenige auf Volksmeinungen beruhen und andererseits die Symbole selbst wegen ihres formelhaften Tones von Erasmus zu den Sprichwörtern gezählt worden waren, machte der Fälscher vor allem eine ausgiebige Anleihe bei diesem Werk, das ihm ja auch, wie oben bemerkt, die vor den Pseudosymbolen aufgezählten echten Symbole geliefert hatte. So bilden die aus Adagien des Erasmus zurechtgestutzten Symbole gleichsam den Grundstock des Ganzen, wobei freilich auch solche Sprichwörter in die Form von Symbolen gezwängt wurden, die mit Volksglauben nichts zu tun haben, während sich natürlich die bei Erasmus überlieferten echten Symbole am leichtesten zu neuen umformen oder kombinieren liessen. Daneben lassen sich Plinius, Artemidor, Petronius und Ovid als wahrscheinliche Quellen für benutzte antike Volksmeinungen erweisen. Für eine beträchtliche Zahl von Symbolen muss dem Verfasser seine Kenntnis von gleichzeitigem Volksglauben den Stoff geliefert haben. Während sich für eine Anzahl von Stücken dieser Gattung entsprechende Vorstellungen des Mittelalters und der neueren

Zeit, zum Teil solche aus Italien, feststellen liessen, blieben einige wenige bisher unbelegt, so dass sich bei ihnen nicht beweisen liess, ob es sich um volkskundlich wertvolle Zeugnisse oder blosse Phantastereien des Verfassers handelt. Bei der Zerstreutheit des Stoffes und der oft schwierigen Zugänglichkeit der in Frage kommenden Literatur, besonders der den Volksglauben Italiens behandelnden, ist es sehr leicht möglich, dass sich im Laufe der Zeit noch für dies oder jenes Unikum Belege finden. Vielleicht gibt die vorstehende Untersuchung Anlass zu weiteren Nachforschungen und Mitteilungen.

Berlin-Pankow.

Deutsche Märchen aus dem Nachlass der Brüder Grimm.

Von **Johannes Bolte.**

Es ist eine den Forschern wohlbekannte Tatsache, dass die unsterblichen Kinder- und Hausmärchen der Brüder Grimm seit ihrem ersten Erscheinen im Jahre 1812 eine gewisse Umformung der Erzählweise durchgemacht haben. Stellte Jacob anfangs die wissenschaftliche Forderung auf, die Texte, insonderheit die aus der gedruckten älteren Literatur entnommenen, unverändert und unverfälscht wiederzugeben, so überwog später Wilhelms künstlerisches Gefühl, das im Streben, ein lesbares Kinderbuch zu schaffen, überall den einfachen, aber lebendigen und anschaulichen Ton des Volkes einführte, Lücken und Mängel der Überlieferung aus anderen Fassungen ergänzte, sonst aber die Vorlagen, wo sie ihm vortrefflich erschienen, unangetastet liess. Den gelehrten Benutzern ward in den 'Anmerkungen' über dies Verfahren kurze Rechenschaft abgelegt[1]).

Diesen Prozess allmählicher Stilisierung hat Tonnelat jüngst in einer fleissigen Vergleichung der verschiedenen Auflagen vorgeführt, nachdem früher Hamann das Verhältnis der Märchen zu ihren literarischen Vorlagen untersucht hatte[2]). Noch lohnendere Ausbeute möchte wohl von einer Vergleichung der Originalfassungen aus dem Munde der hessischen, westfälischen, österreichischen und sonstigen Gewährsmänner der Brüder Grimm zu erwarten sein, wenn uns diese noch vorlägen. Leider lässt der

1) Vgl. Erich Schmidts schönen Aufsatz 'Zur Jahrhundertfeier der Grimmschen Märchen' (Deutsche Rundschau 39, 3, 432-443) und F. Panzer, Die KHM. der Brüder Grimm (Zs. f. den dt. Unterricht 27, 481—503 1913).

2) E. Tonnelat, Les contes des frères Grimm, étude sur la composition et le style du recueil des KHM. (Paris 1912). — H. Hamann, Die literarischen Vorlagen der KHM. und ihre Bearbeitung durch die Brüder Grimm (Berlin 1906. Palaestra 47).

bisher für diese Aufgabe noch nicht verwertete hsl. Nachlass, welcher im Grimmschranke der Königlichen Bibliothek zu Berlin aufbewahrt wird, nicht allzuviel erhoffen. Unter den sieben Konvoluten über Märchen, die mir Reinhold Steigs Güte schon vor vielen Jahren zugänglich machte, vermisst man die Vorlagen zum ersten Bande (1812) bis auf einige Auszüge aus gedruckten Werken und mehrere später in den Anmerkungen verwertete Varianten; ebenso fehlen die Erzählungen der Frau Viehmännin aus Zwehren bei Kassel, deren Bildnis 1819 der zweiten Auflage des zweiten Bandes beigegeben wurde. Sorgfältig aufbewahrt sind dagegen die Beiträge der Familie v. Haxthausen in Bökendorf, soweit sie in westfälischer Mundart geschrieben sind. Das 'Mscpt. zu den plattdeutschen Märchen im 2. Band, was noch einmal vielleicht nachgesehen wird', enthält die Nummern 91. 96. 113. 126. 131. 132. 133. 136. 137. 138. 139. 140. 141; acht Stücke sind von Wilhelm Grimm geschrieben und tragen die Unterschrift 'Vidi H.', die auf eine Revision der Dialektformen durch Werner oder August v. Haxthausen[1]) hinweist. Das Blatt, welches Nr. 131 und 140 enthält, ist datiert 'am 27. Mai 1812'; eine hochdeutsche Fassung des Erdmännekens (Nr. 91) trägt eine Nachschrift von Ferdinandine v. Haxthausen, die durch einen Dankesbrief Wilhelm Grimms bei Reifferscheid, Freundesbriefe von W. und J. Grimm 1878 S. 24 in den Mai 1814 verwiesen wird[2]). Zwei Hefte mit der Aufschrift 'Aufnahme der Gespräche auf denen Spinstuben der Gemeinde Hoff im Jahr 1811' rühren offenbar von dem alten Dragonerwachtmeister Friedrich Krause aus Hof am Habichtswald her, von dem Wilhelm Grimm, wie er am 26. Sept. 1812 an Arnim schreibt, ein paar eigentümliche soldatische Märchen gegen alte Kleider eintauschte[3]). Sie enthalten neben verbreiteten Schwänken Varianten zu den Märchen Nr. 42. 48. 54. 62.

1) Über Werner von Haxthausen (1780–1842) vgl. Reifferscheid, AdB. 11, 121; über August v. H. (1792–1866) Reifferscheid, ebd. 11, 119 und Risse, Westfälisches Magazin n. F. 4, 8 (Dortmund 1912).

2) W. Grimm schreibt am 29. Mai 1814 an Ludowine von Haxthausen, nachdem er für das Märchen von den drei Königstöchtern, die erlöst werden (nr. 91), das vom Köterberg, das einer orientalischen Erzählung der 1001 Nacht merkwürdig ähnele (nr. 142), und De beiden Künigeskinner (nr. 113) gedankt hat: 'Nicht weniger aber hat mich auch die schöne Tasse erfreut.' — Dazu vergleiche man die erwähnte Nachschrift: 'Hier beste Loudowine hast du das Märchen gieb es vor allem Fritz damit er es erst durchließt eh du es an Grim schickst zum beyspiel kömmt das lausen des Drachen darin vor ich habe es gelaſsen wie es mir erzählt wardt. Du muſst ohnehin das Märchen im Reihnen schreiben denn es ist gräſslich geschrieben. Ich hoffe die Taſse die ich dir hier für Grim schicke wirdt dir gefallen schreib nur vor allem selbst dabey, gern hätte ich an Mutter geschrieben allein die Zeit ist zu kurtz herzlich küſse ich ihr die Hand und umarme euch alle dich und Carolinen schreibe ich recht bald. Deine treue Dine.' Die Briefschreiberin Ferdinandine v. H. heiratete später den Freiherrn Heereman von Zuydtwyck (L. von der Osten, F. L. August M. Freiherr von Haxthausen, ein photographischer Versuch von Freundeshand, 1868 S. 11).

3) Steig, Arnim und Grimm 1904 S. 215; Bolte-Polivka, Anmerkungen zu den KHM. der Brüder Grimm 1, 126. 424. 464. 2, 19. 503.

Von allgemeinerem Interesse indes sind einige Aufzeichnungen, die nicht zu den in der Grimmschen Sammlung enthaltenen Stoffen gehören, sondern neue Märchen darstellen. Die beiden Konvolute, in denen sie sich finden, tragen den Titel: 'Märchen, aus den Quellen des Buches aufgehoben, weil noch einiges darin stand, das nicht konnte benutzt werden, oder weil die Quellen noch einmal nachzusehen sind' und: 'Zweifelhaftes, Fragmente, Spuren, Einzelnes'. Man wird gewiss die Zurückhaltung billigen, mit der die Brüder Grimm gegenüber dürftigen, unvollständigen oder nicht ganz volksmässigen Erzählungen verfuhren, da sie dem Volke nur das Beste bieten wollten; für die Forschung aber haben auch viele dieser vor hundert Jahren zu Papier gebrachten Überlieferungen Wert; zeugen sie doch für den reichen Besitz des deutschen Volkes an Märchen, auf den neuerdings noch Dähnhardt und Zaunert durch ihre Ergänzungen zu der Grimmschen Sammlung hingewiesen haben[1]). Wir teilen zunächst sechs im Münsterlande durch Mitglieder der Familie v. Haxthausen aufgezeichnete Stücke mit, ohne die krause Schreibung der Mundart einer Regelung zu unterwerfen.

1. Des Toten Dank[2]).

Et was emoel en Schniederbursen, de wull reisen un heff nix mehr asse drey Dahler Geld; do kümmt he buten by et Gericht her, do henkt do en armen Sünder an. Do seg he: 'Wat döt mi dat leed, dat du do henkst vör Schimp un Spott!' Un so geit he no en Richter, he mög em doch den armen Sünder gierwen. Do seg de Richter: 'Ne, dat doh ick nich, dat heff he verdeint.' Men de Schnieder begehrt em: 'O doht et doch, ick will ju auck mine drey Dahler gierwen.' Do gifft em de Richter; he geit fohrts hen und nimmt en vont Gericht aff un begräff en in de Erde un seg: 'Nu lieg in Gottes Namen!'

Esse dat verbie is, geiht he weg un kümmt in en grauten Wold, do kümt en son erschrecklich unnüsel grauten Kerl in de Möte, de süt so gruelig ut, dat he dervör in ene schreckt. Do seg de Kerl to em: 'Wo wut du hen?' — 'Ick wull reisen, ick sin en Schnieder'. — 'Je,' seg de gruelige Kerl, 'ick will dien Bedienten sien.' — 'O Heer', seg de Schnieder met Schrecken, 'ick hebbe sölfst nich to lerwen.' — 'Kum du men to', seg de Kerl. Do goht se no de Stadt un no en

1) O. Dähnhardt, Deutsches Märchenbuch 1—2 (Leipzig 1903); P. Zaunert, Deutsche Märchen seit Grimm (Jena 1912). — Dähnhardt bringt 94 Nummern aus den Werken von Colshorn, Curtze, Ey, Haltrich, Jahn, Kuhn-Schwartz, Meier, Müllenhoff, Peter, Pröhle, Schambach-Müller, Simrock, Sommer, Stöber, Strackerjan, Sutermeister, Vernaleken, Wisser, Wolf, Zingerle u. a.; Zaunert 105 Nummern z. T. aus denselben Quellen, aber überarbeitet und ohne genauere Angabe der Herkunft.

2) Aus einem von zwei Faszikeln von bläulichen Quartblättern, welche die Märchen nr. 68. 82. 143 (auch unten nr. 5—6), dazu die Sagen nr. 122. 157. 173 und Lieder in münsterscher Mundart enthalten. Also sicherlich aus der Familie von Haxthausen vor 1816. Die Überschrift fehlt; aber W. Grimm hat mit Rotstift die Zahlen (I. 74) darüber gesetzt; ein Beweis dafür, dass er daran dachte, das Stück in die 2. Auflage des ersten Bandes der KHM. an Stelle des 'Johannes-Wassersprung und Caspar-Wassersprung' einzusetzen. 1819 wurde freilich die deutsch-böhmische Erzählung 'von dem Fuchs und der Frau Gevatterin' nr. 74.

Kledermaker un köfft em drey Kleder, met Gold un Sülwer sticket, un mackt em sine Hoere so nett asse der to; un do geiht de graute Bedienten no den kaiserlicken Hoff un seg, do wör en jungen Ridder, de wull gern Middag met an de Tafel gohn. Froget se em, wu de bedde. ‘Je,’ seg he, ‘et is mien Heer, de Name segge ick ju nich, de mot verschwiegen sien.’ Also kümt he den Middag, se nimt en ganz fröndlick up, he is so schön un so ardig, ene will den no leiwer by sitten asse de andere; un de Graute geit der achter stohn un wachtet em up. No den Disk spierlt se in Karten, un he gewinnt alles, by de twerlf dusend Dahler. Do neidiget se em wier to det Owenderten, men de Graute seg, he söll nu met gohn. He döt sick bedanken un geit weg. Do huert em de Graute en Wagen met sess Perde, do settet he sick in und föhrt weg bes in en Wold.

Do is do son graut olt Schlott; kloppet de Graute an: ‘Du Olle, mak orpen! Mien Heer sall hier wurnen.’ Do kümt der en griesen ollen Mann, de heff en Mantel üm und heff en Bort, de henk em bes up de Schohe, de seg: ‘O late mi doch met Frerden! Ick hebbe no sierwen Bröers, de ligget unnen in en Keller, de sind met Kierden anschlorten, un wann de los keimen, de terrierten alles. Also hier kann kien. Mensk wuhnnen.’ — ‘Ne,’ seg de Graute, ‘mien Heer sall hier wuhrnen.’ Seg de Griese: ‘Ick will di gern alles gierwen; lat mi doch met Frerden!’ — ‘Dann giff mienen Heeren en goldenen Wagen met seß schwatte Perde un en goldenen Degen un ne goldene Uhr un Millijonen Dahler Geld!’ Dat giff he em auk alle. Esse de Schnieder dat heff, schleit dat Schlott in de Erde herinn, un he kann nich sein, wo et stohn heft bedde. Do seg de graute Kerl, off he auk wüste, wat he vör enen by sich hedde. ‘Ne,’ seg de. ‘Ick sin de arme Sünder, de du hest von de Galge normen. De Geister sind in sierwen Klassen, ick sin von de dankboren Geister.’ Un he verschwindt, un de Schnieder heff genog vör sien ganze Lerwen.

2. Der dankbare Tote und die aus der Sklaverei erlöste Königstochter[1].

Da sied mal drey Brüder gewesen, und de sied ub drey Schippe up ein grot Water gangen. Un as se wieder an dat Land kummen sied, da es de jüngste Broder in en Wirzhus gangen. Unn as he in de Güken kummet, da sit da in den Schorrenstein ein arm Mann, un da secht he für der [!] Wert: ‘Warum sit de Mann da? Ik wir ünne loß maken.’ — ‘Neh,’ seh de Werd, ‘de kummt nie laus, bis he[2]) siene Vertebr betalt hät.’ Un da hat sick den jüngste Broder drei Dage da verlettet [aufgehalten] un het alles, wat he[2]) hat hät, verkaupet; un ase de

1) Steht ohne Überschrift auf drei Folioblättern bläulichen groben Papiers in deutscher Schrift. Wohl ebenfalls aus der Familie v. Haxthausen. Wilhelm Grimm bemerkt darauf mit Rotstift: „Scheint eine Novelle aus einem Buche.“ Dabei liegt ein Quartblatt desselben Papiers, auf dem in lateinischer Schrift eine etwas vollständigere Fassung des Anfanges verzeichnet ist: Da sied mal drei Bröer west, de sied met drei Schippen ub en grot Water gangen, un as se wieder an en Land quemen, da is de jungste, de hatte Johannes heiten, ut stigen un in en Wertshus gangen. Un as he in den Wertshus in de Kucken quam, se he in den Schornsten en arm Mann bunnen, de hitterte und bewerte. ‘Ei,’ seh he to den Wert, ‘worum is de Mann da in den Schornsten bunnen? Ick will [unne] los maken.’ — ‘Ne’, seh de Wert, ‘de kummt nie laus, bis he sin Verteer betalt hät.’ Un da hät sick Johannen drei Dage da verlettet und hät sienen pallen Rok [? Paltrock] verkoft, umme den armen Mann lofs to maken. Aver asse de drei Dage umen [? umm] waren, da was de Mann in den Schornstein schaun daute, un da hät he unne örrendlig begraven laten un is darup wieder nach den Watere gangen. Averst sine twei Bröder wëren schon weg schippet; da is he in eine Schue iheu nah. — 2) es.

drei Dage umm waren, da wor de arme Mann in den Schornstein schon dautd, un da hat de ünne örrentlig begrafen laudten.

Un asse he da wieder an den Watter kam, da wassen siene Broder wech schippet[1]), un da is he in eine Schuiee [? Schute] sie nah trocken. Awer asse de Broder sahen, dat he wieder da was, da hat sie in asse Schlawen an den türgkischen Sultan verkopt. Un die Türken-Su[ltan] hatte ein Dochter, die hatte den[2]) Schlawen so leif, weil he son schön Utsicht hatte un so wacker spielen und floten kun. Un da het mal de türkische Sultan ein anner Schip fangen, un da is eine adelige Frohlen mit 5 Kammermekens up west. De hat awer schwere Arbeit doen mutten, un de Schlawe hat sie alle 6 mutten vor eine Plog spannen und hat die Land damit ackern mutten. Un dat hett die Sultansdochter ansehu un is to ihren Vater gangen un hat une Hänn un Foten küsset un hat segt: 'Lewe Vater, gewet mir den Schlawe to mien Ehmann!' Aber den Sultan is bösie worn un hat secht: 'Du, du rieke Dochter, wollst den armen Schiperjungen to dienen Manne niemen?' Und da het sie antwortet: 'Un wenn ik den Schiperjungen nit hewen soll, so mutt ik mit gesunen Hertten sterwen.' Un asse et da de Vader Verloft giwen hët, da het de Schlawe to sienen Brut segt, sie möchte doch auk für die 6 Jungfruhen bitte, he kun nicht mehr ansehen, dat sie ihr Schweis un Blot in den Ploch vergotten. 'Ja,' sie de Vater, 'weil du meine einzige Dochter bist, so will ik dat auk det [?] togiwe; un nun set die mit deinen Brumen [Bräutigam] in den Kutschen un besüh man dat ganze Land!' Un dat het sie auk dahen, und do sind so viele Kutschen hinnenher trocken, un in einer het de Brut mit ihren Brumen satten, und in den annern hat de adelige Frohlen setten, und in den dritten de Kammermakens, un in noch vile Wagens Hochtitgäste, und in noch ander Kutschen Spiellühe mit Walthören, Trompetten un alle den schöne Musik, de sick ein Mensch nur erdenken kan.

Da sied sie in dat ganze Land herum trocken, un asse an dat Water quamen, da hät die Brume segt: 'Nun hewe wie dat ganze Land besebu; nun mut mine Brut auk sehen, we et up den Water utsut. Kum, meine liebste Braut, nun mußt du mich Verlöf giewen, daß ich erst mit den 6 Frauensleuten spreche, und wenn ich dann damit gesprochen habe, so komm ich wieder zu dir.' Un do hat he de sieben Jungfrauen in ein Schut fort, un da is he wieder an de Kutsche von de Sultansdochter gahen und hat to ihr secht: 'Du bist eine brafe Maken, awer ik häwe mi schon mit der Frohlen verlowet. Wilst du nun wemütig von uns scheiden un nah deinen Vater toruge gehen ode[3]) mit uns nah usen Lanne gehen?' Und do hat de Sultansdochter stark grinen un is mit de Hochteitsgesten wieder to eren Vater trocken. Un he is mit siener Brut un den fünf Kamermeken nach siem Vatterland torüge kert un hat sick an den Uwer in einen kleinen Huse settet und hat sick da erlig ernehrt, und de[4]) Kammermekens hewet stricket und neihet, und asse noch ein half Gar was herum, [hebben] se einen[5]) kleinen wakern[6]) Sohn bekumen. Und da het die Fruhe segt: 'Ach, wan dat min Vater, der Konig von Engeland, sieht, so wust er nicht, was er vor Freuden tuhen sollte.' Do hët die Mann in de Hende schlagen und het sick sehr verwunnert, dat sine Fruh des Konigs von Engeland Dochter wer, und ase wieder 2 Monde wassen herum, da[7]) is de hüpsche Fruh des Morgens to ünne kommen un hat segt: 'Mein liewe Johannes, mi het diese Nachte draumet, dat du eine Reise nah min Vater machtest un he die sehr gut upnemen de. Wolltes du wohl über Watter nah ünne?' — 'O ja', seh de Mann, 'dat will ik dohen.' Un da is de Fruhe

1) schicket — 2) die. — 3) dode — 4) den — 5) eine einen — 6) waken — 7) das.

hingaben für ihr[1]) Schrin und het[2]) drei rohte schöne gestikte Fahnen langet und hat to ihrn Manne secht: 'Mein liebe Man, wen du vor Engeland kommst, so lat de Fahn in den Wind wehen!'

Und as he nun vor Engeland kummen is, doh het he dat auk dahen, un da sieht de Schiplühe [ünne] kummen unn het unne mit sine drei Schipe einfangen; dan es dorfe kein Schip ase mënten [?] dat Kuning sine so schöne Fahnen dragen. Un da het se üne gefangen settet, un da het he do so lange setten, dat sin Bath ganz lank was, un da het de Richter schwer uber ün urte[ilt], dat he in drei Tage soll dot maket wehrn. Da hat he einen von den Tokeke [Tüchlein], de üne siene Fruh mitgiwe het, an den Kunig schiket, und da is mit goldenen Bokstawen einen Breif upstiken west von siner Dochter. Un asse dat de Kunig seht, do hat he in den Gefengnisse schicket und het inne to sik ropen laten. He het aber nicht herut wollen, bis ers de Bard afschniden is. Un ase do ton Konig kummt, do het he in de 2 andern Doke auk giewen un het unne alles vertelt. De Kunig is awer so voller Froden west und het segt: 'Ach, lewet mine Dochter Theresia noch! Nun bin ik wieder froh. Ach min liebe Johann, ich will meine Tochter und deine ehlige Frau mit[3]) allerlei Instrumente holen lassen.' Und da kamen alle Freunde und Verwante von den Konig und setsen sick mit Johanne und den Musekanten to Schipe, um de Konistochter to holen.

Un alse nun wieder mit der Konigstochter[4]) und den kleinen Kindchen torucke gingen, do was so ein böser Bedienter, de will de Fruh gerne frige, un do schtot he den Johannes in den Watter un sah to de Fruh, wenn sei dat wieder sagte, so woll he ihr auk ut den Schip werpen. Und Johannes ret [?] drei Spallerhold af, un damit halp he sik wieder torige bit bald bi den Lanne. Do börde er eine Stemm: 'Johannen, lustig voran!' Un ase nu an den Lanne kam, do stand da de Mann, den eh damals in den Schorrenstein bette funnen, un de sahe to üne: 'Nu machts du dik wat wünschen.' — 'Ick will, dat ik in Engeland wehr.' — 'Do do schollst du glik sein. Und da buhet dien Fruh eine Kerke, da soll seh [sik] mit Gewalt mit den bösen Bedienten in tosammen giwen laten. Do kannst du für 12 Mann [? Tage] in arbeiten.'

Un da was eh auk gleich in Engeland, do meld he sik bi den Baumeister[5]) an für 12 Tage arbeiten. Un as he nu da an is, da kom mit 6 schwarten Perden[6]) de Konigsdochter gefahren, und als dat de Johannes sa, da wischte he sik mit den schwarten Dok, de se in giewen het, druge hie sik de [?]. [Der Schluss fehlt.]

Die beiden vorstehenden Märchen gehören dem Kreise des dankbaren Toten an, dem bereits verschiedene Forscher ihr Interesse zugewendet haben[7]). In Nr. 1 kauft ein wandernder Schneidergeselle einen Gehängten für seine drei Taler los und bestattet ihn; im Walde trifft er darauf einen grossen Kerl, der ihm seine Dienste anbietet und prächtige Kleidung und einen Wagen verschafft, dazu

---

1) fihr — 2) her. — 3) mit nit — 4) Konigstodoter — 5) Baumeister Meister — 6) Pylesern.

7) Insbesondere K. Simrock, Der gute Gerhard und die dankbaren Toten (1856); R. Köhler, Kleinere Schriften 1, 5–39. 220. 424. 441 (1898); Hippe, Untersuchungen zu der megl. Romanze von Sir Amadas (Archiv f. neuere Sprachen 81, 141–183. 1888); Dutz, Der Dank des Toten in der englischen Literatur (Progr. Troppau 1894); G. H. Gerould, The grateful dead, the history of a folk story (London 1908); W. Benary, Hervis von Metz und die Sage vom dankbaren Toten (Zs. f. roman. Philologie 37, 57—92. 129–144. 38, 229–232).

Schätze, die er dem Hüter eines alten Schlosses abnimmt; der Diener gibt sich dann als den Geist des Gehängten zu erkennen und verschwindet. — In Nr. 2 heisst der Held Johannes und ist der jüngste von drei wandernden Brüdern. Er bezahlt die Schulden eines armen Mannes, der im Schornstein des Wirtshauses sitzen muss, und begräbt ihn, da er inzwischen gestorben ist[1]). Seine treulosen Brüder verkaufen ihn als Sklaven, die Tochter des türkischen Sultans aber gewinnt ihn lieb und will ihn heiraten; da er jedoch eine Mitgefangene liebt, eine adlige Jungfrau Theresia, die mit ihren fünf Dienerinnen den Pflug ziehen muss, verlässt er die Prinzessin und segelt mit den sechs Mädchen in seine Heimat. Hier ernähren sich die Mädchen durch Näharbeit; die geliebte Frau aber gebiert ihm einen Sohn und sendet ihn mit einer Fahne, die sie kunstreich gestickt hat, nach England, wo ihr Vater als König herrscht. Von diesem als Schwiegersohn begrüsst, kehrt er heim, um seine Gattin ihrem Vater zuzuführen; allein ein neidischer Hofbeamter stösst ihn vom Schiffe ins Meer; mit Mühe rettet er sich ans Land und erblickt hier den Geist des von ihm Begrabenen, der ihn nach England bringt. Unerkannt arbeitet er an dem Bau der Kirche, in der seine Frau mit dem falschen Hofdiener getraut werden soll; endlich kommt sie angefahren, das Werk zu besehen, da tritt er ihr entgegen [und die beiden Gatten feiern ein frohes Wiedersehen].

Die Hauptzüge des verbreiteten Märchens, dem diese mehrfach getrübten und gekürzten Fassungen angehören, sind folgende: A. Der Edelmut des Helden zeigt sich, indem er (A^1) den von hartherzigen Gläubigern misshandelten Leichnam eines Schuldners loskauft und bestattet und (A^2) eine gefangene Jungfrau aus türkischer Sklaverei oder aus der Gewalt von Räubern befreit oder (A^3) die befreite schöne Jungfrau ihrem Verlobten zurückgibt. — B. Er wird durch Leiden auf die Probe gestellt: (B^1) sein Vater enterbt ihn als leichtsinnigen Verschwender, (B^2) seine treulosen Brüder verlassen ihn, (B^3) ein Neider stürzt ihn ins Meer und trennt ihn von seiner Gattin. — C. Der Geist des Toten, der als Greis, Diener oder Fuchs auftritt, belohnt ihn: (C^1) er verhilft ihm zu Reichtum und zur Heirat mit einer Prinzessin; oder (C^2) bringt den ins Meer Gestürzten zu seiner Gattin; (C^3) er verlangt die Teilung der Frau, aber nur, um die in ihrem Leibe steckenden Giftschlangen zu entfernen oder (C^4) um nochmals die Treue des Jünglings zu prüfen und sich dann zu offenbaren. — Danach besteht unsere Nr. 1 aus den Motiven $A^1 C^1$, Nr. 2 aus $A^1 B^2 A^2 B^3 C^2$, doch ist in letzterer vor B^3 noch ein besonderer Zug (D) eingeschaltet: die befreite Jungfrau sendet nach ihrer Heirat mit dem Helden diesen nach England und gibt ihm eine Fahne mit, die er am Schiffe wehen lassen soll; hieraus erkennt der König von England, dass er von seiner Tochter abgesandt ist. Anderwärts ist es das Bild der jungen Frau, das die Erkennung herbeiführt.

Bei der Musterung der übrigen Fassungen[2]) wollen wir zunächst die seit dem 16. Jahrhundert in Prosa und Versen, auch in dramatischer Form aufgezeichneten ins Auge fassen und uns darauf den mittelalterlichen zuwenden.

---

1) Als Strafe und Marter für Lebende kommt das in den Rauch hängen bei Pröhle, KVM. nr. 46, im slowakischen Märchen von der untergeschobenen Braut bei Němcová 1, 159 nr. 16 und in Erzählungen über die Gewalttaten schwedischer Soldaten (Simrock, Gerhard S. 153) vor; hier aber ist es entstellt aus dem Zuge des Romans vom Herzog Herpin, dass der tote Schuldner in einem Sacke in den Schornstein gehängt wird, wie auch die westfälische, holsteinische und eine dänische Fassung (Skattegraveren 9, 177) berichtet.

2) Herr Professor G. Polívka in Prag hatte die Freundlichkeit, meine Bemerkungen durchzusehen und durch willkommene Mitteilungen namentlich über die slawischen Fassungen zu ergänzen.

Aus der Schweiz bei Jegerlehner, Am Herdfeuer der Sennen S. 179 = Jegerlehner, Sagen aus dem Oberwallis S. 118 nr. 142 'Vom Pflasterbub zum Prinzen' ($A^{1.2}$ $B^{1.3}$ C^{2}. Toter als Hase). Aus Schwaben bei E. Meier nr. 42 'Der Sohn des Kaufmanns' = Simrock, Gerhard S. 54 nr. 3 ($A^{1.2}$ $B^{1.3}$ C^{2}. Toter als Vogel, Karl erklärt dem König sein Gemälde). Aus Tirol bei Zingerle, Zs. f. dt. Mythol. 2, 337 'Der tote Schuldner' = Simrock, Gerhard S. 62 nr. 5 ($A^{1.2}$ DB^{3} C^{2}). — Aus Siebenbürgen bei Haltrich nr. 9 'Die Hälfte von allem' ($A^{1.2}$ B^{1} $C^{2.4}$). Aus dem Odenwald bei Plönnies, Zs. f. dt. Myth. 2, 374 'Des Toten Dank' = Simrock, Gerhard S. 51 nr. 2 = Zaunert S. 245 ($A^{1.2}$ B^{1} DB^{3} C^{4}. Als Küchenjunge wirft der Held seinen Ring in die Suppe der Prinzess; der Geist verlangt die Hälfte seines Kindes). Aus dem Rheinlande: Wolf, Hausmärchen S. 243 'Des Toten Dank' = Simrock, Gerhard S. 46 nr. 1 ($A^{1.2}$ B^{1} DB^{3} C^{4}. Der Tote als Schwarzer, Erkennung durch Gemälde, Hälfte des Kindes verlangt). Simrock, Märchen S. 304 'Der dankbare Tote' = Simrock, Gerhard S. 65 nr. 6 (aus Xanten. $A^{2.1}$ DB^{3} C^{2}). Simrock S. 308 'Der gläserne Berg' = Simrock, Gerhard S. 68 nr. 7 (aus Xanten. A^{1} C^{2}, angeschlossen an den 'Trommler', Gr. 193). Aus Westfalen: Woeste, Zs. f. dt. Mythol. 3, 46 'De witte Swâne' = Simrock, Gerhard S. 75 nr. 8 = Dähnhardt, Dt. Märchenbuch 2, 30 ($A^{1.2}$ DB^{3} $C^{2.4}$. Toter als Schwan und Männchen, Erkennung durch Ring in der Tasse, Hälfte des Sohns verlangt). Aus Hannover bei Busch S. 47 'Der Königssohn mit der goldenen Kette' ($A^{1.2}$ B^{3} C^{2}. Erkennung durch Flötenspiel). Vom Harz bei Pröhle, KVM. S. 239 nr. 78 'Die rote Fahne und der Ring der Königstochter' = Simrock, Gerhard S. 58 nr. 4 ($A^{1.2}$ B^{1} DB^{3} C^{2}. Erkennung durch Ring). Aus Oldenburg bei Strackerjan 2, 308 = 2. Aufl. 2, 453 'Der dankbare Tote' ($A^{1.2}$ B^{1} DB^{3} C^{2}. Toter als Taube, Ring im Becher). Aus Holstein bei Wisser, Plattd. Vm. S. 107 'De Kopmannssöhn' ($A^{1.2}$ B^{3} C^{2}. Toter im Schornstein, zwölf Mädchen im Pfluge, Toter als Fisch, die durch den Eid zum Schweigen gezwungene Prinzessin klagt ihr Leid dem Stein). Aus Pommern bei Jahn 1, 182 nr. 34 'Der Schiffer und die drei Königstöchter von Engelland' ($A^{1.2}$ B^{1} DB^{3} C^{2}. Toter am Galgen, feindseliger Schwager, Toter als Adler trägt den Helden und überreicht ihm den Bauplan des Turmes, den die Königstöchter verlangen); 1, 190 nr. 35 'Die Mädchen im Pfluge' ($A^{1.2}$ B^{3} C^{2}. Toter als Vogel, der Held lässt sich von der Hochzeitstafel Braten und Wein holen); 1, 370 (A^{2} DA^{1} B^{3} C^{2}. Bilder der Königstochter und ihrer beiden Mägde, Erkennung durch Ring im Becher). Bl. f. pomm. Volksk. 9, 158 'Die Königstochter und der Bauernsohn' (A^{2} B^{3} A^{1} C^{2}. Entstellt). Aus Westpreussen bei Behrend nr. 13 'Der barmherzige Edelmann und sein Läufer' (A^{1} $C^{1.4}$. Der Diener verschafft ihm Wunschbeutel, Mantel und Schwert und bekämpft für ihn den Drachen); nr. 25 'Die geraubte Prinzessin' ($A^{2.1}$ DB^{3} C^{2}. Johann flieht mit der Jungfrau aus der Räuberhöhle und schlichtet nachts den Streit dreier Geister, malt die Zimmer des Schlosses aus).

Holländisch aus der Nähe von Amsterdam in der Genter Zs. Volkskunde 16, 94 nr. 51 'De dankbaare doode' ($A^{1.2}$ DB^{3} C^{2}. Gerrit entflieht mit der Prinzess aus der Räuberhöhle; beider Kind wird durch den Geist der toten Frau herbeigeholt, nachdem der treulose Schiffskapitän den Helden ins Meer gestossen hat, und bezeugt vor dem Könige die Erzählung Gerrits). — Vlämisch: P. de Mont en de Cock, Wondersprookjes p. 208 'Van de Koningsdochter en den bakkersknecht' = Revue des trad. pop. 2, 421 'De la fille de roi' (A^{2} B^{3} A^{1} C^{1}. Der Bäckergesell verschafft dem diebischen Toten Grabesruhe, indem er das gestohlene Geld dem Eigentümer zustellt, und erhält dafür dessen Haus). — Dänisch: Grundtvigs hsl. Register nr. 67 'Den dødes hjælp.' Grundtvig, Minder 1, 71 'Det fattige Lig' (A^{1} C^{1}); 1, 96 'De tre Mark' (A^{1} C^{1}. Kirchendach dient als Schiff). Kristensen, Aev. fra Jylland 1, 288 nr. 38 (A^{1} C^{1} verbunden mit dem Märchen Gr. 22 'Das Rätsel', vgl. Bolte-Polívka 1, 190) und 3, II 'Engelens Følgeskab' (ebenso); 1, 301 nr. 39 'Den hvide Silkedreng' (A^{1} $C^{1.4}$. An den gestiefelten Kater, Bolte-Polívka 1, 331 erinnert die Art, wie der weisse Diener dem armen Burschen Land und Herrenhaus verschafft); 1, 309 nr. 40 'Den grønne Dreng og de tre Hexe' (A^{1} C^{1}. Der grüne Diener holt sich Wunschmantel, Degen und Börse und schafft den von der Prinzessin versteckten Ring, Halskette und das Hexenhaupt, wie in Andersens Märchen 'Der Reisekamerad'); 2, 282 nr. 43 'Baadsmand Ole' (A^{2} B^{3} C^{2}. Anfang ähnlich Gr. 125. Ole rettet die Königstochter aus der Räuberhöhle; ein altes Weib, dem er Kautabak reicht, schenkt ihm eine Wunschbörse und schafft ihn, als ihn Skidimomme ins Meer stösst, nach England); 4, 64 nr. 10 'Ligets Hjælp' (A^1 C^1; gehört zu Andersens 'Reisekamerad'). Kristensen, Danske Folkeæv. nr. 32 'Den døde hjælper' (A^1 C^1. Führt den Soldaten im Bleischiff nach England und verschafft ihm Schloss und Land wie der gestiefelte Kater). Skattegraveren 7, 154 'Den dødes hjælp' ($A^{2.1}$ B^3 C^2. Jan kauft in China eine englische Prinzessin los; der Geist der begrabenen Chinesin schafft ihn nach England; Erkennung durch Harfenspiel); 9, 177 'Den dødes hjælp' ($A^{1.2}$ DB^3 C^2. Karl Edvard sieht die englische Prinzess mit ihrem Kammermädchen den Pflug ziehen; in London erkennt die Prinzess das ans Fenster des Gefängnisses gehängte Taschentuch). Madsen 1870 S. 22 'Stakkels Jonas' ($A^{1.2}$ B^1 DB^3 $C^{2.4}$. Schwedische Königstochter im Pfluge; Ring im Becher; Sohn dem Vogel versprochen). Kamp, Folkeæv. 2, 150 nr. 15 'Hans Vovehals' ($A^{2.1}$ B^3 $C^{2.4}$. Rettet die Königstochter von England aus der Räuberhöhle; sie erkennt das gestickte Hemde am Zaun; Teilung des Kindes verlangt). — Schwedisch: Hammarsköld och Imnelius, Svenska folksagor 1819 1, 157 'Pelle Båtsman', auch als Volksbuch 1824 u. ö. gedruckt (Bäckström, Sv. folkböcker 2, 144—156), enthält die Motive $A^{1.2}$ B^3 C^2; der Schuhmacherlehrling Pelle befreit die armenische Königstochter Clelia aus der Gewalt der Räuber und weist ihr, als er ihr Schuhe bringt, den von ihr gearbeiteten Geldbeutel vor. Åberg nr. 97 'Pälle Båsmann' (dasselbe vergröbert) und nr. 256 'Skepparen, som blef gift med kungens dotter' (A^2 $B^{1.3}$ C^2. Zwei Mädchen im Pflug; Erkennung durch Ring im Becher; statt des dankbaren Toten schafft Jesus den Helden von der Insel zu seiner Braut). Allardt nr. 130 'Om karlen, som räddade prinsessan' (A^2 B^3 A^1 C^2); nr. 131 'Hans, som frälste prinsessan från sjöröfvarena' (A^2 B^3 A^1 C^2; Prinzessin von Preussen, zwei Tote schlagen sich). Hackmans Register nr. 506. — Norwegisch: Asbjörnsen-Moe nr. 99 'Krambodgutten med Gammelostlasten' ($A^{1.2}$ B^3 C^2). *Moe, Indberetning p. 18 (Norske Univ. og skoleannaler 1880, 253). — Isländisch: Arnason 2, 473 = Poestion S. 274 nr. 33 'Thorstein der Königssohn' ($A^{1.2}$ B^3 C^2). Rittershaus nr. 57 'Der dankbare Tote' ($A^{2.1}$ B^3 C^2. Vilhjálmur wird von Rauður ins Meer gestürzt, und Ása muss Schweigen geloben). — Englisch: G. Peeles Märchenkomödie 'The old wive's tale' (1595. Works ed. Bullen 1888 1, 297. Gayley, Representative english comedies 1, 349; vgl. Dutz, Progr. Troppau 1894 und Holthausen, Archiv f. n. Spr. 119, 177) enthält die Motive A^1 $C^{1.4}$: der irrende Ritter Eumenides bezahlt das Begräbnis des Trunkenbolds Jack, wofür ihm dessen Geist als Diener folgt, Geld in seine Börse zaubert und als Lohn für seine Dienste nur die Hälfte dessen verlangt, was jener auf seiner Fahrt erbeuten werde. Jack hilft dem Ritter seine Dame Delia aus der Gewalt des Zauberers Sacrapant erlösen, tötet diesen und verlangt die versprochene Hälfte; als aber Eumenides wirklich die Geliebte mit dem Schwerte zerteilen will, fällt ihm der Geist in den Arm, gibt sich zu erkennen und verschwindet. Eine öfter gedruckte Volksballade 'The factor's garland' oder 'The Turkey factor' (Gerould p. 110. Hennemans in Publ. of the Mod. language assoc. of America 22, XVI angekündigte Ausgabe ist nicht erschienen) nähert sich dem Typus des Jean de Calais ($A^{1.2}$ DB^3 $C^{2.4}$). — Schottisch: Campbell[2] 2, 121 nr. 32 'The Barra widow's son' ($A^{1.2}$ DB^3 $C^{2.4}$; statt der Fahne gibt die spanische Prinzessin ihrem Befreier Jain Kleider, Ring, Pfeife und Buch mit; diese Gegenstände erkennen ihre Eltern, als er in der Kirche sitzt); vgl. R. Köhler 1, 220. Macdougall, Folk tales 1910 p. 75 'Blackhaired John of Lewis, sailor' ($A^{2.1}$ B^3 C^2; er verschafft drei Enthaupteten die Grabesruhe, indem er jedem Rumpfe den rechten Kopf beilegt). — Irisch: Larminie p. 155 'Beauty of the world' (A^1 $C^{1.4}$; vermischt mit dem Andersenschen 'Reisekameraden').

Unter den französischen Fassungen ist die älteste und einflussreichste die 1723 erschienene Novelle der Frau von Gomez 'Histoire de Jean de Calais'[1]), welche die

1) Mme de Gomez, Les journées amusantes, 3. édition 1736 2, 208—260. Italienisch Venezia 1758, deutsch Berlin 1761 1, 360—400; vgl. Bibliothèque universelle des romans vol. 12, Décembre 1776 p. 134—154 und R. Köhler 1, 12. — Die Verfasserin behauptet, die Geschichte aus der 'Histoire fabuleuse de la maison des rois de Portugal' entlehnt

Motive $A^{1.2}$ B^1 DB^3 $C^{2.4}$ enthält. Jean ist ein Kaufmannssohn aus Calais, der auf der Insel Orimanie einen von Hunden zerfleischten Leichnam bestattet, nachdem er die Schulden des Toten bezahlt hat, und zwei von einem Korsaren gefangene Sklavinnen loskauft. Er vermählt sich mit der einen, namens Constanze, wird aber von seinem Vater, der die Heirat missbilligt, verstossen. Nach einem Jahre ist der Vater milder gestimmt und sendet Jean wiederum mit einem Handelsschiffe aus. Dieser lässt auf Bitten seiner Frau ihr Bild, das ihres Söhnchens und ihrer Freundin Isabelle auf sein Schiff malen und landet zunächst in Lissabon vor dem Königsschloss. Der König von Portugal erkennt in Constanzes Bildnis seine geraubte Tochter, nimmt Jean als Schwiegersohn auf und sendet ihn dann mit einem vom Prinzen Dom Juan befehligten Geschwader heim, um seine Familie zu holen. Auf der Rückfahrt nach Portugal stösst der eifersüchtige Dom Juan den Helden unbemerkt ins Meer; die Prinzessin kommt voller Verzweiflung bei ihrem Vater an; Dom Juan wirbt um ihre Hand und soll sie auch erhalten. Inzwischen hatte Jean sich durch Schwimmen auf eine unbewohnte Insel gerettet, und lebte hier zwei Jahre lang einsam. Da trat plötzlich ein Unbekannter zu ihm, erzählte ihm von der bevorstehenden Hochzeit seiner Frau und erbot sich zur Hilfe, wenn Jean ihm später die Hälfte von dem, was er am liebsten habe, geben wolle. So gelangte Jean im Schlafe nach Lissabon und diente als Holzträger in der Schlossküche. Dort erblickte ihn Isabelle, erkannte ihn und führte ihn vor Constanze und den König, der den Verräter Dom Juan zum Tode verurteilte und seinem Eidam zu Ehren ein grosses Fest veranstaltete. Auch der unbekannte Helfer erschien hier, erinnerte Jean an sein Versprechen und forderte die Hälfte seines Söhnleins. Vergeblich baten alle Anwesenden um Schonung des Kindes; endlich reichte Jean seinen Sohn dem Fremden, weil er sein Wort halten wollte; doch dieser gab ihn dem Vater zurück und offenbarte sich als den Geist jenes Toten, dem Jean ein ehrliches Begräbnis verschafft hatte. — Diese Novelle ist auch als Volksbuch wiederholt bearbeitet worden[1]), angeblich 'sur de nouveaux mémoires'; aber der eine Bearbeiter macht aus dem Geiste des Toten einen Schutzengel und merzt die Prüfung des Helden durch die Forderung, sein Liebstes mit jenem Helfer zu teilen, aus; der andere streicht sogar den Loskauf des Toten. Auf die französische, italienische, spanische, portugiesische und deutsche Volksüberlieferung hat die Erzählung Einfluss geübt. — Souvestre, Le foyer breton 1853 2, 1 'L'heureux Mao' (A^1 C^1; entstellt). Luzel, Contes 1, 403 'Jouenn Kerménou l'homme de parole' ($A^{1.2}$ B^1 DB^3 $C^{2.4}$. Frage vom alten Schlüssel). Luzel, Légendes 2, 40 'Cantique spirituel sur la charité admirable que montra St. Corentin' (A^1 C^1 B^3 $C^{2.4}$. Als der Tote das Kind teilen will, erscheinen die h. Jungfrau und Corentin). Sébillot, Contes 3, 164 nr. 16 'Jean de Calais' ($A^{1.2}$ B^1 DB^3 $C^{2.4}$). Le Braz 1902 2, 211 'Jean Carré' (A^2 DA^1 B^3 C^2). Gittée-Lemoine p. 57 'Jean de Calais' ($A^{1.2}$ $B^{1.3}$ $C^{2.4}$. Rabe). Cénac Moncaut p. 5 'Rira bien qui rira le dernier' ($A^{1.2}$. Entstellt). Bladé 2, 67 'Jean de Calais' ($A^{1.2}$ DB^3 $C^{2.4}$. Toter als weisser Vogel). Revue des trad. pop. 9, 177 'Le corps du mort reconnaissant' (A^1 C^1. Die Brüder rauben dem Helden die Jungfrau; der Tote gibt ihm einen Vogel als Führer und ein Schwert). 9, 179 'Jean de Bordeaux' (A^2 $B^{1.3}$ $C^{2.4}$. Fuchs). 22, 273 'Histoire de Jean de Callac' (B^3 A^1 C^2. Die Braut sieht das gestickte Taschentuch des Küchenjungen). 26, 39 'Le mort reconnaissant' ($A^{1.2}$ DB^3 C^2). 27, 387 'Le fils du roi de Brest' ($A^{1.2}$ B^1 DB^3 C^2). Almanach de Phare 1891, 108.

Italienisch: Straparola, Notti piacevoli 11, nr. 2 ($A^{1.2}$ $C^{2.4}$) schliesst sich darin an die noch zu besprechenden mittelalterlichen Fassungen an, dass die Seefahrt, der Sturz ins Meer und die Rettung durch den Toten fehlen und der Dummling Bertuccio dem

---

zu haben; doch ist diese Quelle bisher nicht entdeckt worden. Die 'Anacephalaeosis i. e. Summa capita actorum regum Lusitaniae' des Jesuiten Ant. Vasconcellius (Antverpiae 1621), an die Liebrecht, Germania 5, 56 denkt, ist es nicht; vielleicht aber lagen Trancosos Contos c historias de proveito e exemplo 2, nr. 2 (1575) zugrunde.

1) In der Bibliothèque bleue (Paris 1770. 1776. Liège 1787. Troyes, Baudot o. J.), ferner Epinal o. J. Paris 1849. 1856. Toulouse o. J. Vgl. Nisard, Histoire des livres populaires 1854 2, 450; R. Köhler 1, 15; Le Braz, La légende de la mort 1902 2, 232.

fremden Ritter, der ihm Ross und prächtige Kleider gibt, dafür verspricht, alles, was er erwirbt, mit ihm zu teilen. Das unten als Beilage A abgedruckte, wohl zu Ende des 18. Jahrh. entstandene Gedicht des G. O. Brunetto 'Istoria di Stellante-Costantina' (1801) folgt dagegen der Erzählung der Frau v. Gomez. Andrews, John of Calais (Folk-lore Record 3, 48. Aus Mentone). Andrews, C. ligures nr. 26 'Le mort reconnaissant' und 41 'Le mort reconnaissant, ou Jean de Calais.' Ive, Fiabe pop. rovignesi 1877 p. 19 'Biela Fronte' = Crane p. 131 'Fair Brow' ($A^{1.2}$ B^1 $DC^{2.4}$. Geht auf Brunettos Gedicht zurück). Nerucci nr. 52 'La lieprina' (A^1 C^1 B^2 C^2. Peppe gewinnt eine Wunschbörse und ein Pferd, kauft seine Brüder vom Galgen los und wird von ihnen ins Wasser gestürzt; Toter als Häsin rettet). De Nino 3, 309 nr. 62 'Giuseppe Ciúfolo' (A^1 $C^{1.4}$). — Maltesisch: Ilg 1, 44 nr. 13 'Prinz Dschuseppi' (B^1 $A^{1.2}$ B^3; der Dank des Toten wird nicht erwähnt, aber der Held stellt sich als Bettler am Vorabend der Hochzeit seiner Frau ein). — Spanisch: Biblioteca de las trad. pop. esp. 8, 194 'Juan de Calais' (A^1 B^3 $C^{2.4}$). Duran, Romancero general 2, 299 nr. 1291—1292 'La princesa cautiva' ($A^{1.2}$ B^3 C^2). — Katalanisch: Maspons, Rondallayre 2, 34 nr. 5 'L'estandart' ($A^{1.2}$ DB^3 C^2). Alcover 2, 65 'Es port de sa cibolla blanca.' — Portugiesisch: Historia de João de Calais 1783 u. ö. (Braga, O povo portuguez 1885 2, 486). *Caldas Barbosa, Viola de Lereno (Braga 2, 489). Bei G. F. Trancoso, Contos e historias de proveito e exemplo 2, nr. 2 (1575 u. ö. Menéndez y Pelayo, Orígenes de la novela 1907 2, XCV) ist der Tote durch zwei christliche Heilige ersetzt, deren Gebeine der Kaufmannssohn in Fez kauft und die ihm später als fahrende Sänger dazu verhelfen, dass er die Hand der von ihm losgekauften und heimgesandten englischen Königstochter im Turnier gewinnt ($A^{1.2.3}$ B^1 DC^2). — Baskisch: Webster p. 146 'Juan Dekos, the blockhead' ($A^{1.2}$ B^1 DB^3 $C^{2.4}$. Engel statt des Toten); p. 151 'Juan de Kalais' (A^1 B^1 A^2 DB^3 $C^{2.4}$. Toter als Fuchs). Cerquand 4, nr. 101. — Rumänisch: P. Schullerus, Archiv f. siebenbg. Landesk. 33, 676 'Gottes Lohn' ($A^{1.2}$ B^3 C^2. Toter als Rabe, Ring in der Suppe, Frage vom alten Schlüssel). Wlislocki, Zs. f. vgl. Litgesch. 11, 470 (A^1 C^1, vermischt mit Gr. 133 'Die zertanzten Schuhe' und der Merlinsage. Statt des toten Mannes eine tote Frau). Şăinénu S. 622. 636 = *Revista Nouă 1 'Deli-Satîrŭ'.

Serbokroatisch: Vuk 1870 S. 246 nr. 14 = 1897 S. 251 nr. 64 = Jagić nr. 29 'Die guten Werke gehen nicht verloren' (Archiv f. slav. Phil. 2, 631) = Krauss 2, 310 nr. 133 = Mijatovics p. 96; vgl. R. Köhler 1, 424 ($A^{2.1}$ B^1 DB^3 $C^{2.4}$. Erkennung; der Helfer ist ein Engel, wie in der jüngeren Bearbeitung des französischen Volksbuches). Vuk 1897 S. 221 nr. 56 = Krauss 1, 385 nr. 85 'Der Vilaberg' (A^1). Stefanović nr. 15 = Jagić nr. 48 'Vlatko und der dankbare Tote' (Archiv f. slav. Phil. 5, 40. R. Köhler 1, 441. A^1 $C^{1.3}$. Schlange in der Brautnacht getötet). Stojanović nr. 31 = Archiv 5, 41 (A^1 C^1). Letopis Matice srp. 105, 145 nr. 6 (1862) = Archiv 5, 42 'Ein Goldfisch' (A^1 $C^{1.3}$. Der hilfreiche Diener ist eigentlich ein vom Helden verschonter Fisch, wie im armenischen Märchen). Bos. Vila 1, 236 = Krauss, Sreća 1886 S. 22 (Mitt. der Anthropol. Ges. in Wien 16, 108. A^1 C^1. Der Gefährte tötet in der Hochzeitsnacht die aus dem Munde der Prinzess hervorkriechende Schlange). Bos. Vila 11, 210. 23, 239. 253. 269 (A^1. Gehört zu Grimm nr. 133). 24, 108 (A^1 $C^{1.3}$. Der Gefährte tötet die aus der schlafenden Prinzess hervorschlüpfenden Schlangen und einen Drachen; vor Schrecken speit die Prinzess noch drei Schlangen aus). Kića 7 (1911), nr. 36—37 ($A^{2.1}$ B^3 $C^{2.4}$. Salz im salzlosen Lande verkauft; der Helfer verlangt den Sohn des Helden). Aus Bosnien bei Blagajić S. 113 (der dankbare Froschkönig statt des Toten befreit die Braut des Helden vom Drachen; dann der treue Johannes). — Bulgarisch: Schischmanoff p. 202 'Le berger, son fils et l'archange'. Period. spisanie 14, 317 nr. 2 (1885. A^1. Der Helfer tötet die aus dem Munde kriechende Schlange; die Prinzess speit noch eine aus). Šapkarev, Sbornik 8—9, 455 nr. 265 (A^1; Katze und Hahn in der Fremde verkauft). 8—9, 131 nr. 93 = Šapkarev, Prikazki S. 34 nr. 26 (aus Mazedonien. A^1 $C^{1.3}$. Drei Schlangen in der Prinzess). 8—9, 263 nr. 142 (aus Kičevo. Ähnlich). Sbornik min. 4, 133 (drei Lehren gekauft; Engel hilfreich, ohne dass der Jüngling einen Toten bestattet hätte; C^3). 5, 143 nr. 2 (dankbarer Fisch statt des Toten). 6, 150 nr. 2 ($A^{1.2}$ B^3 C^2. Der Tote als Adler holt nach sieben Jahren den Sohn des Helden). 8, 178 (wie Tobias). 10, 149 (A^1 $C^{1.3}$). 16—17,

Materiali S. 319 (A^1 $C^{1.3}$). — Čechisch: Radostov 6, 37 = 2. Aufl. 2, 3 nr. 1 = 3. Aufl. S. 306 nr. 33 = Waldau S. 213 'Bolemir' ($A^{1.2}$ B^1 DB^3 C^2). Zs. Dennice 1840 2, 310 = Tille, Poh. do r. 1848 S. 51 (A^1. Der Tote rettet als Brett den ins Meer gestürzten Helden, lehrt ihn sich in Tiere verwandeln, wie bei Woycicki, und erweckt den vom Neider Getöteten wieder). Malý 1838 S. 42 nr. 4 = 3. Aufl. S. 46 nr. 5 (zu Grimm nr. 57). Beneš Třebízský S. 61 nr. 7 (ähnlich; der Fuchs wird zum Schluss geköpft, und eine Taube fliegt zum Himmel). Aus Mähren: Mikšíček 1, 121 (A^1. Der Tote lehrt den Helden die kranke Prinzessin heilen und tötet die nachts aus ihr kriechenden Schlangen). Menšik, Jemnic. S. 80 nr. 28 $A^{1.2}$ B^3 C^4; Sohn soll geteilt werden). Aus Böhmen: Poh. a pov. naš. lidu S. 48 nr. 20 (der Tote hilft dem Helden die Wiesen hüten und die in ein Pferd verwandelte Prinzess entzaubern); S. 99 nr. 16 (A^1. Hilft die Sibylla überlisten und ihr den Ring rauben). Popelka, Pohádky a pov. S. 70 nr. 4 (A^2 D). — Slowakisch in Handschriften des Museums in Turč. Sv. Martin, so in der Hs. Prostonárodní Zábavník d. III v Levoči 1844—45 S. 209 'O Filkovi' (A^1 C^3. Filko weist dem Helden ein Wunderschwert, Mantel und Geldbeutel, erschlägt zwölf böse Geister, die aber wiederaufleben und die Frau des Helden entführen) und in der Hs. H. 14 (der Amalia Sirotková 8—9) und Hs. Heft 8e des P. Dobšinský (AC^3. Zwölf Räuber, Schlangen aus dem Munde der schlafenden Prinzess). Danach Škultety-Dobšinský S. 524 nr. 59 = 2. Aufl. S. 745 nr. 52 (A^1 C^3; zu Grimm nr. 133). — Wendisch: Veckenstedt S. 145 'Die Riesen' nr. 6 (A^2 DB^3 C^2; aber die Bestattung des Toten fehlt; als Retter des Schiffbrüchigen erscheinen Schiffer). — Kaschubisch: Bronisch S. 11 'Der Dumme und die Gespenster' (zwei Geister schlagen den Toten; dieser rät dem Dummen, mit einem Knochen die Teufel aus der Kirche zu jagen). — Polnisch: Woycicki, Klechdy 2, 66 = Erben, Čít. S. 117 = Woycicki-Lewestam S. 130 'Das Gespenst' = Leger p. 119 'L'esprit du mort' = Wratislaw p. 121 (A^1 C^2 B^3. Vom Toten lernt der Held, sich in eine Krähe, Hasen oder Reh zu verwandeln, und schafft das siegbringende Schwert des Königs herbei). Aus Posen bei Kolberg 14, 179 nr. 40 ($A^{1.2}$ B^1. Aus dem Räuberhause befreit der Tote). Aus Oberschlesien bei Malinowski 2, 127 (A^1, vermischt mit Grimm nr. 22 'Das Rätsel'; Schuhe der Prinzess aus Lausleder). Mitt. der schles. Ges. f. Vk. 6, 50 (A^1; Toter als Wolf hilft den Goldvogel für den Vater des Helden holen). Wisla 17, 79 (A^1; der Tote hilft drei Prinzessinnen von Krankheit und Verzauberung befreien und die Winde durch Heben der vergrabenen Schätze stillen; die beiden Brüder des Helden heiraten zwei Prinzessinnen). — Kleinrussisch aus Galizien: Etnograf. Zbirnyk 7, 69 nr. 43 (A^1; zuerst der Zauberlehrling Grimm 68; drei Prinzessinnen durch Qualnächte erlöst; Zaubergegenstände streitenden Erben abgenommen; unsichtbar bei der Hochzeit der Frau; Frage vom alten Schlüssel). 7, 107 nr. 56 (A^1 C^3. Räuberhaus; Schlangen aus dem Munde der Prinzessin). Šuchevyč S. 64 nr. 51 (A^1 C^3; Fragen aufgetragen wie bei Grimm 29). S. 123 nr. 72 (zu Grimm 57; Toter als schwarzer Hund). Aus der Bukowina: Kolberg, Pokucie 4, 123 nr. 23 ($A^{1.3}$ B^3. Wunschring gegen das Versprechen des Kindes). Aus Südungarn: Etnograf. Zbirnyk 25, 76 nr. 17 (zu Grimm 97). Aus dem Gouv. Kijev: Čubinskij 2, 27 nr. 7 (der Kaufmann kauft den Toten und den h. Nikolaus, der sich für diesen verbürgt hatte, los; Nikolaus hilft ihm drei Nächte in der Kirche bei der verzauberten Prinzess Schildwache stehen). Hrinčenko 2, 271 nr. 188 (Erhängter abgeschnitten; die Jungfrau bringt als Ente sechs goldene Haare ihres Vaters, der Helfer als Käfer ein ganzes Büschel davon). Aus Gouv. Poltawa: Rudčenko 2, 27 nr. 12 (Nikolaus). Aus Gouv. Jekaterinoslav: Sbornik Charkov. 6, 165 (Nikolaus). Aus Gouv. Cherson: Jastrebov S. 184 nr. 5 (Nikolaus). — Weissrussisch: Federowski 2, 308 nr. 340 (der h. Johannes als Bürge des Schuldners geprügelt, losgekauft; Prinzessin im Sarge). Weryho S. 45 nr. 11 (A^1. Nikolaus; Prinzessin im Sarge). Gliński 1, 115 nr. 6 (A^1. Toter als Pferd). Aus dem Gouv. Mogilev: Romanov 4, 143 nr. 82 (A^1; zu Grimm 6). 6, 462 nr. 52 (zu Grimm 93). Šejn 2, 66 nr. 33 (A^1; Prinzess im Sarge). 2, 401 nr. 227 (aus dem Gouv. Minsk. Der h. Georg Bürge des Toten, Prinzess im Sarge). Aus Gouv. Smolensk: Dobrovoljskij S. 165 nr. 104 (A^1. Räuberhaus). S. 547 nr. 23 (Nikolaus; Prinzess im Sarge). — Grossrussisch: Flugblatt v. J. 1786 bei Rovinskij, Nar. kartinki 1, 148 nr. 41 = v. Löwis S. 320 nr. 55 'Ssila Zarewitsch und Iwaschka Weisses Hemd' (A^1 C^1; der weisse Gefährte tötet in der Hochzeitsnacht den geflügelten Drachen, spaltet die Königstochter Truda, dass alle Schlangen aus ihrem Leibe hervorkommen, und belebt sie wieder) = Dietrich S. 199 nr. 16; vgl. Archiv f. slav. Phil. 5, 480. Afanasjev[1] 6, 323 = 3. Aufl. 2, 319 nr. 205i = Schiefner, Orient u. Occ. 2, 174, vgl. Archiv 5, 43 = R. Köhler 1, 424 (der Tote ist der Bruder des Helden, der ihm die Verzeihung der Mutter erwirkt; er tötet in der Hochzeitsnacht den Drachen). Afanasjev[3] 1, 224 nr. 93c (A^1; zu Grimm 6). 1, 278 nr. 104f (zu Grimm 97). Aus dem Gouv. Nižegorod: Chudjakov 3, 165 nr. 122 = Folk-lore 9, 229; vgl. Köhler 1, 21 (A^1 $C^{1.3}$). Aus Gouv. Olonetz: Ončukov S. 423 nr. 169 (A^1 C^1). Gouv. Samara: Sadovnikov S. 41 nr. 5 (A^1; der Tote köpft die aus dem Munde der Zarentochter kriechende Schlange und nimmt auch die anderen Schlangen heraus; dazu der von Kater und Hund zurückgeholte Zauberring, Grimm 104a). Erlenwein S. 37 (A^1; Pulka erhält von drei bestatteten Helden deren Pferde und Kräfte). Aus dem Gouv. Jenisejsk: Zap. Krasnojarsk. 1, 15 nr. 3 (Nikolaus; Prinzess im Sarge). Aus Gouv. Tomsk ebd. 1, 99 nr. 51 = v. Löwis nr. 48 (ähnlich). — Litauisch: Schleicher S. 100 'Von der goldenen Brücke' (ähnlich Woycicki, aber entstellt). Geitler, Litauische Studien 1876 S. 21 = R. Köhler 1, 425 = Archiv f. slav. Phil. 2, 632 ($A^{1.2}$ B^3 C^2. Frage vom alten Schlüssel). R. Köhler 1, 427 = Archiv 2, 633 ($A^{1.2}$ DB^3 $C^{2.4}$). Dowojna Sylwestrowicz 1, 327 (der Soldat bringt dem Toten den Segen der Mutter, nachdem er deren Grab geöffnet, und heiratet die Prinzess, nachdem der Tote den dreiköpfigen Drachen zerrissen hat). 1, 430 (A^1 C^3. Prinzess durch Riechen an drei Fläschchen geheilt). 1, 444 (A^1; Jungfrau durch Qualnächte erlöst; vorher eine angeblich wahrsagende Kalbshaut wie bei Grimm 61). — Lettisch: Treuland 1887 S. 248 nr. 126 = Charuzina, Skazki rusk. inorodcev 1898 = Mélusine 9, 18 'Le fils du marchand et de la fille du tsar' ($A^{1.2}$ B^1 DB^3 C^2. Toter als Schwan). — Finnisch: Salmelainen 4 (1866) = Liebrecht, Germania 24, 131 (A^1 C^1. Der Gefährte bringt in der Hochzeitsnacht frischgeschnittene Zweige, mit denen die dreigehörnte Königstochter gepeitscht wird, bis die Hörner abfallen). Suomi 3, 2, 205. 3, 20, 292. Aarnes Register nr. 506. — Lappisch: Qvigstad-Sandberg S. 55 nr. 14 'Den menneskekjærlige mand og engelen' (A^1 $C^{1.4}$. Der Gefährte schafft die vom Kaiser verlangte Silberbrücke und das Goldschloss). — Magyarisch: Erdélyi-Stier S. 110 nr. 16 'Marsi' (ähnlich der polnischen Fassung Woycickis). Gaal-Stier S. 153 nr. 15 'Der mitleidige Kaufmann' ($A^{1.2}$ B^2 C^1). — Zigeunerisch: Paspati p. 601 nr. 2 = Groome nr. 1 'The dead man's gratitude' (A^1 $C^{1.3}$. Der Drache fährt aus dem Munde der Braut). Aus Serbien: Mitt. f. Zigeunerkunde 2, 102 'Wie ein Toter seinen Wohltäter belohnt hat' (A^1 C^3; der Tote zwingt mit gezogenem Messer die Paschatochter, die Schlange auszuspeien). 2, 106 'Vom Jüngling und seinem Wahlbruder, einem Vampir' (A^1; Prinzessin im Sarge).

Armenisch: Haxthausen, Transkaukasia 1, 333 (A^1 $C^{1.3}$). Macler p. 149 'Le poisson à la tête d'or' (A^1 B^1 $C^{1.3}$. Drache getötet)[1]. Sbornik Kavkaz. 9, 2, 185 nr. 3 (Zs. f. Volkskunde 20, 48[1]). 32, 2, 270 nr. 40 (A^1; der Tote bringt dem Helden die gestohlene Zauberlampe des Derwischs zurück). 42, 2, 30 nr. 2 (A^1. Der Tote erhält wie in der ajsorischen Fassung Schätze von den Divs, heilt die Prinzess, der er einen Frosch aus dem Gehirn nimmt, verlangt zum Lohne ein Taschentuch und 50 Rubel). 42, 2, 38 nr. 4 (A^1. Alis Braut wird gespalten und Schlangen aus ihrem Leibe genommen. Vorher Tiersprache vom König der Fische gelehrt, Aladdins Ring). — Mingrelisch: Sbornik Kavkaz. 32, 2, 43 nr. 14 (A^1 C^1 C^3. Der Tote will die Prinzess teilen, da springt aus ihrem Mund eine Schlange; er heilt auch den blinden Vater des Helden). — Ajsorisch: Sbornik Kavkaz. 20, 2, 47 (A^1. Der tote Rustam, der von Gott auf ein Jahr das Leben wiedererhalten hat, führt die Karawane des Kaufmannssohnes von Ispahan nach Konstantinopel, erhält die Schwester von sieben Dews, erlöst in einem Brunnen die in einen Frosch verwünschte Braut eines anderen Dews, heilt mit dem Gehirn eines Widders die kranke Kaiserstochter in Konstantinopel, die der Kaufmannssohn heiratet; die Schwester

---

1) Der bunte goldene Fisch erscheint auch in anderen kaukasischen Fassungen: Sbornik Kavkaz. 9, 2, 75. 10, 325. 12, 1, 74; Sbornik dlja svědènij o kavkaz. zercal 8, Beilage S. 14—18.

der Dews erhält sein Bruder). — Tatarisch: Sbornik Kavkaz. 23, 3, 3 nr. 1 (der seine geraubte Braut suchende Zanov findet ein totes Pferd, einen Eber und Waffen und vergräbt alles; da gesellt sich ein Reiter in der Haut eines Fohlens zu ihm, hilft ihm, Räubern eine Herde abzunehmen und dem Effendi abzuliefern; dieser nötigt den Chan, die entführte Frau zurückzugeben). Radloff 1, 329 nr. 4 (A^1 $C^{1.3}$. Der Kaufmannssohn bezahlt die Schuld des Bauern, als dessen Bürge ein Heiligenbild von Soldaten geprügelt wird; der Heilige spaltet die Braut und verjüngt sie durch Verbrennen). — Kalmükisch: Ramstedt 1, 89 nr. 15 (A^1 C^1; der Diener tötet nachts Unholde, heilt die kranke Chanstochter mit Katzengalle und erschlägt wie der treue Johannes die den schlafenden Helden bedrohende Schlange). — Aus Celebes: Bezemer 1904 S. 321 'Die goldenen Armbänder' ($A^{1.2}$ DB^3 $C^{2.4}$). — Annamitisch: Landes, Contes annamites 1886 p. 162 'La reconnaissance de l'étudiant mort' (der Tote flüstert seinem Wohltäter die Antworten in der Staatsprüfung zu). — Koreanisch: J. S. Gale 1913 p. 80 nr. 18 'The grateful ghost' (um 1700 von Im Bang aufgezeichnet. Als der zur Prüfung reitende Student im Busch niesen hört, findet er einen Schädel, dem Wurzeln durch die Augenhöhlen gewachsen sind, reinigt und bestattet ihn. Im Traum erscheint ihm der Tote und gibt ihm die Lösung seiner Aufgabe an). Zs. f. Volkskunde 21, 366 'Die dankbare Elster' (verschafft in Gestalt eines Dieners dem Jüngling zwei Frauen, nachdem er deren Bräutigame als eine Schlange und einen Fuchs entlarvt hat. Statt des toten Mannes ein Tier, wie im Serbischen und Armenischen ein Fisch). — Hebräisch aus Palästina: *Reischer, Scha'arê Jerûschâlajim 1880 p. 88 = Gaster, Germania 26, 200 (A^1 C^2. Den Schiffbrüchigen rettet der Tote in Gestalt eines Steines und eines weissen Adlers). — Arabisch aus Tanger: Meissner, Mitt. des orient. Seminars zu Berlin 8, 2, 79 nr. 3 (A^1 $C^{1.3}$. Der Begleiter tötet nachts vierzig Räuber, befreit eine Jungfrau von einem Drachen; bei der Teilung derselben fallen zwei Dracheneier aus ihrem Leibe). — Berberisch: Mouliéras, Légendes de la Grande Kabylie 1896 p. 421 'Ali Demmou, le génie qui enlève les fiancées, le fils du roi et la houri du soleil' (Revue des trad. pop. 20, 6[6]). — Suaheli: Lademann, Archiv f. dt. Kolonialsprachen 12, 99 nr. 71 'Der Sultan und sein Kind' (A^1 $C^{1.4}$).

Ausser den eben aufgezählten Fassungen unseres Märchens gibt es auch eine mittelalterliche Gestalt, die uns seit dem 13. Jahrhundert in verschiedenen Ritterromanen entgegentritt und deren Nachwirkung wir noch im 16. bei Straparola, Trancoso und Peele verspüren. Ein junger Ritter, der sein Vermögen leichtsinnig vergeudet hat, zieht zu einem Turnier, das ein reicher Fürst ausgeschrieben hat mit der Verheissung, seine einzige Tochter dem Sieger zu vermählen. Unterwegs gewahrt er die unbestattet daliegende Leiche eines ansehnlichen Mannes, entweder vor einer Kapelle (Dianese) von der jammernden Frau beklagt (Pippin, Amadas, Viaticum narrationum) oder im Miste (Rittertreue), auf dem Dache (Richars), im Rauchfange (Herpin) aufbewahrt, und erfährt, dass die Gläubiger des Toten seine Bestattung hinderten. Gutherzig gibt er seine Pferde und Ausrüstung hin, um die Schulden des Toten zu bezahlen und ihm ein ehrliches Begräbnis zu verschaffen. Einsam zieht er seine Strasse weiter, da gesellt sich ein weisser Ritter[1]) zu ihm und bietet ihm Geld, Waffen und Rosse an, wenn er dafür allen Gewinn mit ihm teilen wolle. Im Turnier siegt der Jüngling über alle Gegner und erhält die Hand der Prinzessin samt dem halben Königreich. Als darauf der weisse Ritter seinen Anteil fordert, lässt ihm der Held alle Güter und will nur die Frau behalten (Richars, Herpin, Dianese, Pippin) oder ist selbst bereit, sein Kind und seine Gattin in Stücke zu hauen (Olivier, Rittertreue, Amadas, Viaticum narrationum); aber jener gibt sich als den Geist des Toten zu erkennen, den der Jüngling von Schmach erlöst hat, und verschwindet.

1) Weiss ist die Farbe abgeschiedener Seelen (Kühnau, Mitt. der schles. Ges. f. Volkskunde 15, 200).

Französisch[1]) ward dieser Stoff in den beiden Epen 'Richars li biaus' und 'Lion (oder Herpin) de Bourges' und in dem vor 1472 von Philipp Camus verfassten Prosaromane 'Olivier de Castille et Artus d'Algarbe' behandelt und mit verschiedenen anderen Motiven verbunden. Das erste Gedicht, das noch im 13. Jahrhundert geschrieben ist, verlegt das Turnier nach Montorgueil; im zweiten gewinnt Lion zu Montluisant die Liebe Florentines, der Tochter des Königs Heinrich von Sicilien, wird aber erst nach mannigfachen Abenteuern mit ihr vereinigt; sein Vater ist der geschichtlich nachweisbare Graf Eudes Harpin von Bourges, der 1098 nach dem heiligen Lande zog und nach 1109 als Mönch in der Abtei Cluni starb. Im Prosaromane wird die Freundschaftssage vom Amicus und Amelius eingeflochten; der dankbare Tote ist ein englischer Ritter Talbot, mit dessen Beistand der kastilische Prinz Olivier die englische Königstochter Helene erringt. Eine um 1300 entstandene italienische Novelle[2]) verlegt das Turnier nach Cornwall und nennt den in der Mark Trevigi ansässigen Ritter Dianese und den dankbaren Toten Gigliotto. Im Deutschen[3]) haben wir ausser dem Gedicht 'Rittertreue', in welchem der Held Willekin von Muntaburg heisst, eine im 15. Jahrhunderte gemachte Prosabearbeitung des Herzogs Herpin und seines Sohnes Leu, die zu einem Volksbuche wurde und, wie der Zug des im Schornstein aufgehängten Schuldners beweist, noch auf die Volksmärchen des 19. Jahrhunderts einwirkte[4]), und Wilhelm Zielys Übersetzung des Olwyer und Artus v. J. 1521, die 1556 von Hans Sachs dramatisiert wurde. Noch im 13. Jahrhundert, vor 1270 aufgezeichnet ist die kurze schwedische Erzählung über den Ahn Karls des

---

1) Richars li biaus hsg. von W. Förster 1874. — Über die in zwei Pariser Hss. (F. fr. 22 555 und 351) erhaltene Chanson de Lion de Bourges vgl. Wilhelmi, Diss. Halle 1894. — Der auf Veranlassung des burgundischen Rates Johann von Croy, Grafen von Chimay († 1472) angeblich aus dem Lateinischen übertragene Roman 'Olivier et Artus' erschien zuerst im Drucke zu Genf 1482, eine spanische Übersetzung Burgos 1499, eine niederländische Antwerpen um 1510, eine englische London 1518, eine deutsche Basel 1521, eine italienische Venedig 1552; vgl. Foulché-Delbosc, Revue hispanique 9, 587 (1902). Auf der spanischen Übersetzung beruht Lope de Vegas Lustspiel Don Juan de Castro (Comedias ed. Hartzenbusch 4, 373; Schaeffer, Gesch. des span. Nationaldramas 1, 141; Wurzbach, Lope de Vega 1899 S. 206) und das von Belmonte, Rojas und Calderon verfasste Drama 'El mejor amigo el muerto' (Calderon, Comedias ed. Hartzenbusch 4, 471; R. Köhler 1, 29; Schaeffer 2, 283).

2) Novella di Messer Dianese e di Messer Gigliotto ed. A. d'Ancona 1868 = Papanti, Catalogo dei novellieri italiani in prosa 1871 1, XXXVIII nr. 21 (aus dem Cod. Palatino-Panciatichiano 138); vgl. A. d'Ancona, Studj di critica 1880 p. 353 und Ulrich, Die hundert alten Erzählungen 1905 S. 109.

3) Goedeke, Grundriss² 1, 223. 358. 2, 19. F. v. d. Hagen, Gesamtabenteuer 1, 101 nr. 6 'Rittertreue'; erneuert von Baumbach, Abenteuer und Schwänke 1884 S. 1 'Der Ritter im Rauch.' — Über die Hss. des Herpin vgl. E. Müller, Diss. Halle 1905 und Beth, Jahrbuch der k. preuss. Kunstsamml. 29, 264; gedruckt noch in Marbach-Wolffs Volksbüchern 41—43 und in Simrocks Volksbüchern 11, 213. Isländisch nach Halfdanus Einari, Sciagraphia hist. lit. Islandicae 1777 p. 103: 'Historia Herpeni ducis et Leonis filii eius'. — Ein 1459 in Lübeck aufgeführtes Fastnachtspiel 'Wo de arme ridder myt woldaet des konyngs dochter vorwarff' (Nd. Jahrbuch 6, 4. 29. 27, 17) hält C. Walther mit dem englischen Amadas zusammen, dessen Name in Hamburg schon im 13. Jahrhundert begegnet. — Über Ziely vgl. Frölicher, Thüring von Ringoltingens Melusine, Zürcher Diss. 1889 S. 61; H. Sachs, Folioausgabe 2, 3, 58; über Aufführungen des 'Weissen Ritters' s. Bolte, Das Danziger Theater 1895 S. 28. 59, auch Braunschweig. Magazin 1902, 68.

4) Vgl. oben S. 37¹.

Grossen 'Om Pippinus Franka konung, eller sagan om det jordade liket', wo nicht hartherzige Gläubiger, sondern die Armut der Witwe das Begräbnis des toten Ritters hindern[1]). Ihr steht in dieser Beziehung nahe die mittelenglische Romanze 'Sir Amadas'[2]); weit genauer aber stimmt dazu die bisher unbekannte lateinische Erzählung aus dem 'Viaticum narrationum' des Henmannus Bonon[iensis], die ich in der Beilage B nach zwei Kopenhagener Handschriften des 15. Jahrhunderts mitteile[3]). Denn diese beginnt gleich der schwedischen Fassung nicht mit der Verarmung des Helden, sondern mit der Veranstaltung des Turniers, auf dem die Erbin des französischen Thrones ihre Hand als Preis für den Sieger verheisst; hier wie dort nimmt der Ritter Quartier bei einer Witwe, deren Gatte unbestattet auf der Bahre liegt, und sorgt für dessen ehrenvolles Begräbnis; hier wie dort erscheint der Tote dann nicht als Ritter, sondern als Knappe (famulus, servus), der dem Helden das treffliche Streitross unter der bekannten Bedingung überlässt. Nur darin weicht die ausführlichere, doch sicherlich auf die gleiche Quelle zurückgehende lateinische Fassung ab, dass der Held nicht Herzog Pippin von Lothringen heisst, sondern ein armer Ritter ist, der von dem lebt, was er auf den Turnieren gewinnt.

Schon im Mittelalter hat dieser Ritterroman Veränderungen erlitten, die ihm einen legendenhaften Charakter aufprägen. Bei dem südfranzösischen Dominikauer des 14. Jahrhunderts Johannes Gobii Junior[4]) ist an die Stelle des dankbaren Toten der heilige Nicolaus getreten, der seinem Verehrer in der Bedrängnis ebenso beisteht, weil dieser seine ganze Barschaft zur Wiederherstellung einer Kirche des Heiligen hingegeben hat[5]); er stellt ihm, als er mit der geliebten Sultanstochter fliehen will, ein Schiff zur Verfügung, das beide von Alexandria nach Bordeaux führt. Es liegen also mit einigen Veränderungen die Motive $A^{1,2}$ B^1 DC^2 vor. Im sicilischen Märchen bei Gonzenbach nr. 74 'Von einem, der mit Hilfe des h. Joseph die Königstochter gewann', das die wunderbaren Gesellen (Grimm 71) einmischt, hat der Jüngling dem h. Joseph zu Ehren Tag und Nacht eine Lampe vor seinem Bette brennen lassen; im griechischen bei Hahn nr. 53 'Belohnte Treue' hat der Vater seinen Sohn verkauft, um die Lampe für seinen Heiligen unterhalten zu können; in der oben S. 41 angeführten portugiesischen Erzählung Trancosos kauft der Held die Reliquien zweier Heiligen, und in allen drei Fällen prüft ihn der Heilige zum Schlusse durch das Verlangen, die Braut in zwei Stücke zu teilen (C^4). — Auch in dem altfranzösischen Romane 'Hervis

1) Ett fornsvenskt Legendarium ed. G. Stephens 2, 731 nr. 148 (Stockholm 1858) = *Stephens, Ghost-thanks or The grateful unburied, a mythic tale, Kbh. 1860.

2) Weber, Metrical romances 3, 241 (1810); Robson, Three early english metrical romances 1842 p. 42. Vgl. Hippe, Archiv f. neuere Sprachen 81, 160.

3) Die offenbar aus dem Dominikanerorden hervorgegangene Sammlung ist alphabetisch nach Stichworten geordnet und schöpft aus Valerius, Petrus Alphonsus, Jacobus de Vitriaco, Stephanus de Borbone, Speculum historiale, Historiae Romanorum, Historia regum Francie, Historia tripartita, Mariale magnum usw. Aus ihr entnahm der Lübecker Chronist Hermann Korner († 1438), wie Schwalm in seiner Ausgabe der Chronica novella 1895 S. XXIV nachweist, 17 Geschichten. Sonst scheint sie wenig verbreitet gewesen zu sein; der Autor, den Steffenhagen und Wetzel (Die Klosterbibliothek zu Bordesholm und die Gottorfer Bibliothek 1884 S. 89 nr. 18) Hermannus Bononiensis nennen, findet sich nicht bei Quétif und Echard (Scriptores ordinis praedicatorum 1719—1721).

4) Johannes Junior, Scala celi s. v. Elemosina; abgedruckt unten in der Beilage B. Vgl. Simrock, Gerhard S. 106.

5) In einem russischen Märchen (v. Löwis nr. 48; vgl. Radloff 1, 329) kauft der Held ein Bild des h. Nicolaus, das als Bürge des armen Schuldners geprügelt werden soll.

von Metz' (ed. Stengel 1903), der mit der Nicolauslegende bei Johannes Junior näher verwandt ist, fehlt der Loskauf des Toten gänzlich, und der Edelmut des jungen Hervis bewährt sich nur in der Erlösung der gefangenen Beatrix (A^2 B^1 D; Benary, Zs. f. roman. Phil. 37, 67. 90), während Rudolf von Ems im Guten Gerhard als zweite Edelmutsprobe die Rückgabe der losgekauften Jungfrau an ihren Bräutigam (A^3) anfügt und nur durch vereinzelte Züge wie die Bortenwirkerei der norwegischen Königstochter, den diese von ihrem ersten Verlobten Wilhelm von England trennenden Sturm und die Wiedererkennung mittels eines Ringes einen Zusammenhang mit der alten Erzählung leise durchschimmern lässt[1]). In den Grundzügen stimmt mit dem Guten Gerhard eine hebräische Erzählung überein, die sich in den um 1030 zu Kairuan in Nordafrika geschriebenen Maassijôth mêhajeschuâh des Rabbi Nissîm ben Jakob[2]) findet; nur ist da von keiner Seefahrt und keiner Königstochter die Rede, und statt des Kölner Kaufmanns tritt ein frommer Metzger als Held auf.

Wenn wir nun auch bei der Aufzählung der Varianten unseres Märchens bis ins 13. Jahrhundert zurückgelangt sind, so ist damit seine Wurzel noch nicht blossgelegt; wir müssen daher seine Bestandteile einzeln betrachten. Dabei ergibt sich leicht, dass das Hauptmotiv A^1, die als verdienstliche Tat gepriesene Bestattung des unbekannten Toten, in uralte Zeit zurückreicht. Man braucht nur an den ägyptischen Glauben an die durch die Erhaltung des Leibes bedingte Fortdauer der Seele zu denken, an Patroklos und Elpenors Bitten um Bestattung ihres Leichnams bei Homer oder an das athenische Gesetz, das den Wanderer verpflichtete, den am Wege liegenden Toten mit Erde zu bedecken[3]). Und auch von dem Lohne solcher Wohltat wird berichtet; dem Dichter Simonides erscheint der von ihm Bestattete im Traum und warnt ihn, das zum Untergange bestimmte Schiff zu besteigen[4]); den Sohn des frommen Tobit geleitet der gottgesandte Engel Raphael in die Fremde und verhilft ihm zu einer reichen Braut. In unserem Märchen erscheint die Wohltat um so grösser, als der Leichnam zumeist einem hartherzigen Gläubiger abgekauft werden muss. Von einem so strengen Verfahren gegen den bösen Schuldner weiss zwar das deutsche Recht[5]) nichts; aber in Ägypten hatte Bokchoris dieses Gesetz erlassen, und in Athen durfte der im Schuldgefängnis verstorbene Miltiades nicht eher begraben werden, als bis sein Sohn Kimon für ihn in den Kerker ging[6]). Auf der Insel Timor herrschte sogar

---

1) Rudolf von Ems, Der gute Gerhard ed. Haupt 1840 v. 2916. 3996. 4591; Simrock, Gerhard S. 118. Vgl. noch R. Köhler 1, 18. 32 und Gerould, Publications of the Modern language association 20, 529 über die Fabel im allgemeinen. Der Verzicht auf die Braut wird dadurch natürlicher, dass ihr Befreier, der gute Gerhard, sie nicht für sich begehrt, sondern mit seinem Sohne verlobt hat.

2) Aus A. Jellineks Bêth hamidrâsch 5, 136 (1873) verdeutscht von Gaster, Germania 25, 280; vorher bei Tendlau, Fellmeiers Abende 1856 S. 110 = Germania 12, 55 = R. Köhler 1, 32. Nach Steinschneider wäre der Verfasser jedoch Rabbi Nissim ben Ascher ben Meschullam im 13. Jahrhundert gewesen.

3) Erman, Ägypten 2, 415 (1887); Rohde, Psyche 1894 S. 200. 627; Homer, Il. 23, 71. Od. 11, 71; Aelian, Varia hist. 5, 14; Horaz, Od. 1, 28; Gerould p. 163.

4) Cicero, De div. 1, 27; Valerius Maximus 1, 7 ext. 3; Petrarca, Rerum memorandarum lib. 4, c. 3, 33; La Fontaine, Fables 1 nr. 14.

5) J. Grimm, RA.[4] 2, 161—168; über das unehrliche Begräbnis von Selbstmördern und Verrätern ebd. 2, 325; Rohde, Psyche S. 201.

6) Herodot 2, 136; Diodor 1, 94; Valerius Maximus 5, 3 ext. 3. 5, 4 ext. 2. — Auf der Erzählung von Kimon beruht wohl das von Gerould p. 43 angeführte Schauspiel Massingers 'The fatal dowry' (1632), das Rowe in 'The fair penitent' (1703) benutzte.

noch im Jahre 1870 die Bestimmung, dass die feierliche Bestattung des Toten, die wegen ihrer Umständlichkeit und Kostspieligkeit oft ein Jahr lang aufgeschoben ward, nicht eher stattfinden durfte, als bis alle Schulden des Verstorbenen bezahlt waren[1]). Es ist also wohl denkbar, dass unser Märchen gleich der von Simrock[2]) bis auf das römische Zwölftafelgesetz zurückgeführten Fabel vom Fleischpfande in eine Kulturstufe zurückreicht, in der ein Gläubiger nicht nur über Leben und Tod seines Schuldners, sondern auch nach seinem Tode über seinen Leichnam zu verfügen hatte. Eine Umwandlung unserer Erzählung im christlichen Sinne zeigen die bereits von Hippe (Archiv 81, 167) zusammengestellten russischen, schwedischen und isländischen Fassungen, in denen es sich nicht um die Beerdigung des Toten, sondern um seine Grabesruhe durch Aussöhnung mit der Mutter oder dem Gläubiger handelt[3]). Überhaupt wird im Mittelalter die Christenpflicht betont, für die Seelen der Entschlafenen zu beten und so die Qualen des Fegfeuers zu lindern. Zum Danke dafür zeugen Tote für den fälschlich verklagten Priester[4]), beschirmen den Ritter wider seine Verfolger[5]), verschaffen dem Bedürftigen Unterhalt[6]) oder hüten die Ehre einer Jungfrau[7]); insbesondere hebt eine Schweizer Sage[8]) die Dankbarkeit der Hingerichteten hervor, wie ja auch in der ersten der beiden oben mitgeteilten münsterischen Fassungen ein Gehängter als dienstbarer Geist des Schneiders auftritt. In unsrem Märchen stattet der Tote dem Helden seinen Dank entweder dadurch ab, dass er ihm eine schöne und vornehme Braut erringen hilft (C^1) oder den durch einen Nebenbuhler in die See Gestossenen rettet und mit seiner Gattin vereinigt (C^2). In einer holländischen und einer dänischen Fassung tritt der Geist einer toten Frau als Helfer auf.

1) Gramberg in Verhandelingen van het Bataviaasch Genootschap 36, 212; Huet, Revue des trad. pop. 24, 307.

2) Simrock, Die Quellen des Shakespeare[2] 1, 238 (1872). Ihm stimmt Huet bei.

3) In einem kleinrussischen Märchen aus dem Gouv. Kursk (Etnograf. Zbirnyk 34, 30 nr. 640) geht der Gläubiger eine Woche lang zum Grabe des verstorbenen Schuldners und schmäht ihn; erst als dieser nachts erscheint und ihn prügelt, gibt er es auf, ihn zu mahnen. Im vlämischen Märchen hat der Schneider im Grabe nicht eher Ruhe, als das von ihm gestohlene Geld zurückgegeben ist. Vereinzelt steht das oben S. 39 angeführte schottische Märchen, in welchem drei Tote keine Ruhe finden, weil ihre Köpfe vertauscht sind.

4) Jac. a Voragine, Legenda aurea c. 163; Klapper, Exempla 1911 nr. 36; Klapper, Erzählungen des MA. 1914 nr. 90. 190; Libro de los enxemplos c. 228 (Bibl. de autores esp. 51, 504).

5) Geiler, Emeis 1517 Bl. 39a = Stöber, Zur Geschichte des Volksaberglaubens 1856 S. 24; Abraham a S. Clara, Lösch Wien 1688 S. 35; Schweizer Volkskunde 3, 93 (1914); Kohlrusch, Schweizer. Sagenbuch 1854 S. 422; Herzog, Schweizersagen 1, 161 (1887); Jegerlehner, Sagen aus dem Unterwallis S. 78 nr. 13 'Die unsichtbare Leibwache'; dazu 2, 299; Stöber-Mündel, Sagen des Elsasses 2, 24 nr. 25; Zingerle, Sagen aus Tirol[2] nr. 480; Seifart, Hildesheim S. 16; Wolf, DMS. nr. 386; Wolf, Ndl. Sagen nr. 318 = A. de Cock, Brabantsch Sagenboek 1, 133; Busk, Folk-lore of Rome p. 259.

6) Busk p. 261 'The dead man's letter'.

7) Chevalier de la Tour Landry 1854 ch. 3 = Ritter vom Turn cap. 2. — Tote beten für die sterbende Nonne: Menzel, Geschichte der dt. Dichtung 2, 167. Der tote Gast freut sich beim De profundis: Pauli, Schimpf und Ernst c. 467; Gering, Islendzk Aeventyri nr. 34.

8) Lütolf, Sagen aus den fünf Orten 1862 nr. 80 'Die dankbaren Toten zu Ingenbohl'. Vgl. über den Kultus der Hingerichteten Hartland, Folk-lore 21, 168 und Pitrè, Proverbi, motti e scongiuri sicil. 1910 p. 416.

Der Loskauf der gefangenen Königstochter (A^2) erscheint schon bei Johannes Junior, im Hervis von Metz, im Guten Gerhard und beim Rabbi Nissim; da er aber in der ritterlich-romantischen Form der Erzählung, im Richars, Herpin, Olivier, Dianese, Willekin, Pippinus, Viaticum narrationum und Amadas, fehlt, möchte ich dies Motiv für einen Zusatz des Legendendichters halten, der sich um Ersatz für das fortgefallene Motiv der Totenbestattung bemühen musste Später haben Straparola, Frau von Gomez und viele neuere Erzähler beide Züg. A^1 und A^2 vereinigt, während Peele z. B. noch dem Ritterromane folgt.

Um die Erkennung der geraubten und losgekauften Prinzessin herbeizuführen, ward das Motiv D der kunstvollen Stickerei (bei Johannes Junior) ersonnen, für die später auch eine Fahne oder ein Bildnis eintrat. Vielleicht ist der Zug orientalischen Erzählungen entlehnt; denn auch in 1001 Nacht (Henning 7, 59 'Ali Schar und Sumurrud'; 15, 33 'Ali Nureddin und Marjam'. Chauvin 5, 52. 89) führt der von der losgekauften Jungfrau angefertigte Vorhang oder Gürtel, den der Jüngling verkauft, einen Schicksalswechsel herbei.

Weitverbreitet und nicht erst für unser Märchen erfunden ist das Motiv von dem unverhofften Erscheinen des totgeglaubten Gatten (oder Verlobten) auf der Hochzeit seiner Frau mit einem anderen Manne[1]).

Die vom hilfreichen Toten ausbedungene Teilung alles Gewinnes wird in der ritterlich-romantischen Form unseres Märchens lediglich in der Absicht eingeführt, den Helden als ehrenfesten Worthalter zu schildern; dieser verzichtet, um seine Frau zu behalten, auf alle Reichtümer (Richars, Herpin, Dianese, Pippinus) oder hebt das Schwert, um seine Gattin (Amadas, Viaticum narr.) oder sein Töchterchen (Olivier) zu zerhauen, oder öffnet sogar dem Genossen weinend die Tür zum Ehegemach (Willekin). In einer Reihe späterer Fassungen dagegen (in serbischen, russischen, zigeunerischen, armenischen, tatarischen, kalmükischen, arabischen) wird die Teilung der Frau nicht wie im Amadas zur Prüfung der Treue (C^4) gefordert, sondern um den Helden vor den im Leibe der Braut verborgenen Giftschlangen zu bewahren (C^3)[2]). Im zigeunerischen und armenischen Märchen gleitet der Braut, als sie in zwei Hälften gespalten werden soll, die Schlange aus dem Munde; im tatarischen und im russischen Chudjakovs wird die Frau wirklich zerlegt und wunderbar wieder zusammengesetzt. Augenscheinlich liegt hier, wie Gerould p. 44 erkannt hat, der Einfluss der Fabel vom Giftmädchen vor, die im 12. Jahrhundert durch die aus dem Arabischen übersetzte pseudoaristotelische Schrift 'De secretis secretorum' in die europäische Literatur, z. B. in die Gesta Romanorum c. 11, drang[3]). Aus anderer Quelle stammt der Kampf des geisterhaften Helfers mit einem Dämon oder Drachen, der in der Brautnacht den Freier des Mädchens umzubringen trachtet. Dies ist ein Motiv

1) Vgl. Bolte-Polivka 2, 59. 319. 348; R. Köhler 1, 117. 584; Splettstösser, Der heimkehrende Gatte und sein Weib in der Weltliteratur 1899 S. 31—44; Sozonovič, Zur Frage über den abendländischen Einfluss auf die slawische und russische Literatur 1898 S. 260—545.

2) Im grusinischen Volksepos von Tariel streiten zwei Brüder um die aus der Gefangenschaft der Dämonen befreite Schöne; als der eine das Schwert zückt, um sie in zwei Stücke zu teilen, speit sie erschreckt kleine Teufel aus (Sbornik Kavkaz. 12, 1, 74 Anm.). Dagegen wird in der kabardinischen Erzählung 'Karabatyr-Zane und seine Hochzeit' (ebd. 12, 1, 51) die treulose Frau, deren Teilung der Gefährte des Helden verlangt hat, nicht wieder belebt.

3) W. Hertz, Die Sage vom Giftmädchen (Abh. der Münchner Akad. 1893, 89 = Hertz, Gesammelte Abhandlungen 1905 S. 156).

des vielgelesenen apokryphischen Buches Tobit[1]), dessen Einfluss sich z. B. in mehreren russischen Fassungen unseres Märchens offenbart, und ist uns auch aus den Märchen vom treuen Johannes (Grimm 6) und dem 'Reisekameraden' Andersens (zu Grimm 133) bekannt. Wir haben somit keine zwingende Veranlassung, mit Benfey (Pantschatantra 1, 219) und Hippe (Archiv 81, 175) in der jungen armenischen Fassung und ihren nächsten Verwandten die orientalische Urform unserer Erzählung zu sehen und diese, wie von anderer Seite geschehen ist, für die Vorlage des Buches Tobit zu erklären. Wo der Gedanke zuerst entstand, den Geist des bestatteten Toten in einer Sage oder einem Märchen als Diener und Helfer des gutherzigen Helden auftreten zu lassen, wissen wir vorläufig nicht. Sicher aber ist, dass dieser Stoff sich ausserordentlich geeignet erwies, mit verschiedenen anderen Märchenmotiven Verbindungen einzugehen, die, wie Gerould p. 173 hübsch bemerkt, keine Konvenienzheiraten waren, sondern auf Neigung und Anpassungsfähigkeit beruhten.

Ausser den bereits berührten Motiven der losgekauften Jungfrau, des Giftmädchens und des in der Brautnacht erscheinenden Dämons kommt in Betracht der gleichfalls schon genannte 'Reisekamerad', der die Aufgaben der Braut des Hexenmeisters für den Helden löst und den Hexenmeister enthauptet (deutsch bei Bünker nr. 86; Simrock, Märchen S. 56; Ey S. 64; englisch 'Jack the giant killer' usw.). Dem 'treuen Johannes' (Grimm 6) ist der dankbare Tote zu vergleichen, der im ostpreussischen Märchen (Lemke 2, 88 'Vom Prinzen, der gehängt werden sollte') nachts mit drei bösen Geistern ringt. Im spanischen 'El marqués del Sol', das zu den 'beiden Königskindern' (Grimm 113; Bolte-Polívka 2, 521) gehört, weist der dankbare Tote den Jüngling zu den badenden Schwanjungfrauen. In deutschen, irischen und italienischen (Ey S. 113 'Der Schneidergesell und der Geist'; Hyde p. 19; Dottin p. 55; Gonzenbach nr. 74) gesellt er sich zu den Gefährten mit wunderbaren Eigenschaften (Grimm 71; Bolte-Polívka 2, 87). Er erscheint ferner in einer gasconischen Variante des 'Erdmänneckens' (Grimm 91; Bolte-Polívka 2, 304) bei Bladé 2, 46 'L'homme de toutes couleurs' und in einer irischen Parodie des 'Bruder Lustig' (Grimm 81) bei Hyde p. 148 'Neil O'Carree'. In einer bretonischen Legende bei Luzel, Légendes chrét. 1, 68 'Le fils de St. Pierre' trägt ein dankbarer Toter den Jüngling, der seinen Vater im Paradiese besuchen will', übers Meer. Ein solcher tritt auch in einer russischen Fassung der Zwillingsbrüder (Grimm 60; Bolte-Polívka 1, 541) bei Ončukov nr. 152 auf; in einer ostpreussischen Variante der klugen Tiere (Grimm 104a) bei Lemke 2, 264 'Vom Prinzen, der eine Beeßkröte küßte' schenkt er dem Helden einen Zauberring; in einem spanischen Seitenstück zu 'Ferenand getrü' (Grimm 126) bei Caballero 1878 p. 23 'Bella Flor' erscheint er sogar als ratgebender Schimmel. Tiergestalt nimmt er auch in vielen Fassungen des 'goldenen Vogels' (Grimm 57; Bolte-Polívka 1, 504) an, die Gerould p. 127—152 z. T. bespricht: Zingerle, KHM.[2] 1, 254 nr. 49 'Der blinde König' = Simrock, Gerhard S. 80 (Wolf); schwedisch bei Wigström, Folkdigtning 1, 261 'Fogel Grip' (Fuchs); französisch Cosquin 1, 208 nr. 19 'Le petit bossu'; Luzel, C. 2, 176 'La princesse Marcassa et l'oiseau Drédaine.' 2, 209 'La princesse de Hongrie'; Sébillot, C. 1, 1 'Le petit roi Jeannot'; Pineau, C. du Poitou p. 21 'Le merle blanc'; Revue des trad. pop. 9, 177 'Le merle blanc' (Fuchs holt

---

1) Vgl. Wickram, Werke 6, VI und über das Verhältnis zu unserem Märchen Groome, Folk-lore 9, 226 (1898); Cosquin, Revue biblique internationale 8, 50 (1899); M. Plath, Theol. Studien und Kritiken 1901, 377; auch Huet, Revue des trad. pop. 24, 300f.

später die Hälfte des ersten Kindes); italienisch Nerucci nr. 52 'La lieprina' (oben S. 41); Archivio 3, 233. 373. 551 'Il merlo bianco'; maltesisch Stumme nr. 12; portugiesisch Roméro nr. 10; baskisch Webster p. 182; Cerquand nr. 101; čechisch Němcová 1, 116 nr. 10; mexikanisch Journal of amer. folklore 25, 194 nr. 3. Auch in einer Vorstufe dieses Märchens, dem im 13. Jahrhundert aus dem Französischen übersetzten niederländischen Versroman Walewein (Bolte-Polívka 1, 511), wird das Liebespaar durch den Geist des roten Ritters, der für seine Bestattung danken will, aus dem Gefängnis befreit, nachdem vorher ein Fuchs dem Helden Helferdienste erwiesen hat. — Wir sehen, überall erfüllt hier der dankbare Tote die gleiche Aufgabe wie anderwärts eine freundliche Fee, ein Zwerg, ein Bettler, in dessen Gestalt sich ein Heiliger gehüllt hat, oder ein dankbares Tier: er tritt dem Helden, nachdem er ihn als gutherzig und mildtätig erprobt hat, als Berater und Helfer in Gefahren zur Seite.

Berlin.

(Fortsetzung folgt.)

Über Bandwebegatter.

Von **Karl Brunner.**

(Mit 11 Abbildungen aus der Kgl. Sammlung für deutsche Volkskunde.)

Wie die Weberei im allgemeinen ist auch die Bandweberei eine uralte Kunst und Frauenarbeit. Sie sind kaum von einander zu trennen, bis Geräte erfunden wurden, welche der Bandweberei im besonderen zukommen. Das ist vor allem das Webegatter. Gewöhnlich ist es ein viereckiger Rahmen mit einer Reihe von Stäben darin, so dass ein rost-, gitter- oder gatterartiges Gebilde entsteht.

Da es auch, obwohl selten, solche Webegatter gibt, die auf einer Seite keinen Umfassungsrahmen zeigen, so dass dieses Gerät einem Kamme gleicht, hat man es auch Webekamm genannt.

Die Einrichtung der Webegatter stimmt immer darin überein, dass sich etwa in der Mitte der Stäbe Durchlochungen vorfinden, durch welche ein Faden geleitet werden kann. Der in dem Aufzuge oder der Kette neben diesem liegende Faden wird durch den benachbarten Schlitz geführt, der von zwei Stäben gebildet wird, und so weiter abwechselnd ein Faden durch eine Durchbohrung, der nächste durch den folgenden Schlitz. Hebt oder senkt man dann das Webegatter, so entsteht das Webefach, durch welches der Schussfaden oder Einschlag geschoben wird.

Als zweites Gerät pflegt für die Durchführung des Schussfadens eine Nadel oder auch zum Aufwickeln desselben ein Holzstück benutzt zu werden, das etwa dem Weberschiffchen des grossen Webstuhls entspricht, aber keine Spule wie dieses enthält.

Schliesslich kommt als drittes zweckdienliches Werkzeug das kleine Webeschwert in Form eines Messers, meist ebenfalls aus Holz, hinzu.

Gewöhnlich hat man aber ausser dem Gatter nur noch ein Gerät, welches als Weberschiffchen und Webeschwert zugleich dient.

Verfolgt man die Spuren dieser Geräte in unserer Sprache zurück, so finden wir im Althochdeutschen *rama*, mittelhochdeutsch *ram*, *rame*, *reme* (= Stütze, Gestell) als Werkzeug für Bortenweberei genannt. Über die Form dieses Rahmens sind wir nicht genauer unterrichtet.[1]) Es ist wahrscheinlich, dass er die Form des heutigen Stickrahmens hatte. Vergleichsweise möge hier auch eine Beschreibung eines einfachen Weberrahmens einen Platz finden, welche R. Jannasch in der Zeitschrift für Ethnologie 20, (89) folgendermassen gibt: 'In den Nigerhochländern bestehen die Webeapparate in einem viereckigen Rahmen, welcher ziemlich genau die Form des bei uns gebräuchlichen Stickrahmens hat. Die Kettenfäden werden von der einen Seite des Rahmens nach der gegenüber befindlichen gezogen, alsdann der erste, dritte, fünfte und weiter jeder in der Reihe folgende ungerade Kettenfaden mit einem flachen Brettchen, welches die Form eines Lineals hat, gehoben, das Lineal (Schwert) alsdann auf die schmale Kante gestellt, wodurch ein sogenanntes „Fach“ gebildet wird; durch dieses wird alsdann der Schuss- oder Einschlagfaden durchgeführt und mit dem Lineal — nachdem dasselbe in seine Breitlage zurückversetzt worden ist — kräftig an die bereits durchgezogenen Schussfäden angeschlagen. Alsdann werden mit dem Lineal die Kettenfäden 2, 4, 6, 8 usw. aufgehoben, in gleicher Weise wie vorher das Gegenfach gebildet, der Schussfaden durchgereicht und an die anderen Schussfäden mit dem Lineal wiederum angeschlagen.'

Eine Darstellung eines Borten webenden Mädchens aus dem Anfange des 14. Jahrh. in einem Freskobilde aus Konstanz ist in den Mitteilungen der antiquarischen Gesellschaft in Zürich Bd. 15 Heft 6 S. 223 ff. Nr. 14 gegeben. Das Bild zeigt zwei aufrechtstehende, oben mit einem Knauf bekrönte Stäbe von der ungefähren Höhe des daran im Sitzen arbeitenden Mädchens, zwischen welchen in Brusthöhe desselben die Borte oder der Gürtel gespannt ist. Die Arbeiterin hält in der linken Hand ein messerartiges Gerät, offenbar zum Anschlagen des Schussfadens bestimmt. Es ist das im Mittelhochdeutschen *drîhe* (dringen = flechten, weben) genannte Werkzeug, das auch *spelter* heisst (auch *spilter* = abgespaltenes Holzstück oder Splitter). In der rechten Hand führt sie ein in der Zeichnung nicht

---

1) Aus späterer Zeit, dem 16. Jahrhundert, kennen wir Bortenwirk- oder -webrahmen von senkrechter und wagerechter Bauart, aber ohne Webegatter. Vgl. Jahrb. d. Kgl. Preuss. Kunstsammlungen 27 (1906), 296 und G. Wickrams Roman: Der Goldfaden, Strassburg 1557, mehrere Holzschnitte [Hinweis von Joh. Bolte].

erkennbares Gerät, das vielleicht eine Art von Weberschiffchen zum Durchführen des Einschlagfadens darstellt, möglicherweise aber auch anders zu deuten ist.

Eine klarere Darstellung eines Bandwebegerätes derselben Zeit findet sich in der bekannten Heidelberger Manesse-Handschrift unter Nr. 82[1]). Auf diesem Bilde ist ein aufrechtstehendes Bandwebegatter zu sehen nebst Vorrichtungen zum Aufrollen oder wenigstens Überleiten der Kette und des fertigen Bandes. Ausserdem schwingt die Weberin in der Hand ein dolchartiges Gerät, das offenbar ein Webeschwert zum Anschlagen des Einschusses darstellt.

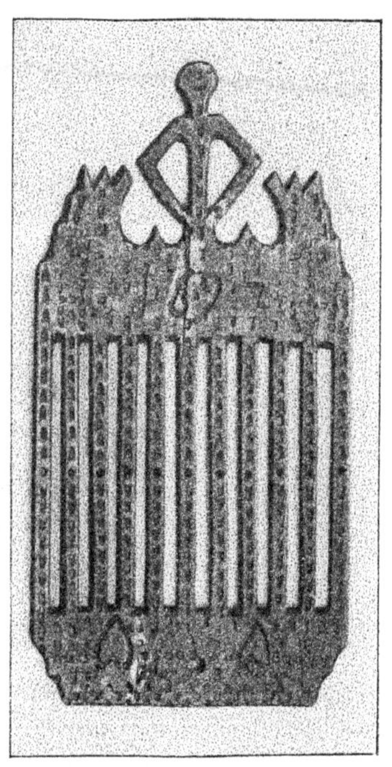

Abb. 1.

Diese beiden zeitlich und örtlich einander sehr nahestehenden Darstellungen der Bandweberei unterscheiden sich also durchaus in der Art und Weise, wie die Arbeit gehandhabt wurde. Das Konstanzer Freskobild muss leider wegen der unsicheren Deutung des einen Werkzeuges hier aus der weiteren Erörterung ausscheiden, während das Bild der Manesse-Handschrift für die Geschichte der Bandwebegatter von Wert ist. Es stellt jedoch bereits ein Webegerät dar, welches keineswegs an dem Anfange der Entwickelung, sondern schon mitten darin steht.

Es sei daher zum besseren Verständnis gestattet, an der Hand der in unserer Sammlung für deutsche Volkskunde vorhandenen Bandwebegatter ein Bild dieser Geräte zu geben, welches zeigen kann, dass die uns erhaltenen einfachen keineswegs die ältesten darstellen, sondern, dass die Entwickelung der Bandwebekunst auf verschiedenen Wegen gegangen sein muss, auf deren einem das Webegatter in mannigfachen Formen und Verbindungen zu finden ist.

Das einfachste und gewöhnlichste Webegatter stellt uns Abb. 1 dar. Es ist zugleich das älteste in der Sammlung und stammt vom Ende des 17. Jahrh., ist beiderseits reich mit Kerbschnitt verziert, 25 *cm* hoch und soll im Rheinlande gefunden sein.

Besonders reiche Bandwebegatter hat man um die Mitte des 19. Jahrh. in Mönchgut auf Rügen, meistens wohl als Liebesgeschenke der Burschen

---

1) Vgl. R. Stettiner, Das Webebild in der Manesse-Handschrift und seine angebliche Vorlage. Berlin und Stuttgart 1911.

Abb. 2.

Abb. 3.

Abb. 4.

an ihre Mädchen, verfertigt. Die Abb. 2—4 zeigen uns einige der besten Muster dieser Art. Das Gatter Abb. 2 ist 43 *cm* hoch, 1849 datiert, grün bemalt und mit einem ausgesägten Segelschiff und einer längeren eingekerbten Inschrift verziert, die sich auf Liebe und Matrosenabschied bezieht. Auch das Gatter Abb. 3 vom Jahre 1836 (Höhe 43 *cm*) zeigt ein Segelschiff, dessen naive Linien nur eingekerbt und mit rotem und grünem Wachs ausgestrichen sind. In der oberen ausgeschnittenen Verzierung sind die in der Volkskunst allgemein beliebten Herzen, Tulpe, Tauben und als Mönchguter Besonderheit Pferdeköpfe verwendet. Wie alle Webe-

Abb. 5.

gatter ist auch dieses beiderseits verziert, und zwar zeigt die Rückseite ebenfalls Schiffsbilder und den Namen der Braut. Abb. 4 endlich ist mit reichem Kerbschnitt geschmückt.

Die pommersche Volkskunst mit ihren mannigfaltigen und reichen Leistungen hat aber das Webegatter nicht nur auf Mönchgut, sondern auch anderwärts, so in Jamund bei Köslin schmuckvoll ausgestattet. Im ersten Bande dieser Zeitschrift vom Jahre 1891 S. 77 u. 335 haben Ulrich Jahn und Alexander Meyer Cohn der Eigenart dieser Bevölkerung um die Mitte des 19. Jahrh. eine eingehende Beschreibung gewidmet. Die dort S. 339 abgebildeten Bandwebegeräte sind in einem Punkte zu berichtigen, indem Abb. 12b, eine Art von Weberschiffchen, unten bogenförmig geschlossen dargestellt ist, während es offen sein muss, um das Aufwickeln des Schussfadens in der Längsrichtung zu ermöglichen. Unsere Abb. 5 zeigt dasselbe Gerät links nach photographischer Aufnahme. Auf beiden Seiten des mittleren grösseren Webegatters dieser Abbildung sieht man zwei kleinere Jamunder Webegatter von 15 und 16,5 *cm* Höhe, deren eines mit Ranken in Kerbschnitt verziert ist, während das andere eine charakteristische Hausmarke zeigt.

In Jamund hatte sich bekanntlich bis zum Ausgange des vorigen Jahrhunderts eine eigentümliche bodenständige Kultur erhalten, die besonders in der Volkstracht und im Hausrat zum Ausdruck kam. Auch die Webegatter von hier haben manches Charakteristische. Sie fallen anderen, besonders den Mönchguter Geräten dieser Art gegenüber durch ihre Kleinheit auf. Auch ist die Eigentümlichkeit der Mönchguter Zierweise mit farbigem Wachs hier unbekannt; dagegen kommt Malerei vor, besonders schön am Stuhlmöbel, aber auch am Webgatter, wie unsere Abb. 6 zeigt. Es ist ein 22 *cm* hohes Gerät der Marie Mandke vom Jahre 1851, welches den rot bemalten Rahmen im Gegensatze zu den weiss gestrichenen Gatterstäben betont und dadurch an das oben erwähnte Weberinbild der Manesse-Handschrift erinnert.

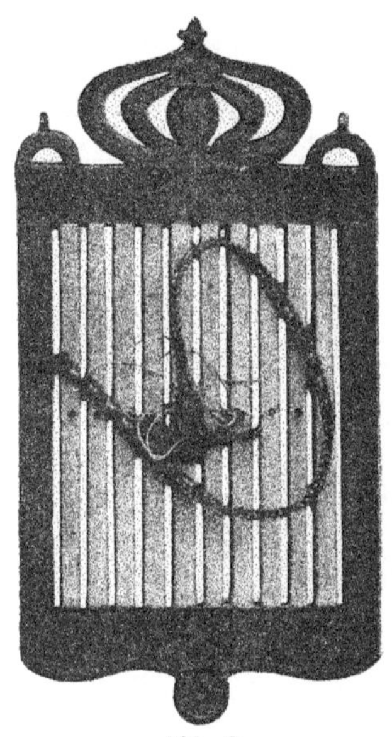

Abb. 6.

Auch in Schleswig-Holstein ist das Bandwebegatter ehemals verbreitet gewesen. Das Mittelstück von Abb. 5 zeigt ein solches Gerät vom Jahre 1731 aus Wittbek bei Husum, oben mit der charakteristischen, an Buchstaben erinnernden Bandverschlingung, wie sie nach Justus Brinckmann besonders bei dem Bauernschmuck der Wilstermarsch beliebt war. Das Gerät ist 30 *cm* hoch und mit dem Messer geschnitzt. Die in Abb. 5 oben dargestellten Bänder stammen aus dem preussischen Litauen und sollen zeigen, wie kunstvoll man sie dort zu weben versteht. Das obere, 4 *cm* breite Band aus dem Kreise Heydekrug ist in der Mitte rot und weiss gemustert und an den Rändern grün und gelb eingefasst. Das schmalere Band zeigt in orangegelbem Grunde veilchenfarbige Buchstaben, Worte eines Volksliedes (daina) in litauischer Sprache. Aus einer genauen Schilderung der volkstümlichen Bandweberei in Litauen, die A. Kurschat im 5. Bande der Mitteilungen der Litauischen literarischen Gesellschaft, Heidelberg 1911 S. 611ff. veröffentlicht hat, geht übrigens hervor, dass die alte Webart ohne Zuhilfenahme des Webegatters erfolgte, wenigstens

Abb. 7.

Abb. 8.

bei schmaleren, Pakeles genannten Bändern. Die breiteren, Josta, wurden mittels des Webegatters hergestellt.

Ein recht modernes, mit der Laubsäge gearbeitetes und poliertes Webegatter aus Ostpreussen zeigt Abb. 7. Wie man sieht, entfernt es sich durch seine Allerweltsverzierungen weit von den volkstümlichen Arbeiten der übrigen Abbildungen.

Da es beim Weben mit dem beweglichen Webegatter oft als lästig empfunden worden sein wird, die lange Kette durch den Raum zu ziehen,

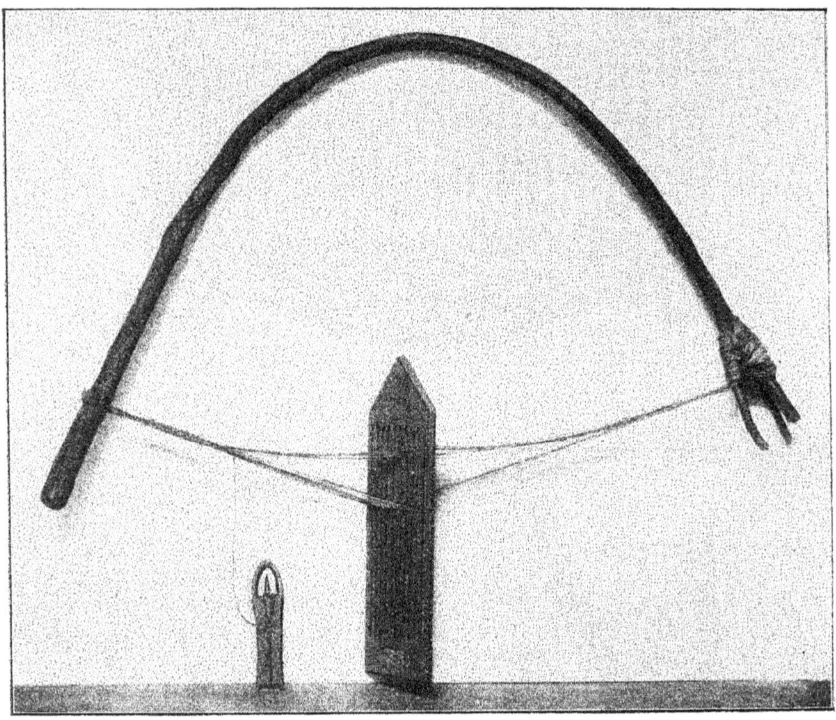

Abb. 9.

so erfand man Vorrichtungen, um sie so weit aufzuwickeln, als sie gerade nicht gebraucht wurde. Dazu bediente man sich eines gabelförmigen Astes, wie Abb. 8 aus dem Kreise Kammin in Pommern es zeigt, oder eines längeren Zweiges, der bogenförmig gekrümmt wurde und zugleich zur Befestigung des fertig gewebten Bandes diente, wie aus Abb. 9 ersichtlich ist. Diese in den Dörfern um Graudenz noch um 1820 übliche 'Bandwuo' (Bandwebe) dürfte infolge der Elastizität des Bogens (seine Sehne misst jetzt 72 *cm*) eine stets straffe Kette gehabt und so eine einfache, aber sehr zweckmässige Weiterentwickelung des Bandwebegerätes dargestellt haben. Die Weberei von Schürzenbändern wurde damit am

Feierabend von je einer Arbeiterin betrieben. Eine Elle Schürzenband kostete im Einkauf 1 Pfennig.

Während die bisher beschriebenen Webegatter aus der Sammlung für deutsche Volkskunde bei ihrer Benutzung mit der Hand auf und nieder geschoben werden mussten, hat man sie schon in früher Zeit zu bequemerer Handhabung auch auf feste Untersätze gestellt, so dass durch Bewegung der Kettenfäden allein das Webefach gebildet werden konnte. Dieser bereits in der Manesse-Handschrift dargestellte Typus ist leider in seiner Reinheit in unserer Sammlung noch nicht vertreten. Das Museum für Kunst und Gewerbe in Hamburg besitzt ein solches stehendes Webegatter aus den Vierlanden, welches dadurch noch merkwürdiger wird, dass der obere Abschlussrahmen fehlt und das Gatter einem Kamme mit nach oben gerichteten Zähnen gleicht. Das Stück ist fast 1 *m* hoch und auf einer massiven Säule befestigt, die auf einem bankartigen Untersatze steht.

Abb. 10.

Von besonderer, hier einzureihender Form ist das in Abb. 10 dargestellte, 23,5 *cm* hohe, schmale Webegatter von 1719 aus Tirol. Es ist reich mit Holzschnitzerei verziert und mit einem klotzartigen Unterbau versehen. Dennoch kann es nicht zu den stehenden Webegattern gezählt werden, weil es zu klein und leicht ist, als dass es bei der Arbeit stehen bleiben könnte. Da es beschädigt ist, muss gesagt werden, dass links zwei, rechts ein Gitterstab abgebrochen sind.

Aus dem feststehenden Webegatter entwickelt sich dann seine Verbindung mit Vorrichtungen zum Aufwickeln der Kette, zuweilen auch des fertigen Bandes, entsprechend den Einrichtungen des wagerechten grossen Zeugwebstuhles. Die Verbindung solcher Rollen, Walzen oder Spulen mit dem stehenden Webegatter ist bereits in dem öfter erwähnten Bilde 82 der Manesse-Handschrift begonnen, noch deutlicher ist sie in dem Titelblatt des Schwarzenbergerschen Modellbuches (I) von 1534 (s. Mitteil. a. d. German. Nationalmus., Nürnberg 1909, S. 62) durchgeführt. Bei F. Fuhse, Beiträge zur Braunschweiger Volkskunde, 1911, Textbild 4, ist ein entsprechendes, Gördelta (mnd. *touwe, tow, tau* = Webstuhl) genanntes Bandwebegerät aus Müden a. d. Aller, Prov. Hannover, mit stehendem Webegatter dargestellt.

Etwas weniger vollständig sind zwei Geräte unserer Sammlung, von denen eins aus dem Schwarzwalde oben 12, 108 von Robert Mielke abgebildet und beschrieben ist. Das andere aus Tirol (Abb. 11) ist ein 36 *cm* langer einfacher Kasten mit einer Walze zum Aufrollen der Kettenfäden an einem, und dem stehenden Webegatter am anderen Ende. Letzteres ist mit sehr ungeschickten Jagdtierbildern in roter Farbe bemalt. Das Gerät wird zum Weben von Hanfgurten für wirtschaftliche Zwecke gebraucht und ermangelt ebenso wie der Schwarzwälder 'Bändelstuhl' einer Vorrichtung zum Aufrollen des fertig gewebten Bandes.

Abb. 11.

Das als Weberschiffchen und Spule, zugleich wohl auch meistens als Webeschwert zum Festschlagen des Einschusses gebrauchte Gerät stellt sich bei den süddeutschen 'Bandweben' als beiderseits gleich geformtes Holzstück mit zangenartigen Enden dar; auch in Abb. 5 ist ganz rechts ein solches aus dem Elsass dargestellt. Anders ist es bei den norddeutschen entsprechenden Geräten, wie Abb. 5 ganz links, 8 und 9 zeigen. Diese besonders geformten Werkzeuge sind vielleicht ursprünglich durch den Gebrauch zum Stricken und Flicken von Netzwerk sowie zu sog. Netzstickereien bedingt und dann auch zum Bandweben für passend gehalten und in dieses Arbeitsgerät übernommen worden.

Über die Verbreitung der Bandwebegatter hat schon Fuhse a. a. O. im allgemeinen geäussert, dass sie sich von Skandinavien bis Italien und in Nordamerika finden. Im einzelnen wäre ausser den in unserer Sammlung vertretenen und oben besprochenen Vorkommnissen noch erwähnenswert ihr Gebrauch bei den Lausitzer Wenden, den W. von Schulenburg in der Zeitschr. f. Ethnologie 14, (37—38) schildert, und bei den Deutschen und Rumänen in Siebenbürgen, dargestellt von M. von Kimakowicz-Winnicki in seinem Aufsatze über Spinn- und Webewerkzeuge, Mannus-Bibliothek H. 2, 1910. Von besonderer Eigenart scheint auch ein von E. Friedel oben 5, 327 erwähntes Webegatter alter Zeit aus Ägypten zu sein, das aus einem Rahmen besteht, in welchen die Längshölzer eingepasst wurden, die aus eigens angefertigten Stäbchen bestehen.

Berlin.

Das Aphlaston der antiken Schiffe.

Von Hermann Diels.

(Mit 13 Abbildungen.)

Die wissenschaftliche Erklärung der religiösen Begriffe eines Volkes geht naturgemäss vom Worte aus. Etymologie ist die älteste und verbreitetste Methode historischer Forschung auf diesem Gebiete. Von Hekataios von Milet um die Wende des sechsten und fünften vorchristlichen Jahrhunderts bis auf Hermann Usener, der diese sprachliche Betrachtungsweise am tiefsinnigsten begründet und am eifrigsten angebaut hat[1]), fehlte es nie an scharfsinnigen Vertretern dieses religionsgeschichtlichen 'Nominalismus'. Aber wenn selbst in der eigentlichen Sprachforschung immer mehr die Mahnung durchdringt, welche die Grazer Forscher Schuchardt und Meringer mit besonderem Nachdruck erhoben haben[2]), neben den Namen nicht die Sachen zu vergessen, so heisst das für das noch schwierigere Gebiet der religionsgeschichtlichen Forschung nicht unter dem Namen der Götter, in denen die religiösen Gefühle und Vorstellungen eines Volkes sich ausprägen, den Reflex zu vergessen, den diese selben Gefühle und Vor-

Abb. 1.

1) H. Usener, Götternamen. Bonn 1896.

2) Vgl. die Zeitschrift 'Wörter und Sachen' hsg. von Meringer, Meyer-Lübke, Mikkola, Much und Murko; bis jetzt sind sechs Bände erschienen.

stellungen in den Willenshandlungen der religiös erregten Personen, d. h. in dem Kulte zurückgelassen haben. Wir haben also nicht bloss nach dem Götternamen, sondern auch nach dem Götternumen zu suchen, das oft namenlos die frommen Handlungen der Verehrer auslöst.

Als Beispiel einer solchen Untersuchung, deren Resultat ein Numen ohne Namen oder wenigstens ohne feststehende Götterbeziehung durch das ganze antike Altertum zeigen wird, möchte ich die folgende Betrachtung über den am Eingange dieses Aufsatzes abgebildeten[1]) Heckschmuck der antiken Schiffe (Abb. 1) vorlegen, den die Griechen *ἄφλαστον*, die Römer *aplustra* oder *aplustria* nennen[2]).

Die bisherige Forschung ging von der etymologischen Deutung des Wortes aus, das 'nichtzerschlagbar' bedeutet. Allein das führt zu keinem Ergebnis. Schon die alten Grammatiker, welche sich das Wort natürlich so deuten mussten, gerieten in Verlegenheit, da nichts auf dem antiken Schiffe so zerbrechlich aussieht, wie der Schmuck des Aphlaston. Daher kommt der 'Sophist' Apollonios in seinem Homerlexikon zu der verzweifelten Annahme, das Wort sei, wie *lucus a non lucendo*, von dem Gegenteile benannt[3]). Moderne Etymologen sehen dagegen in der ersten Silbe das ominöse *ᾰ intensivum* und erklären '*zusammengeschlagen*', *zusammengedrückt*'[4]). Das ist sprachlich wie sachlich unmöglich. Da lob' ich mir die lakonische Auskunft des neuesten Etymologicums[5]): *étymologie inconnue*!

Von dem Bankrott der rein sprachlichen Erklärung wenden wir uns der Sache selbst zu, indem wir zunächst die antiken Dichter und Schriftsteller verhören! Das Wort begegnet uns schon bei Homer auf dem Höhepunkt des Kampfes, wo Hektor zu den Schiffen vordringt und seine

---

1) Das Original (Länge 10,5 *cm*) befindet sich im Antiquarium des Berliner Museums (Friederichs, Geräte u. Bronzen d. alt. Mus. Nr. 1328). Die Photographie desselben verdanke ich der Liebenswürdigkeit des Hrn. Prof. Zahn. Das Stück stammt aus der Sammlung Bellori. Fundort unbekannt, Zeit der Entstehung nicht vorhellenistisch.

2) Das lat. Wort ist sicher dem Griechischen entlehnt, aber wahrscheinlich nicht unmittelbar, sondern durch das Etruskische, wie Thurneysen im Thes. 1, 1 andeutet. Der Einschub des *r* nach *t* mag auf Analogie beruhen, indem *lustra*, *ligustra* und *illustria*, *palustria* vorschwebten. Volkstümlich *culcitra* statt *culcita* behandelt K. Meister, Zs. f. vgl. Sprachw. N. F. 45, 186. Vgl. auch Jordan, Hermes 7, 198.

3) Unter *ἄφλαστον*: *τὸ ἀκροστόλιον. κέκληται δὲ κατ' ἀντίφρασιν οὕτως τὸ ἀσθενέστατον, οἷον εὔθλαστον.*

4) Prellwitz, Etymol. Wörterb.[2] S. 68. Vermutlich schwebt die Erklärung des Didymos vor, der das Aphlaston aus den in die Höhe umgebogenen Latten bestehen lässt. Bachmanns Lexikon (bei Bekker Anecd. Gr. 471, 19) *ἄφλαστα τὰ ἀκροστόλια Ἀπολλόδωρος* [Lies: *Ἀπολλώνιος* (s. oben Anm. 3)], *ὁ δὲ Δίδυμος τὸ ἐπὶ τῆς πρύμνης εἰς ὕψος ἐκ κανονίων πλατέων ἐπικεκαμμένον.* Gegen Prellwitz spricht schon die Bedeutung von *φλᾶν* (ionisch = *θλᾶν*). Dies kann nicht *κάμπτειν* bedeuten.

5) Boisacq, Dictionnaire étym. (Heidelb. 1908) S. 106.

Mannen ermutigt das Schiff des Protesilaos in Brand zu stecken. Gegen Ende des 15. Buches heisst es[1]):

Hektor ergriff nun das Schiff bei dem Heck und liess es nicht fahren,
Fest in den Händen behielt er den Knauf und mahnte die Troer:
„Feuer herbei, und erhebt nun alle zusammen den Schlachtruf!“

Die Hervorhebung des ‘Knaufs’, wie ich *ἄφλαστον* übersetze, am Achterschiffe *(πρύμνηθεν)* wiederholt sich in anderer Wendung in einer Paraphrase der obigen Stelle, die der Nachdichter des 9. Gesanges als Drohung Hektors ausspricht[2]):

„Denn er vermisst sich zu kappen die ragenden Hörner der Schiffe
Und sie selber sodann im lodernden Feu'r zu verbrennen.“

Unter den ragenden Hörnern *(ἄκρα κόρυμβα)* ist offenbar dieselbe Verzierung der Prymna zu verstehen, die in der primären Erzählung des 15. Buches *ἄφλαστον* genannt wird. Apollonios von Rhodos, dessen Argonautika gleichsam eine stillschweigende Homererklärung geben, hat offenbar die Stelle so verstanden, wenn er in seinem Epos von den ‘hohen Hörnern des Knaufes’ spricht[3]). ‘Warum’, fragen nun die antiken Homererklärer, ‘macht sich Hektor die Mühe, den Heckzierrat erst zu kappen, wenn er die Schiffe doch ganz verbrennen will? In diesem kritischen Augenblick verbietet sich doch für den Angreifer jede Zeitverschwendung und jede Steigerung der Gefahr?’ Sie geben eine doppelte Antwort[4]): ‘Entweder will Hektor den Zierrat als Trophäe heimbringen, um ihn dort den Göttern zu weihen’, oder: ‘Er fürchtet die Rache der Götter, deren Bildnis an diesem Heckzierrat angebracht ist, und will diese vor dem Verbrennen bewahren.’

Da wir heutzutage dem homerischen Epos etwas anders gegenüberstehen als die Alten, müssen wir uns hüten, die Motive des Nachdichters (*I*) in die ältere Schicht (O) der Ilias hineinzutragen[5]). Diese deutet bei unbefangener Betrachtung nichts weiter an, als dass Hektor das griechische Schiff, das nach antiker Sitte mit dem Heck auf den Ufersand hinaufgezogen war, dadurch am Auslaufen hindert, dass er es an diesem Ende festhält. Vom Kappen des Aphlaston ist hier keine Rede. Wer diese

1) O 716.

2) *I* 241.

3) II 601 *ἀφλάστοιο . . . ἄκρα κόρυμβα.* Der Homerscholiast A erklärt *ἄκρα κόρυμβα* der Homerstelle durch *ἀκροστόλια,* worunter freilich Didymos (s. S. 62 Anm. 4) nur die entsprechende Ausladung des Bugs verstand. Allein davon kann bei den Homerstellen nicht die Rede sein. Valerius, der Übersetzer des Apollonios, versteht die *κόρυμβα* IV 691. VIII 193 richtig als *aplustria*, d. h. als Heckverzierung.

4) Schol. Townl. *I* 241 *οὐκ ἀγαπᾶν αὐτόν φησιν, εἰ μόνον ἐμπρήσειε τὰς ναῦς, ἀλλὰ καὶ τὰ κόρυμβα ἀποκόψαι θέλειν, ὥσπερ τρόπαιον τῆς κατὰ τῶν Ἑλλήνων νίκης ἀναθεῖναι θέλοντα . . . καὶ ἄλλως δὲ τὰ ἄκρα ἀποκόπτει Ἕκτωρ διὰ τὸ ἔχειν θεοὺς ἐντετυπωμένους, ὅπως μὴ κατακαέντες ὑπὸ τοῦ πυρὸς ὀργισθῶσιν αὐτῷ.*

5) Robert, Stud. z. Ilias S. 143 rechnet sogar diese Verse zur ‘Urilias’.

Stelle für sich, ohne die andere zu beachten, interpretieren wollte, könnte sehr wohl als Motiv für die Erwähnung des Aphlaston jenes einfache Festhalten annehmen. Herodot[1]) erzählt eine später stark ausgeschmückte Episode der Schlacht bei Marathon, die verglichen werden könnte, zumal der Historiker offenbar an die Iliasstelle erinnern wollte. Die Athener verfolgten die Perser hinab an den Strand, riefen nach Feuer zum Verbrennen der Bote und suchten diese auf jede Weise am Auslaufen zu hindern. Da ergriff Kynegeiros, des Euphorion Sohn, die Aphlasta eines Schiffes, das eben abfahren wollte. Die Perser hackten ihm mit dem Beile die Hand ab. So stirbt er hier den Heldentod. Warum soll man also Homer in dem älteren Liede O nicht auch so verstehen können? Offenbar wird ja hier auf das Festhalten Gewicht gelegt[2]).

Wir dürfen daher nur den jüngeren Dichter des Buches *I* beim Wort nehmen[3]). Wer vor der Einäscherung der Schiffe an das Abhauen der Heckzierde denkt, muss damit einen besonderen Zweck verfolgen. Die beiden Motive, welche die alexandrinische Homererklärung vorbringt[4]), lassen sich wohl hören.

Wenn auch eigentliche Trophäen im späteren Sinne der homerischen Dichtung noch fremd sind[5]), so gibt es doch bereits Weihungen von Beutestücken an die Götter in den jungen Schichten der Ilias[6]). Von den beiden in Betracht kommenden Stellen ist die der Dolonie besonders wichtig für unseren Zweck. Ehe Odysseus der Athena die versprochenen Trophäen des Dolon reicht, legt er sie auf der Prymna des Schiffes nieder. Offenbar kennt der Dichter bereits die später in der Dekoration des Aphlaston zum Ausdruck kommende Sitte, die Trophäen gerade an diesem heiligen Orte des Schiffes aufzustellen.

Bestätigt wird diese Auffassung auch durch mehrere Darstellungen, die einen Seesieg durch das Aphlaston in der Hand der Nike symbolisieren. Eine rotfigurige Vase[7]) stellt Nike dar, in der Linken das Zepter haltend,

---

1) VI 114 *Κυνέγειρος ὁ Εὐφορίωνος ἐνθαῦτα ἐπιλαβόμενος τῶν ἀφλάστων νεός τὴν χεῖρα ἀποκοπεὶς πελέκει πίπτει.*

2) O 716 *Ἕκτωρ δὲ πρύμνηθεν ἐπεὶ λάβεν, οὔτι μεθίει, ἄφλαστον μετὰ χερσὶν ἔχων, Τρωσὶν δὲ κέλευεν.* Zu beachten ist, dass diese älteste Stelle allein den Singular *ἄφλαστον* kennt, während Herodot und alle späteren Prosaiker (Homernachahmer wie Apollonios zählen nicht mit) nur den Plural kennen. Ebenso haben die Lateiner nur *aplustra, aplustria*, dagegen ist *aplustrum, aplustre* unerhört. Daraus geht hervor, dass der Dichter von O nur einen einfachen Knauf bezeichnen will, während der Nachdichter mit seinem Äquivalente *ἄκρα κόρυμβα* bereits die mehrfachen *ἄφλαστα* der späteren Zeit im Sinne hat. Diese Entwicklung der Schiffsbautechnik wird sich, wie wir später sehen werden, durch die Betrachtung der Monumente bestätigen.

3) *I* 241 *στεῦται γὰρ νηῶν ἀποκοψέμεν ἄκρα κόρυμβα αὐτάς τ' ἐμπρήσειν μαλεροῦ πυρός.*

4) Oben S. 63.

5) Vgl. Woelcke, Bonn. Jahrb. 120, 131. Die erste Erwähnung bei Aischylos.

6) H 82; K 570 *νηὶ δ' ἐνὶ πρύμνῃ ἔναρα βροτόεντα Δόλωνος θῆκ' Ὀδυσεύς.*

7) Millingen, Ancient unedited Mon. (Lond. 1822) t. 29.

in der Rechten ein dreifaches Aphlaston mit dem Cheniskos, über den später zu reden sein wird (Abb. 2). Eine jüngere Vase[1]) zeigt die Siegesgöttin zur Linken eines Palladions. Sie hält in der Hand ein Aphlaston. Zur Rechten steht ein Krieger mit Palmenzweig.

Ich beziehe daher auch den Bericht des Herodot[2]), die Hellenen hätten nach dem Seesieg bei Salamis eine Bildsäule nach Delphi gestiftet, die in der Hand ein Schiffsakroterion hielt, auf eine ähnliche Darstellung.

Aus dieser schon für die klassische Epoche anzunehmenden Sitte ergibt sich also jedenfalls, dass dem Heck des Schiffes eine besondere Heiligkeit beigemessen wurde. Die erste Erklärung der Alexandriner lässt sich wohl mit den Tatsachen vereinigen. Aber wie steht es mit der zweiten, welche diese Heiligkeit der Heckzierde mit den dort angebrachten Götterbildern[3]) in Verbindung setzt?

Abb. 2.

In der Literatur begegnet uns diese Vorstellung am deutlichsten in der Euripideischen Iphigenie in Aulis, in dem zweiten Teile ihrer Parodos[4]), der wohl nicht von Euripides selbst, aber nicht lange nach seinem Tode verfasst scheint[5]). Da tragen die Schiffe des Achilles goldene[6]) Bilder der Nereiden, die attischen führen das Abzeichen *(εὔσημον φάσμα)* der Pallas Athene, die böotischen eine goldene Schlange, die sich um die Spitzen *(κόρυμβα)* ringelt[7]), die Schiffe des Nestor endlich tragen das Bild des Alpheios in Stiergestalt. An zwei Stellen wird ausdrücklich hervorgehoben, dass diese Bilder am Heck angebracht waren[8]).

1) Im Louvre, abgeb. bei Gerhard, Ges. Abhandl. Tafelb. 23, 3.

2) VIII 122 *ἀνδριὰς ἔχων ἐν τῇ χειρὶ ἀκρωτήριον νεός.* Aus Paus. X 14, 5 geht hervor, dass es eine Apollostatue war. S. Blümner z. d. Stelle 3, 715. Dass das Wort *ἀκρωτήριον* auch die Heckzierde bedeuten kann, steht fest durch den Hymnus auf die Dioskuren (V. 10), wo die Schiffer ihnen ein Opfer bringen *ἐπ' ἀκρωτήρια βάντες πρύμνης.* Auch ein Beweis für die Heiligkeit der Prymna. Doch kommen auch Weihungen der Vorderteile vor. Die Aegineten stiften *καπρίους πρῴρας* in den Tempel der Athene Herod. III 59). — Über das Gemälde des Panainos (Paus. V 11, 5: Hellas und Salamis, ein Aphlaston in der Hand haltend) sind sich die Archaeologen noch nicht einig. Vgl. Amelung, Dt. Litt. Ztg. 1915 S. 38.

3) *θεοὺς ἐντετυπωμένους* Townl. (S. 63 Anm. 4), *ἀγάλματα καὶ εἰκόνες θεῶν* Ven. A zu *Ι* 242.

4) V. 231 ff.

5) H. Weil zu V. 231 (Ausg. Paris 1899).

6) Die Vergoldung der Götterbilder auf dem Heck wird oft hervorgehoben. S. unten.

7) Ähnlich Plut. de mul. virtut. 9 p. 247 E *ἔπλει δὲ πλοίῳ λέοντα μὲν ἔχοντι πρῴραθεν ἐπίσημον, ἐκ δὲ πρύμνης δράκοντα.*

8) V. 241. 275.

Seit der sorgfältigen Untersuchung Ruhnkens[1]) unterscheidet man die Gallionbilder an der Prora, die dem Schiffe den Namen geben (*παράσημον, ἐπίσημον, insigne*) von den Kultbildern der Prymna, die als Schutzpatrone (*dei tutelares*) eine wirkliche Verehrung gefunden haben. Auch die römischen Dichter sind einstimmig darin, Gebete und sonstige gottesdienstliche Handlungen am Heck sich vollziehen zu lassen. Vergil erwähnt das Schiff des Etruskers Abas, dessen Heck mit goldenem Bilde des Apollo geschmückt war[2]); Anchises richtet sein Gebet an die Götter der Erde und des Meeres *stans celsa in puppi*[3]). Medea fleht bei Valerius zum goldenen Athenebilde, das auf dem Heck der Argo *post terga magistri*, d. h. hinter dem Sitze des Steuermanns angebracht war[4]). Auch das Schiff, das Ovid in die Verbannung führt, steht in der *tutela Minervae*, deren Bild vermutlich das Heck zierte, während als ihr Symbol ein Helm (*cassis*) den Bug krönte und dem Schiffe den Namen gab[5]). Die Schätzung dieses Schutzbildes drückt sich in dem kostbaren Material aus. Golden werden diese Idole oft genannt, einmal wird auch eine elfenbeinerne *tutela* erwähnt[6]).

Viele griechische Seestädte haben das Aphlaston als Sinnbild der Seefahrt auf ihre Münzen gesetzt[7]), und die Gemmenschneider legen grossen Wert darauf in ihren zierlichen Kunstwerken die Heckzierde in ihrer Bedeutung deutlich hervortreten zu lassen.

Wenn also das Aphlaston mit oder ohne Götterbilder der Verehrung gewiss war, so versteht man leicht, dass man diesem Allerheiligsten den geschütztesten Ort auf dem Schiffe anwies. Als solcher konnte nicht der Bug gelten, wo die Gallionbilder dicht über dem Rammsporn sich erhoben und auch abgesehen von der Kriegsgefahr dem Zusammenstosse mit anderen Schiffen oder sonstigen Hindernissen und dem Wogenschwall ausgesetzt waren. Auch die Mitte des Schiffes, wo Matrosen und Seesoldaten an den Riemen und Masten zu tun hatten, passte nicht. Nur hinter dem Sitze des Steuermanns am Heck war ein gesicherter Platz, und so sehen wir denn auch regelmässig die zierlichen Äste des Aphlaston den Steuermann wie mit einem schützenden Baldachin überwölben. Hier ruht also die eigentliche Seele, das Leben des Schiffes. Fällt dieser letzte und geschützteste Teil, so ist das ganze Schiff verloren.

Beim Schiffbruch wird daher auch gerade dieser Verlust der *dei tutelares* besonders hervorgehoben. Horaz setzt diesen Glauben voraus in

---

1) De tutelis et insignibus navium, in d. Opusc.[2] (Lugd. Bat. 1823) 1, 412 ff.

2) Aen. X 170.

3) Aen. III 527.

4) VIII 202.

5) Trist. I 10, 1 *est mihi (sitque precor) flavae tutela Minervae, navis, et a picta casside nomen habet.*

6) Senec. epp. 76, 13.

7) Eine Auswahl der Typen gibt Graser im Progr. des Köllnischen Gymn. Berlin 1870.

seiner lebendigen Personifikation des sturmgepeitschten Schiffes[1]). Persius beklagt einen Schiffbrüchigen, der mit seinen Heckgöttern hilflos am Strande liegt[2]). Silius schildert das Schicksal der vernichteten punischen Flotte, deren Schutzgötter im Meere treiben[3]), während umgekehrt Rutilius Namatianus seine ruhige Heimfahrt nach Gallien mit den Worten erwähnt[4]):

inconcussa vehit tranquillus aplustria flatus.

Die 'unzertrümmerte Heckzier' deckt sich vollkommen mit dem Sinn des griechischen Wortes *ἄφλαστα*[5]). Nach homerischem Vorbild könnte man jenen Vers ohne weiteres ins Griechische übertragen:

ἄφλαστον δ' ὀχέουσι λιγὺ πνείοντες ἀῆται.

Nun wird mit einem Male klar, woher dieser heilige Zierrat seinen Namen erhalten hat, warum die sorgfältige Erhaltung des zerbrechlichen Fächerwerks ein Symbol der Unzerstörbarkeit des Schiffes ist. Wie unsere Krieger das Heil des Regimentes in ihrer Fahne verkörpert sehen, die mit religiösen Zeremonien geweiht wird, so sah der antike Seemann auf das Aphlaston seines Schiffes, 'das nicht zertrümmert werden darf'. So versteht es sich auch, warum dieses heilige Symbol, wenn das Fahrzeug nach stürmischer Fahrt in den Hafen einlief, wie ein Sieger mit dem Kranze geschmückt wurde[6]).

Der berühmte Bologneser Krater, dessen Komposition man auf das Gemälde des Mikon im Theseion zu Athen zurückführen will[7]), zeigt den siegreichen Theseus von der Hand der Amphitrite mit dem Kranze belohnt, und sein glückhaftes Schiff, das die geretteten athenischen Kinder zurückbringt, hat ebenfalls den Siegerkranz am Aphlaston hängen (Abb. 3).

Die eigentümlich zarte Beschaffenheit der verschiedenen Äste, welche das Aphlaston bilden, regt die Frage an, aus welchem Stoffe dieses gearbeitet wurde. Man wird zunächst natürlich nur an Holz denken, zumal die antiken Maler und Bildhauer offenbar Wert darauf legen, diese oben am Heck umgebogenen Leisten mit den Längsrippen des Rumpfes und dem Kiele selbst in unmittelbarer Verbindung zu zeigen. Es ist aber

1) Od. I 14 *non tibi sunt integra lintea, non di quos iterum pressa voces malo; quamvis Pontica pinus, silvae filia nobilis, iactes et genus et nomen inutile, nil pictis timidus navita puppibus fidit.* Die Stelle ist bisher (auch abgesehen von der leidigen Verwechselung von Gallion und Heck) in ihrer tieferen Bedeutung nicht erfasst worden.

2) VI 27 *iacet ipse in litore et una ingentes de puppe dei.* Dazu der Schol.: *navium tutelam dicit, quam in puppibus habent vel pingunt.* Vgl. Horaz a. a. O.

3) Pun. XIV 539.

4) I 512.

5) *ἄφλαστα* = *ἄθλαστα* s. oben S. 62 Anm. 4.

6) Verg. Georg. I 302 *ceu pressae cum iam portum tetigere carinae puppibus et laeti nautae imposuere coronae. Pressae* heisst 'sturmbedrängt' (wie bei Horaz a. a. O.), nicht *oneratae.*

7) Paus. I 17, 31; Monum. d. Inst. 12, 21; Robert, Hermes 33, 134.

möglich, dass man später diese überragenden, schwachen Teile durch Beschlagen mit Kupferblech verstärkte, worauf ein offenbar auf alte Tradition zurückgehendes Horazscholion führt[1]). Auch sonst hat man versucht, das schwanke Geäst des Aphlaston durch Streben zu stützen. Die antiken Homererklärer wissen, dass diese fächerförmig übereinander gebogenen krummen Bretter *(κανόνια)* oft durch eine Querleiste *(θρανίτης)* zusammengehalten und durch eine hinter dem Steuermann von dem Decke des Schiffes in die Höhe geführte Stange *(στυλίσκος)* unterstützt wurden[2]). Sie fügen hinzu, dass an dem Aphlaston auch Tänien befestigt werden, welche

Abb. 3.

die sakrale Bedeutung dieser Heckzierde für den antiken Menschen ohne weiteres klarmachten. Dass die Homererklärer ihre Weisheit aus alexandrinischer Gelehrsamkeit zu schöpfen pflegen, wissen wir auch sonst. Wir

---

1) Abgedruckt bei Usener, Kl. Schrift. 2, 11. 22. Zur ersten Ode V. 13 *trabe Cypria* hat der Paris. 7974 (φ) folgende Erklärung: *Cipria autem dixit cipro habundante; nam Ciprus insula est, ubi colligitur genus metalli, quod ciprum nuncupatur. inde fiunt aplustra navium et ornamenta, et inde erant frontes earum.* Ähnlich der Bernensis (S. 14, 25 Us.), der richtiger hat *aplustra navium i. e. ornamenta.* Useners Zusatz von *navibus* nach *habundante* zerstört den Sinn des Scholiasten, der altes Porphyrianisches Gut (nach gütiger Mitteilung von Vollmer) erhalten zu haben scheint.

2) Schol. Townl. zu O 717: *ἄφλαστον] οὐ τὸ ἀκροστόλιον* [s. oben S. 62 Anm. 4], *ἀλλὰ τὸ ἐπὶ τῆς πρύμνης εἰς ὕψος τεταμένον ἐκ κανονίων πλατέων, διήκοντος δι' αὐτῶν πλατέος κανονίου ὠνομασμένου μὲν θρανίτου, ὑπηρεισμένου δὲ τῷ στυλίσκῳ τῷ ὄπιθεν τοῦ θρανίτου· κρέμανται* (sic) *δὲ ἐκ τῶν κανονίων καὶ τοῦ θρανίτου ταινίαι* [*ταινία* Hs., Maas falsch *τὰ ἡνία* aus B]. Eustathius hat wie Pollux den Singular *ταινία,* der sachlich auch berechtigt ist, vgl. Assmann bei Baumeister, Denkm. 3, 1606 Abb. 1675. *κανόνια* (Leisten, Latten) ist aus Heron bekannt (I 48, 13. 108, 3 u. ö. ed. W. Schmidt). *θρανίτης* ist in der hier vorkommenden Bedeutung in den Wörterbüchern nicht verzeichnet. Ich erkläre das Wort aus Poll. X 49 *ἐπιθράνους* (fehlt auch den Wörterb.) *ἐκάλουν τὰ ξύλα τὰ κατακλείοντα τοὺς πλινθίνους τοίχους* und Hesych *θρανίον· τὸ ὑπὸ τοῖς φατνώμασι σανίδωμα* (Deckentäfelung). Also ist *θρανίτης* (sc. *πίναξ*) ein dünnes Brett, wie es zum Verschalen von Wänden oder Decken gebraucht wird.

können diese Tänien aber auch auf gleichzeitigen Monumenten nachweisen.

Eine frühhellenistische Hydria aus S. Maria di Capua[1]) zeigt nicht nur die Stange *(στυλίσκος)*, die aus dem Sitze des Steuermanns aufsteigt und oben eine Quertafel trägt mit der Inschrift *Ζεὺς σωτήρ* (*tutela navis*), sondern daneben auch weiss und dunkel (d. h. purpurn) gefärbte Wolltänien, die von den Brettern des eigentlichen *ἄφλαστον* in die Lüfte flattern (Abb. 4).

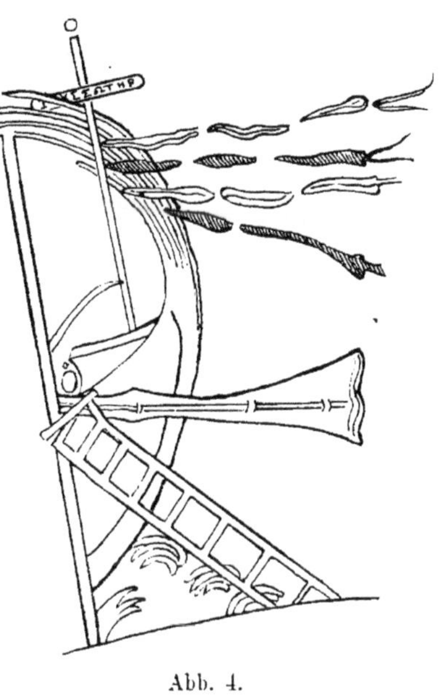

Abb. 4.

Die Wollfäden, aus denen die Tänien zusammengeflochten werden, sind das Symbol gottesdienstlichen Kultes; denn die Wolle des Schafes ist ebenso wie die das Blut des Opfertieres bezeichnende Purpurfarbe die Andeutung, dass ein Opfer an die Gottheit stattgefunden hat und somit dieser Genüge geschehen ist[2]). Tänien stempeln also das Aphlaston zum Heiligtum, zum Sitze der Gottheit. Wie der Prophet Empedokles, wenn er als Heiland der Menschen, der Unsterblichen einer, auftritt und

Tänienbekränzt und geschmückt mit dem heiligen Laub der Olive

von Stadt zu Stadt zieht[3]), so tritt zu dem Symbol der Tänie auch bei der Heckzierde noch das Olivenreis als ähnlicher Ausdruck der Heiligkeit hinzu[4]). Auch das entspricht einer allgemeinen Sitte der antiken Welt, die heiligen Wollfäden abwechselnd weiss und purpurrot zu wählen, wie man es auf der capuanischen Vase sieht. So weihte man in Athen alle vier Jahre eine *casta arbor* (d. h. Ölbaum), die mit abwechselnd purpurnen und weissen Binden ausgeschmückt wurde[5]). Clemens sagt im Protreptikus[6]): 'Wenn du wirklich den Gott schauen willst, so nimm nicht gottgeziemende Sühnemittel *(καθάρσια θεοπρεπῆ)*, nicht Lorbeerblätter oder

1) Sie ist jetzt im Karlsruher Museum; v. Duhn, Jahrb. d. arch. Inst. 3, 229 ff. setzt sie Ende des 4. Jahrh., erste Hälfte des 3. Jahrh.

2) Vgl. darüber meine Darlegung in den Sibyllin. Blättern (Berlin 1890) S. 70, die sich auf das Zeugnis Varros berufen kann. Eine andere Erklärung hat scharfsinnig und gelehrt ausgeführt v. Duhn, Rot und Tod, Archiv f. Relw. 9, 1 ff.

3) Fr. 112, 4 *ταινίαις τε περίστεπτος στέφεσίν τε θαλείοις.*

4) Petron. 108, 13 *ramum oleae a tutela navigii raptum.* Über die hilastische Bedeutung der Olive vgl. Sibyllin. Bl. S. 120; Rohde, Psyche 1,[2] 226[3].

5) Stat. Theb. II 737 und dazu Lactant. Plac. S. 136, 13 ed. Jahnke.

6) c. 1, 10, 2 p. 10, 8 Stählin.

Binden, die mit Wolle und Purpur durchwirkt sind, sondern nimm das Diadem der Gerechtigkeit und lege dir die Blätter der Keuschheit um. So sollst du um Christus dich bemühen!'.

Der Tänienschmuck des Hecks wird bisweilen sehr stark hervorgehoben. So hängen sie z. B. auf einer römischen Münze der gens Fonteia bis zum Wasserspiegel herab[1]) (Abb. 5). In der Tat umfasst der Begriff des Aphlaston nicht nur den über Deck sich erhebenden Zierrat der Prymna, sondern auch die nach unten sich fortsetzenden, den Hintersteven bildenden Bohlen bis zum Kiel hinab. So spricht Lucrez bei Gelegenheit der optischen Täuschungen von der scheinbaren Brechung, welche die Linie des Hecks durch Refraktion erleidet, sobald es in den Wasserspiegel hinabtaucht[2]).

Abb. 5.

Dieser Zusammenhang der oberen Ausläufer des Hecks mit den grundlegenden Planken des Schiffes, den die Künstler offenbar absichtlich so stark zu betonen pflegen, steht mit den natürlichen Bedingungen der Konstruktion im Widerspruch. Es gibt kein Holz, das aus einem Stück den Kiel, den Steven und zugleich die umgebogenen Ranken des Aphlaston zu zimmern gestatten könnte. Man sieht ja auch, wie in der hellenistischen Zeit, wo die Ranken des Aphlaston zierlicher und zahlreicher werden, die Stelle, wo angesetzt werden muss, durch ein Rundschild hüben und drüben zu verdecken gesucht wird. Dieses Schild, das aus der Sitte, erbeutete Waffen als Trophäen an diesem heiligen Orte aufzuhängen[3]), seinen Ursprung herleitet, pflegt in der späteren Zeit fast nie zu fehlen.

Ich sehe daher in dieser Bauweise den Gedanken verkörpert, den Kiel und den ganzen Unterbau des Schiffes in diesem letzten Ende (das heisst ja *πρύμνα* wörtlich) noch einmal zusammenzufassen, in diesen oben sichtbaren Ausläufern die Vereinigung der ganzen Kraft des Baues zu sehen und sich hier, wo der Lenker des Schiffes seinen Sitz hat, der Obhut gleichsam der Schiffsseele anzuvertrauen.

Schwierig ist es nun aber, sich in die antike religiöse Anschauung zu versetzen und zu erraten, in welcher Form man die vielfach bezeugte Verehrung des Aphlaston ausübte. Das Schiff wird aus den einzelnen Baumstämmen gezimmert. Noch einem späten Dichter wie Horaz liegt es daher nahe, das Fahrzeug als Tochter des Waldes zu begrüssen (*silvae filia nobilis*)[4]). Ist etwa die religiöse Verehrung des Hecks eine abge-

1) Abgeb. bei Baumeister a. a. O. 3, 1604 Abb. 1671.

2) IV 436 *at maris ignaris in portu clauda videntur navigia aplustris fractis obnitier undis... quae demersa liquorem obeunt, refracta videntur.*

3) S. oben S. 64.

4) S. oben S. 67 Anm. 1.

blasste Form alten Baumkultes, wie er bis zu den letzten Zeiten des Heidentums in der antiken Welt lebendig blieb?

Dergleichen Vorstellungen lassen sich vielerorts nachweisen. Die Siamesen bringen nach Vollendung eines Bootes dem Dämon des Baumes, aus dem es gezimmert wurde, Opfergaben dar, um ihn zu versöhnen und ihn zu veranlassen in Schlangengestalt fortan im Kiele des Fahrzeuges zu verbleiben, um als Schutzgeist in Gefahren den Seeleuten beizustehen[1]).

Nach Rügenschem Glauben gibt es ein geheimes Verhältnis von Mensch und Baum. Stirbt der Mensch zuerst, so geht sein Geist in den betreffenden Baum über, und wird dieses zum Schiffsbau benutzt, so entsteht aus dem im Holze weilenden Geiste der Klabautermann, d. h. der Schutzgeist des Schiffes und der Schiffsmannschaft[2]). Wie Heine in seinen Reisebildern nach mündlicher Tradition berichtet, wurde dem Klabautermann, der sich nur dann, und zwar auf dem Steuer zeige, wenn das Scheitern des Schiffes unvermeidlich sei, ein Gedeck bei Tische aufgelegt, um ihn günstig zu stimmen. Andere berichten, dass man ihm ein Schälchen Milch hinstellte. In Schleswig lud man ihn zum Weine[3]).

Der Glaube an Baumgeister fehlt auch dem Altertum nicht ganz. Was Ausonius sagt:

non sine Hamadryadis fato cadit arborea trabs[4]),

bestätigen klassische wie hellenistische Dichter[5]). Die Vorstellung einer Baumseele, die mit menschlicher Vernunft und Rede begabt sei, bekundet sich in der alten Sage, dass in das Idealschiff der Heroenzeit, die Argo, ein Stück Holz von der redenden Eiche in Dodona eingebaut worden sei, das wie jene menschliche Stimme besass und Orakel spendete. Schon Aischylos erwähnte in der Argo 'das heilige redebegabte Holz'[6]), der alexandrinische Dichter der Argonautika und seine lateinischen Übersetzer haben dann dies weiter ausgeführt. Valerius fasst sogar geradezu das heilige Holz als *tutela carinae*, d. h. als *aplustria* auf.

Allein sonst hat die direkte Baumverehrung nur noch schwache und vereinzelte Spuren im griechischen Glauben hinterlassen[7]). In der Regel lehnen sich die heiligen Bäume an die grossen Götter an, die allmählich die lokalen Sondergottheiten verdrängt haben. Bemerkenswert ist die Verbindung alten Tierkultes mit der Verehrung der heiligen Bäume. Die

---

1) Mannhardt, Baumkultus S. 44 (aus Bastian, Zs. f. Völkerpsychol. 5, 288).

2) Mannhardt, ebenda S. 33; vgl. Frazer, Golden Bough 1, 2[4], 29.

3) Rademacher, Arch. f. Relw. 7, 445 f.

4) Auson. technop. 27, 9 f.

5) Mannhardt a. a. O. S. 4 ff.

6) Fr. 20 *ποῦ δ' ἐστὶν Ἀργοῦς ἱερὸν αὐδᾶεν ξύλον.* Die poetische Auffassung von redenden Schiffen findet sich auch in der isländischen Sage. Es gibt dort Leute, welche die Schiffssprache *(skipamál)* verstehen. Vgl. Liebrecht, Zur Volkskunde S. 366.

7) Visser, Nicht menschengestaltige Götter (Leiden 1903) S. 117 ff.

Taube gehört zu der dodonäischen Eiche[1]), die Eule zu dem Ölbaum der Akropolis[2]). Wie in vorhellenischer Zeit auf dem Sarkophag von Hagia Triada die heiligen Stangen mit der Doppelaxt bekrönt und darüber von einem Vogel beschützt werden[3]), so ist bei den Hellenen der von Zeus verliehene Herrscherstab mit dem Adler geziert[4]). Aber das sind alles uralte Reminiszenzen, die in der klassischen Zeit nicht mehr in ihrer alten Kraft verstanden werden.

Um hinter die wirklichen Gedanken der Antike zu kommen, wird es geraten sein, einfach dem chronologischen Faden zu folgen, den die Ausbildung dieses Zierstückes auf den Monumenten zeigt. Es versteht sich, dass dieser rasche Überblick, der nur eine beschränkte Auswahl des umfangreichen Materials gibt, weder-archäologische noch technische Ansprüche macht; es handelt sich hier nur darum, zu sehen, welche religiöse Ideen sich etwa in der Ausgestaltung des Aphlaston erkennen lassen.

Ich lasse also den Diskos von Phaistos mit seiner Schiffshieroglyphe bei Seite[5]), ebenso die Schiffe der Dipylonvasen, obgleich sie mit der ältesten Schicht des griechischen Epos etwa gleichzeitig entstanden sind. Denn während der Bug hier einen aufwärts geschwungenen Zierrat trägt, den man gut mit einem Elefantenrüssel verglichen hat, ist das Heck einfach gebaut. Die Linie biegt sich vom Steven in schnabelartiger Krümmung über den Sitz des Steuermannes zurück[6]). Nur einmal finde ich ein Schiff der Dipylonzeit, bei dem die Prymna einen ähnlichen Elefantenrüssel aufweist wie der Bug[7]). Diese Schiffe dürfen um so eher ausser Betracht bleiben, als Assmann aus technischen Gründen diese Schiffe für nichtgriechische hält[8]) und die Bildung des Hecks nichts Besonderes zeigt.

Auch ein an den Dipylonstil erinnerndes archaisches Bronzerelief der idäischen Grotte[9]), an dessen Heck die in der schwarzfigurigen Vasentechnik so häufig vorkommende Leiter zum Ein- und Aussteigen erkennbar ist, scheint keine besondere Ausladung des Achterschiffes zu zeigen.

1) Herod. II 55; Dionys. Hal. I 14; vgl. Visser S. 118.

2) Visser a. a. O. S. 124.

3) Mon. antichi d. Acc. d. Linc. 1911 (1908) t. 1.

4) Berühmt ist Pindars Schilderung Pyth. 1, 10ff. Über den Ursprung des Zepters vgl. meine Rektoratsrede 'Die Zepter der Universität', Berlin 1905 S. 7ff.

5) Evans, Scripta Minoa I Abb. 126, 25 S. 27, 6; Ed. Meyer, Berl. Sitz.-Ber. 1909 S. 1029 schreibt die Schrift den Philistern zu. Der Vorderteil zeigt eine hochragende Stange mit Querholz, von dem eine Tänie (?) herabhängt. Das Heck läuft in einen auch später vorkommenden dreispitzigen Knauf aus.

6) Mon. dell. Inst. 8 (1872) t. 40.

7) Mon. grecs publ. par l'Assoc. etc. 2 (Paris 1897) p. 4.

8) Hermes 31, 179.

9) Hörnes, Urgesch. d. Kunst S. 389 Abb. 121.

Innerhalb des nun zeitlich folgenden schwarzfigurigen Stils (6. Jahrh. v. Chr.) steht ein korinthisches Votivtäfelchen ganz vereinzelt[1]) da (Abb. 6).

Der sehr roh gemalte und schlecht erhaltene Pinax zeigt ein mit Töpfen befrachtetes Schiff. Das Heck ist stark nach der Mitte zu zurückgebogen. Über ihm erhebt sich eine mit Knauf bekrönte Stange, welche ein horizontales Querholz wie einen Wegweiser nach dem Maste hin richtet. Man könnte darin den später üblichen Styliskos mit Quertafel erblicken. Doch fehlt dieser der rechte Arm. Statt dessen wachsen aus der äusseren Krümmung des Aphlaston drei Doppelkreuze heraus, deren wirkliche Form und Bedeutung durchaus unklar bleibt. Man sieht wohl, dass der Maler dem Heck besondere Aufmerksamkeit widmet, aber seine Absicht wird nicht deutlich. Nur darauf möchte ich aufmerksam machen, dass auch dieser Künstler, der so sparsam mit Detail ist, die Verbindung der aus dem Rumpf zum Heck strebenden Planken betont, so dass es scheint, als ob die drei rätselhaften Doppelkreuze als Ausläufer der drei darunter angedeuteten Planken betrachtet werden sollen.

Abb. 6.

Treten wir nun in die Sphäre der eigentlichen schwarzfigurigen Vasenmalerei ein, so lässt sich an das korinthische Täfelchen am leich-

Abb. 7.

testen eine Vase aus Vulci im Britischen Museum anknüpfen, die in sorgfältiger Ausführung ein Kriegs- und ein Handelsschiff darstellt[2]) (Abb. 7). Beide Schiffe, sowohl das Kriegsschiff (Nr. 17) wie das Handelsschiff (Nr. 18), haben ein Aphlaston, dessen Hauptteil in der Richtung der

1) Furtwängler, Beschreibung der Vasens. 1, 90 Nr. 831. Obige Skizze nach dem Original enthält nur die rechte Hälfte.

2) Torr, Ancient Ships (Cambr. 1894) t. 4 nr. 17 und 18.

Krümmung des Hecks mit einer festen, oben breiter, dann wieder spitzer werdenden Stange abschliesst, während dahinter verschiedene dünnere Latten vom Schiffe abstehen. Diese Stangen sind auf einer ähnlichen Vase des Nikosthenes, die auch aus Vulci stammt[1]), ganz deutlich als Ausläufer der Rumpfplanken gezeichnet. An Lanzen[2]) ist jedenfalls nicht zu denken, was mit dem Charakter des Handelsschiffes wohl auch nicht verträglich ist. Dagegen sieht man, dass auch die horizontalen Deckbalken nach aussen über den Rand des Schiffes hinaus verlängert sind. Leider lässt die Malerei nicht erkennen, was an dem oval verbreiterten Hauptholze des Aphlaston angebracht war.

An der Nikosthenesvase, die mehrere Schiffe nebeneinander vorführt, ist der Hauptteil des Hecks als Schwanenhals (oder Gänshals χηνίσκος) gebogen; darüber bauscht sich, oben begrenzt von einer hoch in die Luft sich schwingenden Ranke, etwas Ballonartiges, das einen schwarzen schrägen Querstreifen in der Mitte zeigt. Da diese gewiss auffallende und nicht bedeutungslose Zierde nur hier vorkommt, wage ich keine Deutung.

Dagegen wird bei einer Gruppe von attischen schwarzfigurigen Gefässen, die durch die Namen der Meister Klitias, Aristonophos und Exekias gekennzeichnet ist, die Konstruktion der Heckzierde klar und verständlich.

Die Münchner Schale des Exekias[3]) zeigt die Hauptsprosse des Aphlaston nach innen zum Schwanenhals umgebogen, eine zweite Sprosse darüber, die im ganzen der Krümmung folgt, an der Spitze aber mehr in die Höhe geht, endlich eine dritte Sprosse, die in der Richtung des Deckbalkens (wie oben) horizontal absteht (Abb. 8).

Genau diesem Schema entspricht die Françoisvase des Klitias[4]) (Abb. 9), die nur dadurch ein besonderes Interesse gewinnt, dass hier die vertikale Stütze (Styliskos) erscheint, die durch eine seitliche Querstange in der Mitte noch einen weiteren Halt erhält. Hier ist besonders deutlich, dass die horizontal nach aussen vorstehende Latte die Verlängerung der obersten Deckplanke darstellt.

Weniger deutlich sind diese Einzelheiten auf der Vase des Aristonophos[5]). Man sieht zwei übereinander liegende Schnäbel und eine Andeutung von Augen. Auch ist der Styliskos nicht zu verkennen. Das schräg durchgehende Querholz scheint den oberen Teil des Geländers zu bilden, doch könnte es auch eine Versteifung des Aphlaston bedeuten (Abb. 10).

---

1) Torr a. a. O. nr. 19 (jetzt im Louvre). Vollständig abgeb. im Journ. of Hell. Stud. I—VIII Plates (1885) t. 49.

2) So Assmann, Jahrb. d. arch. Inst. 20, 34.

3) Furtwängler-Reichhold, Griech. Vasenmalerei 1, T. 42.

4) Furtwängler a. a. O. 1, 13.

5) Wiener Vorlegeblätter 1888 (Wien 1889) 1, 8.

Man darf also bei dieser zusammengehörigen Gruppe eine gemeinschaftliche Idee der Schiffstechnik voraussetzen. Die gebogenen Arme des Aphlaston werden als Hals eines Schwimmvogels gebildet, von dem es zweifelhaft bleibt, ob er Schwan oder Gans heissen soll. Die Griechen

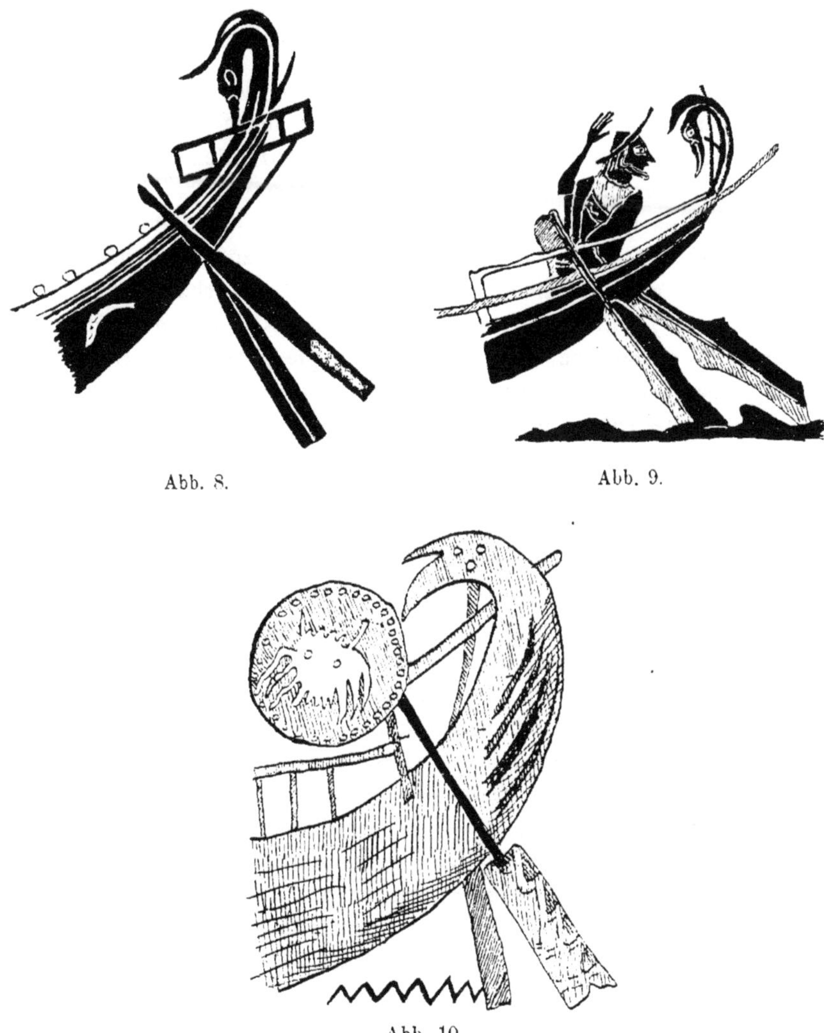

Abb. 8. Abb. 9.

Abb. 10

haben ihn jedenfalls später technisch χηνίσκος (Gänschen) genannt[1]. Die von Otto Jahn zuerst geäusserte Vermutung, die Doppelspitzen, wie sie

1) Luc. Navig. 5 ἡ πρύμνα μὲν [des Isis genannten Schiffes] ἐπανέστηκεν ἠρέμα καμπύλη χρυσοῦν χηνίσκον ἐπικειμένη. Ver. hist. 2, 41. Artemidor deutet in seinem Traumbuch II 23 das Erscheinen eines χηνίσκος auf den Steuermann, da er unter dem Hals des Aphlaston seinen Sitz hat.

die Aristonophosvase zeigt[1]), seien eine Nachahmung der Schwanzflosse des Delphins, ist zwar neuerdings einmal wieder vorgebracht worden, bedarf aber keiner Widerlegung. Die beiden Zipfel der Flössen müssten horizontal nebeneinander, nicht vertikal übereinander liegen, wie es durch die sonst konsequent festgehaltene Anordnung der einzelnen Sprossen des Aphlaston geboten ist. Auch müssten die Flossen divergieren, nicht konvergieren.

Übrigens darf man nicht meinen, dieser Typus des Cheniskos sei in der damaligen Schiffstechnik der allein herrschende gewesen. Eine schwarzfigurige Vase bei Gerhard[2]) zeigt eine ganze Reihe von Schiffen mit einfacher, aber mannigfach variierter Heckverzierung. Bald endet sie in einem einfachen zurückgebogenen Knopf, bald entfaltet sich dieser Knopf zu einem Kleeblatt, bald verlängert er sich zu einem Schwanenhals mit langem geraden Schnabel oder aber biegt den Schnabel flamingoartig nach unten[3]). Eine Scherbe des Perserschuttes[4]) zeigt den Schnabel des Cheniskos aufgebogen, und vom Hinterkopfe gehen zwei Hörner in die Höhe, über deren Bedeutung später zu reden sein wird.

So verschiedenartig nun auch die Phantasie der Schiffsbauer gerade diesen Teil der Fahrzeuge in jener Zeit ausgestaltete, so überwiegt doch offenbar der Schwanenhals. Diese Idee, das Schiff wie einen Schwimmvogel auszustatten, liegt ja nahe. Wir finden dergleichen schon bei asiatischen Schiffen unter Ramses III.[5]) Aber die griechischen Cheniskoi haben die Eigentümlichkeit, dass sie fast ausnahmslos[6]) ihren Schnabel dem Innern des Schiffes zuwenden, als ob sie mit dessen Insassen zu reden hätten.

Spricht schon dieser Umstand dafür, dass diese Vogelgestalt nicht bloss einem dekorativen Trieb entspringt, der alle möglichen Geräte in dem griechischen Kunsthandwerk mit Schwanenhälsen und ähnlichen Tierformen belebte, sondern dem frommen Griechen ein *numen* zu verbergen schien, so kommt hinzu, dass dieser Schwanenkopf bei besonders deutlichen Darstellungen gar nicht in Verbindung mit den gekrümmten Aphlastonsprossen erscheint, sondern wie aufgesetzt. Man sehe, wie auf Abb. 2 (oben S. 65) der Kopf als etwas Besonderes erscheint und wie auf der rotfigurigen Talosvase[7]) (Abb. 11) der Ganskopf, der hinten wiederum

1) Eher zeigt das Heck des Praenestiner Mosaiks (Keller, Ant. Tierwelt 2, 267) eine fischschwanzähnliche Bildung; der Bug dagegen ist ein Hirschkopf.

2) Auserl. Vasenb. (Berlin 1858) IV T. 286.

3) Gerhard a. a. O. T. 254 und 255 Nr. 2.

4) Graef, Arch. Vasen von der Akropolis III T. 79 Nr. 1457.

5) Torr, Anc. Ships t. I 7 p. 137.

6) Eine Ausnahme macht z. B. das Hinterschiff auf der Trajanssäule, das einen nach aussen gewandten Cheniskos ohne übliche Aphlastonverzierung zeigt. Baumeister, Denkm. 3, 1603 Abb. 1667.

7) Furtwängler-Reichhold a. a. O. 1, 38 und 39.

von rätselhaften Reisern umsteckt erscheint[1]), sich ganz deutlich von dem dreifachen Heckzierat abhebt, der in den Hintersteven und den Rumpf des Schiffes in symmetrischer Weise verläuft.

Welches Numen stellten sich also die klassischen Hellenen unter dieser Vogelgestalt vor? Man könnte an die Aphrodite Euploia denken, die wenigstens in späterer Zeit bei den Seeleuten als Schutzpatronin verehrt wurde und schon im fünften vorchristlichen Jahrhundert mit dem Schwan oder der Gans (denn auch hier ist die Entscheidung oft schwierig) in Verbindung gebracht wurde. Wenn Horaz[2]) und die späten orphischen Hymnen[3]) Aphrodite im Schwanenwagen über das Meer fahren lassen, so beweist das nichts für die alte Zeit. Wohl aber lassen Darstellungen des 5. Jahrhunderts wie das melische Relief[4]) und die Darstellungen der Geburt der Aphrodite, wie sie hinter einem Schwan aus dem Meere auftaucht[5]), erkennen, dass eine derartige Verbindung dem religiösen und künstlerischen Gefühl auch der klassischen Zeit wohl entsprach. Entschieden wäre die Beziehung der Aphrodite zu dem Cheniskos des Aphlaston, wenn die übliche von Brunn[6]) herrührende Deutung eines wunderschönen Bildes der Kylix aus Kameiros auf Rhodos sich bewährte[7]). Da fliegt Aphrodite (der Name ist beigeschrieben) auf einer Gans und hält eine Ranke, die man für ein Aphlaston hält. Allein unzweifelhaft ist dieser Gegenstand weiter nichts als eine stilisierte Blume, so dass die Beziehung auf das Schiffswesen, ja überhaupt auf die See wegfällt. Es bleibt also für den Cheniskos nur ein unbestimmbares, in dem Vogel sich konzentrierendes Numen übrig, in dem sich der Glaube an den Schutz der Gottheit ähnlich ver-

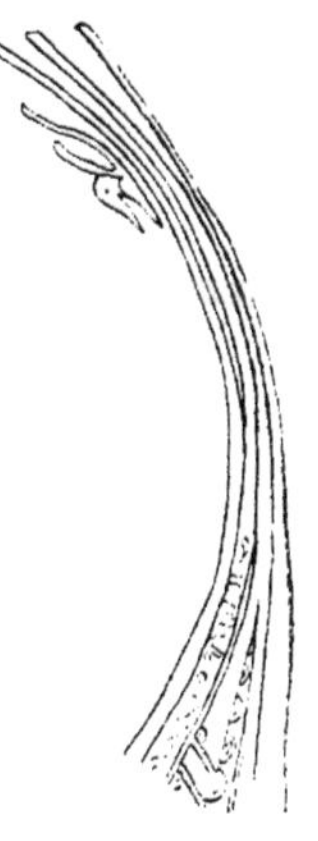

Abb. 11.

---

1) Diese wie Fühlhörner einer Schnecke aussehenden Nebensprossen haben ihre Entsprechung in der an dem Ganskopf der Nike (Abb. 2) in die Höhe ragenden Ranke wie in den bei der schwarzfigurigen Scherbe des Perserschuttes oben bemerkten zwei Hörnern, die sich über dem Ganskopfe erheben (s. S. 76 Anm. 4). Ich halte diese deutlich von den symmetrischen Sprossen des Aphlaston sich abhebenden unregelmässig geformten Ranken für heilige Reiser (verbenae), mit denen das Kultbild umsteckt wurde. Vgl. oben S. 69 Anm. 4.

2) III 28, 13.

3) 55, 20. Vgl. Laur. Lyd. de mens. IV 64 S. 117, 20 W.

4) R. Schoene, Gr. Reliefs T. 32, 130 S. 64. Leider sehr fragmentarisch erhalten.

5) Kalkmann, Jahrb. d. arch. Inst. 1, 231ff. Vgl. Keller, Ant. Tierw. 2, 218.

6) Suppl. zu Strubes Stud. über den Bilderkreis v. Eleusis S. 14.

7) Korrekte Abbildung in Salzmann, Nécropole de Camiros t. 60. Ungenau in Keller, Tiere des klass. Altert. (Innsbr. 1887) S. 289, der aber richtiger den 'Schwan' als 'Graugans' zoologisch bestimmt hat, Antike Tierw. (Leipzig 1913) 2, 218. Die Zeit der Vase ist durch den Lieblingsnamen Glaukon bestimmt.

körperte, wie dem Dichter der Odyssee die rettende Leukothea unter dem Bilde einer Seemöve erschien[1]).

Mit dem Glauben an die Heiligkeit der Heckzierde scheint es auch zusammenzuhängen, wenn das Aphlaston, das in der älteren Homerstelle noch im Singular auftritt, das die Maler bis in das 6. Jahrhundert hinein zum Teil noch als einen einfachen Knauf darstellen, vom 5. Jahrhundert an in der sakralen Dreizahl der hintereinander gelagerten Sprossen sich dem Blick des Beschauers darbietet. Es scheint, dass man in der klassischen Zeit diese heilige Dreiheit[2]) nicht überschritt.

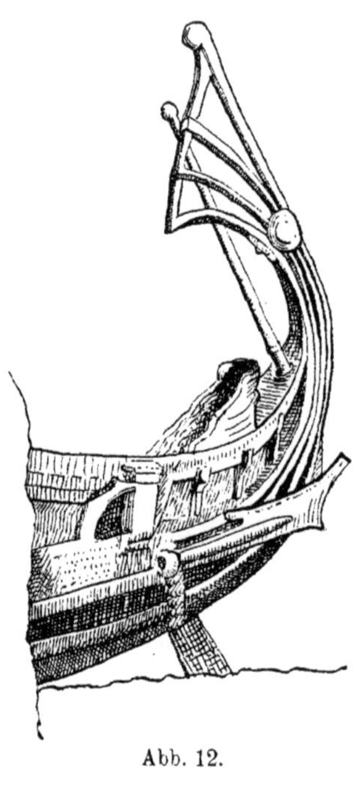

Abb. 12.

In der hellenistischen Epoche aber, wo die zarte keusche Art der göttlichen Verehrung nicht mehr verstanden wird, tritt eine zunächst unverständliche Vervielfachung der Aphlastonsprossen an die Stelle. Vier-, fünf- und mehrfache Aphlasta treten auf. Von einem einfachen Aphlaston spricht niemand mehr. Vielleicht hat auf die Vermehrung der einzelnen Stäbe auch der Zusammenhang mit den Planken des Rumpfes und des Stevens geführt, da ja die alexandrinischen Schiffe immer höher und komplizierter gebaut werden. Die religiöse Bedeutung des Hecks bleibt aber unverändert. Nur wird sie jetzt mit deutlicheren Mitteln dem stumpfer gewordenen Gefühle vor Augen geführt. Ich greife als Beispiel aus der unendlichen Anzahl von Darstellungen eines der ältesten und lehrreichsten Muster dieser Zeit heraus: das Heck der oben bereits vorgeführten Capuanischen Hydria (Abb. 4). Was der Maler bei der sorgfältigen Zeichnung dieses Schiffes und seiner Prymna an religiösem Gefühle empfand, hat er deutlich auf die Tafel der Standarte geschrieben: *Ζεὺς σωτήρ*. In diesem Zeichen soll das Schiff siegen.

Erwähnung verdient auch das von Kinch aufgedeckte und veröffentlichte Relief des Künstlers Pythokritos von Rhodos zu Ehren des lindischen Admirals Agesandros, dessen Bronzestatue auf dem Hinterdeck eines Schiffes vor dem Aphlaston seinen Ehrenplatz erhalten hatte[3]). Das

1) ε 353 *αἰθυίῃ ἐοικυῖα*. Die Megarer verehrten Athene als *Ἀθηνᾶ Αἴθυια* nach Hesych s. v. *ἐν δ' Αἴθυια* und Paus. I 5, 3. Über die zoologische Bedeutung des Wortes s. Keller, Ant. Tierw. 2, 242 ff.

2) Aristot. de caelo A I 268 a 10.

3) Blinkenberg & Kinch, Exploration de Rhodes 4, 31 ff. Abb. 52. 53 (Overs. d. Kopenh. Ges. d. Wiss. 1907 nr. 1). Das Monument ist 170 v. Chr. errichtet worden.

schöne Denkmal zeigt, wie die vier Streben der Zierde in der Mitte durch das Rundschild, das in der hellenistischen und römischen Zeit üblich wird, und am äussersten Ende durch das Querholz (ϑρανίτης) festgehalten werden. Das Ganze wird dann durch die unten in den Hintersteven eingelassene, oben in dem Querholz befestigte vertikale Stange (Styliskos) gestützt (Abb. 12).

Bemerkenswert scheint mir an diesem Kunstwerk eine reliefartig heraustretende Andeutung eines maskenähnlichen kleinen Medaillons, das an der dem Steuersitze zugewandten innersten Sprosse des Aphlaston aus der geraden Linie hervortritt. Sollte hier ein Gorgoneion oder ein Götterbild seinen Platz gefunden haben? Die Abbildung und Beschreibung gibt keine Auskunft, vielleicht ist am Original mehr zu sehen.

Ein der Capuanischen Hydria sehr ähnliches Relief des Palazzo Spada[1]) zeigt nicht nur die Standarte mit Quertafel (aber ohne Inschrift) und das Schild, sowie den Styliskos, sondern auch herabhängend von der innersten Sprosse des Aphlaston einen runden Gegenstand wie ein Tympanon oder ein Oscillum aufgehängt. Assmann ist geneigt, darin eine Schiffsglocke zu sehen. Auch hier würde mir ein sakraler Gegenstand mehr am Platze zu sein scheinen. Doch ist der ähnlich aufgehängte laternenartige Gegenstand, der an dem dreifachen Aphlaston eines Dreiruderers der Trajanssäule[2]) erscheint, ebenfalls bis jetzt nicht aufgeklärt.

Abb. 13.

Unter den zahllosen Abbildern der Heckzierde, die auf den hellenistischen und römischen Münzen erscheinen, möchte ich die besonders deutliche Prägung der Seestadt Phaselis unter dem Beamten Timon (um 200 vor Chr.) herausheben (Abb. 13). Sie zeigt das in der Mitte durch die eine Sprosse des Aphlaston hindurchgehende Querholz und die Standarte. Um diese aber schlängelt sich eine Schlange, die sakrale Bedeutung haben muss, obgleich ihre besondere Beziehung zu der Stadt nicht kenntlich ist[3]).

Man sieht, dass die religiöse Bedeutung des Aphlaston auch in der hellenistisch-römischen Zeit nicht vergessen ist, sondern im Gegenteil

1) Abgeb. bei Baumeister 3, 1635 Abb. 1696.

2) Baumeister 3, 1617 Abb. 1685.

3) Vgl. u. a. das athenische Relief bei Bötticher, Baumkultus Abb. 63 und Eur. Iph. Aul. 257 (oben S. 65 Anm. 7). Exotischen Schlangenkult (s. oben S. 71) braucht man nicht anzunehmen. Vielmehr kann sich die Schlange auf den Kult der Athene in Phaselis beziehen.

durch mancherlei Attribute öfter noch stärker als in der klassischen kenntlich gemacht wird. Und damit stimmt die Literatur überein. Nirgends wird im Altertum der *tutela puppis* öfter gedacht wie bei den römischen Dichtern.

Was also der römische Dichter[1]) von der Zeuseiche in Dodona sagt, von der ein Stück der Argo eingebaut war, das gilt in allen Zeiten des antiken Glaubens auch für den Baum des Schiffes überhaupt, dessen verästelte Krone über dem Hecke sich ausbreitet:

arbor numen habet.

Berlin.

Die Krankheitssegen mit dem Streitmotiv.

Von **Oskar Ebermann.**

In einer lehrreichen Arbeit über die Geschichte des Begriffes Volkslied hat P. Levy[2]) gezeigt, wie wandelbar dieser Begriff gewesen ist und welchen Schwierigkeiten der Versuch einer klaren Definition begegnet. Gleichwohl wird an der Scheidung zwischen Kunstlied und Volkslied allgemein festgehalten. In ähnlicher Weise kann auf dem Gebiete der Segenliteratur zwischen Kunstsegen und Volkssegen geschieden werden. Unter den ersteren wären dann solche Formeln zu verstehen, für die ein gebildeter, wenn auch unbekannter Verfasser vorausgesetzt werden muss. Inhaltlich lehnen sie sich an einen Bericht der Bibel oder der Legende an und haben deshalb einen grösseren Umfang. Die Verbreitung und Überlieferung geschah ausschliesslich auf schriftlichem Wege und lässt sich durch Jahrhunderte genau verfolgen. Volkstümlich konnten diese literarischen Segen schon wegen ihrer Länge nicht werden, und wo sie dennoch in den Volksmund übergegangen sind, zeigen sie entweder starke Verstümmelungen, oder sie sind in mehrere Teile zerfallen, die einzeln als selbständige, kürzere Formeln weiterleben. Ein klassisches Beispiel eines solchen Kunstsegens ist etwa der Wundsegen von den drei guten Brüdern.

---

1) Silius Pun. IV 690 *prisco inde pavore arbor numen habet coliturque tepentibus aris.*

[Der nach Beendigung der Korrektur mir zu Gesicht kommende Aufsatz von Svoronos: '*Stylides, ancres hierae, aphlasta, stoloi etc.*' im Journ. intern. d'archéologie numism. 16, 1, 2 (1914) konnte nicht mehr benutzt werden.]

2) Berlin 1911 (Acta germanica Bd. 7, Heft 3).

Andererseits finden sich in solchen Segensammlungen, die unmittelbar aus dem Munde des Volkes aufgezeichnet sind, häufig kürzere Formeln, die man in älteren Handschriften vergeblich suchen würde. In ihrem Wortlaute zeigen sie durchaus die stilistischen Eigenheiten der benachbarten Zweige volkstümlicher Dichtung, des Volksrätsels, des Kinderliedes und des Volksliedes. Im Gegensatz zu der schriftlichen Überlieferung der Kunstsegen, die den Wortlaut meist mit ängstlicher Genauigkeit bewahrt, hat die mündliche Verbreitung der Volkssegen eine ungemein reiche Fülle verschiedener Lesarten geschaffen, wodurch die betreffende Formel allen möglichen Zwecken mehr oder minder geschickt dienstbar gemacht wird; und wenn es als ein wichtiges Merkmal des Volksliedes bezeichnet wird, dass es vom Volke zersungen wird, so darf mit gleichem Rechte von den Volkssegen gesagt werden, dass sie von den Gebrauchern zermurmelt werden. Als kennzeichnendes Beispiel eines solchen Volkssegens möge der Krankheitssegen mit dem Streitmotiv dienen.

Im zweiten Bande von Grimms Deutscher Mythologie (4. Ausg. S. 1043) wird zuerst auf diese Gruppe von Segensformeln hingewiesen: „Einzelnen Krankheiten wird die heilende Sache, als im Streit begriffen, entgegengestellt:

De Ros un de Wied,
De stan in Strid,
De Ros verswann,
De Wied gewann.“

Einige weitere Beispiele folgen, sie sind mittlerweile durch den Eifer volkskundlicher Sammler bedeutend vermehrt worden.

Gegen andere Segen lassen sich die hierhergehörigen Formeln scharf abgrenzen, weil bei ihnen in der Form und auch im Inhalt eine klare Übereinstimmung der Merkmale vorhanden ist. In der ursprünglichen Form eines einfachen Vierzeilers wird in der ersten Zeile die zu besprechende Krankheit einer Sache gegenübergestellt, mit der sie sich im Streit befindet, wie die zweite Zeile angibt. Der weitere Verlauf ist dann gewöhnlich der, dass in der dritten Zeile die Krankheit als der unterliegende, in der vierten die heilende Sache als der siegende Teil hingestellt wird. Innerhalb dieses Schemas hat sich eine grosse Mannigfaltigkeit der Lesarten herausgebildet, die durch die Verschiedenheit des jeweiligen Zweckes der Formel, durch verschiedene Vorstellungen des Streites oder häufig auch nur durch Reimzwang bewirkt worden ist. Nicht selten spotten die so entstandenen Formeln jedem Versuch, einen klaren Sinn herauszulesen oder hineinzulegen.

Folgende Krankheiten werden mit unserem Segen bekämpft:

Flechten: Andree, Braunschw. Vk.[2] S. 418; Bartsch, Mekl. 2, 398 ff. (Nr. 1858 bis 1863 und 1867); Engelien u. Lahn, Volksmund in der Mark Brandenburg S. 252 Nr. 132 b—c; Frischbier, Hexenspruch u. Zauberb. S. 57 Nr. 1 u. 3; Grimm,

Myth.[4] 3, 463 Nr. 811; Holsten, Die Vkde. des Weizackers (Stettin 1914) S. 199 f.; Hovorka-Kronfeld, Vergleichende Volksmedizin 2, 721 u. 725; Jühling, Die Tiere in der deutschen Volksmedizin S. 235; Most, Sympathetische Mittel S. 160; Müllenhoff, Sagen usw. S. 513 Nr. 19; Seyfarth, Abergl. u. Zauberei in der Volksmedizin Sachsens (Lpz. 1913) S. 193; Strackerjan, Abergl. usw. aus Oldenburg 1, 87; Blätter f. pomm. Vk. 9, 87 u. 9, 143; Ndd. Korrespbl. 2, 70; Zs. f. dt. Myth. 1, 199; Pfarrhaus 16, 105; Am Urquell 6, 184 Nr. 5; Zs. f. dt. Altert. 4, 390; Zs. d. V. f. rh. u. wf. Vk. 5, 94; oben 7, 72—74. — Rose: Bartsch 2, 416 f. Nr. 1933. 1942; Engelien S. 252 f.; Frischbier S. 83; Hessler, Hessische Landes- u. Volksk. 2, 533; Hovorka-Kronfeld 2, 734; Köhler, Volksbrauch usw. im Voigtland S. 408; Seyfarth S. 82; Balt. Stud. 36, 275 Nr. 253, 277 Nr. 260, 278 Nr. 268 f.; Blätter f. pomm. Vk. 10, 146; oben 1, 193. 7, 406 u. 411. 21, 179; Handschriftl. aus Schlesien. — Adel (Entzündung am Finger): Bartsch 2, 368; Müllenhoff S. 515; Balt. Stud. 36, 244 f.; Dorfkirche 5, 303; oben 7, 53 f. — Akelei (Panaritium): Engelien S. 144; Bl. f. pomm. Vk. 5, 128. — Gicht: Bartsch 2, 401 f. 488; Bl. f. pomm. Vk. 1, 48; Pfarrhaus 16, 104; oben 7, 166 Nr. 2 a—i, 2 b. 8, 60. — Hüusche (geschwollene Euter): Curtze, Volksüberl. aus Waldeck S. 405; Grimm, Myth.[4] 2, 973; Hessler 2, 320; Losch (in Württemb. Vierteljahrshefte Jahrg. 13) S. 226 Nr. 302; Seligmann, Der böse Blick 1, 356; Zs. d. V. f. rh. u. wf. Vk. 2, 297. 8, 71 u. 77. — Pogg (Blähsucht): Bartsch 2, 446; Frischbier 80 f. Nr. 1—5. — Schwamm: Balt. Stud. 36, 282; Bl. f. pomm. Vk. 5, 108. 9, 20; Am Urquell 6, 204; oben 8, 57 Nr. 1a—g. — Fieber: Bartsch 2, 414; Zs. f. österr. Vk. 2, 156; oben 1, 208. — Herzspann: Bartsch 2, 411 f.; Engelien S. 264. — Schlagfluss: Frischbier S. 86 f.; Müllenhoff S. 512. — Brand: Oben 7, 66; Hesebrand (Ausschlag am Munde): Oben 7, 66. 10, 63. — Rotlauf: Losch S. 223; Seyfarth S. 82; Zs. f. dt. A. 7, 534; Zs. d. V. f. rh. u. wf. Vk. 2, 384. — Bladern: Bartsch 2, 433; Zs. d. V. f. rh. u. wf. Vk. 2, 287. — Schlucken: Hovorka-Kronfeld 2, 198; oben 13, 65 ff. — Gagg (Abnehmen): Hess. Bl. f. Vk. 2, 17. — Warzen: Bartsch 2, 363; oben 7, 198. — Wen (Auswüchse am Kopf): Bartsch 2, 362. — Zahnschmerzen: Bartsch 2, 426. — Zander (Flechte): Oben 7, 73; Zs. f. dt. A. 4, 390.

Die Anwendung unseres Segens gegen so viele verschiedene Leiden hat ohne weiteres eine Veränderung des Wortlautes zur Folge, da in den meisten Fällen die Nennung einer anderen Krankheit auch die Verwendung eines anderen Reimwortes bedingt, wodurch dann nicht selten ein ganz neues Bild des Streites entsteht. Beginnt etwa eine Formel zur Bekämpfung der Flechte:

> Die Weide und die Flechte,
> Die gingen zum Gefechte . . .,

so heisst es entsprechend gegen die Gicht:

> De Man' un de Jicht,
> Dei gungen tausam tau Gericht

und ähnlich dann auch wieder gegen die Flechte:

> De Wid' un de Flecht',
> De güngen beid to Recht.

So schafft schon die Verschiedenheit der Zwecksetzung eine grosse Zahl von Varianten. Freilich können andererseits die Formeln einander auch sehr ähnlich sein, wenn nicht die Krankheit, sondern die heilende Sache an zweiter Stelle genannt wird. Wenn z. B. eine Lesart lautet:

De Flecht un de Wid',
Dei wassen beid tau Strid,

so kann ohne Schaden für den Zusammenhang an Stelle der Flechte jede andere Krankheit genannt werden.

Tiefergehend sind die Umgestaltungen der Formel, die sich aus der verschiedenen Vorstellung des Streites zwischen der Krankheit und dem Heilgegenstande ergeben. Die häufigste Vorstellung ist die, dass die beiden streitenden Parteien über ein (fliessendes) Wasser oder über das Meer gehen, von wo dann die Krankheit nicht zurückkommt. Sie ertrinkt entweder im Wasser oder kann es nicht wieder überschreiten. Hier tritt noch deutlich die mythologische Vorstellung zutage, dass die bösen Krankheitsgeister nicht imstande sind, fliessendes Wasser zu überschreiten, wofür die Belege zahlreich sind.

In anderen Formeln sehen wir die Krankheit mit ihrem Widersacher in einem Rechtsstreit begriffen, oder es ist von einem Gefechte, auch wohl ganz allgemein nur von einem Streite die Rede, ohne dass die Sachlage weiter klargelegt würde, was sich wegen der Knappheit der Form verbietet.

Auch der Einfluss der verschiedenen Mundarten ist bei der Variantenbildung unverkennbar. So wird die Rose mundartlich — besonders auf plattdeutschem Gebiet — als das 'heilige Ding' bezeichnet, woraus eine neue Fassung unseres Segens entstanden ist:

Maria und das heilge Ding,
Die spielten beid um einen vergoldten Ring;
Maria, die gewann,
Das heilge Ding verschwand.

In diesem Zusammenhange müssen auch einige Segen erwähnt werden, in denen von einem Streite überhaupt nicht die Rede ist, sondern von zwei Krankheiten, die beide vertrieben werden. Der älteste derartige Segen steht bei Frommann im Tractatus de fascinatione (p. 31):

Der Schlier und der Drach
Gehen miteinander zum Bach,
Der Drach ist ertrunken
Und der Schlier verschwunden.

Vgl. auch Germania 26, 235 Nr. 30; Curtze S. 405 Nr. 176; Grimm, Myth.[4] 2, 973; Hessler S. 320; Losch S. 226 Nr. 302; Seligmann 1, 356; Zs. d. V. f. rh. u. wf. Vk. 8, 71 u. ö.

Die Verwandtschaft mit unserer Formel ist augenfällig; vielleicht haben wir in diesen Segen eine ältere, ursprünglichere Form zu erblicken, aus der die Segen mit dem Streitmotiv sich erst entwickelt haben.

Über das Alter unseres Segens lässt sich schwer etwas sagen. Selbst wenn die Erwähnung bei Frommann im Jahre 1675 die älteste Aufzeichnung sein sollte, wird man ihn doch wegen der Einfachheit der Form für wesentlich älter halten dürfen. — Auch seine geographische Verbreitung lässt sich nicht deutlich abgrenzen. Er kommt am häufigsten auf niederdeutschem Sprachgebiet vor, ist aber auch in anderen Teilen Deutschlands oft aufgezeichnet worden und wird wohl im ganzen deutschen Sprachgebiet bekannt sein. In der umfassenden Sammlung nordischer Segen von Chr. Bang ist er nicht enthalten, dagegen ist die Formel in englischer Sprache wenigstens einmal in Schottland gefunden worden:

Hickup and I
Went over a sty,
Hickup was drowned
And I went away.

Vgl. oben 13, 65, wo auch niederländische Fassungen angegeben sind. Auf romanischem Sprachgebiet ist mir der Segen nicht begegnet.

Dass unser Segen einen durchaus volkstümlichen Charakter trägt, ergibt sich aus dem Vorhandensein von Vierzeilern auf anderen Zweigen volkstümlicher Dichtung, die nach ihrer Form und ihrem inneren Bau der Segensformel sehr ähnlich sind. Man vergleiche etwa:

Balder og Rhune hans Vif
I Thune ypped et kif;
Rhune brod Skikken i Thune;
Da slog der Balder Rhune.

Thiele, Danmarks Folkesagn 1, 6.

Auch das Volksrätsel und das Kinderlied weisen ganz entsprechende Verse auf. Manche muten geradezu wie eine beabsichtigte Parodie unseres Segens an:

Jacob un Isack
Släugen seck um'n Twiback.
Jacob gewunnt,
Isack verswunnd.

Ndd. Korrespbl. 21, 66. 22, 6; Drosihn, Deutsche Kinderreime S. 135 Nr. 345; Kehrein, Volkssprache u. Volkssitte in Nassau 2, 120 Nr. 22; Am Urquell 6, 147. u. ö.

Bezeichnend für das Zersingen derartiger Verschen ist es, dass von diesen Aufzeichnungen kaum zwei im Wortlaut übereinstimmen. Es fehlt auch nicht an unfreiwilligen Parodierungen des Segens, die aus Verständnislosigkeit oder aus der Absicht, die Formel zu 'verbessern', hervorgegangen sind:

Der Dragoner (!) und ein Drach'
Ging mal über 'nen Bach.

Der Dragoner trank
Am Bachesrand.
Dir, Gott, sei Dank,
Das Blut verschwand.

Hessler, Hess. L. u. Vk. 2, 447.

Wie bei den meisten deutschen Segenformeln, so ist auch bei den Segen mit dem Streitmotiv der Versuch gemacht worden, einen mythologischen Hintergrund zu konstruieren. Dadurch ist der Segen für kurze Zeit in den Mittelpunkt einer wissenschaftlichen Erörterung gerückt worden und hat es zu einer vorübergehenden, unverdienten Berühmtheit gebracht. In der Formel:

De Pogg un de Pôl,
De güngen in de Schôl.
De Pôl de sang,
De Pogg de slang.

hatte Karl Schiller[1]) das 'Pôl' der ersten Zeile mit der Bemerkung versehen: „Der Gott Phol? Vgl. den bekannten Merseburger Zauberspruch." Die gleiche Formel nebst einer verwandten Fassung führt dann S. Bugge in seinen 'Studien über die Entstehung der nordischen Götter- und Heldensagen' (S. 301) an, um zu belegen, dass der Name des Apostels Paulus in dem epischen Eingang von Segensprüchen aus neuerer Zeit vorkomme, worin er eine Stütze für seine Annahme erblickt, dass der Phôl des zweiten Merseburger Zauberspruches mit Paulus identisch sei. Dass Bugges Auffassung des 'pôl' nicht richtig ist, hat von Grienberger[2]) gezeigt, mit dem lautgeschichtlichen Hinweis, „dass Reime Paul : Staul und Pôl : Schôl auf ein Wort mit germ. ô, hd. uo führen, und dass wir es daher nicht mit einem aus au monophthongierten Pôl = Paulus, sondern mit dem bekannten Worte ndd. pôl, pûl = Pfuhl zu tun haben." Auch Paulus Cassel[3]) tritt der Auffassung Bugges in gleichem Sinne, wenn auch mit einer weniger zwingenden Begründung, entgegen. Wer die zahlreichen Varianten des Segens vergleicht, wird die Überzeugung gewinnen, dass sie mit ihrem ungemein schwankenden Wortlaut, der oft nur durch die Zufälligkeiten des Reimzwanges entstanden ist, überhaupt kein geeignetes Material zur Stützung einer wissenschaftlichen Hypothese, die an Fragen der Mythologie rührt, bilden können.

Berlin-Halensee.

---

1) Zum Thier- und Kräuterbuche des meklenburgischen Volkes (Schwerin 1861) Heft 2, S. 3.

2) Zs. f. dt. Phil. 27, 459.

3) Paulus oder Phol. Ein Sendschreiben an Professor Bugge (Guben 1890) S. 4.

Beiträge zum Fisch-Aberglauben.[1])

Von Ernst Friedel.

(Mit einer Abbildung.)

Fisch wird hier im weiteren volkstümlichen Sinne gebraucht: wie der Engländer 'shell-fish' für Muscheln und Schnecken, 'craw-fish' für Krebse und der Deutsche 'Walfisch' für ein Säugetier oder 'Tintenfisch' für ein Weichtier sagt.

1. Das Glücksschweinchen in der Forelle.

Wir erinnern uns alle der Mode, die vor ein paar Jahrzehnten herrschte, jetzt aber fast erloschen ist, kleine Schweinchen aus Metall bei sich zu führen, im Handel Glücksschweinchen genannt und getragen als Busennadeln oder Anhänger am Armband. Da das Schwein, insbesondere die Sau, als Zeichen der Fruchtbarkeit, also auch des Segens und Glücks bei vielen Völkern galt und gilt, so liegt die Symbolik des Glücksschweinchens nahe.

Dies moderne künstliche Glücksschweinchen hat die älteste, gleichzeitig natürliche Form desselben verdrängt oder, besser gesagt, ersetzt. Nach meiner viele Jahre hindurch fortgesetzten Beobachtung ist das ursprüngliche und eigentliche Glücksschweinchen im Maule unseres edelsten Süsswasserfisches, der Bachforelle, Trutta fario Linné, mit ihren Abarten, Teichforelle, Steinforelle, Waldforelle, zu suchen.

Das Glücksschweinchen ist an der Spitze der Zunge der Forelle mit einiger Aufmerksamkeit beim Verspeisen leicht zu finden; es besteht aus einer hornigen Platte, die mit scharfen Zähnen besetzt ist. Vorn findet man häufig, aber nicht immer, einen hakenförmigen Zahn, dann folgen auf jeder Seite je zwei bis fünf ähnlich gestaltete Zähne, zusammen bis etwa elf Zähnchen. Das Ganze erinnert an die Gestalt eines Schweinchens (s. Abb. 1).

Abb. 1.

Im Verein für Volkskunde zu Berlin legte ich am 15. Dezember 1911 etwa zwanzig solcher Zungengebisse vor, acht aus brandenburgischen, die übrigen aus thüringischen, oberbayerischen und Tiroler Gewässern stammend. Beiläufig, bemerkte ich im Scherz, eine kostbare Vorlage, denn um diese zwanzig Glücksschweinchen zu erlangen, musste ich etwa 2 Mk. für jeden Fisch, also im ganzen 40 Mk., aufwenden, wobei zu beachten, dass z. B.

1) Nach einem am 15. Dezember 1911 im Verein für Volkskunde gehaltenen Vortrage, s. oben 22, 111f.

in Berlin das Pfund Forellen 4 Mk. zu kosten pflegt und dass nur zwei Portionsforellen auf ein Pfund gerechnet werden.

Der Glaube an das Glücksschweinchen in der Forelle geht so weit, als das Tier verbreitet ist, d. h. von Norwegen bis zu den Alpen.

In der Provinz Brandenburg war die Forelle einstmals viel häufiger als jetzt, sie soll selbst im oberen Lauf der Panke bei Berlin vorhanden gewesen sein und kommt noch jetzt sehr schön und gross in Cöthen bei Eberswalde, ferner im Zauch-Belziger Kreise in der Nieplitz und Plane bei Treuenbrietzen, also im Gebiet des Hohen Fläming, vor. Ein Gastwirt in Potsdam hatte früher den Vertrieb der Fläming-Forellen, und im Spätherbst sowie frostfreien Winter konnte man märkische Forellen von ihm geliefert erhalten. Ob jetzt noch?

Der Name Glücksschweinchen war, wie mir der im Jahre 1909 im 88. Lebensjahre verstorbene hiesige Dr. Carl Bolle, ein gründlicher Volkskundiger, erzählt hat, in Potsdam allgemein bekannt und ist es hier und da noch jetzt. Auch in anderen Landesteilen und Ländern habe ich ihn für das Forellengebiss gehört. Im Volksmunde scheint er aber hierfür zurückzugehen, da die Forelle schon längst kaum mehr, weil zu selten und zu teuer, als Volksnahrungsmittel angesehen werden kann. Doch habe ich in gebirgigen Gegenden mit unvollkommenen Verkehrsverbindungen in manchen Orten gefunden, dass selbst die ärmeren Volksschichten ein Forellengericht sich noch leisten können. Also hierauf ist das eigentliche Glücksschweinchen zu beziehen, und die künstlichen Nachahmungen von wirklichen Schweinen haben vom Standpunkt der Volkskunde kaum einen Wert, bezeugen aber immerhin die Fortdauer des Aberglaubens.

2. Die Karpfenschuppe.

Dass der Rogen des Karpfens, den das Weibchen reichlich absetzt, Glück bringen soll, ist weitverbreiteter Volksglaube, ebenso dass man ihn, z. B. in Berlin, gern zu Sylvester verspeist, um im neuen Jahre Glück zu haben: so viel Körner, so viel Gold. Namentlich die Niederlausitz, Peitz und Umgegend, liefert zwischen Weihnachten und Neujahr ungeheure Mengen lebender Karpfen nach Berlin.

Nicht minder ist der Glaube verbreitet, dass man Karpfenschuppen bei sich tragen soll, da man so lange keinen Mangel an Geld haben wird. Das sind die kleinen Schüppchen, die auch die Aufgeklärten, besonders die jungen Damen, im Portemonnaie haben.

Sehr geschätzt, weil selten, sind die ungewöhnlich grossen Schuppen des Spiegel- oder Königs-Karpfens, Cyprinus specularis, von dem alten Fischkundigen Johnston 'Cyprinus rex Cyprinorum' genannt. Die von mir damals vorgelegten eirunden Schuppen haben 35 *mm* Länge und bis 15 *mm* Breite.

Es gibt aber noch grössere. Der gemeine Karpfen, Cyprinus carpio Linné, variiert hinsichtlich der Beschuppung ungemein; es gibt Tiere, die fast gar keine Schuppen besitzen, deshalb Lederkarpfen, Cyprinus coriaceus, genannt, und solche, bei denen nur einige wenige, dafür sehr grosse Schuppen vorkommen; das sind die im Volksglauben besonders geschätzten Riesenschuppen des Königskarpfens.

3. Der Hechtaberglaube.

Im Kopf des Hechtes ist das Leiden Christi nach weitverbreiteter uralter Volksvorstellung enthalten: das Kreuz, die Lanze, der Hammer, die Nägel. Diese Knochen oder Gräten werden von den Fischern und anderen Volksgläubigen in die Kleidung eingenäht und sollen gegen Unglück auf dem Wasser, Ertrinken usw. schützen. In der Mark sehr verbreitet.

4. Der Krebsstein.

Bei unserem durch Krebspest fast ausgerotteten Flusskrebs, Astacus fluviatilis F., findet man in den Monaten ohne 'r', besonders im August kurz vor der Abwerfung der Schale, vorn im Raum zwischen der äusseren und inneren Magenhaut zwei, einer halben Erbse ähnelnde Steinchen, welche Krebsaugen oder Krebssteine heissen und in der Medizin als 'lapides oder oculi astaci' früher eine Rolle spielten, z. B. als Bestandteile des ehedem berühmten 'Stahlschen Beruhigungspulvers'. Das Volk braucht diese heute wohl nur noch in ganz alten Apotheken vorhandenen Krebssteine z. B. gegen Magensäure.

Sonderbarerweise verschluckt das Volk jetzt hie und da die hartgesottenen Augen des Krebses, offenbar in Verwechslung des eigentlichen vorgenannten Krebsauges; das mag vielleicht damit zusammenhängen, dass die Krebse wegen der vorerwähnten Pest überhaupt sehr selten geworden sind. So müssen die weit häufigeren hartgekochten eigentlichen Augen des Krebses als volkstümlicher Ersatz dienen.

5. Deckelschalen von Meeresschnecken.

Die zum Genus Turbo und Trochus gehörigen, meist tropischen oder subtropischen Meeren entstammenden, grossen, oft schön gestalteten und prächtig gefärbten Schnecken verschliessen ihr Inneres hermetisch mittels eines innen glatten, äusserlich flachkugeligen Deckels, der am Fuss des Tieres angewachsen ist und nach dem Tode desselben abfällt. Diese Schneckendeckel, welche, wie die von mir im Verein für Volkskunde vorgelegten Exemplare erweisen, sehr hübsch, oftmals geradezu fremdartig und abenteuerlich aussehen, werden wohl gerade deshalb und wegen ihrer Herkunft aus dem Orient im deutschen und österreichischen Alpengebiet häufig als Ringsteine oder eingenäht als Amulette getragen.

Von der Entstehung dieser Schneckendeckel hat unser Volk keine Ahnung. Die Deckel sollen gegen mancherlei Gebresten, z. B. gegen Krankheiten des Ohres schützen. Im preussischen Kronschatz soll sich nach einer Mitteilung des langjährigen Vorlesers Kaiser Wilhelms des Grossen, des verstorbenen Geh. Hofrats Louis Schneider, ein, wenn ich nicht irre, Joachim II. gehörig gewesener Ring mit einem solchen 'Augenstein' befinden.

Berlin.

Der Gottesfriede.

Von **Eduard Hahn.**

Bis jetzt hat man im Gottesfrieden wohl eine der merkwürdigsten Einrichtungen unseres mittelalterlichen Kulturkreises gesehen, zugleich aber meist auch eine der grossartigsten Leistungen der alten Kirche einerseits und andrerseits einen ausgesprochenen Beweis dafür, mit welcher Entschlossenheit, aber auch mit welchem Kraftbewusstsein die Kirche in dieser Zeit die Ordnung der weltlichen Dinge im westlichen Europa, die ja allerdings einer kräftigen Leitung sehr bedurften, in die Hand nahm.

Meine Arbeit hat nun den Zweck, den Gottesfrieden von volkskundlichem und wirtschaftlichem Standpunkte aus in ganz anderer Beleuchtung zu betrachten.

Vor hundert Jahren, als die Brüder Grimm die deutsche Philologie, man kann fast sagen, aus dem Nichts auf eine so glänzende Höhe hoben, liessen sie sich doch hier und da ein wenig weit führen, indem sie Namen, Sagen und gelegentlich auch Notizen aus alten Chroniken zu Gottheiten ausgestalteten, die ihrer Ansicht nach verschollen waren. Solch Übermass forderte natürlich Kritik heraus, und die Kritik ist dann entschieden in der Ablehnung viel zu weit gegangen und hat, statt neu weiter zu bauen, oft selbst die Fundamente zerstört, auf denen wir unsere Kenntnis des alten germanischen Heidentums, das ja wesentlich von der Wissenschaft hergestellt werden muss, aufbauen sollten.

Das lag im Zuge der Zeit, muss aber jetzt einer neuen Forschungsrichtung und Forschungsmethode gegenüber aufhören, weil wir das ja vielleicht lückenhafte und sehr zerstörte Baumaterial nun unter einem neuen positiven Gesichtswinkel ansehen können, den uns die neue Auffassung der wirtschaftlichen Verhältnisse unserer Vorfahren gibt. Richard Andree hat in der Einleitung seines grossen Werks 'Votive und Weihgaben'[1]) am Schlusse seine Erfahrung dahin zusammengefasst, dass bei unserm Volk unter der Hülle des Christentums, zumal wo die Reformation nicht störend eingegriffen hatte, bis in unsere Tage eine wesentlich agrarische Religion aus viel älterer Zeit allen Wechsel überdauerte.

Auch wenn Andree bei der Fassung dieses Urteils vorsichtig sich nur auf den Kalender bezog, können wir seine Auffassung mit gutem Gewissen erweitern, weil wir nicht nur eine ganze Reihe neuer, bisher in diesem Lichte nicht erkannter Tatsachen zur Verfügung haben, sondern weil im jüngeren Geschlecht sich die Anschauung durchaus gewandelt hat.

Es ist noch gar nicht lange her, dass ein Professor an einer landwirtschaftlichen Akademie, der sich, wie man das bisher eigentlich nicht anders kannte, viel mit den notwendigen Neuerungen im Betriebe und wenig mit der Geschichte des Zustandekommens unserer Landwirtschaft beschäftigt hatte, kurz, aber eigentlich nicht gut in seinem Lehrbuch[2]) erklärte, vor den Römern könne von einem geregelten oder ausgedehnten landwirtschaftlichen Betrieb in Deutschland keine Rede sein. Ich hoffe, das ist doch jetzt nicht mehr möglich; man braucht sich den weitgehenden Schlüssen Braungarts[3]) in seinen verschiedenen Werken, die über andere Wissenschaften hie und da etwas kühn und weit hinweggehen und Bojer bis ins Paläolithikum Getreidebau betreiben lassen, nicht immer anzuschliessen, aber man kann unser sachliches Material doch nicht mehr unbeachtet lassen. Schon das Vorwiegen des Hafers und Roggens bei uns und die von den klassischen Völkern abweichende und viel vorteilhaftere Konstruktion des Pfluges bei allen germanischen Stämmen, dann die Trennung von Winter- und Sommerbau, das Überwiegen der Milchwirtschaft und das oft vorwiegende Pflügen mit Pferden gibt dem germanischen Gebiet eine so weitgehende Selbständigkeit, dass an einen irgendwie grundlegenden Einfluss der römischen Landwirtschaft in der Zeit der Besetzung germanischer Gebiete durchaus nicht zu denken ist. Wir müssen uns vielmehr auf einen ganz anderen Boden stellen, wie das Eyth, den man um jene Zeit schon als einen gewichtigen Vertreter der Landwirtschaft ansah, konnte, der sich kurz vor seinem Tode kräftig und gedrungen so ausgesprochen hat: 'Jedes ackerbautreibende Volk scheint seine landwirtschaftlichen Geräte aus dem Dunkel der Urzeit mitgebracht zu haben'[4]).

Der Wert dieses Ausspruches wird nicht eingeschränkt, wenn wir ihn etwas vorsichtiger nur auf die europäischen Kulturvölker beziehen und wenn wir andererseits betonen, dass eine selbständige Ausgestaltung auf volklichem Grunde in früherer Zeit den gemeinsamen Ursprung der

---

1) Braunschweig 1904 S. 6.
2) Th. von der Goltz, Geschichte der Deutschen Landwirtschaft (Berlin 1902) 1, 33f.
3) Zuletzt in: Die Südgermanen (Heidelberg 1914, 2 Halbbde. 4°).
4) Lebendige Kräfte (Berlin 1905) S. 79.

gesamten Betriebsform, die wir als unsern Ackerbau zusammenfassen, nicht ausschliesst.

Jedenfalls wird sich in der nächsten Zeit doch auch bei den Prähistorikern eine Wendung durchsetzen müssen, welche die wirtschaftlichen Verhältnisse stärker als bisher in Betracht zieht. Man hat bis heute Scherben, Knochen und Steine mit ausserordentlichem Scharfsinn als Leitfossilien benutzt und daraus die Perioden — aber bisher ohne irgendwelche Rücksicht auf die wirtschaftlichen Tatsachen — bestimmt, und Einwände, auch wenn sie von sehr sachverständiger Seite kamen, wurden im Interesse des Systems meist stillschweigend übergangen.

So hat selbst die sehr gewichtige Bemerkung Virchows, dass doch die Benutzung des Steins nicht mit einem Schlage aufgehört habe, als die Bronze eingeführt sei, trotz des Gewichts seines Namens keinen durchschlagenden Erfolg gehabt[1]). Dagegen wird hoffentlich der Umstand, dass Wundt in seinem letzten populären Werk das Holzzeitalter Steinens aufgenommen hat, dieser wichtigen Auffassung nun günstigeren Boden bereiten[2]), denn selbstverständlich war die ältere Zeit eine Holzzeit (und verwendete in einem für uns schwer verständlichem Masse Rinde), und ausserordentlich viele unserer schönsten Steingeräte sind, wie schon ihre gute Erhaltung beweist, nur als Ziergeräte und mehr als Kostbarkeiten gedacht, als dass sie wirklich Gebrauchsgegenstände gewesen wären. Das Kunstbedürfnis ist eben auf einer sehr niedrigen Stufe schon ausgesprochen, vielfach mehr wie bei höheren Kulturvölkern. Man kann nicht immer alt und niedrig und jünger und höher zusammenbringen, so einfach und so tröstlich das oft wäre.

Nach der neueren Anschauung ist nun die sogenannte Nomadenperiode weggefallen, ebenso wie die Jägerstufe selbst bei den Prähistorikern, die sie bisher aus einer gewissen Bequemlichkeit schätzten, der richtigen Erkenntnis weichen muss, dass an einen gänzlichen Ausschluss der Pflanzennahrung für die ganze ältere Stufe der Menschheit sicher nun und nimmer zu denken ist!

Da nun aber nach den neueren Anschauungen die gesamten Haustiere unserer Wirtschaft: Rind, Schaf und Ziege, auf die vielleicht das Schwein und jedenfalls das Pferd dann in weiterem Abstande folgt, ein für allemal geschlossen zusammen mit dem Ackerbau (wie wir bis dahin sagten) auftreten, so wird man jedenfalls erst genauerer Untersuchungen bedürfen, wieweit die Bronze sich geradezu mit dem Ackerbau, mit dem Pflugbau, wie ich lieber sage, verbindet.

Jedenfalls werden wir in der Zukunft nicht mehr daran denken, dass, auch wenn dies die Steingeräte zu beweisen scheinen, unser Haustier-

1) Zeitschrift f. Ethnologie 12, 227.

2) K. von den Steinen, Unter den Naturvölkern Brasiliens (Berlin 1894) S. 202f.; W. Wundt, Elemente der Völkerpsychologie (Leipzig 1911) S. 27 und 31.

bestand sich wirklich bis in die älteste Steinzeit, d. h. das Paläolithikum, also bis in ein Alter von vielen Jahrtausenden zurück hätte erstrecken können.

Wir werden aber einen ganz anderen Boden unter den Füssen haben, wenn wir mit Andree und in einem noch etwas fester umschriebenen Sinne für eine weit zurückliegende Vergangenheit unseres Volkes das Bestehen einer Agrarreligion annehmen, in die sich dann tausend kleinere Züge unseres Volkslebens ohne Zwang einordnen lassen. Wir werden dann nur festhalten müssen, dass sie in den Grundzügen ursprünglich von anderem Boden mit der Jahreseinteilung, dem Haustierbestande und den vielen wirtschaftlichen Dingen, die eben das Wirtschaftsleben der Pflugkultur alle umfasst, übernommen wurde, dass sie aber dann ihre eigentümliche Ausbildung in der geschichtlichen Entwicklung des germanischen und später des deutschen Volkes erfuhr. Besonders werden wir so auch für die Entwicklung des Volksgefühls und des Naturgefühls bei uns ganz andere Grundlagen haben. Es hat sich ja mehr und mehr herausgestellt, dass wir Mannhardts grösseren Untersuchungen (die uns nun freilich in ganz anderem Licht erscheinen, seit wir ethnologisches Verständnis dafür gewonnen haben) ausserordentlich viel zu danken haben, während sie dem verdienstvollen Verfasser bei Lebzeiten nur Enttäuschungen und Zurücksetzungen eintrugen. (Man hat auch den Verfasser dieser Arbeit im Anfange der Behandlung des Gegenstandes ebenso missverstanden.) Jedenfalls ist ja die Kalendereinteilung, die Andree ganz richtig so stark hervorhebt, für die Volkskunde gerade unseres Volkes so wichtig, weil Weihnachten, Ostern und Pfingsten (und in Schweden auch noch St. Johannis) trotz des christlichen Geistes, mit dem sie ein Jahrtausend Christentum erfüllt hat, ganz zum Wirtschaftsjahr unseres Pflugbaus gehören.

Nun werden wir hier an einem eigenartigen, aber wie ich hoffe beweiskräftigen Beispiele zeigen können, wie aus den Tiefen des Pflugbaus eine Einrichtung wiedererwuchs, die man bis dahin als eine selbständige Veranstaltung der alten Kirche anzusehen geneigt war.

Es hat sich bis jetzt eigentlich immer noch nicht eine gültige und ausreichende Erklärung finden lassen für die merkwürdige, tiefgehende Zersetzung, die uns Westeuropa mit dem Beginne etwa des 10. Jahrhunderts zeigt. Wir sehen eine wilde Auflösung, die man bis dahin bei dem Mangel an wirtschaftlichen Vorarbeiten und wirtschaftsgeschichtlichem Material der Urkunden zumeist wohl aus dem Vorwalten des echt germanischen Fehdegeistes erklären wollte. Hier fände sich eine lohnende Aufgabe für einen eifrigen und fleissigen Anhänger der materialistischen Geschichtstheorie oder der ökonomischen Geschichtsauffassung. Jedenfalls finden wir schon vor dem Jahrtausend Westeuropa in einer Verfassung, die nicht gerade darauf deutet, dass das junge Christentum den Völkern, die sich ihm angeschlossen hatten, zum grossen Segen ausgeschlagen wäre; so lag es dann nur zu nahe, dass es gerade Männer der Kirche waren, die ihre grossen geistigen und wirtschaftlichen Machtmittel benutzten, um gründliche Abhilfe herbeizuführen.

Schon vor 993[1]) ist vom Gottesfrieden die Rede, der dann im folgenden Jahre als 'Pactum pacis et justitiae' in Limoges beschlossen wird[2]); aber wie das erstemal die *treva*, so tritt dies auf germanischem Stamm beruhende Wort treva oder treuga besonders in der bezeichnenden Form der *treuga dei* als die bekannte geschichtliche Erscheinung hervor. Nun beschränkte die treuga jedenfalls ohne Erfolg die Tage des Kampfes auf einige Wochentage, ebenso wurde es verboten, das Getreide in Brand zu stecken[3]), ein Verbot, das schon die antiken Völker kannten, aber eine Massregel, die bekanntlich die Franzosen in Marokko noch in grossem Massstabe anwenden. Viel wichtiger aber ist für uns, dass — und das deutet eben auf ganz germanischen Einschlag — nicht nur die Landarbeiter, also die Pflüger und die Egger *[Herceatores]*[4]), sondern auch *homines ad carrucas fugientes*[5]), die Ackerleute, die zur *carruca* fliehen, vor jeder Verletzung geschützt sein sollen. Es ist nämlich für das germanische Gebiet charakteristisch[6]), dass *carruca* im mittelalterlichen Latein der Frühzeit die beiden Begriffe Ackerwagen und (Räder-) Pflug umschliesst. Das Rad ist dann vielleicht das, was hier den Ausschlag gibt, wie es denn schon seit den ältesten Zeiten im ganzen Gebiet der Pflugkultur in dem Umfange, wie ihn meine Theorie aufstellt, heilig ist[7]). Wir können hier also nicht bestimmen, ob nur der Pflug heilig war, oder ob, was sonst auch vorkommt, der Wagen in der älteren deutschen Zeit noch eine gewisse Heiligkeit mit sich brachte.

Die mittelalterliche Kirche hat also hier, ob bewusst oder unbewusst, wird sich schwer entscheiden lassen, wie aus der Heiligkeit der Wirtschaftsgeräte hervorgeht, die mit übernommen wurde, auf alten heidnischen Brauch zurückgegriffen.

Wir finden den Pflugfrieden auch noch in recht später Zeit, ja der Pflug hat bis über die Reformation hinaus seine Heiligkeit bewahrt, so dass der Diebstahl des Pfluges mit der härtesten Strafe, dem Rädern, bestraft wurde[8]). Auch heute noch sieht man ihn oft ohne die geringste Besorgnis des Besitzers frei auf dem Felde stehen[9]). Volkskundlich ist ja die Sitte unendlich viel stärker als die Androhung einer Strafe.

1) Du Cange s. v. treva und s. v. carruca.
2) Ademar Cabanensis, Rerum Gallicar. Scriptores. Recueil des historiens 10, 147.
3) Acta pontificum Romanorum (1884) 2, 167.
4) Du Cange, Concilium Rotomagense 1096. Ordericus Vitalis lib. 9 p. 271.
5) Bessin, Concilia Rotomagensis provinciae (Rotom. 1717 fol.) p. 78.
6) s. Du Cange s. v.
7) Hahn, Entstehung der Pflugkultur (Heidelberg 1909).
8) Saur, Straffbuch (Francofurti 1590 fol.) S. 165.
9) Braungart, Südgermanen S. 194 f.

Nun sind volkskundlich und ethnologisch Friedensgebote, vor allem Marktfriede und Handelsfriede, die Bedingung jedes gegenseitigen Austausches und Verkehrs unter den Menschen. Dafür will ich nicht Quellen angeben, ich will nur darauf hinweisen, dass z. B. die Afrikaner diese Seite mustergültig entwickelt haben, und nur aus einem ganz anderen ethnologischen Gebiete anführen, dass bei den Papuas auf der Gazellehalbinsel, die sonst für so roh gelten, die grossen Feste ihren eigenen Frieden haben[1]); ebenso hatten die Mysterien sowohl in Attika wie Eleusis ihren eigenen Frieden[2]). Schliesslich kann ja eine Bauernkirchweih so wenig wie ein Studentenkommers stattfinden, ohne dass die Teilnehmer unter einem gewissen Friedensgebot stehen.

Dass dieser Friede meistens von der höchsten staatlichen Gewalt geboten wird, also der Königsfriede besonders ausgesprochen ist, beruht auf der Natur der Dinge. Aber es liegt wohl im germanischen Gemüt, wenn er in zwei sehr verschiedenen Gebieten, wie Dänemark und Meran, auf einen alten König zurückgeführt wird, der zugleich die alte, goldene Zeit repräsentiert. Doch der Königsfriede Frodis[3]) sowohl wie der König Oswalds vom Ifinger zerbrach[4]); das ist einmal der Lauf der Dinge. Wirklich reicht der dänische Königsfriede nach den altertümlichen Massangaben in eine sehr alte Zeit zurück[5]).

Um noch eine kurze Bemerkung anzuknüpfen, ist es für die Friesen wohl besonders ehrenvoll, dass sie neben dem plochfretho und dem dikfretho, dem Deichfrieden, auch den Frieden für Witwen und Waisen haben[6]); und mit der unleugbar friedlichen Gesinnung der Friesen hängt es wohl zusammen, wenn der ausgezeichnete holsteinische Dialektdichter J. H. Fehrs vom Sommerfrieden spricht, den die Lerchen predigen.

Es mag ja für manche Gemüter die Volkskunde deshalb wenig anziehend erscheinen, ja sie mag eher deshalb abstossen, wenn es sich gar so viel um wirtschaftliche Dinge, Trachten und Gerichte, Haus und Hof, Geräte und Gebräuche handelt. Aber können wir nicht, wie vielleicht auch dieser kleine Aufsatz zeigt, aus der Betrachtung der wirtschaftlichen Dinge Beziehungen von grossem Werte für den Gedankenkreis unseres Volkes ableiten? ‘Selten denken wir daran, dass unser Volk der Ahnherr ist, von dem die Eltern stammen, der uns Sprache, Recht, Sitte, Erwerb

1) Anthropos 6, 839.

2) A. Mommsen, Heortologie (Lpzg. 1864) S. 205 Anm.; Philios, Eleusis (Athènes 1896) S. 15.

3) Helgakviþa Hundingsbana 1, 13 und Skáldskaparmál c. 8; vgl. Simrock, Edda (1855) S. 160. 343 und Gering, Edda (1893) S. 163. 377.

4) J. v. Zingerle, Sagen aus Tirol (Innsbruck 1891) S. 1.

5) Rhamm, Beiträge zur slaw.-german. Altertumskunde (Braunschweig 1905) 1, 213.

6) Asega Buch § 12 ed. Wiarda (Berlin 1805) S. 18; auch plogfrede, s. Lübben und Walther, Mittelniederdeutsches Handwörterbuch (Norden 1888) S. 279; dänisch plogfrid, s. Kalkar, Ordbog til det aeldre danske sprog 1893 s. v. plog.

und die Möglichkeit des Lebens, fast alles was unser Schicksal bestimmt, unser Herz erlabt, geschaffen oder zugetragen hat', sagt Gustav Freytag mit grossem Recht[1]). Ich möchte denn doch nicht, dass die Auffassung Albrecht Dieterichs[2]) von dem Volke als der Unterschicht der Kulturnationen sich weiterhin verbreitete; es handelt sich beim Volke für uns vielmehr um den Untergrund, in dem der ganze lebendige Baum unseres Volkstums seine Wurzeln hat, aus dem der gesamte Stamm mit allen seinen Zweigen und Ästen, auch den höchsten, hervorgegangen ist. Und als Wissenschaft von dem Zustandekommen dieses Baums wird nach dem gewaltigen Aufstreben, wie es gerade jetzt unser gesamtes Volk so herrlich zeigt, die Volkskunde erst recht eine grosse und wichtige Stellung einnehmen müssen, viel höher und bedeutender, als sie ihr bisher nur zu oft Gleichgültigkeit und Mangel an Verständnis zubilligen wollten.

Berlin.

Deutschböhmische Volkslieder aus der Zeit der napoleonischen Kriege.

Von Adolf Hauffen.

I.

Während die an Zahl geringen, doch an Wert hochstehenden in der Befreiungszeit von Arndt, Eichendorff, Förster, Fouqué, Heinrich von Kleist, Körner, Rückert, Schenkendorf u. a. verfassten Gedichte bis heute allgemein bekannt und beliebt sind, ja jetzt während des Weltkrieges zu neuem Leben erwachten, sind die in viel grösserer Zahl vorhandenen Volkslieder aus jener Zeit nur wenigen Fachleuten geläufig und werden erst in den letzten Jahren von volkstümlichen Sängern und Lautenschlägern zu Ehren gebracht und weiteren Kreisen vermittelt. Erst im Jahre 1806 nach dem politischen, moralischen und wirtschaftlichen Zusammenbruch Preussens griffen Sänger dieses schwergeprüften Königreichs, Achim von Arnim, Friedrich August Stägemann, zur Harfe, doch blieben sie vereinzelt. Während des neuen Erwachens eines kräftigen vaterländischen Gefühls in Österreich 1809 liessen Jofef Heinrich von Collin und sein Kreis in volkstümlich-schlichten, sangbaren Liedern den Kampfruf gegen den Erbfeind erschallen. Diese, gegenüber den späteren glühenden und rachedürstenden Kriegs- und Siegesliedern noch zurückhaltenden Gedichte geben aber in Anschauungen und Wendungen ein

1) Die verlorene Handschrift 1, 345.
2) Hessische Blätter für Volkskunde 1, 176 = Kl. Schriften S. 293.

Vorbild für die hohe Zeit des Freiheitsgesanges von 1812 bis 1814. Doch weit früher beginnen die Volkslieder, seit der Kriegserklärung Frankreichs an die Koalition und der Thronbesteigung Kaiser Franz I. (1792) und kräftiger seit der ersten Verteidigung Tirols durch heimische Schützen (1796) alle wichtigen Zeitereignisse zu besingen bis zur endlichen Niederringung Napoleons im Jahre 1815. Sie bezeichnen nicht nur eine neue Blüte des volkstümlichen Soldatenliedes, sondern sie wirkten auch auf die Krieger als eine ermutigende und anfeuernde Macht ein. Die allgemein verbreiteten oder nur in einzelnen Landschaften üblichen Volkslieder und volkstümlichen Zeitgedichte während der napoleonischen Kriege erreichen, soweit sie bisher bekannt wurden, die Zahl von über 400 und übertreffen damit weitaus die Zahl der Kunstlieder aus den Freiheitskriegen[1]).

In Deutschböhmen wurden im Verhältnis zu anderen deutschen Landschaften ziemlich viele Lieder aus der Befreiungszeit im Volksmund gesungen, und einige davon sind noch heute beliebt. Böhmen wurde ja auch von den französischen Kriegen wiederholt in Mitleidenschaft gezogen, namentlich in den Monaten vor der Völkerschlacht. Auf den entscheidenden Sieg der Verbündeten bei Kulm am Fuss des Erzgebirges, 29. und 30. August 1813, gibt es allerdings auch Volkslieder (Ditfurth Nr. 21. 22), doch sie stammen nicht aus Böhmen. Hier wurden aber mit den noch nicht gedruckten etwas über zwanzig Lieder auf die Befreiungskriege und besonders auf Napoleon aufgezeichnet[2]). Das älteste davon ist das: 'Frisch

1) Vgl. hierzu L. Erk, Die deutschen Freiheitskriege in Liedern und Gedichten. Berlin 1863. — Deutscher Liederhort von L. Erk, neu bearbeitet von F. M. Böhme 2, 148 bis 179 Nr. 338-368 (1792-1815). — F. W. Freiherr von Ditfurth, Historische Volkslieder der Zeit von 1756-1871. 1. Bd. Berlin 1871-1872. 2. Teil: Die historischen Volkslieder von 1790-1812, S. 69-362 Nr. 40—165 und Anhang. 3. Teil: Von 1812-1815, S. 1—155, Nr. 1—80 und Anhang. — August Hartmann, Historische Volkslieder und Zeitgedichte vom 16. bis 19. Jahrhundert. 3. Bd. München 1913 S. 64—163 Nr. 212—269 (1793-1815). — Achtzehnhundertneun. Die politische Lyrik des Kriegsjahres, hsg. von R. F. Arnold und Karl Wagner. Wien 1909. Schriften des Literarischen Vereins 11. (Darunter zahlreiche Lieder unbekannter Verfasser und ausgesprochene Volkslieder.) — I. E. Bauer, Tiroler Kriegslieder aus den Jahren 1796 und 1797. Innsbruck 1896. — R. F. Kaindl, Napoleonlieder und Gebete aus Galizien und der Bukowina. (Deutsch-Österreich 1, 1077-1081); vgl. oben 10, 280. — H. Brendicke, Über die Volksdichtung in den Freiheitskriegen 1813—1815 und dem deutsch-französischen Kriege 1870/71. (Mitteilungen des Vereins für Geschichte Berlins 1897, 136-142.) — Dazu kommen die landschaftlichen Sammlungen, von denen auch mehrere Ausgaben einige Lieder aus dieser Zeit enthalten.

2) Mit Benutzung und Ergänzung von G. Jungbauer, Bibliographie des deutschen Volksliedes in Böhmen (Hauffens Beiträge zur deutschböhmischen Volkskunde 11). Prag 1913 Nr. 1416—1427; Hruschka und Toischer, Deutsche Volkslieder aus Böhmen. Prag 1891 S. 78—81 Nr. 11—17; Deutsche Volkskunde aus dem östlichen Böhmen 8, 186—189; A. Paudler, Volkslieder (Mitteilungen des nordböhmischen Exkursions-Klubs 14, 226—228); Riesengebirge in Wort und Bild 11, 35f. und 18, 51; Alois John, Eine Sammlung fliegender Blätter aus Eger (Unser Egerland 17, 74—78); M. Urban, Notizen zur Heimatskunde des Gerichtsbezirkes Plan. Tachau 1884 S. 342—344; Jos. Köferl, Supplement zur Heimatskunde des politischen Bezirkes Tachau. Ebenda 1895 S. 336.

auf, Ihr Tiroler, wir müssen ins Feld!' aus dem Jahr 1809, wo die Tiroler Schützen wünschen, dass viele tausend Franzosen daherkämen, damit die Tiroler das österreichische Haus beschirmen könnten. Von dieser aus Radowenz im böhmischen Riesengebirge herrührenden Fassung weicht eine zweite aus dem mittleren Nordböhmen mit dem Anfang 'Auf, Ihr Schützen, wir müssen ins Feld!' stark ab. Das Lied 'Rufet Vivat! Prinz Ferdinand soll leben!', welches in Lobendau (Bezirkshauptmannschaft Schluckenau) in Nordböhmen angeworbenen Soldaten in den Mund gelegt wurde, bezieht sich wahrscheinlich auf den Prinzen Louis Ferdinand von Preussen, der lange gegen die Franzosen kämpfte und am 10. Oktober 1806 in der Schlacht bei Saalfeld den Heldentod suchte und fand.

In der Tuchmacherzeche zu Braunau waren zwei Lieder jahrzehntelang beliebt: 'Ihr Brüder, hier liegt Genua', welches in zwei Teilen von je einem Chor gesungen wurde. Bei den Worten 'Kanonen blitzen' und 'Bomben und Granaten' riefen einige Sänger kräftig 'Bum, bum'. Es handelt von der kurzen Besetzung Genuas durch Österreicher vom 4. bis 16. Juni 1800. Ferner ein längeres Lied von neun Gesätzen, wo ein Augenzeuge der Schlacht von Aspern, 21. und 22. Mai 1809, diese besingt. Wort und Weise dieser Lieder wurden von dem Braunauer Tuchmacher Josef Trautmann 1908 Dr. Eduard Langer mitgeteilt. Im mittleren Nordböhmen war noch in den neunziger Jahren eine von dem letzten Lied stark abweichende Fassung von zwölf (irrtümlich zu sechs zusammengelegten) Gesätzen beliebt. Das Braunauer Lied ist trotz der Streichungen eine weit bessere Fassung. Die zwei letzten Gesätze davon könnten auch heute mit Inbrunst gesungen werden:

Ach Gott! schenk' den lieben Frieden wieder,
Wo soviel Tausend seufzen drum,
Schenk' jedem Deutschen grade Glieder
Und stoss' die schlechten Zeiten um.

Send'[1]) jeder Mutter ihre Söhne,
Jedem Mädchen ihren Geliebten heim;
Dann wollen wir mit Jubeltönen
In Kriegeslieder stimmen ein.

Bemerkenswert ist ein 1834 aufgezeichnetes Lied: 'Lustig, lustig, ihr deutschen Brüder', wo Deutsche aus Böhmen, welche in Frankreich Kriegsdienst leisteten, sich in ihre Heimat zurücksehnen:

Wenn wir werden nach Böhmen kommen,
Wird uns gleich die Schildwach' fragen,
Ob der Kaiser bei uns wär.

Und sie antworten: 'wir sind junge Helden' und 'hauen in die Franzosen nein' und 'laden jeder zwei Pistolen'.

Der Teufel soll die Franzosen holen,
Immer zwei auf einen Schuss.

Aus derselben Zeit und Gegend stammt eine haarsträubende Schilderung der Kämpfe vor Moskau, des Brandes dieser Stadt und vom Rück-

---

1) Im Abdruck steht zwar 'Schenk', doch ist dies sicher verhört, nach dem zweimaligen 'Schenk' in dem vorhergehenden Gesätz.

zug des französischen Heeres. Mit diesem beginnenden Zusammenbruch der Macht Napoleons fängt die ziemlich grosse Reihe der Spottlieder an, die nach der Völkerschlacht und nach der Schlacht bei Waterloo ihre Fortsetzung fanden. Hier wird der endlich gestürzte Korse mit der schärfsten Lauge des Spottes übergossen. 'Schusters Sohn, Schinders Knecht, Teufelskind, Lumpenkaiser' sind noch zahme Kosenamen, die ihm zuteil werden.

Auch in Deutschböhmen sind mehrere Spottlieder auf Napoleon verbreitet. Zwei davon wurden in Wort und Weise schon 1816 vom Lehrer Karl Kraus in Lobs bei Falkenau im nordwestlichen Böhmen aufgezeichnet. Auf den 'grossen Napoleon' mit grausamen Scherzen über die Leiden der Franzosen in Russland und eins auf den 'Menschenfresser' Napoleon nach der Schlacht bei Waterloo mit vielen volkstümlichen Redewendungen, z. B.:

Doch diesmal, tausend Sapperment!
Hat Herr Napoleon
Die lange Nase recht verbrennt
Beim Herzog Wellington.
Der heizte ihm so ziemlich ein,
Als müsst's der Brand von Moskau sein

Mit dem Schluss:

Bald feiern wir den Friedensschmaus,
Blase uns den Hobel aus.

In Plan wurde aufgezeichnet ein altes Soldatenlied: 'Jetzt kommt die längst gewünschte Stunde', dessen letztes Gesätz Napoleon und die Völkerschlacht erwähnt. Auf fliegenden Blättern aus Eger finden sich unter anderem ein 'Lied eines Trommelschlägers auf Napoleon' mit der Schilderung seiner Flucht nach der Völkerschlacht und das Lied eines sterbenden Soldaten, der dem 'Satanssohn' ein langes Verzeichnis seiner Sünden und Verbrechen entgegenschleudert.

Nach Napoleons Verbannung auf die Insel Elba entstanden mehrere Spottlieder auf ihn, von denen zwei im böhmischen Riesengebirge noch in den neunziger Jahren sehr verbreitet waren. Das eine mit dreizehn Gesätzen und dem Anfang:

Napoleon, der grosse Held,
Der liegt bei Leipzig auf dem Feld,
Der lief ja über Stock und Stein,
Dass er ist kommen an den Rhein.

Eine stark davon abweichende Fassung ist auch in Aussig bekannt[1]). Ferner ein packendes Spottlied mit dem Anfangsgesätz:

---

1) A. Kirschner, Volksgesänge aus dem Aussiger Gau. Leipa 1898 S. 35. Die weitern dort (S. 7—14) abgedruckten sechs Dichtungen auf Napoleon sind Fälschungen (vgl. Jungbauer a. a. O. S. XXIV f.).

Merkts auf, meine Herren! Es wird euch erzählt
Von Napoleon, dem grossen schlauen Held,
Wie er ist gegangen nach Russland hinein,
Weil er europäischer Kaiser wollt sein.

In beiden Liedern beschwert sich Bonaparte, dass ihn sein Schwiegervater im Stich liess. Im zweiten leibt er sich vom 'Bruder', dem König von Sachsen, in seiner Not sechs Taler aus.

In Tepl und Tachau wird noch heute der Kinderreim gesungen [vgl. Dähnhardt, Volkstümliches aus Sachsen 2, 130. 1898]:

's Bonapartl is öitza nimma stolz,
Hannelt mit Schwefelholz,
Schreit Gass'n auf u o:
„Leut', kafft ma Schwefel o!"

Die meisten dieser Lieder finden anderwärts keine Entsprechungen.

Aus dem mittleren Nordböhmen stammt eine Dichtung auf die Schlacht bei Waterloo mit elf Gesätzen, welche bisweilen bis zu wörtlichen Übereinstimmungen vom obenerwähnten Lied auf Aspern beeinflusst wurde. Ein Beispiel:

Bei Aspern, da stand eine Eiche, Wo ich des Tags gerastet hab; Da hört ich hinter dem Gesträuche Einen Lärm von einer Kriegesschar.	Ich hörte die Trompeten blasen, Dabei ein fürchterlich Geschrei; Ich hörte die Kanonen knallen, Entsetzlich wurde mir dabei.
Bei Brüssel stand eine Eiche, Dort ruht ich Tag und Nacht, Da hört ich ein Geräusche Von starker Kriegesmacht.	Trompeten hört ich schallen, Ein schreckliches Geschrei; Kanonen hört ich knallen, Angst wurde mir dabei.

Dieses Lied stellt im ganzen und in Einzelheiten eine bessere Fassung dar als die sonst allein belegte, in der Wetterau, Darmstadt und Nassau beliebte Fassung, die zwar mit einer Singweise versehen, aber unvollständig und fehlerhaft überliefert ist (Erk-Böhme 2, 176 Nr. 358d). [Wolfram Nr. 484; Krapp Nr. 25; Hess. Bl. f. Volksk. 9, 7; Adler, Progr. Halle 1901 S. 15.]

Drei deutschböhmische Lieder aus den Befreiungskriegen sollen jetzt noch besonders besprochen werden[1]).

II.

1) Die hier zum ersten Male abgedruckten und herangezogenen Lieder befinden sich im Besitz des vom Ministerium für Kultus und Unterricht ernannten Arbeitsausschusses für das deutsche Volkslied in Böhmen.

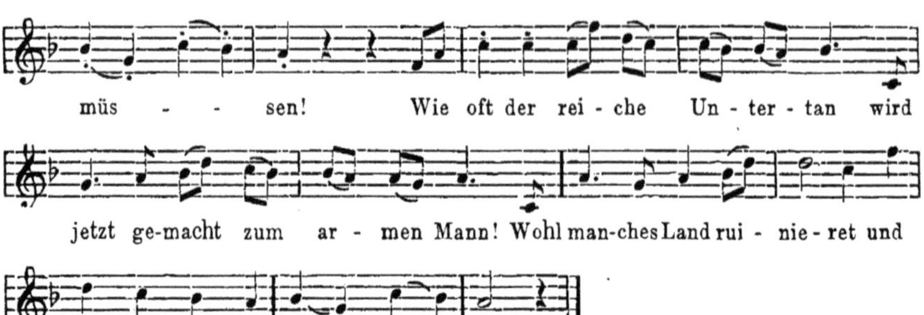

2. Bei Leipzig sah man Hieb und Schuss,
Dass man zurückgeprallet.
Dem fehlt' ein Arm, dem fehlt' ein Fuss,
Dem war der Kopf gespaltet.
Nun lagen sie zerstückelt auf der Erde
Und wurden zertreten durch die Pferde.
So mussten sie ihr junges Leben
In der blutigen Schlacht aufgeben.

3. Wohl mancher, der zum Tod verwund't,
Der schrie: Um Gottes Willen,
Ach Brüder, helft, ich bin verwund't,
Und kann das Blut nicht stillen!
Ach tötet mich, der Schmerz ist gross;
So werd' ich meines Jammers los,
Und nicht auf dieser Erde
Erst noch ein Krüppel werde.

4. Dort lag verstümmelt ein Arm, ein Bein,
Dort litt ein Blessierter grosse Pein,
Der wollte gern verbunden sein;
Doch nützte ihm nichts sein Rufen und Schrei'n.
Von unsagbarem Schmerze erfüllt
Hat er dennoch seine Wunde gestillt;
Doch erst nach etlichen Stunden
Konnt' er werden dann verbunden.

5. Ach wie manches Weib so brav,
Grämt sich vor Kummer und Sorgen;
Denn den Gatten eine Kugel traf,
So der Ernährer der Kinder verloren.
Der Mann, der so viele Jahr'
Ein treuer Schützer und Versorger war,
Ist am Schlachtfeld geblieben!
Muss das die Familie nicht betrüben?

6. Und wie manch' junge Braut
Tut sich zu Tode betrüben;
Der Jüngling, dem sie zugetraut,
Ist in der Schlacht geblieben.
Er war so frisch wie Milch und Blut,
Und die Maid war ihm auch so gut.
Jetzt ist er begraben im Sande,
Und ruht im fremden Lande.

Das zweite bis sechste Gesätz dieses Liedes erschien in der Schrift von Franz Andreß, Aus der Zeit der Franzosenkriege, Dobrzan 1913, S. 15. Hier wird auch erzählt, dass der achtzigjährige Ausgedinger Franz Elsdörfer in Hollejschen in seiner Jugendzeit von alten Leuten viel von den Befreiungskriegen hörte und dass ihm vor langem ein Singmeister aus Auherzen dieses Lied, welches ihm aus den Befreiungskriegen zurückgekehrte Soldaten vorsangen, mitgeteilt hat. Mit Begeisterung singt der Greis noch heute bei passenden Anlässen unter allgemeiner Aufmerksamkeit dieses Lied. Die genannten Ortschaften liegen bei Dobrzan (Bezirkshauptmannschaft Mies) im deutschen Gebiet Westböhmens.

Auf meinen Wunsch besuchte Oberlehrer Andreß Ende August 1914 den alten Mann, um die noch fehlende Singweise aufzuzeichnen. Hierbei erinnerte sich dieser auch an das erste Gesätz. Hierzu gab der Greis noch folgende Lesarten an: 1, 2 und was] Was wird. — wird fliessen] vergossen. — 1, 4 manchmal fallen] hat man's erfahren. — Die

Berichtigungen des Greises zum Text von Andreß wurden von mir für den obigen Abdruck verwertet. Die Singweise wurde von Lehrer Josef Stohl aus Staab aufgezeichnet.

In einem geschriebenen Liederheft aus Silberbach bei Graslitz im böhmischen Erzgebirge, mit dessen Niederschrift Marie Riedl im Juni 1853 begann und das rasch die Besitzerinnen gewechselt hat, befinden sich 14 Lieder mit den betreffenden Singweisen. Das letzte enthält vom oben abgedruckten Liede nur zwei Gesätze in Bruchstücken. Die Singweise dieser Fassung (**S**) weicht völlig von der oben mitgeteilten aus Hollejschen (**H**) ab. (Abgedruckt von B. in der Erzgebirgs-Zeitung 24, 284/303).

1. Ach Gott, wie geht's im Kriege zu,
Was ist für Blutvergiessen!
Noch in dem Reich ist Freudenruh',
Wir haben es erfahren müssen.
Ein mancher reicher Untertan
Wird jetzt gemacht zum armen Mann;
Ein manches Land, rund ....

2. Da, wo ein manches Mutterkind ..
Verließ, da man es gar nicht fiud't ..
Lass lindern ihre Schmerzen,
Er muß sein jung's frisch Leben
Auf dem Schlachtfeld aufgeben.

Solche Missverständnisse wie 1, 3 Freudenruh für Fried und Ruh und 1, 8 rund für ruinieret finden sich in Liederhandschriften häufig, ein Erweis dafür, dass diese Lieder meist nicht nach älteren Vorlagen niedergeschrieben wurden, sondern nach dem Gesang aus dem Volksmund. Das zweite Gesätz ist verderbt. Vers 4 und 5 entspricht zum grössten Teil der Fassung **H** 2, 7 und 8.

Es fällt auf, dass im sächsischen Erzgebirge dieses Lied nicht mehr bekannt zu sein scheint, wenigstens steht es nicht bei Ernst John, Volkstümliche Lieder aus dem sächsischen Erzgebirge (Annaberg 1909). Eine zweistrophige Fassung aus Lothringen wurde 1890 mit der Singweise aufgezeichnet von Houpert (L) im Jahrbuch der Gesellschaft für lothringische Geschichte 2, 253; wiederabgedruckt mit dem vierstimmigen Satz von C. Wolfram (Volksliederbuch für Männerchor, Leipzig, 1 Nr. 307); eine siebenstrophige aus dem Kreise Weißenburg (**W**) von Curt Mündel (Elsässische Volkslieder, Straßburg 1884 Nr. 144). In einer der jüngsten und der reichhaltigsten landschaftlichen Sammlung: Georg Amft, Volkslieder der Grafschaft Glatz (Habelschwerdt 1911) S. 157 Nr. 136 ist die umfänglichste nach dem Volksmunde 1908 in Pohldorf aufgezeichnete Fassung (**P**) von zwölf Gesätzen mitgeteilt. Der Herausgeber, der bei anderen Liedern auf verwandte Fassungen hinweist, kennt für dieses Lied, welches er 'Kriegesnot' benennt, keine Entsprechungen[1]).

L besteht nur aus den beiden ersten Gesätzen von **W** und P mit schlechteren Lesarten. Die ersten fünf Gesätze von **W** entsprechen denselben Gesätzen von P. Für **P** 5, 1 'zum Tod (verwund't)' zeigt **P** irrtümlich: 'sehr zart'. Dem 6. Gesätz von **W** entspricht **P** 8, 1—4 und 7, 1—4; dem 7. von **W** entspricht **P** 7, 4—8; 8, 5f. und 10, 7f. mit kleineren Abweichungen.

Die Singweisen von **L** und **P** sind anders als die von **H** und **S**. Das erste Gesätz dieser Fassung stimmt fast wörtlich mit **H** überein. Die Lesart **L W P** r u i n i e r e t] v e r h e e r e t ist des besseren Reimes wegen sicher die ursprüngliche. Das zweite Gesätz von **H** fehlt den übrigen Fassungen. Hingegen fehlen der westböhmischen Fassung das 2., 4., 8., 9., 11. und 12. Gesätz der schlesischen Fassung. Das 3., 4., 5. und 6. Gesätz von **H** entspricht dem 5., 3., 6. und 10. Gesätz von P, mit mehreren Abweichungen im Wortlaut.

P 3. 1 bis 4. Dort liegt verwund't an Arm und Bein
Ein Krieger auf der Erde,
Er möchte gern verbunden sein
Und kann es nicht gleich werden,

zeigt mit **W** die richtige Lesart, weil die gekreuzten Reime beibehalten sind. Hingegen ist der Vierreim: 'Bein, Pein, sein, Schrei'n' bei **H** 4, 1 bis 4 ganz unvolkstümlich. Auch das sechste Gesätz von P ist viel besser als das entsprechende fünfte von **H**, weil hier ein zu kurzer und einige überfüllte Verse vorkommen.

P 6. Ach, wie so manch Soldatenweib
Möcht sich zu Tode grämen,
Die viele Kinder hat am Leib
Und nicht viel einzunehmen.
„Mein Mann“, spricht sie, „der viele Jahr
Mein Stütze und Versorger war, —
Soll ich mich nicht betrüben? —
Ist in der Schlacht geblieben.“

Die grössten Abweichungen voneinander zeigen **H** 6 und P 10.

Wie seufzet manche junge Braut,
Weil ihr man hat geschrieben:
„Dein Liebster, der dir stets vertraut,
Ist in der Schlacht geblieben.

---

1) [Die älteste Fassung scheint das 21strophige Lied auf die Schlachten bei Regensburg vom 19. bis 24. April 1809 bei Ditfurth 2, 171 Nr. 230 zu sein. Auf die Schlacht bei Leipzig 1813 ist es übertragen in dem bei Schlossar Nr. 266 abgedruckten Admonter Flugblatte (14 Str.), während bei E. Meier S. 218 Nr. 114 (4 Str.) und Wolfram, Nassau Nr. 315 (6 Str.) ebenso wie in den oben angeführten Fassungen alle historischen und örtlichen Beziehungen fortgefallen sind.]

Ein Jüngling, schön wie Milch und Blut,
Der dir so hold war und so gut,
Liegt jetzt verscharrt im Sande
In einem fremden Lande."

Von Leipzig ist nur in **H** die Rede.

Da der Volksmund gewöhnlich die ursprüngliche Form kürzt, so liegt in **P** wahrscheinlich die Urform oder doch eine ihr sehr nahestehende Fassung vor. Aus der ganzen Art des Liedes und besonders aus dem zweiten Gesätz mit der Ansprache an die Hörer, die 'hart verstockten Sünder', sie mögen 'ihre Bosheit' ablegen und an den schnellen 'Tod und Grab bei so viel tausend Leuten' gedenken, geht hervor, dass dieses Lied von einem Bänkelsänger verfasst worden ist. Die westböhmische Fassung stellt meiner Ansicht nach, abgesehen von rhythmischen Härten, eine geschickte Kürzung dar. Das erste Gesätz, welches wie ein Volkslied anfängt, ist beibehalten. Durch die Umgestaltung des zehnten Gesätzes der Vorlage mit dem Grab im fremden Lande ist ein wirksamer Abschluss gefunden. Auch durch die Übertragung der ganz allgemein gehaltenen Vorlage auf die Völkerschlacht hat dieses Lied entschieden gewonnen. Sänger nnd Zuhörer konnten sich nun eine deutlichere Vorstellung von den erzählten Vorgängen machen. Die andern Fassungen können gar nicht datiert werden. Wir wissen aber aus der Mitteilung von Elsdörfer, dass dieses Lied gleich nach den Befreiungskriegen gesungen wurde. Da es sich bis heute in Westböhmen, in den Reichslanden und in Preussisch-Schlesien im Volksmunde erhalten hat und namentlich die Fassung **H** viele volkstümliche Kennzeichen aufweist, kann man dieses Lied als Volkslied ansehen.

III.

Weit mehr verbreitet ist ein Lied auf Napoleons verunglückten russischen Feldzug von 1812. Die umfänglichste und jedenfalls der ältesten am nächsten kommende Fassung ist die von Franz Wilhelm Freiherrn von Ditfurth (Fränkische Volkslieder 1855 2, 175f.) veröffentlichte mit zwölf Gesätzen, einer zum Teil zweistimmigen Singweise, mit dem Anfang 'Ist es denn gewisslich wahr' und dem lautmalenden Kehrreim 'Rumdiridiri rallala'. Doch vorher erschien schon bei Friedrich Freiherrn von Erlach (Die Volkslieder der Deutschen 1834, 2, 516f.) eine Fassung aus Bayern mit acht Gesätzen (ohne Singweise), die einer anderen Gruppe angehört, weil sie mit einem Gesätze beginnt, das bei Ditfurth mit Abweichungen an dritter Stelle steht:

Kaiser, der Napoleon,
Ist nach Russland kommen
Und hat da die grosse Stadt
Moskau eingenommen.

Die übrigen Gesätze stimmen im allgemeinen mit Ditfurth überein. Dann veröffentlichte Hoffmann-Fallersleben (Schlesische Volkslieder mit Melodien 1842, S. 296 Nr. 256) eine Fassung mit neun Gesätzen und zwei Singweisen. In einer dritten Fassung aus Strehlen wurde noch ein Gesätz als sechstes eingefügt, das sich anderwärts nicht findet:

Kaiser, du Napoleon,
Wie wird dirs noch gehen?
Siehst du nicht die grosse Macht
An der Grenze stehen?

Wort und Weise dieser schlesischen Fassungen stimmen mit der in den letzten Jahren aufgezeichneten Fassung von Ullersdorf fast ganz überein. Nur findet sich hier noch der Kehrreim: Struderi diralla-la, struderi tam tei. (Amft a. a. O. S. 170 Nr. 146.)

Im Elsass (Mündel, Elsässische Volkslieder, S. 184 Nr. 173f.) finden sich zwei Fassungen, eine mit sechs, die andere mit fünf, von den übrigen Fassungen ziemlich abweichenden Gesätzen. Beide beginnen mit den Versen:

Kaiser, (der) Napoleon,
Ist nach Russland (ge)zogen.

Hier liegt ein Beispiel vor, wo zwei Gruppen eines weit verbreiteten Liedes voneinander verschiedene Anfänge zeigen. Daraus ist zu ersehen, dass bei einer Volksliedersammlung ein Verzeichnis der Anfänge des ersten Gesätzes nicht genügt, sondern dass die Anfangsverse aller Gesätze verzeichnet werden müssen.

Dann gibt es Fassungen aus Schwaben, aus Kärnten, Hessen, Nassau, Posen, von der Mosel und Saar, aus Oberschefflenz in Baden[1]), die alle in Wort und Weise voneinander nur in Einzelheiten abweichen. Dieses Lied wurde auch umgedichtet auf Napoleon III. zu Sebastopol 1855 (Mündel Nr. 175) und auf den Krieg von 1870/71 (Erk-Böhme 2, 184f. Nr. 368).

In Deutschböhmen sind zwei gedruckte und zwei handschriftliche Fassungen davon vorhanden. Zur Grundlage nehme ich die bisher noch nicht veröffentlichte Fassung, die Baumeister Adolf Bohaty in Trautenau niederschrieb, wie sie während seiner Jugendzeit in seiner Heimat Luditz im nordwestlichen Böhmen (**L**) sehr häufig, besonders von Handwerksgesellen, gesungen wurde und die er mir freundlichst überliess. Die Singweise dazu, die einzige aus Böhmen, verdanke ich dem Gymnasialprofessor Josef Peschek, der sie in Stich, Bezirkshauptmannschaft Mies, mit neun Gesätzen aufgezeichnet hat (**S**), die mit **L** nicht ganz übereinstimmt. Diese Singweise weicht von allen übrigen gedruckten Melodien zu diesem Liede ab. Die meisten zeigen überhaupt keinen Kehrreim, auch L und P nicht. Keine gibt Trommelschlag und Wirbel so gut wieder. Auch der Kehr-

1) E. Meier S. 202 Nr. 101; Pogatschnigg 2, 152 Nr. 569; Lewalter S. 2 Nr. 13; Wolfram S. 421 Nr. 507; Erk-Böhme 2, 159f. Nr. 349a; J. Meier-Köhler S. 301 Nr. 292; Bender S. 129 Nr. 113. [Meisinger, Badisches Oberland 1913 Nr. 25; Mündel S. 173; Schlossar Nr. 267; Grolimund, Solothurn Nr. 78; Greyerz, Röseligarte 1, 20; Züricher, Kinderlied in Bonn 1902 Nr. 918-914.]

reim zu **K** ahmt ohne Singweise lautmalend Trommelschlag und Wirbel nach: Tramtrarattelda, trallerallerara. Gedruckt sind eine neunstrophige Fassung aus Plan (P) bei Hruschka (a. a. O. S. 78f. Nr. 13) und eine fünfstrophige aus Kamnitzer-Neudörfel (Bezirkshauptmannschaft Tetschen) im mittleren Nordböhmen (**K**), mitgeteilt von A. Paudler (Exkursionsklub 14, 227). Eine Parodie darauf, die aus einem Liederbuch eines Korporals aus Deutschböhmen stammt, schildert die Unannehmlichkeiten, welche Urlauber in der Heimat erleiden (Hruschka S. 79 Nr. 14).

Napoleons russischer Feldzug (L).

2. Kaiser, — der Napoleon, —
Ist nach Rußland kommen;
Hat sogleich die schöne Stadt
Moskau eingenommen.

3. Napoleon zum Volke sprach:
„Hier giebt's keine Gaben,
Petersburg, die Residenz,
Müssen wir noch haben!

4. Hier giebt's Bier und Fleisch genug
Und ein jungfrisch Leben
Und ein Glas Schampanjerwein
Und auch Schnaps daneben.“

5. Da kam ein französ'scher Offizier,
Sagt: „Alles ist verloren,
Alle uns're schönen Leut'
Sind im Schnee erfroren!“

6. Husaren und der Landwehrsmann
Steh'n schon auf den Schanzen;
Spielt's auf, ihr Kanonier,
Einmal ein's zum Tanzen!

7. England und auch Spanien
Tun schon Vivat singen;
Frankreich muß zerstöret sein,
Sonst giebt's kein Gelingen!

8. Hochmut wird von Gott bestraft,
Denn es steht geschrieben:
Kaiser, — der Napoleon, —
Der muß unterliegen!

S P **K** haben ein Gesätz, welches in **L** fehlt, eingeschoben, **S** an dritter, P und **K** an zweiter Stelle. (Bei Ditfurth zweites Gesätz.)

S Viel zu Fuss und viel zu Pferd,
Die nach Russland gehen **P** Sind nach Russland kommen
Mit Kanonen, Spiess und Schwert **P** Und haben gleich die schöne Stadt
Sind zum Streit versehen **P** Moskau eingenommen.

K hat dieses Gesätz mit **S** gleich, aber das zweite Verspaar wie bei Ditfurth vor dem ersten. V. 2 S i n d s i e w o h l v e r s e h e n.

1, 1 Ist es] **K** Leute, ists — 1, 2 Wie] **P** Was — 2, 1 **S** Kaiser Napoleon. — 3, 2 Der obige Vers findet sich in den meisten Fassungen und ist jedenfalls ursprünglich. Die übrigen deutschböhmischen Fassungen bringen zwei Lesarten, die anderwärts nicht belegt sind. **S** und **K** Hier wollen wir nicht lagern (eine hübsche Änderung). **P** Hier gibts Schätz' zu graben. — 3, 4 **P** Die müssen — 4, 1 Hier] **S K** Dort **P** Da — 4, 2 Jungfrisch] **S P** frisches **K** frischjungs — 4, 3 **S** Ein Glas voll Chambanierwein. Glas] **S** Flasche — 4, 4 Und auch] **S K** Bier und — 5, 1 Da kam] **S** Kam **P** In der Nacht kam ein Offizier — 5, 2 Sagt] **S P K** Sprach — — 6, 1 **S** Infanterie und Kavallerie **P** Hußaren und Landwehrleut — 6, 2 **S** Steht **P** fehlt schon — 6, 3 **S** Spielet auf Ihr Musikanten **P** Spielt auf, Ihr Kanonen — 6, 4 Einmal eins] **S** Spielet eins — 7, 1 England und auch] **S P** fehlt auch **K** Oesterreich und — 7, 2 Tun] **S** Tut — singen] **P** schreien **K** rühmen — 7, 3 Frankreich **P** Alles — zerstöret] **S P K** zerrissen — 7, 4 kein Gelingen] **S K** keinen Frieden **P** Soll der Fried gedeihen. (Frieden, das auch bei Ditfurth steht, ist ursprünglich mit vokalischem Reim zu: singen, was im Volkslied sehr häufig vorkommt. Ein pedantischer Bearbeiter muss für singen des reineren Reimes wegen gelingen eingesetzt haben. **P** musste der Änderung schreien wegen den letzten Vers dementsprechend umgestalten). — 8, 2 Denn] **S P** Wie, — 8, 3 **P** fehlt der — 8, 4 muss] **S** muss jetzt, **P** musste.

IV.

Zuletzt sei noch ein Gesprächslied mitgeteilt, eine Gattung, die im Volkslied, besonders im ständischen und im geschichtlichen ausserordentlich häufig ist. Das nachfolgende Gesprächslied nahm die Prager Pianistin Frl. Emma Saxl im Sommer 1913 nach einer Liederhandschrift, 'geschrieben 1854 den 22. Jänner J. F.', in ihrer Heimat Grulich in Ostböhmen mit der Singweise auf. Anderweitige Fassungen dieses Liedes konnte ich bisher nicht feststellen, doch gibt es zahlreiche damit verwandte Gesprächslieder unter Beteiligung Napoleons, so zwei Fassungen eines Gesprächs zwischen Nelson und Bonaparte 1799, ein 'Gespräch von der Verteilung der Länder und Friedensschluss zu Regensburg' und ein 'Friedensgespräch auf einen endlich geendigten Friedensschluss' (1803), ferner 'Napoleon und die dritte Koalition' und 'Gespräch über die grosse Seeschlacht bei Trafalgar' (1805), 'Preussen nach der Schlacht bei Jena' (1806), 'Neues Gespräch über den letzten Krieg' (1807), dann zwischen Preussen und Napoleon und das 'Grosse Gespräch bei Dresden' (beide 1813). Ferner 'Friedensunterhandlungen der Potentaten mit Napoleon' und 'Gespräch der Potentaten mit Napoleon' (1814) und zwei Gespräche zwischen Friedrich Wilhelm III. und Blücher mit Napoleon 1815[1]). Im böhmischen Riesengebirge war in den neunziger Jahren ein Gesprächslied verbreitet, worin sich England und Napoleon unterreden (Riesengebirge 11, 35).

Diese Gesprächslieder wurden auf fliegende Blätter gedruckt ohne Singweisen, aber meist mit Angabe des Tones, einer bekannten Melodie, nach der sie gesungen werden sollten.

---

1) Ditfurth 1. Teil Nr. 109 ab. Nr. 117/8. 124/5. 135/140. 2. Teil 6. 35. 52/3. 62/3.

Franz und Napoleon.

Franz:

Mein Sohn, was ließest Du Dich täuschen,
's war ja Dein verdienter Lohn.
Oder kennst Du nicht die Preußen,
Kennst Du nicht Lord Wellington?
England hielt's für seine Pflichten,
Dich und Frankreich zu vernichten.
Jetzt hin folge Deinen Plan,
Ich hab' genug für Dich gethan.

Napoleon:

Ach, Vater, was hat Dich bewogen,
Beneidest mich um meine Kron'
Und bist gegen mich gezogen?
Ich bin ja doch Dein Schwiegersohn.
Für Frankreichs Ruhm tät ich zwar kämpfen,
Und dies tut mich am meisten kränken
Und tut mir weh zu jeder Frist,
Weil Du mir abgefallen bist.

Franz:

Mein Sohn, ich hab' ja nicht vergessen
Meine schuldige Vaterspflicht;
Was Du mir hast beigemessen,
Es war ja alles Dein Gericht.
Friede war ja mein Verlangen,
Den Du nicht wollt'st; bin ich gegangen
Gegen Dich, wem war die Schuld?
So groß war meine Vatershuld.

Prag-Smichow.

Sprichwörter in den eddischen Sittengedichten.

Von **Andreas Heusler.**

Die Sittengedichte der Edda kann man wohl, mit Müllenhoff, Spruchgedichte nennen, weil sie auf spruchhafte Ausprägung der Lebensklugheit ausgehen, von ferne zu vergleichen mit Rückerts Weisheit des Brahmanen. Dagegen träfe der Name Sprichwörtergedichte nicht zu; denn Sammlungen von Sprichwörtern und Redensarten wollen sie nicht sein, das haben Rosenberg und F. Jónsson mit Recht betont[1]). Sie stehen nicht in einer Linie mit Werken wie den altenglischen Gnomica oder dem altdeutschen Freidank oder dem altnordischen Málsháttakvæði. Viel zu weit aber geht es, glaube ich, wenn F. Jónsson sagt, 'wirkliche Sprichwörter' fänden sich — insbesondere in dem grössten dieser Sittengedichte, Hávamál Teil I — nur in verschwindender Zahl; oder an anderer Stelle[2]): „eigentliche Sprichwörter stehen nicht darin (bis vielleicht auf ein paar einzelne), wohl aber sprichwortartige Sätze; anders konnte dies nicht wohl sein.“ Statt dieses letzten Satzes würde ich sagen: es müsste verwundern, wenn ein Gedicht von der Beschaffenheit wie Hávamál I keine oder fast keine Sprichwörter aufgenommen hätte.

Die Prüfung, wieviele Sprichwörter in diesen eddischen Lehrgedichten vorkommen, hat man meines Wissens noch nicht planmässig angestellt. Ich bin der Frage seit vielen Jahren nachgegangen und möchte hier mein Ergebnis auf engem Raume, ohne viel begründenden Aufwand, vorlegen.

Von vornherein sei zugegeben, dass eine objektive, logisch feste Bestimmung unmöglich ist, wie ein wirkliches und eigentliches Sprichwort aussieht, oder was bei dem norwegischen Stamm des 9.—12. Jahrhunderts als Sprichwort, *orđskviđr*, gegolten hat. Wer also eine solche Bestimmung verlangt, der wird unsere ganze Fragestellung als gegenstandslos ablehnen. Aber damit ist die Wissbegier nicht weggeschafft, die sich beim Lesen dieser Gedichte immer wieder meldet: wo haben unsere Dichter vorgefundene Edelsteine in ihr Halsband aufgenommen? Man muss sehen, wieweit man die subjektive Schätzung in verstandesmässige Begründung umsetzen kann.

Als Merkmale eines Sprichworts in unseren Strophen möchte ich die folgenden aufstellen.

Vor allem muss die Gedrungenheit des lehrhaften Gedankens und der Anspruch auf Allgemeingültigkeit vorhanden sein, die wohl in aller Herren Ländern zu einem Sprichwort gehören; also die innere Sprichwortnatur.

1) Rosenberg, Nordboernes Aandsliv 1, 220; F. Jónsson, Lit.-Hist. 1, 230.
2) Den islandske Litteraturs Historie (1907) S. 49.

Das altnordische Schrifttum bietet, namentlich in seinen Prosawerken, genug gesicherte Gnomen dar, dass wir einen nordischen Sprichwortstil ahnen und einigermassen unterscheiden können zwischen dem plastischen Proverbium und der mehr oder weniger geprägten Redensart[1]). Auch über die äussere Form erlaubt dieses Material eine Aussage. Ein Sprichwort in den eddischen Strophen füllt immer entweder eine Langzeile oder einen Einzelvers. Dieser Einzelvers ist in den Strophen gnomischen Masses (Ljóđahátt), die unsere Hauptmasse ausmachen, stets die unpaarige Vollzeile (also Vers 3 oder 6 der normalen sechsversigen Strophe); in den Strophen epischen Masses kann auch ein Kurzvers (Halbvers) ein Sprichwort bilden. Näher auf die rhythmische Art der Sprichwörter wollen wir hier nicht eingehen. Dreiversige Gnomen wüsste ich aus altnordischen Denkmälern nicht zu nennen. Am ehesten könnte man die Halbstrophe: Deyr fé, | deyia frændr, | deyr siálfr et sama (Háv. 76, 77) in ihrem ganzen Bestande als ein von dem Dichter vorgefundenes Sprichwort ansprechen wollen, indem man sich beriefe auf den altenglischen Wanderer 108 f. (Grein-Wülcker 1, 289):

hér biđ feoh læne hér biđ fréond læne,
hér biđ mon læne (hér biđ mæg læne):

die drei Glieder feoh — fréond — mon entsprechen ja den drei nordischen fé — frændr — siálfr aufs nächste. An einem tatsächlichen Zusammenhang zweifle ich nicht[2]), aber da sonst Dreizeilergnomen weder nordisch noch westgermanisch nachgewiesen sind, wird man auch hier besser ein gemeinsames Gedichtzitat annehmen.

Ein weiteres Merkmal ist das Vorkommen des betreffenden Satzes in anderen Werken. Der Wert dieses Kennzeichens sinkt sofort dadurch, dass die meisten Gegenstücke in westnordischen Werken stehen; da kann also immer ein Zitat aus unseren Gedichten vorliegen. Ein vorgefundenes Sprichwort ist mit Sicherheit nur da zu erschliessen, wo das Gegenstück ausser dem Verbreitungsgebiet der eddischen Sittengedichte liegt und auch der sprachliche Ausdruck Zusammenhang heischt. Solche Fälle kenne ich nur ganz wenige; doch werden Kundigere ihre Zahl wohl noch vermehren.

Ein nicht zu verachtender Anhalt ist ferner mangelhafte Stabsetzung. Die grosse Mehrzahl der altnordischen Sprichwörter hat metrische Prägung und Stabreim, besteht, kurz gesagt, aus stabreimenden Versen. Aber gar nicht selten widerspricht die Lagerung der Reimstäbe den gewohnten

1) In F. Jónssons Sammlung 'Altisländische Sprichwörter und Redensarten' (Arkiv 30, 61 ff. 170 ff.) sind die Sprichwörter in der Minderheit. Manches würde ich weder zu dem einen noch dem anderen rechnen.

2) Siehe R. M. Meyer, Die altgermanische Poesie S. 321; Neckel, Beiträge zur Eddaforschung S. 380.

Regeln der Gedichte. Wo nun ein Dichter eine solche Gnome aufnahm, ohne sie formgerecht zu machen, da sticht sie eben durch ihren Mangel in der Reimtechnik von der Umgebung ab.

Endlich kann sich der Schluss auf ein vorgefundenes Sprichwort zuweilen darauf stützen, dass der Satz irgendwie uneben eingegliedert ist; er schliesst anakoluthisch an das Vorausgehende an, oder der Dichter gebrauchte leere Ergänzungen, Verlegenheitsfüllsel, um den geprägten Ausspruch zu der nötigen metrischen Periode aufzurunden.

Sprichwörter fielen nicht vom Himmel: sie mussten gedichtet werden, und sollten nicht auch formgewandte Poeten wie die unsrigen zu den Sprichwortschöpfern gehört haben? Können sie nicht in ihren Sittengedichten echte, vollgültige Gnomen gespendet haben? — Sonach müssen wir damit rechnen, dass ein überzeugendes Sprichwort in unsern Denkmälern nicht immer ein vorgefundenes Sprichwort war. Die zuletzt genannten Merkmale sind freilich Zeugnisse für das vorgefundene Gut.

Ich folge jetzt den Strophen der Sammlung Hávamál und hebe heraus, was mir als Sprichwort wahrscheinlich ist[1]).

1. 5, 3 dælt er heima hvat „daheim ist alles leicht, bequem", d. h. in seinen vier Wänden wird man auf keine besonderen Proben gestellt; Gegensatz zu dem vorangehenden „Verstand braucht, wer weithin wandert". Die ungemein sparsame Fassung spricht für eine Gnome, vielleicht auch der ziemlich starke Gedankensprung von Vers 1, 2 nach 3. Vgl. unten Nr. 5 und bei S. Franck: Daheim ist's geheim.

2. 6, 6 sialdan verđr viti vǫrom „selten erwächst Schaden dem Vorsichtigen". Der Anschluss an V. 4, 5 ist ein Anakoluth; normal wäre „Wenn ein Kluger . . in Wohnstätten kommt, erwächst ihm selten Schaden". Umgestaltung aus dem knapperen * verđra viti vǫrom „nicht erwächst . . ." braucht man nicht anzunehmen, da *sialdan* beliebte Gnomenspitze ist (u. Nr. 17, 18, 24). Umgeformt ist unser Sprichwort in Málsh. 22, 6: sialdan hygg ek at gyggi vǫrom „selten, glaub ich, geht es dem Vorsichtigen schief".

3. 12, 4. 5 því færa veit, | er fleira drekkr „um so weniger weiss man, je mehr man trinkt". War dies ein Sprichwort, so hat der Dichter des Zusammenhangs wegen *því* in *þvíat* 'denn' geändert (man erwartet eigentlich: *þvíat því* oder *þvíat þess* 'denn um so'), und da er noch eine Vollzeile dahinter brauchte, hat er syntaktisch angeknüpft: sins til geđs

1) Abkürzungen: D.-H. = Detter und Heinzel, Sæmundar Edda II; Málsh. = Málsháttakvæđi, hsg. v. Möbius, Zs. f. dt. Philol., Ergänzungsband 1874; R.-D. = Reinsberg-Düringsfeld, Sprichwörter der germanischen und romanischen Sprachen; Smst. = Småstykker, Kopenhagen 1891, Nr. 7. Die neuisländischen Sammlungen habe ich absichtlich nicht zitiert, da man nie weiss, ob sie den Eddagedichten gegenüber selbständige Zeugen sind. Die færingischen Beispiele stehen in der Antiquarisk Tidsskrift 1849—1851, S. 271 ff., die aus Seb. Franck und dem Froschmeuseler bei Dietrich, Zs. f. d. Altert. 3, 385 ff.

gumi ‘in Richtung auf seinen Geist der Mann’ (dies als Subjekt zu *veit* in 4): mit dieser Zugabe verbreitert und schwächt er den kräftigen subjektlosen Ausdruck der Gnome.

4. 36, 1. 2 (37, 1. 2) Bú er betra, | þótt lítit sé „(Eigene) Wirtschaft ist besser (als keine), und sei sie auch klein“. Neben der schlichten Prägnanz des Ausdrucks deutet der unvollständige Stabreim auf eine Gnome, die der Dichter nicht antasten mochte. Die vielen Änderungsversuche erscheinen mir alle als empfindliche stilistische Schädigungen[1]). Vgl. das norwegische: Eiget bu er alltid best „Eigene Wirtschaft ist immer am besten“ (Aasen, Norske Ordsprog² S. 15). Ein ferner Verwandter: Eigner Herd Goldes wert.

5. 36, 3 halr er heima hverr „daheim ist jeder ein Herr“. Umgeformt zu: nøkkví ríkstr er heima hverr im Málsh. 16, 5. Henderson zitiert ein gälisches Sprichwort des Sinnes: a man is king in his own house[2]).

6. 40, 4. 5 opt sparir leiđom, | þats hefir liúfom hugat „oft spart man für den Unerwünschten, was man dem Erwünschten zugedacht hat“. Vielleicht daraus verkürzt: ei veit, hverium sparir „man weiss nicht, für wen man spart“ (Smst. S. 169). Inhaltliche Gegenstücke bei R.-D. 2, 205 f.

7. 40, 6 mart gengr verr, en varir „vieles geht schlimmer, als man sich’s versieht“. Nordische Gnomen ähnlichen Sinnes, ebenfalls mit *varir*, begegnen öfter; vgl. F. Jónsson, Arkiv 30, 197.

8. 41, 4. 5 viđrgefendr ok endrgefendr | erosk lengst vinir „die Vergelter und Erneuerer der Gabe bleiben einander am längsten Freund“. Auf eine Gnome weist der regelwidrige Stabreim in 5 (falls der Dichter an umschliessenden Stabreim dachte: *v* : *e* : *e* : *v*, wäre dies gewiss nur ein Notbehelf; das Sprichwort betonte *lengst*); ferner ist verdächtig der matte Füllvers 6 „wenn es das erlebt (erlangt), gut auszufallen“[3]).

9. 42, 3. Hinter dem überlieferten: (skal . .) ok gialda giǫf viđ giǫf steckt wohl ein Sprichwort, am besten in dieser Wortstellung: viđ giǫf skal giǫf gialda „Gabe soll man mit Gabe vergelten“. Sehr ähnlich bei Wernher von Elmendorf: Wider gift sal man gabe warten (J. Grimm, Kl. Schr. 2, 174 f.).

---

1) Man überblickt sie bei Bj. M. Ólsen, Arkiv 31, 56 ff. Der verstorbene isländische Lyriker Þorsteinn Erlingsson sagte mir einmal im Gespräch, auch ihm erscheine diese Langzeile als eine richtig überlieferte Gnome mit defektem Stabreim.

2) The norse influence on Celtic Scotland S. 269.

3) Auch 42, 1. 2 Vin sinom | skal mađr vinr vera weckt durch den abnormen Stabreim in 2 Verdacht. Doch vermisst man die rechte Zuspitzung einer Gnome.

10. Ähnlich kann man aus 45, 6 (skaltu . .) ok gialda lausung viđ lygi erschliessen ein: viđ lygi skal lausung gialda „Lüge soll man mit Falschheit vergelten“.

11. 46, 6 glík skolo giǫld giǫfom „die Vergeltung soll der Gabe gleich sein“.

12. 47, 6 mađr er mannz gaman „der Mensch ist des Menschen Lust“. Gleichlautend im altisländischen Runenlied.

13. 49, 6 neiss er nøkkviđr halr „ohne Ehre ist der nackte (kleiderlose) Mann“. Vgl. Kleider machen Leute, Spielarten bei R.-D. 1, 497.

14. 53, 6 hálf er ǫld hvar „zweigeteilt ist die Menschheit allenthalben“, d. h. nach dem Zusammenhang: es gibt überall Gescheite und Dumme. Die Stelle ist sprachlich unsicher; nach der abweichenden Deutung von D.-H. und Bj. M. Ólsen (Arkiv 31, 65 f.) ist der Satz begrifflich nicht in sich geschlossen und daher kein Sprichwort. Aber kann *ǫld* bedeuten ‘eine Klasse von Menschen’?

15. 57, 3 funi kveykiz af funa „Feuer belebt sich vom Feuer“.

16. 57, 4. 5 mađr af manni | verđr at máli kuđr „der eine wird vom anderen durch das Gespräch kundig“, d. h. durch gegenseitigen Austausch unterrichtet man sich. (Einen anderen Sinn hat der in der Thídreks saga 1, 233, 3 offenbar als Sprichwort gebrachte Satz: af málom verđa menn kunnir „durch’s Gespräch wird man einander bekannt“. An unserer Gedichtstelle passt aber nur der erste Spruch, s. Hjelmqvist, Arkiv 22, 375 f.) Mit Nr. 15 und 16 vgl. die Sentenz bei S. Franck: Beiwonung macht kundschaft; so brinnt leicht stro und feuer beisamen.

17 und 18. Die Halbstrophe 59, 4—6 Sialdan liggiandi ulfr | lær um getr, | né sofandi mađr sigr enthält die zwei Sprichwörter: sialdan liggiandi ulfr | lær um getr „selten erlangt ein Wolf im Liegen einen Schinken“ und: sialdan sofandi mađr | sigr um getr (vegr, hlýtr) „selten erlangt (erkämpft, erlost) ein Mann im Schlaf den Sieg“. Das zweite begegnet in anscheinendem Prosarhythmus in der Vápnfirđinga saga 63, 15: sialdan vegr sofandi mađr sigr; ebenso, mit hlýtr für vegr, Smst. S. 169. Beide Gnomen in umgekehrter Folge (samt der ersten Strophenhälfte) bringt Saxo S. 232: nemo stertendo victoriam cepit, nec luporum quisquam cubando cadaver invenit. Bj. M. Ólsen, Arkiv 31, 67. Die Gnome vom Wolf auch neunordisch, deutsch und romanisch, z. B. Ein Wolf im Schlaf fing nie ein Schaf (Körte 8682); vgl. Wigalois 77, 21; R.-D. 2, 174 f.; D.-H. S. 105; F. Jónsson, Arkiv 30, 187. 194.

19. 59, 4. 5 mart um dvelr, | þann er um morgin sefr „an vielem versäumt sich, wer den Morgen durch schläft“. Ähnlich auch im Wortlaut das færingische Sprichwort (Nr. 318): Hann íđ morgunin burt svevur,

hann maugt gott burt dvølir „wer den Morgen verschläft, der versäumt viel Gutes“.

20. 59, 6 hálfr er audr und hvǫtom „der Reichtum ist halb unter dem Hurtigen“, d. h. Hurtigkeit gibt schon die halbe Gewähr für's Reichwerden“. Ähnlich: Frisch gewagt ist halb gewonnen, oder bei S. Franck: Frisch angelaufen ist halb gefochten.

21. 63, 4. 5 einn vita, | né annarr skal „allein soll man (das Geheimnis) wissen, kein zweiter“. Ähnlich Háv. 163, 4. 5 alt er betra, | er einn um kann „durchaus ist besser, was man allein versteht“. Norwegisch: Dat ein veit, dat veit ingen; dat tvo veit, dat veit alle (R.-D. 1, 158).

22. 63, 6 þióđ veit, ef þrír ero enthält das Sprichwort: þióđ veit, | þat er þrír vito (eine Langzeile mit gekreuztem Stabreim) „das (ganze) Volk weiss, was drei wissen“. Dieser Wortlaut blickt noch durch in Málsh. 3, 1: þióđ spyrr alt, þat er þrír menn vito. Unsere Strophe hat den Ausdruck dem vorangehenden leicht angepasst. Vgl. noch D.-H. S. 107 und R.-D. 1, 157: Was drei wissen, das wissen hundert (und ähnliche). Zu Nr. 21 und 22 halte man bei S. Franck: Was einem zu eng ist, ist auch dreien zu weit; was über zwei Herzen kompt, das kompt auss.

23. 64, 6 (at) engi er einna hvatastr „keiner ist der einzig kühnste (oder behendeste)“. Die ganze Halbstrophe fast gleichlautend Fáfn. 17. Vgl. im Froschmeuseler: Es ist auch keiner so geschwind, der nicht einmal sein Meister find.

24. 66, 6 sialdan hittir leiđr í líđ „selten trifft der Unwillkommene auf einen Trunk (oder ein Gelage)“, d. h. er kommt immer zu früh oder zu spät. So nach Bj. M. Ólsen, Arkiv 31, 67, der das Sprichwort als heute auf Island geläufig bezeugt (mit *lid*). Vgl. das deutsche (bei Simrock): Wo ich hinkomme, ist schon Kirchweih gewesen.

25. 70, 1. 2 betra er lifđom, | en sé ólifđom möchte man, falls diese Herstellung richtig ist (Hschr.: ok sællifđom), für eine vorgefundene Gnome halten, weil der Stabreim regelwidrig ist: „der Lebende hat's (immer noch) besser als der Leblose“, besser, (überhaupt nur) zu leben als tot zu sein. Formal ähnlich ist Fáfn. 31 hvǫtom er betra, | en sé óhvǫtom „dem Kühnen gehts besser als dem Unkühnen“.

26. 70, 3 ey getr kvikr kú „der Lebende erlangt immer noch eine Kuh“. Umgeformt im Málsh. 4, 7: iafnan fagnar kvikr mađr kú „immer noch kann sich der lebende Mensch an einer Kuh freuen“. Dänisch: Queger mand faar vel ko (mit der hübschen Fortsetzung: men död faar aldrig liv „aber der Tote erlangt nie mehr das Leben“).

27. 71, 4. 5 blindr er betri, | en brendr sé „lieber blind als verbrannt (d. h. tot)“. Gewiss ein altes Sprichwort aus der Zeit der

Leichenverbrennung (vgl. Háv. 81, 2). Die vorangehende Halbstrophe ist deutlich auf diesen überlieferten Kern aufgebaut, indem sie den Lahmen, den Handlosen und den Tauben beifügt.

28. 71, 6 nýtr manngi nás „niemand hat Nutzen von einem Leichnam". Bei Franck: Die Toten mögen uns nit mehr helfen.

29—31. 73, 1—4 Tveir ro eins heriar, tunga er hǫfuđs bani,
er mér í heđin hvern handar væni.

Diesen zweifellos eingeschobenen Vierzeiler halte ich für eine Sammlung von drei Sprichwörtern[1]); ob er aus einer grösseren gnomischen Merkversreihe (þula) stammt, muss dahinstehen. Den ersten Kurzvers dürfen wir nicht trennen von dem gleichlautenden altdeutschen: zwêne sint eines her (Iwein 5350. 6636; Wolfdietrich A 374, 2) und dem mlat. duo sunt exercitus uni (Ysengrimus II 311 nebst Voigts Note). Der ursprüngliche Sinn muss sein: „zweie sind dem einzelnen eine Übermacht". Das nordische *heriar* verstehe ich als Plural mit dem Sinne 'Zerstörer, Verderber' (vgl. herr viđar 'Verderber des Holzes' = Feuer); das ist wohl eine nordische Umbildung, die aber den Sinn der Wandergnome ungefähr wahrt: „zweie sind die Verderber des einen". Ähnliches gilt von der dänischen Form: To ere een Mands Herre. Vgl. R.-D. 2, 436.

Der zweite Vers, „die Zunge ist des Hauptes Töter", wird als altformelhaft erwiesen durch eine altschwedische Rechtsquelle (Schlyter, SGL. 3, 275): fällt der Verleumder im Zweikampf, dann sei: tunga huwdhbani, liggi i ugildum akri „die Zunge (sein) Haupttöter, er liege unbüssbar". Aber unser Satz kann auch eine richtige Gnome gewesen sein des Sinnes: „mit seinen Reden kann man sich um den Kopf bringen". Vers 1 und 2 sind nicht ohne inneren Zusammenhang nebeneinander gestellt: wie zwei dem einen, so ist die Zunge dem Kopf überlegen (oder verderblich). Die schliessende Langzeile ist loser angeknüpft; sie gibt eine der beliebten Lehren des Misstrauens: „in jedem Pelzrock versehe ich mich einer Faust" (die zum Hieb auf mich ausholen kann). Das ist guter, bildhafter Gnomenstil.

Auch die folgende, ebenfalls eingeschobene Strophe 74 halte ich für eine Sammlung von Sprichwörtern, der nur die schliessende Vollzeile (en meira á mánađi) zur Aufrundung beigegeben ist. Das würde ja nicht ausschliessen, dass die Auswahl im Hinblick auf eine bestimmte Lebenslage getroffen wurde, nämlich die herbstliche Fahrt durch die norwegischen Schärensunde, wofür Bj. M. Ólsen, Arkiv 31, 75 ff., eingetreten ist. Jedenfalls sind die Glieder der Reihe lose aneinander gefügt, und die zwei Langzeilen, sowie die Vollzeilen 1 und 2, könnten logisch auf eigenen Füssen stehen. Wir nehmen die Teile einzeln vor.

---

1) Bj. M. Ólsens Deutung, die den Vierzeiler als begrifflich einheitliche Periode fasst, scheint mir auf syntaktische und inhaltliche Bedenken zu stossen (Arkiv 31, 71 ff.).

32. 74, 1. 2 Nótt verđr feginn, | sá er nesti trúir „die Nacht heisst willkommen, wer seinem Mundvorrat traut". Sehr ähnlich dem Sinne nach: Sá híđr hlæiandi húsa, sem matinn hefir í malnum (Smst. S. 156) „der wartet lachend die Herberge ab, der Essen im Ranzen hat".

33. 74, 3 skammar ro skips rár „kurz sind (die) Schiffswinkel", d. h. freilich nicht die Kajüten, aber die Fächer, die 'rúm' des Schiffsinnern, in denen man sich zum Schlafen zusammenkrümmen musste. An dieser Deutung halte ich mit D.-H. fest. Dass man je in der Welt sagen konnte „die Schiffsrahen sind kurz", wenn man meinte „Schiffe fahren langsam", davon überzeugt mich Bj. M. Ólsen erst, wenn er Gegenstücke beibringt (Arkiv 31, 77 f.). Auch dieser Forscher erblickt aber in der silbenknappen und offenbar metaphorischen Zeile ein Sprichwort. Dies bestätigt die Umschreibung im Málsh. 12, 1: skips láta (dicunt) menn skammar rár. Stilistisch vergleiche man noch Fóstbrœđra saga 20, 22: skammr er skutill minn „kurz ist meine Schüssel (Platte)" = ich kann euch nicht viel auftragen. Auch hier wird, wie in dem Eddaverse, 'kurz' von einem zweidimensionalen Gegenstande gesagt.

34. 74, 4 hverf er haustgríma „veränderlich ist die Herbstnacht". Vgl. færingisch (Nr. 508): vetranáttin hevir so mong sinnini „die Winternacht hat so viele Launen".

35. 74, 5. 6 fiǫlđ um viđrir | á fimm dǫgom „oft schlägt das Wetter um in fünf Tagen". Für eine Gnome spricht der bestimmte, fünftägige Zeitraum, der in den ältesten norwegischen Gesetzen besonders oft als Termin erscheint (NGL. 5, 465a).

*

Die hier aufgezählten 35 Nummern fallen in die äussere Erstreckung des ersten, grössten Sittengedichts (Hávamál 1—77). Eingeschalteten Strophen würde ich zuweisen Nr. 3 und 29—35. Die Strophen mit Nr. 21 bis 23 sind zwar in ihrem überlieferten Zusammenhang bedenklich, mögen aber doch an irgendeiner anderen Stelle unserem Gedicht angehört haben.

Das wären also 27 Sprichwörter innerhalb der echten Teile von Hávamál I. Darunter sind 16 einversige (Vollzeilen), 11 Langzeilen (eingerechnet Nr. 22). Es sei hier nur darauf noch hingewiesen, dass der erste Hauptabschnitt, Str. 1—35, mit seinen zwei Gnomen auffällig zurücksteht hinter den folgenden Stücken. Bei der Frage nach der Einheit des Dichtwerkes dürfte dieser Punkt mit zu erwägen sein.

Die Fortsetzung der Reihe folgt in einem späteren Hefte der Zeitschrift.

Berlin.

Die 'Tante Arie'.

Von **Eduard Hoffmann-Krayer.**

In einigen Dörfern des französisch sprechenden Amtsbezirks Pruntrut (Berner Jura) und im angrenzenden Frankreich lebt in der Volksphantasie ein weiblicher Dämon, teils bös-, teils gutartigen Wesens, namens 'Tante Arie' (mundartlich *Airie*), der die einheimischen Historiker und Sagensammler schon mehrfach zu Betrachtungen veranlasst hat[1]).

Der rätselhafte Namen und die mannigfachen Berührungen mit weiblichen Dämonen des deutschen Sprachgebiets lohnen ein näheres Eingehen auf diese Sagengestalt.

Möge zunächst eine Zusammenstellung der volkstümlichen Überlieferung folgen.

Über das Äussere der Tante Arie verlautet wenig: Sie hat eiserne Zähne (Arch. 7, 174; Vuttier) und Gänsefüsse (Quiq.[2] 144; Arch. 7, 174; Vuttier; Daucourt briefl.); mehr über ihr Leben und Treiben: Sie wohnt in einer Felsenhöhle (Quiq.[2] 143; Arch. 7, 173; Vuttier; Séb. 1, 451) und bäckt Brot. Quiq.[2] erzählt hierzu folgende Sage[2]): 'Un paysan de Beurnevésin et son valet avaient attelé deux bœufs blancs à leur charrue et ils labouraient un champ voisin de la caverne de la Tante-Arie lorsqu'ils crurent sentir l'odeur du gâteau sortant du four. C'était sans doute la fée qui faisait du pain et ils manifestèrent le désir de goûter un morceau de cette odorante galette. Arrivés au bout du sillon, ils trouvèrent l'objet de leur souhait placé sur une touaille blanche, avec un couteau pour faire le partage du gâteau. Le repas terminé, le valet, au lieu de remercier la fée, empocha le couteau; mais la Tante-Arie fit aussitôt entendre sa voix redoutable et le malotru se hâta de restituer

1) Von der mir zugänglichen Literatur führe ich in chronologischer Reihenfolge an: Quiquerez, Souvenirs et traditions des temps celtiques dans l'ancien Evêché de Bâle: Coup d'Œil sur les travaux de la Société jurassienne. Porrentruy 1856 (Quiq.[1]); X. Kohler, Histoire abrégée de l'ancien Évêché de Bâle: Annuaire du Jura bernois pour l'année 1872. Porrentruy (Imprimerie V. Michel) 1872 (Kohler); D. Monnier et Vingtrinier, Croyances et Traditions populaires recueillies dans la Franche-Comté, etc. 2me éd. Lyon 1874 (Monn.); A. Quiquerez, La Fée Arie: Actes de la Société jurassienne d'Émulation 30me session. Porrentruy 1879 (Quiq.[2]); Ch. Thuriet, Traditions populaires du Doubs. Paris 1891 (Thur.); A. Daucourt, Légendes jurassiennes. Porrentruy 1879 (Dauc.); Ch. Beauquier, Les Mois en Franche-Comté. Paris 1900 (Beauq.). A. Daucourt, Traditions populaires jurassiennes. Schweiz. Archiv f. Volkskunde 7 (1903), 169 ff. (Arch.); P. Sébillot, Le Folk-Lore de France 1. Paris 1904 (Séb.). Ausserdem schriftliche Mitteilungen der Herren Buchwalder, Daucourt, Prof. Gauchat, Seuret, Stemmelin und Vuttier.

2) Ich teile die Sage hier wörtlich mit wegen der schweren Zugänglichkeit der Quelle.

l'objet dérobé'. Wenn es schneit, so sind das, wie man um Montbéliard sagt, die Fetzen ihres Hemdes, das sie zerrissen hat (Beauq. 13, 7; Séb. 1, 86). . Wenn sie sich in der Höhle baden will, legt sie zuvor ihre Diamantenkrone ab und verwandelt sich in eine Schlange. Eine (offenbar verstümmelte) jurassische Sage berichtet, ein Jüngling habe die Fee vor ihrer Verwandlung erblickt und sei von Liebe für sie so sehr ergriffen worden, dass er sogar nach der Verwandlung Hand an sie gelegt habe, ohne die Diamantenkrone zu beachten. Arie habe in der Hoffnung, ihre Erlösung sei nahe, dem Jüngling ein Dokument übergeben, in dem sie ihm alle ihre Reichtümer verschrieb. Dieser sei ihr aber, einmal im Besitz des wertvollen Schriftstücks, untreu geworden (Dauc. 102; Arch. 7, 176, wo aber Daucourt den Schluss, von der Übergabe des Dokuments an, vermutlich als unecht ausgelassen hat; danach Séb. 1, 445). Man erblickt sie als Spinnerin mit Rocken und Spindel (Monn. 43; Quiq.[2] 142). Daran knüpft sich folgende Sage: Tante Arie verspricht demjenigen Mädchen, das ihr das schönste Gespunst bringt, eine herrliche Gabe. Am 1. Mai fällt der Entscheid bei der 'Roche de Faira'. Der Preis wird einem armen aber schönen Mädchen zuerkannt: sie erhält einen tugendhaften Jüngling zum Ehemann und eine reiche Mitgift an Gold (Quiq.[2] 146; Dauc. 22).

Das Wesen der Tante Arie ist sehr zwitterhaft. Einmal wird sie als bösartiger Dämon dargestellt, den man vermeidet; so in Héricourt, der Umgebung von Montbéliard und Beurnevésin (Seuret und Vuttier brieflich); in der Franche Comté verkleiden sich die Bursche als Tante Arie und schrecken damit die Kinder (Beauq. 137); in Beurnevésin droht man schreienden Kindern: „Tais-toi, ou je te conduirai à la roche de la Tante-Airie", man warnt sie aber auch, sich dem Felsen zu nähern; denn die Eisenzähnige nehme die Kinder auf den Rücken und säuge sie mit ihren langen Brüsten über die Schulter, oder werfe sie, wenn sie bös seien, in den Bach (Quiq.[2] 144; Arch. 7, 174). Auch Erwachsene wagen sich nach Sonnenuntergang nicht mehr in die Nähe ihrer Höhle (Quiq.[2] 144). Nach dem Volksglauben in Bonfol vermag sie den Häusern Feuersbrunst anzufluchen (Daucourt brieflich); anderseits aber gibt sie den Menschen einen Segen zum Löschen des Feuers (Stemmelin brieflich). Faule Spinnerinnen bestraft sie und verwirrt ihnen das Werg, falls es bis Fastnacht nicht abgesponnen ist (Monn. 43fg.; Quiq.[1] 92; [2] 143; Thur. 423. 429; Beauq. 137; Arch. 7, 173). Oft wird aber der gutartige Charakter der Fee geradezu hervorgehoben. Kohler weiss von ihr nur zu sagen: 'En Ajoie règne la tante Arie, la bonne fée, amie des enfants et des femmes laborieuses'; Monnier nennt sie (S. 43) ein 'génie bienfaisant, si cher à toutes les familles', 'charmante fée au front serein, au cœur aimant, à la main libérale et caressante'; ähnlich Beauquier und Thuriet. In Bonfol und Réchesy kommt sie zu den abendlichen Versammlungen der jungen Mädchen (Stemmelin brieflich; Quiq.² 144; Arch. 7, 174), in Beurnevésin bringt sie den guten Kindern Kuchen (Vuttier); ja mancherorts spielt sie geradezu die Rolle des Weihnachtskindes, indem sie mit ihrem Eselchen und Glöckchen von Haus zu Haus zieht und Geschenke bringt (Monn. 44; Beauq. 136fg.; Thur. 429); dem Esel wird in Montbéliard Heu hingelegt (Beauq. 137); in Beurnevésin gilt sie sogar als freundliche Ehevermittlerin, der man zur günstigen Beeinflussung Mistelzweige opfert (Arch 7, 174 fg.; Daucourt brieflich), wie man ihr überhaupt, um sie günstig zu stimmen, Opfer, namentlich Milch und Brot, vor ihre Höhle legt (Quiq.² 144; Arch. 7, 174).

So weit die spärlichen Berichte über diese dämonische Erscheinung. Dem Sagenkenner treten hier manche vertraute Züge entgegen.

Ähnliche weibliche Schreckgestalten sind z. B. (teilweise auch mit mehr oder weniger gütigen Zügen) die Holle[1]), Berchta[2]), Roggenmuhme[3]), die Sträggele[4]), die Klunglerin[5]) u. a. m.

Zu den eisernen Zähnen habe ich keine Parallelen finden können; dagegen werden die langen oder grossen Zähne der Frau Holle erwähnt[6]). Ferner mag an die Eiserne Bertha[7]) erinnert werden, an die 'Percht mit der eisnen Nasen' bei Martin von Amberg[8]), an die Roggenmuhme mit den eisernen Zitzen[9]) und an das Buschweib mit dem eisernen Kopf[10]).

Alt ist die Vorstellung von gänsefüssigen Dämonen. So berichtet die waadtländische Sage von einer Fee bei Vallorbe, die einen jungen Schmied geheiratet habe unter der Bedingung, dass er sie nie heimlich beobachte. Der Schmied übertritt natürlich das Gebot und entdeckt die Gänsefüsse[11]). Eine ähnliche Sage wird aus Anjou erzählt[12]). Man denke auch an die 'reine pédauque'[13]) und die gänsefüssige Sibylle bzw. Königin von Saba[14]). Endlich stellt sich die Volksphantasie, namentlich in der Schweiz, die Zwerge mit Gänsefüssen vor, und zwar sowohl die weiblichen (Erdweibchen)[15]) als die männlichen[16]). Die drei

1) J. Grimm, Dt Mythologie⁴. Berlin 1875 (Myth.) 1, 223. — 2) Myth. 1, 226ff.; A. Witzschel, Sagen, Sitten und Gebräuche aus Thüringen. Wien 1878 (Witzschel, Sag.) S. 134 ('wilde Berta'); Ernst Meier, Deutsche Sagen, Sitten und Gebräuche aus Schwaben. Stuttgart 1852 (Meier, Sag.) S. 45 ('Brechhölderi'). — 3) A. Kuhn, Märkische Sagen und Märchen. Berlin 1843 (Kuhn, M. Sag.) S. 372. — 4) Schweizer Volkskunde 1, 91. — 5) Ebd. S. 92. — 6) Myth. 1, 223; Gebr. Grimm, Kinder- und Hausmärchen (KHM.) Nr. 24. — 7) Myth. 1, 230. — 8) Myth. 1, 231. — 9) Kuhn, M. Sag. 372. — 10) E. H. Meyer, Germanische Mythologie. Berlin 1891 (Meyer, Myth.) S. 159; vgl. hiermit den schweizerischen 'Ise-Grind'. Schweizer Volkskunde 1, 94; Arch. 1, 127. — 11) Monn 276. — 12) Séb. 2, 403fg. 13) Myth. 1, 233; 3, 90; Meyer, Myth. 275ff. — 14) Hierüber ausführlich H. Herzog im Anzeiger f. Schweiz. Altertumskunde 25, 16ff. — 15) E. L. Rochholz, Schweizersagen aus d. Aargau 2 Bde. Aarau 1856 (Rochh., Sag.) 1, 273; H. G. Lenggenhager, Volkssagen a. d. Kt. Baselland. Basel 1874 (Lengg.) S. 21. 56. — 16) J. R. Wyss, Idyllen, Volkssagen usw. aus d. Schweiz. Bern 1815 (Wyss 1815) S. 116 (danach Gebr. Grimm, Deutsche Sagen [GrS.] Nr. 150); Myth. 1, 372; Rochh. Sag. 1, 268. 277; Lenggenhager 11.

Schwestern in Entengestalt dürfen dagegen wohl kaum hier angereiht werden[1]).

Die Felsen- oder Bergwohnung ist für die Sippe der Tante Arie geradezu typisch. Sie gilt für Frau Holle, die Chlungeri, die Weisse Frau[2]) wie vielfach für das Feengeschlecht überhaupt[3]). Ebenso findet sich der Zug der backenden (oft auch waschenden) Dämonen in vielen Sagen. Mit Recht wird wohl diese Vorstellung auf die den Berg entlangziehenden Nebel zurückgeführt[4]).

Einzig dastehend ist der Glaube, dass der Schnee aus den Hemdenfetzen der Tante Arie gebildet werde. Eine Ähnlichkeit hat nur die Harzsage, nach der Frau Holle ihr weisses Gewand auseinander schlägt, wenn es schneit[5]). Die verbreitetste Vorstellung ist die von der bettausschüttelnden Holle[6]). Seltener wird gesagt, Frau Holle rupfe Gänse[7]); vereinzelt: die Hedeweiber fliegen oder die Harzweiber hecheln[8]).

1) Fr. Panzer, Beitrag zur deutschen Mythologie 2 Bde. München 1848. 1855 (Panzer, Btr.) 2, 120. — 2) W. Mannhardt, Germanische Mythen. Berlin 1858 (Mannh., G. M. S. 263. 455; Meyer, Myth. S. 278fg.; E. Mogk in 'Grundriss d. germ. Philol.' Bd. 3, Strassburg 1900 (Pauls Gr.) S. 279; Th. Vernaleken, Alpensagen. Wien 1858. S. 348. — 3) Arch. 7, 172; A. Céresole, Légendes des Alpes vaudoises. Lausanne 1885 (Céres.) S. 67; Laisnel de la Salle, Le Berry [vol. I]. Paris 1900 (Laisnel) S. 123.

4) Aus der reichen Literatur nur eine Auslese. Nur allgemein werden backende 'Feen' erwähnt bei Quiq.[2] S. 145 ('fées boulangères'); Arch. 7, 172; Cérés. 73. 74 Anm. Laisnel 1, 126; Séb. 2, 108; vgl. auch den Backofen der Frau Holle in KHM. Nr. 24 und deren versteinerte Brote bei H. Pröhle, Harzsagen. 2. Aufl. Leipz. 1886 (Pröhle, HSg.) S. 171. Backende Zwerge s. Myth. 3, 131; Meyer, Myth. S. 116. 124. 128. 158: J. W. Wolf, Hessische Sagen. Göttingen 1853 (Wolf, H. Sg.) S. 53 (Nr. 81); Rochh., Sag. 1, 335; ders., Naturmythen. Leipz. 1862 S. 109; R. Kühnau: Schlesische Sagen 4 Bde. Leipz. 1910–1913 (Kühnau) 2, 95. 103. 126. — Das Speisen mit Brot: Myth. 1, 378; GrS. Nr. 34; Rochh. Sag. 1, 278; G. Leonhardi, Rhätische Sitten und Gebräuche. St. Gallen 1844 S. 43; Lengg. 80. Insbesondere pflügende Bauern: Wyss 1815 S. 9; K. Müllenhoff, Sagen usw. d. Hrzt. Schleswig-Holstein und Lauenburg. Kiel 1845 S. 296 (Nr. 405. 406); A. Kuhn und W. Schwartz, Norddeutsche Sagen usw. Leipz. 1848 (Nordd. Sg.) S. 48d; Wolf, HSg. 38. 193 (Nr. 81); Rochh. Sag. 1, 201. 336; Th. Vernaleken, Mythen und Bräuche des Volkes in Österreich. Wien 1859. S. 229; L. Strackerjan, Aberglauben u. Sagen a. d. Hrzt. Oldenburg 2. Aufl. Oldenburg 1909. 1, 490fg.; Kühnau 2, 176 (Holzweiblein). 71. 76. 92. 96. 98. 104–106. 107. 109. 118. 127 (Zwerge); Arch. 7, 186 (Backen der 'Hairodes' oder 'Duses'; über letztere s. Myth. 1, 398; 3, 139; Séb. 1, 456 Anm. 4); Séb. 1, 451. 452; A. Meyrac, Traditions etc. des Ardennes. Charleville 1890. S. 202; L. F. Sauvé, Le Folk-Lore des Hautes-Vosges. Paris 1889. S. 241. Der Sagenzug von dem entwendeten Messer und anderem von den Zwergen gelieferten Essgerät s. bei GrS. Nr. 299; Meier, Sag. 26; Rochholz, Naturmythen 106; O. Henne-Am Rhyn, Die deutsche Volkssage. 2. Aufl. Wien. Pest. Leipz. 1879 (Henne) S. 301: F. J. Schild, D'r Grossätti us 'em Leberberg. 2. Aufl. 3 Bde. Burgdorf 1880. Bd. 2, 68fg.; Séb. 1, 316. 457. Besudlung des Messers: Rochh., Sag. 1, 282.

5) Pröhle, HSg. 186. — 6) Myth. 1, 222; 3, 87fg.; GrS. Nr. 4; KHM. Nr. 24; J. A. Schmeller, Bayerisches Wörterbuch. 2. Ausg. München 1872. Bd. 1, 1084; G. Schambach und W. Müller, Niedersächs. Sagen u. Märchen, Göttingen 1855 (Schamb. u. M.) S. 349; Kuhn, MSag. 372; K. Lynker, Deutsche Sagen u. Sitten in hess. Gauen. 2. Ausg. Cassel u. Göttingen 1860. S. 15. — 7) Schamb. u. M. 349; Kuhn, MSag. 372. — 8) Schamb. u. M. 349.

In der von Daucourt erzählten Sage (s. o. S. 117) scheinen vier verschiedene, wohlbekannte Motive miteinander verschmolzen worden zu sein: die Schlangenverwandlung einer Jungfrau[1]), die Kronschlange, die ihre Krone zum Baden (oder Trinken) ablegt[2]), die badende Fee[3]) und die Liebe irdischer Jünglinge zu dämonischen Jungfrauen[4]).

Höchst charakteristisch für diese Art weiblicher Dämonen ist ihr Verhältnis zum Spinnen. Nicht nur spinnen sie selbst[5]), sondern sie befassen sich auch eingehend mit den Spinnerinnen und ihrer Arbeit. Faule werden bestraft[6]), und der auf einen bestimmten Festtag nicht abgesponnene Flachs wird beschmutzt[7]) oder verwirrt[8]).

Seltener ist sie Ehevermittlerin, wie uns oben erwähnte Sage erzählt[9]).

---

1) Dieses massenhaft vorkommende Motiv s. z. B. bei W. Mannhardt, Antike Wald- und Feldkulte. Berlin 1877. S. 66 (Thetis, Neraide, Weisse Frau); I. v. Zingerle, Sagen aus Tirol. 2. Aufl. Innsbruck 1891. S. 325 (Nr. 565); Kühnau, Register s. v. Schlange; auf französischem Sprachgebiet: Arch. 3, 142 ff.; Christillin, Dans la Vallaise. Aoste 1901. S. 72; Séb. 2, 200 (die 'Incantados' sind halb Engel, halb Schlangen). — 2) Die Schweiz 2 (Frick 1859), 221; Jegerlehner, Sagen und Märchen aus dem Oberwallis. Basel 1913 (Jegerlehner 2) S. 268. 269 (mit Lit. S. 328); Vernaleken, Alpens. 237 ff.; Cérés. 155; Monn. 103 ff.; Séb. 2, 206. 207. 357. 358. 443. 444.; 3, 298. — 3) Holle: Myth. 1, 222; GrS. Nr. 6; Mannh., G. M. 265; Zeitschr. f. dt. Mythologie hsg. v. J. W. Wolf. 1 (Göttingen 1853) 24 (Zs. f. Myth.); Meyer, Myth. S. 278. Melusine: Séb. 1, 432. 445. Fée: Séb. 2, 96. 197. 198; Cérés. 82. — 4) Liebe eines Jünglings zu einer Fée s. z. B. Séb. 2, 191 (Dame blanche); oben 8, 211 (Riesin Harta). Gewöhnlich erfolgt Ehe und Treu- oder Versprechensbruch des Mannes (vgl. Melusine): Arch.. 3, 142 ff. (mit Schlangenverwandlung); Christillin 70 (ebenso); J. W. Wolf, Beiträge zur deutschen Mythologie, 2 Bde. Göttingen u. Leipzig 1852. 1857. Bd. 2, 233 (Helius, Alvina); Mannh., G. M. 468 (Frau Holle im Venusberg); ders., Der Baumkultus. Berl. 1875 (Mannh., BK.). S. 153; Séb. 1, 442 fg.; 2, 212. 214; Monn. 275; Traditions et Légendes de la Suisse romande. Lausanne et Paris 1873. S. 10; Cérés. 82. 91 ff. (Venusberg); Jegerlehner 2, 303, Anm. zu 1, 123 (Melusine). — 5) Holle: Myth. 1, 223; E. H. Meyer, Indogerman. Mythen. 2 Bde. Berl. 1883. 1887. 2, 631; Mannh., G. M. 505; Quitzmann, Die heidn. Religion d. Baiwaren Leipzig u. Heidelberg 1860. S. 109; Bertha: Myth. 1, 232; 3, 90; Frigg, Freyja: Meyer, Myth. S. 274; Schwestern: ebd. 168, 169; vgl. auch Séb. 1, 444; 2, 120; Cérés. 85; Arch. 1, 284 ff.; Zeitschrift f. roman. Philol. 35, Heft 1. — 6) Myth. 1, 210; Kuhn, M. Sag. 372 (Harke, Gode); K. Bartsch, Sagen usw. aus Meklenburg. 2 Bde. Wien 1879. 1880 (Bartsch). 1, 23 (Fru Gaur); Zingerle 22 (Berchta); Henne 575 (Frau Fasten); Schweizer Volkskunde 1, 91 (Sträggele). 92 (Frau Chunkle 1549). 93 (Frau Faste); J. V. Grohmann, Sagen aus Böhmen. Prag 1863. S. 46 (Mütterchen); Meyer, Idg. Mythen 2, 631. — 7) Myth. 1, 210. 223; Kuhn, M. Sag. 372; oben 9, 307 f. 442; E. Sommer, Sagen usw. aus Sachsen und Thüringen. Halle 1846. S. 11. 147 (Harke, Harre); GrS. Nr. 4. 5; Witzschel, Sag. 2, 176; Kuhn, Westf. Sag. 2, 3; Mitth. d. Ver. f. Gesch.- u. Altertkde. zu Kahla u. Roda 6 (Kahla 1904). 138; Sommer a. a. O. 147 (Holle); Myth. 1, 226. 227; Witzschel, Sag. 134 (Berchta); Bartsch 2, 243. 247; Zeitschr. f. dt. Alt. 4, 385; Das Land 20, 153 (Gode, Gaude, Wod); Kuhn, Westf. Sag. 2, 4; oben 9, 126. 310 (Fricke, Fuik); Zeitschr. f. dt. Alt. 4, 386 (Muraue); Kühnau 2, 57 (Spillalutsche); Nordd. Sg. 413 f. (verschiedene). — 8) GrS. Nr. 4; Witzschel, Sag. 2, 174; Zs. f. Myth. 1, 24 (Holle, Hulda); Zeitschr. f. dt. Alt. 5, 377 (Håksche); Zs. f. Myth. 3, 204; J. A. E. Köhler, Volksbrauch usw. im Voigtlande. Leipzig 1867. S. 488 (Perchta); Cérés. 161; Arch. 17, 107 (Chausse-Vieille, Tsintsefatz). — Ähnliches s. Wolf, Btr. 1, 217; Bartsch 1, 23. — 9) Kuhn, Westf. Sag. 2, 4; Cérés. 75; Séb. 1, 447.

Ihrem oft schreckhaft gedachten Äusseren entspricht es, dass sie Kindern als Popanz vorgehalten wird[1]; und aus ihrem schreckhaft-dämonischen Charakter erklärt sich auch der Brauch, sie auf winterlichen Umzügen durch Vermummung darzustellen, bei denen sich aber zuweilen der Dämon selbst als strafender Gast einfindet[2].

Den speziellen Zug, dass Kinder von ihr ins Wasser geworfen werden, können wir aus der uns zugänglichen Literatur nicht nachweisen; dagegen ist der Kinderraub[3] in schlimmer und guter Absicht, sowie das Säugen[4] der Kinder mehrfach belegt.

Vereinzelt ist wiederum der Zug des Feueranfluchens und der gegensätzliche des Überreichens von Segen gegen Feuersbrünste.

Dass neben den feindlichen Handlungen auch menschenfreundliche vorkommen, darf angesichts der zahlreichen Analogien in andern Gegenden nicht verwundern[5]. Sogar der Besuch in den Lichtstuben ist ein hie und da erwähnter Zug[6] und ebenso der Kinderglaube, dass die Weihnachts- oder Neujahrsgeschenke von einer gütigen Fee gespendet werden[7]. Einen Esel (oder ein Pferd) führen auch das Christkind, Sankt Niklaus und verwandte Schenker mit sich, und mancherorts wird ihrem Tier Heu hingelegt[8]; ja den Dämonen selbst bringt man Opfer dar[9].

1) S. o. S. 117 — 2) Myth. 1, 231; Panzer, Btr. 2, 117; Quitzm. 115; Zingerle 24; ders., Sitten des Tiroler Volkes. 2. Aufl. Innsbruck 1871. S. 129; Meyer, Myth. 289 (Perchtenlaufen); ebd. 154; Schweizer Volkskunde 1, 93 (Posterlijagd); 91 (Sträggelejagd). 92 (Chlungeli-Nacht). — 3) Zs. f. Myth. 1, 196; Mannh., G. M. 256; Mitt. d. Schles. Ges. f. Volkskde., Heft 10 (1903) 30 (Holle, Spillahulle); Quitzm. 114; Zingerle 24. 26; ders., Sitten 128. 186 (Berchta, Stampa); Kuhn, M S. 372 (Roggenmuhme): Mannh., BK. 90 (Fänggen). 108 (Wildfräulein); Schweizer Volkskunde 1, 91 (Sträggele); Meyer, Idg. Mythen 2, 526. — 4) Das Säugen über die Schulter ganz gleich bei Séb. 1, 439; nach Rochh., Sag. 1, 228 stillt die Schlüsseljungfrau Kinder; nach Meyer, Myth. 280 saugen sieben Kinder in Hundsgestalt an Frau Hackelberg; auch die langen Brüste sind typisch: GrS. Nr. 90; Mannh., BK. 108 ('Langtüttin'). 123, A. 2. 147, A. 4; Meyer, Myth. 123. 129; Séb. 1, 315 (die 'Martes' haben lange Brüste, über die Schulter geworfen). — 5) Myth. 1, 220 (Holda). 322 (Berchta seltener): Meyer, Myth. § 224 (dísir). § 161. 167 (Elben); allgemein bekannt ist der bald gütige, bald feindselige Charakter der Zwerge in der Volkssage. — 6) Meyer, Myth. S. 278 (Fru Prien); Zs. f. Myth. 1, 23 (Frau Holle hilft bei Hausgeschäften); Myth. 1, 237 (Abundia besucht nächtlich die Häuser); massenhaft bezeugt ist der Hausbesuch in Zwergsagen; vgl. z. B. Rochh., Sag. 1, 274. — 7) Myth. 1, 210 (Frau Harke). 234 (Befana); Monn. 44 (ebenso); oben 8, 445 (Pudelmutter). Häufiger sind es männliche Gestalten, welche Geschenke bringen: Sankt Niklaus, Ruprecht, der Christ, der Weihnachtsmann, Père Challande, Bonhomme Nau, Parrain Génie u. a.; oft auch das Weihnachts- oder Neujahrskind. — 8) Kuhn, M. Sag. 346 (für den Esel des hl. Christ); Kuhn, Westf Sag. 2, 103; E. Schmidt, Sagen usw. aus d. Baulande (Progr. Baden-Baden) 1895. S. 19 (für Esel oder Pferd des Christkinds); Zs. f. Myth. 1, 178; Wolf, Btr. 2, 115; Schweiz. Idiotikon 1, 515. 3, 692; Wallonia (Liège 1901) 9, 287 (f. Esel od. Pferd des St. Niklaus); Guillotin de Corson, Vieux Usages du Pays de Châteaubriant. Nantes 1905. S. 7 (für Pferd der Frau Mi-Carême). Weiteres s. bei P. Sartori, Sitte u. Brauch. 3. Teil. Leipz. 1914. S. 17 Anm. 16. S. 47 Anm. 110. — 9) Myth. 1. 48. 370; Zingerle, Sitten 127. 186; M. Jahn, Die deutschen Opfergebräuche. Breslau 1884. S. 282 fg. 286; Meyer, Myth. S. 138 fg.; Sartori a. a. O. 3, 74 (Varia);

Was an der Gestalt der Tante Arie aber am meisten interessiert, ist ihr Name. Erklärungsversuche sind schon mehrfach gemacht worden. So wollte Quiquerez ([2] S. 142) den Namen von *Ariet*-Henriette ableiten, womit die im 15. Jahrh. lebende Gräfin Henriette von Montbéliard gemeint sein sollte[1]). Monnier und Vingtrinier (S. 45) denken an Ableitung von lat. *aer*; Arie wäre demnach eine 'déesse aerienne'[2]). Die Verfasser weisen auch auf die in Burgund und der Franche-Comté gebräuchlichen Interjektionen des Erstaunens: *arié* oder *ari* hin, die sich nach Vallot (Mitglied der Akademie von Dijon) von der Arie herleiten sollen. Diese Etymologien haben nichts Überzeugendes, wie man wohl auch das altfrz. *aride* 'Kriegsruf der Sarazenen' (von arab. *arir* 'Lärm') wird fernhalten müssen. Näher liegt u. E. das deutsche *hari* 'Heer' (germ. St. **harja*-). Dass das anlautende *h* im Französischen verschwindet, hat nichts Auffallendes und wird auch noch weiter durch burgundische Eigennamen wie *Arigunde* (a. 538), *Arimundus* (a. 486)[3]) bezeugt. Dazu kommen einige Götternamen, die mit *hari* gebildet oder zusammengesetzt scheinen: *Har*.. auf einem 1904 am Ölrain bei Bregenz gefundenen Votivstein[4]), die niedersächsische weibliche Dämonengestalt *vro Here*, deren Namen uns Gobelinus Persona (1358—1421) überliefert hat[5]), die auf einer Kölner Inschrift vom Jahre 187 genannte *Hariasa*[6]) und die *Harimella* der schottischen Inschrift[7]).

Merkwürdig ist es auch, dass gerade der Volksstamm der *Harii* besonders dämonische Gepflogenheiten im Kriege hatte. Tacitus berichtet über sie (Germ. c. 43): 'Die Harier sind ausser durch ihre Stärke . . . durch ihre Wildheit bemerkenswert. Ihre angeborene Roheit steigern sie noch künstlich durch lange Übung. Ihr Schild ist schwarz, ihr Körper bemalt. Zum Kampf wählen sie dunkle Nächte, wo dann dieses Totenheer schon durch sein schattenhaftes Aussehen Schrecken verbreitet. Kein Feind hält dem ungewohnten, geradezu höllischen Anblick stand[8]). Ob auch die *Harlunge* in diesen Kreis gehören, ist fraglich[9]).

Myth. 1, 221; 3, 89; Schmeller, Bayer. Wörterb. 1, 270fg.; Zs. f. Myth. 3, 205; Quitzm. 114; J. N. v. Alpenburg, Mythen u. Sagen Tirols. Zürich 1857. S. 63; Zingerle, Sag. 19 (Berchta). Theolog. Quartalsschrift 1906, 428; oben 22, 180 (Holda); Theol. Qu.-Schr. 1906, 430 (Drei Schwestern); oben 12, 6 (Habuntia); Revue des Traditions populaires 22, 443 (Dames blanches); Schmeller a. a. O.; Jahn a. a. O. 286; L. Laistner, Rätsel der Sphinx. 2 Bde. Berl. 1889. 2, 347. 402; Arch. 1, 219; Schweizer Volkskunde 1, 96; 2, 90; 3, 19 (Zwerge). — 1) Ähnlich hat man ja auch die Berchta mit historischen Persönlichkeiten in Verbindung gebracht. Über die Königin-Bertha-Sage vgl. namentlich Arch. 1, 284ff. — 2) Wie etwa Vergil die Iris 'aeria' nennt. — 3) W. Wackernagel, Kleinere Schriften. 3 Bde. Leipz. 1872—74. Bd. 3, 392. 346. — 4) Pauly-Wissowa, Real-Encyclop. d. class. Altertumswiss. 7 (Stuttg. 1912), 2363. — 5) Myth. 1, 210. — 6) v. Grienberger in Zeitschr. f. dt. Alt. 36, 308ff. (**Harjaza* 'Kriegführende, Heerende'). — 7) R. Much ebd. S. 44ff. ('die im Heere Glänzende'). — 8) Über sie und ihr Verhältnis zum Wütenden Heer s. ausführlich L. Weniger im Arch. f. Religionswiss. 9, 201ff. — 9) Laistner, Rätsel d. Sphinx 2, 414.

Nur äusserlich klingen an:

Die *Harke*, *Herke*, *Arke*, *Harfen* usw.[1]), die 'Mère *Harpine*'[2]), die *Hertje*[3]), und gar die *Herodias*[4]).

Ist die Verbindung das Namens Arie mit germ. **harja*- richtig, so wäre also in der 'Tante Arie' eine ursprünglich germanische, vermutlich burgundische Göttin, oder besser Dämonin erhalten, und dazu stimmt auch ihr ganzes mit der Holle-Berchta-Wode nahe verwandtes, ja bis ins einzelne übereinstimmendes Wesen.

Basel.

Friedhofskröten.

Von **Max Höfler** †[5]).

(Mit 4 Abbildungen).

Die Kröte als Gegenstand der Volkskundeforschung muss verschieden aufgefasst werden:

Die Kröte als Votivgegenstand muss nach meiner Anschauung ferngehalten werden von der Kröte als Seelentier. Votivkröten, wie man sie heute noch in vielen Wallfahrtskirchen findet, sind nach meiner öfters ausgesprochenen Meinung die Fortsetzung der antiken Schildkrötenvotive.

Die Kröte als Amulett ist ein Apotropaion.

Die Kröte als Seelentier ist allgemein bekannt.

Der Güte der um die Volkskunde so hochverdienten Frau Professor Andree-Eysn verdankt der Verfasser eine kleine Skizze der 'Knappenkapelle' in Schwaz im Inntal. Am Steingeländer der nach aufwärts führenden Stiege ist eine steinerne Kröte so angebracht, als ob sie sich aufwärts zur Kirche begäbe. Diese Knappenkapelle zu Schwaz ist wohl identisch mit der sog. Totenkapelle (Abb. 1).

Der besonderen Freundlichkeit des Herrn Dr. Ludwig Fischer, des Verfassers des vorzüglich bearbeiteten Buches 'Die Quatember' (Preisaufgabe) verdankt Verfasser die Abbildung einer weiteren solchen Stein-

1) Myth. 1, 210; 3, 85; Zeitschr. f. dt. Alt. 4, 386; oben 9, 9ff. 305ff. — 2) Wolf, Btr. 2, 166; Séb. 1, 173. — 3) Oben 8, 212. 213. — 4) Myth. 1, 234fg.; Séb. 2, 413. — Nach Absendung der Hs. ging mir die Notiz Gauchats zu, dass im Kt. Neuenburg eine *Arode* als 'Dame de Noël' vorkomme (Patoisformen: *Aroda*, *Arouda*, *Arvouda*). Diese lässt sich vielleicht als Kontaminationsform zwischen *Arie* und *Herodias* erklären.

5) Als der Herausgeber Ende September 1914 um Beiträge zu dem vorliegenden Hefte bat, war Max Höfler der erste, der dieser Bitte nachkam. Die obigen Ausführungen sind schon auf dem Krankenlager geschrieben und klingen nun wie ein letzter Gruss des am 8. Dezember 1914 verstorbenen treuen Mitarbeiters.

kröte, welche sich an dem rechten Seitenpfeiler des Hauptportals der Freisinger Domkirche befindet, und zwar etwa einen Meter unterhalb des Steinbildes der Kaiserin Beatrix, der Gemahlin des Kaisers Friedrich Barbarossa, dessen entsprechendes Steinbildnis auf dem linken Seitenpfeiler desselben Portals angebracht ist (Abb. 2). Nach der Inschrift stammt dieses Bauwerk aus dem Jahre 1161. Die Kröte ist nur auf

Abb. 1.
(Die Kröte am Treppengeländer ist stark vergrössert.)

der Seite der Kaiserin gegeben: dass es sich um eine Kröte handelt, bezeugt Abb. 3, die sich nur auf dieses Tier beziehen kann. Ein Zusammenhang dieser Steinkröte mit irgendeiner Krankheit der Kaiserin ist nicht wahrscheinlich; es ist eben auch hierbei die Kröte als Bild des Seelentiers aufzufassen. Nach dem Volksglauben spukt die Kröte als solche 'Arme Seele' auf Friedhöfen, und es deuchte mir nicht unwahrscheinlich, anzunehmen, dass mit den Steinkröten an den Aussenseiten von Kirchen der Baumeister die Erinnerung an einen früher vorhandenen Friedhof oder irgendeine Totenstätte andeuten wollte, auf welcher der spätere Kirchenbau sich erhob. Die eine Seelenkröte verkörpert die Toten oder die armen Seelen der früher daselbst bestattet gewesenen

Abb. 2.

Abb. 3.

Abb. 4.

Menschen. Sie ist die Verkörperung der Erlösung suchenden armen Seelen.

Von diesen Steinkröten zu trennen sind jene Funde von Votivkröten, welche innerhalb der Kirche, im Mauerwerk, gemacht wurden; wie z. B. auf Abb. 4 die eiserne Votivkröte, welche auf der Rückseite des Hochaltars der Johanniskirche in Freising in der Mitte beim sog. Sepulchrum bei Gelegenheit der Erneuerung des Altars gefunden wurde und jetzt im Kunstkabinett des dortigen Klerikalseminars aufbewahrt wird. (Gütige Mitteilung desselben Herrn Dr. Fischer). Sie ist sicher durch Zufall in den Bauschutt der 1319 erbauten Johanniskirche hineingelangt, der durch das Niederreissen einer früheren Johanniskapelle entstanden war. Die Kirchherrn hätten gewiss nie erlaubt, dass unter den Altartisch mit Absicht eine Kröte eingemauert wurde.

Bad Tölz.

Spiel-, Zauber- und andere Puppen.

Von **Elisabeth Lemke.**

(Mit 12 Abbildungen.)

In der Zeitschrift des Vereins für Volkskunde ist schon so manche Heimstätte für Fragen geschaffen worden, die, einmal aufgeworfen, zu vielfacher Beantwortung auffordern und durch gelegentliche Zusammenfassung der Einzelheiten ihrer Lösung näher gebracht werden. Es sei mir gestattet, auf die Befriedigung hinzuweisen, mit der die Abhandlung 'Das Fangsteinchenspiel' und ihre Nachträge (oben 16, 46—66. 17, 85—89) aufgenommen wurden. Eine solche Heimstätte für Spiel-, Zauber- und andere Puppen dürfte ebenso wohlwollend begrüsst werden, zumal hier einem jeden Freunde des Volkstümlichen, dieser starken Wurzel unseres Alltagslebens, die Gelegenheit gegeben ist, einen Beitrag zu liefern[1]).

Die Spielpuppen der Kinder, die Zauberpuppen, die Opfer- oder Weihegaben u. a. m. sind in ungezählten Fällen nicht gleich als das zu erkennen, was sie vorstellen sollen, nämlich menschliche Figuren. Aber die Mängel ihrer Erscheinung beeinträchtigen nicht die beabsichtigte Wirkung; jene Puppen bleiben, dank unserer Einbildungskraft, Darstellungen des Menschen. Es wird sich wohl kaum feststellen lassen, welche der genannten drei Arten zuerst geschaffen wurde; haben sie doch sozusagen gleiche Berechtigung. Ich neige indessen der Ansicht zu, dass am Anfange des langen, vielverzweigten Weges das Dämonische steht, mithin die Furcht als Schöpferin des ersten Gebildes zu betrachten sein dürfte, das in irgend einer Weise als Darstellung eines menschenähnlichen Gottes gelten musste. Im übrigen sind Amulett, Fetisch und Idol in gewissem Sinne engzusammenhängende Begriffe.

1) Bitte, sich zunächst an mich zu wenden: Frl. Elisabeth Lemke, Berlin W. 35, Genthiner Strasse 33 II.

Obgleich ich das Dämonische als Ausgangspunkt ansehe, beginne ich doch mit den Spielpuppen der Kinder, da die Entstehung dieser Puppen in engster Beziehung zu dem mächtigen, unsterblichen, über Tod und Schrecken erhabenen Gefühl der Mutterliebe steht; und dies nicht nur in Rücksicht auf die Mutter, die ihrem Kinde kein besseres Spielzeug in die Hand drücken konnte, sondern auch in Rücksicht auf das Kind selber, vor allem das kleine Mädchen, dessen Fürsorge für die Puppe ein geradezu erhabenes Zeugnis der rastlos schaffenden Natur genannt werden muss. Die ‘kleine Mutter’ übersieht alle Hässlichkeit und Mängel und herzt auch das ‘entzweigegangene’ Puppenkind nicht minder zärtlich; da gibt es Wesen, die den Kopf verloren haben und doch weiter leben können, während andere nichts mehr aufweisen können als den Kopf, an dessen Halsrest das Gewand befestigt ist.

Um das Bild der unabsehbaren Scharen von allerhand Puppen, die in Jahrtausenden im Gefolge der Menschen auf unserer Erde erschienen, so einfach wie möglich zusammenzustellen, entschliesse ich mich vorerst für eine beschränkte Auswahl von Grundformen.

I. Spielpuppen der Kinder.

1. Die ältesten Zeugnisse.

In der Ägyptischen Abteilung des Neuen Museums zu Berlin befindet sich der Rumpf einer hölzernen Gelenkpuppe (Inv.-Nr. 12413), deren vollständig erhaltenes Seitenstück bei A. Henry Rhind, Thebes (London 1862) S. 162 abgebildet ist; Zeit um 1900 v. Chr. Dazu schrieb mir Prof. Dr. H Schäfer, Direktor der Ägyptischen Abteilung des Museums zu Berlin, nachdem er noch eine spätere Zeugpuppe (s. u.) erwähnt hatte: „Was man sonst als Puppen bezeichnet, sind fast durchweg sicher Frauenfiguren, die man aus anderen Gründen dem Toten ins Grab mitgab. Solche sogenannten Puppen findet man abgebildet bei C. Leemans, Aegyptische Monumenten van het Nederlandsche Museum van Oudheden te Leyden (Leyden 1846) Tafel CCXLIII, Nr. 493. Wir haben eine ganze Reihe solcher ‘Puppen’. Die Frauenfiguren derselben Bestimmung haben übrigens auch mancherlei andere Formen. Puppenkleidchen kenne ich in keiner Sammlung. Was man so ansehen könnte, hat anderen Zwecken gedient“ (vgl. Erman, Ägypten 1885 1, 235).

Die älteste in der Literatur bekannte griechische Spielpuppe ist vielleicht die mit beweglichen Gliedern ausgestattete Tonpuppe aus der von Athen aus besiedelten Halbinsel Krim, um 400 v. Chr.[1]) (Abb. 1). Vgl. Antiquités du Bosphore Cimmérien 1854 Taf. 74, 8 = Baumgarten-Poland-Wagner, Die Hellenische Kultur, Leipzig-Berlin 1913 S. 122 f.

1) Derartigen Puppen, deren Gliedmassen durch kleine Holzstifte an den Schultern und Hüftgelenken befestigt sind, begegnet man heute noch in Italien; in Rom kaufte ich ein Exemplar auf der Strasse.

Unser unvergesslicher Altmeister Karl Weinhold schrieb mir seinerzeit: „Auf griechischen Kindergrabsteinen des 5. bis 4. Jahrhunderts v. Chr. findet sich häufig die Darstellung, wie eine weibliche Gestalt einem Mädchen (d. i. dem verstorbenen) eine Puppe oder einen Vogel reicht. Auch ohne diese ältere Figur ist das Kind mit Puppe oder Vogel in der Hand dargestellt, vor ihm zuweilen ein sitzender oder springender Hund. — Die Puppen sind auf diesen Reliefs ohne Arme und Beine; doch kommen auch schön gearbeitete nackte Figürchen vor.“ (Vgl. oben 5, 186. Weitere Literatur bei Becker-Göll, Charikles 1877 2, 34 und

Abb. 1.

Abb. 2.

Daremberg et Saglio, Dictionnaire des antiquités grecques et romaines 1907 4, 1, 768). — In der Glyptothek zu München sah ich (mit der Bezeichnung Nr. 199) eine marmorne Grabplatte aus Athen, dem 4. Jahrhundert v. Chr. zugeschrieben: ein kleines Mädchen hält seiner Spielgefährtin, einer Gans, mit der rechten Hand eine Puppe entgegen. In der linken Hand hält das Kind ein Vögelchen. Ungemein lieblich ist das Gesicht des Kindes, und die ganze Darstellung befriedigt durch hohe Anmut.

In seiner Abhandlung ‘Vom kindlichen Spiel’ (Sonntags-Beil. 52 der Voss. Ztg., 27. Dez. 1908) schreibt Alexander von Gleichen-Russwurm: „Viele Kindergräber des Altertums haben Puppen zutage geliefert aus Holz, aus Wachs, aus Terrakotta, manche künstlich bemalt, einige sogar mit beweglichen Gliedern. Im kapitolinischen Museum steht solch ein Kunstwerkchen aus Elfenbein, mit prächtiger Frisur und mit Scharnieren an den Gliedern.“ — Im Jahre 1901 konnte ich im kapitolinischen Museum einen Sarkophag mit dem Skelett eines Mädchens sehen, das als Beigaben reichen Goldschmuck und eine hölzerne Gelenkpuppe erhalten hatte. Der Sarkophag war in den Prati di Castello gefunden worden. (Vgl. Bollettino archeologico communale 1889 S. 173 f. T. VIII; ferner Helbig, Führer durch d. Samml. klass. Altert. in Rom [2] S. 271 f.; Becker-Göll, Gallus 1881 2, 78 gibt weitere Literatur an.) — Auch in den römischen Katakomben ist bei einem Kinde eine hölzerne Puppe gefunden worden. (R. Schramm, Italienische Skizzen [2] S. 141.) Da bekanntlich die ältesten Katakomben bis ins 1. Jahrhundert unserer Zeitrechnung hinaufreichen, kann hier die aus Zeug gefertigte ägyptische Puppe folgen (Abb. 2), die der Ägypt. Abt. im Neuen Museum zu Berlin gehört und nach H. Schäfer mit ‘etwa 100 n. Chr.’ bezeichnet wird. (Inv.-Nr. 17 954.) — Als im Jahre 1594 der Sarkophag der Maria, Gemahlin des Kaisers Honorius (384—423), geöffnet wurde, fand man darin eine prächtig geschmückte Puppe aus Elfenbein; also auch die verheiratete Frau hatte noch die Spielpuppe mit in den Sarg bekommen.

Abb. 3.

Zu den umstrittenen Puppen aus vorgeschichtlicher Zeit gehört die bei Rhinow in der Mark Brandenburg gefundene fingerlange Figur aus gebranntem Ton; sie zeigt in roher Form einen Menschen, der mit der linken Hand sein Gewand, das um die rechte Schulter geschlagen ist, festhält. Die Puppe, in der u. a. Eduard Krause und Robert Mielke ein Kinderspielzeug erkennen wollen, befindet sich im Kgl. Museum für Völkerkunde zu Berlin.

Puppenartige Tonfiguren wurden auch auf dem Totenfelde von Ancon in Peru gefunden. In jenen der Incazeit angehörenden Gräbern ist von den Erforschern derselben, Reiss und Stübel, die ganz allgemeine Sitte nachgewiesen, den Kindern ihr Spielzeug mitzugeben. Die Puppen bestehen meistens aus Zeug (Abb. 10a. — Näheres weiter unten.) — Auf der Brust einer Kindermumie fand man eine aus Hirschhorn geschnitzte Figur: einen knienden Indianer, der, wie es scheint, eine Huldigung darbringt.

Den Übergang zu den Spielpuppen der Gegenwart mögen die dem 14. Jahrhundert zugeschriebenen Tonfiguren bilden, die (mit sehr vielen anderen Stücken) in Nürnberg unter dem Strassenpflaster zum Vorschein kamen. Abb. 3 bringt zwei Beispiele. (Vgl. Anzeiger für Kunde der deutschen Vorzeit 1859 Nr. 6.) Hans Boesch, Kinderleben in der deutschen Vergangenheit, sagt S. 63: „Einzelne dieser Puppen haben auf der Brust eine kreisrunde Vertiefung, in welche wohl das Patengeld eingelegt wurde.“

2. Aus der Jetztzeit und den letzten Jahrhunderten.

A. In europäischen Ländern.

Wenn man sieht, wie heute noch die Kinder, besonders die in Dörfern wohnenden, ein Stück Holz (etwa eins, das zum Feueranmachen bestimmt war) flüchtig in einen Rest Zeug wickeln und dann als Puppe gelten lassen, mit der sie glückselig spielen, dann muss man mit vollster Überzeugung annehmen, dass unsere fernen Vorfahren erst recht so gehandelt haben, vorausgesetzt, dass sie in einem Lande mit Bäumen lebten. Allmählich hat wohl hier und da ein zärtlicher Vater an dem Stück Holz herumgeschnitzt; oder eins der Eltern kam auf den Gedanken, aus zwei in Kreuzform miteinander verbundenen Stäbchen oder grösseren Splittern einen Puppenkörper zu schaffen, der wohl vielmals nur ein Bein, aber doch zwei Arme und zudem oben einen Stützpunkt hatte, der sich mit Hilfe eines Läppchens in einen sehr ansprechenden Kopf verwandeln konnte. Welch grossartiger Fortschritt! — Nicht bloss für die Puppe. Immer häufiger wird ein Vater geschnitzt und wohl auch gemalt, d. h. angestrichen haben. Schade, dass uns aus dieser Ahnenreihe der noch jetzt ziemlich anspruchslos geschnitzten Puppen nichts erhalten ist; aber ihre Nachkommen leben noch heute.

a

b c

Abb. 4.

Auch die Nachkommen der aus dem Altertum bekannten Gelenkpuppen leben noch zu unserer Zeit in grosser Anzahl und in gar verschiedenen Ländern. Abb. 4 zeigt solche Puppen einfachster Art aus Regensburg (a), Siena (b), Brügge (c). Was angemaltes Fusszeug und die Frisur anbelangt, so sind diese Damen marsch- und reisefertig.

Die Direktion des Germanischen National-Museums zu Nürnberg übersandte mir auf meine Anfrage liebenswürdigerweise ein Verzeichnis der dort vorhandenen hölzernen Gelenkpuppen, die auch die Bezeichnung 'Gliederpuppen' haben:

H. G. 6110 Gliederpuppe aus Holz mit männlichem Kostüm und Turban; Beinkleid gelbbraun, Kittel rot, mit blauweißen Fransen, weißen Spitzen, Silber- und Goldlitzen; 18. Jahrh. Länge 60 cm. — H. G. 6111 Gliederpuppe aus Holz; zum Ankleiden. Kopf aus Papiermaché. Blauweisses Seidenkleid. Um 1830—40.

Abb. 5.

Abb. 6.

Länge ca. 14 cm. — H. G. 6112 Gliederpuppe. Männliche Figur in Phantasiekostüm. Kopf, Arme, Beine aus Holz. Sonst Balg mit Ledereinlage. Krippenfigur auf Holzpostament. 18. Jahrh. Länge 38 cm. — H. G. 7123 Gliedermann aus Holz. Schwarzleinener Frack, ebensolches Beinkleid. Gelbe Rips-Weste mit schmalen roten Streifen. Breitkrämpiger Hut. Länge ca. 69 cm. — H. G. 7311 Holzgeschnitzter Mann mit beweglichen Gliedern. Gelbe Weste, grüner Frack, blaues Beinkleid, graue Gamaschen, gelber Cylinder. Anfang 19. Jahrh. Länge 15 cm. — H. G. (—) Gliederpuppe aus Holz; Mädchen. Hellgrauseidenes Kleid, blaue Haube mit Besatz und Bändern, Brusttuch aus weisser Spitze, weissleinene Schürze. 18. Jahrh.

Wenn die verschiedenen Arten Gelenkpuppen (die mit 'Kugelgelenk' versehenen seien nur nebenbei erwähnt) auf jahrtausendalte Vorbilder zurückblicken können, so werden die aus Zeugresten hergestellten Puppen sicherlich eine noch weiter zurückreichende Vergangenheit haben. Die sogenannten Flicker-, Fleckel-, Fetzen-, Hadern- und dergleichen Puppen sind die am meisten verbreiteten, am leichtesten herzustellenden und am meisten geliebten Puppen. Sie können 'im Handumdrehen' geschaffen werden; es eignet sich dazu jedes zerrissene Tuch, jeder Lappen (in Preussen 'Flick' genannt). Diese Puppen sind in der ganzen Welt zu

a b

Abb. 7.

Hause und brauchen nicht gekauft zu werden; in Venedig und Verona jedoch habe ich solche erstanden, die zu Markt gebracht wurden. Wir müssen die flotte Art anstaunen, mit der die lächerlichsten Lumpen geordnet sind, für Verzierung gesorgt wurde und die Gesichter auf Zeug gemalt wurden. Das Untergewand der Venezianerin ist ein Brief vom 28. Mai 1901.

Doch ich will lieber zunächst von unseren 'Flickerpuppen' sprechen. Das Stückchen Zeug, aus dem sie zumeist bestehen, ist durch Bindfaden oder dergleichen so abgeschnürt, dass Hals und Kopf, sowie ein hängendes Gewand entstehen. Zuweilen wird in das Zeug ein Holzspan gewickelt; dann hat der Kopf besseren Halt. Hier und da bindet man zwei Holzspäne oder kleine Zweige in Kreuzform zusammen; dann sind ausgestreckte Arme geschaffen. Gewöhnlich stopft man in das abzuschnürende Stück Zeug ein kleineres Zeugstückchen, um den Kopf zu formen; mitunter füllt eine Kartoffel den Kopf aus.

Wiederholt habe ich Kindern auf der Dorfstrasse solche Puppen weggenommen, in das nicht ganz saubere Händchen kleine Münzen legend. So in Siebenbürgen, in der Ortschaft Dirste bei Kronstadt (Abb. 5b); Worte waren überflüssig, da ich weder ungarisch, noch rumänisch, die Kleine aber nicht deutsch sprechen konnte. Eine ähnliche Puppe schickte mir der unserm Verein für Volkskunde wohlbekannte Prof. Dr. Siebenschein aus Strassnitz in Mähren (Abb. 5d). Dort wird die Puppe u. a. 'Nünl', d. h. Nönnlein genannt.

Abb. 8.

Auch die kleinköpfige Puppe (Abb. 5c) ward einem kleinen Mädchen auf der Dorfstrasse weggenommen, nämlich in Oschekau, Kr. Neidenburg, Ostpr.

Abb. 5a zeigt eine der beiden Lumpenpuppen, die mir während einer Fahrt von Amalfi nach Sorrent, d. h. in der Nähe von Prajano, Bettelkinder in den Wagen warfen, als hätten sie ahnen können, wie sehr die Scheusale mich entzücken mussten.

Abb. 6 stellt eine der beiden Puppen vor, die mir Prof. Dr. Kisch aus Bistritz, Siebenbürgen, schickte: eine 'Sächsin' mit der dort üblichen Kopfbedeckung. Das Spitzengewand bekleidet ein kräftiges Stück Holz, das den ganzen Körper ersetzt

Frau Marie Klein schrieb mir aus Hermannstadt: „Es freut uns, dass wir Ihnen auch von Fetzenpuppen im Siebenbürger Sachsenland erzählen können. Sie sind sehr üblich unter unseren Bauern. Oft bildet ein hölzerner Kochlöffel das Gestell, auf dem die Kleider arrangiert werden. Der Kopf wird mit einem weissen Fetzchen überzogen, darauf Wangen und Lippen mit dem Saft roter Rüben (Rohnen) gefärbt, Nase und Augen mit Kohle gezeichnet. — Alle Puppen heissen im Sächsischen Dock.“

Um Schwandorf in der Oberpfalz (Bayern) heisst die aus Zeug hergestellte Puppe 'Fleckeldocke'.

Der ungarische Forscher Otto Herman übersandte mir seinerzeit das Bild einer Fetzen- oder Hadernpuppe, eine Szeklerin vorstellend, von Frau Herman (selber Szeklerin) gefertigt. Das Skelett wurde durch

Birkenruten aufgebaut, die man mit Zeugstückchen umwickelte. Darüber kam die vornehme 'Kleidung'. Solche Puppen verlangen zur Herstellung ihres ausdrucksvollen Gesichts ein Weizenkorn als Nase (dies Weizenkorn ist unerlässlich); ferner Wickensamen oder Pfefferkörner als Augen und schliesslich auch Bemalung. — Die Puppe heisst in Ungarn 'rongy buba'; in Miava, Nordungarn, 'panna'.

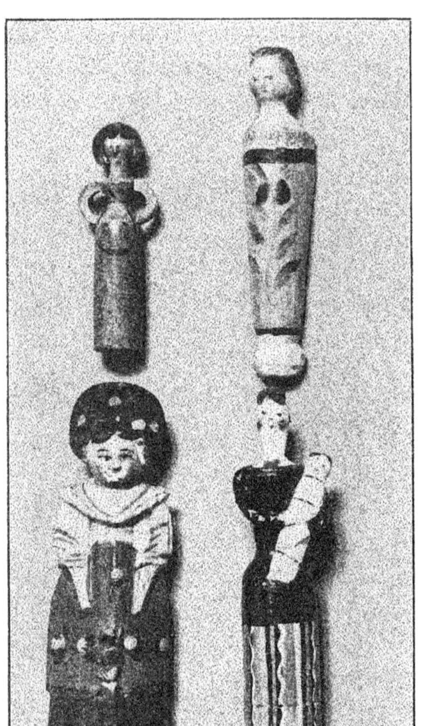

Abb. 9.

Die Wiener Fetzen- (auch Flecken-) Puppe, Abb. 7b, gleicht einem gefüllten Sack und zeichnet sich durch lobenswerte Widerstandskraft aus; man kann sie ohne Schaden an die Wand oder einem 'Auto' in den Weg werfen.

Abb. 7a führt uns eine ähnlich nachgiebig geschaffene Flickerpuppe aus Langfuhr, Westpr., vor; aber hier ist das Gewand reich verziert, und mit Hilfe von Perlen sind Augen, Nase und Mund geschaffen. (Die für Nase und Mund benutzten Perlen bilden hängende Kettchen.) Schliesslich hat man hier auch an Hände und Füsse gedacht.

Aus verhältnismässig leichter Pappe ist der bambino aus Neapel, Abb. 8, hergestellt: weiss angestrichen und bunt bemalt. Die kleinsten Puppen dieser Art kosten nur einige Centesimi; es gibt auch genau die gleichgeformten und bemalten in Grösse eines einjährigen Kindes.

Trotz der oft recht billigen Preise für leidlich gute Fabrikware bleibt das Volk in allen Ländern den Lumpenpuppen treu, was uns auch als selbstverständlich erscheinen muss.

Dagegen sind die hölzernen Puppen fast nur noch Fabrikware. Wohl schnitzt auch heute noch hier und dort ein Vater eine Figur für seine Kinder; aber das sind Ausnahmen, die nur jene kennen lernen, die fleissig mit dem Volk verkehren. — Wie die an uralte Vorbilder erinnernden Gelenkpuppen in verschiedenen Ländern den gleichen 'fabrikmässigen' Ausdruck zeigen, so auch die steifen Holzpuppen, von denen Abb. 9

einige Beispiele vorführt: a Grödner Tal; b Lugano; c Astrachan; d Böhmen. Der bambino aus Lugano und die Russin sind rückwärts ausgehöhlt, — eine beliebte Art und zugleich Holzersparnis; die Russin ist am auffälligsten bemalt.

Nun liessen sich noch gar viele Arten Spielpuppen hier anreihen, — wie z. B. die Blei- oder Zinnsoldaten, die aus Papier auszuschneidenden Anziehpuppen, die Hampelmänner, die aufzuessenden Puppen, mit denen zuerst etwa einen Tag lang gespielt wird, u. a. m.; — doch in Rücksicht auf den zur Verfügung stehenden Raum müssen sie für eine Fortsetzung zurückgestellt werden. Ebenso können auch erst später die Zauberpuppen berücksichtigt werden.

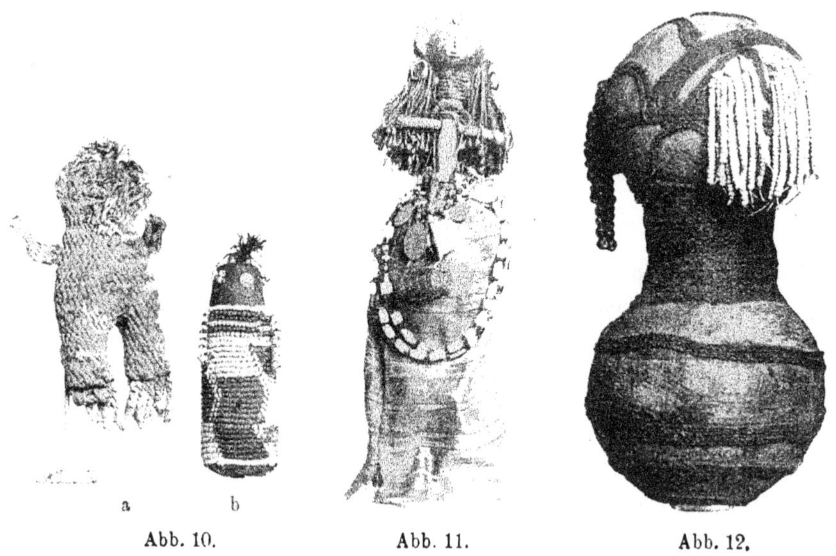

a b

Abb. 10. Abb. 11. Abb. 12.

B. In aussereuropäischen Ländern.

Zum Schluss seien hier vier Puppen gebracht, deren Abbildung ich der Güte des Ehepaares Museumsdirektor Hofrat Dr. Bernhard Hagen und Frau Anna, geb. Treichel, verdanke. Die Originale gehören dem Städtischen Völkermuseum zu Frankfurt a. M.; sie fanden ihre erste Vorführung in dem (von Frau Hofrat Hagen 1913 herausgegebenen) Jubiläums-Kalender des Deutschen Frauen-Vereins vom Roten Kreuz für die Kolonien, S. 183f.

Abb. 10a (dort 4) zeigt eine Puppe der alten Peruaner, 10b (dort 7) eine Puppe von den Basuto in Südafrika; eigentlich kann man da nur von einem mit Perlenarbeit bekleideten hölzernen Zylinder sprechen, an dem zwei Perlenkettchen als Arme befestigt sind, die Ohren oder Augen aus je vier Perlen bestehen und ein eingeschlagener Nagel Nase oder Mund vorstellen kann.

Abb. 11 (dort 5) führt eine Puppe aus Nordafrika vor, deren Skelett recht sonderbar aufgebaut wurde.

Abb. 12 (dort 1) könnte nicht gleich für ein 'Püppchen' angesehen werden; und doch stellt es eine von den Wanyamwesi in Deutsch-Ostafrika hergestellte Puppe vor, die in der Hauptsache aus Holzkugeln besteht, auf die man schwarze Schnüre geklebt hat; rote Perlen können Haare oder Arme vorstellen.

Berlin.

(Fortsetzung folgt.)

Die grosse Runenspange von Nordendorf.

Von **Friedrich v. der Leyen.**

I.

Auf der grossen Runenspange, die im Herbst 1843 auf dem Gräberfeld in Nordendorf (beim Bau der Eisenbahn von Augsburg nach Donauwörth) gefunden wurde, hat 1865 Lindenschmit beim Reinigen und Abformen eine Runeninschrift entdeckt (auf der Rückseite der viereckigen Platte, an der die Nadel befestigt war), die seitdem die Forscher zu wiederholten Malen zu entziffern und zu deuten versuchten. Die Inschrift (siehe die Abbildung bei Rudolf Henning, Die deutschen Runendenkmäler, Strassburg 1889, Tafel 3 Nr. 7) zerfällt in zwei Teile: Erstens in drei untereinanderstehende Reihen am rechten Rande und zweitens in eine einzelne, in umgekehrter Stellung zu erstens stehende, am linken Rande der Platte beginnende Zeile.

Wir wenden uns zu den Runen des ersten Teiles. Sehen wir von der misslungenen Entzifferung von Dietrich ab (Henning S. 92), so verdient zuerst die Deutung von Konrad Hofmann (Sitzungsberichte der Bayerischen Akademie 1866 2, 138ff. 207f.) eine Erwähnung. Hofmann las:

logaþore
wodan
wiguþonar,

und übersetzte: Flamme hemme (stille) Wodan, Kampf hemme Donar. Dieser Interpretation stellen sich schwerwiegende sprachliche und sachliche Bedenken entgegen (Henning a. a. O.). Hofmann leitete *þore* aus **þvere* ab, ohne sprachliches Recht, da der Übergang *þve* zu *þo* ahd. weder nachweisbar noch möglich ist, und brachte dies mit altengl. *þverian*, *þveorian*, anord. *þverra* abnehmen, in Zusammenhang. Zweitens ist *wîg* Kampf nur als *a*-Stamm, nie als *u*-Stamm belegt. Drittens, gerade der kampffrohe Donar soll gegen den Kampf angerufen werden? Viertens, was soll diese Anrufung auf einer Kleiderspange?

Henning versuchte daher eine neue Lösung, von der wir das für uns Wesentliche kurz wiedergeben. Er las:

logaþore
wodan
l
wigi þonar,

erklärte das übergeschriebene *l* für einen späteren Zusatz und bedeutungslos, ebenso erschien ihm in *wigi* der zweite Strich des zweiten *i* — man sieht nämlich nicht ᛁ (*i*), sondern ᚢ (*u*), der zweite Strich ist allerdings schwach und unsorgfältig geritzt — als Zutat und als irrelevant. *Wigi þonar* übersetzte er als 'weihe Þonar', *wîgi* sei die 2. pers. sing. imp. präs. von anord. *vîgia*, afries. *vîa*, *vîga*, ahd. altsächs. *wîhian* weihen. *logaþore* wurde wie von Hofmann in *loga þore* geteilt. Da weder der Zusammenhang mit anord. *logi*, afries. *loga* die Flamme, noch mit ahd. **lôg*, *luog* (n), **lôga*, *luoga* (f) das Lager, die Höhle, noch mit ahd. *lôgên*, *luogen* lugen, blicken, noch zunächst mit afries. aengl. *loh log* Stelle, Stätte weiterführe, bliebe nur noch die Anknüpfung an afries. *logia* sich verheiraten übrig, das mit got. *liugan* verheiraten verwandt sei, zu aengl. *logian* in Ordnung bringen gehöre und nunmehr auch einen Anschluss an das eben genannte aengl. afries. *log* Stelle gestatte. Die Erschliessung eines *a*-Femininums **loga* die Heirat neben dem seltenen in Kompositen belegten — *logo*, *logi* sei unbedenklich. — *þore* sei die 2. pers sing. imp. präs. oder die 3. pers. sing. opt. präs des Verbums, das im Nordischen als *þora* erhalten sei und dort 'sich getrauen, wagen' bedeute. Von diesem *þora* (hochdeutsch **þorên*) sei im nord. *þyrja* (aus **þurian*): voran dringen, ungestüm vorwärts eilen abgeleitet, das wiederum von Sanskrit *turás* kräftig, ungestüm vordringend, *turâmi* ungestüm vordringen nicht zu trennen wäre. Das sei auch die älteste Bedeutung von *þorên*, das ursprünglich transitiv und intransitiv gebraucht wurde, in unserer Spange allerdings nur einen transitiven Sinn haben könne, also 'mit Ungestüm herbeiführen, ersiegen'. Der Gott Wodan, als der schnellste und siegreichste der Götter, werde in unserer Spange demnach angerufen, dass er den Bräutigam beim stürmischen Wettlauf um die Braut begünstige, der ja nach dem Zeugnis des Wortes ahd. *brûthlouf* eine uralte, in gegenwärtigen Gebräuchen noch nachklingende Sitte bei der Hochzeit gewesen. — Eine Spange war ein bei der Hochzeit gern gegebenes Geschenk.

Unzweifelhaft sind die Ausführungen Hennings umfassender, eindringender und gelehrter als irgendwelche früheren, die der Spange galten. Sie erstreben nicht allein die sprachliche, auch die mythische und kulturgeschichtliche Interpretation der schwierigen Inschrift. Darum haben sie auch bei den Fachgenossen viel Anklang gefunden, Golther übernahm z. B. ihr Ergebnis in sein Handbuch der germanischen Mythologie und Vogt in seine Literaturgeschichte, in der die Spange auch abgebildet ist.

Den letzten Teil der Inschrift (über das übergeschriebene *l* wird unten noch zu handeln sein) *wigi þonar* hat Henning unzweifelhaft für immer richtig gedeutet. Den Beweis dafür bringen die Anrufe an *þórr* auf dänischen Inschriften (F. A. Wimmer, De danske Runemindesmærker, Handudgave ved Lis Jacobsen, København og Kristiania 1914, Nr. 27. 80. 88): *þur viki þisi kuml* (Virring Stein, Schluss des 10. Jahrhunderts), *þur viki þasi runa*^{R} (Glavendrup Stein, 900—925), (*þ*)*ur viki runa*^{R} (Sønder Kirkeby Stein, Ende des 10. Jahrhunderts)[1]. Wir haben hier eine alte zauberkräftige Formel; in den dänischen Inschriften sollte *þórr*, der das ganze Leben des nordischen Volkes von der Geburt bis zum Grabe schützend und Unheil abwehrend begleitet, auch den Stein auf dem Grabhügel und seine Runen weihen, unter dem der Tote seine letzte Ruhe suchte.

Dagegen melden sich gegen Hennings Deutung von *loga þore* eine Reihe Einwände. *loga* Heirat ist ahd. überhaupt nicht, und afries. *logian* heiraten ist nur sehr selten belegt. *þora* erscheint auch nicht ausserhalb des Altnordischen. Dort wird es immer intransitiv und nie transitiv gebraucht und steht auch nie allein, sondern immer in Verbindung mit dem Infinitiv eines anderen Verbums. Die mit Hilfe von altnordischen Ableitungen und vermutlichen indogermanischen Grundbedeutungen gewonnene Bedeutung durch Ungestüm ereilen beruht somit auf sehr schwankendem Grunde, ja, der nordische Sprachgebrauch widerspricht ihr deutlich. Das Recht, *þora* in das ahd. zu verpflanzen, ist gleichfalls ganz zweifelhaft. Ferner tritt Wodan, über den doch viele Aussagen aus vielen Jahrhunderten vorliegen, als Beschützer der Ehe niemals auf, öfter dagegen, im Altnordischen, als Verführer, z. B. der Gunnlǫđ und der Rindr, und er rühmt sich in den Hǫvamǫl seiner Liebesabenteuer. Den schnell voranstürmenden Gott und Reiter schildert nur ein später nordischer Bericht, die Vorgeschichte von Þórs Kampf mit Hrungnir: ihr Verfasser wollte, indem er Óđinn in diesen Kampf einführte, Þórs Ruhm verdunkeln. Weit älter und viel öfter bezeugt ist der Óđinn, der unverdrossen und rüstig die Welt zu Fuss durchwandert. Schliesslich: ist ein Hochzeitswunsch auf einer Spange wahrscheinlich, die dem Toten ins Grab gelegt wurde und die — wir kommen gleich darauf zu sprechen — wahrscheinlich eine Frau dem Manne mitgab, der doch längst mit ihr

1) In späteren dänischen Runeninschriften, vom Ende des 10. Jahrhunderts an, werden Gott, Christus, Maria und St. Michael um den Dienst angerufen, den früher *þórr* leistete, vgl. z. B. Nr. 96. 106. 139. 141. 147. 149—154. 167—169.

vermählt war? So erwägenswert also Hennings Deutung zuerst scheint, einer genauen Prüfung hält sie doch nicht stand, und sie fordert neue Erklärungsversuche heraus.

Vor kurzer Zeit hat denn auch ein anderer, gerade durch seine Bemühungen um die alten deutschen Runeninschriften verdienter Forscher, Theodor von Grienberger (Zs. f. deutsche Philologie 45, 133f.), die Inschrift der Spange noch einmal sorgfältig geprüft. Auf Grund einer vergrösserten Photographie der jetzt in Augsburg aufbewahrten Spange hat er unternommen, die alten Lesungen mehrfach zu berichtigen und die berichtigten Lesungen neu zu deuten. Überzeugend ist dabei ohne weiteres die Ausführung, dass man die Spange bisher falsch abgebildet habe: am Gewand befestigt, war die grosse Platte abwärts gekehrt, der Bügel aufwärts gerichtet, und demgemäss waren im ersten Teil die Buchstaben in der richtigen, im zweiten Teil in der verkehrten Stellung.

Hier mag eingefügt sein, dass der obengenannte zweite Teil der Inschrift in viel grösseren und weniger sorgfältig gebildeten Zeichen, am linken Rand der Platte beginnend (auf Hennings Abbildung) und auf der gleichen Höhe wie die dritte Reihe des ersten Teiles (*wigi þonar*), eingeritzt ist. Er läuft diesem von links nach rechts entgegen, und muss, um Platz zu behalten, die letzten Zeichen ziemlich zusammendrängen. Aus dem anderen Charakter der Schrift glaubte Henning, unbedingt mit Recht, schliessen zu dürfen, dass dieser Teil ein späterer Zusatz sei, den ein anderer Schreiber — der Spender der Spange? — auf dem freibleibenden oberen Teile angebracht habe. Die beiden ersten Zeichen sind schwer zu erkennen, die anderen waren schon von Lindenschmit und Hofmann entziffert worden. H. las das Ganze: *Ava leubwinie*, d. h. Ava (schenkte) dem Leubwine (die Spange). Man könnte auch (vgl. dazu Feist, Zs. f. dt. Phil. 45, 122 Anm. 1) abteilen: *leub winie*, und übersetzen: 'Ava (wünscht) Liebes dem Freunde'. Dafür bieten deutsche und nordische Runeninschriften manche Analogie, und wir ziehen darum diese Auslegung vor, die zugleich den Ton der Widmung inniger macht; — sie ist der letzte, dem Freunde ins Jenseits nachgerufene Gruss.

Grienberger las nun (seine Untersuchungen und Schilderungen der einzelnen Zeichen sind sehr genau): *logaþore wodan wigiþ þonar unka leubwinie.* Die Abweichungen von Henning sind folgende:

1. *wigiþþonar* statt *wigi* $\overset{l}{\text{þ}}$*onar* (dem zweiten Strich des zweiten *i* spricht auch G. literale Bedeutung ab; er sei später oder durch Unachtsamkeit entstanden). Das Zeichen über dem *o* sei nämlich kein *l* (ᛚ) wie es zuerst scheine, sondern es sei mit der Lupe ein zweites Strichelchen erkennbar und das ganze Zeichen sei ein freilich nicht ganz geschlossenes ▷, eine seltene Form des ᚦ = *þ*; *o* und *þ* seien eine Ligatur = *þo*. Hier erheben sich sofort graphische und sachliche Einwände. Da *þ* zweimal von unserem Schreiber in der allgemein gebrauchten Form geritzt wird, ist nicht einzusehen, warum er auf einmal die seltene wählt, die zudem nicht einmal vollständig ist. Ferner wäre es doch recht sonder-

bar, wenn gerade der Anlaut vom Namen des einen angerufenen Gottes in Ligatur über der Zeile erschiene. Endlich machen die vorher genannten altdänischen Parallelen Hennings Lesung unanfechtbar. Freilich, das übergeschriebene Zeichen ist damit noch nicht aus der Welt geschafft. Wenn nun wirklich kein *l* dasteht, sondern nur der obere Teil eines Abstriches sichtbar ist, darf man alsdann die Vermutung wagen, dass ein *w* (ᚹ) geritzt war und in silbischer Verwendung für *u* stand? So, dass ein späterer Korrektor den Namen *Þonar* in *Þunar* verändern wollte; man vergleiche den *Thunaer* im altsächsischen Taufgelöbnis. Sollte der gleiche Korrektor voreilig schon das zweite *i* in *wigi* in *u* verwandelt haben?

2. *unka* statt *ava*. Hier sind die Zeichen, die G. gesehen haben will, nur mit seiner Photographie vor Augen nachzuprüfen. Uns scheint aber seine Ligatur *un* — schon zum zweitenmal (vgl. auch Zs. f. dt. Phil. 45, 120, Anm. 1) soll unsere kurze Inschrift eine Ligatur aufweisen! — durch sehr kühne, wenig überzeugende graphische Experimente und Entdeckungen gewonnen. Ebensowenig leuchtet uns Grienbergers *k* ein. Nur das Negative sei zugegeben: auf Hennings Lesung *ava* müssen wir verzichten, der runische Wert der beiden ersten Zeichen bleibt dunkel.

3. Grienberger vereinigt beide Teile der Inschrift zu einem fortlaufenden Satz; bei ihm ist *wigi* nicht 2. pers. sing. imp. präs., sondern *wigiþ* ist 3. pers. sing. ind. präs. und *unka leubwinie* das dazu gehörige Objekt. Auch hier müssen wir widersprechen. Denn, wie jedem der erste Blick zeigt, weichen die Zeichenlängen der drei Reihen des ersten Teiles der Inschrift wohl untereinander etwas ab, doch sie erreichen nicht entfernt die Länge der Zeichen des zweiten Teiles. Diese sind auch viel weniger sorgfältig. Vor allen Dingen: was wäre das für ein Schreiber, der, um in einer Inschrift fortzufahren, plötzlich die Platte umdreht, am entgegengesetzten Rande das Ritzen wieder anfängt und dies auf einmal schlecht und flüchtig besorgt, wo er es doch gut kann? Grienberger meint, der Schreiber habe den Personennamen der Inschrift durch besondere Buchstabenhöhe hervorheben wollen: wäre das nicht aber eine Verletzung der Ehrfurcht, die der Schreiber den Götternamen schuldete? Wenn überhaupt Namen, so hätten doch Götternamen durch die Schrift ausgezeichnet sein müssen!

Da wir weder Grienbergers *wigiþ*, noch sein *unka*, noch seine Behauptung von der unteilbaren Inschrift annehmen können, so entfällt für uns die Notwendigkeit, seine Interpretation 'Donar segnet unser beider (Tochter) Leubwini' im einzelnen nachzuprüfen. Wir heben also nur im allgemeinen hervor, dass *Leubwinie* als acc. sing. eines mit *i̯ō* Suffix movierten femininem *i*-Stammes und dass der duale Genitiv *unka* sich durch Belege nicht erhärten lassen, sondern durch Konstruktionen gewonnen sind, die das schärfste Misstrauen erwecken. Ferner wäre es gegen allen runischen und heidnischen Brauch, wenn die Eltern, die den Segen des Gottes auf ihre Tochter herabrufen, auf der Inschrift nicht selbst ihren Namen nennen und dadurch ihre eigene fromme Gesinnung bekunden würden.

Das *wigiþ* zwingt Gr. nun auch zu einer neuen Deutung des *loga þore*, d. h. eigentlich nimmt er nur eine Deutung auf, die Henning schon in Erwägung zog, dann aber fallen liess. Er teilt ab *logaþ-ôre*, verweist auf aengl. *ôr* initium; *ôre*, eigentlich ein Dativ, sei ein temporales Adverbium und bedeute etwa: ab initio. *logaþ*, wieder 3. pers. sing. ind.

präs., gehöre zu altenglisch *logian* ponere, disponere, collocare. Die beiden ersten Zeilen bedeuteten somit: disponit ab initio Wodan. Denkt Gr. vielleicht an eine alte Formel wie die römische: ab Jove principium?

Der Sprache nach wäre diese Deutung wohl möglich, der Sache nach ist sie unmöglich. Wir bleiben dabei: dem Anruf an Donar muss ein Anruf an Wodan entsprechen; ein Aussagesatz scheint uns undenkbar. Und wo ist in diesem Satze das Objekt? Was hat denn Wodan im Anfang der Dinge geordnet? Als Schöpfer und Ordner der Welt tritt Wodan-Ódinn nie auf, auch nicht im altenglischen Runenlied, diese Kraft gebührt Donar-Þórr, dem Sohn der Erde (Vf., Sagenbuch 1, 175/6). Und derselbe Grienberger, der uns die Teile der Inschrift zusammenfügen will, reisst sie wiederum an einer Stelle auseinander, an der sie eng zusammengehören; zwischen der Tatsache, dass Wodan die Welt einrichtet, und der Feststellung, dass Donar die Tochter eines Elternpaares segnet, besteht doch keine Verbindung. Es wäre, wie Gr. selbst einräumt, der erste Teil der Inschrift dogmatisch, der zweite kultisch, und damit wäre eine Inschrift ohne innere Wahrscheinlichkeit und ohne jedes Analogon gewonnen. Eine Runeninschrift im Grabe war zudem ein magischer Zwang, keine Gelegenheit, mythische und dogmatische Kenntnisse auszubreiten.

Das einzige leidlich sichere Resultat aus Grienbergers hingebungsvoller und kombinationsreicher Forschung scheint uns, dass wir auf die Entzifferung eines übrigens nebensächlichen weiblichen Namens verzichten müssen, den wir gesichert glaubten. Sonst geht Gr.s Interpretation wieder hinter die Linie der Erkenntnis zurück, zu der Henning schon vorgedrungen war.

II.

Wer nun an den Ergebnissen anderer so vielerlei auszusetzen hat, von dem erwartet man wahrscheinlich, dass er ein ganz sicheres Ergebnis in Händen halte. Ein solcher Gewinn lässt sich wohl kaum erreichen; der Vf. wünscht aber, dass, wie er an anderen, so auch andere an ihm Kritik üben; zu diesem Zweck legt er seine Deutung den Fachgenossen vor.

Vf. hält *logaþore* — denn nur diese Zeichen bleiben nach Henning noch zu deuten — für ein Wort, und zwar für eine der im Germanischen recht seltenen Bildungen, in denen man das alte Formans **þer *þor*, idg. **ter *tor* noch erkennt. Wörter mit diesem aussterbenden Formans traten wohl schon im Germanischen in die verbreitete *a*-Deklination über, **logaþor* wurde demnach zu **logaþoraz*. *loga* ist unseres Erachtens der in der Komposition verkürzte germanische *n*-Stamm, **logên*, **lohên* das Feuer, — vgl. anord. *logi* (sw. m.), ahd. *lohe* (sw. m.), *louh* (st. m.) — **logaþoraz* hiesse demgemäss: der Entflammer, der Flammenbringer, und die ganze Inschrift wäre zu übersetzen 'Flammenbringer (sei), Wodan! weihe Donar!' (sc. die Flamme).

Wir haben nun zuerst die Form *logaþore* sprachlich zu rechtfertigen. Es ist eine glückliche Fügung, dass trotz der Seltenheit des Formans (vgl. Brugmann, Grundriss II², 1, 338) gerade unter den germanischen Götternamen eine analoge Bildung erscheint: ahd. *balder*, aengl. *bealdor*, das wir auf germ. **balaþoraz* —> **balþoraz* zurückführen und als 'der Glanzbringer' deuten möchten. Balder war ja ursprünglich ein Sonnengott (zur Bedeutung von *bal* vgl. E. Schröder, Zs. f. dt. Altert. 35, 237ff.; Golther, Handbuch S. 366 Anm. 3).

Der Vokal der Fuge *a* (*logaþore*) wäre der bei einem in der Komposition erscheinenden *n*-Stamm zu erwartende (vgl. die Literatur bei Braune, Ahd. Grammatik³ § 62 Anm. 1); dies *a* erscheint bis tief in das Ahd. hinein, z. B. *botascaf*[1]).

Auffallend ist das auslautende —*e*, denn weder in *wodan*, noch in *þonar*, noch in *leub* ist das ursprünglich auslautende —*a* sei es als *a* oder als *e* erhalten. Doch in den beiden ersten Fällen stand es nach kurzer unbetonter Silbe, im dritten nach langer haupttoniger Silbe, in unserem nach kurzer nebentoniger Silbe; in dieser Stellung ist aber, wie bekannt, der auslautende Vokal am längsten geschützt. Es böte dann unsere Spange ein sprachgeschichtlich interessantes Beispiel für die Art der Abschwächung und den Fortfall des auslautenden —*a* im frühen Althochdeutsch[2]).

Warum heisst es ferner *logaþore* und nicht, wie wir in Analogie zu *balder* und nach Massgabe des Vernerschen Gesetzes erwarten, *logadore*? Der Konsonantenstand unserer Spange bietet gerade im Hinblick auf Verners Gesetz Überraschungen: ahd. heisst es *wîhian*, unsere Spange hat, wie im Altnordischen, *wigi*, ahd. heisst es *lohi* und *louh*, unsere Spange hat, wieder wie im Altnordischen, *loga*. Da braucht uns umgekehrt *þ* statt des zu erwartenden *d* nicht zu befremden. Doch wir bedürfen nicht einmal dieser Verlegenheitsauskunft, wenn wir annehmen, dass *þore* als selbständiges Kompositionsglied mit eigenem Anlaut empfunden wurde, auf den die Betonung der vorhergehenden Silbe keinen Einfluss hatte.

Damit sind die sprachlichen Einwände gegen *logaþore* wohl alle abgeschlagen. Unsere nächste Frage muss sein: welchen Sinn hatte die Bedeutung, die wir aus unserer Inschrift herauslesen, auf einer Gewandspange? Nun waren allerdings die meisten der in Nordendorf gefundenen Toten begraben. Aber es stand noch in einem Grab, und zwar im ältesten Teil des Friedhofes, eine Urne mit verbrannten Gebeinen, in einem anderen

1) Fasst man *Leubwinie* als zusammengesetzten Eigennamen auf, so wäre in unserer Spange nach langer betonter Silbe der Fugenvokal abgeworfen worden, nach kurzer betonter wäre er geblieben.

2) Unsere Spange gehört in ein sehr frühes Ahd., vielleicht sogar in die vorahd. Zeit, in das 6., spätestens in das 7. Jahrhundert. Über die Zeitbestimmung durch die Münzenfunde berichtet Henning; sprachliche Altertümlichkeiten sind das *eu* in *leub* (vgl. Zs. f. dt. Phil 45, 122 Anm. 1), in fränkischen Namen des 6. und 7. Jahrhunderts wechselt dies bereits mit *eo* (Braune § 47 Anm. 1), die Erhaltung des stammauslautenden *i* im Dativ *winie* — unseres Wissens der einzige Fall. *þ* in *þonar*, *d* in *wodan* sind natürlich noch unverschoben.

Grab waren Fragmente von Nägeln, mit denen Leichname beim Verbrennen auf einem Brett befestigt wurden, einer Fülle von Gräbern waren Urnen beigegeben, — wohl eine Huldigung vor dem alten Brauch der Verbrennung, den man wenigstens sinnbildlich wahren wollte. Wieder in anderen, und gerade in den schmuckreichen Gräbern, wurden Kohlen und Brandplätze in grosser Zahl angetroffen. Wir beobachten also in Nordendorf den Übergang von der Sitte der Leichenverbrennung zur Leichenbestattung. Unsere Spange nun wurde grade im ältesten Teil des Gräberfeldes gefunden (vgl. Berichte des historischen Vereins von Schwaben und Neuburg, 1843. 1844; Henning S. 88).

Danach dürfen wir getrost annehmen: entweder dass unsere Spange die Beigabe für einen Verbrannten gewesen ist, oder mindestens, dass, wenn nicht der Tote selbst, so doch die Geschenke, die ihm ins Grab folgten, der heiligen Flamme bestimmt waren. Unsere Inschrift ergibt sich dann aus der Bestimmung der Spange von selbst: Wodan sollte dem Toten die heilige Flamme entfachen, Donar sollte sie weihen. Wir bedürfen daher keiner weithergeholten Beweisführung, um unsere Deutung zu rechtfertigen, im Gegenteil: die Beschreibung des Nordendorfer Gräberfeldes verlangt geradezu eine Deutung, wie wir sie versuchten.

Die Inschrift klingt wie eine alte feierliche Formel: das Merkwürdige und wohl Archaische des gekreuzten Stabreims: *logaþore*[1.] *Wodan*[2.], *wigi*[2.] *þonar*[1.] ist schon von Henning betont worden; man beachte auch die Wortstellung: *wigi þonar* gegen die prosaische und ausführliche *þur wiki kumbl* usw. der altdänischen Inschriften. Und man beachte die Klangvariationen: *oga*, *oda*, *ona; oga*, *igi; ore*, *ar*. Ausserdem gibt unsere Interpretation den alten Runen ihre sakrale und zauberkräftige Bedeutung zurück und erweist die auf dem Totenfeld gefundene Spange als ein Geschenk und Gebet für den Toten, ein Gebet an die beiden mächtigen germanischen Götter, die reine Flamme zu wecken und zu segnen.

Aber noch mehr: auch die Zeugnisse der germanischen Mythologie bringen unserer Erklärung eine Stütze nach der anderen.

Schon Henning wies darauf hin, dass in dem Bericht Snorris über Balders Verbrennung Þórr den weihenden Hammer über den brennenden Holzstoss schwingt: der Gott erfüllt dort die Bitte, die unsere Runen an ihn richten. Wie Snorri weiter mitteilt, konnten die Götter das Schiff nicht ins Meer stossen, auf dem der Holzstoss lag, sie mussten eine Riesin rufen, die auf einem Wolf angeritten kam, Schlangen als Zaumzeug; vier Berserker, von Óðinn herbeigerufen, händigten das Reittier erst, nachdem sie es auf den Boden geworfen. Dann stiess die Riesin nur mit ihrem Fuss an das Schiff, da glitt es in die Fluten, und das Feuer fuhr aus den Rollen. — Das ist eine dekorative Ausmalung im skaldischen Stil, wohl von bildender Kunst beeinflusst; Riesin, Reittier,

Berserker gehören nicht zur Verbrennung, wohl aber Óđinn, dem schon im Merseburger Zauberspruch und in vielen nordischen Berichten das Schicksal Balders besonders am Herzen liegt. Er wird denn auch ursprünglich die Flamme des Holzstosses geweckt haben. War er doch nach verschiedenen nordischen Zeugnissen — uns bestätigen sie noch einmal unsere Deutung der Nordendorfer Inschrift — Herr über die Flammen. Seiner Gewalt über das Feuer rühmt er sich in den Hǫvamǫl, er bewährt sie in den Grímnismǫl, — dort spricht er einen Zauber zur Beschwichtigung der Flamme — und ihm legt Snorri in seiner Charakteristik in der Ynglingasaga die Kunst bei, das Feuer zu löschen (v. der Leyen, Germanistische Abhandlungen für Paul, Strassburg 1902 S. 164). Sind wir mit unserer Vermutung im Recht, so vollbringt also auch Wodan in dem nordischen Mythus, was die alte deutsche Beschwörung sich von ihm erflehte, und dann wäre die Geschichte von Balders Verbrennung eine genaue Bewährung unserer Runen.

Jedenfalls ist durch unsere Spange Donar nun auch im Germanischen nachgewiesen als der *vinr verliđa*, der den Menschen unermüdlich im Leben und Tod vor Unheil behütet, und Wodan, wie im zweiten Merseburger Spruch und in altenglischen Belegen, als der Meister des Zaubers, der dann im Norden soviel Furcht weckte und soviel Anhängerschaft gewann[1]). Wir besitzen ja recht wenig Zeugnisse für den Götterglauben der Germanen aus vornordischer Zeit, dadurch erhält jedes einzelne ein besonderes Ge-

1) Dies auch gegen von Unwerth, Paul Braune, Beiträge 39, 216f., auch bes. S. 217. v. U. sucht im genannten Aufsatz seine Auffassung: Wodan sei ursprünglich ein Totengott, als die bessere und begründetere zu erweisen gegenüber der meinen: Wodan sei ein gottgewordener Zauberer. — Aber 1. Tacitus Ann. XIII 57, die Stelle von den Opfern, die dem Mars und Merkur für den Fall des Sieges gelobt werden, spricht nach meiner Überzeugung immer noch dafür, dass Wodan hier als Kriegsgott gilt. 2. im zweiten Merseburger Spruch heisst es: *thuo biguolen Wôdan, sô hê wola conda*, d. h. Wodan besprach ihn durch Zaubersprüche, wie er es wohl (besser als die Göttinnen) konnte. *bigalan* ist, wie bekannt, der terminus technicus für das Besprechen des Zauberers. Wie darf v. U. diesem unbestreitbaren Wortlaut gegenüber behaupten: wenn Wodan . . . auch andere Gottheiten an wirksamer Heilkraft übertrifft, so braucht er das doch, wie etwa in christlichen Sprüchen auch Christus, nur kraft seiner göttlichen Macht (!) und nicht als besonderer Vertreter des Zauberwesens zu tun (??). 3. die altenglischen Zeugnisse für Wodans Zauberkraft (vgl. z. B. Golthers Handbuch S. 298 Anm. 2) erwähnt v. U. nicht. 4. ebensowenig erwähnt er eine Reihe sehr wichtiger altnordischer Zeugnisse, z. B. die nicht, die Óđinn und die Asen im Kampf mit Nebenbuhlern, mit Metothinus, Ullr, den Wanen schildern und immer von neuem hervorheben, dass Óđinn und die Asen durch ihre überlegene Zauberkraft siegten. 5. es kommt viel weniger darauf an, aus welchen Quellen Snorri in der Ynglingasaga seinen Bericht über Óđinn und dessen Zauberei geschöpft hat, als darauf, dass Snorris Aussagen durch die besten nordischen — auch die Aussagen über Óđinns Verwandlungskünste, was v. U. wiederum übersah —, vornordischen und ethnographischen Zeugnisse vielfach und überraschend genau bestätigt werden und deshalb besondere Aufmerksamkeit und Glauben verdienen. Im 2. Merseburger Spruch zeigt und lehrt z. B. Wodan den Göttinnen den heilkräftigen Zauber, bei Snorri heisst es 'und dieser Zauber wurde (sc. von Óđinn) den Göttinnen gelehrt' (*ok var gyđjunum kennt sú iþrótt*) — kann man sich eine schlagendere Übereinstimmung wünschen? — Es scheint, als habe sich's v. U. mit seiner Widerlegung etwas leicht gemacht!

wicht. Man darf wohl sagen, dass unsere Interpretation die Bedeutung unseres Denkmals wesentlich erhöht hat, die Nordendorfer Spange ist nun eine der interessantesten Aussagen der germanischen Mythologie geworden.

III.

Die Aufschlüsse aus unseren Runen lassen sich aber, wie wir glauben, noch in anderer, wohl recht unerwarteter Richtung vermehren.

In den Vǫlospǫ́ (18/19) erscheint als Begleiter Óđins und als sein einer Helfer bei der Schaffung des ersten Menschenpaares Lóþurr: es ist der gleiche Gott wie Loki. Den Namen *Lóþurr* führte nun Blankensteiner auf urnord. **luh-þurar*, idg. **luk-tṛ* zurück (Axel Olrik, Myterne om Loke, Festskrift Feilberg S. 588). Dies **luhþurar* hat seinerzeit den Vf. zu seiner Deutung des *logaþore* gebracht, es ist eine eng verwandte Bildung. Da Bl. die Gründe für den Ansatz gerade dieser Form unseres Wissens noch nicht mitteilte, halten wir mit Bedenken zurück, doch möchten wir als die urgermanische Form, aus der sich nordisch *lóþurr* lautgesetzlich ableiten lässt, im Hinblick auf das Nordendorfer Zeugnis **lohaþoraz* empfehlen; die beiden Formen **logaþoraz* und **lohaþoraz* gingen im Germanischen gleichberechtigt nebeneinander. Ist das richtig, so gewähren unsere Runen einen sehr merkwürdigen Einblick in Lokis Entstehung und lassen die Anfänge dieses viel gedeuteten Gottes plötzlich in der germanischen Zeit aufleuchten.

Wir müssten dann das Verhältnis von Wôdan und Lóþurr entweder so erklären, dass Lóþurr aus einer Eigenschaft des Wôdan entstand und alsdann selbständiger Gott wurde, wie etwa Hermóđr aus Óđinn, Magni (vgl. Hercules Magusanus) aus Donar, Freyr aus Njǫrđr sich gebildet hat. Doch möchten wir diese Herleitung ablehnen, da die genannten Götter als Söhne der älteren erscheinen, Loki jedoch niemals als Óđins Sohn gilt. Oder wir müssen annehmen, dass Lóþurr und Wôdan ursprünglich im Wesen eng verwandt waren, wie etwa Nerthus, Nehalennia und Gefjon, und wie Baldr und Freyr, so verwandt, dass im Germanischen **logaþoraz* in Wôdan aufgehen konnte und zu einer Seite seines Wesens wurde, dass er jedoch im Norden zu einer selbständigen, nach anderen Richtungen führenden Entwicklung fähig blieb. Dieser Annahme pflichten wir bei: ihr entspricht die Aussage der Vǫlospǫ́, dass in der Urzeit Lóþurr und Óđinn in engster Gemeinschaft wirkten, ihr entspricht ebenfalls die Angabe der Lokasenna, dass in der Urzeit Óđinn und Loki Blutsbrüder waren. Daraus erwächst der Forschung über Lokis und Óđins Herkunft die Forderung, die Zeugnisse als gut und alt besonders zu beobachten, die Loki und Óđinn nebeneinander nennen, und die Wesenszüge zu erfassen, in denen beide Götter sich gleichen oder nahekommen.

Es ist nun keine schlechte Gewähr für unsere mythische Forschung, dass sie gerade in den letzten Jahren die Verwandtschaft zwischen Loki und Óðinn erkannt und hervorgehoben hat (vgl. Axel Olrik a. a. O.; Hilding Celander, Lokes mytiska Ursprung, Uppsala 1911; v. der Leyen, Zs. f. dt. Phil. 44, 482; Sagenbuch 1, 222f.). Beide Götter sind aus dem Ahnenkult entsprungen, Ôðinn, ein gottgewordener Zauberer, Führer der Seelen, Schützer der Helden, im Zauber des Krieges der mächtigste. Dem Loki als Haus- und Herdgeist opfern noch gegenwärtige nordische Volksbräuche; er beschützt die Hausgenossen, die ihn gebührend verehren, bringt ihnen Glück und Wohlstand und hängt schon im Altnordischen mit Ehe und Familie — er rügt noch in der Lokasenna die Ehefrevel der Götter — eng zusammen. Die altnordischen Berichte rühmen seine vielfältige List, seine Verwandlungskunst, sie preisen ihn — und das war auch die Tat der Ahnengeister — als den Gott, der den Menschen bringt, wovon sie leben, und der ihnen ihre Geräte und Kostbarkeiten schafft. Loki holt das Feuer vom Himmel, zeigt den Göttern, wie man die Netze zum Fischfang verfertigt, bringt ihnen ihre Schätze und schmiedet ihre Kleinodien, ja schafft gar die ersten Menschen. Dass dem Wodan eine frühere Zeit ähnliche Künste nachsagte, dürfen wir wieder aus seinem Beinamen *logapore* schliessen; wer über die Flamme waltet, kann auch das Feuer vom Himmel geholt haben. Im Altnordischen hat noch der Bericht, dass Óðinn den Göttertrank sich erlistet und ihn verschluckt und ihn den Göttern zuträgt, — es ist ein alter Bericht vom Raub des Wassers für die Menschen — alle Züge einer Loki-Sage: er stammt eben aus einer Zeit, die Wodan und Loki noch verwechseln und die Sagen des einen dem anderen geben konnte[1]).

Das wäre dann, wieder aus unserer Spange gewonnen, ein merkwürdiger Beitrag zur Aufhellung von Lokis Ursprung und zum Wesen der germanischen Götterbildung.

Die Interpretation des *logapore* ist nun noch ein neuer Beleg für den Gehalt und Wert der vornordischen Zeugnisse der germanischen Mythologie für die Beurteilung der nordischen Zeugnisse. Man muss jene alten Zeugnisse sorgfältig sprachlich, sachlich, mythisch interpretieren, und alle auffindbare germanische Überlieferung zu Hilfe nehmen, dann zeigen sie ein reiches Bild der Götterwelt unserer deutschen Vorfahren. Fast alle Grundlagen auch der nordischen Mythologie legten die Germanen. Die grossen Wandlungen, Umbildungen, Vertiefungen der nordischen Zeit sind das Werk von Dichtern, im Wesen künstlerisch; religiös erst dann, sobald sie unter den verklärenden und versöhnenden Einfluss des Christentums geraten.

München.

---

1) Ob der brabantische Hausgeist *Lodder* auf den nordischen *Lóþurr* zurückgeht, ist sehr zweifelhaft; vgl. Danske Studier 1912, S. 87ff.

Zur Entstehung von Nicolais 'Feynem kleynem Almanach'.

Von **Heinrich Lohre.**

Dass Nicolai für seine parodistische Volksliedersammlung, den 'Feynen kleynen Almanach' (1777 und 1778), ausgiebig die 'Bergkreyen' des Nürnbergischen Druckers Hans Daubmann (1547) benutzt hat, hat er selbst mitgeteilt[1]); wie er diesen Druck verwertete, hat eingehend Ellinger in seinem Neudruck des Almanachs (1888) dargelegt. Unaufgehellt blieb die Herkunft sehr vieler anderer Lieder Nicolais. Denn seine eigene handschriftliche Sammlung war und blieb verschollen. Sie ist es auch heut noch.

Der Mann, der zuletzt Nicolais Material in Händen gehabt und für eigene Arbeiten benutzt hat, war Friedrich Heinrich von der Hagen. Er entnahm ihm manches Lied für seine 'Sammlung deutscher Volkslieder' von 1807, und er machte Ludwig Erk damit bekannt, der Wichtiges über die Melodien daraus mitteilen konnte[2]). Fehlte also auch die handschriftliche Sammlung Nicolais selbst, so doch nicht all und jede Kunde ihres Inhalts. Diese Kunde lässt sich ein gut Stück erweitern.

v. d. Hagen hatte bei der Herausgabe seiner Volksliedersammlung sogleich in der Vorrede einen zweiten Band angekündigt, der jedoch nicht erschien. Die Königliche Bibliothek in Berlin aber bewahrt das halbreife Manuskript davon auf, das auch schon Beachtung gefunden hat[3]). Was ihm für die Aufhellung von Nicolais Quellen abzugewinnen ist, blieb noch unbeachtet. Wieder schöpft hier Hagen reichlich aus Nicolais Material und teilt in seinen Anmerkungen gern wörtlich mit, was Nicolai selbst über die letzte Herkunft seiner Lieder sich notiert hat oder was aus beiliegenden Briefen sich noch ergab.

Nicolai hatte einen grossen Bekanntenkreis, aber für den rasch gearbeiteten Almanach hat er keine sehr weitreichenden Umfragen angestellt. Nicht viele Namen begegnen in Hagens Notizen, sondern einige Namen begegnen immer wieder. Unter ihnen einer, der bisher nur an versteckten Stellen auftauchte: Steinacker. Wohl hatte Nicolai es schon früher

1) An Lessing, Schriften hsg. v. Lachmann 13, 586; Vorrede des Almanachs, Ellinger 2, 7.

2) Erk in seiner 'Neuen Sammlung deutscher Volkslieder' (1842) Heft 3, 14 Anm. zu Nr. 9 (vgl. Friedlaender, Das deutsche Lied im 18. Jahrhundert I, 1, 236); auch in Birlingers Alemannia 4, 35.

3) Ms. germ. oct. 405. Bolte hat daraus oben 12, 103 und 13, 219 zwei Lieder mitgeteilt.

verraten: „Der Geist Gabriel Wunderlichs, der in der Vorrede [des Almanachs und auf dem Titel als 'Gabriel Wunderlich weyl. Benkelsenger zu Dessaw'] erwähnt wird, ist nach einem damals in Dessau lebenden, nun schon verstorbenen, witzigen Manne, Herrn Johann Steinacker, geschildert[1])." Nun rücken Hagens Notizen diesen Steinacker in das Licht eines so eifrigen Helfers am Almanach, dass der Anreiz entsteht, dem Manne näher nachzufragen.

Wer war dieser Steinacker? Kein Mann der Feder; die Gelehrten- und Schriftstellerlexika kennen ihn nicht. Den Geist Gabriel Wunderlichs zu beschwören, bedarf es stärkeren Zaubers. 'Dessau' ist zunächst das wirksame Wort. Die endlos quillende Notizenfülle in Ludwig Würdigs 'Chronik der Stadt Dessau' (1876) hilft einen kleinen Schritt weiter. 'G. W. Steinacker eröffnete 1778 eine eigene Buchhandlung mit Leihbibliothek verbunden' meldet dieser allerlei lokale Handschriften ausschöpfende Chronist (S. 552). Kenner des Dessauer Philanthropins wissen ausserdem zu melden, dass 'Kaufmann Steinacker' 1776 Zöglingen jener Basedowschen Erziehungsanstalt Musikunterricht erteilte[2]). Beides erfährt Bestätigung und vielerlei hübsche Ausrundung durch ein halbes Dutzend erhaltener Originalbriefe Steinackers an Nicolai auf der Berliner Königlichen Bibliothek[3]). Wir sehen nun doch, so spärlich das Material bleibt, die Gestalt sich sachte aus dem Nebel lösen. Von unbekannter kaufmännischer Tätigkeit zu dem vornehmeren Buchhandel übergehend, erweist Steinacker geschäftliches Geschick, das ihm Aufträge des Hofes verschafft und Nicolais anfängliche Scheu vor geschäftlichen Verbindungen mit der Zeit überwindet; dennoch bleibt er in bescheidener äusserer Lage, so dass er das Ausbleiben eines Honorars für die Hilfe am Almanach schmerzlich empfindet und jeden Groschen möglichen Verdienstes erwägt. In höherer Bildung so weit vorgeschritten, dass er die Übersetzung französischer Werke, sofern sie 'aus keiner Fakultätswissenschaft oder höheren Kunst seien', erwägen kann, war er vor allem ein begeisterter Dilettant in der Musik. Er gab nicht nur die — jedenfalls elementaren — Musikstunden an die Pfleglinge des Philanthropins, er trat bei den wöchentlichen Konzerten dieser Anstalt als ausübender Künstler auf, und zwar als — Tenorist! Ein drolliges Brieffragment

1) 1794 zugefügte Fussnote zu dem Briefe an Lessing vom 5. Juni 1777; Schriften, hsg. v. Lachmann 13, 586. Der Vorname Johann ist Gedächtnisfehler Nicolais, wie die unten mitgeteilten Originalbriefe ergeben. Ebenso ist es eine bezeichnende Gedächtnisirrung, wenn Nicolai schreibt „der Geist Gabriel Seuberlichs" (oben stillschweigend verbessert); er fand sich nach Jahren selbst nicht mehr in den Abgeschmacktheiten seiner Vorrede zurecht: der Geist Wunderlichs singt die Lieder; Seuberlich (= Nicolai selbst) erlauscht sie von ihm.

2) Karl Adolf Schmidt, Geschichte der Erziehung (1884—1902) 4, 2, 307. Die Quelle dieser Notiz wird hier nicht angegeben, sondern nur zusammenfassend gesagt, dass die Nachrichten über die Lehrer auf den 'Veröffentlichungen des Philanthropins' beruhten.

3) Genauer: 5 Briefe und ein undatiertes Brieffragment. Nachlass Nicolais, Bd. 72.

bittet Nicolai um Übersendung von Tenorarien: „Adagio, Largo, Andantino ist so mein Geschmack, mit brillanten geb ich mich nicht ab, weil ichs nicht zwingen kann. Ein paar hab ich schon durch Ihre Gütigkeit bekommen . . . . etwas Neues kommt nicht zu uns her. Es ist jetzt bei uns im Philanthropin ein beständiges Konzert etabliert[1]), dazu wollte ich denn eben gern etwas Neues haben." Der ganze fröhliche Dilettantismus der Kleinstadt tut sich in den paar Zeilen auf. Wie patriarchalisch dieses Dessau, wie zäh in hergebrachter Sitte es war, bezeugt die erwähnte Chronik auf manchem Blatte; in der Umgebung gab es Mühlen und Pachthöfe, die seit Menschengedenken der gleichen Familie zugehörten — Lebensverhältnisse, in denen man ein lebendiges Forterben von Volksliedern sich recht gut denken kann.

Wir wissen nicht, wann Nicolai zuerst Steinacker nähergetreten ist. Mitte Mai 1776 weilte Nicolai in Dessau, um dem vielberufenen ersten öffentlichen Examen des Philanthropins beizuwohnen. Vielleicht nahm er bei dieser Gelegenheit an jener 'frohen Gesellschaft' teil, in der ihm der Plan zu seiner Parodie kam[2]), und fand Steinacker in der Runde; 'unsere ganze Gesellschaft beiderlei Geschlechts empfiehlt sich Ihnen' lautet die Nachschrift eines Steinackerbriefes vom 10. Juli 1776.

In welcher Weise der Berliner und sein willkommener kleinstädtischer Helfer zusammenarbeiteten, erhellt am besten aus den beiden frühesten Steinackerbriefen in Nicolais Nachlass. Ich lasse sie hier in heutiger Rechtschreibung folgen, den zweiten nur bis zu der Stelle, wo das Volksliedthema verlassen wird.

[1] Hier, liebster Freund, haben Sie abermals einen Transport von Liedern, soviel ich vors erste habe auftreiben können. Ich höre indessen noch nicht auf zu sammeln, und erwarte wirklich noch einige Bauern- und Jägerlieder, die ich dann sofort Ihnen mitteilen werde. Das schöne Lied „Es stunden drei Sterne am Himmel — —" hat uns die „Iris" weggeschnappt, mit samt der Melodie; vermutlich kommt es von Herrn Lenz dahinein, denn von eben demselben hatte es der Freund, der mir's kommunizieren wollte, und der sich ebenso sehr als ich wunderte, es in der „Iris" zu finden. Die zwei einzeln geschriebenen Lieder werden in der Schweiz gesungen, die Melodien davon sollen beim nächsten Transport mitkommen, sowie auch mein „Sußchen" und andere Kleinigkeiten von mir, womit ich diesmal nicht fertig werden konnte. Melden Sie mir nur, ob und wann Sie noch was brauchen können.

Meine Bitten in meinem Letzten durch Herrn Wagner wiederhole ich nochmals. Empfehle mich Ihrer Freundschaft aufs beste und beharre mit vollkommenster Hochachtung

Ihr ergebenster Diener

Dessau, d. 10. Juli 1776. G. W. Steinacker.

Unsere ganze Gesellschaft beiderlei Geschlechts empfiehlt sich Ihnen.

---

1) Basedows 'Philanthropisches Archiv', 3. Stück 1776, meldet S. 109: „Alle Sonnabende wird ein Konzert gegeben, an welchem der hiesige Musikdirektor Rust und einige andere geschickte Tonkünstler aus Gefälligkeit teilnehmen."

2) An Lessing, Schriften, hsg. v. Lachmann 13, 586.

Dessau, d. 18. August 1776.

[2] Hier, verehrter Freund, abermals ein Beitrag, und zwar lauter gedruckte, worunter Sie gewiss etwas finden werden, auch dabei das abgerissene vom Schuhmachergesellen, wo das schöne Schmiedslied draufsteht.

Von Melodien kommen die zwei Schweizer, und noch eines, das mit unter den Papieren ist. Mehr habe ich jetzt nicht beisteuern können, sagen Sie mir nur erst, was Sie brauchen wollen, und schicken mir dann von jedem die erste Strophe, so soll gleich den nächsten Posttag die Melodie kommen. Von meinen Machwerken kommen hierbei zwei Lieder und zwei Canons, alles Ihrer freundschaftlichen Nachsicht empfohlen.

[Folgen Bemerkungen über beabsichtigte Übersetzungen.]

Die Post treibt mich, und ich kann Ihnen nur noch sagen, dass ich aufrichtigst bin

Ihr ergebenster Diener
G. W. Steinacker.

Ganz ähnlichen Inhalt hatte ein verlorener grösserer Brief Steinackers, aus dem v. d. Hagen zahlreiche Stellen seinen Anmerkungen einfügt, die wir unten bei den einzelnen Liedern geben.

Wir sehen, Steinacker griff nicht einfach in vorhandene eigene Sammlungen, sondern lebhaft für Nicolais Plan entzündet — dessen parodistisches Endziel ihm schwerlich klar war —, auch wohl geschmeichelt durch die Mitarbeit an dem Werke eines Mannes von Namen, suchte er auf seinem günstigen Boden eine möglichst reiche Garbe zusammenzulesen. Hierbei fällt ins Gewicht, dass er auch eifrig fliegende Blätter sammelt; Nicolai wird manches gedruckte Blatt, das er benutzte, Steinackers Bemühung verdanken. Dass dieser sich nicht als gelegentlicher Spender von Beiträgen, sondern als Mitarbeiter ansieht, erhellt aus seiner Hoffnung auf Honorar. „Es war doch nicht ganz christlich, lieber Herr, mir auch nicht einen Pfennig geniessen zu lassen“ klagt er in einem späteren Briefe vom 27. Januar 1778. Nicolai liess nämlich den Helfer hinterdrein ziemlich unbeachtet, scheute sogar vor geschäftlichen Beziehungen zu dem buchhändlerischen Anfänger lange Zeit zurück.

Die mitgeteilten Briefe müssen die Erwartung erregen, häufig im 'Kleinen Almanach' den Spuren Steinackers zu begegnen. Da aber v. d. Hagen zwischen uns und Nicolais Sammlung steht, dürfen wir nicht erwarten, dass alle Spuren uns kenntlich seien; denn Hagen redet natürlich nur von den Liedern, die er in die eigene Sammlung wieder aufnehmen wollte, und fliegende Blätter waren auch ihm selbst wohl nur selten als Gaben Steinackers kenntlich. Bei zehn Liedern ist nachweisbar, dass Steinacker sie an Nicolai sandte; sechs davon nahm dieser in den Almanach auf[1]). Von diesen sechs gebe ich hier das Verzeichnis, jeweils die bezeichnende Stelle aus Hagens Anmerkungen beifügend.

1) Nicht aufgenommen wurden die bei Hagen 1, 93; 2, 14b, 69, 101 stehenden oder erwähnten Lieder.

Almanach I, Nr. 1. (Es war einmal ein Schuhmachergesell.)

'In dem in der Anmerkung zu Nr. [93] unserer ersten Sammlung erwähnten Briefe des Herrn Steinacker heisst es über dieses Lied: „Ich hatte die Lieder schon niedergeschrieben, da fiel mir ein Bänkelsänger in die Hände, bei dem ich den jungen Schuhmachergesellen gedruckt fand; ich sehe, dass es etwas anders stehet, als es durch mündliche Tradition auf mich gekommen war, ich schicke Ihnen also das gedruckte Blatt mit, damit Sie die beste Lesart nutzen können.“ Herrn Steinackers Aufzeichnung fand sich auch in der uns von Herrn Nicolai mitgeteilten handschriftlichen Sammlung, nicht aber der erwähnte Druck. Die nicht unbeträchtlichen Abweichungen des Almanachs rühren wahrscheinlich daher'. [Steinackers Text ist aus den nun verzeichneten Abweichungen vom Almanach herstellbar; von kleineren Abweichungen abgesehen, lautet bei ihm das Lied von Strophe 13 an:

13. Als nun der Galgen verfertiget war
Führt man ihn zum Tor h'naus.
14. Als er nun in das Feld kam
Guckt er sich hin und her.
15. Da kam eine gute Extrapost
Man sollt' ihn lassen los.
16. Da kam des jungen Markgrafen sein Weib
Und zog aus ihrer Tasche 300 Dukaten so rot.

Hier bricht Steinackers Aufzeichnung ab.

Almanach I, Nr. 2. (Es spielt ein Graf mit einer Magd.)

'Aus der Mitteilung des Herrn Steinacker, der in seinem erwähnten Briefe darüber folgendes sagt: „Das Lied . . . habe ich auch bei einem Bänkelsänger gefunden: ein Pendant zum Schlössel in Österreich. Kleinigkeiten waren daran zu ändern, das habe ich getan, und es der echten Melodie zum Schlössel untergelegt. Ich denke, Sie werden das Liedchen nicht schlecht finden. Ich fragte meinen Mann, wo er das Lied her hätte. 'Vorn Jahr im Sommer, sagte er, habe ichs in Halle von einem Hallorenjungen singen hören, ders recht schön sang'. Also ein eigentliches Volkslied. Sie werden den Umstand nutzen.“ Unter Herrn Nicolais handschriftlicher Sammlung fand sich noch die von Herrn Steinacker aufgezeichnete Melodie, welche ganz ebenso in den Feinen Almanach aufgenommen worden ist, nur das aus dem $^2/_4$- ein $^3/_4$-Takt gemacht und „Beweglich“ darüber gesetzt worden ist'.

Almanach I, Nr. 4. (Es ritt ein Jäger wohlgemut.)

'Herr Steinacker schreibt in seinem mehrerwähnten Briefe: „Da ich dies schon geschlossen hatte, kam mir das Museum, 5. Stück, wieder in die Hände. Da steht im zweiten Beitrag Herrn Eschenburgs zur alten deutschen Literatur unter Nr. VII ein Mailied, wozu ich einen herrlichen Pendant weiss. Ich schreibe es Ihnen geschwind ab und lege es bei. Eine Melodie davon weiss ich nicht. Ich schreibe Ihnen also nur auf, wie ich mir das Lied so trällere, und jeder, dem ich es vorsinge, muss glauben, dass das die echte Melodie davon ist, wenigstens so lange, bis er mir die wahre alte vorzeigen kann.“ Ohne Zweifel ist hier das obige Lied gemeint, obwohl es sich unter den Papieren Herrn Nicolais nicht fand und die Melodie im Feinen Almanach von Reichardt ist'.

Almanach I, Nr. 7. (Es hatt ein Bauer ein schönes Weib.)

'Fand sich in der handschriftlichen Sammlung des Herrn Nicolai unter Herrn Steinackers Blättern zwar nicht mehr vollständig, doch noch so, dass mit der Rechtschreibung und Mundart auch mancher Ausdruck und unter anderem die Hosen für den Filzhut [am Bette] hergestellt werden konnten'.

Almanach I, Nr. 8. (Es blies ein Jäger wohl in sein Horn.)

'Samt der Melodie aus Mitteilung des Herrn Steinacker, der in einem zu Nr. [93] unserer ersten Sammlung erwähnten Briefe schreibt: „Mit dem Liede sub Nr. IX der genannten Beiträge [Eschenburgs im Deutschen Museum 1776] hat viel Ähnlichkeit das alte Lied 'Es blies ein Jäger wohl in sein Horn', dessen in den 'Blättern von deutscher Art und Kunst' Erwähnung geschieht; auch das besitze ich samt der echten Melodie, wie ich sie unterm Volke wirklich habe singen hören. Sollte es Ihnen noch unbekannt sein, so kann ich es Ihnen bei meiner zweiten Lieferung mitgeben." Auch fand sich die Handschrift dieses Liedes, ganz wie es abgedruckt, in Herrn Nicolais Sammlung'.

Almanach I, Nr. 17. (Das Maidlein will ein'n Freier hab'n.)

'Wahrscheinlich aus Mitteilung des Herrn Steinacker, wenigstens fand sich unter Herrn Nicolais Papieren noch die Melodie von dessen Hand, die von der im Feinen Almanach, die auch volksmässig und im Grunde wohl dieselbe ist, doch beträchtlich abweicht, weshalb beide, die letzte unter b gegeben sind'. [In einer verlorenen Notenbeilage von Hagens Ms.]

Hagens Notizen reichen, wie wir sehen, nicht immer aus, um klar zu erkennen, wie Nicolai Steinackers Gaben verwertete. Er mag andere Aufzeichnungen mit ihnen kontaminiert haben. Wo wir genau seine Behandlungsweise erkennen, enthüllt sie uns nichts Neues: er verfährt mit diesen Liedern wie mit den 'Bergreihen', die Schreibung verzerrend, die Einfalt des Ausdrucks steigernd, grobe Unanständigkeiten tilgend, feinere mit Absicht bewahrend.

Beachtenswert ist der aus allen Briefstellen herausleuchtende Eifer des Musikfreundes Steinacker für die Melodien. Wenn in dem Briefe vom 18. August 1776 die Beobachtung, dass er eigene 'Machwerke' mitsendet, einiges Misstrauen gegen seine Notenbeilagen wachruft, so wird solcher Argwohn durch Hagens Briefauszüge wieder beschwichtigt, denn wir sehen, dass er Eigenes und Gehörtes stets reinlich und offen scheidet.

Die Melodien nun führen uns über Steinacker und seinen Anteil am 'Feinen kleinen Almanach' hinaus. Nicht nur bei den Liedern, die Steinacker sandte, sondern bei vielen anderen, die Hagen aus dem Almanach in seinen 2. Band übernahm, macht er auf Grund seiner Kenntnis von Nicolais Materialien Angaben über die Melodien. Diese Angaben nun verraten freilich nur zum kleinen Teil Neues; Hagen hatte ja schon Erk gegenüber seinen Schatz gelüftet. Da Max Friedlaender die Angaben Erks und sonstige zerstreute Notizen bei seiner eigenen eindringenden Prüfung der Melodienfrage längst verwertet hat[1]), beschränke ich mich

1) Max Friedlaender, Das deutsche Lied im 18. Jahrhundert I, 1, 236.

am besten darauf, festzustellen, dass in 36 Fällen Hagens zweiter Band die Angaben Friedlaenders bestätigt[1]), in sechs Fällen, und ausserdem summarisch für die Möserschen Lieder, sie ergänzt[2]), in drei Fällen widerstreitende, aber offenbar irrtümliche Angaben macht[3]). Was Hagen hier angibt, gewänne volle Deutlichkeit und ganzen Wert erst durch sein Notenheft, das leider der Handschrift nicht mehr beiliegt.

Ein weiterer Punkt, in dem v. d. Hagen unsere Kenntnis der Vorgeschichte des Almanachs fördert, ist die etwas genauere Feststellung des Anteils, den Justus Möser daran hat. Hagen hatte schon in seinem ersten Bande Mösersche Texte aus Nicolais Sammlung gebracht; jetzt nimmt er aus dem zweiten Jahrgang des Almanachs die Nummern 22—28 in ganzer Reihe auf, nur die schon in seinem ersten Bande enthaltenen übergehend, und bemerkt dazu: „Sämtlich von dem seligen Möser mitgeteilt, aus dessen in Herrn Nicolais Sammlung befindlicher Handschrift wir Worte und Weisen hergestellt haben." Für Nr. 24 ('Es ist gewiss und kein Gedicht') und Nr. 28 ('Allerschönster Engel, allerschönstes Kind') war die Herkunft von Möser bislang nicht bekannt. Die Behandlung der Möserschen Lieder durch Nicolai war im ganzen schonend[4]).

Der Streifen neuen Lichtes, der so durch v. d Hagens zweiten Band auf die Entstehung des 'Feinen kleinen Almanachs' fällt, vermag den Verlust der ursprünglichen Materialien Nicolais nicht zu ersetzen. Mangels eines Besseren aber musste er genützt werden.

Und wenn wir einen nicht den literarischen Kreisen zugehörigen Mann wie Steinacker so eifrig für die Sache des Volksliedes interessiert sehen, wenn wir ihn das 'Deutsche Musnum', die 'Iris' u. dgl. zitieren sehen, so gewahren wir mit Genugtuung: die Weckrufe der führenden Männer in der Volksliedbewegung sind auch bei dem bürgerlichen Lesepublikum — und schon vor Herders Sammlung — nicht ohne Wirkung

---

1) Bestätigt als Nicolais Eigentum: I, 16, 18, 21, 28; als Reichardts Komposition: I, 4. 9, 19, 20, 30; II, 3, 4, 5, 6, 7, 8, 9, 10, 11, 12, 14; als Volksmelodien oder 'alte Melodien': I, 26, 31; II, 15, 18, 19, 20, 21, 22, 24; II, 26, 27, 32; I, 1, 5, 10, 14.

2) Ergänzungen: I 1, 2, 7, 8, 17 (über diese s. die obigen Auszüge aus Hagens Anmerkungen); II 23 Hagen: „Samt der Volksmelodie aus dem F. Alm"; über die Möserschen Lieder (II 22 27) bemerkt Hagen: „ . . aus dessen Handschrift wir Worte und Weisen wiederhergestellt haben" — also hätte Nicolai doch retuschiert.

3) Abweichungen: I 6, 24 [von Reichardt] sollen Volksweisen sein; auch II 16 [von Nicolai].

4) Noch ein paar Kleinigkeiten. — I 5 ist nach Hagen (Nr. 28) aus einer Hs. und einem fl. Blatt kontaminiert und überdies willkürlich geändert, auch in der Mundart. — Zu I 10 vermag Ellinger nur einen süddeutschen Druck beizubringen, v. d. Hagen (Nr. 17) erwähnt auch einen Berliner Druck und bezeugt, dass das Lied auch in Berlin gangbar war. — Zu I 18 vermutet Hagen (Nr. 5) mündliche Überlieferung. — Zu I 31 gibt Hagen (Nr. 37b) ein nahe verwandtes Lied „aus der Sammlung neuer weltlicher Lieder Nr. 10"; (vgl Hagen I, Anm. zu Nr. 77). — Zu II 1 (in fl. Blättern häufig) fand Hagen ein bestimmtes fl. Blatt in Nicolais Sammlung und gibt dessen Text (Nr. 38). — II 18 gibt Hagen wörtlich aus Nicolais hs. Sammlung (Nr. 41).

geblieben. Noch singt Steinacker beim Konzert nur seine Tenorarien; aber die Wendung des Geschmacks, die das Volkslied allmählich auch wieder in die Geselligkeit der bürgerlichen Klassen einführte, bahnt sich in Männern wie ihm schon an.

Berlin-Pankow.

Kritisches zur vergleichenden Märchenforschung.

Von **August von Löwis of Menar.**

Die historisch-geographische, vergleichende Märchenforschung, deren Methode nach ihrem Erfinder und ihren Hauptvertretern auch den Ehrennamen der finnischen trägt, hat jüngst in Antti Aarne ihren berufenen Darsteller gefunden. Sein 'Leitfaden'[1]) ist eine vortreffliche Einführung in das wogende Leben der Märchen; denn Aarne geht besonnen zu Werke, stellt sich allenthalben auf den verlässlichen Grund der Tatsachen und vermeidet dadurch Hypothesen. Die Darlegung ist kristallklar, gleich dem Meerwasser der finnischen Schären, vielleicht hier und da von spröder Härte, dem heimatlichen Granit nicht unähnlich, immer aber zeichnet sie sich durch eine ruhige, selbstverständliche Sicherheit aus, die den zwingenden Ergebnissen des als wahr Erkannten entspringt.

Soll sich daher die Kritik mit dieser im Positiven so zuverlässigen Methode beschäftigen, so wird sie im allgemeinen weniger auf Behauptungen, als auf Übersehenes oder Übergangenes zu achten haben. Die Märchenforschung ist aber trotz ihrer Jugend doch schon so reich und stark an inneren und äusseren Beziehungen geworden, dass es nicht zum Verwundern ist, wenn auch Aarnes Einführung Lücken aufweist, die man gerne ausgefüllt sähe.

Es darf vor allem nicht vergessen werden: Julius Krohn gab der Methode die erste Anwendung, und zwar ausschliesslich auf die Kalevalalieder, Kaarle Krohn folgte mit den Tiermärchen, und erst Aarne untersuchte mit ihrer Hilfe die sogenannten Zaubermärchen. In diesen Tatsachen liegt unleugbar eine Entwicklung und ein Fortschritt, aber hat man jeweils immer die gebührende Rücksicht auf die zu untersuchenden Texte genommen? Müssen nicht die langen, zusammengesetzten Märchen anders behandelt werden als kurze Tiergeschichten oder Lieder? Seiner festen Form wegen bietet das Lied Veränderungen gegenüber den stärksten Widerstand und lässt der individuellen Betätigung des Vor-

1) Vgl. Boltes Anzeige, oben 24, 330.

tragenden weniger Raum. Leichter schon verändern sich die Tiermärchen trotz ihrer knappen Geschlossenheit und scharfen Pointierung, doch sind sie immerhin noch weit stabiler, als die lose komponierten, ewig wandelfähigen Zaubermärchen. Rechnet die finnische Methode mit diesem Umstand? Man muss darauf mit einem Ja und einem Nein erwidern. Freilich beruht sie auf sorgfältiger Beobachtung der Veränderungen in den Märchen, aber nur das Stoffliche, das rein Konstruktive interessiert sie daran, nicht das individuell-künstlerische Moment. Sie arbeitet nur mit dem Schema eines Märchens und lässt die Verbindung, die Ausführung, die Haltung, kurz, die Elemente der inneren Form fast unbeachtet. Währenddessen gehn Axel Olrik und ein Teil der deutschen Forscher gerade darauf aus, die künstlerische Formung der Märchen für die Erkenntnis nutzbar zu machen. Ihnen bleibt eines der Hauptprobleme immer dieses: wieweit sind unsere Märchen Kunstprodukte und Schöpfungen eines Einzelnen, und welchen Anteil an ihrer Gestaltung haben der Erzähler und das lauschende Publikum? Die finnischen Forscher dagegen interessieren sich nur wenig für den einzelnen Träger der Überlieferung, den sie hinter dem Stofflichen fast verschwinden lassen. Sie spüren dem Individuellen nicht nach, denn nur das Typische nimmt ihre Aufmerksamkeit in Anspruch. Es hat den Anschein, als stünden sie zu sehr unter dem Eindruck des ungeheuren heimischen, im wesentlichen einheitlichen Materials, um den Eigenheiten der anderen Märchenkomplexe ganz gerecht werden zu können. Bei den Liedern und Märchen Finnlands ist dank der sorgfältigen Sammeltätigkeit die Feststellung wohl möglich geworden, dass eine 'jede Gegend ihre eigene Sanges- und Erzählart hat'[1]), und ähnlich dürften die Verhältnisse auch in Estland liegen, wo die riesigen Hurtschen Sammlungen darüber Aufklärung geben könnten. Für das übrige Europa ist man jedoch entweder auf Vermutungen angewiesen oder nur ganz allgemein orientiert. Lediglich grosse geographisch oder ethnisch geschlossene Komplexe lassen sich hier mit einiger Sicherheit unterscheiden, innerhalb dieser aber nur Erzählerindividualitäten mit bestimmten Stoffinteressen, technischen Ausdrucksmitteln und Ideenkreisen, die man genau kennen müsste, um die 'Veränderungen' in den Märchen richtig zu beurteilen.

Die vergleichende Märchenforschung geht bewusst auf diese Dinge nicht ein. Sie arbeitet mit einem so grossen Material, dass sie auf das Studium des vollständigen Märchentextes verzichten muss. Sie behilft sich mit dem nackten Gerüst, den einzelnen stofflichen Zügen, und — der Deutlichkeit halber übertreibend gesagt — sie zählt sie, aber wägt sie kaum. Auf das Häufige, Typische wird das Schwergewicht gelegt, die logisch ungenügenden Abweichungen aber, diese grundlegenden philologischen Merkmale für die Beurteilung der Verwandtschaft, der Herkunft

1) K. Krohn, Finn.-Ugr. Forsch. 10, 38.

und ursprünglichen Bedeutung werden nicht oft nach ihrem vollen Werte eingeschätzt. Die finnische Methode erzielt schöne Ergebnisse, wo ihr eine Fülle von Material zu Gebote steht, und eine geschickte Auswahl des Stoffes hat gezeigt, wieviel sie unter günstigen Verhältnissen zu leisten vermag. Anders aber läge es bei den seltener belegten Märchen, wie etwa Dornröschen, Falada, den Brünhildmärchen oder bei solchen legenden- und sagenhaften Geschichten, die nur in wenigen, zerstreuten Fassungen vorliegen. Käme man da weit, wenn man sich auf das Gerippe der Erzählung beschränken wollte, ohne des Fleisches und der Muskeln zu achten, die über den Knochen liegen? Hier dürfte die Methode, die sich auf die Masse eines Materials stützen muss, versagen und könnte nur dann zu befriedigenden Ergebnissen gelangen, wenn sie sich fester, als es sonst geschieht, auf die bewährten Grundsätze der philologisch-historischen Forschung stützte.

Alles hier Berührte hängt nun mit den Zielen zusammen, die sich die vergleichende Forschung nicht ohne starke Einseitigkeit stellt: Rekonstruktion der Urform, Feststellung der Heimat, der Wanderwege und der Entstehungszeit. Dass darüber hinaus die wichtigsten Aufgaben noch ihrer Lösung harren, wird keineswegs verkannt, und es ist daher anzunehmen, dass die Äusserung Kaarle Krohns: „Erst danach beginnt eigentlich die Märchenforschung," nicht scherzhaft, sondern ernst gemeint war[1]). Sind aber alle diese Aufgaben wirklich nur der künftigen Forschung zu überlassen, wie Aarne meint? Ist nichts aus ihnen geeignet, die Methode, so wie sie jetzt angewendet wird, zu befruchten?

Gerade Aarnes ältere Untersuchungen — die neueren weisen auch darin einen entschiedenen Fortschritt auf — zeigen deutlich, wie die vergleichende Methode sich ärmlicher gibt, als sie sollte und brauchte. So ist es zweifellos richtig, dass jedes Märchen eine Erzählung von ursprünglich fester, bestimmter Komposition ist, die nur einmal an bestimmter Stelle und zu bestimmter Zeit vollzogen wurde, denn erst nach Erlangung dieser festen Form darf die Erzählung als ein Märchen betrachtet werden[2]). Die Motivforschung aber, die Aarne ganz beiseite schiebt, wird dadurch keineswegs überflüssig, denn nur mit ihrer Hilfe kann die Vorgeschichte des Märchens aufgehellt werden. Nicht durch willkürliche Mischung einzelner selbständiger Motive sind die Märchen gebildet, das behauptet heute kein ernst zu nehmender Forscher mehr, wohl aber schöpften die Dichter, die unter dem Zwang eines Unterhaltungsbedürfnisses standen, das nach bestimmter Richtung hin orientiert war, aus einem Vorrat primitiveren Erzählguts, das unter dem Volk umlief. Von 'uralten' Motiven möchte man freilich mit Aarne nur ungern sprechen, denn nur die Vor-

1) Aarne, Leitfaden S. 56.

2) Aarne, Leitfaden S. 12 geht über diesen entscheidenden Punkt mit Stillschweigen hinweg.

stellungen, etwa magische und religiöse, auf denen sie beruhen, dürften von unberechenbarem Alter sein, nicht aber ihre anekdotisch-novellistische Gestaltung zu einer kurzen Erzählung, die stets deutlich verraten haben muss, dass sie die zugrunde liegende Vorstellung bereits dichterisch frei verwertet. Allein die selbständige frühe Existenz zahlreicher Motive in der Form sagenähnlicher kurzer Geschichten, die von den Märchendichtern aufgenommen, erweitert, umgeformt wurden, leugnet Aarne meines Erachtens zu Unrecht. Es sind nicht nur 'einige Einzelzüge' von alter Formung in die Märchen verarbeitet worden, sondern wahrscheinlich sehr viel mehr, als man heute weiss oder vermutet. Ist denn daran zu zweifeln, dass die Motive magisch-religiösen, sagenhaften und extrem heroischen Charakters nicht erst für das allem Geglaubten abholde, genrehafte und eher idyllische Märchen erfunden worden sind, sondern schon früher selbständig existierten? Wie gerieten sonst Motive hinein, wie die 'Inkorporierung der Seele', 'Macht im Namen', 'Jephtas Tochter', 'Helden- und Drachenkämpfe', 'Streitende Riesen um Wunderdinge betrogen', Frau-Holle-Motive und zahlreiche andere, an Riesen, Zwerge, Teufel, Geister und ähnliche aussermenschliche Gestalten geknüpfte Episoden?

Der Ausdruck 'märchenhaft', sagt Roediger mit vollem Recht, ist weit und vage, denn es gibt kaum irgendwelche Motive, die bloss im Roman, in der Heldensage, im Mythus oder bloss im Märchen vorkommen und nicht in mehreren Gattungen zugleich[1]). Was die Märchenforschung daher braucht, ist eine neue umfassende Motivforschung, wie sie in recht glücklichen, freilich noch tastenden Ansätzen bereits angebahnt wurde[2]). Eine Untersuchung der Gestaltung und Entwicklungsfolge der Motive ist notwendig, eine Feststellung ihrer literarischen Formen und ihrer Funktionen im Rahmen eines Märchens, ihrer Existenzmöglichkeit als selbständige kurze Erzählung, ihrer stofflichen Herkunft und Geschichte, ihrer vielfältigen Beziehungen zu anderen Gattungen[3]) und der Bedingungen ihrer Entwicklung. Es müsste erkannt werden, wie durch Verlängerung, Steigerung, Auswahl und Gruppierung allmählich zusammengesetzte Erzählungen entstehn[4]), wie andere durch Aufschwellung der Motive von innen heraus sich zu kurzen Geschichten ausweiten[5]), und welchen äusseren und inneren Veränderungen sich die Motive beim Übergang in andere Gattungen aussetzen.

---

1) Bethge, Ergebnisse und Fortschritte der germanist. Wissenschaft S. 605, vgl. Bethe, Hess. Blätter 4, 106.

2) Vgl. v. der Leyens Neuordnung der Märchen der Brüder Grimm, Jena 1912; Fr. Ranke, Der Erlöser in der Wiege, München 1911; ders., Bayer. Hefte f. Volkskunde 1, 40–51.

3) Die Aarne nur in bezug auf die Volksepen gelten lässt, s. Leitfaden S. 22.

4) Vgl. Arfert, Grenzboten 66, 138 ff.; Petsch, Korresp.-Blatt d. Gesamtvereine 58, Sp. 179 f.

5) Vgl. z. B. Grimm, KHM. 5. 28. 55. 94. 105. 109. 182 u. a.

Die vergleichende Forschung sucht jedoch in die lange Vorgeschichte des Märchens nicht einzudringen, sondern sie begnügt sich damit, Urformen, oder richtiger Urschemata ausfindig zu machen, die in ihrer zuweilen recht auffallenden Blutleere und Unbestimmtheit kaum etwas von individueller, künstlerischer Erfindung verraten. Sie ignoriert im Grunde genommen die Tatsache, dass die Märchen als zusammengesetzte, komplizierte Gebilde auf einfachere Formen zurückgeführt werden müssen, weil sie in ihrem Rahmen sehr verschiedenartige und widerstrebende Elemente enthalten.

Es ist auch missverständlich, wenn Aarne sagt, jeder Märchenzug gehöre ursprünglich zu einem einzigen Märchen[1]). Gewiss ist ein jeder Zug irgendwo zum erstenmal in ein bestimmtes Märchen aufgenommen worden, aber so allgemein verbreitete Motive, wie Drachenkampf, übernatürliche Empfängnis, dankbare Tiere, magische Flucht und viele andere konnten gewiss an verschiedenen Orten, gleichzeitig oder zu verschiedener Zeit unabhängig voneinander in mehreren Märchen auftauchen. Es müssen daher auch spezifische Elemente in zwei Märchen übereinstimmen, wenn von einer Beeinflussung die Rede sein soll, denn stereotype, formelhaft erstarrte Züge, die sich so unendlich oft dort einstellen, wo typische Bilder oder eine günstige Situation ihre Aufnahme nahelegen oder gar erzwingen, sind keine Beweise der Verwandtschaft[2]). Man wird also jeweils genau zu untersuchen haben, ob ein Motiv der Handlung organisch zugehört und ihr eine eigene Note gibt, oder ob es nur ein schmückender, vielleicht bloss Spannung erzeugender Zug ist, der mehr oder minder entbehrlich bleibt.

Der Unterscheidung und Wertung formelhafter und individueller Elemente schenkt die vergleichende Methode auch sonst nicht die Aufmerksamkeit, die sie wohl verdienten, und es kommt daher bisweilen zu Missgriffen in der Rekonstruktion der Urformen. Im indischen Märchen vom Zauberring z. B. erzählen die weitaus meisten Varianten, dass der Ring in das Meer fällt, nur zwölf von ihnen, darunter aber mehrere indische, der Pentamerone und der Siddhi-Kür nennen den Fluss. Aarne begnügt sich mit dem Übergewicht der Zahl als Beweis und rekonstruiert für die Urform das Meer[3]). Er übersieht, dass in zahlreichen Fällen trotz des Meeres ein Krebs, eine Kröte, ein Frosch, eine Otter, sehr häufig ein Hecht usw. beim Heraufholen des Ringes eine Rolle spielen. Alle diese Tiere leben jedoch nur im Süsswasser, worauf Aarne nicht hinweist. Wo liegt nun aber die sekundäre Änderung? Gehört das Süsswassertier und mit ihm der Fluss oder aber das Meer der ursprünglichen Fassung an?

1) Leitfaden S. 47.

2) Diese Forderung wird öfter unbeachtet gelassen, so z. B. von Fr. Panzer, Sigfrid S. 176 ff.

3) Vergleichende Märchenforschungen S. 53.

Von historisch-geographischen Gründen abgesehen, fordern logische, den Fluss und die Süsswassertiere, die nicht alle gedankenlos eingeführt sein können, als ursprünglicher anzusehen. Das Meer ist dagegen eine so häufige formelhafte, aus dem Prinzip der Steigerung zu erklärende Bezeichnung für eine breite Wasserfläche, dass es nicht wundernehmen kann, wenn es auch hier so oft an die Stelle des Flusses tritt.

Ähnlich verhält es sich mit dem Abschluss des Zaubervogelmärchens in der auffallend unplastischen Rekonstruktion von Aarne. Wie K. Krohn bereits richtig bemerkte, ist die Gegenspielerin des goldspeienden Helden eine Königstochter, die von einer Zauberin zu ihrem Betruge angestiftet wird[1]). So mildert sich gewissermassen ihr Vergehn, und es ist verständlich, dass ihr der Held, der sie ja doch begehrt, die menschliche Gestalt wiedergibt, um sie heiraten zu können. Aarne hat diesen notwendigen und zugleich formelhaften Ausgang nicht beachtet: er schliesst mit der 'Zurückgewinnung der menschlichen Gestalt, nachdem die Strafzeit lange genug gedauert hat'. Sein Held bekommt auf diese Weise eine fatale Ähnlichkeit mit einer Gouvernante, die das unfolgsame Kind solange im Winkel stehn lässt, bis die Strafe ihrer Anschauung nach einen bleibenden Eindruck gemacht haben dürfte. Demgegenüber muss aber betont werden, dass auch das Stilgefühl ein ergänzendes, wertvolles Mittel der Kritik ist, das man am wenigsten bei der Untersuchung der Märchen aus der Hand geben sollte, die so stark wie wenige andere literarische Gattungen dem Einfluss der mündlichen Tradition unterworfen gewesen sind, der sie die Abrundung zum Typischen und das Erstarken des Formelhaften zu danken haben.

Ein anderes Beispiel zeigt, wie Aarne solchen individuellen Zügen, die man bei flüchtigem Betrachten als verderbt bezeichnen könnte, zugleich aber auch einem Grundprinzip der inneren Formgebung des Märchens nicht gerecht wird.

Im wahrscheinlich indischen Zaubervogelmärchen wird zumeist nicht angegeben, welcher besonderen Gattung der Vogel angehört[2]). Abgesehen von gelegentlichen Benennungen figuriert in Kaschmir und Hinterindien je einmal ein Papagei, im Norden Europas und in Sibirien nicht selten eine Gans oder Ente, sonst öfter noch ein Huhn. Häufig dagegen sind rühmende Epitheta wie schön, prachtvoll, golden, goldfarbig, bunt. Aarne meint nun, die Bestimmung der Art des Vogels sei ohne Zweifel ein späterer Zusatz. Die Angaben sind freilich widersprechend, und da Aarnes Augenmerk nur auf die allgemeiner verbreiteten Züge gerichtet ist, kommt er zu keinem befriedigenden Ergebnis. Er legt sich aber auch gar nicht die Frage vor, was jene bestimmten Bezeichnungen wohl für einen Sinn haben und wie sie in die Märchen gelangt sein können.

1) Finn.-Ugr. Forsch. Bd. 9, Anzeiger S. 7.

2) Aarne, Vergleichende Märchenforschungen S. 174.

Schon die häufigen Epitheta zeigen jedoch, dass ein bestimmter, auffallender Vogel für die Urform vorauszusetzen ist. Von besonderem Gewicht aber sind die Fassungen der Länder, die der mutmasslichen Heimat des Märchens am nächsten liegen, sie nennen den Papagei. Es liegt infolgedessen nicht der geringste Grund dafür vor, zu bezweifeln, dass die Urform gerade diesen bunten Vogel gekannt habe, der begreiflicherweise in anderen Gegenden durch einen bekannteren, einheimischen ersetzt worden ist. Dazu kommt noch eine andere Erwägung. Die Forschungen van Genneps[1]), denen auch Vierkandt in seiner gehaltvollen Besprechung beistimmt[2]), zeigen, dass Lokalisierung und Individualisierung (entgegen Wundt) die frühesten Stadien einer Erzählung kennzeichnen, und dass die egozentrische und überhaupt konkrete Auffassung und die Gebundenheit der Phantasie auf einer primitiveren Stufe der Entwicklung zu finden sind als die abstrakte Anschauung und jenes undefinierbare und so oft missbrauchte 'freie Spiel der Phantasie'.

Die Märchenforschung hat allen Grund, dieser Ansicht van Genneps beizupflichten. Geht man von den jungen Aufzeichnungen in Westeuropa zu denen im Osten über, die unzweifelhaft auf einer im Stofflichen wie Formalen altertümlicheren Stufe stehen, so merkt man deutlich, wie die allgemeine Gebundenheit und die konkreten Beziehungen zunehmen[3]). Ähnlich verhält sichs beim chronologischen Vorgehn. Die älteren Aufzeichnungen, besonders auch die orientalischen sind in ihrem ganzen Habitus ungemein erdenhaft, realistisch und voll von individuellen Zügen, wie z. B. die häufigen Orts- und Personennamen es deutlich zeigen. Das ältere, literarische Märchen ist in diesem Punkt primitiver, es liebt noch die genaue Bestimmung, will noch den Eindruck des Glaubhaften machen und führt darum den Hörer gern zu bekannten Orten und zu Menschen, die ihm vertraut sind. Es hat noch nicht den Drang in das Reich der ungebundenen Phantasie und ist noch nicht erstarrt im Typischen, Formelhaften und Allgemeinen.

Die erwähnten indischen Märchen stehn also in ihrer Angabe über den Papagei ebenfalls noch auf einer älteren Stufe, als die zahlreichen Fassungen, die nur unbestimmt von einem Vogel sprechen; es ist daher auch aus diesem Grunde wahrscheinlich, dass die Urform den buntfarbigen, schon von der Natur als etwas Besonderes gekennzeichneten Vogel gekannt habe, der sich auch äusserlich zur Rolle eines Zaubervogels eignete.

Eine ähnliche Lücke lässt Aarne in der Urform des Märchens vom Zauberring. Es bleibt völlig ungewiss, wer eigentlich der Dieb des

1) La Formation des Légendes, Paris 1910, vgl. besonders livre 1.

2) Psychologische Grundfragen der Mythenforschung, Archiv f. d. gesamte Psychologie 23, Heft 1 u. 2.

3) Für ein Teilgebiet vgl. Verfasser, Der Held im deutschen und russischen Märchen, Jena 1912.

Ringes ist, welchen Charakter er hat und worin die Gründe seiner Handlungsweise bestehen. Aarne spielt wohl einmal darauf an[1]), dass in den europäischen Varianten meist ein früherer Bräutigam der Königstochter der spiritus rector sei, der das Mädchen zum Diebstahl anstiftet, lässt aber schliesslich die Frage nach der Person doch offen. Dagegen ist einzuwenden, dass sich in der Volkspoesie, wie Olrik als erster betont hat, das psychologische Interesse ganz besonders in Gegensätzen, in kontrastierenden Gestalten auszudrücken liebt; dass dem Helden immer ein Widerspieler gegenübergestellt wird, um auf die Hauptperson ein kräftiges Licht zu werfen. Man weiss auch, dass das Märchen Unbestimmtheiten nicht liebt, sondern von einer so wichtigen Person, wie dem Gegner des Helden, gern scharfumrissene Konturen zeichnet. Es ist also von vornhinein recht unwahrscheinlich, dass im obigen Beispiel nur die blasse Silhouette eines 'Diebes' auftauchen sollte. Tatsächlich geben aber die Varianten genügend Anhalt, um die Gestalt des Diebes auf einen ganz bestimmten Typus zurückzuführen.

Sieht man von den zahllosen finnischen Fassungen ab, wo immer vom früheren Bräutigam die Rede ist, so bleiben noch 19 Fassungen aus Europa, Asien und Afrika, auch der Pentamerone und 1001 Nacht, wo ein Freier genannt oder auf ihn angespielt wird. Meistens ist es auch hier eine der Königstochter bekannte Person, in den beiden indischen Fassungen Ja 1 und 2 und einigen andern ist es aber ein Mann, von dem sie gar nichts weiss.

Aarne sagt sehr richtig, indem er andere Beweise heranzieht[2]), dass die Königstochter ursprünglich nichts verbrochen hat, betont aber nicht, worauf es hier ankommt, dass die Person des Nebenbuhlers zweifellos die Hauptrolle bei der Entwendung des Ringes gespielt hat, wie die gewichtigsten Varianten es deutlich verraten.

Unklar ist Aarnes Stellung zur Benfeyschen Theorie der Entstehung der meisten Märchen in Indien. Einmal sagt er, Benfeys Ansicht habe „alle ihre Bedeutung verloren, nachdem die Forschung erwiesen hat, dass viele Märchen anderswo als in Indien entstanden sind"[3]), andererseits gibt er aber doch zu, „dass Indien, dem einige für die Entstehung der Märchen beinahe alle Bedeutung haben absprechen wollen, doch einen bemerkenswerten Anteil an ihrer Schöpfung hat"[4]). Aarne wird in seinem Urteil Benfey nicht gerecht. Das volkstümliche Material der 50er Jahre des 19. Jahrhunderts reichte freilich noch nicht aus, um aus ihm sichere Schlüsse auf Heimat und Verbreitung zu ziehen, und die Forschung über die ältere literarische Überlieferung stak noch in den Kinderschuhen.

1) Vergleichende Märchenforschungen S. 46.
2) Vergleichende Märchenforschungen S. 55.
3) Leitfaden S. 8.
4) Leitfaden S. 17.

Dass Benfey übertreiben musste, nur um gehört zu werden, ist begreiflich genug, stand doch die ganze damalige wissenschaftliche Welt unter dem Eindruck der uferlosen mythologischen Spekulationen grimmischer Nachfolger.

Benfey hatte im Gegensatz dazu höchst gesunde und solid fundierte Ansichten über das Märchen, die bis auf den einen Punkt noch heute unwiderlegt sind. Man sollte ihn daher nicht, wie es meist geschieht, einseitig mit dem Standpunkt der indischen Entstehung des Märchens abtun, sondern das Schwergewicht mehr auf die ungleich wertvollere Tatsache legen, dass Benfey die engen Wechselwirkungen zwischen literarischer und volkstümlicher Tradition klar erfasst hat; dass er das Märchen aus dem mythologischen Nebel heraushob, in ihm ein Kunstprodukt erkannte und für den kulturhistorischen Hintergrund ein entschiedenes Verständnis besass, dass er die Wanderwege oft glücklich angeben konnte und dem Begriff der Entlehnung zum Siege verhalf. Die Überschätzung Indiens aber war, daran gemessen, eine lässliche Sünde.

Gerade auch Aarnes Arbeiten zeigen deutlich, einen wie grossen Anteil Indien an der Entstehung der Volksmärchen hat. Von den sechs von ihm eingehend behandelten Märchen sind drei indischen Ursprungs, eines indisch oder vielleicht persisch. Die beiden anderen verwenden mindestens Motive älteren indischen Erzählguts, doch liegt das eine von ihnen, was Aarne entgangen ist, bereits in einer chinesischen, aus dem Indischen entlehnten Fassung vor, die spätestens um 500 n. Chr. entstanden sein kann[1]), also wohl auch indischen Ursprungs sein dürfte.

Freilich lässt sich aus diesem geringen Material kein Schluss ziehen, und die Einzeluntersuchungen wird man noch lange fortsetzen müssen, um einen sicheren Grund für die Beurteilung der Heimat der Märchen zu gewinnen. Wahrscheinlich wird es sich aber zeigen, dass von den weitausspinnenden, biographischen, oft genrehaften Zaubermärchen die Mehrzahl in Europa entstanden ist, unbeschadet der Verwendung orientalischer Motive; dass dagegen die schwankhaften, oft auch die legendarischen, dann die nicht seltenen didaktischen oder doch in besonderer Weise tendenziösen Stoffe sehr häufig orientalischer Herkunft sind. Der Reichtum der überlieferten indischen Unterhaltungsliteratur beweist jedoch mindestens eine Vorliebe für märchenhafte Erzählungen, wie sie für kein anderes Land vorausgesetzt werden kann; es liegt daher, wie Aarne richtig bemerkt, gar kein Grund vor, zu bezweifeln, dass die Inder auch Märchen verfasst haben.

Den Einfluss dieser Literatur auf die mündliche Tradition hat Benfey in der Tat wohl etwas überschätzt. Sein vergleichender Blick konnte bei dem damaligen dürftigen Material an mündlichen Aufzeichnungen

1) Vgl. Bolte-Polivka, Anmerkungen 1, 359.

noch nicht für alle Feinheiten geschärft sein. Ihm war das formale Alter einer Überlieferung noch heilig, und er gab sich daher meist gar nicht erst die Mühe, in jungen Aufzeichnungen nach den Spuren innerer Altertümlichkeit zu suchen. Heute scheint man bereits in das andere Extrem verfallen zu wollen, indem man, wie Aarne, die Bedeutung literarischer Fassungen sehr gering anschlägt.

Es ist wohl möglich, dass hier noch ein wenig die romantische Auffassung mitspricht, eine Aufzeichnung bedeute das Ende des Volksmärchens[1]). Dass dem aber nicht so ist, weiss jeder, der im Orient gereist oder wenigstens einmal einen der schön illustrierten orientalischen Manuskriptbände sagen- und märchenhaften Inhalts in Händen gehabt hat. Diese Bücher sind in allererster Reihe zum Vorlesen bestimmt und sollen dem Publikum aller Schichten der Bevölkerung Unterhaltungsliteratur vermitteln. Jedermann kennt und liebt die alten Erzählungen, denn man lauscht dort dem Vorleser mit lebhaftester Spannung. Kein Wunder daher, dass die beliebtesten Stücke von den Hörern gern auf eigene Weise immer wieder neu erzählt werden. Die literarischen Fassungen sind daher nicht tot, sondern stehn in lebendigster Wechselwirkung mit der mündlichen Überlieferung, die sich an ihnen stärkt und auffrischt. Und dadurch, dass die ältere orientalische Literatur in zahlreichen Bearbeitungen und Übersetzungen bei den benachbarten Völkern verbreitet war und ist, übt sie auch auf die mündliche Überlieferung der Nachbarn einen tiefgehnden Einfluss aus, man braucht nur auf China, die Mongolei, Sibirien, den Kaukasus und Nordafrika hinzuweisen.

Ganz ähnlich liegen aber auch die Verhältnisse im näheren Osten und in Europa. Man denke nur an das Alte Testament, an die Apokryphen, an die äsopische Tradition, an Herodot, an die Literatur über Alexander den Grossen, an die mittellateinischen Autoren und anonymen Sammlungen — sind sie nicht dank ihrer weiten Verbreitung von tiefstem Einfluss auch auf die volkstümliche Tradition zahlreicher Völker gewesen? Die alten italienischen Sammlungen haben nach allen Richtungen hin und selbst bis ins östlichste Europa gewirkt; das Aladdinmärchen aus 1001 Nacht ist in volkstümlichen Varianten, wie Aarne selber zeigt[2]), weit verbreitet; die mittelalterlichen Predigtsammlungen, auch Bebel, Montanus, Perrault bis hinauf zu Grimms in der ganzen Welt wiedererzählten Märchen — sie alle haben ihre deutlichen Spuren hinterlassen. Die Kodifikation bedeutet also gewiss nicht den Tod, sondern frisches Leben, das durch Vorleser und Zuhörer immer wieder neu erzeugt wird. Das

1) Achim von Arnim an Jacob Grimm am 22. Oktober 1812: „Fixierte Märchen würden endlich der Tod der gesamten Märchenwelt sein“ (Steig S. 223).

2) Vergleichende Märchenforschungen S. 64ff.; s. a. FF Communications 15, 73 (Der tiersprachenkundige Mann).

wahre Sterben des Märchens vollzieht sich auf ganz andere Weise und nur allmählich: es ist ein Hinsiechen unter dem Druck der Kulturbedingungen unserer Zeit, die dem Genügen an einer anspruchslosen, naiven Unterhaltung feindlich sind.

Mit voller Berechtigung legt die vergleichende Forschung grossen Wert auf die Feststellung, dass das junge volkstümliche Märchen sich häufig als ursprünglicher erweist, als selbst die älteste Buchvariante, und mag sie auch aus der Heimat des betreffenden Märchens stammen. Diese Tatsache, die für den Philologen nichts Überraschendes hat, darf jedoch nicht ohne Weiteres verallgemeinert werden zu dem Satz, das volkstümliche Märchen stelle gewöhnlich die ältere Märchenform gegenüber den literarischen Bearbeitungen dar[1]). Hier scheint die Fehlerquelle darin zu liegen, dass man die nur aus mündlichen Varianten rekonstruierte Urform den literarischen Bearbeitungen gegenüberzustellen pflegte und nun begreiflicherweise sehr schwerwiegende Abweichungen fand. So gelangte wohl Aarne zu einer Unterschätzung der schriftlich überlieferten Varianten, die er lediglich als Beweismittel zweiter Ordnung gelten lassen will[2]). Offenbar ist es jedoch unrichtig, die ältere Literatur so gering zu werten. Oben war bereits die Rede davon, dass selbst Entstellungen einzelner Züge Beweise für Ursprünglichkeit sein können, und im Positiven weist K. Krohn in seiner Besprechung von Aarnes Vergleichenden Untersuchungen mehrfach nach[3]), dass die literarischen Varianten für die Rekonstruktion der Urform von weit grösserer Bedeutung sind, als Aarne es zugibt. Gewiss ist es nicht oft die vollständige Erzählung, die den ursprünglichen Zustand besser bewahrt als das mündlich fortgepflanzte Märchen. Das liegt sicherlich an der mehr oder weniger starken literarischen Verarbeitung, an den Zwecken, die sie verfolgt. Einzelzüge jedoch sind hier sehr häufig treuer bewahrt, als in der jüngeren mündlichen Tradition, die sich schon deshalb stark wandeln musste, weil sie unter den Einfluss neuer Kulturverhältnisse geriet und sich anders gearteten geistigen Bedürfnissen anzupassen hatte. Schliesslich geht doch die schriftliche Überlieferung unmittelbar auf sehr alte Quellen zurück, sollte also schon deswegen Ursprüngliches bieten können.

Aarnes Urformen tragen diesem Umstande nicht genügend Rechnung. Sie bauen sich auf einer ungeheuren Überzahl europäischer Varianten auf und kranken daran, dass die volkstümliche orientalische Tradition nur zu einem sehr geringen Teile bekannt ist. Dadurch verschiebt sich leicht das mutmasslich wahre Verhältnis. Das eigentümlich Orientalische kommt

1) Aarne, Leitfaden S. 9.

2) Ebenda S. 49. Erst in seiner Untersuchung über den tiersprachenkundigen Mann zieht Aarne, und zwar mit bestem Erfolg, die Buchvarianten gleichzeitig mit den volkstümlichen heran.

3) Finn.-Ugr.-Forsch. 9, Anzeiger.

nicht ganz zu seinem Recht, und die rekonstruierte Urform spiegelt dann mehr, als sie dürfte, den europäischen Zustand wider.

Endlich ist noch darauf hinzuweisen, dass die Ordnung der Märchen nach K. Krohns System[1]) lediglich nach der sprachlichen Verwandtschaft der Völker, bei denen die betreffenden Märchen aufgezählt wurden, nicht sachlich ist. Die stofflichen Beziehungen zwischen den Varianten, auf die hier doch besonderer Wert gelegt wird, geraten dadurch leicht in eine falsche Beleuchtung, worauf Polívka[2]) bereits aufmerksam machte. Man sollte z. B. rumänische Varianten nicht mit den spanischen, portugiesischen, französischen und italienischen zusammentun, sondern sie vereint mit den übrigen balkanischen betrachten; die magyarischen haben gewiss nichts mit den finnischen gemeinsam, sondern stehn unter dem Einfluss ihrer Nachbarn; die westslawischen dürften von den ostslawischen durchaus zu trennen sein, denn erstere sind mit den westeuropäischen viel näher verwandt; man denke an die isolierten Wenden und Kaschuben, aber auch an Čechen und Polen.

Polívka verlangt mit Recht eine organische Einteilung nach Kulturzentren, denn weder eine linguistische noch eine geographische ist allein imstande, die stoffliche Verwandtschaft klar hervortreten zu lassen. Dass sich aber die Märchen vor allem mit der Kultur verbreiten und über Sprachgrenzen leicht hinüberwandern, das haben ja gerade auch die finnischen Forscher mit voller Deutlichkeit gezeigt.

Die vergleichende Methode hat sich unbezweifelbare, grosse Verdienste um die Märchenforschung erworben. Sie hat ihr neue Wege gewiesen und gewann auf ihnen wertvolle Erkenntnisse. Manches Vorurteil ist durch sie gefallen, und nebelhafte Hypothesen hielten den klaren Prinzipien der Methode nicht stand. Die vergleichende Forschung hat uns das Märchen in seiner ganzen Erdenhaftigkeit näher gebracht. Sie lehrt das einfache innere Leben dieser Gebilde verstehn, das in allem so ganz von den Zwecken anspruchsloser volkstümlicher Unterhaltung beherrscht wird, und sie erlaubt dank einer durchdachten Technik recht zuverlässige Schlüsse auf die Heimat, die Urform und die Wanderwege der Märchen zu ziehen, wenn auch im einzelnen noch manches unerklärt bleiben musste. So ist die eigentliche Domäne der vergleichenden Forschung das mündlich weitverbreitete Märchen geworden. Sie meistert selbst ungeheure Massen, scheidet mit Scharfsinn die häufig kontaminierten Themata voneinander und geht mit feinem Gefühl auch den letzten Verästelungen nach.

Fremder steht sie dem schriftlich fixierten Märchen gegenüber und beurteilt die Fäden kaum richtig, die zur mündlichen Überlieferung hin-

1) Aarne, Leitfaden S. 66.
2) Národop. Věstník 5, 34.

überführen. Man wünschte sich eine Vertiefung nach der historischen und der philologischen Seite, einen weiteren Blick für die literarischen Zusammenhänge und eine grössere Beachtung der individuellen und künstlerischen Momente. — Die Forschung ist aber noch jung und ohne Zweifel entwicklungsfähig. Sie hat viel geleistet; kein Wunder daher, wenn noch viel von ihr erhofft wird.

Berlin.

Volkslieder von der Königin Luise.

Von **John Meier**.

Gern wenden sich in dieser ernsten, aber grossen Zeit nationaler Erhebung die Gedanken hundert Jahre zurück zu den Tagen der Wiedergeburt deutschen Geistes und Fühlens, die sich aus schwererer Not und herberem Leid zum Licht durchringen mussten. Unter den Gestalten jener Tage, die bestimmend und führend an den Ereignissen teilnahmen, steht heute noch, mehr als andere mit warmem Leben erfüllt, die Königin Luise im Erinnern des deutschen, vor allem des preussischen Volkes, und die hingebende, mitleidende und mitkämpfende Treue der Gattin, die sorgende Liebe der Mutter ist ihr von uns allen unvergessen. Das Menschliche in ihrer Persönlichkeit ist es vor anderem, was sie das Volk beinahe als Heilige verehren lässt, nicht so sehr ihre Teilnahme an der hohen Politik, ihre Betätigung als regierende Königin. Ihr früher Tod, der sie, den Liebling ihres Volkes, vollem und reichem Leben in der Blüte ihrer Schönheit entriss, hatte etwas gewaltsam Eindrucksvolles und unendlich Rührendes und bewegte nachhaltig dauernd die Herzen der Deutschen.

Das kommt auch zum deutlichen Ausdruck in den Volksliedern, die das Andenken der Königin feiern und die ich, soweit sie mir bekannt geworden sind, im folgenden zusammenstelle. Sie zeigen, verschieden in ihrer Art und in ihrem Wert, doch alle, wie das deutsche Volk bis zum heutigen Tage ihr Gedächtnis hochhält.

I. Ich hab einen Arm, und der ist kurz.

Von diesem Liede sind mir bisher sechs Fassungen aufgestossen: **A.** Erks Nachlass 12, 224: Hoffmanns von Fallersleben hsl. Sammlung vor 1840 (mündl. aus Köben in Schlesien). **B.** Erks Nachlass 13, 148 mit Melodie. **C.** Erks Nachlass 1/2, S. 165 mündl. aus Görsdorf bei Jüterbogk 1844 mit Melodie. **D.** Erks Nachlass 33, 652 mündl. aus Rohrbeck bei Jüterbog 1859 mit Melodie. **E.** Fiedler,

Volksreime und Volkslieder in Anhalt-Dessau (Dessau 1847) S. 132 ff.[1]). F. E. Lemke, Volkstümliches in Ostpreussen 3, 77 ff.

Ich habe hier, wie beim folgenden Lied, den Versuch gemacht, aus den verschiedenen Fassungen soviel wie möglich das Ursprüngliche zu ermitteln, betone aber in aller Schärfe, dass ich mir seiner Unzulänglichkeit vollkommen bewusst bin. Ich möchte ausdrücklich hervorheben, dass man fast überall nur soweit kommen kann, die gewählte Fassung als möglich, niemals aber als sicher hinzustellen.

Zunächst drucke ich die Rekonstruktion ab und lasse die vorhandenen Melodien folgen:

1. Ich hab einen Arm, und der ist kurz,
Mit dem reich ich nicht weit,
Und wenn ich mich um und um bedenk,
Hab ich nichts als Traurigkeit.

2. Ich flieh die weite Welt umher,
Wie eine wilde Gans,
Ein jeder Vogel hat sein Nest,
Aber ich weiss nicht wohin.

3. Ich wollt' einmal nach Hause reis'n,
Wollt' machen meinen Eltern ein' Freud,
Es dauerte kaum der Tage drei,
Da ward ich sterbenskrank.

4. 'Bringt mich in mein Schlafkämmerlein,
Dass ich kann ruhen drein,
Dass ich kann ruhen sanft und fein
Und schlafen fröhlich ein.

5. 'Ruft mir einmal meinen Gemahl herein,
Dass ich mit ihm sprechen kann'.
Der König angegangen kam
In seinem leisen Gang:

1) 'Das folgende Volkslied (auf den Tod der Königin Luise von Preussen) ist schon aus neuer Zeit. Es wird auf dem Lande vielfach gesungen, doch bin ich nicht im Stande gewesen, den vollständigen Text zu erlangen. Ich teile wenigstens den grösseren Teil mit, das Lied ist in echtem Volkstone, scheint aber mancherlei Veränderungen und Verstümmelungen erlitten zu haben, denen das Volkslied überhaupt so ausgesetzt ist' (Fiedler a. a. O. S. 132 f.).

1 = ABCDEF 1. habe A, hatt F, ein'n BCD, der ist sehr kurz AB, und der war kurz F. **2** = ABCDEF 2. Damit lange AB, Damit reich C, reicht F. **3** u. **4** fehlt ABCDE = F 3 f. **5** fehlt ABE, = CD 3, F 5 Denn ich muss fliehen in die weite Welt C, in der weiten Welt herum F. **6** fehlt ABE, = CD 4 F 6. **7** fehlt D, = ABE 3, C 5, F 7, fliegt nach seinem Nest ABE. **8** fehlt D, = ABE 4, C 6, F 8. Und ich hab nirgends Ruh E, Und ich weiss nirgends hin F. **9** = ABDE 5, C 7, F 9. reisen ABF, zu Hause C, Sie wollt' einmal spazieren gehn E. **10** = ABDE 6, C 8, F 10. Wollte machen meinen Kindern eine Freud AB, mach'n mein'n D, Ihren Ältern machen 'ne Freud E, Und machen meinen Eltern 'ne Freud F. **11** Vor 11 eingeschoben in AB V. 8—10: Wollte meinen Kleinen, dass sich Gott erbarm, Wollte machen meinen Kindern eine Freud. Und als sie nun nach Hause kam, Da wurde sie sehr krank. — andere Schrift! = ABF 11, C 9, DE 7. daurte B, drei Tage lang AB, drei Wochen lang CD, drei Viertelstund E. **12** = ABF 12, C 10, DE 8. ward (war E) sie ABE, ich plötzlich (herzlich F) krank CDF. **13** fehlt ABEF, = C 11, D 9. Bring Er mich in mein Zimmer hinein C. **14** fehlt ABEF, = C 12, D 10. Dass ich kann ruhen fein C. **15** fehlt ABEF, = C 13, D 10. **16** fehlt ABEF, = C 14, D 11. Gott soll mein Beistand sein D. **17** f. fehlt ABCDF, = E 9 f. **19** = ABF 13, C 15, E 11, fehlt D. Da kam der König gegangen rein AB, Der Gemahl (König F[2]) der kam hereingegangen EF[2], Der Herr hereingegangen kam F. **20** = ABF 14, C 16, E 12, fehlt D. Auf einem (ein B) schneeweissen Sarg AB, Und weinte bitterlich E, Einen leisen Gang hat er F, Und schlug die Händ überm Kopf zusammen F[2].

6. "Luise, ach liebste Luise mein,
Wie blass macht dich der Tod!"
Er sprach mit ihr so ganz allein
Wohl über eine Stund'.

7. 'Ruft mir einmal meinen Prinz herein,
Dass ich mit ihm sprechen kann'.
Der Kronprinz angegangen kam,
Fiel seiner Mutter um den Hals:

8. „Ach Mutter, Herzensmutter mein,
Was soll ich fangen an?"
'Mein Sohn, mit dir hats keine Not,
Schau nur die Kleinen an.

9. 'O grosser Gott, barmherzger Gott
Nimm dich der Kleinen an!
Holt mir einmal die Amme her,
Dass ich sie sprechen kann.'

10. Die Amme hereingegangen kam,
Schneeweiss war sie gekleidt:
„„Ach Königliche Majestät,
Was ist der Gnädgen Befehl?""

11. 'Ach Amme, liebste Amme mein,
Tu sie meinen Kindern Gut's,
Tu sie meinen kleinen Kindern Guts,
Das lohnt ihr der liebe Gott.'

12. „„Ach Königliche Majestät,
Das soll und muss geschehn,
So lange meine Augen sehn,
Soll ihnen kein Leid geschehn.""

13. Sechs Doktor standen ums Bett herum,
Keiner war, der helfen konnt',
Nur Einer war, der helfen konnt',
Das war der liebe Gott.

14. Sie drehte sich im Bett herum
Mit dem Gesicht wohl nach der Wand,
Es dauerte kaum ein' Viertelstund,
Da war sie todeskalt.

---

21 fehlt ABD, = C 17, E 13, F 15. Ach Luischen, liebes Luischen mein EF. **22** fehlt ABD, = C 18, E 14, F 16. Was soll ich fangen an C. **23** fehlt CDEF, = AB 15. so sanft und fein AB. **24** fehlt CDEF, = AB 16, Stunde lang AB. **25f.** fehlt ABCDF, = E 15 f. **27** fehlt F, = ABE 17, C 19, D 21. **28** fehlt F, = ABE 18, C 20, D 22. In seinem leisen Schritt C, Und weinte bitterlich E. **29** fehlt F, = ABE 19, C 21, D 22. Ach Mutter, liebste Mutter mein CDE. **30** fehlt F, = ABE 20, C 22, D 23. Wer sorgt denn nun für mich E. **31** fehlt F, = AB 22, C 23, D 25. Für dich ist schon gesorgt AB, Für dich ist schon gesorgt genug E. **32** fehlt F, = AB 21, CE 24, D 26, Mein Kind, sieh nur die Kleinen an AB, Sieh nur E. **33f.** fehlt EF, = AB 23f, C 25f., D 27f., Sieh nur die Kleinen, dass sich Gott erbarm, Sieh nur die kleinen Kinderlein an AB, Es helfe dir der liebe Gott, Der grosse liebe Gott D. **35** fehlt E, = AB 25, C 27, D 13, F 17. Ruft mir einmal die Amme rein AB, Bringt mir D, Geh ruf mir doch die Amme rein F. **36** fehlt E, = AB 26, C 28, D 14, F 18. Dass ich kann reden mit ihr AB, Dass ich mit ihr reden kann D, ich mit ihr F. Darauf sind in ABDF zwei Verse eingefügt: Dass ich kann reden, wie sich's verhalten soll, Dass ich kann reden mit ihr AB, Die Amme angegangen kam, In ihrem leisen Gang D, Dass ich mit ihr sprechen kann, Wie sie sich verhalten soll F. **37f.** fehlt ABCDE, kam hereingegangen F. **39f.** fehlt ABCDE, ihr Befehl F. **41** fehlt E, = ABC 29, D 17, F 25. liebe DF. **42** fehlt E, = ABC 30, D 18, F 26. meinen (mein'n B) kleinen Kinderlein AB, sie fehlt CD, meinen Kinderchens F. **43f.** fehlt CDE, = AB 31 f., F 27f. meinen (mein'n B) Kleinen, dass sich Gott erbarm, Tu sie meinen kleinen Kinderchen Guts AB, Tu Sie meinen Kinderchens Guts, Das belohnt ihr der liebe Gott F. **45f.** fehlt CDEF, = AB 33. Majestätin mein AB. **47** fehlt EF, = AB 35, C 31, D 19. So lange (lang B) meine Augen (Aug'n B) ihre Kinder sehn AB, So lang, so lang meine C, So lange, lange meine D. **48** fehlt EF, = AB 36, C 32, D 20. ihn'n BCD, nichts Leids C. **53f.** fehlt ABCD, = E 23 f., F 33f. dreht sich in dem E, Gesichte nach E, Sie wandt sich im Bette um und um F. **55f.** fehlt ABCD, = E 25, F 35f. dau'rte kaum drei E, eine . . . todt und kalt F. **49** fehlt C, = AB 37, DF 29, E 27. Die Doctor um das Bette standen AB, Sieben D. Alle Doktoren standen an ihrem Bett E, Sechs Doctor wohl an dem Bett da standen F. **50** fehlt C, = AB 38, DF 30, E 28. Doch keiner AB, ist's . . kann D, kein Arzt der helfen kann E, Doch keiner helfen F. **51** fehlt CE, = AB 39, DF 31, ist's . . kann D, Als Einer der ihr helfen konnt F. **52** fehlt CE, = AB 40, DF 32. ist D. **57–60** fehlt ABCDF, kam herausgegangen E.

15. Der König herausgegangen kam
Und weinte bitterlich:
"Ach Kinder, liebste Kinder mein,
Unsre einzge Mutter ist tot."

16. Sieben Kinder standen um den Sarg
Und weinten bitterlich,
Sie gingen schwarz und weiss gekleidt
Und trauerten königlich.

17. "Spannt mir geschwind sechs Pferde an
Und führt sie nach Berlin,
Lasst sie da stehn acht Tage lang,
Dass ein jeder sie kann sehn.

18. "Dann fahrt sie nach Charlottenburg,
Dort ist Luischens Grab,
Dort ruht Luischen hübsch und fein,
Gott wird ihr Beistand sein!"

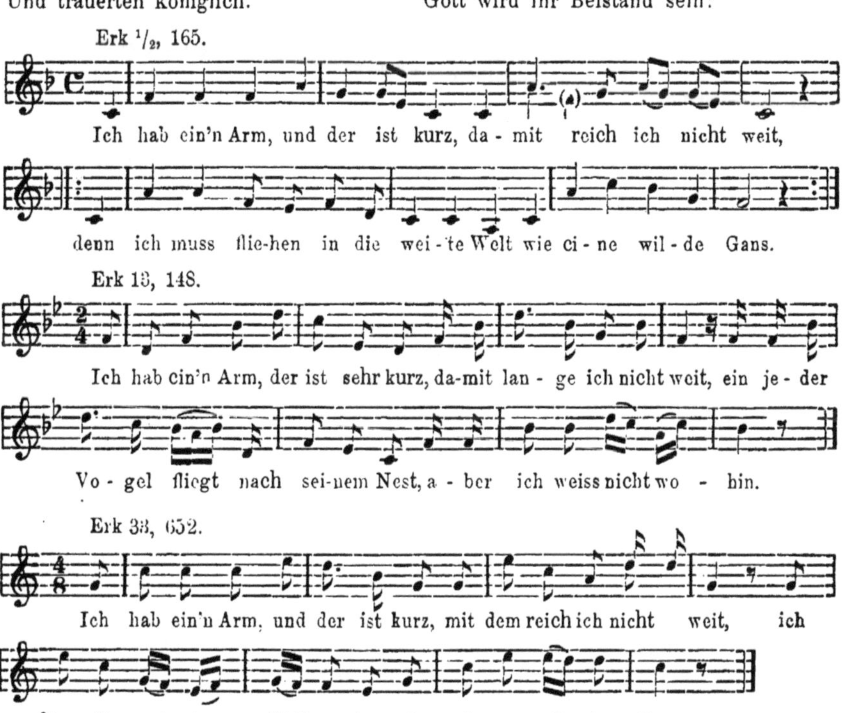

61 fehlt ABE, = CD 33, F 37, um ihren C, Sechs . . Sarg herum D, wohl um das Bett da standen F. **62** fehlt ABE, = CD 34, F 38. **63f.** fehlt ABE, = CD 35f., F 39 f. Gingen alle schwarz und weiss Und trauerten königlich gekleidt C, Halb weiss, halb schwarz waren sie gekleidet F. **65** fehlt C, = ABF 41, D 37, E 33. geschwinde AB, Sechs Pferde spannte man vor'n Wagen an D, Spannt mir meine acht schwarzen Pferde an E, Spannt mir vier Pferde vor den Wagen F. **66** fehlt C, = ABF 42, D 38, E 34. fahrt mich AB, fuhr sie D, fahrt-sie E. **67** fehlt C, = ABF 43, D 39, E 35. In Berlin stand sie AB, Darin stand sie sechs Wochen lang D, Hier stand sie wohl E. **68** fehlt C, = ABF 44, D 40, E 36. Dass sie Jedermann konnte ansehn AB, Ein Jeder konnt' sie sehn DE, sie sehen kann F. **69** fehlt C, = ABF 45, D 41, E 37. Drauf fahren (fuhren B) sie AB, Man fuhr sie D, Da ging es E. In F folgende Erweiterung: Spannt mir vier Pferde vor den Wagen, Und führt sie nach Charlottenburg, Lasst sie da stehn acht Tage lang, Dass ein Jeder sie sehen kann. In Charlottenburg ist sie begraben. **70** fehlt C, = AB 46, DE 42, F 50. war L. (der L. B) ihr AB, Da ist Luisens (Luischens F) DF, Hier ruht Luischen mein E. **71** fehlt C, = AB 47, DE 43, F 51, sanft und AB, Da soll sie ruh'n recht sanft und D. Hier E, Da . . sanft und F. **72** fehlt C, = AB 48, DE 44, F 52, Dort wird AB, mag E.

Rufen wir nun, bevor wir zur näheren Betrachtung des Liedes übergehen, uns die dort geschilderten geschichtlichen Ereignisse ins Gedächtnis[1]).

Nach mehr als dreijährigem Exil, während dessen das Königspaar gezwungen war von Ort zu Ort zu fliehen (V. 1—8), konnte es endlich am 23. Dezember 1809 nach Berlin zurückkehren, wo es von der ganzen Bevölkerung jubelnd begrüsst wurde. Im darauffolgenden Sommer nun, am 25. Juni 1810, reiste Königin Luise zu ihrer unaussprechlichen Freude, der die von Bailleu (a. a. O. S. 349 ff.) mitgegeteilten Briefe unmittelbarsten Ausdruck geben, zum Besuche ihres Vaters und ihrer Grossmutter nach Neustrelitz, wo sie am Abend des gleichen Tages anlangte. Am 28. Juni kam der König nach, und das Königspaar begab sich mit seinen Wirten nach kurzem Verweilen in Neustrelitz auf das Schloss Hohen-Zieritz, wo man noch ein paar Tage verbringen wollte. Am Abend des 29. Juni wurde die Königin von Kopfweh geplagt, und am nächsten Tage fühlte sie sich ernsthaft leidend, doch schien die Krankheit zunächst unbedenklich. Der König reiste deshalb am 3. Juli nach Charlottenburg zurück. Bei der Königin entwickelte sich indessen eine Lungenentzündung, die nach anfänglicher Gutartigkeit einen ernsteren Verlauf nahm, so dass Geheimrat Heim von Berlin gerufen wurde, um mit dem herzoglichen Leibarzt Hieronymi die Behandlung zu übernehmen. Heim, der am 10. Juli in Hohen-Zieritz eintraf, konnte schon nach zwei Tagen zurückreisen, da die Krankheit einen normalen Verlauf zu nehmen schien. Kurz darauf trat aber plötzlich eine Verschlimmerung ein, so dass Heim am 16. Juli wieder zurückgerufen wurde und dann den König am folgenden Tage durch Eilboten benachrichtigte. Dieser reiste am 18. Juli, nachdem er mittags den Bericht empfangen hatte, mit dem Kronprinzen und dem Prinzen Wilhelm nach Hohen-Zieritz, wo er am nächsten Morgen um fünf Uhr eintraf. Er wurde von Heim gleich zur Königin geführt und war 'heftig erschreckt über deren schon sehr verändertes Aussehen' (V. 21 f). Die Königin war beglückt über das Wiedersehen mit ihrem Gemahl und den Kindern und liess ihre beiden Söhne an das Bett kommen, wo sie sich mit ihnen unterhielt (im Gedicht nur der Kronprinz genannt, V. 25 ff.). Geheimrat Heim wünschte, dass der König seine Gemahlin auf den Ernst der Lage aufmerksam machen und sie nach etwaigen Wünschen fragen sollte. Dies tut er zweimal (V. 23 f.; im Gedicht einmal) und erhält auf die Frage 'ob sie etwas auf dem Herzen oder sonst einen Wunsch hätte' zuerst ein Nein, dann bei ihrer Wiederholung die Antwort: 'Dein Glück und die Erziehung der Kinder' (V. 31 ff.). Königin Luise starb dann kurz darauf, am 19. Juli 1810, vormittags 9 Uhr. Eine Stunde nach ihrem Tode langten noch ihre Kinder Prinz Carl und Prinzessin Charlotte an (im Gedichte V. 59 ff. werden die Kinder als schon beim Tode anwesend vorausgesetzt). Der König reiste am folgenden Tage mit seinen Kindern nach Berlin zurück. Die Leiche der Königin wurde am 25. Juli von Hohen-Zieritz weggeführt[2]) und langte am 27. Juli, abends 8 Uhr, in Berlin an[3]). 'In Berlin wurde sie zwei Tage nach ihrer Ankunft auf die einfachste, aber rührendste Art in der K. Domkirche einstweilen beigesetzt'[2]) (im Gedicht V. 67 f. ist sie acht Tage aufgebahrt). Am 23. Dezember 1810 wurde sie nach Charlottenburg, das sie so sehr liebte, 'in ihre jetzige Ruhestätte'[2]) überführt (im Gedicht V. 69 ff. schliesst sich beides unmittelbar aneinander an).

---

1) Das Folgende im grossen und ganzen nach Bailleu, Königin Luise. Berlin 1908. In Klammern habe ich auf entsprechende Stellen des Liedes verwiesen.

2) [Frau von Berg,] Louise, Königin von Preussen (Berlin 1814) S. 108.

3) Tagebuch der Gräfin Voss. Dieses und das vorherstehende Werk hat J. Bolte auf meine Bitte freundlich in Berlin eingesehen.

Die eben skizzierten historischen Ereignisse werden nun vom Gedichte in der Stilform des Volksliedes dargestellt. Wieviel jedoch von den Einzelheiten volksmässigen Stils schon von Anfang an vorhanden war, wieviel erst im Laufe der Wanderung im Volke hinzugekommen ist, lässt sich schwer mit Sicherheit sagen, wenn auch in einigen Fällen wahrscheinlich machen.

Gegeben ist die allgemeine Form des Gedichtes, und Anfang (Str. 1—3) wie Schluss (Str. 16—18) stehen so ziemlich im Wortlaut fest. Ebenso gesichert ist das Auftreten von König, Kronprinz und Amme nacheinander. Im übrigen ist die Rekonstruktion des einzelnen vollständig unsicher, zumal da die verschiedenen Stellen des Gedichtes sich in ihrem Formelbestande beeinflusst haben: die gleichen Phrasen sind öfters angewandt, was sicherlich zum Teil sekundär ist, und von einem Platz im Gedicht auf den anderen gerutscht. Zweifelhaft ist es jedoch, ob in den folgenden Fällen nicht die Gleichheit des Ausdruckes beabsichtigt wurde:

Ruft mir einmal meinen Gemahl herein	E Str. 3
Ruft mir einmal meinen Prinz herein	E Str. 5
Ruft mir einmal die Amme rein	AB Str. 7
Da kam der König gegangen rein	AB Str. 4
Da kam der Kronprinz gegangen rein	AB Str. 5
Der König angegangen kam	C Str. 4
Der Kronprinz angegangen kam	C Str. 5
Die Amme angegangen kam	D Str. 4

In seinem leisen Gang (König)	C Str. 4	(Einen leisen Gang hat er F Str. 4)
In seinem leisen Schritt (Kronprinz)	C Str. 5	
In ihrem leisen Gang (Amme)	D Str. 4	

Während man hier noch im Zweifel sein kann, ob nicht absichtlich aus künstlerischen Zwecken in diesen ähnlichen Situationen die gleichen Phrasen gewählt sind, dürften weitere Fälle wohl sicher anders liegen. Wir kennen die Stileigenart des Volksliedes, in typischer Weise gleiche oder ähnliche Situationen mit gleichen Worten zu schildern und parallel oder gegensätzlich auftretende oder wirkende Personen mit den gleichen Formeln einzuführen und sprechen zu lassen. Diese Neigung werden wir überall beobachten können und daraus den methodischen Schluss ziehen: Haben wir bei mehrfacher Überlieferung eines Liedes an zwei oder mehr Stellen neben dem Gebrauch der gleichen Phrasen eine abweichende selbständige Formulierung in einer Fassung, so spricht die Präsumption dafür, dass die letztere das Ursprüngliche bietet. So ist sicher die sich in unserem Liede gern einstellende Formel 'sauft und fein' an einigen Stellen unursprünglich und von einem Platz auf den anderen übergeglitten: AB Str. 4 stammt wohl aus C Str. 13, D Str. 10 und AB Str. 12, wo allerdings vielleicht die Lesart von E (hübsch und fein) gegenüber ABDF den Vorzug verdient. D Str. 3, Gott soll mein Beistand sein, ist sicher dem Schlussvers des Gedichtes entlehnt und an der ersten Stelle sekundär. Die Frage des Königs Str. 5 (Was soll ich fangen an?) stammt wohl aus der gleichen Frage des Kronprinzen C Str. 6. Die häufige Verwendung der Phrase 'dass sich Gott erbarm' in AB ist sicher zum Teil unursprünglich: aus Str. 6 ist es in Str. 2 und 8 eingedrungen. Wenn es in E Str. 2 bei der Königin nur 'drei Viertelstund' dauert, bis sie sterbenskrank wird, so ist diese Zeitangabe einfach aus E Str. 8 entlehnt. Ebenso ist es meist nicht ursprünglich, wenn es in E Str. 3 vom König, in Str. 5 vom Prinzen und in Str. 9 wieder vom König heisst 'Und weinte bitterlich'. Nur an der letzten Stelle dürfte es ursprünglich gestanden haben.

Sicherlich sekundären Ursprungs ist auch ein Teil der Erweiterungen, Zerdehnungen und Wiederholungen von Formeln, die sehr häufig auftreten. Derartiges hat doch nur dann ästhetische Berechtigung, wenn dem Gesagten noch ein besonderer Nachdruck dadurch gegeben werden soll, nicht aber beim ruhigen, gleichmässigen Vortrag. Ohne weiteres stellt sich F Str. 12 als spätere, unoriginäre Wiederholung von F Str. 11 dar und ist sicher zu streichen:

11. Spannt mir vier Pferde vor den Wagen Und führt sie nach Berlin! Lasst sie da stehn acht Tage lang, Dass ein Jeder sie sehen kann!	12. Spannt mir vier Pferde vor den Wagen Und führt sie nach Charlottenburg! Lasst sie da stehn acht Tage lang, Dass ein Jeder sie sehen kann!

Ebenso dürften AB Str. 2 und 6 keine Gewähr der Echtheit bieten:

2. Ich wollt' einmal nach Hause reisen, Wollte machen meinen Kindern eine Freud' Wollte meinen Kleinen, dass sich Gott erbarm, Wollte machen meinen Kindern eine Freud'.	6. Mein Kind, sieh nur die Kleinen an, Für uns ist schon gesorgt, Sieh nur die Kleinen, dass sich Gott erbarm, Sieh nur die kleinen Kinderlein an.

Von D Str. 7 möchte das gleiche gelten:

7. Mein Sohn mit dir hat's keine Not,
Schau nur die Kleinen an;
Es helfe dir der liebe Gott,
Der grosse liebe Gott!

Dagegen scheint mir die Zerdehnung AB Str. 8 (vgl. F Str. 7) beabsichtigt zu sein:

8. Ach, Amme, liebste Amme mein,
Tu sie meinen kleinen Kinderlein Gut's
Tu sie meinen Kleinen, dass sich Gott erbarm,
Tu sie meinen kleinen Kinderlein Gut's.

Ebenso D Str. 3 und C Str. 3 und 4:

D 3, 2	Dass ich kann ruhen drein Dass ich kann ruhen sanft und fein.
C 3, 4 und 4, 1	Dass ich fein ruhen kann, Dass ich kann ruhen sanft und fein.

Auf gewisse Übereinstimmungen und anderseits Unstimmigkeiten des tatsächlichen Verlaufs und der Darstellung im Liede habe ich schon oben bei den historischen Notizen aufmerksam gemacht. Wenig gesichert sind, wie stets im Liede, die Zahl- und Zeitangaben: Königin Luise wird in ABF nach drei Tagen krank, während es in E nur drei Viertelstund, in CD drei Wochen sind. Nur die reine Zahl ist übereinstimmend, aber auch sie trifft nicht zu; in Wirklichkeit waren es vier Tage. Entweder ist der Dichter des Liedes falsch berichtet gewesen oder die Vierzahl ist durch die typische Dreizahl ersetzt worden. Unrichtig erzählt auch das Lied, Königin Luise sei acht Tage (in D Str. 10 werden sechs Wochen daraus!) im Berliner Dom aufgebahrt gewesen, während tatsächlich nur eine Frist von zwei Tagen zwischen der Ankunft der Leiche und ihrer vorläufigen Beisetzung liegt. Die Zahl der Pferde, die vor den Leichenwagen gespannt werden, ist bald sechs (AB Str. 11, D Str. 10), bald acht (E Str. 10), bald vier (F Str. 11). Ob ich mit meiner Entscheidung das Richtige getroffen habe, ist nicht zu sagen.

Die Zahl der Doktoren mag mit fünfen zutreffend angegeben sein; jedenfalls waren ausser dem Geheimrat Heim und dem Leibarzt Hieronymi noch andere Ärzte zugegen.

Es ist die Frage, ob ich nicht zu viel in die Rekonstruktion aufgenommen habe. Bei V. 23f. hat mich dazu die Übereinstimmung mit den tatsächlichen Geschehnissen bewegt, bei der Aufnahme der zehnten Strophe die Rede der Amme V. 39f., die schwerlich später vom Volksmund so formuliert wäre. Bezüglich weiterer Strophen kann man in guten Treuen verschiedener Meinung sein: Sicherheit ist in solchen Dingen fast nie zu gewinnen.

Für wahrscheinlich halte ich es, dass in unserem Gedichte, wie in dem folgenden, ursprünglich achtzeilige Strophen bestanden haben, die, hier wie dort, später zerteilt sind, was ausserordentlich häufig vorkommt. Man wird erkennen, dass meine Rekonstruktion fast durchgehends das eng Verbundene in einer achtzeiligen Strophe zusammenfasst, was eine gewisse Empfehlung für ihre Richtigkeit im allgemeinen sein dürfte.

Wenn wir das Lied unbefangen auf uns wirken lassen, so wird uns bei aller Ungeschicklichkeit und öfteren Ärmlichkeit des Ausdrucks und der Unbeholfenheit seiner Form, die indes vielleicht sekundär ist, das Unmittelbare der Empfindung und die Wärme des gefühlsmässigen Ausdrucks bei aller Spröde nicht entgehen. Ich halte es trotz allen Schwächen für das wertvollste der mitgeteilten Lieder, die je jünger auch desto geringer werden. Dem Volkslied fehlt es an historischem Interesse und Verständnis: fast nur das rein Menschliche reizt zur Darstellung und wird vom Volke gestaltet oder aufgenommen. Das Politische und Geschichtliche wird umgebildet oder fallen gelassen, ja es werden die Persönlichkeiten, denen das Lied ursprünglich galt, oft eliminiert und durch Typen ersetzt. Es mag an dieser Stelle genügen auf das bekannte Beispiel der Marlboroughlieder zu verweisen, wo Marlbruck bald in den meisten Fällen durch den 'Fähnrich' ersetzt wird.

Auch in unserem Liede ist es das rein Menschliche, die Gattin und Mutter, deren rührendes Sterben dargestellt wird. Für die Königin in ihr und ihre bedeutsame Wirksamkeit in der Politik findet der Dichter keinen Ausdruck und hat auch kein Interesse dafür. Das geht überall im Volksliede durch: auch bei den historischen Persönlichkeiten ist es nur das allgemein Menschliche, was fesselt, und sind es nur menschlich rührende Vorgänge, wie hier der Tod der im blühenden Alter stehenden Frau, die den geliebten Gatten und die Kinder vorzeitig verlassen musste, die das Volk und seine Dichter auch bei geschichtlichen Persönlichkeiten interessieren. Wenn wir das folgende Lied daraufhin ansehen, so beobachten wir, wie sofort und fast überall die beiden politischen Strophen aus dem Gedichte verschwinden, auch immer mehr individuell bezügliche Strophen wegfallen und das Lied stark verkürzt wird, bis endlich in der auf S. 181 mitgeteilten Fassung jede Beziehung auf die Königin Luise wegfällt und es nur als Sterbelied der Geliebten weitergesungen wird.

II. Wilhelm, komm an meine Seite, Nimm den letzten Abschiedskuss.

Das Lied ist mir in nachfolgend verzeichneten 33 Versionen bekannt geworden:

1. Fl. Bl. aus Halle in Soltaus Nachlass bei Soltau-Hildebrand S 449. — 2. Mündl. aus Frauenmund in Thüringen ebenda S. 449 und XLI. — 3—6. ebd. S. 449. — 7. Glock, Badischer Liederhort 1, 86f. Nr. 51. — 8. Hsl. Liederbuch in Dr. Mansholts Besitz (40er Jahre des 18. Jahrhs.) S. 42 Nr. 28 — 9 und 10. Wolfram, Nassauische Volkslieder S. 392f. Nr. 466. — 11, 12, 13. Becker, Rhein. Volksliederborn S. 32f. Nr. 34. — 14. Hsl. Liederbuch des Stellenbesitzers Zwick in Rankau, Kr. Nimptsch (Schlesien) nach Mitt. Dr. Kleins. — 15. Volkslieder aus dem Eulengebirge S. 3ff. Nr. 3. — 16 und 17. Amft, Volkslieder der Grafschaft Glatz S. 171f. Nr. 147. — 18 und 19. Erk-Irmer 6, 28ff. Nr. 24. — 20. Hsl. Aufzeichnung von Heinr. Müller in Weinberg, Kr. Zabern 1867 in Mündels Nachlass im Germ. Seminar zu Strassburg. — 21. Fl. Bl. Sechs schöne neue Lieder, Das Fünfte . . . Frankfurt a. O. u. Berlin bei Trowitzsch & Sohn (312) in meinem Besitz. — 22. Kretzschmer, Deutsche Volkslieder 1 (1840), S. 68ff. Nr. 42. — 23. Hsl. Liederbuch aus Amorbach, Ende 30er oder in den 40er Jahren des 19. Jahrhs., nach Mitt. A. Englerts. — 24. Erks Nachl. 39, 309: Abdruck des Liedes in der Kreuzzeitung 1876, 22. März, vorm., durch Grafen von Egloffstein. — 25. Köhler-Meier, Volkslieder von der Mosel und Saar S. 305f. Nr. 295. — 26. Ravensburger Bl. für Geschichts-, Volks- und Heimatskunde 1 (1901), 68. — 27. Lemke, Volkstümliches in Ostpreussen 3, 79f. — 28. ebd. — 29. Norrenberg S. 27 Nr. 33. — 30. Treichel S. 46 Nr. 36. — 31. Hähnlein (Hessen) Bl. 38 b im Hess. Arch. zu Giessen 2 [19]. — 32. Würges im Taunus 1877 in Erks Nachl. 40, 136 (nur eine Strophe und Melodie). — 33. Stückraths Sammlung 1905 (Hsl.).

Ditfurth, Die hist. Volkslieder 1763—1812 S. 356ff Nr. 162 druckt von Soltau-Hildebrand ab, und Erk-Böhme 2, 156ff. Nr. 347 tut beim Text im allgemeinen dasselbe und gibt nur an ein paar Stellen willkürlich ausgewählte Lesarten anderer Fassungen. Ich bemerke noch, dass Hildebrand Soltaus Fl. Bl., das er zugrunde legt, nicht datiert, dass daher wohl die Angabe Böhmes 'um 1820' unzutreffend ist.

Auch hier stelle ich wieder eine Rekonstruktion des Liedes den weiteren Betrachtungen voran.

1. Wilhelm, komm an meine Seite,
Nimm den letzten Abschiedskuss,
Schlummernd hört' ich ein Geläute,
Welches mich zu Grabe ruft.
Wilhelm, drücke, ach, so drücke
Dich an meine bange Brust,
Nimm von meiner kalten Lippe
Nun den letzten Abschiedskuss!

---

1 rück 29. 2 Abschiedsgruss 7, Nimm von mir den Abschiedskuss 14; 15; 16; 17, Gib mir den letzten 22; 26, Reiche mir den Abschiedskuss 29, Meine letzte Stunde schlägt 31, Komm an meine bange (schwache 33) Brust 32; 33. 3 Tönen hör ich das 9; 10, hör 20; 23; 25; 29; 30; 32, das 23. Im Schlummern hört 27, Schlummre sanft und ohn' Geleite 28, Hörst du nicht das jämmerlich Geläute 31. 4 zum 7; 8; 11; 12; 13; 16; 17; 18; 19; 20; 21; 22; 25; 26; 27; 29; 31; 32, Nachdem ich nun zu Grabe muss 14; 15, komm an meine bange Brust 23, Dass ich von dir scheiden muss 24, Das dich sanft zu Grabe führt 28, trägt 31. 5 Wilhelm, nur noch einmal drücke 7, Drücke, süsser Wilhelm, drücke 8, o so 9; 10; 20, fehlt 13; 24; 28; 29; 31; 33, drücke dich, o drücke 25, Wilhelm, Wilhelm komm und drücke 26. 6 Mich an deine treue Brust 7; 27, Mich an deine 9; 10, teure 20, fehlt 13; 24; 28; 29; 31; 33. 7 meinen kalten (bleichen 9; 10, goldnen 20, zarten 23, blassen 27) Lippen 8; 9; 10; 11; 12; 14; 15; 18; 19; 20; 21; 22; 23; 25; 27; 30, fehlt 13; 24; 28; 29; 31; 33. 8 Diesen letzten 7, Dir den 9; 10, Noch den 20; 25, Nimm den 22; 27, Hin den 30, fehlt 13; 24; 28; 29; 31; 33.

2. Treu und fromm war mein Bestreben,
Liebevoll dein Weib zu sein,
Bester König, und mein Leben
Auch in Tugend dir zu weih'n,
Aber ach, ganz ohn' Erbarmen
Droht das Schicksal mir den Tod,
Reisset mich aus deinen Armen,
Drückt mein Herz mit Gram und Not.

3. Frankreich hat uns überwunden,
Dies, mein König, kränket mich,
Dies verkürzet meine Stunden,
Reisset mich jetzt schnell von dich.
Ach, wie leiden unsre Staaten,
Unsre brave Garnison,
Offizier, wie auch Soldaten,
Ach, wie sinket unser Thron!

4. Dies war lange schon mein Grämen,
Magdeburg und Halberstadt,
Auch Westfalen hingegeben,
Da man nichts verschuldet hat.
Dies ist's, warum ich mich kränke,
Doch es steht in Gottes Hand:
Ist's sein Wille, mag er schenken
Wieder das verlorne Land.

5. Sorge nur für meine Kinder,
Nimm sie an dein Vaterherz,
Sie sind Kinder jung und minder,
Wend von ihnen Leid und Schmerz.

---

9 ist 20, fehlt 13; 25; 26; 27; 28; 29; 31; 33, = 24 V. 5, 30 V. 9. **10** fehlt 13; 25; 26; 27; 28; 29; 31; 33, = 24 V. 6, 30 V. 10, Tugendhaft 30. **11** fehlt 13; 25; 26; 27; 28; 29; 31; 33, = 24 V. 7, 30 V. 10, dir zu leben 1—6; 7; 8; 9; 10; 11; 12; 13; 14; 15; 16; 17; 18; 19; 21; 22; 23; 24; 30, du mein Leben 20. **12** fehlt 13; 25; 26; 27; 28; 29; 31; 33, = 24 V. 8, 30 V 12, Und der (in 4ff 8; 11; 12; 21) Tugend treu zu sein 1ff.; 7; 8; 9; 10; 11; 12; 18; 19; 21; 22, In der Tugend gross zu sein 14; 15; 16; 17, Und Tugend 23, Und vor Sünden mich zu scheun 3, Und dem Heiland mich zu weihn 24, Und in Tugend stets zu sein 30. **13** fehlt 13; 24; 25; 26; 27; 28; 29; 31; 33, = 30 V. 13. **14** Droht das Schicksal und der Tod 11, fehlt 13, 24—29; 31; 33, = 30 V 14. **15** Reisst mich raus aus deinen Armen 16; 17, fehlt 13; 24-29; 31; 33, = 30 V. 15. **16** Und erfüllt mein Herz mit Not 14; 15, Angst und Not 20, Füllt mein Herz 23, Drängt das Herz 30, fehlt 13; 24—29; 31; 33, = 30 V. 16. **17** Die ganze dritte Strophe fehlt 3-6; 8—19; 21; 25 33, nur die zweite Halbstrophe 24; = 1; 2; 7; 20; 22 V. 17, 23 V. 25, 24 V. 9, hat jetzt überwunden 22, hat mich nun 23. **18** In 1; 2; 7; 20; 22 V. 18, 23 V. 26; 24 V. 10. — Kränket dich 22, Dies, mein Wilhelm, grämet mich 23. **19** In 1; 2; 7; 20; 22 V. 18; 23 V. 27; 24 V. 11. Das 20, mir die 22, Er verkürzet ja meine 23. **20** In 1; 2: 7; 20; 22 V. 19; 23 V. 28; 24 V. 12 dir alle mit Ausnahme von 23, mich so schnell 20, Und reisst mich so schnell 22, Darum ruft mich Gott zu sich 24. **21** = 23 V. 17. Es leiden 7, O wie 20, unsere 20; 23. **22** = 23 V. 18, Jede brave 7, Unsere 20; 23. **23** = 23 V. 19 Offiziere 23. **24** = 23 V. 20, sinkt jetzt 1; 2, Und es 7, O wie 20, Ach wie leidet 22; 23. **25** Die ganze vierte Strophe fehlt 3—6; 8—19; 21; 22; 25-33, die zweite Halbstrophe 23. = 23 V. 21, Das 23. **26** = 23 V. 22, Mein Magdeburg 23. **27** = 23 V. 23. Wie auch 23. **28** = 23 V. 24. man nicht gesündigt hat 1; 2; 23, Wo 20; 23, Weil man uns geschlagen hat 7. **29** O das kränket, wer das denket 20. **30** Alles steht 1; 2; 20. **31** o so schenke 1; 2, o so schenket 20. **32** Er dir das 1; 2: 7. **33** Erste Halbstrophe von Str. 5 = V. 17ff. in 3—6; 8; 9; 10; 11; 12; 14; 15; 16; 17; 18; 19; 21, = V. 25ff. in 22, = V. 29ff. in 23, = V. 13ff in 25, = V. 9ff. in 26; 27; 33, = V. 5ff. in 28; 29; 31, fehlt 13; 24; 30, Sorge nun (doch 29) 1; 16; 17; 29, Sorge du für unsre (deine 20, meine 25) 9; 10; 20; 22: 25, deine 11; 12; 27; 29, Guter Wilhelm, nimm die Kinder 31, Wilhelm, hier sind deine Kinder 33, fehlt 13; 24; 30. **34** Drück 9; 10; 27; 31; 33, Z. 2—4 der Halbstrophe fehlt 28, fehlt 13; 24; 28; 30. **35** Denn sie sind noch 9; 10; 33, jung und schön 11; 12, jung und Münder 20, Sie sind noch jung und munter 23, Es sind 25, Denn sie sind noch jung und milde 27, fehlt 13; 24; 28; 30. **36** Wende von ihn'n 1—6; 7, Teil mit ihnen deinen Schmerz 9; 10, Nimm von 20, Fühlen sie den bittern Schmerz 22, Würte von Ihn 23, ihnen allen Schmerz 25, Nimm von ihn'n den argen Schmerz 26, Sie sind voller Gram und Schmerz 27, Lindre ihren Trennungsschmerz 29, Komm und lindre ihren Schmerz 31, Dass sie nicht vergehn vor Schmerz 33, fehlt 13; 24; 28; 30.

Lass sie christlich fromm erziehen,
Armen immer Gutes tun,
O so wird dein Staat einst blühen,
Und auf dir wird Segen ruhn.

6. Nimm den Vorrat, den ich lasse,
Gold und alles Silbergeld,
Gib ihn in die Armenkasse,
Dafür ist er nur bestellt.
Meinen Tod, den sie beklagen,
Ist für sie gerechter Schmerz,
Weinend werden sie dir sagen:
Luise hatt' ein gutes Herz!

7. Nun, mein Wilhelm, ich muss scheiden,
Meine letzte Stunde schlägt,
Nun entgeh ich allen Leiden,
Die man hier als Mensch nur trägt,
Denn mein Geist eilt nun den Höhen
Himmlischer Bestimmung zu,
Wo wir einst uns wiedersehen,
Ungetrennt in sel'ger Ruh.

8. Dort an jenes Edens Pforten,
Wilhelm, da umarme mich,
Wo in himmlischen Akkorden
Engel singen wonniglich.
Bester König, lass dein Grämen,
Nimm gelassen hin dein Los,
O könnt ich dich mit mir nehmen,
In den kühlen Grabesschoss!

---

37 Zweite Halbstrophe von Str. 5 fehlt 13; 24; 27; 30; 31; 33. Nur die erste Zeile fehlt 28; = V. 21ff. in 3–6; 8; 9; 10; 11; 12; 14; 15; 16; 17; 18; 19; 21, = V. 29ff. in 22, = V. 33ff. in 23, = V. 17ff. in 25, = V. 13ff. in 26, = V. 9ff. in 29, = V. 6ff. in 28, christlich auferziehen 7; 8; 9; 10; 23; 28, Tu sie fromm und wohl erziehen 25. **38** Und den Armen Gutes 7; 9; 10; 26; 29, Armen gerne 8; 16; 17, Armen immer Guts zu tun 12, Dass sie nie was Böses tun 25, fehlt 13; 24; 27; 28; 30; 31; 33. **39** So wird dir dein Glück einst blühen 9; 10, dein Staat dir blühn 20, O da wird ein Statt einflieen 23, O so wird die Saat einst blühen 25, So wird die Saat einst blühen 26, Ei das wird dir Gott belohnen 28, Ei so wird der Satan fliehen 29, fehlt 13; 24; 27; 30; 31; 33. **40** Und auf ihnen 7, 29, wird Segen 29, fehlt 13; 24; 27; 30; 31; 33. **41** Erste Halbstrophe von Str. 6 = V. 25f. in 3–6; 8; 11; 12; 14; 15; 16; 17; 21, = V. 37ff. in 23, = V. 29ff. in 9; 10, = V. 21ff. in 25, = V. 17ff. in 26, = V. 13ff. in 27; 33, = V. 9 ff. in 28, fehlt 13; 18; 19; 20; 22; 24; 29; 30; 31. — Nimm das Wenige was ich lasse 23, Nehmet alles was ich habe 25, All mein Vorrat den ich habe 27, Diesen Vorrat 28, Wilhelm, nimm mein Gold, mein Silber 33. **42** Gold und auch das 7, Alles Gold und Silbergeld 16; 17; 23; 25, Gold und Silber, alles Geld 26, All mein Silber und (all 33) mein Gold 27; 33, Alles Gold- und Silberzeug 28. **43** Leg (Legt 25) es in die 7; 25, Wend ihn an die 8, Gib es an 14, Gib es 12; 15; 16; 17; 23; 26, Schenk es in 27, Nimm, gib's in die 28, Leg es in die Witwenkasse 33. **44** Dafür hab ich ihn 1, ist es 7, Dazu 8, Dafür ist es wohl 6, 12, Dazu ist es 14, Dazu ist es nur erwählt 15, Dafür habe ich's 16; 17, Davor hab ich's nur 23, Dafür ist es jetzt 25, Dazu ist er ja 26. Denn dazu hab ich's bereit 27, Dazu ist sie ja bereit 28, Sei den Armen nur recht hold 33. **45** Zweite Halbstrophe von 6 = V. 29ff. in 3–6; 8; 11; 12; 14; 15; 16; 17; 18; 19; 21, = 41ff. in 23, = 37ff. in 22, = V. 33ff. in 9; 10, fehlt in 13; 20; 24–31; 33. Denn mein Tod 18; 19; 22. **48** hatte 9; 10, treues 11; 12, hat 21; 22. **49** Erste Halbstrophe von Str. 7 fehlt 13; 22; 23; 25–33, = V. 33ff. in 3–6; 8; 11; 12; 14–19; 21, = V. 37ff. in 9; 10, = V. 13ff. in 24. muss ich 18; 19; 21. **51** allem 7, Ich entgeh nun 8; 9; 10; 11; 12; 14; 15; 16; 17; 18; 19; 21. **52** Mensch erträgt 7; 11; 12; 15; 16; 17, man auf der Erde trägt 24. **53** Zweite Halbstrophe von Str. 7 fehlt 13; 22; 23; 25–33, = V. 37ff. in 3–6; 8; 11; 12; 14–19; 21, = V. 41ff. in 9; 10, = V. 17ff. in 24. — jetzt 1–6, soll jetzt 7, eilt zu den 8; 9; 10; 18; 19; 21, eilt nach der hohen 11; 12, eilt jenen Höhen 14; 15; 16; 17. **54** Himmlischen 11; 12. **55** uns einst 14. **56** süsser 8; 9; 10; 11; 12; 14; 15; 18; 19; 21, ew'ger 16; 17; 24. **57** Str. 8 fehlt allen Fassungen ausser 20 und 2 (nur 2. Halbstrophe). — in grossen Engelsforten 20. **59** an b. Anorten 20. Die absolut sichere Besserung verdanke ich Hanns Bächtold. **60** männiglich 20. **61** du mein Grämen 20. **63** Könnt ich dich doch mit 2. **64** In der Erde kühlen Schoss 2.

9. Aber ach, es ist nicht möglich,
Ich nur soll das Opfer sein,
Doch mein Geist ist bei dir täglich,
Bester König, nur allein,
Bis dich einst an meine Seite
So wie mich Bestimmung ruft,
Und ein tönendes Geläute
Zu mir bringt in meine Gruft.

10. Mache nur, wenn ich erbleiche,
Keinen Aufwand, keine Pracht,
Setze stille meine Leiche
In die finstre Gruft bei Nacht.
Arme, die ich hier im Leben
Unterstützt mit meiner Hand,
Diesen, Wilhelm, wirst du geben,
Was ich hab an sie verwandt.

11. In Charlottenburg bereite,
Bester Wilhelm, mir mein Grab,
An des stillen Schlosses Seite,
Wo ich dir mich ganz ergab.
Auf der schönen grünen Wiese
Richte mir mein Denkmal hin,
Setze drauf: Hier schläft Luise,
Preussens selge Königin!

Das Lied war ursprünglich in achtzeiligen Strophen gedichtet (vgl. oben S. 173), die noch in 10 Fassungen (1—8; 20; 21), der Umgestaltung (II, S. 180), sowie der Weiterdichtung Nr. III erhalten sind, während 23 Versionen (9—19; 22—33) die Zerteilung in vierzeilige Strophen vorgenommen haben.

65 Str. 9 fehlt 13; 22—33, = V. 41ff. in 3—6; 8; 11; 12; 14—19; 21, = V. 45ff. in 9; 10, = V. 49ff. in 20. — Nein (Doch 2) ach nein es 1—6; 7; 8; 9; 10; 11; 12; 14—19; 21, unmöglich 11; 12. **66** dein Opfer 1—6; 7; 8; 9; 10; 14; 15; 21, Ich soll nur dein 18; 19, Ich nun soll ein Opfer 16; 17, Ich soll nun getrennet sein 11; 12. **67** Denn 1—6; 7; 8; 9; 10; 14—21, Nein, mein 11; 12. **68** Gatte 7. **69** Bis ich einst an deiner Seite 20. **70** mich der Himmel 7, mich die Bestimmung 12; 15, Wo mich die B. 20. **71** Und der Glocken dumpf Geläute 7, Und ein süsses Grabgeläute 11; 12, Dann ein 14; 16; 17, ein königlich 20. **72** dringt 7; 9; 10; 14—17; 20; 21. **73** Str. 10 fehlt 13; 20; 23; 25—33, = 49ff. in 3—6; 8; 11; 12; 14; 15; 16; 17; 21, = V. 21ff. in 24. In 9. 10 steht die erste Halbstrophe V. 53ff., die zweite V. 25ff., in 18. 19 die erste V. 49ff., die zweite V. 25ff., in 22 die erste V. 41ff., die zweite V. 33ff. — Mache, Wilhelm, wenn ich 9; 10, Mache nicht, wenn 14—17. **74** Grossen Aufwand, grosse Pracht 14—17. **75** Setz nur 11; 12; 15; 16; 17; 21, Setzt 14, Senke 22. **76** In die Gruft bei dunkler Nacht 9; 10, Gruft hinab 22, stille Gruft 24. **77** Armen 5; 6; 9; 10; 22, beim Leben 14, hier auf Erden 22. **78** mit deiner 14. **80** gewandt 12; 14; 24. **81** Str. 11 fehlt 20; 21; 30. Die erste Halbstrophe fehlt 25—27; 33, die zweite 29, = V. 57ff. in 3—6; 8; 9; 10; 11; 12; 14; 15; 16; 17, = 5ff. in 13, = 53ff. in 18; 19, = 45ff. in 22; 23, = 29ff. in 24, = 9ff. in 25; 31, = 21ff in 26, = 17ff. in 27; 33, = 13ff. in 28; 29. — Bei 9; 10; 23; 29, Auf 31. **82** Bester König 8; 11; 12; 13; 29, das Grab 22, Liebster W. 28, ein Grab 29; 31, Guter W. 31. **83** An des Schlosses stiller Seite 11; 12; 13; 23, An dem Schloss, der stillen Seite 28, Auf der schönen Rosenseite 31. **84** dir oft 1—5; 18; 19; 23; so oft 29, Wo ich dich geliebet hab 7, Wo ich mich einst dir (mich dir einst 16; 17; 31, dir mich einst 22) ergab 9; 10; 16; 17; 22; 31, Wo ich mich dir treu ergab 11; 12; 13, Wo die Vermählung einst gefeiert ward 14; 15, mich dir ganz 24, Wo ich manchen Kuss dir gab 28. **85** Dort auf jener kleinen Wiese 9; 10, Auf die schöne, grüne Wiese 12; 22, Drunten an jener Wiese 24, Dort in (auf 27) jener grünen Wiese 25; 27, An dem Schloss der kleinen Wiese 28, Droben auf der grünen Wiese 31, Hier auf dieser grünen Wiese 33. **86** Stelle 2—6; 8; 11; 12; 13; 14; 15, Setze 9; 10; 16; 17; 18; 19; 26; 28; ein D. 9; 10; 14; 15; 24; 26, Baue mir mein Grabmal hin 22, Da grabt mir ein Denkmal hin 27, Da erricht ein Denkmal mir 31, Sucht mir einen Grabstein aus 33. **87** Schreibe drauf (Schreibt darauf 33, Schreib' darauf 16; 17; 22; 28; 31, Schreib nur drauf 23, Und schreib drauf 26) 1; 16; 17; 22; 23; 25; 26; 28; 31; 33, ruht 4—6; 7; 11; 12; 13; 16; 17; 18; 19; 22; 23; 25; 26; 27; 28; 31; 33, Und darauf 27. Hier liegt Königin Luise 9; 10, **88** edle 9; 10; 23; 31; 33, Selge preusssche Königin 27; 28.

Die Überlieferung ist, wie schon Hildebrand a. a. O. hervorgehoben hat, eine merkwürdig konstante, und die Strophenfolge des Liedes, sowie in den meisten Fällen auch Inhalt und Wortlaut der Strophen lassen sich mit Sicherheit feststellen. Interessant ist, dass **31** Fassungen die zum Verständnis absolut notwendige achte Strophe fehlt, deren zweite Halbstrophe auch eine mündliche, aus Thüringen stammende Version Hildebrands (wohl Mitte der 50er Jahre des 19. Jahrhs.) bietet, während das Ganze nur in einem elsässischen Liederbuch von 1867 erhalten ist. Hildebrand allein (und ihm folgend Wolfram) hat die Unvollständigkeit der gemeinen Lesart des Liedes erkannt, die übrigen Herausgeber der ausführlichen Lesart sind stillschweigend darüber hinweggegangen, während die kürzeren Fassungen ja keinen Anlass gaben, auf die Frage einzugehen. Auch hier also ein interessantes Beispiel, wie selbst bei einer sehr zahlreichen, guten und sich zeitlich nicht weit vom Ursprung des Gedichtes entfernenden Überlieferung Fehler und Lücken sich zeigen, die erst durch eine zufällig auftretende ganz späte Gestalt ausgebessert werden können. Also auch hier wieder eine Mahnung zur Vorsicht bei Rekonstruktionen.

Die Ausführlichkeit des Liedes mit seinen 11 achtzeiligen Strophen wurde im Laufe der Zeit immer mehr verkürzt; auch hier ein typischer Vorgang, den wir sehr häufig beobachten können. Ein Beispiel dafür mag geben das von mir im Schweizerischen Archiv für Volkskunde 13, 241ff. Ausgeführte und weiter das Lied 'Ich bin ein junger Soldat von zwei und zwanzig Jahren', das von 18 sechszeiligen Strophen auf 4 vierzeilige reduziert ist. [Vgl. auch oben S. 102[1].] Bei unserem Liede zeigt die kürzeste Gestalt 3 vierzeilige Strophen (Nr. 13).

Zweifellos hat hier, wie in den anderen Fällen, das Lied durch die Kürzung, die in verschiedenster Weise ausgeführt ist, meist nur gewonnen. Die Konzentration und die Hervorhebung des Wichtigeren haben einen strafferen Verband des Ganzen und eine weniger langatmige, rascher fortschreitende Darstellung bewirkt, wodurch der Gesamteindruck gehoben wurde.

Ich drucke nachstehend ein paar der später gebildeten Formen des Liedes ab, die seinen individuellen Gehalt stark vermindern. Auf das Wegfallen der politischen Strophen habe ich schon oben S. 173 hingewiesen.

29.

1. Wilhelm rück an meine Seite,
Reiche mir den Abschiedskuss,
Schlummernd hör ich ein Geläute,
Welches mich zum Grabe ruft.

2. Sorge doch für deine Kinder,
Nimm sie an dein Vaterherz,
Sie sind Kinder jung und minder,
Lindre ihren Trennungsschmerz.

3. Lass sie christlich fromm erziehen,
Und den Armen Gutes tun,
Ei so wird der Satan fliehen
Und auf ihnen wird Segen ruh'n.

4. Bei Charlottenburg bereite,
Bester König, mir ein Grab,
An des Schlosses stiller Seite,
Wo ich mich so oft ergab.

31.

1. Wilhelm komm an meine Seite,
Meine letzte Stunde schlägt,
Hörst du nicht das jämmerlich Geläute,
Welches mich zum Grabe trägt?

2. Guter Wilhelm, nimm die Kinder,
Drück sie an dein Vaterherz,
Sie sind Kinder jung und minder,
Komm und lindre ihren Schmerz.

3. Auf Charlottenburg bereite,
Guter Wilhelm, mir ein Grab
Auf der schönen Rosenseite,
Wo ich mich dir einst ergab.

4. Droben auf der grünen Weide,
Da erricht' ein Denkmal mir;
Schreib darauf: Hier ruht Luise,
Preussens edle Königin.

30.

1. Wilhelm komm an meine Seite,
Nimm den letzten Abschiedskuss;
Schlummernd hör ich ein Geläute,
Welches mich zu Grabe ruft.

2. Wilhelm, drücke, ach so drücke
Dich an meine bange Brust,
Nimm von meinen kalten Lippen
Hin den letzten Abschiedskuss.

3. Treu und fromm war mein Bestreben,
Tugendhaft dein Weib zu sein,
Bester König, dir zu leben
Und in Tugend stets zu sein.

4. Aber ach ganz ohn Erbarmen
Droht das Schicksal mir den Tod,
Reisset mich aus deinen Armen,
Drängt das Herz mit Gram und Not.

33.

1. Wilhelm komm an meine Seite,
Komm an meine schwache Brust,
Schlummernd hört ich ein Geläute,
Welches mich zu Grabe ruft.

2. Schlummernd will ich dir ergeben,
Denn noch schlummernd lieb ich dich;
Was wär ohne dich mein Leben,
Was wär Seligkeit für mich?

3. Wilhelm, hier sind deine Kinder,
Drück sie an dein Vaterherz,
Denn sie sind noch jung und minder,
Dass sie nicht vergehn vor Schmerz.

4. Wilhelm, nimm mein Gold, mein Silber,
All mein Silber, all mein Gold,
Leg es in die Witwenkasse,
Sei den Armen mir recht hold.

5. Hier auf dieser grünen Wiese
Sucht mir einen Grabstein aus,
Schreibt darauf: Hier ruht Luise,
Preussens edle Königin.

13.

1. Wilhelm, komm an meine Seite,
Nimm den letzten Abschiedskuss,
Schlummernd hört ich ein Geläute,
Welches mich zum Grabe ruft.

2. In Charlottenburg bereite,
Bester König, mir mein Grab,
An des Schlosses stiller Seite,
Wo ich mich dir treu ergab.

3. Auf der schönen grünen Wiese
Stelle mir mein Denkmal hin,
Setze drauf: Hier ruht Luise,
Preussens selge Königin.

Aufmerksam machen darf ich noch darauf, dass in Nr. 29 mit Ausnahme der leicht zu ändernden Anrede in Str. 4 und vollständig in Nr. 30 jede Beziehung auf die Königin Luise und ihren Gemahl vermieden und dadurch die Loslösung des Liedes von der geschichtlichen Persönlichkeit vorbereitet ist.

In Nr. 33 ist eine Vermischung mit einem anderen Liede eingetreten, das hier die zweite Strophe gestellt hat. Es ist die in meinen Kunstliedern im Volksmunde unter Nr. 9 erwähnte Ausgestaltung einer Arie aus Schikaneders Zauberflöte. Nachstehend gebe ich den Abdruck einer Fassung aus dem Anfang des 19. Jahrhs. (Neue Arien und Lieder. 1. Was soll ich in der Fremde tun . . . Delitzsch (95) Nr. 4. Exemplar: Grossherzogl. Hofbibl. Weimar Dd, 3 : 63 3b), die deutlich zeigt, dass nicht bloss Vers- und Strophenform das Eindringen jener Strophe in unser Lied erleichterten, sondern dass auch in der inneren Struktur des Ganzen eine Ähnlichkeit zwischen beiden Liedern bestand: auch dort das Abschiedslied einer Sterbenden an den Geliebten, allerdings einer von dem Geliebten Betrogenen, deren Liebe jedoch trotzdem dem Treulosen bleibt:

Die Sehnsucht.

1. Ach ich fühls, es ist verschwunden,
Ewig hin der Liebe Glück,
Nimmer kehren frohe Stunden
Nimmer kehren sie zurück,
Nimmermehr die frohen Tage,
Mein erwünscht Elysium,
Treue Angedenken trage
Ich zur Qual für mich herum.

2. Dieß der Lohn für meine Treue?
Warum gab ich mich dir hin?
Doch Geduld, dich trifft die Reue,
Wenn ich lange nicht mehr bin.
Herzen webt ein Gott zusammen
Und kein Gott trennt mich von dir,
Doch die andern hellen Flammen,
Deiner Schwüre helfen mir.

3. Sterbend will ich dir vergeben,
Denn noch sterbend lieb ich dich.
Was ist ohne dich mein Leben,
Was giebts ohne dich für mich?[1])
Du allein warst mein Vergnügen,
Dir allein gab ich mich hin.
Gramvoll muß ich unterliegen,
Dieses ist nun mein Gewinn.

4. Ach jetzt lösen sich die Bande,
Ganz fühl ich mich fessellos,
Kehre ein zu jenem Lande,
Wo ich ewig bin und groß.
Engel werden mich umschweben
Nur bey Selgen will ich seyn,
Gern vergeße ich dieß Leben,
Will auf jenes mich nur freuen.

5. Folgst du mir in jenes Leben
Und vergißt der Erde Tand,
Komm ich dir versöhnt entgegen
Reiche dir die Schwesterband.
Führ dich zu des Himmels Stufen,
Nicht verklagen will ich dich,
Um Vergebung will ich rufen
Und um Gnade flehn für dich.

6. Lebe nur in Pracht und Schimmer
Glücklich, wenn es möglich ist,
Aber ich, ich glaube nimmer,
Daß du ohne mich es bist.
Nehmt mir Alles was ich habe,
Nichts fällt meinem Herzen schwer.
Schleppt mich hin zu meinem Grabe,
Denn ich tauge hier nichts mehr.

Unser Lied ist wohl von Anfang an auf Königin Luise gedichtet worden und bald nach ihrem Tode entstanden. Daran kann auch eine Bemerkung nicht irre machen, die der Ravensburger Fassung (Nr. 26) zugesetzt ist: 'Vor etwa 40 Jahrn wurde von einigen alten Ravensburgern, wie ich meine, ganz derselbe Text, wie der vorstehende gesungen. Nur hiess er darin: Ludwig; wie sie hiess, ist mir samt der Schlusszeile nicht mehr erinnerlich. Vielleicht existierte das Lied . . . schon vor dem Tode der Königin Luise und das Volk hat dann später dies sein Lieblingslied auf den Tod und den Namen seiner so sehr geliebten Königin übertragen.' Über den 'Ludwig' jener Version weiss ich nichts Brauchbares beizubringen.

In unserem Liede wird Friedrich Wilhelm III. immer 'Wilhelm' genannt, während in Wirklichkeit der König von seiner Gemahlin in vertrautem Kreise 'Fritz' angeredet wurde. Der Grund für das Eintreten des Namens Wilhelm erscheint nicht ganz klar, wenn nicht doch eine spätere Übertragung des Liedes auf Königin Luise anzunehmen ist. Dann hätte der ursprüngliche zweisilbige Name die einsilbige Form 'Fritz' unmöglich gemacht und die Verwendung von 'Wilhelm' nahegelegt.

Unser Lied zeigt weit mehr einen literarischen Ton als das an erster Stelle besprochene. Der Verfasser wird zweifellos in den Kreisen der Gebildeten oder Halbgebildeten und literarisch Versierten zu suchen sein. Die Form des Abschiedsliedes einer Sterbenden war durchaus üblich und verbreitet in älterer (vgl. Hildebrands Bemerkungen a. a. O.) und neuerer (vgl. z. B.

---

1) Var.: Was ist Seligkeit für mich? Sechs schöne neue Lieder. Das Sechste. Die neue Sehnsucht. Frankfurth u. Berlin . . . Trowitzsch & Sohn (136).

das oben S. 167 abgedruckte Lied) Zeit und daher für den Verfasser gegeben. In seinem Tone und in gewissen Anschauungen (Str. 6 und 10) zeigen sich gewisse Ähnlichkeiten mit dem 'Testamentsliede Friedrichs des Grossen', über das zuletzt Siebs in der von der Schlesischen Gesellschaft für Volkskunde herausgegebenen Festschrift zur Jahrhundertfeier der Universität zu Breslau S. 701 ff. (Breslau 1911) gehandelt hat.

Schon vor dem Jahre 1824 ist unser Lied von seinen historischen Beziehungen vollständig losgelöst und zum allgemeinen Abschiedsliede geworden. Es spricht nicht mehr eine Frau, sondern ein Mann. Die dadurch bedingten Änderungen sind nicht immer glücklich vorgenommen und weisen manche Unstimmigkeiten auf. Diese Fassung ist in der Liederhandschrift des Carl Harz, deren Kenntnis ich Otto Stückrath verdanke, auf Bl. 274[ar] enthalten, und weist das Datum 'Langen-Schwalbach 1824 24te October' auf. Ich lasse sie hier folgen:

1. Nimm den letzten Abschiedkusz,
Traurich hör ich ein Geläute,
Welches mich zum Grabe ruft,
Mädgen, drucke also, drucke
Dich an meine bange Brust,
Nimm von meinen kalten Lippen
Hinn den letzten Liebeskusz.

2. Treu und hold war mein Bestreben,
Liebensvoll dein Schatz zu seyn,
Edles Mädgen, dich zu lieben,
War stets meine gröste Freud.
Aber ach, ganz unerbarmen
Trotzt das Schicksaal mit dem tot,
Reiset mich aus deinen Armen,
Drückt mein Herz mit schwerer Noth.

3. Schnell war alles überwunden,
Disz, mein Mädgen, kräncket mich,
Schnell schlug meine Todesstunde,
Riß mich von deim Angesicht,
Ach, wie leiden wir uns beide,
Ich bin alt kaum 20 Jahr,
Mein Camerad soll mich begleiten
Und soll sehen in mein Grab.

4. Sorg einstmals für meine Kinder,
Trück sie an dein Mutterherz,
Sie sind Kinder schön und munter,
Wind von Ihnen Leid und Schmerz,
L[a]ß sie christlich auf erziehen
Armen gerne Gutes thun,
So wird Ihnen Saat einst blühen,
Und auf dir wird Seegen ruhn.

5. Mache mir, wann ich erbleiche,
Keinen Aufwand, keine Pracht,
Setze stille meine Leiche
In die Gruft bey stiller Nacht,
Armen, die ich in dem Leben
Unterstützt mit meiner Hand,
Liebgen, denen kannst du geben
Was oft Unrächt wird verwandt.

6. In . . . . . . sollst du einst bereiten
Mein Andencken um mein Grab,
An der schöne[n] Kirchhofsseite,
Wo ich mich dir oft ergab,
An den schönen, grünen Bäumen
Richte mir ein Denkmahl ein,
Schreib darauf, bir ruht der Meine,
Herz getreu und liebster mein.

III. Wilhelm, komm an meine Seite, Wohin dich die Sehnsucht ruft.

Eine in Anknüpfung an das vorige Lied erfolgte Weiterdichtung nach dem Tode Friedrich Wilhelms III., der am 7. Juni 1840 eintrat. Mir liegt das Gedicht in drei identischen Fassungen vor: Sieben schöne neue Lieder. Das Sechste . . Frankfurt a. d. O. und Berlin bei Trowitzsch und Sohn (348), Sechs schöne neue Lieder. Das Sechste . . . Frankfurt a. d. O. und Berlin bei Trowitzsch und Sohn (403), beide in meinem Besitz, und weiter Amft, Volkslieder der Grafschaft Glatz Nr. 148.

1. Wilhelm, komm an meine Seite,
Wohin dich die Sehnsucht ruft,
Ruhe aus, befreit vom Leide,
Selig mit mir in der Gruft!
Manchen Streit hast du beendet
Als ein Weiser und ein Held,
Was auf Erden du vollendet,
Lohnet dir die bessre Welt.

2. Hast dein treues Volk verlassen,
Das dir stets ergeben war;
Ach es kann den Schmerz kaum fassen,
Schauend deine Todtenbahr.
Ja, von dir sich zu entfernen,
Ist ein harter schwerer Stand,
Doch erhaben über Sternen
Blüht des Wiedersehens Land.

3. Todesnacht zersprengt die Ketten,
Schliesset Mund und Augen zu;
Wilhelm komm, dich sanft zu betten,
Theile meine Grabesruh!
Rein war unsre Lieb auf Erden,
Fest und treu in Freud und Leid,
Ohne Trennung und Beschwerden
Fühle mit mir Seligkeit!

4. Während bei dem Mausoleum
Zu[1]) Charlottenburg man weint,
Singen froh wir ein Tedeum,
Dass wir ewig nun vereint.
Doch aus unserm Paradiese
Schalls zur Erde nah und fern:
Friedrich Wilhelm und Louise
Denken ihres Volkes gern!

IV. Gute Königin Louise, Die der Tod uns hat geraubt.

Das nachstehende Lied ist mir nur aus Ditfurths Sammlung (Die historischen Volkslieder von . . . 1763— . . . 1812 [Berlin 1872] 355 Nr. 161) bekannt, der es 'Mündlich von Madam Sattler der Älteren in Schweinfurt, 1840' gehört hat. Auch dies Gedicht mag schon bald nach dem Tode der Königin verfasst sein und hat stark bänkelsängerischen Charakter.

1. Gute Königin Louise,
Die der Tod uns hat geraubt,
Wie die Blume auf der Wiese,
Ach wer hätte das geglaubt!

2. Noch so und schön und prächtig,
Und wie Engel fromm und gut,
Reisst er dich so eigenmächtig
Aus des teuren Königs Hut.

3. Ach, es ist nicht auszusprechen,
Welcher[2]) Jammer, welche Not
Über uns hereingebrochen
Durch Louisens frühen Tod!

4. Kinder weinen, Frauen klagen[3]),
Männer stehn erschreckt und bleich,
Weil Louisen hat getragen
Früh der Tod ins Schattenreich.

5. Ach, sie war die reinste Güte
Und die treuste Liebe ja,
Deren himmlisches Gemüte
Engelgleich auf alle sah.

6. Friedrich Wilhelm, unser König,
Ist betrübt bis in den Tod,
Denn er liebte sie nicht wenig
Und steht nun in grosser Not.

7. Von so liebevollem Sinne,
Also schön und tugendreich,
O du edle Königinne,
Findet man nie deinesgleich[4]).

1) Bei: Trowitzsch N. 348. — 2) Ditfurth: Welchen. — 3) Wohl Nachklang der Wendung in Schillers Glocke V. 187: Kinder jammern, Mütter irren. — 4) Ditfurth druckt (nach der Überlieferung?): Einesgleich.

V. Stimmt an das Lied, ihr Preussen.

Dies Lied ist das jüngste der mitgeteilten und entstammt inhaltlich und formell frühestens der zweiten Hälfte des 19. Jahrhs. Es ist schon der Typus der Heiligen und Madonna, in dem die Königin hier dargestellt wird, und das stark Superlative und Übertreibende bei ihrem Feiern scheint eher auf das Ende des letzten Jahrhunderts zu deuten. Poetisch ist das Gedicht ziemlich wertlos, und man brauchte es wohl nicht zu beklagen, wenn es bald der Vergessenheit anheimfiele. Es ist im schlesischen Eulengebirge aus dem Volksmunde aufgezeichnet, und die Herausgeber (Volkslieder aus dem Eulengebirge [Breslau 1912] S. 3 Nr. 2) machen dazu folgende Bemerkung: 'Ein volkstümliches Lied; das Gedicht findet sich schon im Preussenbuche. Seine Verbreitung im Volke hat es, wie das Lied "Zu Charlottenburg im Garten", vor allem der Weise zu danken.'

Weise: Wilhelm, komm an meine Seite.

1. Stimmt an das Lied, ihr Preussen,
Von der schönsten Königin
Aus allen Landen und Zeiten,
Es war eine Zollerin.

2. Sie sass auf dem Preussenthrone
Auf dem Haupt einen strahlenden Kranz;
Viel heller als ihre Krone
Schien ihres Auges Glanz.

3. Und sah sie die treuen Preussen
Mit den strahlenden Augen an,
Das war, als wäre der Himmel
Vor ihnen aufgetan.

4. Sie sprach zu den Landeskindern,
Ihr Mund so engelrein,
Das war, als klänge vom Himmel
Eine Stimm ins Herz hinein.

5. Sie sass dem König zu Ehren
In heiliger Mutterlust,
Sie sass dem König zu Ehren
Ein Kindlein an der Brust.

6. Das war auf der ganzen Erde
Die schönste Königin,
Die Königin Luise,
Die schönste Zollerin.

Freiburg i. Br.

Der Kreuzweg von Schluderns im Vinschgau.

Von **Oswald Menghin.**

Hinter Schluderns windet sich rechts vom Ausgange des Matscher Tales ein Kreuzweg das ziemlich steile Gelände hinan, der aus einem Vorbilde, fünf Kapellen und einer Kreuzigungsgruppe besteht. Das Vorbild hängt im Dorfe an der Wand eines Hauses und stellt den Abschied Jesu von Maria dar. Von den Kapellen ist die erste, der Ölberg, in das Untergeschoss eines Hauses eingebaut, die vier anderen — Geisselung, Krönung, Kreuztragung und heiliges Grab — stehen auf Gemeindegrund und haben eigentliche Kapellenform. Den Abschluss bildet eine kalvarienbergartig angelegte Kreuzigungsgruppe, die hier einmal ausnahmsweise örtlich nach der Grabkapelle zu stehen kommt.

Wir haben es also in Schluderns mit einem sogenannten abgekürzten Kreuzwege[1]) zu tun, der nicht die nach langer Entwicklung[2]) offiziell gewordene Zahl von vierzehn Stationen aufweist, sondern nur sechs, mit dem Vorbilde sieben[3]). Zumeist bestehen diese 'abgekürzten' Kreuzwege aus acht Stationen und einer Einleitung, eben dem Abschiede Jesu von Maria, der auch in Schluderns vorhanden ist. Gezählt werden vom Volke

1) Der Name ist nicht zutreffend, denn diese Kreuzwege sind nicht abgekürzt, d. h. Kümmererscheinungen, sondern nur auf einer kürzeren Grundlage voll ausgebildet, vgl. die folgenden Ausführungen.

2) Vgl. darüber Wetzer und Welte, Kirchenlexikon[2] 7 (1891), 1130 ff.; Franz Düsterwald, Der hl. Kreuzweg zu Jerusalem und die Kreuzweg-Andacht[3] (1900) S. 85 ff. Die Kreuzwegandacht wurde vor allem durch den Franziskanerorden, dem seit 1312 die Hut des hl. Grabes in Jerusalem übertragen ist, im Abendlande verbreitet. Sie lässt sich vor dem 15. Jahrhundert nicht nachweisen. Im 15. und 16. Jahrhundert war nicht nur die Zahl, sondern auch der Inhalt der Stationen noch ganz unsicher; es gibt solche, die nachmals ganz verschwinden. Die kanonische Gesetzgebung beschäftigte sich mit dem Kreuzwege zum ersten Male 1686; in einer Reihe von Verordnungen, deren letzte 1884 fällt, ward dann die Entwicklung zum Abschluss gebracht.

3) Das Vorhandensein der vierzehn Stationen ist nach den kanonischen Vorschriften unbedingt notwendig (den Fall, dass einige Stationen durch den Zahn der Zeit beseitigt wurden, ausgenommen), wenn bei einem Kreuzwege die mit der Andacht verbundenen geistlichen Vorteile gewonnen werden sollen. Ein Kreuzweg, der von Anfang an weniger Stationen aufweist, kann demnach kanonisch nur als rein private Andachtsstätte angesehen werden, wenn demselben nicht durch eigene Weihen geistliche Vorrechte verliehen werden. — Im Volke werden die abgekürzten Kreuzwege auch 'josephinische Kreuzwege' genannt mit der Begründung, dass Kaiser Joseph die Kürzungen vorgenommen habe. Da ich aber in den josephinischen Verordnungen darüber nicht das Geringste finden kann, so ist diese Nachricht wohl im vollen Umfange in das Gebiet der historischen Sage zu verweisen; es wird sich um einen volkstümlichen Versuch handeln, die in der Gegenwart auffällige Minderzahl mehrerer Stationswege zu erklären. Dass abgekürzte Kreuzwege schon lange vor Kaiser Joseph bestanden, lässt sich ja geschichtlich erhärten.

aber nur die eigentlichen Stationen des Leidensweges, Ölberg, Christus vor Kaiphas, Geisselung, Krönung, Ecce homo, Kreuztragung, Christus am Kreuz, heiliges Grab, diese letztere aber nicht immer. So wurde der 1583 errichtete Kreuzweg im Saggen zu Innsbruck, der mit dem Abschiede Jesu von Maria neun Kapellen aufwies, 'zu den acht Kapellen' genannt[1]). Andererseits wird aber die letzte Station dieses Kreuzweges auch als die 'Siebenkapellen- oder Heiliggrabkirche' bezeichnet[2]). Der 'Kapellensteig' zu Meran, der noch vor einigen Jahren vollständig war, heute aber zum grössten Teile der Stadterweiterung zum Opfer gefallen ist, erscheint auch unter dem Namen 'Die sieben Kapellen', obgleich auch hier die neun gleichen vorhanden sind wie in Innsbruck. Hier hatte die letzte Kapelle allerdings schon vor der Stiftung des Kreuzweges (1681) als Hauskapelle eines Bauernhofes bestanden[3]). Die Siebenzahl der Kapellen erscheint auch bei dem ältesten Kreuzwege, dessen Kapellenzahl wir überhaupt kennen, jenem zu Ahrweiler im Rheinlande, der 1440 errichtet wurde[4]). Noch aus dem 16. Jahrhundert ist es uns sogar ausdrücklich bezeugt, dass man die Kreuzabnahme und die Grablegung nicht als Stationen im eigentlichen Sinne ansah, 'weil unser Herr da nicht gangen hat, sondern getragen ist worden'[5]). Nach diesen Belegen, die sich unschwer vermehren liessen, wird es sehr wahrscheinlich, dass am Beginne der im 15. Jahrhunderte einsetzenden Entwicklung des Kreuzweges im Abendlande eine Siebenzahl von Stationen beabsichtigt war, und dass man die hl. Grabkapelle zunächst nicht als Station empfand, wenn sie auch nicht gefehlt haben mochte. Dass die Siebenzahl dann aber im Anschluss an die uralte rituelle Bedeutung derselben gewählt wurde, kann kaum bezweifelt werden. Das Innsbrucker Traktätlein bringt sie mit den sieben Busspsalmen in Verbindung; aber auch die Zählung dieser hängt mit der biblischen Weihe der Sieben zusammen[6]). Der Kreuzweg von Schluderns weist die Siebenzahl nicht auf; denn auch bei ihm sind das Vorbild und die Grabkapelle nicht zu rechnen und somit nur fünf eigentliche Stationen zu zählen. Diese stimmen aber genau mit den fünf Geheimnissen des schmerzhaften Rosenkranzes überein, und es besteht kein Zweifel darüber, dass hier vom Anfang an die Darstellung und Verehrung derselben geplant war und an eine Verkümmerungserscheinung nicht zu denken ist. Vor

1) Vgl. das Traktätlein 'Gnaden vnd Ablaß vber die Siben Bueßpsalmb vnd deren Gebett, Täglich zu erlangen. Bey den 8. Capellen in dem Stattsaggen zu Ynsprugg. Gedruckt Bey Jacob Christoff Wagner 1698'.

2) Trinkhauser und Rapp, Topogr.-histor.-statist. Beschreibung der Diözese Brixen 2 (1879), 149.

3) C. Stampfer, Geschichte von Meran (1889) S. 145; Atz und Schatz, Der deutsche Anteil des Bistums Trient 4 (1907), 225.

4) Düsterwald a. a. O. S. 93.

5) Düsterwald S. 95.

6) Wetzer u. Welte a. a. O. 2, 1614.

der kanonischen Festlegung der Kreuzwegandacht war es eben der Willkür preisgegeben, welche Betrachtungsreihe man der Errichtung eines Kreuzweges zugrunde legen wollte; und nachher hat das Volk an den einmal gewohnten Andachtsstätten und -formen wie immer zäh festgehalten.

Über die Art und den Zeitpunkt der Gründung des Kreuzweges von Schluderns konnte ich nichts in Erfahrung bringen. Er stammt wahrscheinlich aus dem 17. Jahrhundert, wo derartige Andachtsstätten ja wie die Pilze aus der Erde schossen. In der Fastenzeit, vor allem in der Karwoche, wird er vom Volke stark besucht; am Gründonnerstag morgens geht man 'mit dem Kreuz' zu ihnen[1]). Die rechtlichen Verhältnisse sind ganz unklar. Der Kreuzweg gehört niemand. Stillschweigend ist die Herrschaft darüber den frommen alten Weiblein der Gemeinde zuerkannt; für seine Erhaltung wird mit Zuhilfenahme milder Spenden von diesen gesorgt. Das Tiroler Volk gibt ja für solche Zwecke willig und mit dem Bewusstsein des Verdienstes vor Gott.

Die meisten Kapellen des Schludernser Kreuzweges bieten im einzelnen nichts volkskundlich Bedeutsames. Eine davon, die hl. Grabkapelle, verdient aber besondere Beachtung. Sie bildet nämlich wegen ihres reichen Inventars geradezu ein Schatzkästlein unberührten Volksgutes aus den zwei letztvergangenen Jahrhunderten. Der schlichte Bau der Kapelle, die über drei Stufen betreten werden kann und mit einem Holzgitter verschlossen ist, weist nichts Bemerkenswertes auf; er ist auch erst jüngst restauriert. Unter dem Giebel sind (etwa um 1800) die Leidenswerkzeuge aufgemalt und darunter die Inschrift: 'Jesus ruht im Grabe'.

Viel interessanter ist das Innere der Kapelle. Die an der Rückwand angebrachte Hauptdarstellung zeigt natürlich Jesus im Grabe, eine Skulptur in einem Glaskasten. Dieser trägt einigen wertlosen Altarschmuck. Darüber hängt ein Votivbild in geschnitztem Rahmen, die Muttergottes mit Jesuskind und Scapulier darstellend. Auf vier Spruchbändern sind folgende Worte angebracht:

1.	2.
Di Weiln ich zum Dritten Mal sen Vnd alle menschliche Hilfe [che]r ist mein Ver- drauen zu der	In einen großen an Ligen gewe- auf seiten gesezt, Vnd zu sol H. Jungfrau Maria Vnd
3.	**4.**
Gottesgebärerin alda gesucht erhört worden, dahero habe Sagung Jesu u. Maria R. V. 1707	bin ich alle Mal augenblicklich ich zu schuldigsten Dank dieses Bild verehrt. Ao 1857.

1) Trinkhauser und Rapp a. a. O. 4, 753. 'Kreuzgang' wird eine Prozession unter Vorantragung des Kreuzes genannt.

Das Bild ist an mehreren Stellen übermalt; unter der Restaurationsjahreszahl 1857 sieht man noch 1707, jedenfalls das Jahr der Opferung, durchscheinen; auf dem Schriftfeld 3 hat sie auch der Restaurator mit dem hier ganz unsinnigen Zeichen R. V. (das wohl soviel wie renoviert heissen soll) vermerkt.

Ausser diesem Bilde hängen nun aber auch noch an beiden Seitenwänden der Kapelle zahlreiche Tafeln und Votive, teilweise recht interessanter Art. Es ist wohl noch nie das vollständige Inventar eines solchen Volksheiligtumes gegeben worden, und ich glaube daher Beifall zu finden, wenn ich hier einmal ein solches als Probe darbiete.

An der rechten Wand hängen der Reihe nach:

1. Votivtafel. Darstellung: Christus im Grabe, ein Wiegenkind. Inschrift: Ex voto 1843.

2. Votivtafel. Darstellung: Christus im Grabe, darüber schmerzhafte Muttergottes. Inschrift: Ex voto.

3. Votivtafel. Darstellung wie Nr. 2. Inschrift: Ex voto 1845.

4. Votivtafel. Darstellung: Schweisstuch der Veronika, kniender Bauer mit Rosenkranz. Inschrift: Verlobt 1892 Joseph Dengg M.

5. Votivtafel. Darstellung: Christus im Grabe, kniende Bäuerin mit Rosenkranz. Inschrift: Ex Vo.

6. Votivtafel. Darstellung: Christus im Grabe, zwei schwarze Pferde. Inschrift: Ex voto 1847.

7. Marterltafel. Darstellung: Kreuz in einer Landschaft, davor Bauer mit Rosenkranz kniend, darunter St. Peter mit dem Hahn. Inschrift: Peter Wachter starb den 8. Jänner 1850. Dieser ist vom Hause mit dem Holz-Schlitten bis unter den Marseilhof dort fortgekommen zu Boden todtgefallen. Er bittet um ein Vaterunser.

8. Stachelkugel aus Holz.

9. Votivtafel. Christus im Grabe, kniender Bauer mit Rosenkranz. Inschrift: Ex voto 1850.

10. Votivtafel. Darstellung wie Nr. 9. Ohne Inschrift.

11. Votivtafel. Darstellung wie Nr. 9. Inschrift: Ex voto 1852.

12. Votivtafel. Darstellung: Die hl. Theresia wird von einem Engel mit dem Liebespfeil getroffen, Christus im Grabe. Inschrift: Ex Voto 1848.

13. Votivtafel. Darstellung: Christus im Grabe, schwarzes Pferd. Inschrift: Ex voto 1849.

14. Votivtafel. Darstellung wie Nr. 13. Inschrift: Ex voto 1830.

Ausserdem hängt an dieser Wand eine Opferbüchse.

An der linken Seitenwand hängen:

15. Votivtafel. Darstellung: Christus im Grabe, kniende Bäuerin. Inschrift: Ex voto 1846.

16. Votivtafel. Darstellung wie Nr. 15. Inschrift: 1830 Ex voto.

17. Votivtafel. Darstellung: Christus im Grabe, Bäuerin in einem Stuhl sitzend und Rosenkranz betend, dahinter Kindsbett. Inschrift: Ex voto 1837.

18. Votivtafel. Darstellung: Christus im Grabe, kniende Bäuerin mit Rosenkranz, darüber Muttergottes mit Jesuskind. Inschrift: Ex Voto.

19. Votivtafel. Darstellung: Christus im Grabe, darüber Muttergottes mit Jesuskind. Inschrift: Ex voto 1845.

20. Votivtafel. Darstellung: Christus im Grabe. Inschrift: Ex voto 1803.

21. Votivtafel. Darstellung: Christus im Grabe, Kuh. Inschrift: Ex voto 1843.

22. Votivtafel. Darstellung: Christus im Grabe, kniende Bäuerin, darüber Namen Jesus. Inschrift: Ex voto.

23. Marterltafel (?). Darstellung: Kniender Bauer mit Rosenkranz, daneben sein Name Johann Pragxmarer. Inschrift:

Ich will eich sagen ein wahres Wort,
Ihr könnt es brauchen an jeden Ort:
Seid ihr im Feld, im Wald, bei jeden Schritt,
Glaubet mir, geht der Tod stets sicher mit:
Selig sind alle, die täglich bereit,
Eilends zu gehn in die Ewigkeit.
Etwa 1850.

24. Votivtafel. Darstellung: Christus im Grabe, Bäuerin mit Töchterchen, beide kniend mit Rosenkranz. Inschrift: Ex voto 1839.

25. Votivtafel. Darstellung: Christus im Grabe, kniende Bäuerin mit Rosenkranz, Pferd. Inschrift: Verlobt (verwischt). Etwa 1800.

Ausser diesen Bildern hängen noch 14 Farbendrucke, Stiche u. dgl. in der Kapelle, Dinge, die keine volkskundliche Bedeutung besitzen. Dagegen kommt solche den soeben aufgezählten Sachen in hohem Masse zu. Es sind unter ihnen vor allem Weihegaben, und zwar in zwei Arten vertreten: Tafeln (23) und Symbole (die Stachelkugel). Überdies sind auch noch Marterln (2) da, die sich in ihrer äusseren Erscheinung typologisch den Votivtafeln anschliessen.

Die Widmungen der Votivtafeln sind, wie aus den malerischen Darstellungen hervorgeht, zumeist für Genesung aus Krankheiten von Mensch und Vieh geschehen. Alle Tafeln sind, mit Ausnahme der ältesten aus dem Jahre 1707, die auf Leinwand gemalt ist, aus Holz angefertigt. Sie sind durchaus klein und von rechteckiger Gestalt, teils im Breiten-, teils im Längenformat gehalten; die Malerei ist derb bäuerlich — kurz, sie gehören ganz und gar dem geläufigen Votivtafel- und Marterltypus an, der sich im Verlauf des 17. Jahrhunderts auf Grund älterer und meist reicherer Formen herauskristallisiert hat[1]) und noch in der ersten Hälfte des 19. Jahrhunderts festgehalten wurde. Erst von da an begann er hinzuschwinden, und heute werden Marterlen dieses alten Schlages nur noch selten, Votivtafeln fast gar nicht mehr gemacht. Es ist für diese Entwicklung bezeichnend, dass in dem noch immer rege besuchten Heiligtum zu Schluderns keine einzige volksmässige Votivtafel vorhanden ist, die jünger wäre als 50 Jahre. In der Gegenwart hängt man lieber scheussliche Farbendrucke, Stiche, Lithographien, Stickereien u. dgl. als Dankopfer auf.

1) Vgl. darüber meine Ausführungen Zeitschr. f. österr. Volkskunde 16, 6ff.; Werke der Volkskunst 1 (1913), 45.

Marterltafeln, deren wir hier zwei haben, erscheinen in Kapellen — ausser wenn eigens für sie eine solche errichtet wurde, was nicht sehr häufig vorkommt — nur ausnahmsweise; wenn ja, so darf man mit grosser Sicherheit mutmassen, dass sie nicht am ursprünglichen Platze stehen, sondern aus irgendeinem Grunde, hauptsächlich dem der Erhaltung, übertragen wurden. Das dürfte auch hier der Fall sein.

Es erübrigt noch, ein Wort über die Stachelkugel, den dritten Typus, der uns in der hl. Grabkapelle von Schluderns entgegentritt, zu sagen. Dieses Votiv ist in der volkskundlichen Literatur nun schon ziemlich bekannt, nicht minder die Tatsache, dass es im Vinschgau vorkommt, ja hier wohl das Zentrum seiner gegenwärtigen Verbreitung besitzt. Ich verweise deshalb nur auf die Zusammenfassung von R. Andree 'Opferkröten und Stachelkugeln', die alles benutzt, was bisher darüber geschrieben wurde[1]). Einige Notizen bringt neuestens F. Weber dazu[2]). Ein bisher unerwähntes Stück hängt in der Totengruft zur alten St. Cäsarkirche in Laatsch bei Mals. Die Entstehung dieses Votivs ist noch nicht sicher erklärt; geopfert wird es für Frauenleiden. Es ist fast nur in Südtirol bekannt und scheint in neuerer Zeit ausser Gebrauch gekommen zu sein.

Wien.

Zu Talvjs 'Charakteristik der Volkslieder'.

Von Hermann Michel.

In seiner reichhaltigen und klärenden Untersuchung über die Geschichte des Begriffes Volkslied hat Paul Levy[3]) unser Interesse auf ein Buch gelenkt, das der Forscher heute nur noch selten zur Hand nimmt und das auch früher nicht nach Gebühr gewürdigt worden ist: Talvjs 'Versuch einer geschichtlichen Charakteristik der Volkslieder germanischer Nationen.' Es ist vielleicht etwas übertrieben, wenn Levy Talvjs Definition des Volksliedes zu den einwandfreisten zählt, die bisher unternommen worden sind: denn auch er muss zugeben, dass Talvj die entscheidenden Merkmale nicht scharf genug hervorgehoben hat. Aber unleugbar bedeutet schon die vorsichtige und weitblickende Art, wie Talvj

1) Votive und Weihegaben des katholischen Volkes in Süddeutschland (1904) S. 136.

2) Bayer. Hefte f. Volkskunde 1 (1914), 138. [Vgl. auch W. Hein, oben 10, 420 bis 426; Höfler, oben 11, 82.]

3) Berlin 1911, S. 89. 99 ff. u. ö. (Acta Germanica Bd. 7, Heft 3).

den schillernden Volksliedbegriff umschreibt, keinen geringen Fortschritt, und auch sonst muss diesem Buche ein ansehnlicher Platz in der Geschichte der Volksliedforschung eingeräumt werden. Ist es doch einer der ersten selbständigen und umfassenden Versuche, nicht bloss die Volkslieder der germanischen Stämme vergleichend zu charakterisieren, sondern zudem im Sinne Herders und Goethes das volkstümliche Liedergut vieler Länder und Zeiten zu sichten, in seiner Eigenart zu beleuchten, nach seiner Entwicklung zu schildern, durch bezeichnende Beispiele zu erläutern.

Begreiflich genug, dass Talvj weit davon entfernt war, „auf die falsche Selbstgenügsamkeit mancher braven Lokalforscher einzugehen, als sei die Volkspoesie den Deutschen in privilegierte Erbpacht gegeben“, — wie Erich Schmidt einmal im Hinblick auf Reinhold Köhler gesagt hat[1]).

Der Name 'Talvj'[2]) war durch die schmiegsamen und geschmackvollen Nachdichtungen der serbischen Volkslieder[3]) bekannt geworden und hatte durch Goethes und Jacob Grimms Besprechungen die literarische Weihe empfangen[4]). Unter diesem Namen verbarg sich Therese Albertine Luise von Jakob, die 1797 geborene Tochter des vielseitigen Halleschen Professors Ludwig Heinrich von Jakob, dem Schiller in den Xenien so übel mitgespielt hat[5]). Nach einer glücklichen Jugend in der aufblühenden, von einem Strahl der Romantik verschönten Salzstadt war sie durch den Napoleonischen Gewaltstreich mit ihren Eltern in das unwirtliche Russland verschlagen worden, wo sie, frühreif und bildungshungrig, bei aller Sehnsucht nach der Heimat mit dauernden Interessen für slawisches Wesen erfüllt ward. 1816 in ihre Vaterstadt zurückgekehrt, ergab sie sich einer ungemessnen Lektüre, durchstreifte auf dem Papier

1) R. Köhler, Aufsätze über Märchen und Volkslieder, hsg. von J. Bolte und E. Schmidt (Berlin 1894) S. 8.

2) Für das Folgende vgl. Lexikon der hamburgischen Schriftsteller 6, 308ff. (1873) mit guter, aber nicht erschöpfender Bibliographie. Wenig ergiebig Beneke, Allgem. deutsche Biogr. 28, 724f. Sehr wertvoll die mit M. R. unterzeichnete biographische Einleitung zu Talvjs 'Gesammelten Novellen', Leipzig, Brockhaus 1874. Diese Einleitung, die von Talvjs Tochter Marie Robinson herrührt, hat Ludwig Wagner, Talvj (Pressburg 1897), ungeniert ausgeschrieben, ohne seine Quelle zu nennen.

3) 'Volkslieder der Serben', zwei Teile, Halle 1825–26. Zweite Ausgabe (wohl blosser Abdruck), ebd. 1835. Neue umgearbeitete und vermehrte Aufl., Leipzig, Brockhaus 1853.

4) Vgl. R. Steig, Briefwechsel zwischen Goethe und Therese von Jakob, Goethe-Jahrbuch 12, 33ff. (1891); R. Steig, Briefwechsel zwischen Jacob Grimm und Therese von Jakob, Preussische Jahrbücher 76, 344ff.; M. Ćurčin, Das serbische Volkslied in der deutschen Literatur, Leipzig 1905, dazu M. Murko, Die serbokroatische Volkspoesie in der deutschen Literatur, Archiv für slawische Philologie 28, 351ff. bes. 370ff.

5) Über ihn vgl. Prantl, Allgem. deutsche Biogr. 13, 689f. Heinrich Brockhaus erzählt in seinen als Handschrift gedruckten Tagebüchern 1, 18 (1884), man habe sich in Halle den Scherz gemacht, den alten Jakob, entsprechend dem aus den Anfangsbuchstaben ihres Namens gebildeten Pseudonym seiner Tochter, 'Sturvj' zu nennen: Staatsrat und Ritter von Jakob.

die weite Welt und begann, übersetzend und selbständig produzierend, als Schriftstellerin tätig zu werden. Der Verkehr mit Vuk Stefanović Káradžić, dem Begründer der serbischen Schriftsprache und Literatur, der sich damals in Halle aufhielt, gab ihr die Anregung, die serbische Sprache zu lernen und sich mit der serbischen Volkspoesie zu beschäftigen. Der lebhafte Anteil, den Goethe, der 'König in dem Reich des Schönen'[1]), diesen Versuchen entgegenbrachte, verlieh ihr einen neuen Aufschwung. Oft pilgerte sie nach Weimar, und 'unser kräftiges Mädchen', dem Goethe 'männlichen Geist' nachrühmte[2]) und dessen 'Fertigkeit und Ausdauer' er bewunderte[3]), ward ein gern gesehener Gast in dem Hause am Frauenplan. Dort lernte sie auf einer Abendgesellschaft auch Grillparzer kennen, den ihr sonst etwas sprödes und ernstes, bisweilen selbst schwermütiges Wesen ganz gefangen nahm[4]). 1828 verheiratete sie sich mit dem ausgezeichneten nordamerikanischen Theologen Edward Robinson, der in reichem Masse deutsche Bildung genossen hatte[5]), und folgte ihm nach seinem Vaterlande, wo sie sich zunächst nur sehr schwer einzuleben vermochte. Freudig ergriff sie daher 1837 die Gelegenheit zu einer Reise nach Europa. Hier treffen wir sie nun drei Jahre lang in verschiedenen Städten, vornehmlich aber in Berlin, den bitter entbehrten Verkehr mit hervorragenden Gelehrten eifrig pflegend, zugleich damit beschäftigt, ihr Werk über Volkspoesie aus- und umzuarbeiten.

Über Entstehung und Anlage dieses Werkes geben zwei Briefe Aufschluss, die sich im Archiv der Firma F. A. Brockhaus in Leipzig befinden und mit freundlicher Erlaubnis des Verlags hier mitgeteilt seien. Heinrich Brockhaus, der Theresen schon von Jugend auf kannte und ihren Charakter wie ihre Fähigkeiten schätzte[6]), hatte sie aufgefordert, das in seinem Verlage erschienene Werk von Nikolaus Heinrich Julius 'Nordamerikas sittliche Zustände' (2 Bde., 1839) für die 'Blätter für literarische Unterhaltung', die er selbst redigierte, eingehend zu besprechen, sich dabei auch mit anderen Schriften über die Vereinigten Staaten, z. B. den viel gelesenen, scharfzüngigen Schilderungen der Frances Trollope[7]) auseinanderzusetzen und so eine zusammenhängende Artikelfolge über die neuere Amerikaliteratur zu liefern.

Theresens Antwort lautete:

---

1) Wie ihn Talvj in der Zueignung der 'Volkslieder der Serben' apostrophiert.

2) Zu Eckermann 18. Januar 1825.

3) An J. Grimm 27. August 1824 (Goethe-Jahrb. 12, 64).

4) Grillparzers Selbstbiographie, Werke[5] 19, 133.

5) 'Den deutschesten unter den Gelehrten englischer Zunge' nennt ihn Philipp Schaff in seiner liebevollen Charakteristik bei Hauck, Realenzyklopädie für protestant. Theologie 17, 55 ff (1906).

6) Vgl. seine Tagebücher 1, 18. 406. 4, 94 f.

7) 'Domestic manners of the Americans' (1832) u. a.

Werthester Freund!

Berlin, den 8. Febr. 1839.

Ihr lieber und freundschaftlicher Brief machte mir viel Vergnügen, und wenn ich mir zurückrufe, was ich in Leipzig in Ihrer Familie von Ihrem gewöhnlichen Briefmaßstab hörte, kann ich mir beynah etwas drauf einbilden, daß er fast zwey Seiten lang ist. Für das mir gütigst überschickte Buch dank' ich bestens. Leider kann ich aber Ihrem Wunsch darüber und über die damit zusammenhängenden Werke zu schreiben, nicht genügen. An und für sich ist es in meiner Lage ein delicater Punkt über die amerikanische Gesellschaft zu schreiben, und ich habe die deshalb häufig ergangenen Aufforderungen immer abgelehnt. Dann aber habe ich alle Zeit, die mir bey einem geselligen Leben, wie wir es hier in Berlin führen, und bey der Erfüllung meiner liebsten Pflichten übrig bleibt, auf die Ausarbeitung eines Werkes zu wenden, das ich schon seit mehreren Jahren begonnen, und das für den Augenblick alle meine Geisteskräfte in Anspruch nimmt. Hier in Berlin, wo soviel geistiges Leben herrscht, hab' ich nun die Freude, sich die Ausgezeichnetsten und Besten dafür interessieren zu sehn, und ich fühle mich dadurch von Neuem lebhaft angeregt. Es ist dies ein Werk „über Volkslieder, als Beytrag zur Charakteristik der Nationen." Ich habe mir dabey das Ziel ziemlich weit gesteckt und bin bey allen Nationen der Erde, die nur irgend von Reisenden beschrieben sind, herumgewandert, um einzusammeln. Theilweise war ich in Amerika sehr gut mit Büchern versehn; andere Theile mußten nothwendig lückenhaft bleiben. So war ich z. B. über die skandinavischen und slavischen Nationen ausschließlich auf meine eigene nur bis 1830 gesammelte Bibliothek beschränkt. Dennoch hatte ich das Werk, wie ich es unter diesen Verhältnissen konnte, englisch ausgearbeitet, und es sollte eben gedruckt werden, als die berüchtigte Geldkrisis eintrat[1]), und den Buchhändler veranlaßte, die Sache aufzuschieben. Zu derselben Zeit reisten wir nach Europa. Die bestimmte Aussicht, dort neue Materialien zu sammeln, entschied mich, mein Werk zurückzunehmen, um es hier zu vermehren und zu verbessern. Allein was ich hier vorfand, und meine erweiterte Ansicht des Gegenstandes bestimmten mich das Werk ganz von Neuem und zwar deutsch zu bearbeiten, und damit bin ich noch eben beschäftigt. Ich schicke, soweit es möglich ist, jeder mit Beyspielen belegten Charakteristik eine historische Entwicklung der Volkspoesie der verschiedenen Stämme voraus, aber unendlich schwer ist's freilich dabey immer streng Literatur und Volksthümliches zu sondern. Das Ganze wird sich auf zwey mäßige Theile erstrecken, wovon der erste diesen Winter vollendet wird, der zweyte aber wohl noch Jahr und Tag bedarf.

Entschuldigen Sie, daß ich Ihnen dies alles so weitläufig geschrieben habe. Sie selbst haben wohl schon vermuthet warum. Sollten Sie, werthester Freund, sich geneigt fühlen, dies Werk in Verlag zu nehmen, so wird es mir zur besonderen Freude gereichen, mit Ihnen, dessen ganzes Haus mir so werth ist, wieder in nähere Verbindung zu treten. Sollten Sie sonst zu vielfältig beschäftigt seyn oder meinen, daß mein Buch das Publikum nicht interessieren würde, so sagen Sie mir es unumwunden. Nur bitt' ich Sie, es bald zu thun, da es doch nun wohl die höchste Zeit wird, mich nach einem Verleger umzusehn.

Julius' Buch scheint mir im Ganzen treu und wahr, und sehr gemäßigt. Es ist so ganz frey von Anekdotenkrämerey und überhaupt in durchaus edlem Geiste

---

1) 1837; dabei fallierten mehr als 600 Banken, vgl. Herkner, Handwörterbuch der Staatswissenschaften[3] 6, 270 (1910).

geschrieben. Aber eben darum, weil es sogar nicht individuell, gar nicht persönlich ist, und ihm obendrein alle Reize eines pikanten Styles fehlen, wird es, fürcht' ich, lange nicht ein so großes Publikum finden, als der Trollope skandalöse Blätter. Julius[1]) hatte mir schon geschrieben, daß er von mir recensirt zu seyu wünschte.

Wir leben hier in Berlin äußerst angenehm. Ich bitte mich den Ihrigen bestens zu empfehlen.

Mit freundschaftlicher Hochachtung

Therese Robinson

g. v. J.

Adresse: Taubenstraße 16.

Heinrich Brockhaus bedauerte lebhaft, dass Therese seinen Wunsch nicht erfüllen zu können meinte; er glaube, schrieb er ihr, sie nehme fast zu viel Rücksicht: 'denn gerade, wer Beruf hat, der soll und muß schreiben.' Was das Werk anlange, das sie jetzt unter der Feder habe, so werde es gewiss etwas recht Anziehendes werden, und er sei durchaus geneigt, den Verlag zu übernehmen; doch liessen sich die näheren Bedingungen wohl erst nach Abschluss des Manuskripts festsetzen.

Darauf entgegnete Therese:

Werthester Freund!

Berlin, den 28. April 1839.

Ich schrieb Ihnen vor einigen Monaten über ein Werk, das ich unter der Feder hätte, und Sie antworteten mir in Betreff auf die Anfrage, welche ich wegen desselben that, daß die Sache sich wohl erst nach der Beendigung des Büchleins gut abmachen ließe. Ich bin nun bis auf die Übersicht, d. h. das nothwendige Feilen des Styles, Berichtigungen, Noten etc. fertig und möchte nun die Sache so bald wie möglich zu Ende bringen. Ich schicke Ihnen hier einen genauen Plan meines Werkes und kann Ihnen ziemlich bestimmt sagen (nach meinen und meines Mannes Ueberschlag) daß es, in der Art wie das Juliussche Werk gedruckt, höchstens 30 Bogen enthalten wird. D. h. die erste Abtheilung, die, wie Sie aus dem Plane ersehen werden, ein unabhängiges Werk ist. Das Erscheinen der zweyten Abtheilung soll ganz von der Aufnahme abhängen, die die erste findet. Daß ein solches Werk kein großes Publikum findet, weiß ich nur zu gut. Aber ohne Eitelkeit darf ich mir wohl schmeicheln, die Theilnahme der Besten zu gewinnen, so wie ich mir auch sagen darf, daß die Idee des Werks ganz neu ist. So manchem Gebildeten möchte doch auch wohl damit gedient seyn, während er selbst nicht Zeit hat, die hundert Werke zu lesen, in deren jedem einzelnen er sich vielleicht gründlicher über jeden einzelnen Gegenstand des meinigen unterrichten kann, hier die Resultate einer mehrjährigen Lektüre darüber zusammen gedrängt zu sehn.

Der Schluss des Briefs ist lediglich geschäftlicher Art. Dem Schreiben ist ein Blatt beigelegt, das den erwähnten Plan des Werks enthält:

---

1) Über Julius, 1783—1862, vgl. Beneke, Allgem. deutsche Biogr. 14, 686 ff., wo das erwähnte Werk als 'epochemachend' bezeichnet wird. Für die 'Charakteristik' (S. 123 f.) verschaffte er Talvj einige Tschippewäische Liebeslieder.

Plan
der
Beyträge zur Geschichte
und
Charakteristik
der
Volkslieder.

Einleitung: Ueber primitive Poesie.

I. Ueber die Volkslieder der außereuropäischen Nationen.

1) Asiaten 2) Afrikaner 3) Polynesier 4) Amerikaner	Allgemeine Bemerkungen mit einer bedeutenden Anzahl meistens noch nie in deutscher Sprache erschienenen und mehreren noch nie gedruckten Liedern belegt.

II. Ueber die Volkspoesie der germanischen Nationen in Europa.

Einleitung. A) Skandinavische Völkerschaften 1) Isländer und Faröer 2) Dänen 3) Schweden B) Deutsche Völkerschaften 1) Deutsche 2) Holländer C) Brittische Völkerschaften 1) Engländer 2) Schotten	Geschichte der Volkslieder jeder einzelnen Nation, so weit sich Daten dazu finden. Charakteristik derselben, besonders comparativ betrachtet, mit vielen Balladen und Liedern belegt, von mir sämtlich aus den Ursprachen großentheils zum ersten Male übersetzt. Nur bey wenigen Liedern ist Grimms[1]) und Mohnikes[2]) Uebersetzung benutzt worden.

Die zweyte Abtheilung soll, in eben dem Geiste, die Volkslieder der romanischen Sprachen, die der Slaven, Gälen usw. enthalten.

Brockhaus erklärte sich nun endgültig zum Verlage des Werks bereit. Vor Beginn der Drucklegung änderte Therese noch einiges wenige an der Disposition und vermehrte die Beispiele um zwei Lieder, die sie O. L. B. Wolffs 'Halle der Völker' (2 Bde., 1837) entnahm. Ausserdem fügte sie Chamissos Übersetzung der Thrymskviða[3]) bei und schob Herders Verdeutschung der schottischen Ballade 'Waly, Waly, Love be bonny' ein, mit der Bemerkung: „Die Übersetzung ist von Herder, die einzige, die wir aufnehmen, da der ganze Herder den meisten Gebildeten bekannt ist und es allen sein sollte. Allein wir konnten uns dies schöne Lied, diesen unaussprechlichen schmerzlichen Angstlaut eines zerrissenen Herzens, nicht entgehen lassen“ (Charakteristik S. 597).

---

1) W. Grimm, Altdänische Heldenlieder (1811).

2) G. Chr. F. Mohnike, Volkslieder der Schweden (1830); Altschwedische Balladen, Märchen und Schwänke (1836).

3) 'Das Lied vom Thrym', zuerst im Morgenblatt 1821 (April). Chamissos Übersetzungen aus dem Malayischen, ebenda 1822 (Januar), mit der charakteristischen Vorbemerkung 'Über malayische Volkspoesie' hat Talvj nicht beachtet. Übrigens auch Levy nicht.

Den Gesamtumfang des Werks, das zu Anfang des Jahres 1840 erschien, hatte Therese unterschätzt: er betrug schliesslich 39 Bogen, und es ist der Verbreitung des Buchs gewiss nicht dienlich gewesen, dass es auf mehr als 600 Seiten angeschwollen war. Auch der schwerfällige Titel[1]) mag manchen von vornherein abgeschreckt haben. Aber vorwiegend wurde der Erfolg doch wohl durch innere Gründe beeinträchtigt. Für das grosse Publikum war dieser voluminöse Versuch, wie Talvj vorausgesehen hatte, gar zu schweres Geschütz, und die Gelehrten, die vielleicht in einzelnen, ihnen durch Spezialstudien vertrauten Kapiteln ein Versehen oder eine Unterlassungssünde bemerkten, witterten allenthalben Dilettantismus und hielten sich für zu vornehm, um das im ganzen sehr gewissenhaft gearbeitete Werk aufmerksam durchzulesen. Jacob Grimm freilich, dem Talvj ein Exemplar geschickt hatte, antwortete (27. April 1840) freundlich und anerkennend, wenn auch behutsam: er bewundert die umfassende Belesenheit der Verfasserin und bezeugt, dass sie 'über deutsche Poesie und Volksart viel Treffendes wahrgenommen und ausgesprochen' habe[2]). Der kompetenteste Beurteiler, Ludwig Uhland, schwieg. Auf die briefliche Anfrage Ferdinand Wolfs (31. Mai 1840), was er zu Talvjs neuem Werk sage[3]), scheint er nicht eingegangen zu sein, und weder in seinen 'Anmerkungen zu den Volksliedern'[4]) noch in der 'Abhandlung über die deutschen Volkslieder'[5]) mit ihren reichen Belegen ist mir eine Stelle begegnet, die unzweifelhaft auf eine nähere Bekanntschaft mit Talvjs 'Charakteristik' schliessen liesse, während die 'Volkslieder der Serben' mehrfach angeführt werden.

Die 'Blätter für literarische Unterhaltung' brachten im Januar 1841 eine eingehende und kritische Würdigung, die bei allem Lobe auch manche Bedenken äussert und in etlichen Punkten abweichende Ansichten vertritt. Sie ist mit Nr. 108 unterzeichnet und hat, wie ich nach dem handschriftlich vorhandenen Mitarbeiterverzeichnis dieser Zeitschrift mitteilen kann, den trefflichen Julius Ludwig Klee, damals Gymnasiallehrer in Leipzig, zum Verfasser[6]).

Die Nachwirkung der 'Charakteristik' war nicht bedeutend. Selten, etwa bei Wolfgang Menzel[7]), trifft man auf Spuren ihres Einflusses in prinzipieller Hinsicht. Weniger um ihrer selbst willen, als weil sie

1) 'Versuch einer geschichtlichen Charakteristik der Volkslieder germanischer Nationen mit einer Übersicht der Lieder aussereuropäischer Völkerschaften.'

2) Preussische Jahrbücher 76, 363 ff.

3) Uhlands Briefwechsel, hsg. von J. Hartmann 3, 160 Nr. 1838 (1914).

4) Schriften 4 (1869).

5) Schriften 3 (1866).

6) Über Klee, 1807—1867, vgl. Schnorr von Carolsfeld, Allgem. deutsche Biogr. 16, 70f. Er exzerpierte für das Grimmsche Wörterbuch Goethes Werke; den 'allerfleissigsten und einsichtigsten' seiner Mitarbeiter nennt ihn Jacob Grimm in der Vorrede (1, LXVII).

7) Deutsche Dichtung 2, 28 (1858); vgl. Levy S. 107.

manche Lieder enthielt, die sonst nicht leicht zugänglich waren, wurde sie bisweilen zu Rate gezogen: so von Vilmar[1]), R. Köhler[2]), A. Reifferscheid[3]) und anderen.

Durch Vilmar mag der von ihm ausgehende Otto Böckel[4]) auf Talvjs Werk aufmerksam geworden sein: er ist, soviel ich sehe, der einzige unter den Volksliedforschern der Gegenwart, der die 'Charakteristik' genau studiert hat[5]) und sich mit ihr auch entscheidend berührt, wenn er als Grundzug der Volksdichtung den Optimismus betrachtet. Allerdings bezeichnet Talvj nur die deutsche Volkspoesie als 'wesentlich heiter, versöhnend, milde'[6]), während Böckel, schwerlich mit Recht, in aller Volksdichtung die Bejahung des Willens zum Leben wiederfinden will[7]).

Bei dem geringen Erfolge, den schon die 'Charakteristik der Volkslieder germanischer Nationen' hatte, ist es begreiflich, dass die geplante Fortsetzung, die den Volksliedern der übrigen Nationen gelten sollte, nicht zustande gekommen ist[8]). Doch bieten einige weitere Arbeiten der rastlos tätigen Talvj dafür einen gewissen Ersatz. Unmittelbar nach Beendigung der 'Charakteristik', noch im Jahre 1840, liess sie, abermals im Verlage von Brockhaus, eine kleine Schrift erscheinen[9]), die, durchweg auf schwer erreichbaren englischen Quellen fussend, die Unechtheit des Macphersonschen Ossian zum erstenmal für deutsche Leser bündig nachwies[10]). Die slawische Volkspoesie behandelte sie zusammenhängend in ihrem Buche 'Historical View of the Languages and Literature of the Slavic Nations' (New York und London 1850), das ins Deutsche zu übersetzen ein Kenner vom Range Šafříks empfahl[11]). Auch die Vorrede zur neuen Auflage der 'Volkslieder der Serben' (1853) muss hier genannt werden. Amerikanische Zeitschriften brachten Aufsätze über spanische

---

1) Handbüchlein für Freunde des deutschen Volksliedes (1867), S. 147. 154.

2) Kleinere Schriften 3, 295.

3) Westfälische Volkslieder (1879) S. 135. 174.

4) Vgl. Levy S. 101. 146ff.

5) Vgl. Böckel, Psychologie der Volksdichtung[2] (1913) S. 6. 24. 39. 87f. 161. 340. Bockel kennt übrigens auch die andern, gleich zu nennenden Bücher Talvjs, s. ebd. S. 95. 158. 193. 227 u. ö.

6) Charakteristik S. 390, vgl. 444.

7) Psychologie, 14. Abschnitt.

8) Ausführlicher als in dem oben veröffentlichten 'Plan' äussert sich Talvj über diesen zweiten Teil in der 'Charakteristik' selbst: S. 142f.

9) 'Die Unächtheit der Lieder Ossians und des Macphersonschen Ossians insbesondere.' 122 S.

10) Nur für diese, nicht überhaupt, wie man nach G. Körting, Grundriss der Geschichte der engl. Literatur[5] (1910) S. 340 annehmen könnte.

11) Es erschien deutsch von B. K. Brühl unter dem Titel: 'Übersichtliches Handbuch einer Geschichte der slawischen Sprachen und Literatur. Nebst einer Skizze ihrer Volkspoesie.' Leipzig 1852. Die darin S. 307ff. gebotene Analyse der serbischen Volksdichtung wird noch von Pypin und Spasović, Geschichte der slawischen Literaturen (1880) 1, 355ff. mit hohem Lobe bedacht und teilweise abgedruckt.

und französische Volksdichtung[1]). Eine ihrer letzten Arbeiten beschäftigte sich mit den historischen Liedern der Kosaken; sie erschien 1869 in Westermanns Monatsheften[2]), ein Jahr vor dem Tode der aufrechten, ungewöhnlich begabten, wahrhaft bedeutenden Frau.

Leipzig.

Der Skot.

Von **Robert Mielke.**

(Mit 3 Abbildungen.)

In der Besprechung des Schulzschen Buches 'Das Germanische Haus in vorgeschichtlicher Zeit' (oben 24, 332) habe ich auf die Unwahrscheinlichkeit aufmerksam gemacht, dass eine das Haupthaus von Rings in Hejnum (Gotland) begleitende Steinreihe als Träger einer ehemaligen Längslaube angesehen werden darf. Schon die Entfernung der Steinreihe — etwa 4 *m* vor dem 40 *m* langen und 13 *m* breiten Hause — schliesst eine solche Annahme aus. Selbst wenn man zu den 3,50 bis 4,50 *m* breiten, aus Stein und Erde errichteten Wandzügen noch eine eigentliche Hochwand annimmt, würde eine so breit ausladende Längslaube ganz ungewöhnlich sein angesichts der Fundumstände[3]), die eher auf ein Dachhaus schliessen lassen, und des Umstandes, dass die an norwegischen Häusern noch erhaltenen Umgänge, die Skots, nur eine durchschnittliche Breite von 1 *m* haben.

Die Veranlassung für den Ausgräber und den Verfasser des oben genannten Buches, eine Längs- bzw. Vorlaube anzunehmen, war einerseits das Vorbild des Skots, andererseits die auch in Deutschland durch Ausgrabungen neuerdings oft bestätigte Vorlaube an vorgeschichtlichen Häusern; aber diese Lauben befanden sich — von den einem anderen Kulturkreise angehörenden westdeutschen Fundstätten abgesehen — stets an der Giebelseite, während ausser den Steinsetzungen von Rings einwandfreie Beobachtungen nur in Buch und in Wutzetz (Brandenburg) gemacht worden sind. Hier fand Kiekebusch bei dem ersten der von ihm freigelegten Häuser (Abb. 1) an der Langseite eine Reihe von Pfosten, die von jener einen Abstand von $^1/_2$—1 *m* hatten. Kiekebusch liess bei

---

1) Mir nur aus der Erwähnung in der Einleitung zu Talvjs 'Gesammelten Novellen' 1, XIX. XXII. bekannt.

2) Bd. 26, 467 ff.

3) Nordin, Månadsblad 1886, 145. 1888, 49. 97. 158; ders., En svensk bondgård S. 9.

einer seiner ersten Veröffentlichungen[1]) die Frage offen, „ob die Pfosten das Haus gegen die herrschenden Westwinde schützen sollen, oder ob zwischen der Ostwand und dieser Aussenwand ein Schuppen angelegt war zur Aufbewahrung von Stangen, Leitern u. dgl., oder ob man zwischen beiden Wänden Laub und Moos zum Schutze gegen die kalten Ostwinde [!] aufgehäuft habe, oder ob es sich um eine Umzäunung handelt.“ In einer späteren Arbeit[2]) spricht er sich dahin aus, dass „in sehr vielen Fällen eine oder mehrere Seiten des Hausgrundrisses von meist kleineren Pfosten begleitet“ seien, die in einem Abstande von 0,5—1,00 *m* parallel zur Hauswand liefen.“ Kiekebusch äussert sich auch hier noch nicht bestimmter über den ehemaligen Zweck der Pfosten. Ebensowenig hat er Mutmassungen darüber geäussert, ob die Pfosten mit den Hauswänden gleiche Höhe hatten, ob sie offen eingerammt oder durch Zwischenverbände geschlossen waren. „Die schwächeren, häufig eingeschlagenen Pfosten würden mehr für leichtere Bauart und geringere Höhe sprechen.“

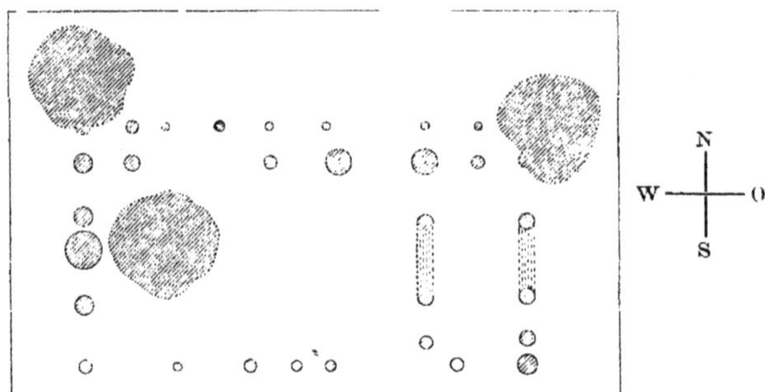

Abb. 1. Vorgeschichtliches Haus aus der bronzezeitlichen Siedelung von Buch. Nach Kiekebusch, Brandenburgia 18, 420.

Dagegen fand Kiekebusch bei einem später freigelegten Hause im Innern vor der langen Ostwand eine Pfostenreihe von 25—30 *cm* Durchmesser und in einem Abstande von 48 *cm*, die er als Stützen einer Bank ansprach[3]). Erst 1912 brachte Kiekebusch, gestützt auf eine Äusserung Willy Pastors, diese Begleitpfosten mit dem nordischen Svalegang in Verbindung[4]) und benutzte sie bei seiner Rekonstruktion des Bucher Hauses zur Anlage eines dem nordischen Skot ähnlichen Begleitganges, indem er die Pfosten durch liegende Rundhölzer zu einer Wand vervollständigte und den so gewonnenen Raum mit dem tief herabgesenkten Dache schliesst[5]). Von Bedeutung war ihm, dass er die Begleitpfosten an mehreren Häusern in

1) Monatsblatt der Brandenburgia 18, 413.
2) Prähistorische Zeitschrift 2, 385.
3) Prähistorische Zeitschrift 2, 396 f.
4) Ebenda 4, 163.
5) Abgebildet in der Zeitschrift für Ethnologie 45, 401—404.

Buch gefunden hatte, obgleich er sie bei den zahlreichen von ihm in Brandenburg gefundenen Häusern nur noch einmal in Wutzetz beobachtet hatte. Er spricht sich auch in keiner Weise dahin aus, den am Bucher Hause rekonstruierten Begleitgang als eine typische Erscheinung des vorgeschichtlichen Vorhallenhauses anzusehen; aber diese Schlussfolgerung liegt nahe und rechtfertigt es, die Stellung und das Alter des nordischen Skots zu untersuchen.

Für die Rekonstruktion des Hauses von Buch ist das ebenso wichtig wie für den Skot selbst, der in skandinavischen Forscherkreisen oft mit dem Svalegang durcheinandergeworfen wird. Nicolaysen[1]) und Eilert Sundt[2]), denen wir umfangreiche Studien über das nordische Haus verdanken, nennen eigentlich jeden Umgang — sei er am Wohn- oder Vorratshause — einen svalgang, während dieser Ausdruck in der älteren Literatur mehr für den Umgang bei einem oberen Stockwerke, also nur bei den Vorratshäusern angewandt wird, die zugleich oft als Schlafräume dienen. Hier läuft der Gang auf drei oder vier Seiten rings um das Haus und wird von den stark hervorgekragten Deckenbalken des unteren Geschosses getragen. Er ist ebenso unmittelbar aus der Konstruktion hervorgegangen, wie der Name unmittelbar den Zweck erkennen lässt[3]). Der svalegang ist auch nur bei diesen Vorratshäusern zu finden. Wenn Eilert Sundt ihn bei ersichtlich alten Häusern des abgelegenen oberen Gudbrandsdalen und in der norwegischen Landschaft Sätersdalen fand, dann ist es immerhin zweifelhaft, ob es sich um wirklich volkstümliche Bezeichnungen handelt. Sollte es der Fall sein, dann liegt die Vermutung nahe, dass der ältere Ausdruck auf eine jüngere Sache übertragen worden ist.

Eine andere sprachliche und konstruktive Bedeutung hat der Skot. Wo wir das Wort antreffen, bedeutet es einen Abschlag, einen Teil des Ganzen, der gewonnen wird durch Vorziehen eines Gegenstandes in einer Richtung, wie es noch heute die Schotten eines Schiffs belegen. In diesem Sinne ist es auch in Deutschland verbreitet. Als Riegel vor einer Türe kennt man den Skott im Friesischen, als Skothag bedeutet er hier eine Viehhürde[4]). Sinnentsprechend sagt der Friese auch „dat hûs schütt to wid för“, „dat water schütt mit gewalt dör de sîl, de bôm wil nêt schêten“

1) Nicolaysen, Kunst og Haandvaerk i Norges Fortid (1881—1891).

2) Eilert Sundt, Byggningsskik på Bygderne i Norge. Samlet Udgave ved Herman M. Schirmer. Kristiania 1900. U. a. nennt er bei dem von Henning, Das deutsche Haus, Eilert Sundt entnommenen Hause aus Gudbrandsdalen den unteren Umgang svalgang; doch vermeidet Henning selbst diesen Ausdruck (Abb. 38. 39 S. 65).

3) Nach Molbech, Dansk Dialectlexicon, bedeutet sval, isl. svalr, sw. sval, kühl ('En sval Aften efter en hed Dag'). Der Raum hinter dem Svalegang wurde häufig auch in der Tat nur im Sommer zum Schlafen benutzt, bisweilen auch für Gäste; in der Regel aber war er für die Töchter des Hofes bestimmt.

4) S. Outzen, Gloss. d. fries. Sprache (Kopenhagen 1837), unter Skott.

(treiben)[1]. Auch Schmeller verzeichnet einen Schosstenn als Aufzimmerung, um das Wasser aufzustauen[2]. Es klingt der Begriff ebenfalls aus dem jütländischen 'skodd' heraus, das die Schiebetür an den Butzen bezeichnet und im Emslande als Schieber (schüver) bekannt ist. Noch in der Gegend von Essen ist Schott gleichbedeutend mit Fach, Verschlag und schliesslich auf die Falltür oder die Öffnung zum Heuboden ausgedehnt worden[3]. Im Emslande bezeichnet Schott heute einen Anbau (einen vorschott, vorschur), der mit Beziehung auf die Tiere besonders bei Ställen gebraucht wird, ohne dass aber dabei von einem Aussenanbau die Rede ist. So kann Schapschott, Svinschott ebensowohl einen inneren Hausteil wie ein besonderes Gebäude bezeichnen[4].

Diesem ausgedehnten sprachlichen Gebiete des Skots, das sich nur teilweise mit der Verbreitung eines bestimmten Hausteiles deckt, steht der enge Bezirk des norwegischen bzw. dänischen Skots gegenüber. In Schweden scheint er wenig oder gar nicht bekannt zu sein. Man wird daher die Heimat dieses Hausteiles zunächst in Norwegen suchen müssen. Aber auch hier finden wir einen dem Wohnhause aussen angefügten schmalen Gang nicht gleichmässig verbreitet, sondern hauptsächlich in den Landschaften Gudbrandsdalen, Sätersdalen und Jäderen. Die Beispiele, die nordische Forscher, besonders Guđmundsson, Nicolaysen und Eilert Sundt beibringen, gehen nicht über das 16. Jahrhundert zurück. Nach Guđmundsson[5], dessen Ausführungen vielfach auf archivalischen und literarischen Quellen aufgebaut sind, ist skot ein sehr alter technischer Ausdruck; für die Gestaltung des altisländischen Hauses, mit dem er sich vorzugsweise beschäftigt, beweist er indessen wenig, da sich die hier angezogenen Skots auf jüngere Häuser beziehen und der Bauteil zudem von der Stube nur durch eine Bretterwand getrennt ist, also innerhalb der massiven Aussenwände lag. Dass das russische Bauernhaus, das ausserordentlich vom altnordischen Hause beeinflusst wurde und von ihm besonders die Wohnstube (stofa = istuba) übernahm[6], keinen Skot zeigt,

---

1) Doornkaat-Koolmann, Wörterbuch der ostfriesischen Sprache, unter scheten. Auch das englische to shut (ags. scittan, skyttan) gehört hierher.

2) Schmeller-Frommann, Bayerisches Wörterbuch 3, 479 unter Schiess.

3) Zeitschr. f. rhein. und westfäl. Volkskunde 11, 130.

4) Kaindl, Geschichte der Deutschen in den Karpathenländern (Gotha 1907—1911) zitiert (1, 179) aus dem Jahre 1359 eine Urkunde aus dem Ort Skawinki, in der der Platz für den Viehtrieb als skotnicza bezeichnet ist. Er führt das Wort auf got. skatts = Schatz zurück, doch erscheint die Herleitung aus dem niederdeutschen Skothag = Viehhürde um so naheliegender, als Kolonisten vom Rhein tatsächlich nachzuweisen sind.

5) Guđmundsson, Privatboligen på Island i sagatiden 1889 S. 101f.

6) K. Rhamm, Ethnographische Beiträge zur germanisch-slawischen Altertumskunde II, 1, 562 ff. Rhamm geht übrigens bei seinen weitausgedehnten Untersuchungen der Frage nach dem Ursprung und dem Alter des Skots vollständig aus dem Wege. Man darf daraus wohl schliessen, dass er dieses Wohnungsglied nicht für alt und nicht für bedeutungsvoll für die altnordische Bauweise hielt.

kann nicht weiter überraschen, weil das als Ausgangsland zunächst in Betracht kommende Schweden ihn ebenfalls nicht kennt.

Wenn Guđmundssons Angaben, dass der Skot wenigstens sprachlich sehr alt sei, sich bestätigen, dann wird die Frage aufzuwerfen sein, wo sich dieser alte Skot befunden habe. Ein wichtiger Umstand weist bei den erhaltenen Bauernhäusern darauf hin, dass die ihm angeschlossenen Laufgänge möglicherweise ursprünglich ein konstruktives Ergebnis waren. Die ältesten und gesicherten Beispiele zeigen nämlich den Skot an der Trauf- und niemals an der Giebelseite. Wo er hier vorhanden ist[1]), da ist er nur durch ein flaches Pultdach an das Gewände gelehnt, ohne mit ihm in irgend einer anderen Weise konstruktiv verbunden zu sein. Dieser unbedeutenden, rein äusserlich und fast vorübergehend anmutenden Stellung des Giebelskots entspricht es, dass er meist ohne Tür ist und als Holz- und Torfablage dient, falls er nicht Zugang zu dem rückwärts gelegenen Langskot ist. Mehr mit dem Organismus des Hauses verbunden ist der letztere, der wenigstens durch das lang heruntergezogene Dach äusserlich wie ein Abteil des Hauses erscheint. Freilich nur äusserlich; denn er ist von ihm durch die feste und türlose Blockwand getrennt, während die Aussenwand des Skots aus Brettern besteht. Jedenfalls ist der Langskot die ursprünglichere Form, die leicht durch das Herunterziehen des Daches herzustellen war und um so näher lag, als bei der durch Eilert Sundt einwandfrei nachgewiesenen Entwicklung des nordischen Langhauses aus dem ursprünglichen Vorhallenhaus ein vor der Eingangstür, die jetzt in die Mitte der Traufseite kam, gelegener Laufgang den Eintritt in den neuen Anbau deckte. Ein solcher Laufgang — bald mehr, bald weniger geschlossen — ist ja auch in Mitteldeutschland nicht selten; hier ist er jedoch nur an der Eingangsseite[2]) zu finden und konstruktiv nicht begründet, sondern zur bequemeren Verbindung mit den Ställen geschaffen. Beim altnordischen Hause war jedoch die Anlage von einem vor- und rückwärts gelegenen Laufgang um so naheliegender, als das Ansdach mit seinen vom Firstbalken nach unten gelegten Dachbalken die Ausnutzung des Dachüberstandes zu einem Skot begünstigte, während bei dem Sparrendach dies nur möglich war, wenn man den ganzen Dachstuhl mit seinen Unterlagsbalken weit über die Mauern hervorzog oder die Sparren durch Aufschieblinge künstlich, unorganisch verlängerte.

---

1) Beispiele: K. Rhamm a. a. O. 1, 2 Abb. 63; Guđmundsson S. 111. 203. 213; Eilert Sundt, Abb. 72. 73; Meiborg, Gamle Danske Hjem i det 16de, 17de og 18de Aarhundrede, Kopenhagen 1888, Abb. 107; Rank, Kulturgeschichte des deutschen Bauernhauses Abb. 9 u. 10 (nach Dietrichson u. Munthe, Die Holzbaukunst Norwegens in Vergangenheit und Gegenwart 1893).

2) Mit Ausnahme des Eifelhauses, bei dem das Dach häufig als Wind- und Schneeschutz bis an die Erde verlängert ist. Den so entstandenen Zwischenraum hat man als Holz- und Geräteschuppen ausgenutzt.

Lässt sich so die Anlage des Skots an den Langseiten ganz gut begründen, so zeigen die aus den ersten Jahrhunderten unserer Zeitrechnung stammenden Hausreste, die von Schulz in seinem eingangs erwähnten Werke angeführt sind, dass dem altnordischen Skot noch eine andere Bedeutung zukommt, als nur ein äusseres Anhängsel zu sein. Fast durchgehends sind die ausserordentlich langen und mit Giebeleingang versehenen vorgeschichtlichen Häuser auf massiven Unterbauten aus Steinen, Sand oder auch Torf errichtet. Bei einzelnen (Jäderen, Åby in Gotland) sind indessen auch Spuren von Reihen innerer Pfosten oder Steinen nachgewiesen, die ein breites Mittelschiff von zwei schmalen Seitenschiffen absonderten. Dadurch sind zwei innere Gänge entstanden, die sich von den nur angeklappten Aussenskots wesentlich unterscheiden. Es entspricht das dem von Gudmundsson rekonstruierten altnordischen Saalhause (Abb. 2), bei dem die Dachbalken von dem Firstans und zwei Seitenänsen getragen werden und eine zweite Reihe von Dachbalken von diesen zu den Seitenwänden des Hauses gehen. Das ist eine sehr entwickelte Konstruktion, während die älteren vorgeschichtlichen Häuser wohl einen einheitlichen Raum einschlossen, dessen Dach von den auf einem Firste ruhenden Sparren gebildet war[1]). Erst bei grösseren Hausanlagen (und vielleicht auch jüngeren!) erscheint die Pfostenreihe und mit ihnen das Ansdach, das zugleich die Dreiteilung des Inneren herbeiführte.

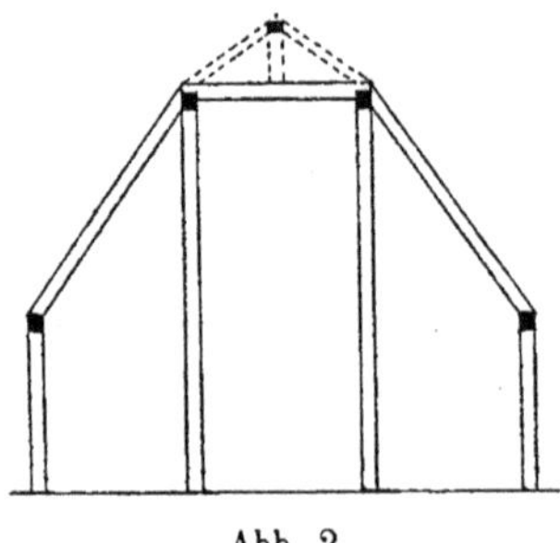

Abb. 2.
Rekonstruktion des altnordischen Saalhauses. Nach Guđmundsson.

Spricht man die Seitenschiffe als die alten Skots an, dann müssten sich noch Spuren dieses Innenskots finden. Für Norwegen wird das schwer sein, weil die grosse Umwandlung der nordischen Setstofa Ende des 11. Jahrhunderts, bei der der Hochsitz von der Langseite an die hintere, geschlossene Giebelseite verlegt wurde und das rituelle Feuer des offenen, vielleicht vertieft gelegenen 'arinn' von dem gleichfalls an die hintere Giebelwand gedrängten Rauchofen ersetzt wurde. Man schreibt diese Umwandlung dem Könige Olaf Kyrre zu, der die Königshalle zuerst in dem obigen Sinne veränderte; doch dürfte sie mehr eine langsam sich

1) Es würde demnach für das älteste Haus ein Sparrendach oder wenigstens eine Verbindung von Sparren- und Ansdach anzunehmen sein. Rhamm (a. a. O. 2, 1, 559) vertritt die Ansicht, dass das Sparrendach, das in seiner Verbreitung sich an die Stadt Bergen anschliesst, erst durch hansischen Einfluss aus Deutschland eingeführt sei. Das kann wie bei dem Rauchofen, dem Peis, möglich sein; doch ist nicht recht ersichtlich, wie man das ehemalige Dachhaus, das einst vertieft lag und von dem noch Nachrichten bis in das 19. Jahrhundert hinein vorliegen, anders hat decken können als durch ein Sparrendach. Noch weniger lassen die meterdicken niedrigen Wände der ausgegrabenen Häuser eine andere Dachart zu.

vollziehende Folge des Christentums sein, das an und für sich das Kultfeuer unterdrückte, als ein plötzlicher Wechsel durch den Willkürakt des Königs. Jedenfalls wurden im Anschluss an diese durchgreifende Veränderung die schmalen Seitenschiffe, soweit sie überhaupt noch im Bauernhause bestanden, mit dem Mittelraum enger verbunden oder wenigstens nicht mehr durch hölzerne Schranken geschlossen. Damit verschwand dann auch der Name, falls er irgendwo bestanden hatte, oder ging auf die vereinzelten angeklappten Aussengänge über.

Eine Bestätigung dieser Entwicklung findet sich in der nordwärts vom Limfjord und dem südnorwegischen Jäderen gegenübergelegenen altdänischen Landschaft Vendsyssel. Sowohl in Jäderen wie in Vendsyssel hat sich ein sehr altertümlicher Haustypus[1]) noch bis Ende des 19. Jahrhunderts erhalten, der allein noch im Norden wirkliche Reste des Saalhauses einschloss. Hier war noch 1877 in dem Dorfe Thy ein altes Haus, in dem die ehemaligen Hochsäulen in der Herdstube frei standen, während sie bei den übrigen Räumen in die Wand hineingebaut waren (Abb. 3).

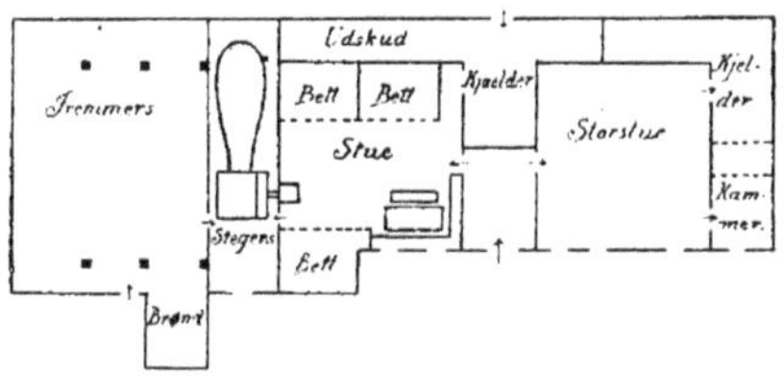

Abb. 3. Altes Saalhaus von Thy. Nach Carl Rhamm.

Hinter dieser Stubenwand und der äusseren Hauswand befand sich ein dunkler Gang, der als Schlafraum diente und den Namen Utskud führte. Auch in Jäderen soll dieser Name nicht unbekannt sein. Ein Aussenskot setzt aber unbedingt einen Innenskot voraus, von dem man der Sachlage nach annehmen muss, dass er einen vorangegangenen, älteren Zustand darlegt. Zwar ist dieser Thysche Aussenskot in Wirklichkeit ein Innenskot, denn er liegt im Seitenschiffe des alten Saalhauses, aber sei es, dass der Begriff auf eine ältere Teilung des Wohnhauses zurückgeht, sei es, dass sich an den Gang ein vergessenes und unverstandenes Wort geklebt hat, unbedingt bestätigt er einen im Hausinnern gelegenen Raum, dem der Name Skot beigelegt war. Aus dem Vorhandensein dieses Aussenskots und seiner Lage im Innern des Saalhauses — und noch dazu in einem zwar vom Meere getrennten, aber ethnographisch und geschichtlich zusammenhängenden Gebiete — kann man mit Sicherheit schliessen, dass dieser Hausraum in eine weit entlegene Zeit zurückgeht.

1) Er forderte nach Feilberg (Dansk Bondeliv S. 37) den Spott der Schleswiger heraus, was gewiss als Zeichen zurückgebliebener Verhältnisse anzusehen ist.

Es geht aber weiter noch aus diesen Darlegungen mit grosser Wahrscheinlichkeit hervor, dass der ursprüngliche Innenskot nicht das Seitenschiff des Saalhauses war, sondern dass er in dem Hauptraume gelegen, ja vielleicht das ganze einzellige Haus der Urzeit bezeichnet hat. Das letztere ist freilich nicht zu erweisen, obgleich der eigentliche Sinn des Wortes selbst auf einen Schutz hinweist[1]) und solche Begriffserweiterungen gerade bei dem Hause nicht selten sind[2]). Als sicher wird es gelten dürfen, dass der älteste Skot in den Seitenschiffen des Saalhauses gelegen hat. Dieser Seitenskot, der folgerichtig nur an den Traufseiten des Hauses liegen kann, und der mit der Umwandlung des Saalhauses in die (pfostenlose) Stofa aus dem Innenraum verdrängt wurde, hat nichtsdestoweniger seine Existenz mit zäher Ausdauer behauptet. Bei dem altsächsischen Hause hat er sich in der Form der Kübbungen erhalten, die zwar dem Gerüst des Hauses nur äusserlich durch Aufschieblinge angeschweisst sind, aber mit der Diele noch einen einheitlichen Raum bilden und dadurch zu einem Innenskot geworden sind. Vereinzelt trifft man aber noch in Niedersachsen Nachweise für die Abkunft der Kübbung von einem Seitengange. So befindet sich in einem alten von Rhamm veröffentlichten Grundriss (a. a. O. Abb. 4) in Hornbek (Lauenburg) ein ganz schmaler dunkler Gang, der den Raum zwischen den Schlafbutzen und der Wand einnimmt.

Nicht weniger deutlich sind solche Seitengänge bei dem Hause auf Föhr[3]) erkennbar, bei dem innerhalb des Mauergewändes Pfosten in einem Abstande von 0,50 *m* stehen, das Dach tragen und grosse Ähnlichkeit mit der Pfostenstellung des isländischen Hauses zeigen. Auf den Halligen ist diese Konstruktion bei alten Häusern dicht an die Aussenwand gerückt; doch bezeugen die Madelskots, die Namen für die Zwischenständer der Kuhboxen, dass sich zwar der Sinn des Wortes verloren, aber seine alte Stellung im Innenraum noch sprachlich behauptet hat[4]).

In der holländischen Provinz Drenthe sind Diele und Ställe noch ganz niedersächsisch, aber in dem Herdraume, der Keuken, haben sich manche Erinnerungen erhalten, die an das nordische Saalhaus erinnern. Durch einen schmalen Gang, der sich zwischen Butzen und Wand be-

1) Man denke an das englische to shut. Noch in der Lutherschen Bibelübersetzung ist Schut, Schütte ein Wall, der eine Stadt einschliesst. S. Outzen a. a. O. unter Skott.

2) Z. B. Halla, skr. çālā = Hütte, gr. καλιά, lat. cella, germ. halla, niederdeutsch hille = die Bergende, Schützende. Oder das gemeinkeltische tegos = Haus aus der Wurzel (s)teg, lat. tego = bedecken, gr. στέγος, στέγη, τέγος, ahd. dah, agls. þaek, altn. þak (Schrader, Reallexikon S. 124/125). Auch in dem ags. Hide = Hufe, ursprünglich familia, steckt der Sinn 'Haut, Fell' (Hiding-place = Schlupfwinkel). Und skr. kōça = Gefäss, Behälter hat bei fast allen indogermanischen Völkern seine Bedeutung als Haus niedergeschlagen.

3) Uhle, Verhandlungen der Berliner Anthropol. Ges. 23, 500.

4) Oben 22, 369.

findet und an einer Stelle (Emmen) noch die volle Breite des Seitenschiffs einnimmt, lässt er den oben erwähnten Gang in Hornbek zu einem bedeutungsvollen Mittelgliede in der Entwicklung des altsächsischen Hauses werden. Auch in den Provinzen Overyssel (Staphorst) und Twenthe (Hengelo) sind diese Gänge vorhanden; in Staphorst nimmt er ohne jede Zwischenteilung den Raum hinter den Pfosten ein und führt den nicht ganz durchsichtigen Namen 'Worf'[1]).

Es gibt allerdings auch äussere Gänge, die wie der moderne norwegische Skot nichts weiter als nachträgliche Anbauten sein können und in der Regel nur Schuppen sind. Ein weit überstehendes Dach verleitet an und für sich zu der Anlage eines geschützten Raumes. Bei dem westslawischen Hause ist dieser Überstand nicht gerade selten benutzt, um durch vorgestellte Pfosten die Wände zu entlasten und dann diese Stützen gelegentlich durch Verbretterung zu einem Schuppen abzuschliessen. Das litauische Haus, bei dem altsächsische und nordische Einflüsse nachweisbar sind, zeigt diese Entwicklung in bunter Reihenfolge bis zur Ausbildung eines vollständigen Seitenraumes, der aber in keiner Verbindung mit dem Hausinnern steht und sich dadurch als eine rein äusserliche Zutat erweist[2]). Auch das Haus der Siebenbürger Sachsen und in der Zips, das ursprünglich keine Kübbungen hat, ist neuerdings durch äusseren Anbau zu einer ähnlichen Erweiterung gelangt.

„Nacheinander wurden überall kleine Kübbungen für allerlei Zwecke, für Schweine-, Ziegenställe, Kammer, Remise, Holzkammer usw. angeklappt, bis schliesslich die ganze Kübbung zustande kam“ [3]).

Ist der altnordische Skot schon für die Vorzeit, die ja bekanntlich bis in den Schluss der Sagazeit hinaufreicht, vorhanden, dann ist er sicher nicht als ein äusserer Gang nachzuweisen. Damit fällt die Berechtigung, die Begleitpfosten vorgeschichtlicher Häuser als Teile eines ehemaligen Skots anzusehen, wenn auch die Möglichkeit, dass der Raum an der Aussenwand gelegentlich zu der Anlage eines kleinen geschlossenen Raumes benutzt wurde, nicht ganz abzuweisen ist. Dazu bedarf es noch weiterer Beobachtungen, aber selbst im Falle vieler Bestätigungen werden Beziehungen zu dem skandinavischen Skot abzuweisen sein.

Berlin-Halensee.

---

1) Grundrisse bringt Rhamm a. a. O. Abb. 4. 9B. 9C u. 13.

2) Vgl. R. Mielke, Die ethnographische Stellung der ostdeutschen Haustypen, Zeitschr. f. Ethn. 44, 367 ff.

3) Karl Fuchs, Hannoverland 2, 18.

Gressoney.

Von **Georg Minden.**

Im Frühling 1912 wollten wir vom Lago Maggiore nach dem am Südabhang des Montblanc belegenen Courmayeur reisen. Da wir erfuhren, dass die dortigen Gasthöfe noch nicht eröffnet seien, beschlossen wir, zunächst einen Abstecher in das Tal von Gressoney zu machen, ein Seitental des von der Dora Baltea durchströmten Aostatals. Man weiss, dass Savoyen und Piemont, die Kernprovinzen des vor einem halben Jahrhundert zum Königreich Italien erweiterten Königreichs Sardinien, ein italienisches Land mit starkem französischen Einschlag bilden. Der Weg von Turin nach Gressoney führt mit der Eisenbahn bis Pont St. Martin, von da talaufwärts über Lillianes, Fontainemore, Issime (Eischime), Gaby nach Gressoney-St. Jean (Unterteil) und Gressoney la Trinité (Oberteil). Das Tal wird vom Lysbach durchflossen, welcher vom Lyskamm, dem südlichen Vorberge des Monte Rosa, herabkommt. Von Gressoney aus führen mehrere Alpenpässe, so der Colle d'Olen, der Colle delle Pisse, das Lysjoch, der Theodulpass, über das Hochgebirge nach der Gegend von Zermatt und dem Rhonetal, dem Wallis.

Pont St. Martin selbst und die nächsten von uns durchfahrenen Ortschaften hatten ein ganz romanisches Gepräge, halb italienisch, halb französisch.

Auf der Fahrt tauschten wir mit den Einheimischen unsere 'bon jours' und 'buon viaggios' aus und freuten uns der herrlichen Kastanienwälder, durch welche die Strasse hinanstieg. Als wir aber etwas höher talaufwärts gelangt waren, umstanden plötzlich blondhaarige, blauäugige Kinder unser Gefährt und riefen uns, wie ihre ebenfalls hellfarbigen Mütter, ein herzliches 'Grüss Gott!' zu. Wir glaubten uns mit einem Schlage in das innerste Pommern, Westfalen oder — in Anbetracht der Berge — nach Thüringen oder dem Schwarzwald versetzt. Im Baedecker fand sich nur die kurze Notiz: 'Issime (deutsch Issimey), das erste Dorf mit deutschen Ansiedlern.'

Als wir in Gressoney-St. Jean ankamen, fanden wir dort alles urdeutsch. Der ganze Gasthof, der Wirt, die Wirtin, die Bewohner der Nachbarhäuser, die ganze Ortschaft war deutsch. Wir befanden uns wie Robinson Crusoë auf einer Insel, — nur war sie nicht menschenleer und vom Ozean umflossen, sondern es war die deutsche 'Sprachinsel' Gressoney, deren Namen alle Eingeborenen vom Baron bis zum Hütejungen nicht mit dem Endlaut ē, sondern mit dem breiten deutschen Doppellaut ei aussprechen[1]).

Die Gegend ist herrlich. Der Monte Rosa, der damals allerdings zeitweilig im Frühjahrsnebel steckte, beherrscht die Aussicht über das Tal. Schöne Wälder und üppige grüne Matten, auf denen die scharlachroten Röcke der Frauen und Mädchen weithin leuchten, füllen den Talboden und die Abhänge.

Auf einem die Gegend beherrschenden Bergvorsprung hat sich die Königin Margherita, die Witwe Umbertos, welche als deutsche Prinzessin am sächsischen Hofe erzogen worden ist, durch den Architekten Stramuzzi vor einigen Jahren ein stolzes Schloss, das Castello Savoia, erbauen lassen, in welchem sie mehrere Monate des Jahres verweilt. Es soll ihr Lieblingsaufenthalt sein; sie vereinigt öfter die Frauen des Tals zu Empfängen, zu denen diese ihre Festtracht anlegen[2]).

Von den deutschen Sprachinseln in Italien sind am bekanntesten die 'tredici communi veronesi' und die 'sette communi vicentini', welche unter venetianischer Herrschaft als Lohn für ihre der Republik geleisteten Dienste, selbst eine Art republikanischer Verfassung erhielten und dann später, als Venetien österreichisch wurde, in dem harten Kampfe der 'Italia irredenta' gegen die 'Tedeschi' eine grosse politische Rolle spielten. Das weniger bekannte Gressoney aber und die benachbarten deutschen Sprachinseln in Piemont scheinen unter dem Szepter der savoyischen Könige in ihrem Deutschtum nie angegriffen worden zu sein und haben sich, ohne politisch hervorzutreten, ihre deutsche Eigenart seit alten Zeiten bewahrt.

Fast alle erwachsenen Einwohner von Gressoney sprechen Deutsch, und zwar ein für ein reichsdeutsches Ohr leicht verständliches Deutsch. Die Schuljugend hat zwar auch deutschen Unterricht, doch ist die Unterrichtssprache seit dem Jahre 1866 das Italienische; eine Bewegung zur Errichtung einer deutschen Schule ist seit einigen Jahren eingeleitet[3]). Da die Kirchensprache jetzt das Französische ist — Gressoney gehört zu dem grösstenteils französisches Sprachgebiet umfassenden Bistum Aosta — ergibt sich eine merkwürdige Vielsprachigkeit im amtlichen, kirch-

---

1) [Mehr oder weniger unwahrscheinliche Ableitungen des Ortsnamens u. a. bei L. Christillin, La vallée de Lys (1897) p. 341 ff. und Farinetti, Boll. del Club Alpino Italiano 12, 317 (nach P. Kind, Züricher Alpenpost 1878). Wohl mit Recht erklärt Schott in dem unten näher besprochenen Werk 'Die deutschen Colonien in Piemont' S. 244 diesen Namen, ebenso wie die der meisten Sprachinseln in Piemont, für fremden Ursprungs. Sollte ein Zusammenhang mit '*grissin* pane bislungo a forma di canipulo, bastoncino, bastoncello di pane biscotto' (Ponza, Vocabolario piemontese [10] 1886 vorliegen? Über dieses Gebäck vgl. E. Canziani und E. Rohde, Piedmont (London 1913) p. 70.]

2) [Ein von der Königinwitwe auf der Alpe Loh bei Gressoney veranstaltetes Volksfest deutschen Gepräges beschreibt Ludwig Neumann, Die deutschen Gemeinden in Piemont (Freiburg i. Br. 1891) S. 29.]

3) [Rohmeder, Deutsche Erde 5, 219 nr. 252. 7, 194 nr. 104.]

lichen und Familienverkehr, die durch folgendes Geschichtchen treffend beleuchtet wird: Auf die Klage des Bischofs von Aosta über die mangelhaften französischen Sprachkenntnisse der Gressoneyer antwortete deren Bürgermeister: „Mais Monseigneur, nous sommes donc Italiens et nous parlons allemand!“[1]) Nach der Ansicht von Kennern des Landes stehen die Aussichten für die Erhaltung der deutschen Sprache in Gressoney gut, da die männliche Bevölkerung auf der Wanderschaft (s. u.) sich viel in deutschen Sprachgebieten aufhält und so die Kenntnisse immer wieder aufgefrischt werden; weniger günstig sind die Lebensbedingungen für das Deutsche in Gaby und Issime, die dem geschlossenen italienischen Sprachgebiet schon zu nahe liegen.[2])

Ausser dem Castello Savoia sind noch einige stattliche Gehöfte vorhanden, verschiedenen Mitgliedern der Familie der Barone Peccoz[3]) gehörig. Ein Mitglied dieser Familie, dessen Bekanntschaft wir machten, hatte in Deutschland Medizin studiert. Ein älterer Baron Peccoz, dessen häufige Jagdgäste die königlichen Prinzen waren, hatte sich lebhaft an den Gletscherwanderungen der Königin Margherita, die bis zur Erbauung ihres Schlösschens immer bei ihm wohnte, beteiligt und vor etwa 20 Jahren bei einer solchen sein Leben verloren. Augenscheinlich ist die Familie, wie die ganze Bevölkerung, auch politisch sehr deutschfreundlich gesinnt.

Auch die Bauerngehöfte, die im Tal zerstreut sind, weisen recht stattliche Steinbauten auf. Ich konnte mir zuerst nicht erklären, woher dieser Wohlstand stamme, da im Tal selbst sehr wenig Ackerbau, gar keine Gewerbetätigkeit und nur etwas Viehzucht betrieben wird, welche unmöglich zu einer Anhäufung von Reichtum hat führen können. Auch der Fremdenverkehr ist nicht so lebhaft, um dem Tal zum Wohlstand zu verhelfen. Aber bei näheren Erkundigungen löste sich mir das Rätsel: Wie die Engadiner als junge Burschen in alle europäischen Hauptstädte ziehen, um als Zuckerbäcker Konditoreien zu begründen und sich dann auf ihre alten Tage als Rentner in ihre Heimat zurückzuziehen, wie die Bewohner des Defereggentals in Tirol als Hausierer in der ganzen Welt bekannt sind, so haben sich die Gressoneyer schon seit dem 16. Jahrhundert dem Handel, besonders mit Seide, im Auslande gewidmet; sie haben in der nördlichen Schweiz und in Schwaben, in Augsburg und Konstanz, ja bis Warschau hinauf Handelshäuser begründet und sind hierdurch zu erheblichem Reichtum gelangt. Im späteren Lebensalter übergaben sie

1) [Neumann, Die deutschen Gemeinden in Piemont S. 27.]

2) [S. Günther, D. E. 1, 41; G. Buchholz ebda. S. 163; E. Emmel, Ausland 66, 811, H. Bresslau, Zs. d. Ges. f. Erdk. 16, 193f.]

3) [Der Name ist aus dem deutschen 'Beck' verwelscht; die seit den ältesten Zeiten in dem Tale ansässige Familie erhielt im Jahre 1840 den bayerischen Adel, der 1848 von Karl Albert bestätigt wurde; s. Christillin, La vallée de Lys p. 369.]

dann die Geschäfte ihren Söhnen oder Schwiegersöhnen und bauten sich in ihrem Heimatstal stattliche Häuser. Der Verkehr mit Deutschland blieb immer lebendig[1]). Noch heute verlassen zahlreiche Männer aus Gressoney alljährlich die Heimat für den grössten Teil des Jahres, um in Italien, der Schweiz und Deutschland als Maurer, Stuckarbeiter u. dgl. ihr Brot zu verdienen.

Da uns die Gressoneyer als ein versprengter deutscher Volksteil auf das höchste interessierten, versuchten wir etwas Material von ihnen für unser Berliner Volkstrachten-Museum, die Königliche Sammlung für Volkskunde, zu erwerben. Nach vielen vergeblichen Versuchen fanden wir in einem Fräulein Delapierre[2]) und ihrer seit kurzem verwitweten Mutter Unterstützung für unsere Bemühungen; die ältere Dame, die ein vorzügliches Deutsch sprach, erklärte sich bereit, uns einiges aus ihrem ererbten Familienbesitz herauszugeben. Inzwischen hatten wir aber erfahren, dass besonders charakteristisch für das Tal die alten Goldhauben seien, welche die Frauen zu ihrer Festtracht anlegen. Es sind keine Brautkronen, wie sie in manchen Gegenden zum Eigentum der Gemeinde gehören und von den jungen Frauen als Leihgabe nur auf ihrer Hochzeit getragen werden, sondern sie sind Privateigentum und werden bei jedem Fest, nicht nur bei der Trauung, aufgesetzt. Auch der Familie Delapierre gehört eine solche Haube. Als wir aber die Absicht kundgaben, dieselbe zu erwerben, stiessen wir auf eine entschiedene Weigerung; die ältere Dame hatte sie öfters bei der Königin getragen und wollte den Gedanken nicht aufgeben, auch ihre Tochter dereinst mit diesem Schmuck zu sehen. Doch die Tochter war von der Vorstellung, dass eine Gressoneyer Haube in einem Berliner Museum ausgestellt werden solle, so eingenommen, dass sie uns eine andere Familie nachwies, welche zwei Exemplare besass und schliesslich das schönere davon an uns hergab — allerdings nicht ohne erhebliche Unkosten unsererseits. So befindet sich denn eine echte Gressoneyer Haube in unserem Museum, und zwar auf

1) [Bereits 1531 legten die Berner dagegen Verwahrung ein, dass ihre Ämter mit 'Schwaben oder Gristhoneyern' besetzt würden (Schweizer Geschichtsforscher 7, 132 bei Schott S. 94). Sebastian Münster spricht in der Cosmographia (Basel 1544) von dem im Besitze 'der grauen von Zaland' (Challant) befindlichen 'Kremertal' (Schott ebda.). Simler, Vallesiae descriptio l. I. p. 18 bringt ebenfalls diesen Namen (quod huius incolae per varias regiones oberrent, merces diversi generis circumferentes. Schott irrt also, wenn er S. 94 sagt, Simler habe das Krämertal nicht erwähnt; er scheint durch ein Versehen die obige Stelle Scheuchzer zuzuschreiben.]

2) [= Zumstein; das Geschlecht ist in der ganzen Gegend verbreitet und hat auch seit alters nach der Schweiz und Deutschland hin Handelsbeziehungen angeknüpft; einige Lieder in der Mundart von Gressoney verfasste Ludwig Zumstein (1805—1871), die einzigen Literaturerzeugnisse ihrer Art, abgedruckt bei V. Sella e D. Vallino, Monte Rosa e Gressoney; vgl. St. Schindele, 3. Vereinsschrift der Görres-Gesellschaft 1904 S. 123. Nach dem Bergsteiger Joseph Zumstein wurde ein Gipfel des Monte Rosa benannt, s. Schott S. VII und 16ff.]

einer Figur, die durchaus mit sehr alten echten Gressoneyer Kleidungsstücken angetan ist [abgebildet in den 'Mitt. a. d. Verein d. Kgl. Sammlg. f. Dt. Vkde.' 1912 4, 1 S. 8]. Wir wählten nicht den jetzt allgemein üblich gewordenen scharlachroten Rock, der für die Gressoneyerin eine Art von Uniform bildet, da diese Tracht wohl schwerlich so alt ist, wie die Goldhaube.

Frau Delapierre wies mich auf das Hauptwerk hin, das über Gressoney handelt und dem ich die folgenden Angaben entnehme. Es ist in Stuttgart und Tübingen bei Cotta 1842 erschienen und von Albert Schott[1]) verfasst. Sein Titel lautet: 'Die deutschen Colonien in Piemont; ihr Land, ihre Mundart und ihre Zukunft'.

Schott gibt (S. 5) den Deutschen der Sprachinseln am Südabhang des Monte Rosa, zu denen er ausser Gressoney noch Issime, Gabi, Alagna, Rima, Macugnaga, Rimella und Varallo zählt, den gemeinschaftlichen Namen der 'Silvier' und begründet ihn damit, dass der älteste ihm bekannte Schriftsteller, welcher über diese merkwürdige Gegend Nachricht gibt, Josias Simmler (1530—1576), in seiner Vallesiae descriptio [Zürich 1574], einem 'gelehrten, umsichtigen, fleissigen' Buche, schreibt (lib. I p. 18):

> „Das Mattertal läuft vom Sylvius-Berg, über den man zu den Salassen (den Bewohnern des Tals von Aosta) und nach Ayas geht.“ [Mattia vallis incipit a monte Sylvio, per hunc iter est ad Salassios et Aiazam vallem.]

Scheuchzer (1672—1733) sagt in seinem Buche: Itinera per Helvetiae alpinas regiones (Lüttich 1723): „Dieser kahle Berg, den die Walliser Glatschert, die Salasser Rosa nennen, heisst bei einigen Silvius“[2]).

Über die Herkunft der Silvier, insbesondere der Gressoneyer, berichtet Schott (S. 196f.) folgendes:

Die Gelehrten hätten die gesamten barbarischen Völker, die seit dem Anfang der Geschichte den italienischen Boden betreten haben, durchmustert. Der Kanonikus Sottile (Quadro della Valsesia [1. Ausg. Novara 1801 p. 60; 2. Ausg. Milano 1804] „eine patriotisch warme, jedoch nicht sehr tiefgehende historisch-topographische Schilderung“ [p. VII]) verwechselt Germanen und Kelten und lässt die deutschen Bewohner der Monte-Rosa-Täler von den 'durch Marius besiegten Galliern' abstammen. M. Schottky (Das Tal von Rimella, 'Ausland' 1836) hört aus ihrem Dialekt angelsächsische Anklänge heraus und denkt in Rimella an das Wiederaufleben der Druiden. Auch die Cimberntheorie fand begeisterte Anhänger, zumal seitdem Schmeller im venedischen Gebirge auch vom geringsten Mann gehört haben wollte: „ich pin an Cimbro“, „bir saint Cimbarn“ „bir prechten

---

1) [† 1847 als Gymnasialprofessor in Stuttgart; über Sch.s Schriften vgl. unten S 213]

2) [Über das Fortleben der Bezeichnung 'Silvier' s. u. S. 213; übrigens steht nicht fest, ob sich der Name Silvius auf den Monte Rosa (bei den deutschen Anwohnern Gornerhorn) oder auf den Monte Cervino (Matterhorn) bezieht, s. Schott S. 233; Galanti, I Tedeschi usw. (s. unten S. 213 f.) p. 18.]

cimbro", obwohl Schmeller selbst von der Irrigkeit dieser Theorie überzeugt war. Im Gegensatz zu diesem uralten Ursprung sehen andere in den Bewohnern dieser Täler napoleonische Ausreisser. Zwischen diesen beiden Extremen liessen andere die deutschen Ansiedler von den Ostgoten, den Langobarden oder von allemannischen Flüchtlingen herstammen[1]).

Alle diese Theorien verwirft Schott (S. 197ff.) und lässt seine Silvier, d. h. die Gressoneyer und ihre Nachbarn, aus dem deutschen Wallis über die Alpenpässe an den Südabhang des Monte Rosa gelangen und sich dort niederlassen. Er führt zur Begründung Wanderungssagen an, die er von den Bewohnern gehört hat. In Issime erzählte man ihm, die Deutschen seien wegen einer grossen Pest aus der Schweiz ausgewandert; anderwärts hiess es, sie seien wegen der Religion vertrieben worden. In der Kirche von Macugnaga findet sich eine Inschrift, wonach der Grundstein 1580 gelegt worden ist. Die Bevölkerung von Gressoney ist ausserordentlich streng katholisch; eine Vertreibung wegen Annahme der Reformation scheint also ausgeschlossen.

Jedenfalls scheint sich jetzt die allgemeine Meinung der Gelehrten der Ansicht Schotts, dass die Gressoneyer aus Oberwallis vor einigen Jahrhunderten eingewandert seien, angeschlossen zu haben[2]).

Schott kommt nach eingehender Untersuchung S. 210 zu der Behauptung, dass die Einwanderung schon im 13., 14. und 15. Jahrhundert stattgefunden habe. Dass sie nicht früher gesetzt werden könne, belegt er besonders mit sprachlichen Gründen. Im neunten Jahrhundert sei die Bildung von Ortsnamen auf die Endung 'ingen' weit verbreitet gewesen (Lothar — Lotharingen); nicht lange nachher scheine sie erstorben zu sein. Dem 'ingen' entspreche in Dialekten hessisch — ungen, bayerisch — ing, allemannisch — igen. Neuere Beispiele finden sich nicht. Nun habe Deutsch-Wallis im obersten Teil mehrere Ortsnamen solcher Art: Beckingen, Rützigen, Glurigen, Blitzigen, Selbigen, die silvischen Täler weisen dagegen keinen solchen Namen auf. Dies sei zwar kein schlagender Beweis, aber ein negativer Beitrag für seine Mutmassung.

Über die Eigennamen spricht sich Schott S. 212ff. folgendermassen aus: Bei den Taufnamen habe der Einfluss der Kirche jeden deutschen Rest vertilgt. Die Namen der Heiligen, wie Anton, Baptista, Dominicus, Franz, Johann, Joseph, Julius, Moritz, Nicolaus, Antonia, Barbara, Catharina, Dominica, Lucia, Magdalena, Maria, Theresa seien durchaus herrschend. Doch habe sich die Mundart das Recht genommen, sie durch heimischen Klang traulich zu machen: man höre Bottëste, Mēineg, Zēfk, Osipp, Tondje, Barbel, Gattline, Meinege, Zeije, Lèine, Mareie,

1) [Andere haltlose Vermutungen über die Herkunft der Silvier bei Bresslau a. a. O. S. 177; eine örtliche Überlieferung der Gressoneyer leitet sie von einer sächsischen Kolonie her, die zur Zeit Karls des Grossen in jenen Bergen Zuflucht gefunden habe.]

2) [Näheres s. unten S. 214. Einen urkundlichen Beweis für die Zeit der Besiedelung führt H. Bresslau in seinem mehrfach angeführten Aufsatz 'Zur Gesch. der dt. Gemeinden im Gebiete d. M. Rosa', Zs. d. Ges. f. Erdk. z. Berl. 16, 173—194. Eine Urkunde vom 9. Juni 1218 (bei Bresslau S. 178 fälschlich 1208, s. unten S. 214) lässt erkennen, dass der Bischof von Sitten im Wallis zu dieser Zeit einen Kanonikus ins Aostatal sandte, um festzustellen, welche Lehen seine Kirche dort besitze. Der Lehnsmann Jacob de la Porte St. Ours bekannte, dass er zu Lehen habe . . . 'ultra aquam in valle de Ussima usque in summitatem montium, cultum et incultum, silvas, prata, pascua, alpes, scilicet Gressonei et Verdobi' etc. (Bresslau S. 179). Da im Jahre 1218 die Besitzverhältnisse nicht mehr ganz klar waren, muss die Belehnung lange vor dieser Zeit stattgefunden haben, vielleicht in der Zeit des Bischofs Hermanfried (1082—1087). Die Besiedelung fand nach Br. Ausgang des 11., jedenfalls aber im 12. Jahrh. statt.]

Trêse. Wo deutsche Namen vorkommen, wie Hildegard, seien sie als Folge der Verbindung mit Deutschland anzusehen.

Von Geschlechtsnamen führt Schott S. 213 u. a. an: Cristalin, Bodmer, Weber, Depaulis, Piana, Steiner, Axerio, Bastuki; speziell in Gressoney: Ackermann, Bathyani, Beck, Bieler, Bonda, Capeller, Caftel, Freido, Lisco (in der Mundart Litsgi), Mehr, Minabrea, Netcher, Rolle, Schwarz, Thedy, Welf, Zumstein[1]). Hiervon entspricht der letztere dem oben erwähnten Delapierre[2]) durch Übersetzung; neben Lisco hörte ich auch die Form Lyscoz. Die Liscos in Gressoney sollen übrigens aus Polen gekommen sein, die Delapierres (Zumstein) aus Savoyen.

Was die Kleidung anbetrifft, so habe ich schon oben bemerkt, dass die Frauen, und zwar bis zu den kleinen Mädchen herab, im ganzen oberen Lystal scharlachrote Röcke tragen. Es gibt dies, da sich diese Tracht vom tiefen Grün der Matten und Wälder weithin abhebt, der Gegend einen ganz bestimmten Charakter. Von den Goldhauben, die in der Form an manche andere in unserm Museum befindliche Volkstrachten erinnern, mehr aber noch an die der Augsburger Patrizierinnen, habe ich oben gesprochen. Es sollen jetzt nur noch etwa ein Dutzend davon vorhanden sein. Schott schrieb für seine Zeit (1842) S. 107 ff. über die Trachten folgendes:

Die Eigenheit der männlichen Tracht bietet nur einen schwarzen Hut mit niedrigem rundem Kopf und breitem Rande. Bei den Weibern (S. 109 f.) bedeckt den Kopf ein breitrandiger Hut, meist von Stroh, um diesen ist häufig ein Tuch geschlungen, von dem zwei Zipfel am Hinterkopf zusammengeknüpft werden, während die beiden anderen herabhängen und den Nacken bedecken. Das Mieder lässt die Brust frei, welche nur vom Hemde verborgen wird, das mit einem Kragen sittig um den Hals schliesst. Die weissen Faltenärmel des Hemdes bleiben frei. Bei kälterem Wetter wird ein Kittel mit Ärmeln angelegt. Die Strümpfe, Hosen genannt, bedecken bloss die Waden, lassen Rist und Knöchel frei, die Füsse sind meist nackt. Bei längerem Marsche werden Holzschuhe angelegt oder aus einer Menge Tuchstreifen zusammengenähte Tuchschuhe. Das Haar wird von allen Seiten hinaufgestrichen, mit Bändern durchflochten und in Zöpfe gewunden, die sich zu einer Krone zusammenschliessen. Die Schürze wird von Trägern gehalten, die über die Schultern laufen. Der Gürtel sitzt bei allen Silvierinnen oberhalb der Hüften, nur in einer Gemeinde (Fobello) unter denselben. In Gressoney waren schon damals die Röcke durchweg rot, das Hauptuch rot, die Schürze weiss. — Schott versucht an diese Tracht den Massstab der altgermanischen anzulegen und auf dem Unterschied der 'burgundischen' und 'allemannischen' Tracht einige völkerpsychologische Unterschiede aufzubauen; ich möchte ihm aber auf dies Gebiet nicht folgen[3]).

Was den Hausbau anbetrifft, so stehen die Gehöfte einzeln, schliessen sich aber in Trinité wie in St. Jean zu Gruppen zusammen. Dass

1) [Weitere Familiennamen u. a. bei Nabert, Deutsche Erde 6, 178 f; E. Emmel, Ausland 66, 775; Halbfass, Jahresber. Gymn. Neuhaldensleben 1903 S. 24; L. Neumann a. a. O. S. 26.]

2) [Auch die italienische Form Dellapietra kommt vor, s. Halbfass a. a. O. S. 8.]

3) [Ein vorzügliches farbiges Bildnis einer Gressoneyerin in Tracht enthält das Prachtwerk: 'Piedmont' by Estella Canziani and Eleanor Rohde, London 1913 p. 194.]

Schott S. 121 diesen Zustand an das Taciteische: 'Suam quisque domum spatio circumdat' etc. (Germ. c. 16) anlehnt, scheint mir eine etwas kühne Hypothese; der zeitliche und Kulturabstand ist hierfür wohl zu gross[1]).

Der Sprache[2]) von Gressoney und den anderen Gemeinden hat Schott als Philologe ein umfangreiches Kapitel (S. 131—194) gewidmet. Er behauptet, dass im Silvischen mehr als in irgend einer anderen süd-germanischen Mundart der Charakter des Mittelhochdeutschen, in vielen Punkten sogar das Althochdeutsche erhalten sei.

Ein reichhaltiges Wörterbuch bildet den Schluss dieses für die Kenntnis der deutschen Sprachinseln in Piemont unentbehrlichen Werkes.

Berlin.

Nachwort[3]).

Mit der vorstehenden, an persönliche Reiseerinnerungen anknüpfenden Skizze kommt in dieser Zeitschrift zum erstenmal die Rede auf die deutschen Sprachinseln in Piemont. Die beiden Gressoney und die übrigen deutschen Orte des Lystales am Südabhange des Monte Rosa (Gem. Issime und Gaby), ferner die am Ostabhange gelegenen Gemeinden Rima (Sermenzatal), Macugnaga (Anzascatal) und Allagna (Sesiatal), weiter östlich Rimella (Mastalonetal) bilden ebenso wie Pommat, Ager und Saley (Formazzatal) mehr eine Sprachhalbinsel, als eine -insel, da sie sich an zusammenhängende deutschsprachige Gebiete (Wallis und zum Teil Tessin) unmittelbar anlehnen. — Die frühesten Erwähnungen sowie die ältere Literatur über das Tal von Gressoney finden sich in dem im vorstehenden Aufsatz ausgiebig herangezogenen Werke von Albert Schott 'Die deutschen Colonien in Piemont, ihr Land, ihre Mundart und ihre Herkunft' verzeichnet, vgl. auch Art. Galanti, I Tedeschi sul versante meridionale delle Alpi (Roma 1885) p. 19 Anm. 2. Schotts Werk, 1842 als Frucht einer im Jahre 1839 unternommenen Forschungsfahrt erschienen (bereits 1840 gab er als vorläufigen Bericht in Zürich die Abhandlung 'Die Deutschen am Monte Rosa' heraus), kann man noch heute als die Grundlage der gesamten späteren Literatur bezeichnen. Wenn auch der von ihm erfundene Volksname der 'Silvier' später nur vereinzelt begegnet, so sind doch seine kulturgeschichtlichen und sprachlichen Untersuchungen und Ergebnisse von unvergänglichem Werte, und seine im vorstehenden wiedergegebene, volkskundlich wohlbegründete Lehre von der Besiedlung jener Gebiete vom deutschen Oberwallis wird heutzutage kaum noch angezweifelt. Aus der reichen Literatur über die piemontesischen Sprachinseln nach Schott seien hier die wichtigsten Erscheinungen angeführt: P. Kind, Wanderungen am Südabhang des Monte Rosa, Züricher Alpenpost 1878 H. 1—12, der Hauptinhalt wiedergegeben von Gius. Farinelli, Bolletino del Club Alpino Italiano 12 (1878), 308ff.; F. behandelt

---

1) [Zum Hausbau vgl. auch Schindele a. a. O. S. 117 f.; Halbfass a. a. O. S. 2; weitere volkskundliche Notizen (Beschäftigung, Nahrung, Kleidung usw.) u. a. bei Schindele, Emmler, Neumann a. a. O.]

2) [Proben der Mundart von Gressoney ausser bei Schott u. a. bei Emmler S. 810 f.; Schindele S. 116.]

3) Die in eckige Klammern gefassten Zusätze im Text der vorstehenden Arbeit und die Fussnoten sind vom Herausgeber zugefügt.

ausserdem p. 319ff. ('Ultimi studii sulla origine delle popolazioni tedesche al sud del Mte. Rosa') die Sittener Urkunde vom 9. Jan. 1218, die die älteste Erwähnung von Gressoney und Issime enthält. Ausführlich wurde dies für die Besiedlungsfrage äusserst wichtige Aktenstück behandelt von H. Bresslau, Zs. d. Ges. f. Erdk. zu Berlin 16, 174. 178f. Bresslaus Aufsatz 'Die deutschen Gemeinden im Gebiete des Monte Rosa und im Ossolatal' dürfte in wissenschaftlicher Hinsicht neben Schotts Werk das wertvollste Stück der gesamten hierhergehörigen Literatur darstellen. Es wird in dieser Beziehung keineswegs erreicht von dem obenerwähnten Werk von A. Galanti, I Tedeschi sul versante meridionale delle Alpi (Roma 1885), dessen Lehre von dem ostgotischen Ursprung der Deutschen in Oberitalien unbedingte Nachfolger nicht gefunden hat (vgl. jedoch A. Schiber, Zs. d. D. u. Oe. Alpen-Vereins 33 (1902), 39—70; dagegen G. Buchholz, Deutsche Erde 2, 157 nr. 202, und St. Schindele, Reste deutschen Volkstums s. der Alpen [3. Vereinsschrift der Görres-Gesellschaft 1904] S. 126; dagegen A. Schulte, Dt. Erde 4, 51f.). Das sehr breit geschriebene, von ungenauen Zitaten und Druckfehlern wimmelnde Buch von L. Christillin, La Vallée du Lys, Aoste 1897, bedeutet in der Besiedelungsfrage entschieden einen starken Rückschritt. Ch. lässt die Bewohner von Issime und Gaby von den unter Theodosius aus der Poebene vertriebenen 'Sarmaten' abstammen, während er den ursprünglich deutschen Charakter der Gressoneyer überhaupt leugnet. Die dortige Bevölkerung geht nach ihm (p. 35ff.) auf ein Konglomerat verschiedener Einwanderer zurück, die, wie auch jetzt noch, Handelsbeziehungen mit Deutschland pflegten; 'en revenant dans leur pays, ils y apportèrent naturellement (!) la langue, les mœurs et les usages du pays où ils ont été'. Trotz seiner verfehlten Theorien verdient Ch.s Buch hier erwähnt zu werden, da es in seinem zweiten Teile über soziale, kirchliche und landeskundliche Verhältnisse beachtenswerte Einzelheiten beibringt. Das von A. Baragiola, Lares 3, 199 Anm. 3 u. ö. zitierte Sonderwerk Ch's. über Gressoney ist mir nicht zugänglich. Mehr in der Form von Reiseeindrücken sind geschrieben: Ludwig Neumann, Die deutschen Gemeinden in Piemont (Freiburg i. Br. 1891); Elise Emmel, Wanderungen in den italienischen Alpentälern am Ost- und Westfusse des Monte Rosa, Ausland 66 (1893), 753. 773. 790. 809; Wilh. Halbfass, Eine Wanderung durch die deutschen Sprachinseln in Piemont. 28. Jahresber. des Gymn. zu Neuhaldensleben, 1903. Dieser äusserst lebendig und anschaulich geschriebene Bericht über eine ertragreiche Bereisung sämtlicher piemontesischer Sprachinseln im Auszug wiedergegeben von G. Dainelli, Rivista Geografica Italiana 11, 184. Leider ist das Lystal von H. am kürzesten behandelt worden, da er mehr Nachdruck auf die Beschreibung der weniger bekannten Sprachinseln legen wollte. Wegen der teils aus J. Christillins Sagensammlung (s. u.), teils nach eigenen Aufzeichnungen mitgeteilten Sprichwörter und Sagen von Issime und Gressoney verdient ferner Hervorhebung W. Hörstel, Die Reste des deutschen Volkstums in den Alpen Piemonts, Unterhaltungsbeilage der Tägl. Rundschau 1908 nr. 134. 135. Eine Übersicht über die Besiedelungsfrage ebd. nr. 189. 190. Eigene Erfahrungen und Ergebnisse über die piemontesischen Sprachinseln enthält auch die mehr für den praktischen Gebrauch des völkisch interessierten Wanderers berechnete Schrift von W. Groos, Wanderfahrten längs der Sprachgrenzen in der Schweiz (Schriften des Deutschen Schulvereins 6, Berlin 1908). Ein Führer 'Deutsch-Gressoney' erschien in der Collezione Guide Casanova, Turin 1903, mit einer Karte, vielen Abbildungen und Proben der Mundart (mir nicht zugänglich). Ein Bilder-Prachtwerk 'Monte Rosa e Gressoney' gaben V. Sella und D. Vallino heraus (Biella 1890, 54 S., Text mit zahlr. Holzschnitten). Es enthält die Dialektdichtungen von L. Zumstein, s. o. S. 209. Sagen aus jener Gegend sammelte J. Christillin, Dans la Vallaise, Légendes et récits recueillis sur les bords du Lys. Aosta 1901 (mir nicht zugänglich).

Besondere Aufmerksamkeit widmet diesen wie den anderen deutschen Sprachinseln die von P. Langhans, Gotha 1902ff, herausgegebene Zeitschrift für Deutschkunde 'Deutsche Erde'. Von den dort über die Piemonter Deutschen erschienenen Aufsätzen seien erwähnt die vorzügliche allgemeine Einführung von S. Günther, Deutsche Sprachinseln in Italien (1, 37—42) mit einer trefflichen Karte aller in Frage kommenden Gebiete. Statistische Angaben und Zusammenstellungen über die Stärke des deutschen Volksbestandteiles und seine Aussichten brachten Langhans 1, 116 und G. Buchholz 1, 161. Ferner: A. Schulte, Der Ursprung der deutschen Sprachreste in den Alpen (4, 51—53) und H. Nahert, Namen und Sprachproben aus den deutschen Dörfern in Tessin und Piemont (6, 178 bis 183). F. B.

Das Ei im Volksbrauch und Volksglauben.

Von **Eugen Mogk**.

Fast noch mehr als die Weihnachtszeit ist die Oster- und Frühjahrzeit eine Periode, da die mythologische Deutung volkstümlicher Sitten und Bräuche in die Ähren schiesst. Wohl kein Jahr vergeht, wo man uns nicht in zahllosen populären Darstellungen von der altgermanischen Frühjahrsgöttin Ostara erzählt, wie man ihr Eieropfer dargebracht, ihr zu Ehren Opferfeuer entfacht, ihr heiliges Tier, den Hasen, verehrt habe. Nun steht bekanntlich die Ostara auf recht schwachen Füssen; die einzige Stelle, wo sie uns begegnet, findet sich bei Beda[1]), und die Glaubwürdigkeit dieser ist von verschiedenen Seiten angefochten worden[2]). Erst neuerdings scheint man sich wieder mehr für die Existenzberechtigung dieser Göttin zu erwärmen[3]). Wenn sie aber einmal verehrt worden ist, dann kann dies nur auf beschränktem Gebiete geschehen sein, und zwar dort, wo antike und christliche Worte germanisches Gewand erhielten, im südlichen oder westlichen Germanien. Denn nur bei den Westgermanen sind Ostern und Ostermonat heimisch, der Nordgermane kennt diese Worte nicht. Für eine gemeingermanische Frühjahrsgöttin Ostara ist nicht der geringste Anhaltspunkt da. Und selbst den Fall gesetzt, dass diese existiert hätte, wüssten wir von ihr nichts als den Namen und dass

1) De temporum ratione c. 15 (Opusc. scient. p. 179): *Eosturmonath, qui nunc Paschalis mensis interpretatur, quondam a dea illorum, quae Eostre vocabatur, et cui in illo festo celebrabant, nomen habuit: a cujus nomine nunc Paschalis tempus cognominant, consueto antiquae observationis vocabulo gaudia novae solemnitatis vocantes.*

2) Weinhold, Die deutschen Monatsnamen S. 51 ff.: Mannhardt, Wald- und Feldkulte 1, 522 u. a.

3) Kluge, Zs. f. deutsche Wortf. 2, 42 f.; Schönbach, Zeugnisse Bertholds von Regensburg zur Volksk. (Sitzungsber. d. Ak. d. Wiss. zu Wien, philos.-hist. Cl. Bd. 142) S. 8.

ihr zu Ehren im Frühjahr festliche Tage waren. Ihr ganzer Kult, ihre Opfer und die ihr heiligen Tiere sind ausschliesslich aus der Volkssitte und dem Glauben der Neuzeit erschlossen worden. Nun stellt sich aber heraus, dass diese weit über germanisches Gebiet hinaus, vielfach auch bei nicht indogermanischen Völkern verbreitet sind und demnach für eine speziell germanische Göttin nicht in Anspruch genommen werden dürfen, es sei denn, man nehme hier heidnischen Synkretismus an, wonach ältere Glaubensvorstellung, älterer Kult in vorhistorischer Zeit an eine germanische Göttin geknüpft wäre. Solche Annahme liesse sich weder beweisen noch widerlegen. Die gleichen Einwürfe sind zu machen, wenn man das Osterei in Zusammenhang mit dem altgermanischen Donar als Gott der Fruchtbarkeit bringt, wie neuerdings wiederholt geschehen ist[1]). Ist es doch gerade das Ei, das in den Osterbräuchen eine ungewöhnliche Bedeutung hat. Als Symbol der Fruchtbarkeit hat man es an den Ostara- oder Donarkult gekettet, und selbst Louise Hagberg, die sich der mythologischen Deutung gegenüber sehr zurückhaltend verhält, hält das Osterei für ein Symbol des Lebens und der Fruchtbarkeit[2]). Aber Symbole kennt ein primitives Volk nicht; sie entspringen dem reflektierenden Denken, nicht dem gegenständlichen, das wir allein bei Naturvölkern und ebenso bei den Kulturvölkern beobachten können. Und wie die Verbreitung zeigt, gehört das Eierritual — denn von solchem können wir in der Tat sprechen — mit zu dem ältesten Ritus der Menschheit und hat auch, wie die Gräberfunde beweisen[3]), bei unseren Vorfahren in der frühesten Zeit eine Rolle gespielt, in einer Zeit, da gegenständliches Denken noch ganz das Volk beherrschte. Aus diesem müssen wir demnach auch den volkstümlichen Brauch, der sich an das Ei, und besonders an das Osterei knüpft, zu erklären suchen. Nun ist es gewiss, dass wir keine Zeugnisse aus älterer Zeit haben, die den heutigen Volksbrauch stützen. Er kann also ebensogut eingewandert, als auch erst im Laufe der Zeit entstanden sein. Allein in beiden Fällen würde er uns auf den gleichen Keim zurückführen, nur dass wir diesen entweder bei einem anderen Volke oder in einer späteren Zeit zu suchen hätten. Denn das gegenständliche Denken hat in gewissen Schichten der Bevölkerung nie aufgehört und lässt sich auch heute noch in neuen Gebilden des Aberglaubens beobachten. Aus solchem gegenständlichen Denken erklären sich die meisten volkstümlichen Bräuche und Vorstellungen, die sich an das Ei knüpfen. Mit einer Beobachtung, die noch heute jeder machen kann, verband sich alter Analogiezauber, der mit dem Aufkommen anderer

---

1) U. Jahn, Die deutschen Opfergebräuche S. 83 u. ö.; Kück und Sohnrey, Feste und Spiele des deutschen Landvolks S. 78 ff.

2) Påskäggen och deras hedniska ursprung, Fataburen 1, 129 ff.

3) Arch. f. Anthrop. N. F. 6, 99; Andree, Braunschw. Volksk.² S. 340 (aus einem Grabe ungef. 320 v. Chr.).

Glaubensvorstellungen neue Formen angenommen hat und allmählich zu unverständlicher Sitte verblasst ist.

Jedermann kann sehen, wie aus dem Ei das junge, lebendige Huhn schlüpft; das scheinbar Tote birgt Leben und mit dem Leben Kraft und Gesundheit. Dieses Leben lässt sich nach der Vorstellung des primitiven Menschen auf Dinge und Wesen übertragen, und so wird Fruchtbarkeit erzeugt, wie man durch Begiessen mit Wasser Regen zu erzielen, durch Feuer der Sonne neue Kraft zu verschaffen meinte. Diese Lebenskraft wohnt besonders den Eiern inne, die im Frühling, beim Erwachen der Natur, gelegt sind. Hieraus erklärt sich der allgemein verbreitete Brauch, im Frühjahr Eier an gewissen Tagen zu essen. Und als dann die Kirche, wie so viel alten Brauch und Ritus, auch den Genuss der Eier im Frühjahr unter ihre Fittiche nahm und mit dem 12. Jahrh. die Benedictio ovorum einführte[1]), da wurde dieser Genuss auf die heiligen Tage des Auferstehungsfestes, namentlich auf den Gründonnerstag und den Ostersonntag, festgelegt, und es erhielt das Oster- und Gründonnerstag- oder Antlassei ganz besondere Bedeutung und Verbreitung.

Die frühesten Zeugnisse eines altgermanischen Eierritus sind die oben erwähnten Eierfunde, die man in prähistorischen Gräbern gemacht hat. Im Altertum ist die Beigabe von Eiern, die man den Toten in wirklicher oder nachgebildeter Gestalt mit ins Grab gegeben hat, ganz verbreitet gewesen[2]). Noch heute spielt das Ei im Totenkult bei verschiedenen Völkern eine Rolle. So begraben die Slawen am Thomassamstag (Sonnabend nach Ostern) in den Grabhügeln Eier und begiessen sie mit Branntwein[3]). Bei den Rumänen wirft man Eierschalen in fliessendes Wasser, von dem man annimmt, dass es sie zu einem Volke unter der Erde trage[4]). Auch in Deutschland finden sich noch Spuren davon. So wenn Martin von Amberg im 13. Jahrh. in der Perchtennacht der Perchta und ihrer Schar, d. i. dem durch die Lüfte streifenden Totenheere, Eier spenden lässt oder nach Seb. Franck bei Hagelprozessionen Eier auf dem Kirchhofe gegessen werden[5]). Wie Nilsson mit Recht bemerkt, soll durch diesen Ritus den Toten gleichsam neue Lebenskraft zugeführt werden. Noch heute wird bei den Bahau in Indonesien durch Eier den Geistern neues Leben zugeführt, bei Kranken die Seele durch Eier zum Verweilen im Körper gelockt[6]). Aus diesem Vorstellungskreis erklärt sich auch die Vorstellung der kleinen Seelen als Eier, die sich im Kopfe der grossen Seelen befinden und sich nach dem Tode des Menschen in die grossen

1) Vgl. A. Franz, Die kirchlichen Benediktionen im Mittelalter 1, 589 ff.
2) M. P. Nilsson, Das Ei im Totenkult der Alten. Arch. f. Relw. 11, 530 ff.
3) Am Urquell 6, 26.
4) Zs. f. österr. Volksk. 11, 128.
5) U. Jahn, Die deutschen Opfergebr. S. 282. 148.
6) Arch. f. Relw. 9, 268.

Seelen verwandeln (bei den Giljaken)[1]. Die kleine Seele im Ei ist der Embryo, der erst nach dem Tode aus dem Ei schlüpft und zu vollem Leben erwacht. Nun versteht man auch die weitverbreiteten Märchen vom Lebensei, wonach das Leben eines Menschen oder mythischen Wesens in einem Ei verborgen ist, so dass man dem betreffenden das Leben raubt, wenn man sich in Besitz dieses Eies setzt[2]. Hervorgehoben sei, dass es fast durchweg kraftvolle Personen, namentlich Riesen sind, deren Leben im Ei verborgen ist.

In der Auffassung vom Ei als Ursprung des Lebens wurzelt ferner die Mythe von der Entstehung der Welt aus einem Ei, die weit über die Erde verbreitet ist[3], die aber wohl schwerlich mit Nilsson als der Ausgangspunkt des Eirituals angesehen werden darf (a. a. O. S. 544). Ebenso der Ursprung der Stände aus drei vom Himmel gefallenen Eiern, die bei Hindustämmen u. a. O. bekannt gewesen ist[4].

Diese Lebenskraft und Fruchtbarkeit des Eies ist nach dem Volksglauben vor allem auf den Acker übertragbar. In seiner reinsten Form, wenn auch schon zur Sitte verblasst, kommt dieser da zum Ausdruck, wo das Ei in den Acker vergraben wird, damit dieser möglichst reiche Frucht trage. Dieser Brauch ist in vielen Gegenden Deutschlands noch bis in die Gegenwart üblich[5]. Bald wird das Ei in der Mitte des Feldes, bald in den vier Ecken eingegraben. In Süd- und Mitteldeutschland muss es ein Antlassei, ein am Gründonnerstag gelegtes und in der Kirche geweihtes Ei, sein. Andernorts wird das Ei in die erste Furche gelegt[6], ein Brauch, der auch bei den slawischen Völkern verbreitet ist[7]. In dem Fruchtbarkeitsritual wurzelt zweifellos auch der ebenfalls weit geübte Brauch, den Pflug über ein Ei und Brot beim ersten Pflügen zu führen oder eine Schüssel mit Ei, Brot und Mehl zwischen Gespann und Pflug zu stellen, über die der Pflug geht[8]. Doppelter Fruchtbarkeitsritus liegt in diesem Brauche vor. Denn der Pflug ist nach primitivem Glauben

1) Arch. f. Relw. 8, 470.

2) F. Kauffmann, Balder S. 137 ff; H. F. Feilberg, Ordbog over jyske almuesmål 3, 1141.

3) F. Lukas, Das Ei als kosmogonische Vorstellung, oben 4, 227 ff.

4) J. G. Müller, Gesch. der amerik. Religionen S. 327; Ehrenreich, Mythen u. Leg. der südamerik. Urvölker S. 93. 33.

5) Mannhardt, Wald- und Feldkulte 1, 291; Grohmann, Abergl. aus Böhmen Nr. 1057; A. John, Sitte, Brauch usw. aus Westböhmen S. 186; Stubenvoll, Heidentum im Christent. S. 76; Panzer, Bayr. Sagen u. Bräuche 2, 213.

6) A. John, Zs. f. österr. Volksk. 6, 121; ders., Sitte usw. aus Westböhmen S. 186; im oberen Angeltale (Böhmerwald), Zs. f. öst. Vk. 8, 227; oben 8, 340. 14, 140.

7) In Bosnien, Zs. f. öst. Vk. 6, 21 f. Ganz ähnliche Riten bei allen slawischen Völkern vgl. Arch. f. Relw. 9, 458 f.

8) Wuttke-Meyer, Dt. Volksaberglaube[3] § 428; Jahn, Opfergebräuche S. 75; A. John, Westböhmen S. 186; ders., Oberlohma S. 150; Grohmann, Abergl. aus Böhmen und Mähren S. 143; Schönwert, Aus der Oberpfalz 1, 400.

der Phallus, der den Acker fruchtbar macht[1]); seine Wirkung wird durch den Gang über das Ei noch verstärkt. In dem Glauben, dass das Ei den Acker fruchtbar mache, wurzelt auch die Überzeugung, dass Zauberer und Hexen ein Ei durch den Bösen Blick oder Zauberspruch und ebenso das Feld, in das sie es vergraben, unfruchtbar machen können[2]). Hieraus folgt weiter die überall verbreitete Ansicht, dass man die Schalen geweihter Eier entweder mitessen oder ganz zerdrücken muss, damit sie nicht in den Besitz schädigender Zauberer kommen[3]).

Neben dem alten Ritualbrauch begegnet weiter der Ritus in verblasster Form. Von einer Glaubensvorstellung ist nichts mehr zu merken, der Ritus ist zum toten Brauch geworden, den man nur übt, weil die Väter ihn geübt haben. Das Ei wird jetzt nicht mehr in den Acker gesteckt, sondern vom Pflüger entweder allein oder mit seiner Familie auf dem Pflugfeld verzehrt. Aber die Sitte knüpft sich noch an das Bestellen des Feldes, und an Stelle des vollen Eies werden jetzt die Eierschalen in das Feld versenkt[4]). Und dies Vergraben der Eierschalen zeigt sich auch vielfach da, wo das Eieressen auf dem Feld aufgehört und man es auf den Kreis der Familie beschränkt hat[5]).

Aber nicht nur in die Felder bringt man Eier und Eierschalen, sondern auch in den Getreidesamen mischt man sie, um dadurch eine reiche Ernte zu erlangen. So geschieht es z. B. in der Mark Brandenburg, im Oderbruch, Westfalen, dem Böhmerwaldgebiete u. a. O. Und wie in den Getreidesamen, geschieht es auch mit dem Leinsamen[6]). Selbst auf die Obstkultur hat sich dieser Brauch übertragen. Im oberen Angeltale im Böhmerwalde sammelt man die Schalen der Ostereier und vergräbt sie im Garten unter die Obstbäume, damit diese recht tragen[7]).

Zu den agrarischen Ritualbräuchen gehört ferner die Sitte, Eier oder Eierschalen in die erste Garbe oder den Erntebaum (Erntemai) zu stecken[8]). Es ist bekannt, dass man das letzte Ährenbüschel auf dem

---

1) Vgl. Meringer, Indog. Forsch. 21, 309; Mannhardt, WFK. 1, 553 ff.; A. Olrik, Danske Stud. 1910 S. 14 ff.

2) Wuttke § 388.

3) Sartori, Sitte und Brauch 2, 31; Drechsler, Sitte, Brauch u. Abergl. in Schlesien 2, 12; Montanus, Die deutschen Volksfeste usw. S. 176; Bartsch, Sagen, Märchen u. Bräuche aus Meklenburg 2, 137; Liebrecht, Zur Vkde. S. 375 nr. 8.

4) Birlinger, Aus Schwaben 2, 349; E. John, Sitte und Brauch im sächs. Erzgeb. S. 227; A. John, Sitte, Brauch usw. im deutschen Westböhmen S. 211; Mannhardt, WFK. 1, 158; oben 1, 186; Panzer 2, 212; Kuhn und Schwartz, Nordd. Sagen S. 445.

5) Das Eieressen zur Zeit der Aussaat ist auf den Gründonnerstag und Ostern festgelegt und allgemein. Vielfach ist an Stelle des Eies der Eierkuchen getreten. So bäckt die Bäuerin in Württemberg zum Gedeihen des Hanfes bei der Aussaat Eierkuchen. Württemb. Volksüberl. 1, 18. 3, 3.

6) Engelien u. Lahn, Volksmund in Brandenburg 1, 271; Zs. f. öst. Vk. 13, 19; Drechsler, Schlesien 2, 53. 1, 81; auch bei den Wotjaken (Arch. f. Relw. 9, 459) u. a. O.

7) Zs. f. öst. Vk. 8, 227.

8) Panzer, Bayr. Sagen 2, 213; Mannhardt, WFK. 2, 158. 203.

Felde stehen lässt oder in der Scheune als Talisman aufhängt und seine Körner bei der nächsten Aussaat in das Saatgetreide mischt, damit man im folgenden Jahre eine reiche Ernte erhalte[1]). Ein ganz paralleler Brauch ist dies Ernteei. Endlich sei noch auf die Bilder hingewiesen, mit denen man vielfach die Ackereier versieht. Durch das Bild sucht man durch eine Art Analogiezauber das zu erreichen, was in ihm dargestellt ist. Die Sonnenräder der nordischen Hellristninger waren ein alter Sonnenzauber. So malte man auf die Eier Ährenbilder[2]), damit der Acker viele Ähren trage, und verstärkte dadurch den Eierzauber.

Wie im Leben des Ackerbauers hat auch in dem des Viehhirten das Ei ganz ähnliche Bedeutung gehabt. Bei dem ersten Austrieb wird der Hirt mit Eiern beschenkt, muss er Eier essen[3]). Das Vieh muss über Eier schreiten, muss sie zertreten[4]). Was aber vor allem in den Kreis des Fruchtbarkeitszaubers einschlägt, ist die Sitte, die Eierschalen auf der Weidewiese zu vergraben[5]). Nach dem Volksglauben soll sich dann das Vieh nicht verlaufen. Diese Auffassung an und für sich ist nicht recht verständlich. Sie wird es aber sofort bei der Annahme, dass durch das Vergraben der Eierschalen oder des Eies üppiger Graswuchs auf dem Weidefeld erzeugt werden soll, der dem Vieh genügende Nahrung bietet. Auch diese Auffassung stützen Gräser, die wir auf bemalten Eiern finden[6]).

Doch nicht nur auf den Erdboden und Pflanzen kann die Lebenskraft und Fruchtbarkeit des Eies übertragen werden, sondern auch auf Menschen. Daher spielt wie andere Fruchtbarkeitsriten auch beim Eingehen der Ehe das Ei eine Rolle. So wird in Gossensass der jungen Frau ein hartgesottenes Ei vorgesetzt, das sie zerschneiden und allein essen muss[7]), und im Erzgebirge steckt man kurz vor dem Zug in die Kirche der Braut ein Ei oder eine Ähre ins Kleid, damit die Ehe gesegnet sei[8]). Ganz besonders häufig aber begegnet das Ei als Spende im Liebesleben der jungen Leute. Fast überall in Deutschland und weit darüber hinaus ist es Sitte, dass junge Mädchen den Burschen bei gewissen

---

1) Mannhardt, WFK. 1, 209 ff.; ders., Mythol. Forschungen S. 182 u. ö.

2) Vgl. die Eierbilder Fatab. 1. 132. Häufig sind auf die Eier auch Liebeswünsche geschrieben, die sich schon ziemlich früh nachweisen lassen. Vgl. Andree, Braunsch. Vk.[2] S. 340; Zs. f. öst. Vk. 2, 25 ff.; Sartori, SBr. 3, 158.

3) Der Brauch, dass der Hirt beim Austrieb Eier geschenkt bekommt und essen muss, ist in ganz Deutschland verbreitet; vgl. Jahn, Opfergebräuche S. 297. Im Erzgebirge muss der Hirt jedes Tier über das Ei schreiten lassen, damit es gut frisst und fruchtbar werde. E. John, Sitte, Brauch im Erzgeb. S. 227.

4) Zs. f. öst. Vk. 2, 24; Wuttke § 428. 693.

5) Peter, Volkstüml. aus öst. Schlesien 2, 251; Drechsler, Sitte, Brauch in Schlesien 1, 97.

6) Fatab. a. a. O.

7) Oben 10, 401. Auch bei anderen Völkern begegnet man dem Brauch, dass die Frau am Hochzeitstage Eier oder Eierkuchen essen muss; so bei den Kleinrussen, vgl. Mannhardt, WFK. 1, 223.

8) E. John S. 94.

Gelegenheiten Eier spenden. Schon mit dem Eintritt in das freiere Leben der Jugend setzt sie ein. Konfirmandinnen schenken ihren Mitkonfirmanden, die mit ihnen das erste Abendmahl genossen haben, Eier[1]). Und wenn dann die jungen Leute in das heiratsfähige Alter gekommen sind, da pflegen die jungen Mädchen in der Frühjahrszeit die Burschen mit Eiern zu beschenken, damit sie fleissig mit ihnen tanzen, oder sie bringen ihnen diese Spende als Gegengabe für den Schlag mit der Lebensrute, worin ja auch ein alter Fruchtbarkeitsritus fortlebt[2]).

Wo man die Quelle frischen Lebens sieht, sieht man auch die Quelle frischer Lebenskraft, wie sie sich im gesunden Körper zeigt. In dieser Auffassung wurzelt z. B. der Genuss des Blutes gesunder Menschen oder Hingerichteter als Heilmittel gegen verschiedene Krankheiten, namentlich Epilepsie, denn auch das Blut ist nach volkstümlichem Glauben der Sitz des Lebens[3]). Ganz ähnlich steht es mit dem Ei. Der Genuss des Eies gibt Kraft und Gesundheit[4]). Schon dem Kinde soll diese zugeführt werden. Daher ist vielenorts die Sitte verbreitet, dass Verwandte, namentlich die Paten, kleinen Kindern ein Ei spenden, wenn diese zum ersten Male in ihre Behausung kommen. Bald soll dadurch das Kind leicht zahnen, bald leicht sprechen lernen[5]). Aber auch Erwachsenen soll das Ei Gesundheit und Kraft bringen; *ut fiat cibus salubris tuis fidelibus in tuarum gratiarum actione sumentibus* sagt die mittelalterliche Benedictio ovorum (Franz 1, 592). Hieraus erklärt sich der allgemein verbreitete Genuss der Eier im Frühjahr, wo diese eine ganz besondere Kraft haben. Dieser volkstümliche Glaube und Brauch ist dann von der Kirche aufgenommen worden und hat zur Eierweihe geführt. Und nun erst wurde den am Gründonnerstag (Antlasseier), Karfreitag oder zu Ostern gelegten und geweihten Eiern diese Kraft zugeschrieben, und zugleich wurde das Ei das Symbol der Auferstehung, ein Typus der Eucharistie, zu dessen Genusse die Christen verpflichtet seien. Daher legte man Eier in das künstlich erbaute Grab Christi in der Kirche[6]). Aber neben dieser neuen kirch-

---

1) Oben 14, 428; E. H. Meyer, Bad. Volksleben S. 117.

2) Mädchen schenken es ihren Burschen, um Liebe zu entzünden, v. Hörmann, Jahreszeiten in d. Alpen S. 60; damit diese fleissig mit ihnen tanzen, Zs. f. öst. Vk. 2, 24, oft mit Versicherung herzinniger Liebe, Mannhardt, WFK. 1, 281, ganz besonders häufig aber als Gegengabe für das Schmackostern, den Schlag mit der Lebensrute, vgl. Mannhardt 1, 256f. 260. 263f.; Am Urquell 6, 188; A. John, Westböhmen S. 67; daher heisst in Böhmen auch die gegenseitige Beschenkung 'Eierpeitschen'.

3) Strack, Der Blutaberglaube in der Menschheit S. 14ff.

4) Vgl. Panzer, Bayr. Sagen 2, 213. 383; Bavaria 2, 1. 320; E. H. Meyer, Bad. Volksl. S. 411; Spiess, Abergl. aus d. oberen Erzgeb. S. 12; Wuttke § 85. 87. 156.

5) Wuttke § 596. 599; Sartori, SBr. 3, 159; Birlinger, Volkst. aus Schwaben 2, 497. 604; E. H. Meyer, Bad. Volksl. 16. 32; Württemberg. Volksüberlief. 4, 277; Reiser, Sagen des Allgäues 2, 232; A. John, Westböhmen S. 67; E. John, Sitte im sächs. Erzgeb. S. 54. 65 u. ö.

6) R. Andree, Braunschweiger Vk.[2] S. 340.

lichen Auffassung und Umdeutung lebte die volkstümliche fort und hat sich bis in die Gegenwart gerettet. Am verbreitetsten ist der Glaube, dass der Genuss von Eiern im Frühjahr den Menschen stärke und so Bruchschaden verhindere[1]). Kraft feit aber den Körper gegen Krankheiten, und so ist das Ei auch prophylaktisches Mittel gegen die verschiedensten Leiden geworden; durch seinen Genuss hält man sie fern[2]), wie man sie auch dadurch heilt[3]). So bedient man sich des Eies bei Geschwüren, Zahnschmerzen, Reissen, Gelbsucht, Wassersucht u. dgl. Und nicht nur das Ei, sondern auch das Wasser, in dem das Ei gekocht ist, hat im Volksglauben heilsame Wirkung; die Kraft ist durch das Kochen gleichsam auf dieses übergegangen[4]). Nun sind nach allgemein verbreitetem Volksglauben bei Krankheiten Dämonen an der Arbeit; die Krankheitsdämonen[5]) oder Hexen erzeugen durch alle möglichen Vornahmen die Krankheiten. So wurde unwillkürlich das Ei ein Schutzmittel gegen die Krankheitsdämonen und gegen das Zauberwerk der Hexen. Und so tat die Volksphantasie den letzten Schritt: sie fasste das Ei als unglückabwehrendes Mittel, als Schutzmittel gegen alle bösen Mächte, Dämonen und Hexen, auf[6]). So schirmen Eier vor dem Bösen Blick[7]), verhindern unter der Schwelle des Hauses vergraben oder im Stalle aufgehängt Unglück, besonders Feuersbrand und Blitzschlag[8]), befestigen das Gebäude und werden daher häufig beim Bau als Bauopfer verwandt[9]), ja schützen sogar nach dem Glauben der Alpenbewohner gegen Lawinensturz[10]). Nur muss das Ei immer die richtige Grösse haben; denn kleine Eier sind Unglückseier und dürfen weder zum Zauber noch zum Schutze oder zur Abwehr verwandt, sondern müssen über das Haus geworfen werden[11]).

---

1) Bartsch, Sagen aus Meklenburg 2, 103; E. H. Meyer, Bad. Volksl. S. 502; Württemb. Volksüberl. 2, 14; E. John, Erzgeb. S. 192; A. John, Westböhmen S. 66; Seyffarth, Abergl. und Zauberei in der Volksmed. Sachsens S. 227. 295.

2) Wuttke § 523. 528. 533; Schutzmittel gegen Fieber, Bartsch 2, 268. Auch gegen Unfruchtbarkeit der Frauen werden Eier angewandt, Bartsch 2, 354. Desgl. um Krankheit vom Vieh fernzuhalten; so legt man im Egerlande Eierschalen unter die Füsse des Viehes, damit dies vor Maul- und Klauenseuche geschützt sei, A. John, Westböhmen S. 211.

3) Wuttke § 519. 527; Reiser, Sagen des Allgäues 2, 445f.; Drechsler, Schles. Sitten u. Bräuche 1, 10; Seyffarth, Aberglaube in Sachsen S. 189f.

4) Seyffarth a. a. O. S. 295; Strackerjan, Abergl. aus Oldenburg² 2, 71.

5) Vgl. Höfler, Krankheits-Dämonen. Arch. f. Relw. 2, 86ff.

6) Wuttke § 85. 89. 156 u. ö. Hiermit mag es zusammenhängen, dass man mit einem Ei in der Tasche die Hexen in der Kirche erkennen kann. Bartsch, Meklenburg 2, 267f.; E. H. Meyer, Bad. Volksl. S. 502; A. John, Westböhmen S. 66.

7) Seligmann, Der Böse Blick 2, 120f. 241. 330f.

8) Temme, Sagen der Altmark S. 85; Jahn, Opfergebräuche S. 139; Bartsch, Meklenburg 2, 257; E. H. Meyer, Bad. Volksl. S. 502; Württemberg. Volksüberlief. 2, 15; A. John, Westböhmen S. 61; v. Leoprechting, Aus dem Lechrain S. 175; oben 8, 339f.

9) Andree, Ethnogr. Parall. 1, 23; Am Urquell 1, 33. 5, 158 (Ständerei); Liebrecht, Zur Volksk. S. 295; Aarb. f. danske Kulturhist. 2, 56.

10) Oben 8, 92.

11) Wolf, Beiträge z. d. Myth. 1, 217 (183); Württemb. Volksüberl. 1, 22 u. ö.

Hexen oder Dämonen haben bei ihnen ihre Hand im Spiele. In ihre Hände oder vor ihren Blick dürfen auch die Eierschalen nicht kommen, da der Genuss des Eies nichts nützen, sondern schaden würde, wenn die Schale noch verhext wird. Und deshalb muss man die Schalen eines genossenen Eies zerdrücken. Überhaupt muss man Eier, mit denen man Fruchtbarkeitsriten vornimmt, vor dem Bösen Blick schützen, denn ein durch diesen verzaubertes Ei macht ja, wie oben bemerkt, den Acker unfruchtbar[1]).

So setzen sich Eierritus und Eierglaube aus der Beobachtung und natürlichen Folgen, die man aus dieser gezogen hat, zusammen. Seine Wurzel im germanischen Heidentum zu suchen, wie es oft geschieht, ist durchaus unberechtigt. Überhaupt ist der Eierglaube wie so mancher Volksglaube und -brauch nicht einer Religion, sondern dem gegenständlichen Denken entsprungen. Und wie dieses durch Religionswechsel und den Lauf der Zeiten selbst in einem Volke mit hoher Kultur und monotheistischer Religion nicht vollständig geschwunden ist, so auch Glaubensvorstellungen und Sitten und Bräuche, die diesem entspringen. Die Zeit oder Heimat ihres Ursprungs wird sich daher nie feststellen lassen. Der Schwerpunkt volkskundlicher Arbeit liegt vielmehr darin, dass man die Grenzen der Erscheinungen, womöglich kartographisch, festlegt und ihren Wandel im Laufe der Zeit verfolgt.

Leipzig.

Spiritusglaube in Schweden.

Von **Tobias Norlind.**

Es ist ein allgemein verbreiteter Volksglaube, dass man sich durch den Erwerb eines Geistes Reichtum, Glück, Macht und Weisheit verschaffen kann. Der dienstbare Geist selbst steht im Dienste des Teufels, und der Besitzer des Geistes verfällt nach seinem Tode dem Teufel. Man kann den Geist los werden, indem man ihn einem anderen verkauft. Der Geist ist folglich zu kaufen. Er wohnt in einer Flasche oder Schachtel und wird von dem Besitzer ernährt. Der Name des Geistes im schwedischen Volksglauben ist: Spiritus (Spiritus familiaris).

Wir wollen hier zuerst einige kulturhistorische Mitteilungen bringen: Samuel Columbus (1642—79) erzählt, dass der schwedische Dichter

1) Wuttke § 388.

G. Stiernhielm (1598—1672) in Livland wegen seiner reichen Kenntnisse so grosses Ansehen genoss, dass man glaubte, er hätte einen 'Spiritum familiarem'. Professor Virginius, der dieses gehört hatte, stellte sich bei dem Dichter ein und wollte seinen Spiritus sehen. Er liess dem Dichter keine Ruhe, bis dieser ihm eine Laus unter einer Lupe gezeigt hatte[1]). — Ein Pfarrer aus Småland erzählt uns 1695, dass ein Bauer am 12. Februar auf dem Jahrmarkt zu Eksjö von den Kaufleuten aus Norrköping einen Spiritus kaufen wollte, um reich zu werden. Der Bauer wurde seiner Leichtgläubigkeit wegen von den Kaufleuten verhöhnt[2]). — Im Jahre 1706 wurden in Karlshamn zwei Soldaten zu acht Tagen Gefängnis verurteilt, weil sie 'durch die Eingebung des Satans' in der Stadt einen Spiritus zu kaufen gesucht hatten, der ihnen viel Geld verschaffen sollte[3]). — Am 22. Februar 1708 behandelte der Magistrat in Karlskrona einen ähnlichen Fall. Viele Leute hatten 'durch die Eingebung des Satans' sich bemüht, einen Spiritus zu kaufen, um sich viel zeitliches Gut erwerben zu können[4]). — Auf dem Jahrmarkt zu Hånga Hed um 1850 wurde ein Spiritus, in einer Flasche zappelnd, vorgezeigt. Ein Mann schlug die Flasche entzwei, und das Volk eilte erschreckt davon, der Täter bekam Prügel[5]). — Im nördlichen Schonen wollte einmal ein Bauer in einem Kaufladen der Stadt einen Spiritus kaufen. Der Kaufmann hatte gehört, dass ein Spiritus sechs Beine haben sollte, und steckte daher eine Spinne in eine kleine Dose. Der Bauer war mit seinem Kauf sehr zufrieden, denn der Spiritus brachte jede Nacht 75 Kronen ins Haus[6]).

Ein Spiritus wird gewöhnlich in einer Dose aufbewahrt[7]). Nach schwedisch-finnischem Volksglauben soll ein Spiritus in einem kleinen geschlossenen Gefäss zusammen mit Salz liegen. In Zeug eingewickelt, verschwindet er, ohne ein sichtbares Loch zu hinterlassen[8]). Nach einem Volksglauben aus Bleking wohnt der Spiritus in einer Flasche mit Wasser[9]). — Die Schachtel mit dem Spiritus soll man nahe am Herzen (in der linken Westentasche) tragen[10]).

---

1) L. Larsson, Bilder från fordom (1908) S. 66.

2) L. F. Rääf, Ydre härad 1 (1856), 140.

3) N. H. Sjöborg, Blekinge läns historia 1 (1792), 136.

4) L. Larsson a. a. O. S. 66.

5) F. Berggren, Från Västergötlands bygder (1894) S. 49.

6) E. Wigström, Folkdiktning, Andra samlingen (1881) S. 118.

7) B. Schnittger, En trolldosa från vikingatiden, Fataburen 1912, 98ff.; A. Flentzberg, Spott och spottning, Fataburen 1908, 112ff.

8) Allardt, Nyländska folkseder (1889) = Nyland 4, 74. — In einer volkstümlichen Variante des Märchens Stor-Klas und Lill-Klas von H. C. Andersen wird eine in einen Sack gesteckte Pferdehaut scherzweise 'Spiritus' genannt. G. Djurklou, Sagor och äfventyr (1883) S. 140.

9) E. Wigström, Folktro och sägner, Sv. Landsmål VIII, 3, 29.

10) Flentzberg a. a. O. S. 113.

Der Spiritus hat die Gestalt eines Tieres: eines Mistkäfers[1]), Goldkäfers[2]), eines kleinen Gerippes[3]), einer weissen Schlange[4]), eines Wurmes[5]). Wer einen Spiritus haben will, soll ein Hahnenei (Windei) nehmen und es in seiner linken Achselhöhle tragen, bis es angebrütet ist, und dann drei Donnerstagsabende auf den Kirchhof gehen. Der Spiritus ist dann fertig[6]). Nach lappländischem Volksglauben kann ein Spiritus nicht verkauft werden, denn er kommt immer zu dem ersten Besitzer zurück[7]).

Einen Spiritus soll man mit nüchternem Speichel ('drei nüchterne Speichel') nähren. Der Besitzer kann mit seinem Spiritus sprechen und erhält Antwort[8]). Der Nutzen, den man sich von einem Spiritus verschaffen kann, ist sehr vielseitig. Nach uppländischem Volksglauben soll man auf dem Kirchhof aussprechen, wozu man den Spiritus brauchen will. Gewöhnlich soll er Geld sammeln (jeden Tag eine gewisse Menge). Nicht selten wünscht man, dass er Kräfte oder Sieg in jeder Schlägerei geben soll[9]). Auch macht der Spiritus seinen Besitzer allwissend, indem er auf alle Fragen Bescheid gibt und die Zukunft verkündet[10]). Er kann alles tun, was man will, Leute und Tiere an sich locken, den Pferden die Kraft nehmen, dass sie stehen bleiben, Diebe entdecken, Schätze zeigen, Feuersbrünste löschen, den Besitzer unsichtbar machen, Blut stillen, Zahnweh heilen usw.[11]). Darum sind fast stets die Schwarzkünstler mit einem Spiritus versehen.

Wer einen Spiritus besitzt, kommt nach dem Tod zum Teufel[12]) oder verfällt dem Spiritus selbst[13]), oder stirbt durch eigene Hand[14]). Ein Spiritus kann nach dem Tode des Besitzers im Hause verbleiben. In einem Hause zeigte sich der Spiritus dem neuen Besitzer, der Bauer wollte ihn aber nicht haben. Der Geist zeigte ihm dann sechs Seelen vormaliger Besitzer, die er unter einem Stein versteckt hatte. Der Bauer wollte dennoch nichts mit ihm gemein haben. Der Geist wurde nun böse und sagte, dass er ihn blutarm machen wollte. Das hat er auch nachher getan[15]).

Der Name des dienstbaren Geistes in Schweden ist fast überall derselbe: Spiritus, Speritus, Spirrtus, Spittus[16]).

Der Spiritusglaube tritt auch unter anderen Namen und Formen auf. In Nordschweden spricht man oft von einem Dienstgeist: 'Bara' (Bjära, Bära) oder 'Puke'. Einen Bara kann man sich selbst aus einem wollenen

1) Flentzberg S. 112; Uppland, Skildring af land och folk (1908) S. 392. [Vgl. auch Bondeson, Sv. folksagor 1882 nr. 1 'Die drei Fliegen', eine Variante zu Grimm, KHM. nr. 116] — 2) Nyland 4, 74. — 3) Flentzberg S. 114. — 4) Flentzberg S. 112. — 5) Nyland 4, 139. — 6) Uppland a. a. O. S. 392 — 7) P. A. Lindholm, Hos lappbönder (1884) S. 114f. — 8) Flentzberg S. 112f. — 9) Uppland S. 392. — 10) Flentzberg S. 113. — 11) S. M. Lampa, Om folklig öfvertro (1896) S. 18. — 12) Flentzberg S. 114. — 13) Uppland S. 393. — 14) Flentzberg S. 114. — 15) Uppland S. 393. — 16) J. E. Rietz, Ordbok öfver svenska allmogespråket (1867); H. F. Feilberg, Bidrag til en ordbog over jyske almuesmål 3 (1904—1911).

Knäuel, mit drei Tropfen Blut getränkt, unter einer Beschwörungsformel verschaffen. Die Beschwörung lautet: „Auf der Erde sollst du für mich springen und ich in der Hölle für dich brennen." Auch soll man zuerst aussprechen, wozu der Bara dienen soll. Gewöhnlich soll er Geld sammeln[1]).

Eine andere Übergangsform bildet der 'Nisse'-Glaube (Kobold-Glaube). Ein Nisse ist ein Helfer, der den Besitzer reich macht und Arbeiten für ihn ausführt. Im allgemeinen ist der Nisse ein Helfer der Guten. Nur die strebsamen Leute haben Nissen. Doch gibt es auch böse Nissen, die die Besitzer auf Kosten der Nachbarn bereichern. Wer einen solchen Nisse hat, verfällt nachher dem Bösen.[2])

Auch gewisse Steine können übernatürliche Kräfte besitzen. Einige Tiere (Rabe, Schwalbe, Kiebitz, Igel, Frosch, Ameisen, Schlangen) können solche verleihen. Der Besitzer eines solchen Steines erhält alle seine Wünsche erfüllt (kann sich unsichtbar machen)[3]). — Der Gegenstand kann auch eine Wurzel, aus einem Schwalbenei hervorgewachsen, sein. Ein Beutel mit einer solchen Wurzel wird niemals leer[4]).

Der beste aller Helfer ist die Schlange. Ein Spiritus ist oft selbst eine Schlange. Der Nisse wohnt in der Gestalt einer Schlange im Hause. Der Schlangenkönig ist der allermächtigste, der Besitz seiner Krone bringt Glück. Gewöhnlich sind die weissen Schlangen Schlangenkönige. Sie bringen Geld, machen allwissend und unsichtbar[5]).

Der Glaube an einen Dienstgeist ist weit verbreitet, obgleich der Name Spiritus nicht überall im Volksglauben so gebräuchlich ist. In Dänemark kommt der Name hie und da vor[6]), sonst ist die Benennung 'Dragedukke' und 'Nisse' häufiger. Auf Falster sagt man, dass nur die reichen Bauern 'Nissen' haben können, die Kleingrundbesitzer müssen sich mit 'Dragedukken' begnügen[7]).

In Deutschland scheint der Name Spiritus selten zu sein. Wuttke[8]) erwähnt ihn nicht. In Schlesien heisst der dienende Kobold zuweilen:

1) T. Norlind, Svenska allmogens lif (1912) S. 639 (vgl. auch die dort angeführte Literatur).

2) [Vgl. Feilberg, Der Kobold in nordischer Überlieferung, oben 8, 1. 130 264.]

3 Bidrag till Södermanlands äldre kulturhistoria 7 (1889), 104 ff.

4) A. O. F., Skrock och vidskepliga bruk hos svenska allmogen i Vasabygden (Helsingf. 1883) S. 29.

5) T. Norlind a. a. O. S. 640; F. J. E. Eneström, Finvedsbornas seder och lif (1910) S. 225.

6) E. T. Kristensen, Danske Sagn V, 1 (1900), 229 ff.

7) S. Grundtvig, Gamle danske Minder 2 (1861), 84. [Vom finnischen 'Gan' in Fliegengestalt erzählt Torfaeus, Hist. rerum Norvegicarum 1711 1, 106.]

8) A. Wuttke, Der deutsche Volksaberglaube der Gegenwart, 3. Aufl. [Einen dienstbaren Geist in einer Flasche zu besitzen rühmten sich im Mittelalter viele Zauberer; s. Grimm, DWb. 4, 1, 2, 2631 f. und Bolte-Polivka, Anmerkungen zu Grimms KHM. 2, 416. Der Name 'Spiritus familiaris' scheint durch Zauberbücher wie Fausts Höllenzwang (Scheibles Kloster 2, 869; vgl. 5, 1135 f.) aus der Literatur ins Volk gedrungen zu sein.

'Spazifankerl' oder 'Spirifankel', sonst ist der gewöhnlichste Name: Heckmänndel[1]).

Nur in Siebenbürgen trifft man den Namen Spiritus wieder. Der Glaube hat hier auch dieselben Züge wie in Schweden. Wir zitieren hier H. v. Wlislocki[2]): „Hexen und Zauberer verschreiben nach rumänischem Volksglauben dem Teufel ihre Seele, der ihnen dann einen Spiritus gibt, welcher seinem Besitzer bei der Ausführung übernatürlicher Handlungen hilfreich zur Seite steht. Einen Spiritus kann man sich auf folgende Weise selbst verschaffen: ein unangebrütetes Ei, oder das erste Ei einer schwarzen Henne trägt man Tag und Nacht bei sich in der Achselhöhle. Am neunten Tage kriecht aus dem Ei ein Teufelchen in der Gestalt eines struppigen Hühnchens heraus, das imstande ist, alle möglichen Tiergestalten anzunehmen. . . . Der Spiritus . . . kann . . . jeden Wunsch seines Besitzers erfüllen. Von einem, dem alles gelingt, sagt man: 'er hat einen Spiritus' . . . Entfernte Personen schafft er auf Wunsch seines Besitzers im Nu herbei, tötet Menschen und Tiere, zündet Gebäude an, sobald dies sein Besitzer wünscht; ja er lehrt ihn auch alle Heilmittel und auch die Kunst, die Zukunft voraussagen zu können. Stirbt der Besitzer, so wird seine Seele vom Spiritus in Empfang genommen und in die Hölle geführt."

Der Spiritusglaube scheint ursprünglich nur eine Form des Schlangenglaubens zu sein. Schlange, Tod und Teufel stehen alle im Volksglauben einander nahe. Die Seele (Spiritus) ist selbst nach dem Volksglauben eine weisse Schlange, die den Körper im Traume und nach dem Tod verlässt. Mit dem Toten wohnt sie im Grab. Die Gestorbenen helfen den Überlebenden, und so wird der Geist ('Spiritus') zuerst ein Schutzgeist und dann ein Dienstgeist.

Lund.

Einen so benannten Hausgeist, den Ludwig von Lichtenberg wie einen Alraun in einer Lade aufbewahrte und der auch einer Reihe späterer Besitzer Rat und Beistand erteilte, erwähnt schon die um 1570 abgefasste Zimmerische Chronik ed. Barack 1869 1, 455 = 1881 1, 474. Um 1618 führt eine Satire auf den gestürzten Kardinal Clesel diesen im Gespräch mit seinem Spiritus familiaris Pruflas (derselbe Name in Scheibles Kloster 5, 1110) vor; vgl. Hammer-Purgstall, Khlesls Leben 4, Urkunden S. 366 (1851). Bei Grimmelshausen, Trutz Simplex 1669 cap. 18 und 22 hat der Spiritus familiaris Fliegengestalt und steckt in einer Schachtel; ebenso in chronikalischen Erzählungen von 1650 und 1684 bei Kühnau, Schlesische Sagen 2, 1 und 3, 190 und bei Grimm, DS.[2] nr. 85, danach Chamissos Gedicht 'Der Spiritus familiaris des Rosstäuschers.' Bei Sommer, Sagen aus Sachsen 1846, S. 33 f. dagegen heisst der als Hummel oder Käfer in einer Schachtel aufbewahrte Kobold Hänschen oder Steppchen. Über den Teufel in Fliegengestalt s. J. Grimm, Myth.[3] S. 950. 3, 295. Vgl. über den Spiritus familiaris noch Zedlers Universallexikon 39, 163 (1744), das den Schauplatz vieler ungereimten Meynungen 1, 532 (Berlin 1736) ausschreibt. Sprichwörtlich: Er hat einen Spiritum familiarem, Schades Wissenschaftl. Monatsblätter 5, 94. 1877.]

1) Wuttke a. a. O. § 386. 632 ff.

2) Quälgeister im Volksglauben der Rumänen: Am Urquell 6, 144.

Das Dach im Volksglauben.

Von **Paul Sartori.**

1. Geister lieben wie die Menschen ein Dach über sich. Sie suchen sich daher vielfach verlassene menschliche Wohnstätten zur Behausung aus (Reiser, Sag. d. Allgäus 1, 342f.; Herrlein, Sag. d. Spessarts S. 70f.; Globus 71, 374 (Permier). 73, 273 (Ruthenen); Crooke, Popular religion and folklore of Northern India S. 182). Nach der Almsitte muss darum jeder Schütze, der in einer Sennhütte übernachten will, auch wenn sie leer ist, zuerst die Tür öffnen und laut um die Gestattung der Nachtherberge bitten (Alpenburg, Dtsche. Alpensag. S. 186f.)[1]).

Dadurch dass man geisterhafte Wesen unter eine Bedachung bringt, kann man sie an einem gewünschten Orte festhalten. Zu diesem Zwecke errichtete Dächer, Häuschen und Hütten dienen dann einerseits als Schutz für die vorausgesetzten oder im Bilde dargestellten Insassen, als Gewähr ihres Beistandes und als Medien ihrer Verehrung, andrerseits aber auch als Sicherung der Menschen gegen die von den Geisterwesen ausgehenden üblen Einflüsse.

Beispiele aus dem Bereiche von Naturvölkern sind kaum nötig. Auch deutsche Sage und Sitte weiss davon. Ein Bauer zu Thann errichtet infolge eines Gelübdes eine Strohhütte über einem Bilde des h. Ulrich, aus der später eine steinerne Kirche wird (Schöppner, Sagenbuch d. bayer. Lande 1, 476)[2]). Im Erntebrauch wird dem Getreidenumen eine Unterkunft verschafft — wenn auch nur aus ein paar Halmen —, damit seine Kraft für künftige Ernten erhalten bleibe[3]). Die Laubhütten, die zu Pfingsten errichtet werden, darf man wohl ihrer ursprünglichen Bedeutung nach für das Zelt des siegreich einziehenden Frühlingsgeistes halten (Sartori, Sitte u. Brauch 3, 208). Zwei dachförmig aneinander gelehnte Ziegelsteine decken einen vor der Türschwelle der Kirche als 'Bauopfer' vergrabenen Zinnlöffel (Strackerjan, Abergl. a. d. Herzogt. Oldenburg [2] 2, 226) und erhalten ihn dadurch wirksam. Der ewige Jude darf nur da rasten,

1) Bei den Kaffitscho muss jeder, Hausgenosse wie Fremder, ehe er in ein Haus eintritt, dreimal durch einen Ruf sein Kommen ankündigen (Globus 96, 95).

2) Hirtenknaben flechten ein Dach über ein Bild des h. Antonius. Später wird dort eine Kapelle erbaut (Baader, Neugesammelte Volkssag. a. d. Lande Baden S. 54f.). — So erhalten Heiligenbilder, Kruzifixe usw. im Freien wohl meistens ein einfaches Dach.

3) S. darüber Sartori, Sitte u. Brauch 2, 84. 113. 114. An einigen Orten springt man über die in Gestalt einer Puppe (richtiger wohl eines Daches) zusammengebundenen Halme hinweg; das heisst 'über schâinichen springen', 'über die Scheune springen' u. ä. und soll künftigen Erntesegen gewährleisten (Sartori a. a. O. 2, 83f. 114; Mannhardt, Mythol. Forsch. S. 347f. Anm.).

wo auf dem Acker zwei Eggen dachförmig aneinander gelehnt stehen (Kuhn, Westf. Sag. 2, 32; Strackerjan² 1, 452f.).

2. Man macht aber auch unwillkommene Wesen durch Überdachung ungefährlich. Wenn in Fislis (Kr. Altkirch) ein Haus abgebrochen und an einem andern Orte wieder errichtet wird, stellt man an der früheren Stelle zwei Ziegel in Form eines Daches gegeneinander, damit das Gespenst, das sich im Hause befand, darunter wohnen kann (Jahrb. f. Gesch. usw. Elsass-Lothringens 8, 174)[1]. In Oberkulm liess man im gleichen Falle so viel von dem Gestein am Platze, wie dem alten Hausgeist zum Unterschlupf nötig war (Rochholz, Naturmythen S. 137). In Musau lässt man nur eine Pfanne zurück (Reiser, Sagen des Allgäus 1, 331). Für einen umgehenden Ertrunkenen im Freienamt baute man ein Häuschen mit Tagelöchern ans Gestade (Rochholz, Schweizersagen a. d. Aargau 1, 39). Der Volksglaube sagt: ein Gespenst muss ein Dach haben; hat es keines, so sucht es sich eines, d. h. es belästigt die Menschen in ihren Häusern. Selbst die Irrlichter, die sonst nicht unter den Eren eindringen, gehen unter ein Dach, wenn es regnet (Rochholz, Naturmythen S. 178).

3. Auch allerlei unpersönliche Kräfte, deren Wirken man in gewissen menschlichen Zuständen im Leben und im Tode zu erkennen glaubt, werden dadurch in ihrem Tätigkeitsbereiche auf einen bestimmten Raum eingeschränkt, dass man sie unter ein Dach einschliesst und sich dort auswirken lässt. Was man als ‘unrein’ bezeichnet, wird auf diese Weise unschädlich gemacht. So errichtet man besondere Hütten für die monatliche Reinigung (Ploss-Bartels, Das Weib in Natur- und Völkerkunde⁷ 1, 419ff. 427ff.), für die Entbindung (ebda. 2, 46ff.), für den ersten ehelichen Umgang[2] und für die Toten[3]. Sehr bezeichnend sind die Massregeln, die man in Indien in drei Hütten nacheinander zur Ableitung des Unheilsstoffes trifft, wenn eine Frau eine Fehlgeburt getan hat. Sie wird auf Blei gestellt und gewaschen, das schwarze Kleid, das sie trägt, wird dann jedesmal abgelegt und die Hütte, in der ein Teil der bösen Substanz verblieben ist, wird verbrannt (Oldenberg, Relig. d. Veda S. 495f.).

4. Sonst ist das Wohnhaus selbst der Ort, in den der aus irgendeinem Grunde unreine Mensch für die Dauer seiner Unreinheit einge-

---

1) Ebenso sind römische Brandgräber gesichert. S. die Abbildung bei Hahne, Das vorgeschichtliche Europa (Monograph. z. Weltgesch., herausg. v. E. Heyck, 30) S. 77. In Jerwen (Estland) fand ein Wirt unter einem Steinhaufen im Felde Menschenknochen, über die zwei Fliesen in Form eines Daches gedeckt waren (Globus 76, 34).

2) Florenz, Japan. Mythol. S. 15. 126, Anm. 20; vgl. Sartori, Sitte u. Brauch 1, 111. An einigen Orten in Luxemburg darf am Hochzeitstage das Brautpaar nicht unter einem Dache übernachten (de la Fontaine, Luxemburger Sitten S. 150). In der Eifel dürfen es Verlobte nicht (Sartori 1, 59).

3) An die Dächer und Hütten über der oberirdisch oder unterirdisch bestatteten Leiche möge hier nur erinnert sein. Auch an die sog. Hausurnen.

schlossen wird, um seine Befleckung nicht weiterzutragen. Das geschieht namentlich mit der Wöchnerin, der an vielen Orten die Überschreitung der Dachtraufe für eine gewisse Zeit untersagt ist[1]). Eine Milderung des strengen Verbotes tritt bisweilen dadurch ein, dass sie bei vorzeitigem Ausgang eine Art von Ersatz verwenden darf. In der Schweiz trägt sie einen Ziegel von ihrem Hause auf dem Haupte (Ztschr. f. dtsche Mythol. 4, 1), oder eine Dachschindel oder ein Brettchen (Bächtold, Gebräuche bei Verlobung u. Hochzeit 1, 229). Mitunter genügt ein grosser Hut (Bastian, Der Papua S. 60: in Doreh. Weiteres: Sartori, Sitte u. Br. 1, 31), wie er auch im Trauerbrauche vorkommt[2]). Die Verunreinigung des Hauses durch einen Todesfall veranlasst auch, dass in ihm einige Zeit nicht gegessen oder wenigstens nicht gekocht werden darf, sondern dass die nötige Speise unter einem anderen Dache zubereitet wird[3]).

5. Da es hauptsächlich das Dach ist, was geisterhafte Mächte in den gewünschten Schranken festhält, so richten jene, wenn sie trotzdem das Haus verlassen wollen, gegen das Dach ihre Anstrengungen, das sie nur mit dem ganzen Aufgebote ihrer Kraft zu durchbrechen vermögen. Der nordische Niss, der im Zorn aus dem Hause weicht, reisst im Wegfahren das Dach mit sich fort[4]). Der Teufel nimmt dabei drei Schindeln mit (Pröhle, Harzsagen S. 113)[5]).

---

1) Witzschel, Sagen aus Thüringen 2, 250 Anm. 57; Ztschr. f. rhein. u. westf. Volkskunde 2, 179 (Obere Nahe). 10, 168f. (Essen a Ruhr); Meyer, Badisches Volksleben S. 389; Sartori, Sitte u. Brauch 1, 30; Bächtold, Gebräuche bei Verlobung u. Hochzeit 1, 229. — Es wird aber auch wohl gesagt, dass die Wöchnerin sich sonst allerlei Unfällen und Verzauberungen durch böse Geister preisgebe (Ztschr. f. dtsche. Mythol. 4, 1: Schweiz).

2) In der Minahassa (Wilken, Über das Haaropfer, Revue coloniale internationale 1886 S. 242). Nach Atahualpas Hinrichtung trug Pizarro einen grossen Filzhut über die Augen gedrückt (Prescott, Gesch. d. Eroberung v. Peru 1, 373). In Deutschland ist es vielfach üblich, bei Begräbnisfeiern das Haupt beständig bedeckt zu halten, selbst beim Trauergottesdienst in der Kirche (Sartori, Sitte u. Br. 1, 148). — Es gehört auch zu den Trauerbräuchen, dass die Überlebenden nach einem Todesfalle eine Zeitlang unter das Dach des Sterbehauses gebannt bleiben (Wilken a. a. O. S. 236, namentlich die Witwe des Toten).

3) Sartori, Die Speisung der Toten, Progr. d. Gymnas. zu Dortmund, 1903, S. 56f. In Norwegen meint man auch, dass einem Kranken die fremde (zugesandte) Speise mehr Stärkung gewähre als die im eigenen Hause zubereitete (Liebrecht, Zur Volkskunde S 321).

4) Oben 8, 136; vgl. S. 267. Ebenso ein Zwerg, dessen Name entdeckt ist (Oberleitner, Schwed. Volkssagen u. Märchen S. 213). Anderes bei Laistner, Das Rätsel der Sphinx 1, 193. Vgl. auch v. Negelein oben 11, 269f.

5) Übrigens scheint es hier und da stehender Wunsch zu sein, 'dass alles Unglück zum Giebel rausfahr!', wie z. B. in einem Pfingstheischespruch bei Bartsch, Sagen aus Mecklenburg 2, 277. — Hier sei auch auf die niederländische Redensart 'De speelman zit nog op't dak' hingewiesen. In Westflandern sagt man, bei Neuverheirateten sitze der Spielmann zuerst in der Ecke des Herdes, dann auf der Türschwelle, dann auf dem Dache, bis er dann mit dem Rauche davonfliege (Volkskunde 16, 216). Hier fliegt also vielmehr die Freude (der Flitterwochen) vom Dache fort. Ich weiss nicht, ob hierzu ein Brauch aus Westpreussen in Beziehung zu setzen ist, den ich nur nach Wilken, Über d. Haaropfer S. 267, Anm. 158 anführen kann: In Schwarzau u. a. steigen, wenn eine Frau zum

6. Ist also dem Menschen selbst daran gelegen, sich vor Schädigung durch die dämonischen, in seiner Behausung weilenden Mächte zu wahren, so muss er im Dache einen Ausweg zum Entweichen schaffen. Im alemannischen Hause steht das Bodenloch durchs ganze Jahr offen, weil hier der Hausgeist seinen Lauf hat. Wird das Strohdach einmal mit Ziegeln umgedeckt, so muss ihm ein Ziegel aufrecht gestellt werden, damit er ungehinderte Ein- und Ausfahrt habe (Rochholz, Deutscher Glaube und Brauch 2, 97; vgl. Aargausagen 1, 169: Zürich)[1]). Im klassischen Altertum beruht die Hypäthralanlage der Tempel gewisser Götter auf der Ansicht, dass diese frei auf- und niedersteigen müssten (Sittl, Archäologie der Kunst S. 361f.)[2]). Nach Strabo deckte man bei den Kelten den Tempel einmal jährlich ab, um der Gottheit ihren freien Ausgang zu wahren (Grimm, Gesch. d. dtsch. Sprache 1, 117f.).

7. Auch sonst wird unter einigen besonderen Umständen das Dach geöffnet oder gar abgedeckt. So namentlich, wenn ein Kranker im Sterben liegt. Der Tote verunreinigt das Haus, in dem er verschieden ist, d. h. die lebensfeindlichen Mächte, die ihn dahingerafft haben, bleiben an dem Gebäude, andern Gefahr drohend, haften, oder auch, der Verstorbene herrscht weiter in dem Hause, das er bei Lebzeiten bewohnt hat. Wenn man nicht, wie es bei Naturvölkern vielfach geschieht, das Haus den Todesmächten oder der Seele ganz überlässt, indem man es zerstört oder gutwillig räumt, so schafft man den Sterbenden noch im letzten Augenblick ins Freie[3]), oder man deckt wenigstens das Dach über ihm ab[4]).

zweiten oder dritten Male sich verheiratet, die Musikanten auf das Dach des Hauses und blasen beim Eintritt der Gatten vom Schornstein aus, damit sie nicht so schnell sterben. Hier liegt also wohl ein Abwehrzauber vor.

1) Der Niss hält sich gern auf dem Boden des Hauses (unter dem Dache) auf (Müllenhoff, Schleswig-Holsteinische Sagen S. 322. 325; oben 8, 4. 5. 273). Er ist unter den Dachbalken gebannt (Müllenhoff S. 337). Besonders gern sitzt er in der Giebelluke (ebda. S. 332). Auch bei den Golde lebt ein Geist in dem Pfosten, der die Firste des Daches trägt (Globus 74, 269). In Pojeni (Bukowina) hatten Bauersleute zwei Teufelchen auf dem Dachboden, die aus kleinen Schüsselchen gefüttert wurden und ihnen bei allen Unternehmungen halfen (ebda. 92, 287). — Übrigens haben die immer offenen Boden- und Giebellöcher des Hauses der Volksdichtung wohl Veranlassung gegeben zu den mannigfachen Sagen, in denen der Teufel einen Hausbau nicht in der vorgeschriebenen Zeit fertigbringt, so dass im Dache ein Loch bleibt, das nie geschlossen werden kann (Alpenburg, Deutsche Alpensagen S. 197; Schambach-Müller, Niedersächsische Sagen S. 153; Wolf, Niederländische Sagen S. 291; vgl. Ztschr. f. Ethnol. 30, 16, Anm. 1). Ein 'gläuniger Kerl' kriecht jede Nacht durchs Dach, das deshalb nicht dicht gehalten werden kann (Strackerjan[2] 1, 225).

2) Athene fliegt (wie wenigstens einige den Ausdruck ἀνόπαια, Od. 1, 320, deuten) 'lukenwärts' d. h. durch den Dachraum aus dem Hause des Odysseus davon, wie die Hexen zum Ulenloch herausfahren (Jahrb. f. d. Landeskunde d. Herzogt. Schlesw.-Holst. u. Lauenburg 4, 155).

3) Globus 71, 372 (Permier und Tscheremissen). 76, 210 (Chewsuren); Schneider, Relig. d. afrikan. Naturvölker S. 127.

4) Zachariae im Archiv f. Religionswiss. 11, 152f. und oben 18, 442ff. 22, 231; v. Negelein ebda. 11, 270; Liebrecht, Zur Volkskunde S. 372f. — Nach dem Bericht des

Es genügt auch wohl, wenn man einen Dachziegel abhebt (Béarn, Revue des tradit. pop. 6, 154; in den Landes: ebda. 8, 225) oder drei (wie im Ansbachischen: Grimm, Myth.[4] 3, 459), oder eine Schindel auf dem Dache umwendet[1]), oder auch nur das Bett des Sterbenden unter den Hausfirst stellt[2]). Die Seele hat, ihrer luftigen Natur entsprechend, den Drang nach oben in die Lüfte[3]). Meistens begnügt man sich freilich damit, ihr ein Fenster zu öffnen[4]).

Hierher gehört ferner der Brauch, dem Manne, der von seiner Frau Prügel gekriegt hat, das Dach über dem Hause abzudecken. Die bösen Zankteufel sollen ins Freie geschickt werden (Grimm, Dt. Rechtsaltert.[3] S. 723ff. 729; Wolf, Beiträge 1, 212 (106: Fulda); Liebrecht, Zur Volkskunde S. 426; Dieterich in Hess. Bl. f. Volkskunde 1, 87ff.; vgl. 13, 121ff.; Sartori, Sitte u. Br. 2, 180. 3, 122; vgl. 1, 120f.).

8. So gibt es noch andere Fälle, in denen einer unter dem Dache gehemmten Kraft durch Öffnen oder Abdecken des Daches der Weg freigemacht wird, entweder um sie unschädlich, oder um sie irgendeiner bestimmten Absicht dienstbar zu machen. Wenn bei den Bojken die Hütte gebaut ist, bleibt über dem Vorhause das Dach unbedeckt, damit durch diese Lücke alles Böse herausfliege (Globus 79, 150). In einer Erzählung

---

Nepos über den Tod des Pausanias (Pausan. c. 5) werden die Türen des Tempels, in den P. geflohen ist, verrammelt und das Dach abgedeckt, 'quo celerius sub divo interiret'. Nach Thucydides 1, 134 flieht P. in ein zum Tempelbezirk gehöriges Gebäude, dessen Dach die Ephoren abdecken. Nachdem sie ihm aufgelauert und ihn sicher drinnen haben, mauern sie das Gebäude zu und hungern ihn aus. Als er in den letzten Zügen liegt, führen sie ihn heraus, worauf er alsbald verscheidet. Klarer ist jedenfalls der Bericht des Nepos, aber ob er mit dem oben besprochenen Brauch etwas zu tun hat, scheint doch zweifelhatt.

1) Witzschel, Sagen aus Thüringen 2, 261; Grimm, Myth.[4] 3, 448 (439: Chemnitzer Rockenphilosophie); Sartori, Sitte u. Br. 1, 127. Dieses Umwenden ist übrigens manchmal zum sympathetischen Mittel geworden, um einer Krankheit (auch einer schweren Geburt) eine 'Wendung' zum Besseren zu geben (Seyfarth, Abergl. u. Zauberei in d. Volksmedizin Sachsens S. 235f.). Auf ähnlicher Sympathie beruht der japanische Brauch, um die Himmelfahrt eines Verstorbenen zu fördern. Man nimmt die Verbindungsschraube aus einem Fächer und wirft den nun auseinanderhangenden Gegenstand auf das oberste Dach des Sterbehauses (Globus 90, 113).

2) Ztschr f. dtsche Myth. 4, 4 (38: Kt. Glarus). In der westfälischen Mark muss am Tage der Beerdigung der Sarg unter der Bodenluke stehen (ebda. 2, 98).

3) Im Aargau glaubt man, dass derjenige, der nach dem Tode umgehen soll, im Sterben ein Loch durch das Dach reissen müsse. In allen Strohdächern sind sog. 'Heiterlöcher' angebracht Fehlen sie und deckt der Sturm ein solches Dach ab, so meint man, ein früherer Hausbewohner habe wieder Einkehr gesucht (Rochholz, Aargausagen 1, 169). Bei den Colorados-Indianern entweicht die Seele an einer Schnur, die den Leichnam mit dem Dache verbindet (Globus 89, 68). Am Faden vom Dache aus steigt auch in Indien die wiederkehrende Seele hinab, um zu trinken (oben 11, 270).

4) Eine Art Mittelding ist das in Kärnten in der Küche höher als die übrigen angebrachte Fenster, das geöffnet wird, wenn jemand stirbt. Das Hinausschauen durch dieses ist verboten (Ztschr. f. dtsche. Mythol. 4, 411). Vgl. auch zu dem Parallelismus zwischen Fenster und Dachluke v. Negelein oben 11, 270.

bei v. Mendelssohn, Grönländer und Fähringer Geschichten S. 56f. ('Thule' Bd. 13) lässt der Grönländer Sigurd von einem Schlafhause, in dem er mit Recht Leichen vermutet, das Dach abdecken, 'um den Geruch der Leichen herausziehen zu lassen'. Auch hier sollen wohl vielmehr die gefährlichen Todeskräfte beseitigt werden. Beispiele von der Abdeckung mohammedanischer Heiligengräber bei Dürre gibt Goldziher im Globus 71, 234[1]). Man erwartete von der unmittelbaren Verbindung zwischen den körperlichen Überresten der heiligen Person und dem Himmel Hilfe gegen die Regennot. Anders — nämlich ein Analogiezauber — ist das Verfahren der Dieyerie-Indianer. Sie errichten eine Hütte und decken Laubzweige darüber. Diese stellen die Wolkenbedeckung des sich wölbenden Himmels dar. Schliesslich rennt man die Hütte mit dem Kopfe voran durch und durch, d. h. man durchstösst die Wolken, der Himmel öffnet sich, und der Regen fällt herab (Globus 87, 348)[2]).

9. Wenn das Dach eine unter ihm befindliche Kraft festhält und bannt, so ist es erklärlich, dass man sich hütet, Menschen, von denen man einen schädlichen Einfluss befürchtet, Zulass und Aufenthalt unter dem gleichen Dache zu gewähren, oder Kräften, die man für gefährlich hält, die Möglichkeit zu geben, sich unter dem Banne eines Daches auszuwirken. Als König Aethelbert von Kent zu Augustinus kam, wollte er sich mit ihm nur unter freiem Himmel unterhalten; er wollte vermeiden 'ne in aliquam domum ad se introirent, vetere usus augurio, ne superventu suo, siquid maleficae artis habuissent, eum superando deciperent' (Baedae Histor. eccles. gentis Anglorum ed. Holder 1 c. 25)[3]). Nach deut-

---

1) Dort auch eine Geschichte, wie ein Heiliger, erzürnt über den Lärm der Volksandachten, das Kuppeldach seiner Grabkapelle wegfliegen lässt, das nun nicht mehr ausgebessert werden darf.

2) Das Dach wird auch bei uns wohl mit dem Himmel verglichen (Rochholz, Deutscher Gl. u. Br. 2, 104). — Bei den Huichol-Indianern wird alle fünf Jahre das Dach des Tempels neu gedeckt. Der Tempel gilt als Abbild der Welt, das Dach als Himmel, und die Zeremonien, die beim Bau des Daches vollzogen werden, beziehen sich fast alle auf diese Bedeutung (Globus 92, 169f.). Vielleicht ist hier auch ein Wetterzauber zu erwähnen, den die Korwas in Mirzapur mit dem Dache ausüben, s. Crooke, Popular religion S. 48.

3) Der König von Benin kommt zwei Tage nicht in seine Stadt, bis seine Fetischpriester ihm verkünden, die Anwesenheit weisser Männer sei ohne Gefahr für ihn (Globus 72, 311). Die Grönländer wollten anfangs Hans Egede und Genossen nicht beherbergen, räumten ihnen aber schliesslich ein Häuschen für sie allein ein (Cranz, Historie v. Grönland 1, 366). Sehr verbreitet ist die Scheu, einen Fremden in bestimmte Teile des Hauses sehen oder sie betreten zu lassen. Bei den Hindus dürfen Fremde nicht in die Küche treten (Ztschr. f. Völkerpsychol. 18, 132). Beim Brotbacken und Bierbrauen darf kein Fremder zugelassen werden (oben 11, 321f.), auch nicht beim Wurstkochen (Engelien u. Lahn, Volksmund in d. Mark Brandenburg 1, 273), am wenigsten in den Viehstall (Sartori, Sitte u. Br. 2, 139). Bei den Osseten gilt der Eintritt eines Fremden in ein Haus als schwere Beleidigung der Hausgötter und des Hauskultus (Globus 65, 164f.). In Indien untersagen viele es Fremden, sich auf ihre Dächer zu stellen. Bettler tun das manchmal, um Almosen zu erpressen. Wenn ein Büffelkalb auf das Strohdach steigt, so gilt das als besonders unglücklich (Crooke, Popular religion S. 184). ['Asinus in tegulis', oben 20, 362[1].]

schem Glauben geben sich die Hexen, an denen man einen Gegenzauber vollzieht, die grösste Mühe, ins Haus zu kommen. Wären sie drinnen, so könnten sie wieder einen Schabernack tun (Pröhle, Harzsagen S. 115; Bartsch 1, 118).

10. Man soll von gewissen Dingen unter einem Dache nicht reden[1]), weder vom ersten Heiratsantrag (Schönwerth, Aus der Oberpfalz 1, 51), noch von einem Vogelnest, das man kennt (Poitou: Revue des tradit. pop. 5, 640). Ein Wiesel darf unter Dach und Fach nur 'det ungenömte Diert' genannt werden, sonst rächt es sich am Vieh (Kraatz bei Neu-Ruppin, s. oben 8, 393). Von einer Feuersbrunst soll man nicht im Hause erzählen (Campbell, Superstitions of the highlands and islands of Scotland S 238). Im Jahrbuch des städt. Mus. f. Völkerkunde zu Leipzig 3, 7 berichtet J. Bernhardt, dass ihm bei seinem Sagensammeln in der Leipziger Pflege oft gesagt sei, man dürfe von solchen Geschichten nichts 'unter Dache' erzählen. Auch gewisse Handlungen dürfen nicht unter ihm verrichtet werden. Nach ostpreussischem Glauben wird's nicht gut, wenn einer, den die Schlange gebissen hat, unter Dach kommt. Er muss vielmehr neun Tage und Nächte lang das kranke Bein im Freien behandeln (Lemke, Volkstümliches in Ostpreussen 1, 95). Das Gift kann offenbar unter dem Dachschutze seine Wirksamkeit besser entfalten. Vielleicht gehört auch die Sitte der Bára hierher, die — angeblich aus beständiger Angst vor einem Feinde — sich nie innerhalb ihrer Häuser, sondern stets nur im Freien zu waschen wagen (Sibree, Madagaskar S. 321). Die 'Feinde' sind wohl eigentlich böse Dämonen oder Mächte, die unter einem Dache grössere Kraft haben würden.

Endlich muss hier auch noch die Vorschrift erwähnt werden, einen Eid nicht unter einem Dache, sondern unter freiem Himmel zu schwören. Wir finden sie im klassischen Altertum (Usener, Götternamen S. 181f.; Wissowa, Relig. u. Kultus der Römer S. 121. 228) und auch bei den Deutschen. In Westfalen wurden Eide unter der Bodenluke geleistet (Ztschr. f. dt. Mythol. 2, 98; Jahrb. d. Ver. f. niederdeutsche Sprachforsch. 1877 S. 135)[2]).

1) Aber auch das Gegenteil kann geboten werden. In Neuvorpommern darf die Einladung zur Taufe und besonders die zur Gevatterschaft nicht unter freiem Himmel überreicht werden; sonst brennt dem Kinde das Haus über dem Kopfe ab (Am Ur-Quell 6, 93). Hier ist das Dach als schutzbringend empfunden. In Imeretien muss in der Neujahrsnacht ein Mitglied der Familie ausserhalb des Hauses schlafen, um zu Neujahr die ersten Glückwünsche ins Haus zu bringen (Globus 80, 304f. Sie erhalten erst, wenn das Dach sie aufgenommen hat, die rechte Wirkung). Auf Island soll, wenn ein Geistlicher auf die See hinausrudert, inzwischen die Kirche offen bleiben, dann kommt er wohlbehalten wieder. Auch soll man, während er fort ist, die Bücher nicht in die freie Luft tragen (vidra: Liebrecht, Zur Volkskunde S. 370). Der Schutz der Kirche soll ihm auch draussen offen bleiben; die Bücher aber — gewissermassen das Symbol des Geistlichen — sollen nicht der Witterung ausgesetzt werden, sondern gleichsam als Gewähr für die Sicherheit ihres Besitzers unter dem schützenden Dache gehalten werden.

2) In Ostpreussen sagt man: 'Das kann ich bei offenen Fenstern und Türen beschwören' (Am Ur-Quell 2, 58).

Hier will man doch wohl eine Verbindung herstellen zwischen dem Schwörenden und den ausserhalb des Hauses droben waltenden Mächten, die Zeugen des Eides sein und den etwaigen Meineid strafen sollen, vielleicht aber auch die beim Schwur Anwesenden nicht der Gefahr aussetzen, unter Umständen, mit dem Meineidigen leiden zu müssen, wenn sie mit ihm unter demselben Dache sind.

11. Wie eine festhaltende und hemmende, so hat das Dach auch eine schützende Kraft. Nur unter ihm ist man sicher vor dem wilden Jäger (Müllenhoff S. 369), vor dem durch die Lüfte ziehenden Drachen (Kuhn u. Schwartz, Norddeutsche Sagen S. 420ff.; Müllenhoff S. 206f.; Haas, Rügensche Sagen S. 32; Schulenburg, Wendische Volkssagen S. 103f.), vor dem Rockertweible (Meier, Schwäbische Sagen S. 125) und vor den Hexen (Vernaleken, Mythen usw. S. 336; vgl. Drechsler, Sitten usw. in Schlesien 2, 246), vor denen man sich im Freien unter Eggen, die in Zeltform aufgestellt sind, schützt (Müllenhoff S. 214; Bartsch, Meckl. Sagen 2, 266). Wenn ein Kind morgens mit ungewaschenen Händen über die Dachtraufe seiner Wohnung hinauskommt, so ist es dem Verhexen ausgesetzt (Ztschr. f. dt. Mythol. 4, 3: Schweiz). Unter der Dachtraufe hat auch der Teufel niemals Macht (oben 4, 446: Oberkärnten). Wenn man ihm daher, um Zaubergeld zu erhalten, ein Opfer gebracht hat, muss man schleunigst unter das Dach eines Hauses zu kommen suchen (Am Ur-Quell 5, 104: Pommern; Drechsler a. a. O. 2, 44). Schatzgräber müssen mit den glücklich gehobenen Truhen unter Dach sein, ehe das Morgenläuten beginnt (Rochholz, Naturmythen S. 155). Der Reiter, der das Feuer besprochen hat, muss eilen, unter ein Dach zu gelangen, sonst holt ihn das Feuer ein (Lemke, Volkst. in Ostpr. 1, 114). Gerstenkörner, die man zur Heilung auf das Gerstenkorn im Auge gedrückt hat, soll man in fliessendes Wasser werfen und, ehe sie auf den Grund sinken, unter einem Dache sein (Schulenburg, Wend. Volkssagen S. 225). Andrerseits muss man sich hüten, in bestimmten Zuständen oder zu gewissen Zeiten das Haus zu verlassen. Brautleute dürfen nach der Betzeit nicht unter der Dachtraufe vor (Meyer, Badisches Volksl. S. 265). In der Silvesternacht und am Dreikönigsabend soll man nicht aus dem Hause gehen (Sartori, Sitte u. Br. 3, 70. 77). Auch einen Gegenstand aus dem Hause zu geben, ist oft gefährlich[1]).

12. Unter dem Dache ist der Fremde sicher, auch vor dem Besitzer und den Insassen des Hauses. So mahnt Aias (Il. 9, 639f.) den Achilleus:

1) Vor der Taufe darf nichts ausgeliehen werden (Sartori, Sitte u. Br. 1, 30). Auch nicht nach der Geburt eines Kalbes (2, 138), nach Sonnenuntergang (2, 144), am Weihnachtsabend (3, 41), am Neujahrstag (3, 63), am Karfreitag (3, 143), in der Walpurgisnacht (3, 172), am Johannistag (3, 222). Kommt in Bosnien zu einem Bienenzüchter jemand ins Haus, um etwas auszuborgen, so muss ihm jener die verlangte Sache vors Haus hinaustragen (Am Ur-Quell 2, 97).

'*αἴδεσσαι δὲ μέλαθρον, ὑπωρόφιοι δέ τοί εἰμεν*'. Bei den Kurden ist der Fremde nur im Zelte oder im Dorfe unantastbar. Sobald er diese verlässt, kann ihn sogar der Hauswirt, der ihn eben noch beherbergte, töten (Globus 86, 31)[1].

13. Mehrfach ist schon die Dachtraufe als die eigentliche Grenze des vom Dache gebotenen Schutzes genannt worden. Da, wo das Wasser vom Dache herunterläuft und eine scharfe Scheidelinie zieht, ist überhaupt ein heiliger Ort, eine Art von Zwischengebiet, wo Geistermächte ihr Wesen treiben und Zauberkräfte wirksam sind (Samter, Geburt, Hochzeit u. Tod S. 56f.). Darum wird sie mit Abwehrmitteln und Scheuchbildern versehen (Rochholz, Glaube u. Brauch 2, 106f.). Eine Schwangere darf ihr Wasser da nicht abschlagen (Schulenburg, Wend. Volkstum S. 107). Bei den Magyaren ist die Dachtraufe die Schüssel der Szépasszony und darf nicht verunreinigt werden (Strausz, Die Bulgaren S. 152ff.). Nach bulgarischem Glauben verzehren die Samovilen ihre Speise dort. Darum lassen die Mütter ihr Kind nicht unter der Dachtraufe schlafen; nur wenn es krank ist, legt man es darunter (ebda. S. 149). Allerlei Dinge, die man zur magischen Heilung von Krankheiten, namentlich von Warzen, benutzt hat, müssen, um ihre Wirkung zu üben, unter der Dachtraufe vergraben werden (Drechsler, Sitte usw. in Schlesien 2, 279. 285f. 295. 300. 313; Wuttke, Der dt. Volksabergl.[3] § 494f. 507. 516; Seyfarth, Abergl. in d. Volksmedizin Sachsens S. 85. 215. 220f. 250. (Bei diesem Heilungszauber wird freilich oft auch das Wegschwemmen der Krankheit als das Wirksame betrachtet: Seyfarth, S. 222). Desgleichen die Eierschalen der ausgeschlüpften jungen Gänse (Wuttke § 677: Böhmen), todweissagende Blätter (ebda. § 285: Pfalz), die vom wilden Jäger zugeschleuderte Pferdekeule (Grohmann, Sagen aus Böhmen S. 78). Unter der Dachtraufe (einer Kirche) soll man auch ungetaufte Kinder begraben (damit sie durch das herabrinnende Regenwasser getauft werden: Rochholz, Naturmythen S. 178)[2]. Auch im Rechte geniesst der Raum unter der Dachtraufe besondere Achtung (Rochholz, Gl. u. Br. 2, 105f. Halme aus dem Dachstroh im Rechtsbrauch ebda. 2, 97f.).

14. Geister halten sich auch auf der Aussenseite des Daches, vor allem auf dem First auf. So die weisse Frau (Pröhle, Harzsagen S. 219), Irrlichter (Drechsler, Sitte usw. in Schlesien 1, 315), auch Schlangen (Grohmann, Sagen aus Böhmen S. 223). Hexen sitzen auf dem Dache,

1) In Ermangelung des Daches kann der einzelne auch durch Überwerfen des Mantels in Schutz genommen werden (Archiv f. Religionswissensch. 7, 40f.).

2) Bei den Römern wurden Kinder unter 40 Tagen unterhalb der subgrunda des Hauses begraben (Voigt in I. v. Müllers Handbuch d. klass. Altertumswiss. IV 2, 794f.). Die Bataks begraben Kinder, die noch keine Zähne hatten, unter der Dachtraufe oder hinter dem Hause (Warneck, Die Religion der Batak S. 75). Im deutschen Märchen sammelt das Mädchen die Gebeine ihres getöteten Bruders und gräbt sie unter des Nachbars Dachtraufe ein (Panzer, Beiträge 2, 476. Vgl. noch Sartori, Sitte u. Br. 1, 152).

singen und 'trinken den klaren Mondenschein' (Wolf, Deutsche Märchen u. Sagen S. 265)[1]). Geister übelberufener Verstorbener zeigen sich auf dem Dache ihres Hauses (Kühnau, Schlesische Sagen 1, 580ff. 594)[2]).

15. So sucht man geisterhafte Mächte, die dem Hause und seinen Bewohnern schaden könnten, namentlich auf oder unter dem Dache durch allerlei Mittel abzuwehren. In einem Hause des Emmentales spukten böse Geister. Da stieg der Eigentümer genau um Mitternacht ganz nackt auf den Dachfirst und schoss mit einem Pistol gerade in die Höhen. Darauf blieben die Gespenster weg (Ztschr. f. deutsche Mythol. 4, 180). Nach Plinius war es römische Sitte, zur Erleichterung der Entbindung eine Lanze über das Dach des Hauses zu werfen (weil man dort die hindernden Geister vermutete, s. Samter, Geburt usw. S. 54f., wo weiteres). Die ansässigen Zigeuner Rumäniens werfen am Pfingstmorgen eine Handvoll Bohnen über das Dach ihrer Hütte, damit kein Teufel ihrer Behausung einen Besuch abstatten könne (Wlislocki, Volksgl. d. Zigeuner S. 125). Vielleicht sind die Strohbüschel, die man in der Schweiz auf den Dachfirst setzt, die sog. Drujetli, als eine Art Ersatz für schützende Hausgeister gedacht (Sartori, Sitte u. Br. 2, 7). Auf die Tierschädel und die vielen sonstigen Abwehrmittel, die man am Dache anbringt, braucht hier wohl nicht weiter eingegangen zu werden. Unter den Pflanzen ist der Hauslauch (Sempervivum tectorum), unter den Tieren der Storch des Daches und des Hauses bester Schutz.

16. Man bringt Geistern auch auf dem Dache Opfer. Vor allem Mehl dem Winde, seinen Kindern und Hunden (Birlinger, Volkstümliches aus Schwaben 1, 190. 191; Drechsler 2, 150. 151; Abeghian, Der armenische Volksglaube S. 98)[3]). Im Achental wurden am Dreikönigsabend Nudeln aufs Hausdach gelegt (Wuttke[3] § 429). In Süddeutschland streut man in der Christnacht Getreide für die Vögel auf das Dach (Jahn, Die deutschen Opfergebr. S. 276), während in Skandinavien an allen Hausgiebeln Korngarben befestigt werden (Am Ur-Quell 1, 107). Die Esten werfen, wenn das junge Vieh nicht gedeihen will, tote Lämmer, Ziegen, Ferkel u. dgl. auf die Dächer, dann sollen die andern desto grösser und höher wachsen (Boecler-Kreutzwald, Der Ehsten abergl. Gebr. S. 118.

---

1) Auf Mondsüchtige übt das Dach eine besondere Anziehung (Birlinger, Volkstümliches aus Schwaben 1, 188). Leute, die so gescheit sind, dass sie auf den Dächern herumlaufen können, ohne herabzufallen, wird es freilich erst gegen das Ende der Welt geben (ebda. 1, 183).

2) Von boshaften Leuten wird oft erzählt, dass ihr Geist ihrem eigenen Begräbnis von der Dachluke oder dem Bodenfenster aus zugeschaut habe (Schönwerth, Aus der Oberpfalz 3, 112; Gradl, Sagenbuch d. Egergaues S. 61; Eisel, Sagenbuch d. Voigtlandes S. 214; Bindewald, Oberhess. Sagenbuch S. 103f.; Birlinger, Volkst. a. Schw. 1, 301. Kühnau, Schles. Sagen 4, 105). — Geist unter dem Dache: Rochholz, Aargausagen 2, 142.

3) Wenn Kinder fragen: 'Wer hat da sölch Loch auf dem Strohdache gewühlt?' so sagt man: 'Der Windhans hat da angestossen' (Schulenburg, Wend. Volkst. S. 68).

Opfer oder Sympathiezauber?). Wenn bei den Armeniern die Frau bei der Entbindung in Ohnmacht fällt, so setzt man das Kind, wenn es schon geboren ist, auf das Dach als eine Darbringung an die bösen Geister, damit sie die Mutter schonen (Abeghian a. a. O. S. 120)[1]).

17. Zur Krankenheilung wird das Dach auch sonst benutzt. Nach Burchard v. Worms setzten Frauen ihr Kind aufs Dach, um es von Fieber zu heilen (Grimm, Myth.[4] 3, 406; vgl. 2, 934). Um ein Kind vor der schädlichen Wirkung des Mondes zu schützen, steigen die Eltern beim Neumonde Mittwoch oder Freitag abends aufs Dach und verüben dort Zauber (Abeghian S. 49). Bei den Indern wird der Knabe, der vom 'Hundedämon' besessen ist, in die Versammlungshalle, in der ein Zauber zur Vertreibung jenes Dämons vollzogen werden soll, durch eine im Dache gemachte Öffnung hineingehoben (Oldenberg, Relig. d. Veda S. 488)[2]).

18. Noch mancher andere Zauber knüpft sich an das Dach. Wer das ganze Jahr Schneid haben will, muss während der Christmette auf dem First seines Hauses sitzen und die Sense dengeln (Gossensass: oben 4, 109). Wenn beim Hüttenbau der Wadschagga das Stangengerippe der Wohnhütte fertig ist, kriechen der künftige Besitzer und sein Bruder hinauf; der erstere hockt auf der Nordseite über der späteren Lagerstätte und ahmt das Klagegeschrei der späteren Hausherrin bei ihrer Heimführung nach, der andere sitzt über dem als Viehstand dienenden Teil brüllend und blökend. Häusliches Glück und Wohlstand an Vieh wird dadurch gewährleistet (Merker in Petermanns Mitteilungen, Ergänzungsheft Nr. 138, 7f.). In Schlesien giesst man im Augenblick, wo eine neugekaufte Kuh die Schwelle des Stalles überschreitet, eine Kanne Wasser auf das Dach. Begiesst das herabfliessende Wasser das Rind, so wird es gut gedeihen, und die Kuh wird viel Milch geben (Drechsler 2, 103). In Kerak muss man, wenn ein neuvermähltes Paar in seine Wohnung einzieht oder jemand ein neues Haus bezieht, auf dessen Dache einer Ziege oder einem Schaf die Kehle durchschneiden, so dass das Blut über den Türsturz rinnt (Curtiss, Ursemit. Relig. im Volksleben d. heutigen Orients S. 208). Während des Läutens am Karsamstag muss man Wasser aufs Dach schütten, damit kein Feuer entstehe (Sartori, Sitte u. Br. 3, 147). Um eine behexte Butterkarne wieder in Ordnung zu bringen, muss man

1) Opfergaben ins Dach der Wohnung der Patalima-Männer (Ozeanien) gesteckt bei Entbindungen: Samter, Geburt usw. S. 215f. — Über die Feierlichkeiten beim Richtefest s. Sartori, Sitte u. Br. 2, 6ff. Wenn die Blätter des Daches eines Neubaues gerade geschnitten werden, finden Festlichkeiten statt bei den Nauru-Insulanern westl. von den Gilbertinseln (Globus 91, 78). Feier und Opfer beim Decken des Hauses mit Sagublättern auf Halmahera s. Ztschr. f. Ethnol. 17, 61f.

2) Der böse Geist soll wohl getäuscht oder 'umgangen' werden. Nach einem römischen Brauche (Plutarch, Quaest. Rom. 5) durfte ein Totgesagter, der doch wieder heimkehrte, nicht durch die Tür ins Haus treten, sondern musste durchs Dach hinabsteigen.

drei Halme aus dem Dache ziehen und darunter legen (Strackerjan [2] 1, 80; vgl. S. 446). Wenn die Vögel das Korn nicht fressen sollen, vergräbt man Ähren unter das Dach des Hauses (Bartsch 2, 162). Der Hirt steckt das Schloss, mit dem er dem Wolf 'das Maul verschliesst', von draussen unter eine Latte seines Daches, unter das er nun vor Abend nicht mehr treten darf (Frischbier, Hexenspruch u. Zauberbann S. 147). Zauberknäulchen im Dach des Viehstalles s. Boecler-Kreutzwald S. 95.

19. Anderer Zauber wird durch Wurf auf oder über das Dach bewirkt; so mit dem Johanniskranze (John, Sitte im deutschen Westböhmen S. 86; Sartori 3, 229). Wenn man Galläpfel über das Haus wirft, bricht Feuer aus (Drechsler 2, 216f.). Bei den Esten werfen am Georgentage die Wirtinnen die beim Viehaustreiben gebrauchte Gerte aufs Dach und rufen dabei: „Der Herde Glück aufs Dach!" (Boecler-Kreutzwald S. 184). Weihnachten wirft man 'gruemat und gnietn habern' auf ein Dach und lässt es bis zum Ende der Weihnachtszeit darauf liegen. Dann gibt man es dem Vieh zu fressen, 'so schullen es die chran des iars nicht essen und wernt darzue fruchtper' (Grimm, Myth. [4] 3, 418 aus einer Handschrift des 14. oder 15. Jahrh.). Der erste ausgezogene Zahn eines Kindes wird aufs Dach geworfen (Abbott, Macedonian folklore S. 20). In Böhmen holt man, um fleissiges Eierlegen zu bewirken, aus dem Bache einen glatten Kieselstein und wirft ihn übers Dach in den Hof unter die Hühner (Wuttke [3] § 673). Verbreitet ist der Brauch, auffallend kleine Eier, Hexen- oder Spareier, übers Dach zu werfen, weil sie sonst Unglück bringen (Drechsler 2, 88f.; vgl. S. 251; Knoop, Beitr. z. Volkskde. d. Prov. Posen 1, 62; Birlinger, Volkstümliches aus Schwaben 1, 125; Wuttke [3] § 674). In Ditmarschen steckt man das Sparei hinter einen Sparren (Am Ur-Quell 1, 8). In Böhmen wirft man es bei schweren Gewittern über das Hausdach; es hilft gegen Blitzgefahr, aber auch gegen die Hexen, die das Unwetter erregt haben (John, Sitte usw. im deutschen Westböhmen S. 58). Nach rheinischem Glauben legt die Henne reichlicher, wenn man ihr erstes Ei übers Dach wirft (Wolf, Beiträge 1, 221). In diesen Fällen ist das Ei wohl als Opfer gedacht. An das Werfen des Glases über das Dach bei der Hochzeit und beim Richtefest soll hier nur erinnert sein.

20. Als ursprünglichen Zauber, der freilich zum blossen Unfug geworden ist, muss man es vielleicht auch betrachten, wenn zu gewissen Zeiten Gegenstände verschiedener Art, namentlich Wagen, auf das Dach eines Hauses gesetzt werden. Das geschieht in der Mainacht (Sartori, Sitte u. Br. 3, 171f.) und am Johannistag (ebda. 3, 222), aber auch als eine Handlung der Volksjustiz bei Leuten, die als geizig, zänkisch oder sonstwie verrufen sind (Sartori 1, 120; Der Urquell, N. F. 2, 223: im Bergischen; Jahrbb. f. d. Landeskunde d. Herzogt. Schlesw.-Holst. u. Lauenb. 5, 89: Nordfriesische Inseln). Freilich wird ja auch sonst das

Dach gewählt, um Spott- und Schandzeichen möglichst auffällig und weithin sichtbar anzubringen, aber jenes rücksichtslose Verstellen von Sachen ist doch immer verbunden mit lärmendem Getöse von der Art, wie es das wilde Toben dämonischer Wesen nachahmt und zugleich unschädlich macht. Man möchte glauben, dass der Wagen im sympathetischen Zauber den unliebsamen Geistern ein Mittel bieten soll davonzufahren. Vielleicht hat man wegen solcher Bannung in Schleswig-Holstein für den ganzen Zauber die Bezeichnung 'einen Banner aufs Haus bringen' (Niedersachsen 7, 300).

21. Endlich wird das Dach auch in verschiedener Weise zur Erforschung der Zukunft benutzt. Entweder man sieht vom Dache aus oder über dem Dache in die Zukunft hinein, oder das Dach selbst als solches liefert die Mittel der Weissagung. Manche setzten sich Neujahrs zu diesem Zwecke schwertumgürtet auf das Hausdach (Grimm, Myth.[4] 2, 934. 3, 407). Wenn man Weihnachten auf den First des Hauses klettert und durch die Dachöffnung heruntersieht, kann man den Namen der zukünftigen Ehehälfte erfahren (Campbell, Witchcraft etc. in the islands and highlands of Scotland S. 232f.). Was man rückwärts aus dem Hause schreitend auf dem Dache sieht, widerfährt einem im nächsten Jahre (Bartsch 2, 236; vgl. Jahrb. f. d. Landeskunde d. Herzogt. Schlesw.-Holst. u. Lauenb. 7, 379). Oder eine weisse Gestalt auf dem First gibt Anzeichen (Polaben: Globus 77, 223) oder ein Sarg (Wuttke[3] § 321; vgl. auch Wolf, Deutsche Märch. u. Sag. S. 265). Namentlich weissagen auf dem Dache sitzende Vögel, am häufigsten eine Eule oder eine Krähe. Die Haubenlerche sagt Regen an (Knoop, Beitr. z. Volkskunde d. Prov. Posen 1, 29: Kujawien), desgleichen der Pfau (ebda. S. 63). Wenn ein Rotschwänzchen auf dem Dache singt, so wird Feuer ausbrechen (Drechsler 2, 228). Bei den Armeniern setzt man am Festtage des Windheiligen Surb-Sargis ein Stück von der für ihn bestimmten Mehlspeise aufs Dach und wartet, bis eine Krähe es auf ein anderes Dach trägt. Wenn unter diesem ein Bursche steht, so ist es der Bräutigam (Abeghian S. 99). Am Andreastage wird ein Stiefel übers Haus geworfen (Globus 76, 272: Huzulen), am Johannisabend für jede Person des Hauses ein Blumenkränzchen aufs Dach; wessen Kränzchen herabrutscht, der stirbt bald (Schuller im Progr. d. Gymnas. in Schässburg, 1863, S. 20). Auf einen Todesfall deutet auch das Herabfallen einer Schindel oder eines Ziegels vom Hausdache vor die Haustür (Am Ur-Quell 3, 146: Magyaren). Die vom Dache herabhängenden Eiszapfen deuten auf die Länge des künftigen Flachses (Grimm, Myth.[4] 3, 474; Sartori, Sitte u. Br. 2, 111). Fällt ein Eiszapfen von der Dachtraufe herab, so werfe man ihn auf die Strasse; denn schmilzt er im Hofe, so 'schmilzt' (stirbt) jemand aus dem Hause (Am Ur-Quell 3, 146: Magyaren). Stroh aus dem Hausdache gibt Kunde über die Vermögensverhältnisse des Zukünftigen (Lemke 1, 5; vgl. Töppen, Abergl. aus Masuren S. 66) und

über die Zahl der Jahre, die noch bis zur Heirat verstreichen werden (oben 1, 181: Mark Brandenburg). In Thüringen und Hannover wendet man das gleiche Mittel zum Ernteorakel und -zauber an (Wuttke [3] § 339). Über das Los eines fernen Freundes erhält man Auskunft, wenn man das Kraut kokoški unter ein Strohdach legt (Schulenburg, Wend. Volkst. S. 163). Die Wotjaken sagen: Wenn du im Traume vom Hausdach herabfällst, wirst du wachsen (Am Ur-Quell 4. 88). Aber hier beruht der Witz wohl nur auf dem Gegensatze.

Dortmund.

Zwei Himmelsbriefe von 1815 und 1915[1]).

Von Hermann Sökeland.

(Mit 6 Abbildungen.)

Nach dem Tode von Max Bartels übergab mir Frau Geheimrat B. einige Papiere aus dem Nachlasse ihres Mannes mit der Bitte, sie durchzusehen und eventuell der früher ehrenamtlich von mir geleiteten jetzt Königl. Sammlung für Volkskunde einzuverleiben. Es handelte sich um folgende Stücke:

1. Die Aufzeichnung eines Marschweges von M. Bartusch, begonnen am 25. März 1815 von Magdeburg durch Braunschweig, Hannover, Lippe-Detmold, Kurhessen, Westfalen, Hessen-Darmstadt, Rheinprovinz, Luxemburg nach Longwy, wo er vom 1. bis 23. Juli die Belagerung mitmachte. Dann am 24. Juli zurück nach Köln, wo er am 3. August eintraf. Kurz darauf musste er mit seiner Truppe auf demselben Wege nach Longwy zurück und marschierte am 18. September dort ein und vier Wochen später zurück nach Luxemburg.

2. Ein geschriebenes Oktavheft von 16 Seiten ohne Umschlag, äusserst mangelhaft geschriebene gereimte Betrachtungen enthaltend.

---

1) Gern folgte ich dem mehrfach an mich herangetretenen Wunsche, zu dem vorliegenden Widmungshefte einen volkskundlichen Beitrag zu liefern. Leider aber liess die Ungunst der Zeit und persönliches Ungemach die kleine Arbeit nur sehr unvollkommen ausfallen, wie vorweg zu bemerken ist. Möge trotzdem diese Zusammenstellung, die auf wissenschaftlichen Wert keinen Anspruch erhebt, unserem hochverehrten Freunde Roediger etwas gefallen. Weiter habe ich Herrn Direktorialassistenten Dr. Brunner, dem Verwalter der Königl. Sammlung für deutsche Volkskunde, herzlich für den Nachweis literarischer Stellen zu danken.

3. Folgender Geburtsschein ohne Ortsangabe:

> Martin Bartusch wurde am 17.ten Dezember 1787 (Ein Tausend Siebenhundert Sieben und Achtzig) geboren.
>
> Solbrige, Prediger.

4. Ein kleineres Heftchen von 8 Seiten, die erste Seite ist leer, die zweite trägt nur die folgenden Vermerke:

> des Morgens v. d. s.
> oder nach die s.

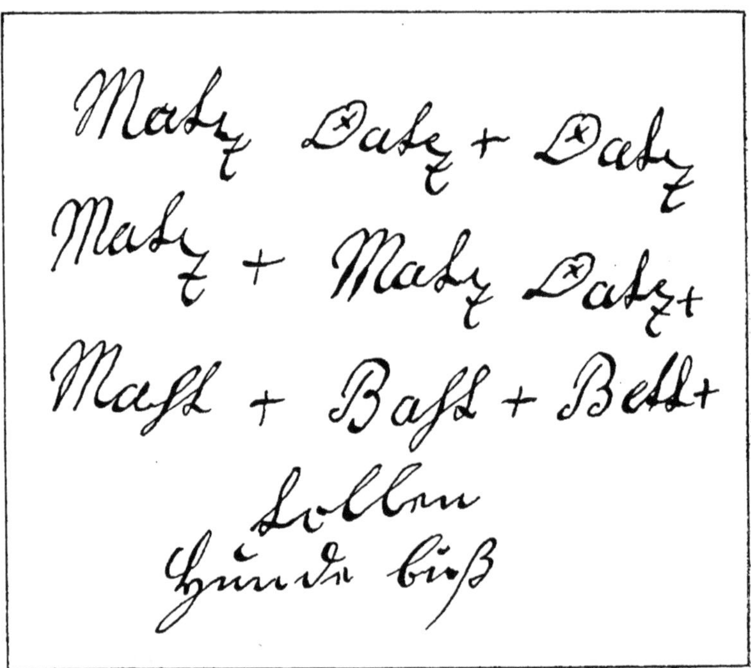

Abb. 1.

Die dritte, vierte und fünfte Seite bringen den folgenden Himmelsbrief[1]):

> Behüte mich der ewige Gott und Jesus Christus sey mit mir auf den Wasser oder land holtz Dorf oder Stadt und mich M Bardusch behüte mich auch Gott heute durch sein bitter Leiden und Sterben und sein rosenfarbes bluth daß der Herr Jesus an den Stamm des Heiligen Creutzes vergossen hat Jesus ist zu Nazareth empfangen zu Jerusalem gestorben zu betlehem geboren diß sind wahrhaftige Worte also wahr haftig also wahrhaftig müssen diese Worte sein die in diesen geschrieben sind daß ich von keinen Menschen oder Mörder gefangen oder gebunden werde es muß Ma Bardusch wieder allen Geschoß und Geschußgewehr oder Waffen

1) Derartige Himmelsbriefe mit ganz ähnlichem Text lassen sich bis in das frühe Mittelalter zurück nachweisen. [Vgl. oben 16, 422. 21, 255. 24, 142.]

und wenn einer mehr an Manschaften. müssen sie auch alle ihre Kraft verliehren als Pharao seine Gewalt verlohren büchse behalten dein Geschoß O Christi Vater groß und seine heilige 5 Wunden gebith und verbith daß der Schuß muß verschwinden als der Man verschwand der denn heiligen seine rechte Hand an das heilige Creutz band In Nahmen Gottes des Vaters × Gottes des Sohnes × und Gottes des heiligen Geistes ×
Aamen

Auf der fünften Seite sehen wir:

Matz Datz + Datz, wie Abb. 1 in getreuer Abbildung und natürlicher Grösse zeigt, und schliesslich auf der sechsten die bekannte Satorforme.

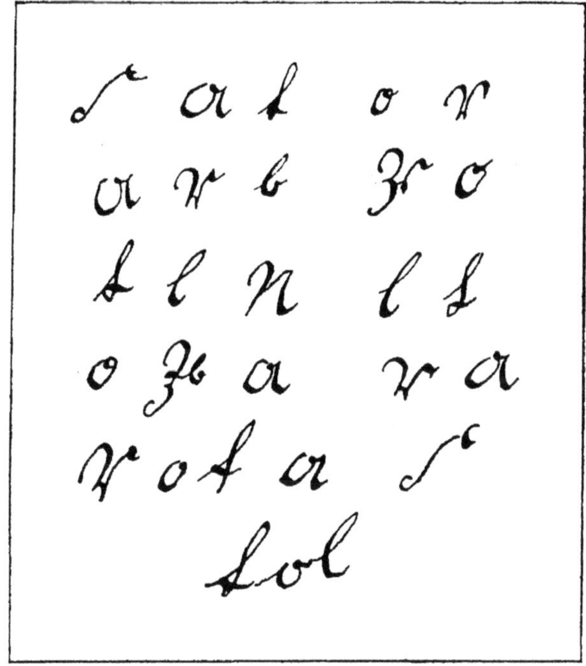

Abb. 2.

Abb. 2 bringt auch hier die Abbildung in Grösse des Originals. Die mitgeteilten Schriftstücke zeigen uns zweifellos, dass der 28jährige Martin Bartusch mindestens den letzten Teil der Befreiungskriege von 1813 mitmachte. Ferner sehen wir, dass das Heftchen den Besitzer durch den Himmelsbrief unverwundbar machen sollte. Der Brief hat aber zwei Anhängsel: Matz usw. Abb. 1 und Abb. 2 die Satorformel.

Bevor näher hierauf eingegangen wird, ist darauf hinzuweisen, dass auch 1915 in dem jetzt noch tobenden, uns aufgezwungenen ungeheuren Kriege derartige Himmelsbriefe von Mannschaften getragen werden[1]).

1) Vgl. Deutsche Gaue 1914, 195.

Folgende Abschrift stammt von einem Himmelsbriefe, den Berliner Landwehrleute bei sich führen:

Brief von meinen Händen geschrieben

Damit Ihr Euch hütet vor Sünden mit Gutem den Feiertag haltet u. in der Gottesfurcht lebt, werdet Ihr die ewige Seligkeit erlangen; tut Ihr dies aber nicht, so werde ich Euch strafen mit Feuer, Pest Hunger Krieg u. mit einer ewigen Strafe. Ich werde aussetzen einen Krieg wieder den Andern, einen Herrn wieder den Andern, die Tochter wieder die Mutter. Einen Bruder wieder den Andern, eine Schwester wieder die Andere, eine Stadt wieder die Andere u. werde alsdann meine Hand von euch zurücknehmen wegen Eurer Ungerechtigkeit werde Euch ergreifen u vertilgen; hernach mit Blitz u Donner u zweischneidigen Schwertern auf die Erde herabfahren, damit Ihr erkennt meinen Zorn in der göttlichen Gerechtigkeit, weil ihr Sonntags arbeitet. Aus väterliche Liebe habe ich euch bisher verschonet, sonst wäret Ihr längst wegen eurer Ungerechtigkeit verdammet worden.

Ich befehle euch sowohl Jung als Alt daß ihr fleißiger in der Kirche geht u eure Sünden bereut, bei der Buße müsst ihr von eurem Nächsten beleidigt werden. Hütet euch vor Unterdrückung der Armen, sondern helft den Dürftigen.

Wer an diesen Brief nicht glaubt, der soll die ewige Seligkeit nicht erlangen wer ihn aber bei sich trägt u andere zum lesen u abschreiben giebt der mag Sünden auf sich haben wie Sterne am Himmel oder wie Sandkörnchen am Meere, so sollen ihm seine Sünden werden.

Wer aber diesen Brief hört ihn nicht abschreibt u in seinem Hause nicht hat, der hat keinen Segen, wer ihn aber nicht zum lesen oder abschreiben giebt, der soll verdammt werden. Jetzt befehle ich euch, daß ihr meine Gebote haltet, wie Jesus Christus lehrt. Im Namen Gottes (†) des Vaters (†) des Sohnes (†) u des heiligen Geistes. (†) Amen. Wer diesen nachbeschriebenen Segen bei sich trägt, wird von einem jeden geladenen Gewehr keinen Schaden leiden, denn es sind Gottes Worte, die das Göttliche bekräftigen u wofür man sich nicht zu fürchten braucht. Dieser Brief schützt vor Alles: Geschoß, Feinde, Diebe, Räuber u. alle Beschwerlichkeit durch folgende Worte u. durch den Namen unseres Herrn Jesu Christi u. mit Gott können damit alle Beschwerden als Schwert, Gewehre u alles Geschützt besprochen werden.

1. Steht still alle sichtbaren u. unsichtbaren Gewehre, damit Ihr nicht auf mich los geht, durch den Befehl unsers Herrn Jesu Christi, der von Johannis in den Fluß Jordan getauft worden ist.

2. Steht still alle sichtbaren u unsichtbaren Gewehre u Waffen durch die heilige Taufe, der für uns gestorbene u gemarterte Gott sei uns als allmächtiger Gott gnädig.

3. Steht still alle sichtbaren u unsichtbaren Gewehre u Waffen, damit ihr nicht auf mich los geht, durch den Befehl des heiligen Geistes. Im Namen Gottes des Vaters (†) des Sohnes (†) u des heiligen Geistes (†) Amen

Diesem Himmelsbrief ist folgender Nachtrag angeheftet:

Wer vielleicht vorstehenden Worten keinen Glauben beimessen will, der darf sie nur auf einen Zettel schreiben u denselben einem Hunde um den Hals hängen, sodann nach ihm schießen u es wird ihn gewiß nicht treffen.

Im Namen Jesu, so wahr als dieses geschrieben, so wahr als Christus Gestorben u auferstanden ist kann der, an diesen Brief glaubt, keinen leiblichen Schaden leiden. Ich beschwöre alle Gewehre u Waffen bei dem lebendigen Gott des Vaters (†) des Sohnes (†) des heiligen Geistes (†) sowie alle Heiligen, daß mich heute kein tödliches Gewehr verwundet. Gott der Vater sei zwischen allen Kugeln. Amen.

Auch wer dieses Gebet von Haus zu Haus trägt wird gesegnet, wer es aber verspotten wird verflucht werden. Auch wird das Haus wo sich befindet, nicht von Ungewitter getroffen werden, auch zuletzt, wer dieses Gebet betet oder beten hört, wird 3 Tage vor seinem Sterbetage ein Zeichen am Himmel sehen

Amen

Die Ähnlichkeit der beiden Abschriften liegt auf der Hand. Hundert dazwischen liegende Jahre haben dem Aberglauben nichts anzutun vermocht. Und wenn auch deutlich zu ersehen ist, dass die Zettel von Personen geringer Bildung geschrieben und getragen wurden, so wäre es doch grundfalsch, die gebildeten und selbst die hochgebildeten Stände als frei vom Aberglauben betrachten zu wollen. Wir brauchen nur an die Gesundbeterei und manches andere Vorkommnis zu denken, um jede Überhebung fernzuhalten. — Aber für jetzt soll hierauf nicht weiter eingegangen werden, sondern es ist zunächst die in Abb. 2 abgebildete Satorformel einer Betrachtung zu unterziehen. Ihre reine Form lautet und schreibt sich

†
S A T O R
A R E P O
† T E N E T †
O P E R A
R O T A S
†

Dabei soll die Länge und Höhe der Zeilen und der Buchstaben so gewählt werden, dass die ganze Niederschrift ein Quadrat bildet und jeder einzelne Buchstabe in einem Quadrat stehen könnte. Bei genauer Betrachtung sieht man nun sofort, dass man ohne weiteres mit demselben Ergebnis die Formel von links oben vorwärts oder von rechts unten rückwärts lesen kann. Wir haben 25 Buchstaben vor uns, von denen nur einer, das N, einmal vorhanden ist, alle anderen sind mehrfach vertreten, und zwar sind A, O, E, T und R je viermal, R und P zweimal und N, wie erwähnt, einmal vorhanden. Dieser Buchstabe bildet nun sozusagen die Achse oder den Mittelpunkt des ganzen Spruches. Bekannt ist allgemein, welche grosse Rolle die mystischen Quadrate im Mittelalter und später spielten. Die Achse N steht aber auch genau in der Mitte eines schrägen von den vier E gebildeten Quadrates; dieses wiederum wird von einem gleichgestellten, durch die vier T bestimmten, umschlossen. Weiter kann man, rechts und links oben, und ebenso rechts und links unten, aus den vier äusseren Buchstaben (links oben SA und AR) ebenfalls je ein Quadrat bilden, zusammen also vier Quadrate. Entfernt man diese vier Quadrate, dann bleibt nur noch das Wort TENET, aber in Kreuzesform und nach jeder Richtung gelesen immer TENET heissend, zurück. Nimmt man ein Quadrat und schreibt auf jeder Seitenlinie den ganzen Spruch hintereinander auf, also viermal, dann kann man von oben nach unten, von hinten nach vorn oder von unten nach oben usw. lesen — es heisst immer Sator, arepo, tenet, opera, rotas. Diese Eigentümlichkeit ist natürlich nicht zufällig entstanden. Es ist bekannt, dass man einen ausgeübten Zauber wirkungslos machen kann, wenn man den benutzten Zauberspruch rückwärts hersagt. Es lag also nahe, Wortzusammenstellungen auszudenken, welche vor- oder rückwärts gesprochen oder gelesen, immer gleich lauteten. Eine solche Zusammenstellung haben wir vor uns. Über die Verbreitung der interessanten Zauberformel existiert eine kleine Literatur. Es ist das Verdienst des in der Volkskunde Westpreussens sehr bekannten verstorbenen Rittergutsbesitzers Alexander Treichel, sie hervorgerufen zu haben. Treichel hörte 1880, in Wahlendorf in Westpreussen heile jemand den Biss toller Hunde, indem er den Leuten mit eigenartigen Zeichen bedecktes Backwerk zu essen gebe. Bei näherer Erkundigung stellte sich heraus, dass der Mann ein mit vertieft eingeschnittenen Zeichen bedecktes Holztäfelchen besass; in diese Zeichen drückte er irgendeinen Backteig, die Kranken assen davon, nachdem es gebacken, und wurden hierdurch angeblich gesund. T. erhielt die Form geliehen, und durch einen Abdruck konnte er feststellen, dass der Satorspruch in der oben wiedergegebenen Form, aber in entstellter lateinischer Kursivschrift in das Täfelchen eingeschnitten war. T. versuchte nun, die Worte zu übersetzen, was aber nicht gelang; er machte deshalb einen Bericht an die Berl. Anthropol. Gesellschaft und bat, über das eigenartige, abergläubische Heilverfahren auch anderweit Nachforschungen anstellen zu wollen. Es kamen viele Einsendungen, und wer sich näher interessiert, findet in den Jahrgängen 12, 13, 14, 16, 17, 18 und 19 der Zeitschrift für Ethnologie, welche die Verhandlungen der Berl. Anthropol. Gesellschaft enthält, reichlich Nachrichten. Festgestellt wurde hierdurch, dass die Verbreitung der magischen Formel ausserordentlich gross ist, und dass der Gebrauch sich bis in das frühe Mittelalter oder noch weiter zurück verfolgen lässt[1]). Die damalige verdienstvolle Direktorin des

1) Vgl. Verhdlg. d. Anthropol. Gesellsch. Berlin 1881 in der Zs. f. Ethnol. 13, (85), wo Adolf Erman schreibt: Auf Amuletten des 15. u. 16. Jahrhunderts kommt die Formel oft vor. Die Christen Ostafrikas schützten sich schon mit der Formel. Auf dem koptischen

Kieler Museums, Frl. Professor Mestorf, teilte mit, dass in dem grossen Schatzfund, der 1881 auf der Insel Gothland, Kirchspiel Dalkem, gemacht wurde, sich ein kostbarer Becher von unzweifelhaft orientalischer Arbeit befand, in den sein skandinavischer Besitzer auf dem Boden in Runenschrift die Satorformel eingraviert hatte, und unter dem Boden den Drudenfuss, das mystische Fünfeck, dem man auch in Schweden die Kunst, Geister zu bannen, zusprach. Der aus dem Anfange des 14. Jahrhunderts stammende Becher machte durch den Satorspruch wahrscheinlich jeden mit Gift oder bösen Zauber gemischten Trunk unschädlich. Vor dieser Dame wies unser Direktor W. Schwarz nach, dass auch in Deutschland die Satorformel in Verbindung mit dem Drudenfuss vorkam usw. Gebraucht wurde und wird in Deutschland die Formel vorzugsweise gegen Feuersgefahr und den Biss toller Hunde. — Haberlandt teilte im Globus mit, dass nach einer sächsischen Regierungsverfügung vom Jahre 1742 in jedem Dorf und in jeder Stadt bei abnehmendem Monde Freitags zwischen 11 und 12 Uhr mittags hölzerne Teller, von denen schon gegessen und die auf beiden Seiten den oft erwähnten Spruch trugen, bereitzuhalten seien, um bei ausbrechendem Brande in das Feuer geworfen zu werden, das dann sofort erlösche. Für Pommern soll eine ähnliche Verfügung bestanden haben. Ich selbst entdeckte eine Stelle im ersten Bande von 'Magister Laukhard, Leben und Schicksale', aus der hervorgeht, dass um 1740 herum der Herzog von Weimar eine ähnliche Regierungsverfügung erliess.

Vergleichen wir nun die Abb. 2 mit der eben besprochenen reinen Form der mehrerwähnten Formel, dann fallen wegen ihrer Form drei Buchstaben auf, und zwar in der zweiten Zeile der vierte, und in der vierten Zeile der zweite. Beide müssen als ein verschnörkeltes P betrachtet werden. Der richtige Text wird durch sie nicht verändert. Anders steht es mit dem dritten Buchstaben der vierten Zeile, dort liegt eine Textänderung vor; das Wort heisst hierdurch op**a**ra und nicht opera. Aus folgenden Erwägungen ergibt sich, dass alle drei Änderungen durch die mangelhafte Schreibkunst hervorgerufen sind.

Bei den übergebenen Papieren befand sich noch ein Oktavheftchen von 16 Seiten, gereimte Betrachtungen und vielleicht selbstverfasste Kriegslieder primitivster Art enthaltend (s. o.). Abgesehen von der Unterschrift zeigt die Schriftvergleichung, dass die Formel Abb. 2 und der Inhalt dieses Heftchens von der gleichen Hand, also von B. geschrieben wurde. Die

---

Scherben Nr. 7821 des Berliner Museums, der wohl frühmittelalterlich ist, findet sich die Formel wie folgt:

† CATOP APETO TENET ΩTЄPA PΩTAC

Es sind dieselben wunderlichen Worte in Ägypten wie bei uns, nur dass dort als viertes ein sinnloses 'otera' anstatt des lateinischen 'opera' steht. Hiob Ludolf fand unsere fünf Worte in magischen äthiopischen Handschriften als Namen der fünf Wunden Christi.

Ausführung ist äusserst mangelhaft, so dass man die Änderungen ruhig der geringen Übung des Schreibenden zur Last legen darf.

Derartige unbewusste Änderungen im Texte unserer Formel kommen übrigens sehr häufig vor. Seyfarth, Abergl. u. Zauberei in der Volksmedizin Sachsens, Leipzig 1913 S. 166, bringt eine ganze Reihe Beispiele, in denen man trotzdem die echte Satorformel sofort wiedererkennt. Ausserdem ist aber zuweilen die mehrerwähnte Formel durch hinzugefügte Buchstaben noch besonders wirkungsvoll gemacht worden. Wie stark die Textänderungen zuweilen vorgenommen werden, zeigt folgendes[1]), Frischbier entnommene Beispiel, welches durchaus nicht vereinzelt dasteht:

N·A T O·R
  U T N O
A
T E P U T
A U T N O
R O T U R

In den Blättern für Pommersche Volkskunde 1901 S. 111, ist folgende durch Buchstaben und Kreuze vermehrte Fassung von F. Assmus mitgeteilt: Als Schutz gegen Feuersgefahr ist an einem Torbalken folgender Feuersegen eingeschnitzt:

Y H S I N R I ×
A T O R ×
A R E T O ×
T E N E T ×
O P E R A ×
R O T A S ×

Das fehlende S der ersten Linie ist wohl aus Versehen durch einen Axthieb fortgehauen, das T in der zweiten müsste P sein. Die Wirkung der auch hier unverkennbaren Satorformel ist verstärkt durch die dahinter angebrachten schrägliegenden Kreuze und sieben darüber befindliche Buchstaben, bei denen aber auch Fehler sind. Bei den ersten drei Buchstaben muss für das zu Anfang stehende Y ein I stehen, wir haben dann das bekannte I. H. S. volkstümlich als 'Jesus, Heilig, Seligmacher', früher auch oft 'in hoc signo' gedeutet, vor uns. Hierher gehört eigentlich, auf dem Querbalken des H stehend, das Strahlenkreuz. Die folgenden vier Buchstaben zeigen die bekannte Inschrift vom Kreuze Christi (Jesus Nazarenus Judaeorum Rex).

Auch folgende vom Verfasser in der aus dem Schwarzwalde stammenden volkskundlichen Sammlung des Herrn Direktor Spiegelhalder ent-

1) In Neudorf bei Graudenz gegen Tollwut gebraucht. Frischbier, Hexenspruch und Zauberbann, Berlin 1870, S. 66.

deckte reine Form der besprochenen Formel wurde durch die darüber befindlichen siebzehn Buchstaben und die acht Kreuze vermehrt und im Glauben des Schreibers sicher verbessert. Abb. 3 zeigt die ganze auf Leder hergestellte Niederschrift, welche vielleicht ursprünglich aus Sachsen stammt, denn Seyfarth teilt a. a. O. S. 155 mit, dass in Kleinhartmannsdorf bei Chemnitz Zettel mit E. D. O. A. E. in die Bibel gelegt gegen Krankheit, böse Geister schützen und den Besitzer überhaupt vor Schaden und Unheil behüten. Auf S. 156 erfahren wir dann, dass in diesem Orte und der Umgegend vor wenigen Jahren einer Kurpfuscherin eine ganze

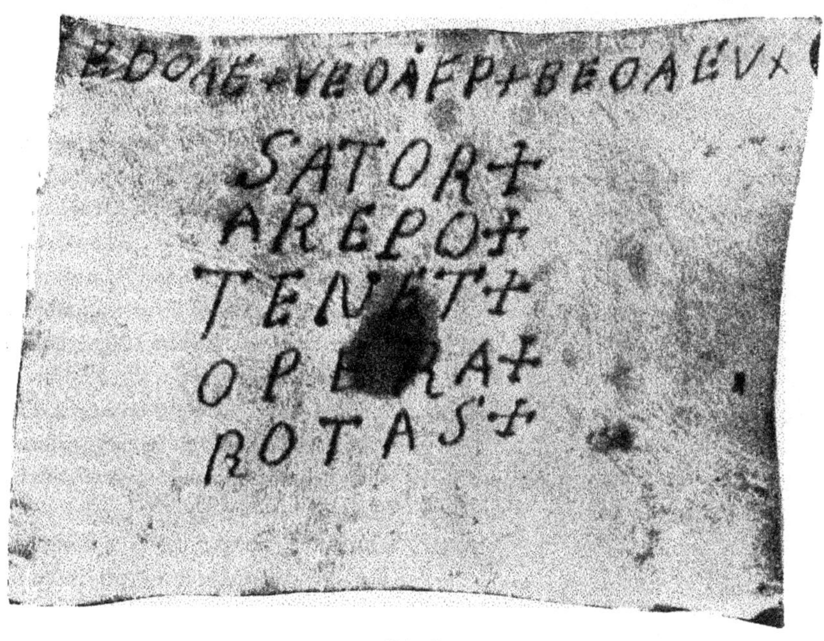

Abb. 3.

Reihe von solchen Lederflecken und Papierstreifen, die mit Inschriften versehen waren, abgenommen wurde. Sie wurden als Mittel gegen Krankheit und alles Unglück getragen. Unter anderen fand sich nun ein Streifen folgender Art, der jetzt im Dresdener Kriminalmuseum bewahrt wird:

E D O A E ✝ V E O E P ✝ B E O A E V ✝

Während oben die ersten fünf Buchstaben als in sächsischem Gebrauch nachgewiesen wurden, haben wir hier die ganze Überschrift. Wenn auch bei dem Schwarzwalder Lederflecken im zweiten Wort ein A zu viel und für E ein F abgeschrieben wurde, so ist doch kein Zweifel, dass dieselbe Buchstabenverbindung gemeint ist.

Bei allen bisher besprochenen und abgebildeten Satorformeln war der Text ohne weiteres deutlich zu erkennen, denn die Zusätze waren von ihm getrennt. In der Königl. Sammlung für Volkskunde in Berlin befindet sich aber eine 'Tolltafel' von Jeseritz, Kreis Berent, auf welcher der Spruch mit den Zusätzen so durcheinander eingeschnitten ist, dass man schon genau hinsehen muss. Abb. 4 zeigt die Abbildung des 17 *cm* hohen und 8,3 *cm* breiten Brettchens. Man kann den Spruch herausschälen, wenn man beim fünften Buchstaben, dem S, anfängt zu lesen und mit dem gleichen S am Schlusse der fünften Zeile aufhört. Es folgen noch zwei Zeilen, die ebenso wie die vier ersten Buchstaben wohl als Zusätze zu betrachten sind, welche die Wirksamkeit des Zaubermittels erhöhten. Oder, was ich für wahrscheinlicher halte, dem Verfertiger dieser Tolltafel war die eigentliche Satorformel schon unbekannt geworden, und er schnitt nach einer richtigen oder ziemlich richtigen Vorlage die einzelnen Majuskeln, untermischt mit Kreuzen, hier ein. Um das ganze Brettchen gleichmässig mit seinen Zauberzeichen zu bedecken, fügte er am Anfang und am Ende dem Spruche entnommene Buchstaben und Kreuze hinzu. Mitgeteilt ist der Text, aber nicht die Photographie dieser Tafel in den Verhdl. d. Anthropol. Gesellsch. 1880 (= Zs. f. Ethnol. 12, (216)) von A. Treichel, durch den sie auch in die Königl. Sammlung kam.

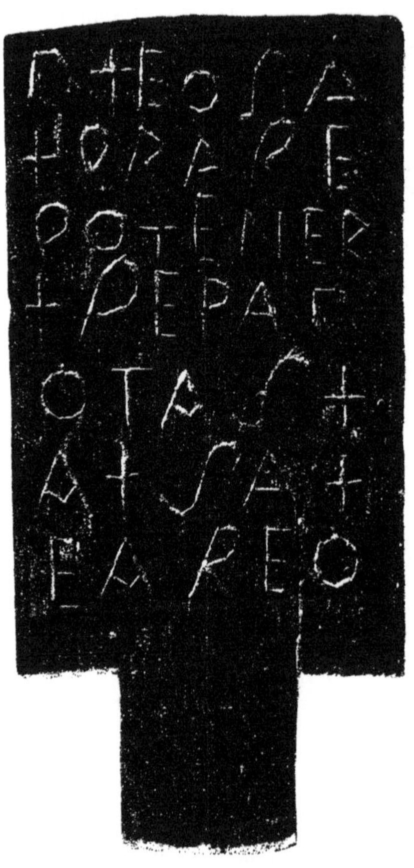

Abb. 4.

Nachgewiesen ist also der Gebrauch der Formel in einen Teller oder am Hause in Holzwerk eingeschnitten gegen Feuersgefahr. Ferner das Geniessen von durch den Zauberspruch heilkräftig gemachtem Backwerk gegen den Biss toller Hunde. Unsere Abb. 1 u. 2 der v. Bartusch aufgeschriebenen Worte 'Matz' usw. und der Satorformel weisen beide zum

Schluss mit 'tollen Hundebiss' und 'tol' auch deutlich auf diese Bestimmung hin. Teigabdrücke können aber von solch einer einfachen Niederschrift nicht gemacht werden, sondern die Schrift selbst war innerlich zu nehmen.

Die für uns jetzt sinnlosen Worte Matz Datz × Datz sind lange in dieser oder ähnlicher Fassung wie max, piax, riax oder Saga, Maga, Baga oder Hax, Pax, Max, Deus Adimax als Mittel gegen die Tollwut bekannt[1]). Es handelt sich bei diesen Worten um Verstümmelungen, die durch mündliche Weitergabe und mangelhafte Schreibkunst der abergläubischen Wunderdoktoren entstand. Johannes Weier schreibt in seinem Werk 'De praestigiis daemonum' 1564 — — — 'qui pomi particulae inscribit: Hax, pax, max Deus adimax, atque edendam illam venenato a cane rabido porrigit'.

Ähnliche Worte sind auf einem von Dr. B. J. Nováček[2]) beschriebenen und erhaltenen Amulett zu finden, welches aus der ersten Hälfte des 14. Jahrhunderts stammt. Bei der Restauration der Basilika zu St. Georg auf der Prager Burg fand man in einer Nische unter dem Putz einen 10 *cm* langen und 4 *cm* breiten Pergamentstreifen, auf welchem zu lesen ist:

† In nomine † patris † et filii † et spiritus sancti †. In monte † Celion † requiescunt septem dormientes † Maximianus † Martinianus † Malcus † Constantinus † et Dyonisius † Seraphion † et Johannes. Domine Jesu Christe liberare digneris hanc famulam Dobrozlauam a febribus quintanis. Pax † nax vax sit huic famule dei remedium. Amen.

† Im Namen † des Vaters † und des Sohnes † und des Heiligen Geistes †. Im Berge † Kelion † ruhen sieben Schläfer: Maximus † Martinian † Malkus † Konstantin † und Dyonisius † Seraphion † und Johannes. Herr Jesus Christus geruhe diese Dienerin Dobroslava vom fünftägigen Wechselfieber zu befreien. Pax, † nax vax sei dieser Dienerin Gottes Heilmittel. Amen.

Hovorka setzt hinzu, dass wir in diesem Amulett wohl eins der ältesten zu sehen haben, welches uns im Original erhalten ist. Die angeführten Namen sind die der sieben Christen aus dem Gefolge des Decius, welche zur Zeit der Christenverfolgung im Jahre 251 in einer Höhle des Berges Kelion bei Ephesus sich verborgen hatten, aber vom Kaiser hier eingemauert wurden, worauf sie in Schlaf verfielen, aus dem sie erst im Jahre 447 zur Zeit Theodosius II. erwacht sein sollen. Diese Legende fand im Mittelalter nicht nur allgemeine Verbreitung, sondern bot auch Material zu verschiedenen abergläubischen Gebräuchen.

In den Hessischen Blättern für Volkskunde von 1910 S. 133 bringt Otto Weinreich in seinem Artikel 'Wunderseltzame Rezept' auf S. 133 Weiers Erklärung (S. 531 d. Ausg. v. 1583) der uns interessierenden Worte. Weier nimmt an, die Worte seien nicht verstanden, sie hätten

1) Davidsson, Isländische Zauberzeichen und Zauberbücher, oben 13, 151. 274, wo auch pax × magx × vix + ax ×, auf Käse oder Brot zu schreiben.

2) Entnommen aus v. Hovorka und Kronfeld, Vergleichende Volksmedizin 1, 30.

ursprünglich gelautet: hoc × po × mo × Deus adiuvet † (also: mit diesem Apfelschnitz helfe Gott); der des Lateinischen Unkundige habe die Silben nicht und die Kreuze falsch verstanden, er fasste sie als den Buchstaben x auf. Weinreich setzt hinzu: 'Ob Weier Recht hat?' Jedenfalls steht soviel fest, dass die verderbte Form häufig erscheint. Weier selbst führt in der obenerwähnten Ausgabe von 1583 noch an: Auf Hostien schreibe man: Pax † max † fax †. Oder: Auf Papier oder Brot geschrieben isst man den Segen: O rex gloriae Jesu Christe, veni cum pace in nomine Patris † max in nomine Filii † max in nomine Spiritus Sancti † prox Caspar Melchior Balthasar † prax † max † Deus ymax.

An den angegebenen Stellen, besonders bei Weinreich in seinen 'Wunderseltzame Režept' sind noch mehr Beispiele zu finden. Für uns genügen die angegebenen, aus denen mit Sicherheit zu entnehmen ist, dass aus alter Zeit herrührende Wortverstümmelungen vorliegen.

Das Heftchen von Bartusch wurde also durch die Worte Matz usw. und die Satorformel im Werte bedeutend erhöht, und zwar musste der Kranke, wie schon angedeutet, die Worte auf ein Nahrungsmittel geritzt oder einen Zettel geschrieben innerlich nehmen. Belege hierfür sind an vielen Stellen zu finden. Unter mehreren anderen druckt Seyfarth S. 167 folgende interessante Anweisung ab:

Wenn ein doller Hund einen Menschen gebissen hat, so schreibe diese Buchstaben mit einer ungebrauchten Nehnadel auf einer Butterschniede, und in 5 Bissen geschnieden und gegessen; unter 24 Stunden muss es aber geschehen.

(Folgt die Satorformel mit Schreibfehlern.)

Schon im klassischen Altertum war es gebräuchlich, Zettel zu verschlucken, wie G. Kropatschek[1]) nachwies. Der Brauch hat sich durch alle Jahrhunderte bis in die Gegenwart fortgesetzt.

Die grösste Wirksamkeit eines Mittels wird erreicht, wenn Mensch oder Vieh es in sich aufnehmen, und so schrieb man auch im Mittelalter magische Wörter auf die Oberseite eines Bissens und gab sie zu essen.

Frau Marie Andree-Eysn, die verdienstvolle Erforscherin des bayerisch-österreichischen Alpengebietes hat in ihrem bekannten Buche 'Volkstümliches aus dem bayrisch-österr. Alpengebiet' 1910 'Eßzettl' oder 'Eßbildl' veröffentlicht. Auf dem einen liest man: 'J. N. R. J. Verbum caro factum est et habitavit in nobis. Diese theueren Worte mögen in uns wohnen.' Neuerdings werden kleine Heiligenbildchen vorgezogen, oder kleine Tonplätten, die ein Heiligenbildchen tragen, werden pulverisiert und eingenommen. Ähnliches kommt übrigens auch im protestantischen Norddeutschland vor. Man schreibt den Namen der Krankheit auf ein Zettelchen, steckt dies in Obst oder Brot und verzehrt es. (Höhere Töchter der ersten Klasse einer öffentlichen Schule in Berlin schrieben den Namen

1) De amuletorum usu. Greifswalder Diss. 1907.

eines bekannten Heldendarstellers, für den sie schwärmten, auf Zettel und verschluckten sie.)

Die angeführten Beispiele zeigen, wie allgemein der Glaube an die Wirksamkeit eines innerlich genommenen Mittels war und ist, und der Besitz des besprochenen Heftchens mit der Satorformel und dem Matz Datz, dem Himmelsbriefe usw. war natürlich dem abergläubischen Besitzer ein Schatz, der ihn fast in allen Fährlichkeiten des Lebens bewahrte. Die so oft erwähnte Formel schützte nämlich durchaus nicht allein gegen Feuersgefahr und den Biss toller Hunde und machte den Träger unverwundbar, sondern sie hatte noch alle möglichen anderen Zauberkräfte: Vieh wurde durch sie vor Behexung und Krankheiten geschützt, gestohlene

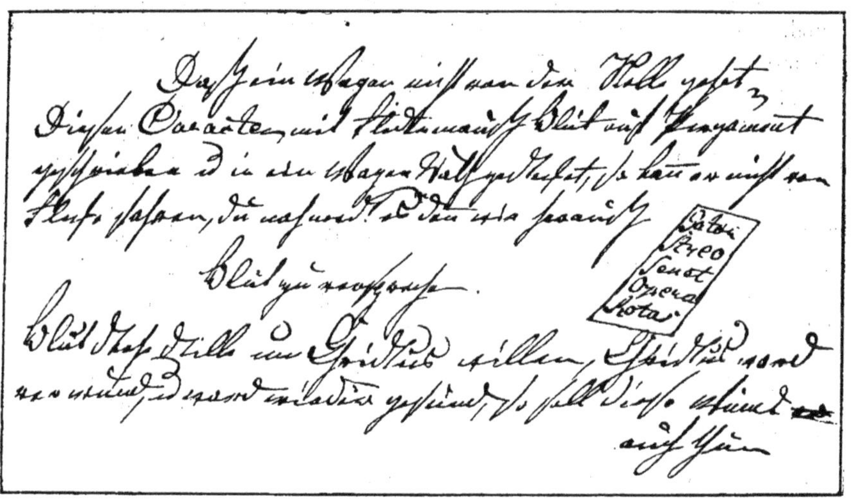

Abb. 5.

Sachen konnte man durch sie wiedererlangen, Jäger gebrauchten sie, um zum Schuss zu kommen usw. Bei Seyfarth S. 163f. wie in den Verbandlungen der Anthropol. Gesellsch. findet sich reiche Auskunft hierüber.

Hierher setzen möchte ich noch die Photographie einer Stelle aus einem alten Rezeptenbuch von 1580, einem sog. Hausbuch, in welcher angegeben wird, wie man mit der Zauberformel einen Wagen fest an seine Stelle bannen kann (Abb. 5). Der Text lautet:

Daß ein Wagen nicht von der Stelle geht. Diesen Caracter mit Fledermausblut auf Pergament geschrieben und in ein Wagenrad gestecket, so kann er nicht vom Flecke fahren, du nahmest es denn wie heraus

Herr Dekan Dr. Kolberg in Christburg vertritt die Ansicht[1]), wir hätten in der Satorformel die Lebensregel der Benediktiner: 'Viel beten

1) Verbandl. der Berl. Anthropol. Gesellsch. 1887 in der Zs. f. Ethnologie 19, (69).

und kräftig arbeiten, sei deine Lebensweise' zu sehen. Um diese Übersetzung herauszubekommen, muss er aber Buchstaben hinzufügen. Er liest den Spruch unter Zugrundelegung der ersten Veröffentlichung von Treichel:

S A T O R A R E
P O T E N *ter* E T O P E R A *re*
R *a t i* O T *u* A S *i t*

(Die schräg gedruckten kleinen Buchstaben sind hinzugenommen.)

Für den ursprünglich christlichen Charakter des Spruches sind viele Belege beigebracht, unter anderem auch die Abbildung[1]) eines sehr interessanten Amuletts im Germanischen Museum, eines Tetragrammatons, welches den Spruch in reiner Form mit vielen christlichen Zusätzen wiedergibt und aus dem 17. Jahrhundert stammt.

Nachgewiesen ist indessen auch, dass der Spruch in neuerer Zeit fast nur zu abergläubischen Handlungen gebraucht wurde. Besonderes Interesse hat deshalb auch folgende, von Universitätsprofessor Geheimrat Fritsch herrührende Erklärung. Fritsch[2]) wies aus dem 1764 in Nürnberg erschienenen Buche 'Onomatologia curiosa, artificiosa et magica' nach, eine einfache Übersetzung des Spruches sei nicht möglich, weil wir in den 25 Buchstaben eine äusserst geschickte willkürliche Anordnung der Buchstaben aus vielen kurzen Bitten an den Satan als Helfer in der Not zu sehen hätten. Ohne einen anderen Buchstaben hinzuzunehmen, lassen sich eine ganze Reihe Beschwörungsformeln herstellen, von denen drei hier folgen mögen:

Satan, oro te pro arte, a te spero.
(Satan, ich bitte dich bei deiner Kunst, meine Hoffnung steht bei dir.)

O Satan, oro e te, rapta reportes!
(O Satan, ich rufe dich an, bringe mir das Geraubte zurück.)

Satan, ter oro te, reparato opes!
(Satan, dreifach rufe ich dich an, bringe mir meinen Schatz zurück.)

Satan, pater, oro, stare te preco.
(Satan, Vater, ich bitte dich zu bleiben.)

Fritsch bringt acht Sätze dieser Art.

Weiter oben wurde schon die Veröffentlichung von Davidsson über alte isländische Zauberbücher erwähnt. In dem sehr interessanten Aufsatz bespricht Davidsson unter anderem das Zauberbuch des Jón lærđi, der von

1) Verhandl. der Berl. Anthropol. Gesellsch. 1883 in der Zs. f. Ethnologie 15, (354).
2) Verhandlungen der Berl. Anthropol. Gesellsch. 1883 in der Zs. f. Ethnol. 15, (535).

1574 bis etwa 1650 in Island lebte und von den ungelehrten Menschen einer der gelehrtesten, aber sehr abergläubisch war und in Hexenprozesse geriet. Von diesem Jón lærdi, der einer der zauberkundigsten und schreiblustigsten Männer jener Zeit war, fielen dem Séra[1]) Gudmundur Einarsson zu Stađarstađur auf Snæfellsnes 1625 zwei gleichlautende Zauberbücher in die Hände; 1627 schrieb Gudmundur eine Schrift gegen Zauberei, in der er das Wesentlichste aus den Zauberbüchern brachte. Für uns wichtig ist nun, dass Gudmundur schon 1627, also weit vor der 1764 erschienenen, von Fritsch angeführten Schrift aus Nürnberg, versuchte, aus den Buchstaben des Spruches Bitten an den Satan herzustellen; er kam aber nicht einwandfrei damit zurecht, da er zu dem Satze 'Satan operor te, operor te Satan' zwei n braucht, in Sator arepo ist aber nur ein n. Die dann folgende Angabe, wie Sator arepo gleichzeitig mit Bibelstellen zu benutzen, ist aber so interessant, dass ich diese Sätze wörtlich wiedergebe.

Davidsson schreibt (oben 13, 101):

„In diesen beiden Büchern," sagt séra Guđmundur, „sind verschiedene Regeln und Zaubermittel, welche schützen sollen erstlich gegen alle Gefahren der Seele: gegen Geistesgestörtheit, gegen Versuchung des Teufels, gegen Hoffart, Wollust, Furcht, Trollenspuk, Verdammung, alsdann gegen alle Gefahren des Leibes, gegen Tod, Feuer, Wasser, Diebstahl; manche geschmückt, wie es ihnen vorkommt, mit Versen aus dem Psalter Davids, einige mit den Namen der zehn Finger Christi, in hebräischer Sprache, wie sie sagen; einige mit verschiedenen schwerverständlichen Worten." Das Wort Gottes war jedoch nicht hinreichend, diesen Schäden abzuhelfen, sondern man musste auch „Satorarepo" (tenet opera rotas) lesen, erst dann ging alles nach Wunsch. . . . .

Die Bibelstelle, welche die Zauberer mit „Satorarepo" oder anderen Zaubersätzen oder Zauberzeichen verbanden, war gewöhnlich den Psalmen [S. 162] Davids, besonders dem 119. Psalm oder dem güldenen Alphabet (gyllinistafróf) entnommen, und so war es in den Zauberbüchern, von denen hier die Rede ist. Die biblischen Sätze waren in lateinischer Sprache; denn dieser schrieb man mehr Gewalt zu als der isländischen, weil weniger Leute sie verstanden. Ich lasse hier aus den Büchern einige Zauberkünste folgen, die séra Guđmundur als Beispiele dafür anführt, wie „Satorarepo" mit Bibelstellen verbunden wurde. Das Latein ist vielfach unrichtig, auch sagt séra Guđmundur, er habe es wortgetreu aus den Zauberbüchern abgeschrieben; ich habe es aber, wo es nötig war, nach den lateinischen Psalmen verbessert. Die Korrekturen stehen in Klammern hinter den fehlerhaften Wörtern und der Hinweis auf die isländische Londoner Bibel (Lundúnabiblia) hinter jedem Satz.

„Willst du wissen, wer dir etwas gestohlen hat: Lies zuerst Satorarepo, dann bekreuzige dich mit diesem Verse auf lateinisch: Manus tuae, Domine, fecerunt me et plasmaverunt me; da mihi intellectum, ut discam mandata tua" (Ps. 119 v. 73).

„Willst du dein Fahrzeug ganz erhalten: Lies zuerst Satorarepo, dann gehe dreimal verkehrt (gegen die Sonne = rangsaelis) im Kreise herum und bekreuzige

1) Ehrentitel der Geistlichen.

dich mit diesem Verse aus Davids Psalter: Cognovi, Domine, quia aequitas judicia tua; in veritate tua humiliasti me“ (119, 75).

„Willst du zum Anteil gehen: Lies Satorarepo und diesen Vers aus dem Psalter: Convertimini (convertantur) mihi timentis (timentes) te, et qui noverunt testimonia tua“ (119, 79). Séra Guđmundur nennt diesen Vers Teilvers (hlutarvers).

„Wenn du willst, dass aus deinem Feuer kein Schade geschieht: Lies Satorarepo und bekreuze dich mit diesem Verse: Fiat misericordia tua ut consolet (consoletur) me secundum elogum (eloquium) tuum, servo tuo“ (119, 76). . . .

[S. 163.] „Damit Gewässer dich nicht beschädigen: Lies Satorarepo und dann diesen Vers: Ne (Non) me demergat tempestas acquae neque absorbeat me profundum, neque urgeat super me patens (puteus) os suum“ (69, 15).

Séra Guđmundur sagt, es seien viel mehr derartige Zauberkünste in den Büchern gewesen und an manchen Stellen sei „Satorarepo“ mit dem Namen Christi auf Griechisch oder den Fingernamen Christi auf Hebräisch verbunden gewesen.

Davidsson fährt etwas weiter unten fort:

Nun erwähnt Séra Guđmundur das Blutstillungsbuch und das Entbindungsbuch (lausnarbók) „mit allen seinen Zeichen, Regeln, Massnahmen und excipitur.“ Das Blutstillungsbuch hörte ich nie nennen, andererseits sind aber viele Dinge veranstaltet worden, um Blutungen zu hemmen. Ein Verfahren ist dieses: „Schreibe auf die Stirn dessen [der blutet] mit seinem eigenen Blute dies: pais, mais, tais. Sprich dabei ein Pater noster. Das stillt.“ Diese Vorschrift ist derselben Handschrift wie die Zauberzeichen Nr. 47—66[1]) entnommen und wird dort „Blóđstemma Sr. Mo. Ó. S.“ genannt. Jedenfalls ist séra Magnús Ólafsson zu Laufáss († 1636) gemeint.

Wende ich mich nun der Erklärung des Spruches zu, dann muss leider festgestellt werden, dass eine einwandfreie Deutung nicht existiert. Die verschiedenen Übersetzungsversuche sind alle fehlgeschlagen. Da nun bisher nicht einmal festgestellt ist, ob der Spruch heidnischen oder christlichen Ursprung hat, so muss erst diese Frage beleuchtet werden. Wir sahen weiter oben, dass Fritsch unbedingt für den heidnischen Ursprung eintritt, er stützt sich dabei auf das vorn angegebene, 1764 in Nürnberg erschienene Lexikon. Betrachtet man aber die betreffende Stelle, dann findet man nur ganz kurz angegeben, die Formel wäre ein heidnisches Anagramm und sei sehr verbreitet, dann folgen zehn aus den Buchstaben der Formel zusammengesetzte Bitten an den Satan, von denen einige oben wiedergegeben wurden. Das ist alles. Wissenschaftlich begründet ist diese Annahme dort aber nicht. Nun sahen wir aber weiter oben ebenfalls, dass schon 1625, also viel früher, die Satorformel in Island in Verbindung mit christlichen Psalmen zu abergläubischen Zwecken gebraucht wurde, bei denen der Satan allerdings auch eine Rolle spielte. Rein christlich ist aber die oben erwähnte, dem 17. Jahrhundert entstammende Messingscheibe im Germanischen Museum

1) Diese Zahlen beziehen sich auf 8 Tafeln Zauberzeichen, die in dem Aufsatz mit veröffentlicht sind.

in Nürnberg, welche die Satorformel mit den Namen der vier Evangelisten und weiteren christlichen Zeichen und Worten zeigt (u. a. St. Johannis I, 14 und Joh. XIX, 30). Im Museum ist diese Scheibe als Amulett bezeichnet, Dekan Kolbe weist aber in ausführlicher Beschreibung[1]) nach, dass es eine Kusstafel ist. Ein Gegenstand also, der zur Ausübung des

Mosaikfußboden i. der
Pfarrkirche zu Pieve Terzagni.

Abb. 6.

christlichen Kultus diente. In der Literatur finden sich weitere Nachrichten, die diesen Zusammenhang betonen. Hervorheben möchte ich folgende Stelle:

1) Verhandlungen d. Berl. Anthropol. Gesellsch. 1887 (Zs. f. Ethnol. 19, (69). Abgebildet ebenda 15, (354).

In den von Johannes Bolte herausgegebenen Kleineren Schriften von Köhler 3, 565 wird auch auf Aus'm Werth[1]) aufmerksam gemacht. Tafel 7 bringt die Abbildung des Mosaikfussbodens der Pfarrkirche von Pieve Terzagni bei Cremona; unsere Abb. 6 gibt das Bild in dreiviertel Grösse wieder. Der dazugehörige Text lautet:

Durch eine gleiche Teppichimitation ist der Bodenschmuck von Cremona wiederum verwandt mit einem solchen in der Pfarrkirche von Pieve-Terzagni, welche in Verbindung mit einem Schlosse von der Markgräfin Mathilde erbaut sein soll. Dem Charakter der Zeichnung nach, welche in gutem Effekt Tiere und menschliche Figuren wiedergibt, kann dieser Boden sehr wohl der Lebenszeit Mathildens, etwa dem Ende des 11. Jahrhunderts, angehören. Er zeigt auf weissem Grunde schwarze Konturen und hier und da eine Hinzunahme farbiger Töne. Vor dem modernen Altar, welcher einen Teil des Mosaiks ganz verdeckt, befindet sich ein Teppich von zwölf grösseren und vier kleineren Medaillons, welche mit aus einer doppelt geschwänzten Sirene nur Tiere enthalten.

Hinter diesem Teppich, eine Stufe höher, umgeben den Mittelraum sieben Felder mit den vier Evangelistensymbolen; zwei anderen Vierfüssern und einem imitierten Stoffmuster. In diesem Mittelraum selbst sieht man unter einer Bogennische, die durch oberhalb angebrachte Fensterchen als Gebäude charakterisiert werden soll, die Hälfte der Bildnisfigur eines durch seine Tonsur gekennzeichneten Geistlichen, welcher wahrscheinlich der Donator des Bodens und vielleicht auch ein Wundertäter der Gegend war. Darauf deutet nämlich die über seinem Haupte angebrachte mosaizierte Inschrift, die nunmehr in Stücken umherliegt, indessen nach Cantus und des dortigen Geistlichen Zeugnis Sator, Arepo, Tenet, Opera, Rotas vormals lautete und nur eine mystische Spielerei, eine Art von Beschwörungsformel, sein kann."

Unsere so oft erwähnte Formel finden wir hier im 11. Jahrhundert dem kostbaren Mosaikboden einer Kirche eingefügt, vielleicht damals schon als Beschwörungsformel dienend.

Bekannt ist, dass im katholischen Kultus, besonders früher, Wetterbeschwörungen nicht selten waren. Franz berichtet in dem Buche 'Die kirchlichen Benediktionen im Mittelalter' (Freiburg 1909 2, 94), dass Sator bis Rotas auf Alexandrinische Tradition zurückgehe und noch hier und da gegen Unwetter gebraucht werde. Man sieht, wie ein ursprünglich rein christlicher Spruch allmählich dem Aberglauben zugeführt wurde.

Für den christlichen Charakter spricht auch die bei den Letten erhaltene Tradition, nach der ein solches Tollholz angefertigt werden musste. Im Archiv für Anthropologie Bd. 25, 157 heisst es, das Brett muss an drei aufeinander folgenden Karfreitagen angefertigt werden. Derjenige,

1) Der Mosaikboden in St. Gereon zu Köln usw., Bonn 1873 S. 20. — [Weitere Literatur: Heim, Incantamenta magica 1892 p. 530 (Jahrbücher f. klass. Phil., 19. Suppl.). A. Dieterich, Rhein. Museum 56, 92. J. Werner, Beiträge zur lat. Lit. des MA. 1905 S. 212. Rivista delle tradiz. pop. ital. 1, 409. Vasconcellos, Ensaios ethnographicos 3, 174 (1906). Rovinskij, Russkija narodnija kartinki, Atlas 3, Taf. 798.]

der mit dieser Arbeit beschäftigt ist, muss sich so einrichten, dass er den ganzen Tag zu tun hatte, und durfte dabei immer nur an Gott und seine Arbeit denken, denn sonst würde die Heilkraft des Brettes nicht gut sein. Die ins Brett eingeschnittenen Zeichen durfte niemand lesen, sonst ginge die Kraft verloren.

Während des Druckes dieser Abhandlung fand ich in den Blättern für Pommersche Volkskunde 9, 187 eine ganz ähnliche Nachricht aus Pommern über die Anfertigung von Tollhölzern mit der vertieft in Spiegelschrift eingeschnittenen Inschrift:

† AX † DAX † JD † AX †

Der Stamm, aus dem die Hölzer gefertigt wurden, musste an einem Karfreitag gefällt sein und bis zum Karfreitag des nächsten Jahres trocknen. Jedes folgende Jahr am selben Festtage wurde dann ein Schriftzeichen eingeschnitten, so dass die Herstellung eine Reihe von Jahren erforderte. Starb der Verfertiger im Laufe eines dieser Jahre, so hatten die Hölzer keine Zauberwirkung. Weitere Forschungen werden wohl noch klarer den christlichen Ursprung feststellen.

In Vorstehendem ist das Wesentliche aus den mir bekannt gewordenen Veröffentlichungen wiedergegeben. Eine unanfechtbare Erklärung über die Bedeutung der Formel ist nicht dabei. Als bewiesen anzusehen ist die ausserordentlich weite Verbreitung und das bis in die ersten christlichen Jahrhunderte zurückgehende Alter. Für mich steht ferner der christliche Ursprung, aber auch die spätere Benutzung zu abergläubischen Zwecken fest, die schliesslich so weit ging und geht, dass vom ursprünglichen Christentum niemand mehr etwas ahnte und nur der Satan übrig blieb. Im Mittelalter war Latein die Sprache der Gebildeten, das Volk verstand diese Sprache nicht. Das so geschickt zusammengesetzte Wortspiel, mag in ihm nun die Lebensregel der Benediktiner stecken oder nicht, reizte ganz von selbst zu allerhand abergläubischen Handlungen, die ja, wie wir sahen, noch fortdauern.

Berlin.

Orpheus, der Mond und Swinegel.

Von **Karl von den Steinen.**

I. Orpheus und Eurydike.

Die etwas grotesk anmutende, aber zutreffende Überschrift findet ihre Erklärung in dem Umstand, dass hier zwei kleine Kapitel aus der höheren Mythologie und der niederen Märchenwelt behandelt werden sollen, die durch eine lunare Hypothese in unmittelbaren Zusammenhang gerückt werden. Diesen hypothetischen Charakter der Erörterung, die nur mein eigenes Ringen in dem gegenwärtigen Strudel der Meinungen widerspiegelt, möchte ich ebenso wie ihren gänzlich unpolemisch gemeinten gern von vornherein betont haben.

Von polynesischen Studien über Besuche in der Unterwelt bin ich gelegentlich nach Althellas verschlagen worden und dabei zunächst vor die Frage geraten, ob Orpheus, der seiner Eurydike in den Orkus folgt, nicht zu den Mondheroen gehöre. Fern sei es mir, mich als klassischen Philologen zu gebärden. Die Schatzkammern der Altertumskunde sind jedoch so wunderbar geordnet, dass auch der Unkundige mühelos Auskunft findet, er braucht nur die Arbeiten von R. H. Klausen (Ersch-Gruber, Allg. Encycl.) aus dem Jahre 1835 und von O. Gruppe (in Roschers Lexikon der griechischen und römischen Mythologie III 1, 1058 ff.) aus heutiger Zeit zum Ausgangs- und Stützpunkt zu nehmen.

Orpheus galt den älteren Ethnologen durchaus als der typische Sonnenheld; 'er ist die Sonne selber', sagt Tylor, 'die zur Unterwelt hinab- oder aus ihr emporsteigt'. Von neueren Forschern hat Siecke, sonst gewiss ein überzeugter Streiter der heute so entschlossen vorstürmenden Mondmythologie, in einer viel zitierten Darlegung seiner 'Liebesgeschichte des Himmels', auf die sogleich näher eingegangen werden soll, denselben Standpunkt eingenommen. Allerdings war dies 1892; jedoch in den 'Drachenkämpfen' 1907 (S. 16) und an anderen Stellen späterer Veröffentlichungen erscheint ihm der Sänger 'in seinem Verhältnis zur Eurydike zum Sonnenheros umgeformt', dagegen wegen des von ihm berichteten Zerstücklungsmythus schon als ursprünglicher Mondheros; in den 'Götterattributen' 1909 (S. 16. 17) verweilt er noch einmal ausführlich bei seiner Auffassung der Liebenden als Sonne und Mond. Ich beschränke mich nun ausschliesslich gerade auf das Verhältnis des Orpheus zur Eurydike und habe für diesen Teil des Mythus gewissermassen eine Sache 'Siecke contra Siecke' zu führen. Inwieweit Ehrenreich, wenn er in seiner 'Allgemeinen Mythologie' (S. 116) den Orpheus wegen des Besuches in der Unterwelt als typischen Mondhelden anführt, auf gleicher Spur war, vermag ich nicht zu sagen.

Bei Siecke also heisst es folgendermassen (Liebesgeschichte des Himmels S. 4):

„Die Erzählung von Orpheus und Eurydice ist für den, der die Sagensprache gelernt hat, nicht bloss klar und durchsichtig, sondern kann auch in den Einzelheiten als buchstäblich wahr empfunden werden. Der Sonnenheld (Orpheus) trauert um die durch einen Schlangenbiss getötete Geliebte (den zur Zeit des Neumondes gänzlich verschwundenen Mond). Er steigt (abendlich untergehend) in die Schattenwelt hinab, um jene wieder zu holen; und nicht erfolglos. Denn siehe, bald zieht sie hinter ihm her, die liebliche Schönheit, allerdings nicht gleichen Schritt haltend mit dem eilends Voranschreitenden, sondern mehr und mehr zurückbleibend, aber sich allmählich füllend und immer glänzender strahlend, man könnte sagen, sich allmählich von dem Unfall erholend. Schon scheint die Vollmondnacht den vollendeten Sieg oder die vollendete Rettung zu bezeichnen, wenn nur Orpheus in der bisherigen Weise weiter wandeln wollte, ihr voranschreitend, während sie folgt. Unter dieser Bedingung würde sie bleiben. Allein er kann die Bedingung nicht erfüllen. Denn alsbald schaut er nach ihr zurück, d. h. er nimmt eine solche Stellung ein, dass er sie vor sich sieht, was nach dem Vollmonde eben notwendig eintritt. Die abnehmende Mondscheibe scheint am Tageshimmel vor der Sonne zu fliehen; er sucht sie zu erhaschen, aber sie wird vernichtet und stirbt von neuem; im Augenblick, wo er sie noch zu fassen hofft, ist sie ein Nichts.“

Ich muss gestehen, diese ganze Darlegung ist mir immer nicht nur nicht klar und durchsichtig, sondern schwer verständlich und buchstäblich unrichtig erschienen, — im letzten Grunde wohl, weil der hier angenommene Hadesweg gleichermassen unsichtbar unter der Erde wie am Himmelsbogen sichtbar über der Erde läuft. Wenn die zunehmende Mondsichel Eurydike der Sonne Orpheus folgt, so folgt die Gattin — das ist doch ‘sonnenklar’ — dem Gatten in die Schattenwelt. Bei zunehmendem Mond ist ferner das Charakteristische weniger das Folgen, als das Zurückbleiben, die Entfernung und Trennung von der Sonne, weil diese sich täglich vergrössert. Auch ist die Deutung, dass die nun immer glänzender leuchtende Schönheit sich allmählich von ihrem Unfall erholt, unbedingt nicht glücklich. Beim Vollmond endlich wird statt der anscheinend vollendeten Rettung die überhaupt denkbar grösste Entfernung diametral von West nach Ost erreicht; Sonne Orpheus ist es, der dann in die Schattenwelt hinabsinkt, und Vollmond Eurydike erhebt sich in strahlender Gesundheit über die heimatliche Erde!

Schliesslich, wie wird das verhängnisvolle Umwenden erklärt? ‘Orpheus schaut nach ihr zurück, das heisst: er nimmt eine solche Stellung ein, dass er sie vor sich sieht’. Nun, dann haben sich eben beide umgewendet, und zwar beide zum Ausgang! Tatsächlich sehen wir ja, dass Orpheus-Sonne die jetzt vor ihm wandelnde Eurydike einzuholen bestrebt ist und dass diese in der Morgenfrühe, blass und schmal geworden, eben vor ihm, nicht hinter ihm, und nicht in den Hades, sondern in die Tageswelt einzieht.

Ich bin mit voller Absicht ganz konstruktiv vorgegangen, fussend, nur auf der von der vergleichenden Mythologie gesicherten Voraussetzung, dass es sich um eine Liebesgeschichte am Himmel, um eine astrale Sage, handelt. Für eine solche müssen meines Erachtens die Bewegungen und die von ihnen suggerierten Blickrichtungen der beiden Personen das ausschlaggebende Moment sein. Alsdann ist es aber unmöglich, mit Orpheus-Sonne und Eurydike-Mond zurechtzukommen, wie sich aus der Lage und Richtung des Hadesweges von selbst ergibt. Ich habe auch nicht verschmäht, der Überlieferung zum Trotz, dass erst Pythagoras die Identität von Abendstern und Morgenstern erkannt haben soll, die Venus in Betracht zu ziehen, und zwar nach beiden Möglichkeiten, als Mann und Weib, wie auch nach der nicht uninteressanten Möglichkeit, dass ihre Unsichtbarkeit während der Konjunktion die Hadeszeit bezeichne, oder dass der Wechsel zwischen Rückläufigkeit und Rechtläufigkeit für die Umdrehung des Orpheus zu deuten wäre. Ich verschone den Leser mit allem Für und Wider, denn ich finde nur eine einzige Annahme, die alle Bedingungen zunächst für Orpheus erfüllt. Eurydike aber bleibe als x vorderhand ganz beiseite. Und die Sonne geht uns überhaupt fernerhin nicht weiter an, als dass sie den eigentlichen Hadesweg aller Völker mit dem Eingang am Abend und dem Ausgang am Morgen kennzeichnet, — gleichgültig, ob die Lokalsage den Weg zum Styx an Tänarons Pforte oder sonst wohin im Lande verlegt.

Ich verstehe unter Orpheus den Sichelmond vor dem ersten oder nach dem letzten Viertel, also je nachdem den jungen zunehmenden Mond mit dem Krümmungsbogen des 𝔷 oder den alten abnehmenden Mond mit dem Bogen des geschriebenen 𝔄. Unsere Geschichte kümmert sich nicht um die übrigen Mondgestalten, sie liefert einen Text zu den beiden Bildern des Sichelmonds der beginnenden oder ausgehenden Nacht, die jedes empfängliche Menschengemüt bewegen und deren höchst seltsame Gegenstellung jeden ungeschulten Menschengeist verblüfft. Zunächst die Richtung der Bewegung; der zunehmende Mond Orpheus steigt zum Hades im Westen hinab, der abnehmende Mond steigt im Osten aus dem Hades empor. Alsdann die Richtung des Blickes bei dem Mondantlitz, — man denke jedoch an die lichtbestrahlte Rundung der Sichelkonvexität im allgemeinen, meinetwegen traumhaften Eindruck und nicht an ein realistisches Gesicht, wie es etwa die künstliche Ausfüllung der (umgekehrt blickenden) Sichelkonkavität mit einer Profilnase im Bauernkalender und auf dem Wirtshausschild zeigen! Der zunehmende Mond blickt nach dem westlichen Hadeseingang in der Richtung seines Weges, ihm verglichen alsdann der abnehmende Mond nach dem östlichen Hadesausgang, und zwar entgegengesetzt seiner Wegrichtung. Eben dieser letztere auffallende Gegensatz zwischen Weg- und Blickrichtung suggeriert offenbar, wenn Eurydike dem Gatten folgt und bei dieser Stellung verschwindet, in kausaler Verbindung die erklärende Antwort des Erzählers auf die Fragen einerseits, warum sie verschwindet, andrerseits, warum die Gegenstellung des Mondes erfolgt: „Es ist nicht zu verwundern, dass Eurydike verschwunden ist, denn Orpheus hat sich ja umgedreht“, was bei zahlreichen magischen Handlungen im Verkehr mit den Unterirdischen verboten ist[1]) oder aus anderen Parallelfällen so erklärt werden mag, dass er eine Bedingung der Götter nicht erfüllt hat. Und Orpheus wandelt in seinem Unglück am hellen Tageshimmel weiter und verliert sich in trostloser Einsamkeit.

Es ist zu erwägen, welche Schlüsse aus dieser astronomisch gerechtfertigten Auffassung für die mythische hervorgehen würden. Auch den alten Griechen müsste die Mondperson als männlich gelten können. Hierüber ist für den Ethnologen wirklich kein Wort zu verlieren, da wir unbezweifelbar männlichen Mondgöttern in vielerlei Gestalt in weitester Verbreitung über die Erde und bei den nächsten Verwandten des Griechenvolks begegnen; aber auch für die Griechen selbst braucht nur auf die Zitate Drexlers (Roscher 2, 2688) bei Besprechung des phrygischen Mondgottes Men, insbesondere Useners Satz (Götternamen S. 36), der für das hohe Alter des Mythus zeugen würde, verwiesen zu werden: „Der göttliche *Μήν* wurde von den stammverwandten Phrygern festgehalten, während bei den Griechen die weibliche Auffassung durchdrang“. Hierzu ferner Sieckes ‘Hermes der Mondgott’ (S. 5).

Erheblich interessanter erscheint mir das Verhältnis des Orpheus zur Leier. Siecke betont für seinen lunaren Hermes, dass dieser der Erfinder der mit Saiten bespannten Schildkrötenschale war und sie dem Apollon und, dass der sie wiederum dem Orpheus gab, der sie mit neun statt wie bisher mit sieben Saiten versah (Götterattribute S. 235). Er gibt uns ferner (S. 236) eine Abbildung, wie Orpheus (nach einem Zitat bei Eratosthenes Catast. 24) auf dem Pangaiongebirge sitzend ‘der Morgensonne entgegen die Leier spielt’ und wo diese Leier als sehr grosse, doch schmale Mondsichel, ein mehr als halbkreisförmiger Bogen mit neun Sehnen, den Saiten, dargestellt ist. Absehend von dem unwahrscheinlichen Instrument bin ich in der Sache selbst, obgleich ich sie im einzelnen etwas anders auffassen möchte, gewiss einverstanden.

Die altgriechische, von der Kithara zu unterscheidende Lyra bestand aus einem mit Fell flach überspannten Schildkrötenpanzer, zwei Ziegen- oder Widderhörnern und den Darmsaiten, die zwischen den Hörnern von einem diese quer verbindenden Joch zum Panzer gestreckt waren. ‘*Χελώνη*’ und ‘testudo’ heissen schlechthin ‘Lyra’, und immer wieder wird

1) Vgl. Seligmann, Der böse Blick und Verwandtes (Berlin 1910) 2, 183.

der Hauptteil der Lyra die Schildkrötenschale genannt, die der Wunderknabe Hermes regelrecht durchlöcherte und mit den sieben Saiten aus dem Gedärm der gestohlenen Rinder bespannte. Ich halte, worauf ich später beim Märchen noch zurückkomme, für die Urform der 'gewölbten Laute' (Vergil, Georgica IV 463) des Mythus die im Profil gesehene Buckelgestalt der Mondschildkröte. Der Panzer der Testudo graeca hat schwärzliche, gelb umsäumte Rückenschilder und mit Schwarz durchsetzte schön gelbe Saitenschilder. Nach Siecke (Hermes S. 88) haben die Griechen den Mond mit einer Schildkröte verglichen, weil er 'sich allmonatlich in seine Schale, nämlich den dunkeln Mond, zurückzieht und dann daraus wieder hervorkommt'. Die Schale einer Schildkröte verschwindet aber nicht, wenn das Tier sich zurückzieht, und Hermes bespannte und Orpheus auf dem Pangaion spielte die leuchtende Mondschale, sollte ich denken.

Diese Leier ist, glaube ich, keineswegs das mehr oder minder zufällige Attribut eines Mondgottes und Mondheros — sagen wir der Kürze halber des Orpheus, da das ältere Anrecht des Erfinders für die grundsätzliche Argumentation ohne Belang ist, sondern die Apperzeption der Mondphase als Schildkröte und danach als Leier hat vielmehr dem astralen Helden seinen Beruf gegeben. Sie erklärt uns den sonst schwer verständlichen oder unverständlichen Umstand unseres Naturmythus, dass Orpheus, obwohl ein Geschöpf der stummen Sternenwelt, als göttlicher Sänger und Spieler über die Macht der Töne verfügte. Wir haben, um sein Wesen zu begreifen, uns nicht etwa nach dem Säuseln und Rauschen von Wind und Wogen umzuschauen. 'Er' spielt die goldne Leier da droben — er, der 'Goldharfige', wie ihn das Beiwort des Epigramms Anth. Pal. VII 617 bezeichnet.

Vielleicht jedoch liefert der liebe Mond auch noch etwas, was die Musik eben des Orpheus nach ihrem Wesen kennzeichnet. Nicht nur lebendige Menschen und selige Götter, sondern auch die blutlosen Schatten und die grausigen Nachtgeschöpfe der Unterwelt — und was ist der Hades anders als das gespenstische Reich der Nacht? — standen im Bann seiner Töne; sogar die Bäume jeglicher Art, 'die Waldungen zog der Gesang her' (Verg. G. IV 509), die starren Felsen bewegten sich, um ihm zu lauschen. Nur ganz allein von allen Wirklichkeiten der Stimmungszauber einer stürmischen oder einer lieblichen Mondnacht bringt solcherlei Wunder zustande. 'Kunstdichtung', höre ich sagen. Kunstdichtung freilich unter dem Gesichtspunkt der darstellenden Form ertönt aus dem schön regulierten und glatt dahingleitenden Fluss der Hexameter, mit denen Vergil (Georgica IV 452—526) und Ovid (Metam. X 1—85) ihren althellenischen Kollegen besangen. Die tiefere innere Anschauung aber war diesen Meistern der Schablone in den Motiven des Originalmythus schon gegeben: die noch unbewusst malende Naturempfindung, die von der 'mondbeglänzten Zaubernacht' ausgeht und die durch die zwingende

Wirkung der Musik am besten interpretiert wird, war in ursprünglicher Unmittelbarkeit dem Gemüt des älteren, übrigens keineswegs mehr 'primitiven' Mythendichters entquollen; sie durchtränkt förmlich die Schöpfungen der Polynesier.

Oder wird man Kunstdichtung, obwohl der englische Missionar in freier Textwiedergabe einiges hinzugetragen haben mag, bei den Bewohnern von Mangaia, einer der Cookinseln, statuieren wollen? Man vergleiche doch! Tinirau, der Meerkönig, als dessen Gattin die echteste aller Mondheroinen der Welt, Hina, auf ihrer langen Wanderung über die Wogen Zuflucht findet, ist der Erfinder des Tanzes im Mondenschein, den Koro später den Menschen brachte. Tinirau wird von dem neugierigen Koro belauscht, wie er, mit dem Schmuckgürtel aus rotorangefarbenen Pandanusfrüchten angetan, um Mitternacht im Mondschein von hoher Klippe weisses Kokosgeschabsel über die Wasserfläche streut und ein langes Zauberlied singt! Sofort kommen die kleinen Fische des Riffs und endlich auch die Ungeheuer des Ozeans allesamt herbeigeschwommen und lassen sich füttern. 'Die heilige Insel selbst kam leibhaftig von ihrem eigenen Ort herbei zum Riff', die Fische stiegen, während der Gesang fortdauerte, aus der Flut empor, verwandelten sich in Wesen, halb Mensch, halb Fisch, den orangefarbenen Schmuck der Früchte als Halsgewinde tragend, und vereinigten sich zum Tautititanz, bei dem sich gleichzeitig Hände und Füsse nach dem Takt bewegten. Im schirmenden Mondschein zogen Heilige Insel, König und Tänzer in die weite See hinaus, den Augen Koros allmählich entschwindend[1]). Das ist doch wohl der Vollmondzauber der Südseenächte umgesetzt in musikalische Stimmung, ein Gegenstück zur orphischen Mondnacht, wo die göttliche Leier den Graus der Schattenwelt bezwingt. Und wenn die Haie und Wale zum singenden Tinirau im Mondschein geschwommen kommen, so versammelt das Spiel des Griechen die grossen reissenden Tiere; wenn dort alles, was Flossen trägt, zum Inselstrand emporsteigt, den Tanz zu üben, so schildert mit analogem Motiv schon Simonides (fr. 40, 2 Bergk) des Orpheus magische Wirkung: 'die Fische sprangen aufrecht aus dunkler Flut!'[2])

Ich komme schliesslich noch zu der prosaischeren Frage, wie sich die Bestimmung des Orpheus als Sichelmond zu der Deutung seines Namens stellt. Man scheint darüber einig zu sein, dass man am besten tut, auf den Stamm *ὀρφ-* zurückzugreifen: die zugehörigen Wörter haben sämtlich den Sinn von schwarz, dunkel, für die stoffliche Farbe sowie, wohl in Übertragung, ganz besonders für die Finsternis und die Nacht, auch die Unterwelt. Diese Erklärung würde an Wahrscheinlichkeit ge-

1) W. W. Gill, Myths and Songs from the South Pacific (London 1876) S. 100.
2) Vgl. Klausen (Ersch-Gruber), Orpheus S. 12.

winnen. Denn besser als der Sonnenorpheus sollte der Mondheld, der in die Nacht hinein- und aus der Nacht herausführt, der 'Nächtliche' heissen können.

Wie Orpheus selbst haben auch wir die Eurydike ganz aus den Augen verloren.

'Te veniente die, te descendente canebat!' (Verg. G.IV 465). Wer könnte, wenn Venus nicht in Frage kommen darf, die 'dulcis conjunx' des nach Sonnenuntergang gen Westen sehnsüchtig hinter ihr und des vor Sonnenaufgang gen Osten vor ihr hinwandelnden Sichelmonds anders sein als die farbenschöne Dämmerung, die das Opfer der Nacht wird und am frühen Morgen nur auflebt, um wieder zu sterben? Es gehört ja einiger Mut dazu, dies auszusprechen, — gewissermassen den Schatten Max Müllers heraufzubeschwören, der von vielen zum Orkus verurteilt wurde, weil er die Göttin der Morgenröte allzusehr liebte. Man ist aber zweifellos von einem Extrem in das andere verfallen. Denn obwohl das Phänomen des himmlischen Farbenspiels zur persönlichen Verkörperung an und für sich ungeeignet erscheint, lässt diese sich doch auf dem Umweg über Schmuck und Gewand prächtiger Art und 'Rosenfinger' leicht verstehen. Wie sollten solche Kostbarkeiten und Reize ohne Herrin bleiben? Dass im übrigen die Hellenen, um die es sich hier handelt, in der Rosen streuenden, im flatternden Krokosschleier dahinschwebenden Göttin die herrlichste Verkörperung der Morgenröte besassen, hat noch niemand bestritten. Es verdient auch Erwähnung, dass wenigstens die Späteren (Roscher 3, 1255) die Eos 'ebenso wie den Helios die Himmelsbahn bis über die Mitte des Tages oder ganz zurücklegen und am Abendhimmel untertauchen lassen'.

Max Müller selbst spricht diese Deutung der Eurydike in einem Referat über 'The Manual of Mythology' von Cox aus (Chips 4, 160). Eurydike ist nach Cox (The Mythology of the Aryan Nations, London 1870, 2, 239) 'einer der vielen Namen, die die sich weit verbreitende Dämmerung bezeichnen'. Man müsse sich (allzu einfach!) die Entstehung des Mythus folgendermassen zurechtlegen: Die junge Gattin des Sonnengottes Orpheus wird von der 'Schlange der Finsternis' gestochen. Da aber das Licht, das im Westen verschwindet, im Osten wieder auftaucht, sagte der Mythendichter, Eurydike kehre zurück. Und da das schwache Licht nicht mehr gesehen wird, wenn die Sonne selbst sich erhoben hat, so hiess es ferner, Orpheus, die Sonne, habe sich zu früh umgewendet, um sie anzuschauen, und deshalb die geliebte Gattin verloren. — Es ist klar, dass dieser Gatte der Morgenröte ebensowenig wie ein Gatte des Mondes die Bedingungen des Mythus erfüllt, wenn er Sonne ist: die Abendröte steigt nach der Sonne hinab und die Morgenröte vor ihr empor, von dem Umschauen nicht zu reden.

Die Ableitung des Namens Eurydike von δείκνυμι wird nicht diskutiert. Die 'weithin Zeigende' kann die Künderin des Tages und der Nacht, die schnell in der Breite oder Weite der Himmelswölbung vordringt, mit Fug und Recht heissen. Mich dünkt der Name auch treffender für die Morgen- und Abendröte als für den Mond, wo εὐρύς von dem schärferen Sinn des der Fläche nach Geräumigen einbüssen muss.

Auf die Deutung der Schlange, deren Biss Eurydike tötet, bei Vergil eine Wasserschlange, bei Ovid eine Viper, will ich wie auf die anderer Einzelzüge gern verzichten. Es bieten sich dem Erzähler auch Motive aus der irdischen Erfahrung. Zudem findet jede Eurydike wohl unschwer ihre Schlange. Cox holt für seine Abendröte die 'Schlange der Finsternis' herbei. Ich würde am bequemsten für die meine die Schilderung des Vergil derart zur Naturempfindung zurückdichten, dass am Horizont eine Gewitterwolke aufzieht und (diese Allerweltsschlange kann man Schwartz nicht nehmen) der 'Blitz' hervorzuckt, dass die Berggipfel sich verhüllen und im Aufruhr der Landschaft die stürmisch bewegte Hadesnacht einsetzt. Denn das fliehende Mägdlein 'wurde von der entsetzlichen Hyder' ereilt, die im Gras am Ufer des Flusses auflauerte; 'doch mit Geschrei rings füllte der Schwesternchor der Dryaden luftige Spitzen der Berg', es weinten Rhodopes Gipfel' usw. Zweifellos erscheint es der Vorstellungskraft leichter, hierbei dem Poeten oder seinem Original als Siecke zu folgen, der in der schmalsten Form der Mondsichel eine Schlange erblickt: er lässt also den Mond Eurydike durch den Mond Schlange beissen, was nicht nur die Eurydike, sondern auch die behauptete Anschaulichkeit grausam bedroht. Man würde Siecke jedoch in bezug auf die Absurdität unrecht tun, da er ähnliche Todesfälle durch Schlangenbiss mit Monddeutung anführt und der Mythus demnach bereits mit einer Schablone arbeiten könnte.

Orpheus kann die Gattin nicht vergessen und tritt eine weite Wanderung an oder, nach andern, verbirgt sich in seinem Elend. Diesem Abschluss der Liebesgeschichte entspricht nach meiner Hypothese völlig zwanglos die Wanderung der blassen Sichel des abnehmenden Mondes am Tageshimmel und das Verschwinden im Neumond.

Ist meine Aufgabe richtig gelöst, so erscheint Orpheus in seinem Verhältnis zur Eurydike nicht 'zum Sonnengott umgeformt', sondern hat schon Eheglück und Hadesgang als ursprünglicher Mondheros erlebt. Vielleicht darf ich noch auf seine schon erwähnte Morgenandacht mit der Leier zurückkommen: 'Nachts erwachend pflegte er gegen die Morgenfrühe auf dem Pangaion genannten Berg den Sonnenaufgang zu erwarten, damit er den Helios zuerst besinge'. Mit der Sonnengleichsetzung des Orpheus ist diese Stelle schlechterdings unvereinbar; soweit wird auch der berühmteste Tenor die Selbstbewunderung nicht treiben, dass er mitten in der Nacht aufsteht und an sein Bild im Spiegel eine Arie richtet. Orpheus, heisst es, bringt dem Helios die Verehrung dar, die er dem Dionysos verweigert. Es ist aber klar, dass die ganze Situation dem älteren Motiv der immer neu ertönenden gramvollen Klage über den Verlust der Gattin dann besonders glücklich entspricht, wenn Eurydike zur Sippe des Helios gehört. Variiert wiederholt sich immer wieder vor unserm Auge die Szene, dass der gegen die Morgenfrühe aufgegangene Mond nach Osten zurückblickt.

Auch in meiner Auffassung handelt es sich ebenso wie in der von Orpheus-Sonne und Eurydike-Mond um das uralte Sehnsuchtsmotiv zwischen lunaren und solaren Gottheiten.

In diesem Sonderfall ist der wesentlichste und deshalb wohl älteste Zug des Mythus für den Mann der, dass der Sichelmond der solaren Geliebten bald in den Hades folgt und später kurz vor ihr am andern Ende des Weges hervorkommt, und für die Frau der, dass die Dämmerungsröte vor dem Untergang des ihr folgenden Sichelmondes im Westen den ersten und angesichts des sie im Osten vor Tagesanbruch erwartenden Gatten den zweiten Tod erleiden muss. Nur der Mond, der nahe der Sonne steht, steht ihrem Aufgang und Untergang nahe; eine Eurydike, der auf der Mitte des Weges ein Vollmondgesicht erblüht, braucht überhaupt nicht aus Sterben zu denken.

Inwieweit Einzelheiten der Erzählung zum ältesten astralen Bestand gehören, wird schwer zu entscheiden sein. Die Schlange ist nur in dem Sinn wesentlich, als der Tod der Abendröte schnell erfolgen muss. Das Umdrehmotiv, wie ich es erkläre, kann eine spätere Verfeinerung sein, wenn der Gegensatz zwischen Blick- und Bewegungsrichtung bemerkt und benutzt wurde[1]).

Das Sehnsuchts- und Liebesmotiv hat seine grösste Berechtigung gerade bei den beiden Sichelphasen wegen ihres nahen Verhältnisses zu Sonnenaufgang und -untergang. Auch wäre meine Auffassung selbstverständlich von vornherein verloren, wenn nicht die dichterische Empfindung bei dem Spiel der Phantasie die Oberhand hätte über die astronomische Verantwortlichkeit, die ja spöttisch fragen könnte, ob Orpheus mehr als drei Wochen im Hades verbracht habe. Ich halte jedoch die Voraussetzung für wohl berechtigt, dass die beiden reizvollen und bildhaften Gegenmotive des Sichelmondabends und Sichelmondmorgens durch eine einheitliche Handlung am Hadeseingang und -ausgang unmittelbar verknüpft wurden.

Etwas ausführlicher muss ich endlich das Bedenken erörtern, dass in einem Punkt doch der Einbildungskraft eine zu starke Zumutung gestellt

---

1) Es fehlt in der frühesten Erwähnung des Mythus in Platons Symposion 179 D, jedoch ist Klausen der Ansicht, dass sich dies durch die Art der Behandlung und die Kürze der Darstellung verstehen lasse und nicht im Widerspruch zu stehen brauche mit den Nachrichten des Apollodor, 'die uns wohl als die ältesten gelten können'.

erscheine: derselbe Mond soll als ein seitwärts schauendes Antlitz und als seitwärts erblickte Schildkröte apperzipiert sein? Nun, schon an und für sich muss der psychologische Anschauungsvorgang grobsinnlicher in bezug auf die Schildkröte und feiner sublimiert in bezug auf den wandelnden Heros gedacht werden: es kann sich nur um zwei eng assoziierte Bilder ungleichen Alters und Ursprungs handeln. Aber der Mythus selbst sagt, dass er zwei Motive verschiedener Herkunft verwendet; er weist das Schildkrötenmotiv der Hermessage zu. Somit bliebe Orpheus nur für die stimmungsvolle Wirkung der Lyra, die als solche vor ihm da war, die ihm geschenkt wurde, verantwortlich, und die Lunardeutung des liebenden Sängers und seiner Hadesfahrt würde nicht berührt, wenn die der Schildkröte verfehlt wäre.

Sehen wir jedoch von diesem Zufallsmoment gänzlich ab. Den Mond als Schildkröte möchte ich für ein der Kulturwelt in grösserer oder geringerer Umbildung vererbtes Stück aus uraltem Inventar der Menschheit halten. Nicht die tote Schildkröte des Hermes, sondern die lebende, die Genossin anderer astraler Tiergeschöpfe, die in schneller oder langsamer Bewegung auf der himmlischen Flur beobachtet wurden und deren regelmässiges Kommen, Gehen und Verwandeln notwendig nach der irdischen Erfahrung gedeutet wurde. Tierische und menschliche Personifikation sind untrennbar verknüpft. So besassen schon die primitiven Bakairi neben ihrer astralen Ahnen- und Heldensage eine echte Folklore desselben Grundstockes von Himmelstieren, die sie mir zeigten, zwischen denen ihre Kulturheroen 'Mond' und 'Sonne' aufgewachsen waren und deren Geschichtchen nur dann, wenn jene selbst handelnd auftraten oder 'in die Tiere hineingingen', die himmlische Urszene verrieten, zum Teil jedenfalls schon Wandergut waren.

II. Swinegel und der Mond.

Zu den Tiermärchen, die an irgendeinem Ursprungsort einmal Tiermythen gewesen sind und in denen die Schildkröte die hier zu erörternde, dem Jäger und Zoologen schwer begreifliche Heldenrolle spielt, rechne ich den uns unter dem Schlagwort 'Swinegel' vertrauten 'Wettlauf zwischen dem Hasen und der Schildkröte'. Es gibt wohl kaum einen Märchenstoff, der mit seinen Varianten einen gleichen Siegeszug über die Alte und Neue Welt gehalten hat. Wald, Feld, Heide, Wüste, Fluss, Küste, Meer und Luft können der Schauplatz der Wette sein; entsprechend wechseln die Tiere, und neben der zoologischen oder durch die wirtschaftliche Kulturstufe bedingten Substitution steht die Assimilierung durch die jeweiligen Heldentypen des Märchens, wie wohl auch ein gut Stück Erzählerwillkür; es kommt soweit, dass bei dem Fischervolk die Fische das Wettschwimmen veranstalten. Erheblich grösser ist die

Variation auf Seite des schnellen Läufers, wie Elefant, Löwe, Tiger, Strauss, Hirsch, Antilope, Hase, Schakal, Fuchs, oder auch schnellen Fliegers, wie Adler, Falk, Rabe, Kranich, Schwalbe usw. Die Schildkröte dagegen besitzt eine geradezu merkwürdige Persistenz, und ihre Ersatztiere entstammen vielfach durchsichtiger Assoziation, wie die ebenfalls ein Haus tragende Schnecke, die Kröte, der Frosch; bei uns, wo sie fehlt, tritt der stachelbewehrte, bucklige Igel ein, der im Haussasprichwort mit der Schildkröte zusammengeht.

Alle diese Verhältnisse sind heute leicht zu überblicken und zu prüfen dank der mühseligen Sammlerarbeit und der nach Motiven und Wandergebieten geordneten Gruppierung des Materials in dem nicht genug zu schätzenden Werk von Oskar Dähnhardt, 'Natursagen' (Bd. 4, Leipzig-Berlin 1910, S. 47—97). Die Ehre der Erfindung wird dem alten Griechenland zugesprochen. Die äsopische Fabel sei nach Indien gelangt und von dort nach Ostasien und westwärts nach und über Afrika gewandert. Die oft vermutete Übertragung des Märchenstoffs von hier durch Negersklaven nach beiden Amerika wird wohl zum ersten Male einwandfrei bewiesen[1]). Europa und die Araber erhielten ihn durch byzantinische Vermittlung. (S. 91.)

Die äsopische Fabel gilt als Urform: den vertrauensseligen Hasen, der sich ein Schläfchen am Wege leistet, besiegt die ausdauernd wandernde Schildkröte. Aus der Urform sollen sich zwei Hauptformen entwickelt haben: Form II, die 'Verwandtenhilfe', wenn der Sieg des langsamen Tiers, ganz überwiegend der Schildkröte, durch die List errungen wird, dass ein zweiter gleich aussehender Genosse (Frau Swinegel) am Ende der Bahn, oder dass Brüder, Kinder, Verwandte, in wechselnder, grösserer Zahl über die Bahn verteilt, dem Läufer oder Flieger ihr triumphierendes 'Hier bin ich schon!' entgegenrufen, und ferner Form III, 'das Hängen am Gegner', wenn das langsame Tier, gemeinhin ein kleines, wie Schnecke oder Krebs, sich unbemerkt an den Läufer oder Flieger anklammert und sich von ihm zum Ziel tragen lässt. Die beiden Formen sind vielfach brüderlich vereint gewandert und haben sich gegenseitig beeinflusst; Form II ist früher belegt und dichter über die Welt verbreitet.

1) Vgl. ältere Literatur und Übersetzung eines brasilischen Märchens bei Rich. Andree, Swinegel und Hase, Zs. f. Ethn. 1877, (340), (674); Chr. Fred Hartt, Amazonian Tortoise Myths, Rio 1875, und in den Archivos do Mus. Nac., Rio, 6, 134. — Neue amerikan. Wettlaufmärchen zitiert bei Frz. Boas, Notes on mexican folklore, Journ. of Am. Folk-lore 1912, 249. Ich füge hinzu: Chco-Indianer, Strauss und Zecke: E. v. Nordenskiöld, Indianerleben (1912), S. 292; Cora, Nordmexiko, Wolf und Heuschrecke: Th. Preuss, Nayarit Expedition 1, (1912), 99. Wertvoll als Beleg für die Surinam-Neger ist eins ihrer Schildkröten-Sprichwörter: 'Wo der Hirsch hingeht, kommt die Schildkröte auch hin', Wullschlägel, Deutsch-Negerenglisches Wörterbuch (Herrnhut) 1856, S. 331.

Die beiden Tricks sind ganz verschieden, und es darf nicht übersehen werden, dass einige Fabelstoffe aus andern Kapiteln nah verwandt sind, so besonders der Form III die Fabel vom Adler und Zaunkönig. Uns interessieren indessen zunächst die Schildkrötengeschichten vom Typus der Verwandtenhilfe; diese scheint die einzige Schildkröte der Form III entlehnt zu sein, die bei en Yao — 'unbemerkt auf den Rücken des Löwen klettert'.

Es klingt ja ungeheuerlich, ass Swinegel ursprünglich der Mond sei. Selbstverständlich muss der Ton auf 'ursprünglich' gel n. Denn allerdings können beliebig Varianten eines weit g Märchens — in bezug auf die man immer streiten wird, ob Züge, wie etwa hier die Verabredng und der Beginn des Wettla frühen Morgen, mit Recht oder Unrecht auf die astrale Ursituation zu zuführen sind, — eine mythische Deutung an und für sich nicht bürgen. Wenn aber der indische Sonnenvogel Garuḍa in dem ältes Beispiel der Verwandtenhilfe die Wette mit der Schildkröte verlie rückt die Frage bereits in ein ancres Licht. Und tatsächlich ist doc das Schlussergebnis der Wanderforchung das, dass wir auf historischem Wege — das ewig strittige Vorreit von Hellas oder Indien beiseite — in den Dunstkreis der Mythenwelt geleitet werden.

Auch einem a priori-Gesichtspunkt sollte man sich nicht verschliessen. Wenn in der menschlich personifizerenden Mythologie, wie ja niemand bezweifelt, die Bewegungen von Sonne und Mond als das Suchen und Fliehen göttlicher Verliebter und ihre Vereinigung als das Beisammensein eines Ehepaares aufgefasst worden ind, so ist doch wohl einer tierischen Personifikation das volkstümliche Motiv eines Wettlaufs geradezu gegeben, weil diese Tiere sich offensichtlich verfolgen und wechselnd überholen. Es kann eigentlich gar nicht fehle.

So versuche ich die früher nu mit vagen und abrupten Wendungen (der Hase ist der Mond, die Scildkröte ist der Mond) angedeutete Möglichkeit in ein bestimmt umrsenes Bild zu bringen. Die Bahn ist nicht wie bei Orpheus und Eurydice die nächtliche von West nach Ost, sondern die am Tageshimmel vom Morgen zum Abend, und zwar in der Zeit der Konjunktion zwischen abnehmendem und zunehmendem Mond. Sichelphasen. Ich nehme den uns geläufigsten Fall von der Buxtehuder Heide und, um die Schildkröte selbst zu haben, daneben die Parallele vom Amazonenstrom, einerseits also Swinegel, Schildkröte oder Mond, andererseits Hase, Hirsh oder Sonne.

In der Natur sieht man die Modsichel vor Sonnenaufgang, von Tag zu Tag nähert sich die Sonne, der Mond verschwindet für etwa zwei Tage, die Sonne läuft allein.

Die Tiere treffen am frühen Morgen zusammen; den Anlass zur Wette bietet die beleidigende Äusserung über die Beine, schiefe hier, krumme dort. Der Wettlauf erfolgt nicht am gleichen Tage, es wird eine Zeit der Vorbereitung ausbedungen. Swinegel postiert sein würdiges Spiegelbild, die Gattin, am andern Ende und die Schildkröte in Brasilien ihre 'Verwandten' in Abständen längs der Bahn. Wenn der Läufer kommt, soll gerufen werden: 'Hier bin ich schon!' Dadurch nun, dass man nur die Sonne laufen, die zunehmende Sichel aber ganz unerwartet im Westen erscheinen sieht, entsteht auf realer Grundlage die wichtige Pointe, auf der alles übrige beruht: der Mond ist überhaupt gar nicht gelaufen! Die Sonne muss deshalb meinen, Swinegel laufe versteckt in der Ackerfurche, und die brasilianische Schildkröte hat sich zum Erstaunen des Gegners ausdrücklich ausbedungen, durch den Wald laufen zu dürfen, der die Verwandten verbirgt; der Hirsch rennt den Waldrand entlang durch den offenen Kamp, die Rufe schallen hin und her, und erschreckt stürzt er toller und toller vorwärts. Die Sonne mag natürlich mehrere Male die Bahn laufen, am nächsten und an den folgenden Tagen wird sie immer etwas mehr nach Osten einen Verwandten finden. Nach primitiver Anschauung ist der junge Mond ein neues Individuum, und nur der 'verrückte Hirsch' oder der 'dumme Kerl', der Hase, bildet sich ein, weil der plötzlich auftauchende Mond gerade so aussieht, es sei auch derselbe wie am Start und er habe die Strecke wirklich zurückgelegt! — Die Sonne geht unter, der Schnelläufer ist tot. Dem Hasen 'floss das Blut aus dem Halse', die Schildkröten hören keine Antwort mehr und suchen die Leiche.

Man kann sich des grössten Staunens nicht erwehren, wenn man in den räumlich und zeitlich geschiedenen Varianten immer wieder die gleichartige Pointe und so häufig dieselben kleinen Nebenumstände findet, wie den Ruf 'Hier bin ich schon!' und das verblüffte Umschauen des abgehetzten Läufers.

Unser Märchen beantwortet einfach die sehr berechtigte Frage: „Wie ist die Mondsichel auf die andere Seite gekommen?“ Tatsächlich hat die Sonne sie bei ihrem dortigen Erscheinen bereits überholt, die naive Anschauung aber steht, da der Moment nicht zu beobachten war, voll unter dem Eindruck, dass die verschwundene Sichel plötzlich fern am Ende der Bahn aufleuchtet. Man stelle es sich nur selbst einmal vor, wie sie bis zu diesem Augenblick vergeblich noch zwischen Osten und Süden gesucht würde. Sieht man da nicht, wie sich die Sonne, die sich gerade ermüdet von ihrem Tageslauf zur Ruhe wendet, überrascht umblickt, und hört man nicht, wie der junge Mond ihr triumphierend zuruft: „Ich bin schon lange da“?

Entweder hat sich die Mondsichel unbemerkt von der Sonne auf die andere Seite tragen lassen, und junger und alter Mond sind ein und dasselbe Individuum, — das ist die eine Erklärung: sie liefert das Motiv vom Hängen am Gegner. Ist dies richtig, so sehen wir auch, dass diese

Form III Dähnhardts nicht erst durch eine erzählerische Abwandlung, sondern schon durch eine andere Apperzeption des Naturvorgangs entstanden ist, die derselben geistigen Verfassung so genau entspricht, dass im Einklang mit der Wanderforschung auch die Heimat bei demselben oder einem nah verwandten Volk zu suchen ist. Sie kommt auch in Betracht für den Flug des Adlers zur Mittagshöhe, über dessen Kopf sich der Zaunkönig erhebt: die schmächtige Mondsichel schwebt ja oberhalb der grossen Sonne. Ich verweise besonders auf die mongolische Wettflugvariante in Zentralasien, Nr. 14 bei Dähnhardt S. 169; die Fledermaus hat sich auf den Garuḍa-Geier gesetzt! „Wer ist mir am nächsten von allen?“ fragt der Geier, der sich höher als alle Vögel emporgeschwungen. „Mein mageres Körperchen“, antwortet die Fledermaus von seiner Schulter.

Oder — sei es nach primitiver Auffassung, sei es im Spiel der Phantasie, wer kann das wissen? — der junge Mond hat als ein neues Individuum gegolten, und wir haben das Motiv der Verwandtenhilfe. Die Grenzen der Erklärung durch den Naturvorgang sind klar. Er liefert ebenso wie die Fabel des Äsop als Urform, wo die Schildkröte langsam, aber stetig geradeaus wandert, nur den Weg in einer und derselben Richtung. Wir dürfen sogar mit Vernachlässigung der Nacht[1]) noch mehrere Läufe in derselben Richtung und mehrere Verwandte von den einander folgenden Sichelabenden aus dem Naturvorgang ableiten. Das Hin und Her zwischen zwei Schildkröten am Anfang und Ende der Renn- und Flugstrecke muss jedoch wie für die äsopische Umbildung auf das Konto der erzählenden Dichtung gestellt werden, denn selbst die vedische Anschauung, in der die Idee des Pendelmodus steckt, da die Sonne nachts seltsamerweise oberhalb der Erde, ihr Licht nur himmelwärts spendend, nach Osten zurückkehrt, ist ausserstande, bei der Ankunft im Osten eine zweite Mondsichel zur Verfügung zu stellen.

Der Vorzug meiner Deutung (oder vielmehr meiner Annahme, dass der Märchendichter eine Deutung vollzogen habe) gegenüber Dähnhardt, der die Formen II und III der äsopischen Urform entspringen lässt, liegt in dem Nachweis, wie die Scheinleistung entsteht. Meine ‘Urform’ enthält sie; die Pointe, wie ich gezeigt zu haben glaube, hat gerade der Himmel geliefert. Ich meine nicht, dass diese Tricks nicht auch aus der allgemeinen menschlichen Erfahrung bezogen seien; für einen Wettlauf speziell aber scheint es mir doch sehr ungewöhnlich, dass sich ein Gegner am Leibe des anderen versteckt oder dass die Täuschung durch ein Ebenbild vorkommt. Dabei ist alles reine Fiktion und keineswegs — die Schildkröte nennt Brehm ‘stumpfgeistig’ — Ergebnis der Tierbeobachtung.

---

1) In dem Märchen der Kamba in Britisch-Ostafrika fliegt der Habicht mehrere Tage, die Nächte schläft er mit Ausnahme einer. E. Brutzer, Tierfabeln der Kamba. Arch. f. Anthrop. 1910, S. 36.

Dagegen nun Äsop! 'Die Fabel zeigt, dass Anstrengung (πόνος) oft sorglose Naturanlage besiegte!' Alsdann steht sie aber ja im auffälligsten Gegensatz zu einer aus unseren Tiermärchen abzuleitenden Moral, die nur lauten kann 'Klugheit überwindet Stärke' oder schärfer 'List ersetzt Leistung'. Soll das humorvolle Volksmärchen aus jener Plattheit entstanden sein oder nicht eher umgekehrt ein Schulmeister das Märchen didaktisch verballhornt haben?

Es wundert mich demnach gar nicht, wenn Dähnhardt zwei Märchen, die doch gerade 'unmittelbar an die Äsopsche Urform anzuknüpfen scheinen' (S. 96), ganz ausserhalb seines wohlgegliederten Aufmarsches dem Schlusswort als 'Abwandlungen' anzuhängen genötigt ist. Allerdings trifft es sich so, dass das eine aus Samoa, das andere aus Kanada stammt. Dort verschläft ein Huhn, hier vertrödelt ein Falk durch Umherfliegen die Zeit, während die Schildkröte dagegen dort sich sehr früh auf den Weg macht und hier wissend, 'dass sie nur durch grosse Ausdauer siegen kann, geraden Kurs hält und sich durch nichts aufhalten lässt'. Genau wie in Griechenland, und von sämtlichen Fällen haben nur diese beiden, ausgerechnet in Samoa und Kanada, als Gegner eine einzige Schildkröte wie der Hase des Äsop. Dähnhardt hält die beiden Märchen für 'Abwandlungen des Wanderstoffs von der mit der Verwandtenhilfe siegenden Schildkröte'; indem die Hilfe beseitigt wurde, musste eine neue Torheit des unterliegenden Gegners erfunden werden. So möge doch dieselbe Erklärung mutatis mutandis für Äsop gelten! Einen Fingerzeig dafür, wie seine Originalvorlage aussah, geben die Fälle, wo das schnelle Tier in der Nacht schläft oder ausruft: 'Ich würde gewinnen, selbst wenn ich zwischendurch schliefe'.

„Die unglaublichen Verstümmlungen, Verzerrungen, Entstellungen und Auswüchse", sagt O. Keller in den Untersuchungen über die 'Geschichte der griechischen Fabel (1862)' über die Herkunft des äsopischen Materials (S. 384), „stehen in der Geschichte der Literatur einzig da, so dass sich nur in wenigen Fällen zu einer wirklichen Überzeugung von der ursprünglichen oder auch nur ursprünglicheren Form dieser volkstümlichen Erzählungen durchdringen lässt." Die Fabeln dienten lange, ehe sie aufgezeichnet waren, als Unterrichtsstoff für die Kinder der Athener! Sie wurden für Schulzwecke gesammelt (S. 381). So wird man mir verzeihen müssen, wenn ich an die 'Urform' der beharrlichen Schildkröte überhaupt nicht glaube und ihre Einfachheit für trügerisch halte. Die psychologische Brücke, die Dähnhardt über die Kluft schlägt, in der Beharrlichkeit der Schildkröte liege ein gut Stück praktische Klugheit, sie baue auf den Leichtsinn und Hochmut des Hasen, und so habe man die neue Fassung gefunden, dass List über Hochmut siege, diese Brücke scheint mir zu künstlich. Das didaktische Verschlimmbessern ist wirklich leichter und häufiger. Haben wir doch sogar den tatsächlichen Beleg für diese Richtung des Geistes in der köstlichen Albernheit des Libanius (314—393 n. Chr.), bei dem sich die Schildkröte 'durch sehr häufige Übungen' trainiert und ihr Gegner, in Übertrumpfung des Hasen ein Pferd[1]), sich dem Wohlleben und der Trägheit derart überlässt, dass es bei der Austragung der Wette 'nicht einmal gehen konnte!' (Dähnhardt S. 47.) Das allerdings beruht auf äsopischer Urform. Es sei auch die grosse historische Bedeutung des griechischen Fabeldichters bis zu dem mittelalterlichen Klerus und bis zu Lafontaine hinauf in keiner Weise angetastet; ich sehe aber durchaus nicht ein, warum die einen ursprünglicheren Geist atmenden Varianten, just weil wir aus so früher Zeit nur die eine Sammlung besitzen, auf ihn zurückgehen sollen, sondern halte es vielmehr für eine Selbstverständlichkeit, dass viele Stücke schon damals eine lange Geschichte hinter sich hatten, zumal die aus mythischem Stoff hervorgegangenen.

Wenn ich nun den Wettlauf von Sonne und Mond in tierischer Personifikation als den Anfang setze, komme ich auch in bezug auf die Bestimmung der Tiere zu einem anderen Schluss. Meine eigentliche Urform ist der Wettflug des Adlers mit der Schildkröte.

Die Mondschildkröte ist wegen ihrer Allverbreitung und Persistenz hors de concours. Der Hase aber, der oft lunar ist, kommt als Sonne nicht in Betracht; es entsteht die Frage, ob er nicht schon im alten Griechenland der Hase des Wandermärchens ist, wie anderswo der Läufer eben auch Hase oder Hirsch, Antilope, Schakal, Fuchs, Tiger, Elefant oder sonst ein Vierfüssler geworden ist.

Diese Vierfüssler wechseln nicht nur untereinander in der buntesten Weise, sondern auch wiederum mit einem Vogelgegner der Schildkröte, dessen Ausbreitung von Indien aus über Asien und Afrika ganz gesichert erscheint. Wir finden ihn nach Dähnhardt in folgender Fällen: altsiamesische Bearbeitung des Pantschatantra Vogel Khruth oder Garuḍa, China Rabe, Malayen Seidenschwanz, Celebes Eisvogel, Fiji Kranich, Samoa Huhn, Zigeuner Schwalbe, Hottentotten Strauss; hinzufügen darf ich den Habicht für die Kamba[2]) in Britisch-Ostafrika und die Duala[3]) in Kamerun, wodurch auch die Bantuvölker einbezogen werden.

Wischnus Vogel ist auf diesen weiten Wegen mehrfach ein sehr bescheidener Vogel geworden. Die siamesische Fassung selbst erzählt, dass zehn Millionen Schildkröten gegen den Khruth herangezogen wurden; und wenn Hase und Swinegel in den verschiedenen Ackerfurchen laufen, so heisst es hier: „Ich lade Eure Hoheit ein, am Himmel entlang zu fliegen;

---

1) Altgriechisches Sprichwort: 'eine Schildkröte dem Pegasus vergleichen'. Wander, Deutsches Sprichwörter-Lexikon 4, 179.

2) E. Brutzer a. a. O. Ein sehr interessanter Wettflug in einer Reihe von Tagen nach Ukamba und zurück zum Dorf der Schildkröte.

3) Dieselbe Geschichte wird für die Duala bezeugt durch das von Fr. Lutz mitgeteilte (dort aber nicht erklärte) Sprichwort: „Die Schildkröte kommt in die Stadt des Habichts", Afrikan. Studien, Sem. f. Or. Spr. 1912, S. 68.

was mich betrifft, so werde ich im Wasser marschieren" (Dähnhardt S. 63). Sollen die griechische und indische Geschichte voneinander abstammen, so dünkt mich die Möglichkeit ausgeschlossen, dass aus dem Laufen eines Hasen über Feld der Himmelsflug des Sonnenvogels geworden ist.

Wir haben aber auch den Vierfüssler im indischen Umkreis als Gegner der Schildkröte[1]) mit dem Tiger in Anam und dem Löwen in Ceylon. Hier wird uns das Märchen in der Form berichtet (Dähnhardt S. 67), dass der Löwe zwischen zwei an den beiden Ufern eines Flusses sitzenden Schildkröten so lange hinüber- und herüberspringt, bis er ermattet zusammenbricht und ertrinkt, und der Referent sagt, die Geschichte sei in dem Munde fast eines jeden Singhalesen und auch in einem seines Wissens nur in Ceylon vorhandenen Sanskritwerk enthalten[2]).

Es ist ja aber wie der Vogelgegner auch der Vierfüsslergegner von Indien nach Afrika gelangt. Wir finden somit in Asien und Afrika Wettflug und Wettrennen, Flieger und Läufer in freiester Willkür nebeneinander, aber stets mit derselben Pointe. Wir sind also durchaus genötigt, anzunehmen, dass dem Wandermärchen die Pointe alles ist und die Art der Tiere sehr wenig bedeutet, wodurch im übrigen die Bildung und Ausbreitung eines Lokaltypus, den wir zufällig festzustellen in der Lage sind, nicht berührt wird.

Nun ist für die Frage des Verhältnisses von Hellas und Indien der bestimmte Nachweis von höchstem Interesse, dass neben dem Wettlauf des Hasen auch der Wettflug des Adlers den Griechen schon in sehr früher Zeit bekannt war. Wir erhalten diesen Beleg durch den glücklichen Zufall eines Zitats aus einem Drama, das von Achaios, einem Zeitgenossen des Sophokles, 'also vor der Zeit engerer Verbindungen Griechenlands mit Indien' verfasst war (Dähnhardt S. 90): 'von dem Schwachen werde der Schnelle und von der Schildkröte der Adler in kurzer Zeit besiegt!' Das Zitat ist selbst ein Zitat der Fabel des Adlers und setzt ihre Kenntnis bei dem Hörer voraus. Damit wird aber des Hasen Urform für Griechenland oder gar Indien in Frage gestellt. Äsop lebte (man weiss nämlich, wenn sonst auch nichts von ihm, dass er in Delphi totgeschlagen wurde, Herod. 2,134) um 550; seine nur mündlich überlieferten Fabeln sollen um 300 gesammelt worden sein, und diese Sammlung hat bestenfalls die Unterlage für die uns zugänglichen Bearbeitungen geboten, die nach Christi Geburt fallen; Sophokles endlich, nach dem wir den Adler datieren dürfen, lebte 496—405 v. Chr. Wer will nun sagen, welche Variante, die des Hasen und der Schildkröte (ich meine das der äsopischen Fabel zugrunde liegende Volksmärchen, nicht das geschliffene

1) Die Muschelschnecken gegen den Hirsch auf den Philippinen und in echterer Version auf Java.

2) W. Goonetilleke, The Orientalist 1 (Kandy 1884), S. 86.

Kunsterzeugnis), oder die des Adlers mit der Schildkröte früher in Griechenland bekannt war?

Ich vermag Dähnhardt jedenfalls nicht zu folgen, der den Hasen des Äsop nach Indien schickt, um ihn als Adler des Achaios zurückkehren zu lassen, indem er einerseits sagt (S. 90): 'die Besiegung des schnellen Adlers durch die schwache Schildkröte ist nichts anderes als die Besiegung des siamesischen Vogels Khruth und der anderen ostasiatischen Vögel', — andererseits 'die indische Form für ursprünglich griechisches, auf Grund äsopischer Vorlage entwickeltes Eigengut' erklärt. Wenn das Märchen, wie Dähnhardt will, in Griechenland erfunden worden ist oder nur alt sein darf, so wüsste ich nicht, warum nicht auch schon der göttliche Sauhirt dem kleinen Telemach von dem Wettflug des Adlers erzählt haben könnte. Wie spät erst kam unser Swinegel in die Literatur!

Von historischer Seite steht nach Kellers Untersuchungen nichts im Wege, dass ein Teil der alten Tiermärchen schon im grauen Altertum aus Indien, namentlich durch Vermittlung der Assyrer, in das Abendland gewandert sei. Wäre also unsere Wette vielleicht im fernen Orient entstanden?

Ich habe versucht, mir darüber ein Urteil unter dem Gesichtspunkt des Naturmythus zu verschaffen. In bezug auf die gesuchten mythischen Tiere, die Sonne und Mond verkörpern, wird in Indien des Guten leider nur zu viel geboten. Die Schildkröte, 'der Herr der Gewässer', spielt eine sehr bedeutende kosmische Rolle, die weit über die einfache Personifizierung des Mondes hinausgeht. Gubernatis macht allerdings in seinem Kapitel über die Schildkröte[1]) ohne nähere Begründung reichlichen Gebrauch von ihrer Gleichsetzung mit dem Monde. Die beiden Tiere, die vorher Menschen und Brüder waren und um die Herrschaft der Welt streiten, Elefant und Schildkröte, sind Sonne und Mond, sie werden vom Garuḍa beide in die Lüfte entführt. Er vermutet auch, dass in dem Wettflug des Khruth die Beziehung der Sonne zu den Mondläufen dargestellt sei. Er gedenkt der äsopischen Fabel, ohne sich zu erklären, wie die Schwierigkeit 'Hase Mond' und 'Schildkröte Mond' zu beseitigen wäre. — Unzweifelhaft ist der Sonnenvogel geradezu indisches Charaktertier. Wischnu reitet auf dem Garuḍa, dem König der Vögel. Indra holt das Soma in Gestalt eines Adlers, und die Sonne, was besondere Beachtung verdient, wird in den Veden in unmittelbarer Personifikation 'zuweilen als ein Vogel aufgefasst, zweimal unter dem Namen garutmat'[2]).

Wohl versteht man, dass in dem phantastischen Hochwald indischer Mythologie mit seiner Geschichte vorvedischer, vedischer und nachvedischer Entwicklung das Volksmärchen als das Schlinggewächs mit den roten Blüten in ganz besonderer Üppigkeit über Wurzeln und Wipfel wuchern

1) Die Tiere in der indogermanischen Mythologie (Leipzig 1874), S. 616.
2) A. A. Macdonell, Vedic Mythology (1897), S. 152.

musste. Überwuchert ist offenbar, aber nicht entstanden, die von den Ariern mitgebrachte naive Grundanschauung und so auch die Apperzeption der Tierwette von Sonne und Mond. Mit mächtigem Flügelschlag erhebt sich der Garuḍa über 10 Millionen Schildkröten. Unleugbar aber sind der Adler des Zeus und die Sonnenvögel Indiens urverwandt und mythisch wesenseins.

Wenn also die naturmythische Urform der Wette gelten soll, darf man nicht zaudern, eine Anzahl von Märchen ebensogut wie eine Anzahl höherer Mythen auf Grund der griechisch-indischen Entsprechungen in die vorhistorische Urgemeinschaft zurückzuleiten. Da bei allen schriftlosen Völkern Mythen und Märchen untrennbar verwebt sind, da alle ausnahmslos Märchen besitzen, da endlich unser schönes Material gegenüber den 2500 Jahren seit Äsop und den Millionen der Erzähler nur ein armseliges Häuflein Splitter bedeutet, ist mir völlig unverständlich, warum man vor jener Folgerung zurückschrecken sollte, und ich kann mich nur darüber freuen, dass ein Jacob Grimm keineswegs fürchtete, 'die Tiersage sogar in ein höheres Mythengebiet hinaufzurücken'. Bei den Völkern des Ursprungsgebietes erhalten sich auch nach der Abwanderung die mythischen Urtiere noch lange durch die Anlehnung an den Mythus, während das reine Wandermärchen, das sich in aller Welt zu Gaste lädt, nur die Pointe wesentlich beachtet.

Sehen wir zu, wie sich das Ergebnis gestalten würde. Es handelt sich um zwei Gegner. Ist der eine die Sonne, so muss nach dem Naturvorgang der andere der Mond sein, und ihm fällt die Scheinleistung zu. Die einfachste, uns noch heute verständliche Konzeption ist die der Sonne als des grossen Raubvogels und des Mondes als der Schildkröte; die beiden gegebenen Motive der mythischen Dichtung sind Verwandtenhilfe und Hängen am Gegner. Der Sonnenvogel begegnet uns bei den Griechen als Adler des Zeus, bei den Indern als Wischnus Garuḍa. Der Wettlauf der Vierfüssler tritt erst nach Ablösung vom Mythus in dem erzählenden Märchen auf; Tiere verwandten mythischen Ursprungs und Treibens, wie der lunare Hase oder der solare Löwe, mögen sich mit Vorliebe einstellen. Das Erscheinen der Vierfüssler ist erzählerisch leicht erklärlich, weil die Schildkröte selbst ein Lauftier ist. Auch ihre Doppelnatur als Land- und Wassertier gibt ganz von selbst Anlass zu lokalen Abwandlungen für den Schauplatz wie für den Ersatz durch die Muschelschnecke und mehr dergleichen Nebendinge. Es nimmt uns somit nicht wunder, dass wir in Griechenland wie in Indien dem Wettflug wie dem Wettrennen nebeneinander begegnen; der Flieger aber ist noch der echte solare Vogel, und in Indien hat die ältere mythische Form des Wettflugs anscheinend länger und lebensvoller gewirkt.

Verwandtenhilfe und Hängen am Gegner haben sich gegenseitig beeinflusst. Die Schildkröte, die auf den Rücken des Löwen klettert, könnte an und für sich auch auf die Mondschildkröte, die vom Sonnenadler nach Westen getragen wird, zurückgehen. Wir haben in Brasilien das Märchen, dass der Geier die Schildkröte, die er in der Natur nicht unwissentlich tragen kann, in der typischen Wette zum Himmel bringt, jedoch mit dem künstlichen Aushilfsmittel, dass sie sich in seinem Proviantkorb verbergen muss; hiermit ist die ätiologische Ausschmückung verbunden worden, dass die Schildkröte fällt und ihre Abplattung und die Buckelschilder erhält. So findet sich bei Äsop als Überlebsel die Schildkröte, die den Adler bittet, sie das Fliegen zu lehren und dann seinen Krallen entgleitet. Das Märchen hat sich des natürlicheren Motivs bemächtigt, dass der mächtige Adler, ohne es zu merken, den kleinen Vogel, den Zaunkönig, mitnimmt, mit dem er die Wette vollführt oder bei der Königswahl fliegt. Auch dieses Zaunkönigmotiv, dem Aristoteles bekannt, ist altgriechischer Besitz. Eine indische Form wird uns bei den Mongolen Zentralasiens geboten, in dem der Garuḍa von der an ihm hängenden Fledermaus besiegt wird. Die Vierfüssler später tragen Krebs und Schnecke, die kleinen Substitute der Schildkröte. Und wiederum, was uns wahrlich zum Nachdenken über die geringe Bedeutung zeitlicher und räumlicher Ferne anregen muss, im diametral abliegenden Fiji-Archipel von Ozeanien begegnen wir neben der indischen Verwandtenhilfe, Kranich und Uferkrabben, dem indischen Hängen am Gegner in dem Wettflug nach Tonga von Kranich und Schmetterling[1]).

Mir muss es genügen, wenn sich unter dem Gesichtspunkt des alten naiven Naturmythus eine ganze Gruppe von Märchen auf — ich kann nicht anders empfinden — durchaus zwangslose Weise nach ihrem Ursprung erklären oder, wenn man will, deuten lassen.

Die Rechtfertigung des Alters der Mondschildkröte im Orpheusmythus hat einen langen Weg gefordert. Sie behauptet in der Tat, dass Swinegels Urahne, der den Sichelmond personifiziert, älter ist als Orpheus. Die Schildkröte wird zur klingenden Wunderleier erst auf der höheren Stufe der mythischen Apperzeption, wenn der lunare Heros erscheint, mit dessen Verkörperung die gesamte Anschauungsfülle der zauberhaften Sichelmondwelt zu persönlichem Erleben umgestaltet wird.

Im übrigen vermag ich selbst in diesem Augenblicke am wenigsten zu beurteilen, was meine kleine Gelegenheitsstudie des Richtigen oder des Falschen enthalte. Suggestion hat die Mythen geschaffen, Autosuggestion meint, sie zu erklären. Der Forscher verliebt sich in seine Deutung, besingt sie in freudigen Tönen, aber schon lauert die Schlange im Gras am Ufer, die sie tötet. Mit allen Künsten gelingt es dem Armen nicht, sie aus dem Hades zu retten, sie verflüchtigt sich in den Lüften, und er wird zerrissen.

Berlin-Steglitz.

---

1) Unserm 'Buttervogel' entsprechend, nach polynesischer Auffassung ein manu, Vogel.

Sechs Volkslieder aus dem 16. und 17. Jahrhundert.

Mitgeteilt von **Otto Stückrath**, mit Anmerkungen von **Johannes Bolte**.

---

1. Ein Quodlibet.

1. IN meines Bulen Garten
Da stehn zwey Båumelein,
— Die Ripp, die Ripp entzwey,
Das fitze Federlein,
Brauns Annelein —
Das ein daß trågt Muſcaten,
Das ander Någelein.
Die Ripp, die Ripp entzwey,
Das fitze Federlein,
Brauns Annelein.

2. Die Muſcaten die seind sûsse,
Die Någelein die seind råß,
— Die Ripp, die Ripp entzwey,
Das fitze Federlein,
Brau[n]s Annelein —
Die geb ich meinem Bulen,
Daß er mein nicht vergeß.
Die Ripp, die Ripp entzwey,
Das fitze Federlein,
Brauns Annelein.

3. Ich sah mir ein blawen Storcken
Auff einer Matten gahn,
— Die Ripp, die Ripp entzwey,
Das fitze Federlein,
Brauns Annelein —
Ich meint, es wer mein schönes Lieb,
Ich hieß sie stille stahn.
Die Ripp, die Ripp entzwey,
Das fitze Federlein,
Brauns Annelein.

4. 'Ach Gott, was soll ich stille stahn?
Ich hab es noch kein Graß,
— Die Ripp, die Ripp entzwey,
Das fitze Federlein,
Brauns Annelein —
Ich hab ein zorniges Mûterlein,
Die schlågt mich alle Tag.'
Die Ripp, die Ripp entzwey,
Das fitze Federlein,
Brauns Annelein.

5. "Hast du ein zornigs Mûterlein,
Schlågt sie dich alle Tag,
— Die Ripp, die Ripp entzwei,
Das fitze Federlein,
Brauns Annelein —
So bind dein Kleyder zusammen,
Vnnd zeuch mit mir darvon!"
Die Ripp, die Ripp entzwey,
Das fitze Federlein,
Brauns Annelein.

6. 'Ach Mutter, liebste Mutter,
Der Kleyder seyn nicht viel,
— Die Ripp, die Ripp entzwey,
Das fitze Fe- [A 2a] derlein,
Brauns Annelein —
Gebt mir drey hundert Gulden,
Der Kleyder kauff ich viel.'
Die Ripp, die Ripp entzwey,
Das fitze Federlein,
Brauns Annelein.

7. "Ach Tochter, liebe Tochter,
Der Gulden seyn nicht viel,
— Die Ripp, die Ripp entzwey,
Das fitze Federlein,
Brauns Annelein —
Dein Vatter hat sie verrauschet
Mit Würffel vnnd Kartenspiel."
Die Ripp, die Ripp entzwey,
Das fitze Federlein,
Brauns Annelein.

8. 'Das muß sich Gott erbarmen,
Daß ich sein Tochter bin.'
— Die Ripp, die Ripp entzwey,
Das fitze Federlein,
Brauns Annelein —
Dort oben auf jenem Berge,
Das [!] steht ein hohes Hauß.
Die Ripp, die Ripp entzwey,
Das fitze Federlein,
Brauns Annelein.

9. Da gehen alle Morgen
Drey stoltze Schreiber rauß,
— Die Ripp, die Ripp entzwey,
Das fitze Federlein,
Brauns Annelein —
Der erst, der ist mein Bruder,
Der ander gehört mir zu.
Die Ripp, die Ripp entzwey,
Das fitze Federlein,
Brauns Annelein.

10. Der dritt, den ich nicht nennen will,
Der ist mein ståhter Buhl,
— Die Ripp, die Ripp entzwey,
Das fitze Federlein,
Brauns Annelein —
Mein Vatter ist ein Stricker,
Er strickt die gantze Nacht.
Die Ripp, die Ripp entzwey,
Das fitze Federlein,
Brauns Annelein.

11. Er strickt mir eine Hauben,
Die ist noch nicht außgemacht.
— Die Ripp, die Ripp entzwey,
Das fitze Federlein,
Brauns Annelein —
Die Hauben, die ist mit Seyden,
Mit Perlen ist die Schnur. [A2b]
Die Ripp, die Ripp entzwey,
Das fitze Federlein,
Brauns Annelein.

Vier schöne Newe Lieder. | Das Erste/ | In meines Bu-|len Garten/ das stehn zwey Båumelein/ die Ripp/ die Ripp | entzwey/ etc. In seiner eygenen | Melodey zusingen. | Das Ander/ | Wer ist der kan ersehen/ den Angst/ | Pein vnd auch Schmertz/ etc. | Das Dritte/ | Amor bringt mich in schwere Noth/ | Ach Hertziges Schåtzelein/ etc. | Das Vierdte: | Es waren drey Soldaten gut/ Sie | waren gar junge Blut/ etc. | [kleine Verzierung]. Gedruckt zu Strasburg | by Thiebolt | Berger am weinmarck. | 4 Bl. 8°. (Der untere Rand so stark beschnitten, dass der Druckort mit Sicherheit, der Drucker nur mutmasslich zu ermitteln ist.). — Darmstadt, grossherzogliche Bibliothek E 4361. — Der Verlagsbezeichnung zufolge gehört das Flugblatt in die Jahre 1564–1584 (Uhlands Sammelband fliegender Blätter hsg. von Blümml 1911 S. 11). Vorgeheftet ist dem Darmstädter Exemplar ein anderes Flugblatt aus derselben Presse: Des froñen Fürstē Her|tzog Hansen aus Sachsen Lied | vnd gedicht, In der | Melodey, | Nun wölche hie jr hoffnung gar | auff Gott den Herren legen, etc. | □ | Ein ander hüpsch Lied, | ¶ | was wirt doch des wun-|ders noch, so gar ein sel-|tzams leben, etc. | 4 Bl. 8°. Am Schluss: Getruckt zů Strasburg by Thiebolt | Berger am weinmarck. |

Das lustige Gemisch von Liebesliedern, dessen Melodie uns leider nicht überliefert ist, besteht **1.** aus einer Strophe des oben 22, 281 gedruckten Liedes 'Von deinetwegen bin ich hie' (Uhland nr. 30; Erk-Böhme nr. 428; Kopp, Lieder der Heidelberger Hs. Pal. 343 nr. 186) = Str. 1—2; **2.** aus dem bisher nur aus jüngeren Fassungen bekannten 'Blaustorchenliede', in welchem eine Grasmagd mit dem Reiter davonziehen will, aber von der Mutter vergeblich ihr Erbteil an Kleidern und Geld einfordert (Erk-Böhme nr. 71; dazu Heeger-Wüst, Volkslieder aus der Rheinpfalz nr. 22; Amft, Volkslieder der Grafschaft Glatz nr. 32 und Schweizer. Archiv für Volkskunde 3, 255. 5, 10. 11, 55) = Str. 3—8; **3.** einer Parodie auf das sehnsuchtsvolle Lied von den drei Fräulein 'Dort oben auf dem Berge' (Erk-Böhme nr. 418b. 419c—e; Heeger-Wüst nr. 76; Hessische Bl. f. Volkskunde 9, 87. Eine Parodie aus dem

17. Jahrhundert Zs. f. dt. Philologie 40, 417, eine andere bei Bode, Die Bearbeitung der Vorlagen in Des Knaben Wunderhorn 1909 S. 645) = Str. 8—10; **4.** einem mir nur aus einer späteren schwäbischen Fassung (Wunderhorn 3, 59 = Erk-Böhme nr. 606) bekannten Liede: 'Mein Vater ist ein Stricker' = Str. 10—11. — Dazwischen sind drei Kehrzeilen eingesprengt: 'Die Ripp, die Ripp entzwei; Das fitze Federlein; Brauns Annelein', von denen die erste auf das Lied von der Nachtfahrt (Erk-Böhme nr. 157: 'Er fiel wol über ein Block, er fiel ein Ripp im Leib entzwei'; auch bei M. Franck, Fasciculus quodlibeticus 1611 nr. 2 'Er fiel ein Rieb im Leib entzwey, darzu ein Loch im Kopf') und die dritte auf die verwandte Ballade vom 'braun Annel' (Goethe, Ephemerides und Volkslieder 1883 nr. 9 'Es wollt ein Knab spazieren gehn') deutlich hinweist. — Übrigens finden wir die Strophe von den wunderbaren Bäumen im Liebesgarten (1) auch anderwärts mit den unter 2 und 3 genannten Liedstoffen verbunden; vgl. F. van Duyse, Het oude nederlandsche Lied nr. 216 und Erk-Böhme nr. 419b-c.

2. Er klagt sein Liebesleid allen Göttern.

1. WER ist, der kan ersehen
Den Angst, Pein vnd auch Schmertz,
So tåglich leidt im Leib mein Hertz?
Der muß mitleyden tragen,
Mein Jammer bey sich beklagen,
Wann nicht ist von Stein sein Hertz.

2. Ich het mir im Hertzen erkohren
Ein zart Jungfråwlichs Bild,
Weil sie sich gegen mir stellt freundlich mild;
Jetzt aber thut sie mich hassen,
Will mich nun gantz verlassen,
Stellt sich gar feindlich vnd wild.

3. Last mein Klag vor euch kommen,
Ihr Gôtter, versamblet ein Rath,
Ich bitt, schafft recht in dieser That!
Last Venus außziehen die Pfeile,
Darmit Cupido in eile
Mein Hertz verwundet hat!

4. Halt hindersich auch die Sonne
Phœbus mit ihrem Schein,
Ihr finstern Wolcken treibt herein,
Thut zudecken, daß meine Augen
Nicht kônnen mehr anschawen
Den Schmertzen deß Hertzen mein!

5. Orpheus mit deinen Gesellen,
Die Musica, bitt ich, halt ein,
Leg beyseit die Lauten vnnd Harpffen rein!

Ihr Satyri thut sehr schreyen
Im Wald mit eweren Schalmeyen,
Gott Pan last auch still seyn!

6. Last ewer hüpffen vud springen,
Ihr kleinen Waldvögelein,
Gebraucht nit mehr ewer Stimm so rein!
Viel lieber thut mit den Eulen
Erbärmlich klagen vud heulen,
Zur Anzeigung meiner Pein!

7. Last auch in Bergen vnnd Thalen
Das Echo jetzt schweigen still,
Weil die Natur selbs mit mir will [A 3 a]
Mitleiden vnd Schmertzen tragen,
Weil nit ist außzusagen
Mein trauren in Liebes Spiel!

8. Mit dem Neptuno zusammen
Syrenen vnnd Nymphen bloß
Die Wasserwogen begeren ohn maß,
Daß sie sich gantz vbergießen,
Mit welchen ich auch laß fliessen
Mein Seufftzen vud Thränen groß.

9. Letztlich so thut euch verkehren,
Ihr wolriechenden Blümelein,
Zu brennenden Nesseln in gemein!
Die Rößlein vnd Violen
Zu Dornen werden sollen,
Damit ich nicht trawr allein.

10. Man wird mir endlich Preiß geben
Wegen meiner Beständigkeit,
Die ich hab getragen in Lieb allzeit.
Dargegen so thut betrachten,
Euch Jungfrawen wird man verachten
Wegen ewerer Hartigkeit.

A. Vier schöne Newe Lieder (Strasburg, Thiebolt Berger), Das ander Lied. — **B.** Drey schöne Newe Weldt-|liche Lieder. | Das Erste. | Die Liebste mein wil mich ver-|lassen, etc. | Gedruckt im Jahr, 1614. | (Berlin Ye 1191). Das Ander. — Die Anfangsbuchstaben der Strophen ergeben in A den Namen Wilhollm LM (Letzman?); in B, wo Str. 7 erst hinter Str. 9 folgt, lautet in A das Akrostichon Wilholm KLM. Andere Abweichungen von B: 1, 1 der doch kann — 1, 2 vnd den Schmertz — 1, 6 von steinern — 2, 1 hatte im — 2, 2 zartes — 2, 3 weil sich gegen mich — 2, 6 gar frembd — 3, 1 meine Klage — 3, 2 den Rath — 4, 3 die — 4, 4f. Zudecken laß meine Augen, das sie nicht mehr anschawen den Schlüssel — 5, 2 Musicam — 5, 5 mit jhren scharffen S. — 6, 1 singen — 6, 5 klagen] schreyen — 7, 4 mit mir leiden — 7, 6 mein leiden in lieben Spiel — 8, 6 meine Schmertzen — 9, 1 Kürtzlich — 10, 1 mich letzlich — 10, 3 so ich geführt im Leibe — 10, 4 Hiegegen thu wol — 10, 5 man wirdt dich o Jungfraw verachten — 10, 6 deiner.

3. An Anna.

1. AMor bringt mich in schwere Noth,
Ach hertziges Schätzelein :/:
Dein schôn gestallt, dein Mûndlein roth
Krânckt das Hertze mein.
Ach GOTT, daß es kôndt anderst seyn,
Wûrd mir gewend der Schmertzen mein
Auß Trawrigkeit in Frewd.

2. Nimb mein Gemût mit trewen an,
Du außerwôhltes Lieb :/:
Mein Lieb ich nicht außsprechen kan,
So ich gegen dir ûb.
Wolt GOTT, daß ich dein Mûndelein
Môcht kûssen alle Stûndelein,
So wer mein Hertz gesund.

3. Nun so es nicht kan anderst seyn,
Muß ich tragen gedult :/:
Ach tausendt guldenes Schâtzigen [A 3 b] mein,
Nimb mich in deine Huld.
In Trewen ich dir dienen will,
Mein Lieb hat weder maß noch ziel
Zu dir, mein Hertz allein.

4. Ade zu hundert guter Nacht,
Schenck ich dir diß Liedlein klein :/:
Ach Schatz, mein Gemût trewlich betracht,
Schleuß mich ins Hertz hinein.
Behût dich Gott vor allem Leid,
Wûnsch dir viel tausend Frôligkeit,
Scheyden das krânckt vns beyd.

Mein Allerliebste vngenendt,
Nimb jetzt vor gut, was ich dir sendt,
Ob schon die Gaab ist ring vnd klein,
Gott weiß, daß ich in trewen mein.

Vier schöne Newe Lieder (Strasburg, Thiebolt Berger), Das dritte Lied. — Die Anfangsbuchstaben der einzelnen Strophen ergeben den Namen Anna. Über derartige Akrosticha vgl. Kopp, Zs. f. deutsche Philologie 32, 212. 33, 282.

4. Die gefangenen Soldaten zu Düren.

1. ES waren drey Soldaten gut,
Sie waren gar junge Blut,
Sie hetten sich ein wenig vergangen,
Der Marschalck nam sie gefangen,
Gefangen biß zu dem Todt.

2. Einen Wagen thet man rûsten,
Ein Wagen, den rûst man zu,

Darauff thet man sie fuhren
Von Ringelrot biß gen Důhren,
Gen Důhren wol in den Thurn.

3. Man legte sie hart gefangen,
Verschlossen mit Rigel vud Thůr,
Die Knaben, die stunden in trawren,
Sie růffen auß der Mauren,
Daß Gott jhr Helffer wer.

4. Das erhôrt ein wackers Mågdlein,
Het einen gefangnen lieb,
Die gieng mit schreyen vnd weinen
Gen Důhren wol vber die Steine,
Hin zu dem tieffen Thurn.

5. 'Knabe, wann ich dich loß båte,
Was wurdest du darnach thun?
So zůgest du auß dem Lande,
Låst mich wacker brauns Mågdlein in Schande,
In grossen trauren stahn.'

6. "Ach nein, du wackers Mågdlein,
Das wolte ich je [A4a] nicht thun,
Ich wolt dich nemmen vnd trawen
Zu einer Ehelichen Haußfrawen,
Mein eigen solltest du seyu."

7. Das Mågdlein wandt sich vmbe
Vnnd gieng mit weinen darvon,
Sie gienge mit schreyen vnd weinen
Zu Důhren vber die Steine
Vor deß Ober Amtmanns Hauß.

8. 'Ach Amptmann, lieber Herr Amptmann,
Ich hab ein Bitt an euch;
Ihr wolt meiner in Gnaden bedencken,
Ein gefangenen Soldaten mir schencken,
Der soll mein eigen seyn.'

9. "O nein, du wackers Mågdtlein,
Das kan doch nicht geseyn,
Der junge Soldat muß sterben,
Kan er GOTtes Gnad erwerben,
Das wer seiner Seelen speiß."

10. Das Mågdlein weinet so sehre,
Bath mit traurigem muth:
'O Amptmann, lieber Herre,
Wolt mich der bitt gewåhren,
Schenckt mir den jungen Soldaten gut!'

11. "Mågdlein, du hast vernommen,
Es kan vnnd mag nicht seyn;

Der junge Soldat in Banden
Hat gestifft viel Jammer vnd schande,
Drumb muß er deß Todtes seyn."

12. Das Mågdlein wandte sich vmbe
vnnd weinet gar bitterlich,
Sie gienge mit weinen vnnd Kummer
Zum tieffen Thurn besonder;
Hört, was sie trug mit sich.

13. Sie trug an jhrem årmelein
Ein Hemmetlein, das war weiß,
Daß schenckt sie mit åuglein netzen
Dem jungen Soldaten zur letze,
Zu seines Todtes schweiß.

14. Was zohe er von seiner Hande?
Von Goldt ein Fingerlein;
"Das nimh hin, mein Allerliebste,
Von mir jetzt zu der letze,
Darmit gedencke mein!"

15. 'Ja, wann das Ringlein wird brechen,
Wo soll ich die stücklein hin thun?'
"Schleuß du sie dann in dein Ki-[A4b]sten,
Auff daß niemand mehr wisse,
Wo es hingekommen sey!"

16. Wer ist, der vns das Liedlein sang,
So frey gesungen hat?
Das thet ein ehrlicher Ritter,
Sahe deß jungen Soldaten Tod bitter,
Vnd halff jhm auch zum Grab.

17. Hiemit thu ich beschliessen
Das Liedlein auff dieses mahl;
GOTT wölle sein Gnad thun senden
Vnnd helffen zum seligen Ende
Vns Christen allzumal. Amen.

ENDE.

A. Vier schöne Newe Lieder (Strasburg, Thiebolt Berger), Das vierdte Lied. — B. Drey newe, lustige, vnd kurtzweilige Lieder: Das erst, Von Ehrlichen Rittern vnd Soldaten, wie sie sich im Krieg, Streit, vnd Sturm verhalten, auch was sie außstehn müssen, etc. Das ander, Von dreyen jungen Soldaten zu Duhren im Niderland, welche sich etwas vbel vorgesehen, vnd wie es jhnen ist ergangen, etc. Getruckt im Jahr 1620 (Berlin Ye 1331) = Hoffmann v. F., Findlinge 1, 251 (1860) = Erk-Böhme nr. 65b. — C. Vier schöne Neue Soldatenlieder (um 1632), das 2. (Berlin Yd 1752) = Erk, Liederhort 1856 S. 34 nr. 12c. — D. Mehrere jüngere Texte bei Erk-Böhme nr. 65c—f und ausserdem Marriage nr. 9; Heeger-Wüst nr. 19; Becker nr. 5; Reifferscheid nr. 12; Busch, Ut ôler Welt S. 145; Hannov. Geschichtsblätter 5, 120; Frischbier 1893 nr. 15; Batocki nr. 12.

Aller Wahrscheinlichkeit nach geht diese hochdeutsche Ballade, deren frühste Aufzeichnung A oben mitgeteilt wurde, auf eine ausführlichere

Fassung im gleichen Versmass zurück, die uns in einer niederländischen und einer niederdeutschen Form vorliegt: N. 'Het waren negen Soldaten' (22 Str.), Flugblatt um 1592 = J. W. Muller, Tijdschrift voor nederlandsche taal- en letterkunde 13, 151 (1894). — **O.** 'Idt weren negen Soldaten' (22 Str.), in dem um 1600 gedruckten nd. Liederbuche Uhlands nr. 119 = Niederdeutsche Volkslieder 1, 98 nr. 133 (1883) = Erk-Böhme nr. 65a. — Da die Fassung N sowohl von Kopp als von Alpers in ihren Besprechungen von O (Niederdeutsches Jahrbuch 26, 42. 38, 51) übersehen wurde und auch F. van Duyse unbekannt geblieben zu sein scheint, der sie sonst wohl in seine schöne Sammlung der älteren niederländischen Lieder aufgenommen hätte, wiederhole ich sie hier nach Mullers Abdruck[1]):

Een nieu Liedeken vande negen Soldaten,
die op Vrybuydt gingen vnde worden alle gaer gheuangen.

1. Het waren Negen Soldaten
Des morgens vrôch opgestaen,
Op Vrijbuyt dat sy gingen.
Nu hoert, ick salt ons singen,
Hoe dattet hem is vergaen.

2. Sy Gingen sitten drincken
Ten was hem geen ghelûck,
Haer Rijck en stondt niet langhe,
Den Maerschalck namse gheuangen,
Hy brochse al inden Drûck.

3. Hy ginck eenen Wagen hueren
Mit Ros vnde Knechten op sadt,
Daer op dede byse Voeren
Van Rangelroy na Dueren
Ghebrocht al in die Stadt.

4. Ghebrocht tho Dûren binnen
Al voor die Ouerheyt,
Al in die Stadt van Rechten
Daer waren die Negen Lantsknechten
Den Thoren inghebrocht:

5. "Och Wistent nv mijn Olders,
Dat ick gheuangen bin,
Hoe haest soldense Schrijuen,
Om Geldt vnde Goedt tho Krijgen,
Totter tijdt dat ick Loswaer."

6. Sy sâten Veerthien Wecken,
En sagen Son noch Maen;
Den Buel van Gûlick daer quame,
Recken datse daer vername
Tormenten anghedaen.

7. Den Buel ginckse Bederuen,
Datmen Jammer daer sach.
Sy verlanden mennich weruen,
Wat Doot se solden steruen
Al na den Lestden Dach.

8. Dat vernam een Maechdeken
Van Achthien Jaren Oldt,
Sy quam so baest ghegangen,
Daer die Liefste sadt gheuangen,
Haer Herte was seer benoudt.

9. Sy ginck den Toren inne
Vnde was niet wel ghemoedt,
Sy sprack mit Drouen Sinnen:
'Wat sal ick nv beginnen,
O Lieff, ten is niet goet.'

10. Als dat Aerdich Smedelijn
Al inden Toren quam,
Dœn Riep stoldt Rôbrecht kleyne:
"Ghy zijt die Lieffste alleyne,
Condyer my helpen wt!"

11. 'Oft ick v mocht verbidden,
Om v tho helpen wt,
Vnde ghy Toecht wt den Lande
Vnde ghy laten my Maechdeken in schande,
Dat waer mijn Hert een Cruys.'

12. "Ten sal v niet berouwen;
Condy my helpen wt,
So wil ick v Lieueken Trouwen
Tot eender Echte Vrouwe;
Ghy sult die Liefste zijn."

---

1) Folgende Druckfehler hat J. W. Muller verbessert: 4, 4 Lantsknechten — 6, 4 Rrcken — 10, 5 Coudyer — 14, 4 Eeere — 19, 5 goote — 21, 2 Dns — 22, 2 hiedt.

13. 'Ick salt eens gaen besueren',
Sprack daer die Jongemaecht,
'Bidt Godt om een goet vre!'
Ginck heymelick ouer die Muere
Al voor den Amptmans Huys.

14. 'Amptman', sechse, 'Heer Amptman,
Wilt my een Woordt verstaen!
Ick bidde v, ghenadige Heere,
Geefft my doch ter Eere
Die Jonckste los tho gaen!'

15. "Ten baedt geen Bidden offt Karmen,
Ghenade en salder niet zijn.
Ghy en kont geen Troost verweruen,
Die Jongerhelt moet steruen,
Al dôdet mijn Herte pijn."

16. Dat sMedelijn wrong haer Handen,
Was haer so swaren Cruys,
En sy ginck druckelijck weenen
Tho Dueren al ouer die Steenen
Al nae baers Vaders Huys.

17. Wat haelden sy wt der Kiste?
Een sneeu widt Hemdelijn:
'Holdt daer, mijn alder Liefste,
Dat schenck ick v tot een Leste,
Het moet nv ghescheyde zijn.'

18. Wat trock hy van zijnder Handen?
Een Ringelinck Roodt van Golde:
"Holdt daer, ghy en dorfft niet krijten,
Den Rinck suldy verslijten,
Het is mijn Eygen Trou."

19. 'Ick sal hem oock verslijten
Tot Cleyne stuckelijn.
Wat mach my den Rijnck dan båten?
Als ick v Lieffken moet laten,
Dus hebbe ick grote pijn.'

20. "Als hy tot cleyne stuckelijn
Gheheel versleten sal zijn,
Want ick van hier moet scheyden,
Mijn Trouwe daer mede verbreyden
Tot eender ghedenckenis [mijn].

21. Vrenden Raedt, wy niet en achten,
Dus zijn wy int verdriet.
Ghesellen, wilt v Wachten
By Dagen vnde by Nachten,
So en gheschiedt v sulcx niet."

22. Die ons dit Liedeken dichte,
Hy hieldt oock goeden moedt.
Inden Thoren dat hijdt stichte,
Zijn Herdt was hem so Lichte,
Al Storte hy zijn Bloedt.

Die genauen Ortsangaben beweisen, dass der Ballade ein wirklicher Vorfall, die zu Düren erfolgte Hinrichtung einiger räuberischer Soldaten, zugrunde liegt, auch wenn man die Fürbitte des Mädchens für den gefangenen Liebsten als einen öfter wiederkehrenden typischen Zug[1]) bezeichnen wollte. Beide Fassungen, die längere niederdeutsche und die kürzere hochdeutsche, stimmen im Wortlaut grossenteils überein; es entsprechen sich im allgemeinen:

NO, Str.	1— 2	=	A, Str.	1
	3— 4	=		2
	5— 7	=		3
	8— 9	=		4
	11—15	=		5—9
	16—19	=		12—15
	22	=		16

Doch ist die niederdeutsche Fassung in einzelnen Angaben genauer; in A fehlen die in NO Str. 6 genannten Gerichtsdiener aus Jülich, das Dorf Rangelrooi (N, Str. 2; Rangeltrouw in O), in welchem Muller mit Recht Randerath bei Geilenkirchen, nördlich von Aachen erkennt, ist zu Ringelrot verstümmelt, und statt der neun Soldaten erscheint die typische

1) Vgl. Liebrecht, Zur Volkskunde 1879 S. 433; R. Köhler, Kleinere Schriften 3, 251. 595; Euphorion 8, 614.

Dreizahl. Diese Umstände sprechen für die Priorität der Fassungen NO gegenüber ABC. Ob nun die niederländische Fassung N oder die niederdeutsche O die ursprüngliche ist, kann nur die Betrachtung der Reime lehren. In O weisen die Reime in Str. 8 oldt: benouwet, 18 Golde: Thron (l. Trou), 21 vordreth : nicht deutlich auf niederländische Formen hin; die ans Hochdeutsche erinnernden Diminutiva in N 10. 16 smedelijn, 17 hemdelijn, 19. 20 stuckelijn kommen dagegen nicht in Betracht, und in N 11 wt: cruys ist offenbar gar kein Reim beabsichtigt, da die Bindung zwischen der 2. und 5. Zeile auch sonst (N 4. 5. 10. 12. 20) öfter vernachlässigt oder durch Textverderbnis verloren gegangen ist. Mithin ist unsere Ballade in den Niederlanden an der südlichen Sprachgrenze entstanden, dann rheinaufwärts gewandert und in Oberdeutschland einer leichten Umgestaltung unterzogen worden.

Auch die bisher unbekannte Melodie, nach der das Lied im 16. Jahrhundert gesungen wurde, glaube ich nachweisen zu können. In der um 1640 erschienenen Sammlung 't Dubbelt verbetert Amsterdamse Liedboeck', Amsterdam, Jan Jacobß. Bouman 1, 109 (Berlin Zf 7788) steht über dem Liebesgedicht 'Ick wil van desen avont' die Angabe 'Stemme: Het waren negben Soldaten.' Wir finden aber auch über einem mit den Noten versehenen geistlichen Liede in J. Stalpaerts Extractum catholicum (Löwen 1631 S. 522) als ursprüngliche Melodie angeführt 'Stem: 'k Wil van dezen avond.' Diese bei F. van Duyse, Het oude nederlandsche Lied 2, 1007 nr. 283 wiederholte Weise dürfen wir somit für die niederländische Fassung N unserer Ballade in Anspruch nehmen[1]):

Ic wil van de - zen a - vond nog eens uit vrij - en gaan, om mijn
(Het wa - ren negen sol - da - ten des morgens vrôch op - ge - staen, op

zoe - te lief te spre - ken; of mijn jon - ger hert zal bre - ken, moet ik
vrij - buyt dat sy gin - gen. Nu hoert, ick salt ons sin - gen, hoe

voor haar ven-ster staan.
dattet hem is ver - gaen).

---

1) Die mit einem Sternchen bezeichneten beiden Takte sind wohl besser zu rhythmisieren:

5. Der Schmiede Lob-Lied.

Im Ton: Ist ein Leben in der Welt, etc.

1. Mercket auf, ihr tapffere Schmied
Und ein jedes Zunft-Gelied,
Was ihr doch vor wackre Leute
Jeder Zeite
Und noch heute
Bis auf die[se] Stund gewest,
Wie sich das erweisen läßt.

2. In dem Alten Testament
Gieng schon euer Werck an Händ;
Tubalkain, der bekandte,
Es erfande.
Durch Verstande,
Den ihm GOtt gegeben ein,
Daß er solt der erste seyn.

3. Nach dem kam Bethsaleel,
Dem auch GOtt ein kluge Seel
Von Verstande hat verliehen,
Der gediehen
Durch Bemühen,
Bracht ers Schmied-Werck mehr an Tag,
Bis ihm mehrer folgten nach.

4. So sind Schmiede tapffre Leut
Schon von gar uralter Zeit;
Schmiede braucht der Krieges-Helde.
In der Welte
Und zu Felde
Würd es gehen schlecht daher,
Wann kein tapffrer Schmiede wär.

5. Wie fieng doch der Bauersmann
Seine Acker-Arbeit an,
Wann kein Pflug und Grab-Eis wäre
Und noch mehre
Ohngefähre
Er auch keine Axt hätt nit,
Welches alls ja macht der Schmiedt!

6. Käyser, Konig, Fürsten, Herrn
Brauchen Schmied und haben gern
Ihrer Hände Werck und Sachen,
Was sie machen
Aus Ursachen,
Weil sie ja sind nutz und werth
In die Marställ für die Pferd.

7. Schmiede sind von Alterthum
Vieler Künste erste Blum,
Aller Reich und Länder Zierde,
Derer Würde
Nach Gebührte
Zu den Krieg und Frieden taugt,
Und sehr nutzbar wird gebraucht.

8. Dem Roß, das den Käyser trägt,
Erst der Schmied die Schuh anschlägt,
Ja, der Schmied hat guug zu schaffen,
Wehr und Waffen
Zum Bestraffen
Für die Feinde macht der Schmied,
Fort und fort ohn Unterschied.

9. Schmied bedarff der Zimmermann,
Maurer und der Steinmetz kan
Ohne Schmied nicht wohl fort kommen;
Schmiede frommen,
Wie vernommen,
Ja zu allen Dingen wol;
Schmied sind aller Ehren voll.

10. So sey heut der Schmied geprobt!
Lebe, wer die Schmiede lobt!
Löblich es gefochten heisset,
Wer sich weiset
Und bepreiset
Die ruhmwerthe Schmiede-Zahl,
Lebet wohl zu tausend mal!

Lob, Ruhm, Ursprung und | Alterthum | des Löbl. Handwercks | der | Schmiede, | Nebst wahrhaften Bericht, aller derjenigen | Ceremonien und Reden, welche sie bey eines Lehr- | Jungens Aufdingen, Lossprechen, Gesellenmachen, | und dann Meisterwerden von langen Zeiten | her gebrauchen. | Derer an statt eines Anhanges, ein Lob-Lied, | nebst der Schmiede Umfrag, zur Belustigung | beigefüget worden, | von | Jacob Wahrmund. | [Bildchen: Schmiede bei der Arbeit.] Zuvor niemals also gedruckt. (o. J. um 1710) S. 37–39. (Berlin Oo 12 116, 3.)

Das Lied ist eine gleichzeitige Parodie zu dem obszönen 'Höret zu, Ihr Weide-Leut' in dem noch dem 17. Jahrhundert angehörigen Neu Weltlichen Liederbüchlein (Berlin Yd 5121) nr. 48; vgl. J. Meier, Kunstlieder im Volksmunde 1906 nr. 435. — Die Melodie des Studentenliedes 'Ist ein Leben auf der Welt' steht bei Ditfurth, Volks- und Gesellschaftslieder des 17. u. 18. Jahrh. 1872 S. 226, nr. 184; der Text auch bei Hoffmann v. F., Gesellschaftslieder 2, 57 nr. 289 und im Berliner Mgq. 734, S. 586.

6. Hütet euch!

1. MEin Hertz einen Abscheu träget
Für der Welt, weil mir bewust,
Daß sie nichts in ihrer Brust
Als nur lauter Falschheit häget.
Darum warn ich alle gleich,
Jung und Alte, Arm und Reich:
Hütet euch!

2. Falschheit sehr bey Hoff regieret;
Höfflich stellt man sich zwar an,
Doch so viel man immer kan,
Hinters Liecht den andern führet
Und versetzet dicke Streich,
Daß die Hoff-Gunst geht zur Neig.
Hütet euch!

3. Falschheit auch bey dem sich weiset,
So in geistlichem Habit
Wie ein frommes Schaaf hertritt,
Innen, als ein Wolff doch reisset.
CHristus selbst, der wahre Zeug,
Warnt für solcher Heuchler-Seuch:
Hütet euch!

4. Falschheit findt sich bey Ehleuten,
Da offt die'den Manne äfft,
So in seinen Armen schläfft,
Sticht, verletzt auf allen Seiten
Als ein Natter und Blindschleich.
Für so bösem Weiber-Zeug
Hütet euch!

5. Falsch ein Wütterich offt klaget
Uber sein treu-frommes Weib,
Der er wohl nach Gut und Leib
Trachtet, alles Böß nachsaget,
Daß ihr offt das Hertz wird weich,
Fast für Kummer wird zur Leich.
Hütet euch!

6. Falschheit herrscht in Kinder-Hertzen,
Da der Eltern Treu und Müh
Sie vergelten also hie,
Daß sie ihnen machen Schmertzen,
Wann sie auf dem Laster-Steig
Gehen. Für solch bösem Zweig
Hütet euch!

7. Falschheit bey Geschwistrigt wohnet;
Brüder-Treu die ist sehr rar,
Ja fast gantz verloschen gar.
Keines mehr des andern schonet,
Ob es ihnen allen gleich
Zum Verderbens-Fall gereich.
Hütet euch!

8. Falschheit find sich unter Freunden,
Die zwar freundlich stellen sich,
Hinterwarts doch listiglich
Sehr verleimden und anfeinden.
Freundschafft heist jetzt: leug, betreug.
Für so falscher Freunde Bräuch
Hütet euch!

9. Halt es freundlich zwar mit allen,
Unter tausend ein kaum trau!
Jedes aber darauf schau,
Daß es möge GOtt gefallen,
Alle Sünd und Laster fleuch.
Für des Satans Höllen-Reich
Hütet euch!

Löblicher | Handwercks-Gebrauch | und | Gewohnheit | für die | Sporers- | Gesellen. | [Bildchen: Blumenkorb.] Im Jahre 1708. S. 13—15. Ein schönes Lied. — (Exemplare in Berlin und Darmstadt.)

Mainz und Berlin.

Die 'Niederländischen Sprichwörter' des Pieter Bruegel des Älteren im Kaiser-Friedrich-Museum zu Berlin.

Von **Franz Weinitz**.

(Mit einer Abbildung.)

Als vor etwas mehr denn Jahresfrist das Kaiser-Friedrich-Museum in den Besitz eines Bildes des älteren Peter Bruegel gelangte, musste das als ein sehr willkommener Zuwachs für die Gemäldesammlung angesehen werden. Denn von diesem hochgeschätzten niederländischen Meister (geboren um 1525 bei Breda, gestorben im Jahre 1569 in Brüssel), der als 'Bauernbruegel' in der Kunstgeschichte bekannt ist und in seinen beiden Söhnen Pieter und Jan (dem 'Höllen-' und dem 'Sammetbruegel') zwei tüchtige Nachfolger hatte, besass unsere Sammlung bisher noch kein Werk. Unsere Tafel aus dem Jahre 1559 (Eichenholz; 117 : 163 *cm*), vordem in englischem Privatbesitze, war erst in Amerika zum Kaufe angeboten worden, wo man aber aus übertriebener Zimperlichkeit den Ankauf doch ablehnen zu müssen glaubte. Bei uns in dem alten, barbarischen Deutschland dachte man anders, und für einen ansehnlichen, dem Werte des Bildes aber durchaus entsprechenden Kaufpreis ging es in den Besitz unseres Museums über.

Peter Bruegel der Ältere, der in Anlehnung an Hieronymus Bosch (1460—1516) sich anfangs oft in phantastischen, von Teufelsfratzen belebten Schilderungen gefiel, hat in seinen letzten zehn Lebensjahren — in diese Zeit fallen alle seine uns bekannten Gemälde — sich vielfach mit Darstellungen des Treibens der unteren Volksschichten (daher der 'Bauernbruegel' genannt) befasst und damit, gleich den holländischen und vlämischen Malern des 17. Jahrhunderts, sehr willkommene Beiträge zur niederländischen Volkskunde geliefert. Obenan steht da unser Bild, die 'Niederländischen Sprichwörter'.

Tritt man vor das Bild hin, so erkennt man sofort, dass hier nicht die Schilderung eines bestimmten Vorganges gegeben ist, etwa einer Bauernhochzeit oder einer Kirmes. In einer abwechslungsreichen Landschaft, deren Horizont sehr hoch gelegt ist, sehen wir viele Menschen mit mancherlei Hantierungen beschäftigt, Menschen, die zueinander in keinem weiteren Zusammenhange stehen. Das Ganze wirkt deshalb fast wie ein kunstvoll gemalter Bilderbogen. Doch da gibt das Schild unten am Rahmen die erwünschte Auskunft, was das Bild sein will: 'Niederländische Sprichwörter' und Redensarten (wie man hinzufügen könnte), die durch Bruegels Kunst unserem Auge vorgeführt werden, in Einzelfiguren und Gruppen.

Pieter Bruegel d. Ä., Niederländische Sprichwörter (1559). Kaiser-Friedrich-Museum, Berlin.

Die Leitung der Galerie hat übrigens weiter das Ihrige getan um aufzuklären. Neben dem Gemälde hängt ein Täfelchen, das 42 Darstellungen erklärt oder doch zu erklären sucht. Etwa 30 harren indessen noch der Lösung. Trotz der Verwandtschaft durch Blut und Sprache bleibt eben manches für uns Oberdeutsche unverständlich; manche sprichwörtliche Redensart, um die Mitte des 16. Jahrhunderts vielleicht schon wenig gebraucht, mag im Laufe der Zeit überhaupt aus dem Verkehre gekommen sein. Auch dem heutigen Holländer und Vlamen wird nicht alles so ohne weiteres verständlich sein.

Natürlich bieten nicht alle Darstellungen gleiche Schwierigkeit. Wenn wir links unten einen Mann sehen, der, den Kopf voran, gegen eine Mauer stürmt, so wissen wir, dass das nur heissen kann: 'Mit dem Kopfe gegen die Wand rennen'. Und wenn wir auf unserer Bildtafel, etwas oberhalb dieses sinnlos wütenden Burschen, einen Kriegsmann sehen, der einer Katze eine Schnur mit Schelle um den Hals binden will, so bedeutet das eben: 'Der Katze die Schelle anhängen'. Auch der behäbige Bürger, der in der Nähe steht und Rosen seinen Säuen vorwirft, wird von uns richtig erkannt. Wir dürfen ihn wohl mit vorwurfsvollem Klange in unserer Stimme daran erinnern, dass Treber der Sau lieber sind als Rosen und dass er dann ebensogut Perlen vor die Säue werfen könnte. Wenig Erfolg nur und Freude kann der Mann da haben, der sich ein Schwein vorgenommen, um es zu scheren. Wir haben dafür das Sprichwort: Viel Geschrei und wenig Wolle; ähnlich heisst es im Holländischen: Veel geschreeuw maar weinig wol, zei de drommel (Teufel), en hij schoor zijne varkens. Ganz unten am Rande des Bildes schüttet ein Mann den Brunnen zu, in dem ihm sein Kalb ertrunken ist. Im gemeinen Leben verwahrt man eben den Brunnen erst dann, wenn das Kind (das Kalb) ertrunken ist. Keine grosse Mühe hatte auch der Maler damit, den Spruch zu verdeutlichen: Ein Knochen und zwei Hunde geben keine ruhige Stunde, oder: Den Aal beim Schwanze fassen, sein Geld ins Wasser werfen, vom Ochsen auf den Esel kommen (hij springt van den os op den ezel) und ähnliche, leicht darzustellende Redensarten mehr.

In ganz eigener Art hat der Künstler die Redensart: 'Den Mantel nach dem Winde hängen' wiedergegeben. Darstellbar war für ihn nur der Anfang des ganzen Vorganges. Hoch oben auf der Zinne des Turmes sitzt ein waghalsiger Gesell, dem ein heftiger Windstoss den Mantel zu entführen droht. Wir sind sicher, dass er ihn an sich ziehen und dann fest anlegen wird. Sollte sich aber der Wind drehen, so wird der Mann sicherlich auch seinen Mantel anders umlegen. Darum sollte niemand seinem Nebenmenschen einen besonderen Vorwurf daraus machen, dass er sich den Umständen anzupassen versteht.

Unschwer ist die Handlung eines Mannes (am rechten Rande des Bildes) zu erklären, der mit einem grossen Messer tief ins Leder hineinschneidet. Der weiss-wohl, was er macht: Ja, es lassen sich gut breite Riemen aus anderer Leut' Häuten schneiden! Auf der anderen Seite des Bildes aber (vor dem Originale deutlicher zu sehen) sitzt ein Mann auf dem Boden, rechts und links von ihm ein Stuhl. Er war so unklug gewesen, sich 'zwischen zwei Stühle zu setzen'. Nur zu oft im Leben wird törichtes Streben so bestraft, und der gemeine Mann in Holland hat dafür den derben Ausdruck: Tusschen twee stoelen valt de aars op de aarde.

Keine Schwierigkeit, da wir ja wissen, dass es sich um Sprichwörter und Redensarten handelt, kann uns der Mann bieten, der vor sein Gesicht eine Hand gespreizt hält. Es versteht sich, dass damit die Redensart 'durch die Finger sehen' gemeint ist. Sie durfte gewiss hier nicht fehlen. Heute noch, wie vor Jahrhunderten, hat diese Lebensregel Geltung. Auch aus der Tierfabel ist hier ein Vorgang vom Maler geschildert, der sich unschwer in die Umgebung einfügen liess: hier sieht man Fuchs und Reiher (Kranich?) an einem gedeckten Tische sitzen. Der Reiher hat die langhalsige Flasche vor sich, der Fuchs einen leeren flachen Teller. Wohl wäre es möglich, dass zur Zeit Bruegels im Volke eine Redensart im Schwange war, etwa in der Fassung: 'Bewirtet werden, wie der Fuchs beim Reiher'.

Nun gibt es aber auf dem Bilde unseres Malers, wie schon erwähnt, Darstellungen genug, die keineswegs so ohne weiteres zu verstehen sind. Auf dem Dache des Hauses links liegen mehrere grosse Fladen ausgebreitet. 'Fladen (Kuchen) wachsen auf dem Dache', so liest man auf der neben dem Bilde aufgehängten Erklärung. Dies konnte mir nicht genügen, und ich griff daher zu Harrebomées Sprichwörterbuch, wo ich unter Koek (Kuchen) dann auch die gewünschte Aufklärung fand. 'In Luilekkerland (Schlaraffenland) zijn de huizen met pannekoeken gedekt, en met worsten ingeregen'. Das war das richtige, und damit konnte ich zufrieden sein. Sehr in die Augen fällt dem Beschauer die Gruppe im Mittelgrunde: Gottvater, sitzend, dem ein kniender Mönch einen falschen (strohernen oder flächsernen) Bart vorgehängt hat. Eine Deutung dieses Vorganges gibt Wander in seinem Deutschen Sprichwörter-Lexikon. Darnach liegt ihm die sprichwörtliche Redensart zugrunde: 'Jemand einen strohenen Bart flechten', was sagen will: Jemand täuschen, einem etwas aufbinden und was, in ein Sprüchlein gekleidet, so lautet: 'Wenn du die Sach besiehest recht, so ist's ein strohern Bartgeflecht'. Im Französischen lautet die Redensart: 'faire barbe de paille à Dieu'. Einen wunderlichen Vorfall erblicken wir auf der rechten Seite des Bildes. Da ist ein Mann, der in einem aufgehängten Weidenkorbe sitzt, mit seinem Gesäss durch den Boden des Korbes durchgebrochen. Was soll das bedeuten? Die Redensart: 'Durch den Korb fallen' ist uns nicht, oder doch nicht mehr geläufig, wohl aber das Wort 'durchfallen', d. i. keinen Erfolg haben, eine Prüfung nicht bestehen. Eine Erklärung für dieses Durchbrechen durch den Korb lautet (bei Wander) so: Wollte eine Schöne, die gerade übeler Laune war, ihrem Liebhaber einen Denkzettel geben oder einen Schabernack spielen, so wurde ein gebrechlicher, schon dazu vorbereiteter Korb hinabgelassen, durch den dann der arme Getäuschte auf halbem Wege durchbrechen musste. Diesen Augenblick hat unser Maler, mit der Derbheit des Niederländers, geschildert, dem armen Opfer aber doch noch die Möglichkeit gelassen, der Welt, oder wem sonst es zugedacht sein mag, eine lange Nase zu machen. Links auf dem Bilde sehen wir eine Frau, in der einen Hand einen Eimer mit Wasser, in der anderen eine Feuerzange mit glühender Kohle tragen. Die 'Erklärung' sagt dazu: 'Es ist nicht gut in der einen Hand Feuer und in der anderen Wasser zu tragen'. Ob so oder doch ähnlich ein altniederländisches Sprichwort lautet, kann ich nicht sagen. Sicher ist, dass die Frau zwei feindliche Elemente, zwei Gegensätze, mit sich trägt. So mag auch ihr Charakter zwiespältig sein, und 'Feuer und Wasser tragen' würde dann bedeuten: Ein unsicherer, wetterwendischer Mensch sein, was im Französischen ausgedrückt wird durch: souffler le chaud et le froid.

Oben im Mittelgrunde des Bildes steht ein Mann im seichten Wasser und sucht durch einen vorgehaltenen Fächer zu verhindern, dass die Sonnenstrahlen sich im Wasser spiegeln. Diesen Vorgang zu erklären scheint unmöglich. Aber es gibt doch eine Lösung: Der Mann, der hier den Glanz der Sonne nicht vertragen kann, sieht auch voll Neid auf seinen Nächsten, dem es besser geht, der etwa ein glänzenderes Haus zu machen in der Lage ist. Ein altvlämisches Verschen lässt diesen neidischen Mann von sich selbst so sagen: 'Myns naesten welderen myn herte pynt: Ick en mach niet lyden dat de sonne int waeter schynt' (Meines Nächsten Wohlergehen schmerzt mein Herz — Ich kann nicht leiden, dass die Sonne ins Wasser scheint). Was im Französischen so wiedergegeben wird: 'De mon prochain l'eclat peine mon coeur: Je ne puis souffrir que le soleil luise sur l'eau'.

Ein ganz wunderlicher Geselle ist auch der Mann auf unserem Bilde links unten. Er nagt mit den Zähnen an einem Säulenschaft. Will er sich daran die Zähne ausbeissen? Die 'Erklärung' nennt ihn einen 'Pfeilerbeisser', und das wäre ein 'heuchlerischer Kirchgänger'. Warum? kann ich nicht sagen, bescheide mich aber gerne in der Annahme, dass für diese Deutung eine Unterlage vorhanden sein wird. Ganz unaufgeklärt ist, neben noch einigen anderen Darstellungen von gleicher Sprödigkeit, die des neugierigen Bäckergesellen rechts unten, der durch die Spalte seines Tisches auf das geheimnisvolle Treiben eines darunter steckenden Menschen blickt. —

Ob die Lösung der bisher ungelösten Darstellungen auf Bruegels Tafel so bald gelingen wird? Doch nur einem auf diesem Gebiete wohlbewanderten, mit allem Rüstzeug der Gelehrsamkeit ausgestatteten Forscher! Ich habe mich zu bescheiden und jede Regung, da mitzutun, zu unterdrücken. Nur dem Wissenden, dem Hellsichtigen gebührt hier das Wort. Nicht nutzlos will ich unseres Malers Bild durchstudiert haben. Hoch oben am Horizont hat er durch drei ganz kleine Figuren in meisterhafter Weise drei arme, tastende Blinde dargestellt. Der Vordermann führt und leitet seinen Hintermann. Das alte dazugehörige Sprichwort aber lautet so: 'Als de eene blinde den andere leidt, valle ze beide in de gracht'.

*

Obigem Hinweise auf die grosse Tafel im Kaiser-Friedrich-Museum möchte ich noch einige Worte über drei andere Bilder des älteren Peter Bruegel beifügen.

Ein Jahr vor den 'Niederländischen Sprichwörtern' (also i. J. 1558) entstanden zwölf Rundbildchen, die 'Zwölf vlämischen Sprichwörter', Einzelfiguren, die ein späterer Besitzer, in drei Reihen angeordnet, durch einen Rahmen umschlossen hat. Dargestellt sind: ein Trunkenbold; der Mann, der den Mantel nach dem Winde hängt; die Frau, die 'Feuer und Wasser' trägt; der Mann zwischen zwei Stühlen; der Mann, der den Brunnen zuschüttet, nachdem das Kalb ertrunken; das Streuen von Rosen vor die Säue; das Umbinden der Schelle um den Hals der Katze; der Mann, der den Schein der Sonne nicht vertragen kann; der Mann, der mit dem Kopfe gegen die Wand rennt; der Mann, der hinter dem Netze fischt; ein Mann, der seinen Kopf unter dem Kragenmantel verbirgt; ein Mann, der den Mond anpisst. Das Bild (74 : 97 *cm*) befand sich vor einigen Jahren noch in Antwerpener Privatbesitz. Jedes dieser Bildchen hat einen zweizeiligen Spruch als Unterschrift. Mit Ausnahme des 'Trunkenbolds' und des Mannes, der gegen den Mond pisst, die auf dem Berliner Bilde fehlen, kehren alle anderen auf diesem wieder[1]). Der Trunkenbold hat diese Unterschrift: 'Ontydich tryssehen (Unmässig spielen), droncken drincken — Maeckt arm, misacht den naem, doet stincken'. Der Mann aber, der den aussichtslosen Versuch, den Mond mit seinem Strahle zu treffen, bald eingesehen haben wird, lässt sich in der Unterschrift so vernehmen: 'Wat ick vervolghe en geraecke daer niet aen — Ick pisse altyt tegen de maen'. (Was ich auch unternehme, ich komme nicht zum Ziel: Ich pisse immer den Mond an). Erwähnen will ich noch, dass der Mann, der sich auf dem Antwerpener Bilde einen blauen Mantel über den Kopf zieht, zwar wiederkehrt auf dem Berliner Bilde — doch da besorgt ihm das seine liebe Frau, der viel daran zu liegen scheint, den armen Ehe-

1) 'Mann und Mond' sind allerdings auf dem Berliner Bilde vorhanden, der eigentliche Vorgang ist aber unkenntlich gemacht. Ein früherer Besitzer des Bildes hat ihn übermalen lassen. Es handelt sich um den am Dachfenster stehenden Mann mit verbundenem Kopfe; draussen hängt ein Schild mit aufgemaltem Halbmonde. Das Ganze ist dadurch natürlich unverständlich geworden.

gatten 'blind' zu machen. Unter dem Rundbildchen aber kann man diese Worte lesen: 'Ick stoppe my onder een blav hvycke — Meer worde ick bekent hoe ick meer dvycke' (Ich stecke mich unter einen blauen Mantel — Je mehr ich mich verstecke, um so mehr werde ich erkannt).

Von den Bruegelschen Gemälden im Kunsthistorischen Hofmuseum in Wien (der Katalog weist deren 14 auf) kommen für uns hauptsächlich zwei Bilder in Betracht: 'Das Turnier zwischen dem Fasching und Fasten', 1559 gemalt, und die 'Kinderspiele' vom Jahre 1560. Das Volksgewimmel, das sich da, auf der einen Seite des Bildes zur Karnevalszeit, auf der anderen Seite zur Fastenzeit, auf dem grossen Platze vor der Stadtkirche abspielt, ist für die Erkenntnis des damaligen Volkslebens auf niederdeutscher Erde von grösstem Werte. Die ausgelassene Menge in ihren Vermummungen, in ihren Tänzen, die Bettler und Siechen, die daraus Nutzen ziehen wollen, sehen wir leibhaftig vor uns. Auf der entgegengesetzten Seite tritt uns der Ernst der Fastenzeit entgegen: die Kirche leert sich; die zerknirschten Sünder treten hinaus auf die Strasse, die Bettler, die sie umringen, werden reich bedacht. Die Fastenspeisen finden ihre Käufer. Ganz vorne aber, gleichsam ein Bild im Bilde, kämpft der wohlbeleibte Fasching gegen die abgemagerte Alte, die die Fastenzeit darstellt. Jede Figur, jede Gruppe verdient Beachtung, gewährt uns einen Einblick in die Seele des vlämischen Volkes.

Das gleiche trifft zu bei den Kinderspielen. Da tummeln sich die Mädchen und die Knaben in auch uns wohlbekannten Spielen. Das eine und andere mag freilich der Kinderwelt an der Mündung der Maas und Schelde mehr eigentümlich sein. Stelzenlaufen, Huckepack, Purzelbaumschlagen und wie die Leibesübungen sonst noch heissen mögen, sie spielen sich vor unseren Augen ab. Und die kleinen Mädchen?! Hier geht es in drolligem und doch feierlichem Zuge zur Trauung, dort wird das Kindchen zur Taufe getragen. An der Wand hocken sie in einer Reihe und spielen Schule. Man hascht sich und balgt sich herum. Die fröhliche Stimmung vor uns geht auch auf uns über. Wir nehmen Anteil an dem bunten Treiben der Kinderwelt, an ihren Spielen, ihren Freuden!

* * *

Wer über Peter Bruegels des Älteren Leben und Schaffen sich näher unterrichten will, sei verwiesen auf das grosse Werk von R. van Bastelaer und G. H. de Loo (Peter Bruegel l'ancien . . . Bruxelles 1907), am bequemsten einzusehen in der Bibliothek der Kgl. Museen. Es ist mit zahlreichen guten Abbildungen versehen, doch fehlt unser Bild, das damals noch, der Öffentlichkeit unbekannt, in England sich befand. Unser Bruegel (siehe über ihn auch die Besprechung und die grosse Nachbildung in der Zeitschrift f. bild. Kunst, N. F. 25, 9ff.) hängt im Obergeschosse des Kaiser-Friedrich-Museums im Saale 68.

Nachwort. Zu grossem Danke fühle ich mich Herrn Prof. Dr. Johannes Bolte gegenüber verpflichtet, der, nach Kenntnisnahme des Manuskriptes obiger Abhandlung, die grosse Freundlichkeit hatte, sie durch einen Nachtrag zu vervollständigen.

Berlin.

Nachschrift

von Johannes Bolte.

In Befolgung der oben von Herrn Prof. Dr. Weinitz ausgesprochenen Aufforderung möchte ich auf die starke Nachwirkung hinweisen, die Bruegels Sprichwörterbild in der niederländischen Kunst hinterliess, da die Auffassung seiner Landsleute uns in vielen Fällen eine sichere Deutung der einzelnen Darstellungen ermöglicht. Pieter Bruegels gleichnamiger Sohn, der Höllenbruegel, hat eine jetzt im Haarlemer Museum befindliche Kopie angefertigt, die nur in Kleinigkeiten abweicht und von L. Maeterlinck[1]) schon vor zwölf Jahren eingehend erläutert worden ist. Eine zahme Auswahl bietet ein zu Gent im Privatbesitz aufbewahrtes Ölgemälde des 18. Jahrhunderts[2]); auf Bilderbogen des 18. bis 19. Jahrhunderts werden die auf einzelne Felder verteilten Gruppen durch Beischriften erläutert[3]), während ein 1608 gedruckter Genter Kupferstich von J. Horenbault nur wenige Sprichwörter mit Bruegel gemeinsam hat[4]). Mustern wir also mit Benutzung dieser Bilder sowie der Sprichwörtersammlungen Harrebomées und Stoetts[5]) und der verdienstlichen Nachweise Maeterlincks noch einmal der Reihe nach die 73 Figuren des ganzen Bildes, das sich bequem in drei Gruppen zerlegen lässt.

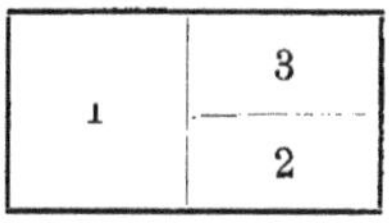

<table>
<tr><td rowspan="2">1</td><td>3</td></tr>
<tr><td>2</td></tr>
</table>

Auf dem Dache des grossen Wirtshauses, das die linke Seite des Bildes einnimmt, sieht man wie im Schlaraffenlande (oben 20, 187) Fladen liegen: **1.** 'Vlaaien op het dak'; vgl. Bruegels Luylekkerland bei Maeterlinck 1907 p. 312. — Ein Armbrustschütze auf dem Dache schiesst zwei Pfeile in derselben Richtung ab: **2.** 'Het eene pijltje naar het andere zenden'. — In der Dachluke unterm Besen[6])

---

1) L. Maeterlinck, Nederlandsche spreekwoorden handelend voorgesteld door P. Breughel den Oude (Verslagen der kon. vlaamsche Academie voor taal-en letterkunde te Gent 1903, 1, 109--129). Die Abbildung ist wiederholt bei Maeterlinck, Le genre satirique dans la peinture flamande, 2. éd. 1907 p. 283 pl. 38.

2) L. Maeterlinck, Verslagen 1903, 1, 12 und Le genre sat. 1907 p. 361 pl. 59.

3) L. Maeterlinck, Le genre satirique dans la sculpture flamande 1910 p. 289—300; E. van Heurck et Boekenoogen, Histoire de l'imagerie populaire flamande 1910 p. 153. 399.

4) L. Maeterlinck 1910 p. 302.

5) Harrebomée, Spreekwoordenboek der nederlandsche Taal 1—3 (1858—1870); Stoett, Nederlandsche Spreekwoorden, Spreekwijzen, Uitdrukkingen en Gezegden, 2. Druk (1905).

6) An die Redensart 'over (nicht onder) den bessem getrouwd zijn' bei De Cock, Spreekwoorden afkomstig van oude gebruiken 1905 S. 351 ist wohl nicht zu denken.

wird ein Liebespaar sichtbar: **3**. 'Vrijen onder een dak, is' t schande, t is gemak.' — Der Mann im Fenster darunter sieht durch die Finger: **4**. 'Die niet door de vinger ziet, dient in de wereld niet.' — Aus dem grossen Giebelfenster hofiert ein Mann auf die verkehrte Welt: **5**. 'Hij schijt op de wereld'; vgl. Maeterlinck 1910 p. 289. Er wirft dabei Kartenblätter hinunter: 'Kaart, keurs en kan bederven menig man.' — Neben ihm hält ein Mann dem anderen die Nase zu: **6**. 'Iemand bij den neus krijgen.' Wander, Sprichwörterlexikon 3, 960 'Es zieht sich keiner bei der eigenen Nase.' — Ein Mann im ersten Dachfenster besprengt unanständig das Aushängeschild mit dem Halbmond: **7**. 'Hy pist tegen de maan'; vgl. Maeterlinck 1910 p. 257. 293; van Heurck p. 154. Gemildert auf dem Genter Gemälde. Die Mecheler und die Thiener werden als Maanblusscher (Mondlöscher) gefoppt; s. Harrebomée 2, 46b und De Cock, Brabantsch Sagenboek 3, 237. — Im zweiten Dachfenster wird ein Narr barbiert: **8**. 'A barba stulti discit tonsor.' 'Hij is in den regten barbiers-winkel, daar men hem wel fijntjes zal poetsen.' Anders erklärt Stoett nr. 516 'Den gek scheren'; doch vgl. Maeterlinck 1910 S. 293. — Darüber sieht man zwei Gesichter in einer Kappe: **8a**. 'Daer steken twee zotten onder eene kaproen'; Harrebomée 1, 382a. — Unten im Haus brät einer Fische: **9**. 'Zijn haring wil hier niet gaar braden.' 'Dat is de haring om de kuit gebraden'; Harrebomée 1, 284a. — **10**. 'Hij sit tusschen twee stoelen in ass.' Ebenso auf Miserikordien des 15. bis 16. Jahrhunderts in Rouen und Amsterdam (Maeterlinck 1910 p. 245. 285) und auf Bilderbogen (ebd. p. 295). — Im Hintergrunde frisst ein Hund aus einem Topfe: **10a**. 'Een open pot of open kuil, daarin steekt ligt de hond zijn muil'; vgl. Maeterlinck 1910 p. 133. 295. Wickram, Werke 4, IX. Norman, London signs and inscriptions 1893 p. 158. — Am Fenstergitter hängt eine Schere: **11**. 'Daar hangt de schaar uit'; vgl. Stoett nr. 1689. — Ein Mann befühlt drei Hühner: **12**. 'Een hennentaster'; vgl. Bolte, Tijdschrift voor nederl. taalkunde 14, 149 über einen Antwerpener Bilderbogen. — Ein Mann benagt einen Knochen: **12a**. 'Hij heeft hem een been in den mond gegeven, om te kluiven; daar zal hij genoeg aan te doen hebben'. 'Het is een goed kluifbeentje.' — Aus einem Fensterchen lugt ein Mann mit gedoppeltem Munde: **12b**. 'Hij spreekt uit twee monden.' Maeterlinck 1910 p. 297. — Ein stark Gewaffneter bindet der Katze eine Schelle um: **13**. 'Hy hanght de cat de bel aen'; vgl. Maeterlinck 1910 p. 123. 276. 289; Stoett nr. 936; Oesterley zu Paulis Schimpf und Ernst 1866 c. 634. — **14**. 'Hier trekt de zeug den tap uit'; vgl. Maeterlinck 1910 p. 297; Harrebomée 2, 449a. — **15**. 'Zij dragt in de eene hand water, maar in de andere vuur'; vgl. Maeterlinck 1910 p. 289. — **16**. 'Zij weet de duivel op een kussen te binden mit lintjes.' 'Het was de beste Griet, die men vond, die den duivel op een kussen bond.' — **17**. 'Een pilaarbijter', d. h. ein scheinheiliger Kirchgänger; vgl. Maeterlinck 1910 p. 225; Stoett nr. 1565. — **18**. 'Men can met het hoofd geen muren breeken'; vgl. Maeterlinck 1910 p. 220. 282; Stoett nr. 815.

Im Vordergrunde ausserhalb des Wirtshauses sind zwei Männer beschäftigt, ein Schaf und ein Schwein zu scheren: **19**. 'Ik scheer het schaep, en de andere het verken'; vgl. Maeterlinck 1910 p. 297. — Daneben sitzt eine spinnende Frau, der eine Nachbarin den Rocken hält: **20**. 'De een rokkent wat de ander spint'; Harrebomée 3, 57. — Ein Mann schleppt einen Korb voll Licht aus der Tür: **21**. 'Hij draagt den dag met manden uit.' — Vor einem Teufelsbilde bringt ein Beter eine Kerze dar: **22**. 'Voor den duivel een karsken branden'; vgl. Pauli c. 94. — In der Kapelle beichtet einer, dem ein anderer einbläst, dem Teufel: **23**. 'Bij den duivel te biechte gaan.' — Der Fuchs beim Storch zu Gaste: **24**. 'De vos en de kraan hebben elkander te gast.' Harrebomée 2, 406; Oesterley zu Kirchhofs Wendunmut 7, c. 29. — Ein Bratenwender setzt sich in die Kohlen, ohne auf einen unsaubern Nachbar zu achten: **25.** 'Hij zit op gloeijende kolen.' 'Zijn vuur is uitgepist'. — **26.** 'Twee honden aan een been komen zelden overeen'; vgl. Maeterlinck 1910 p. 277. — **27.** 'Hij snijdt het varken onder den buik.' 'Hij weet niet, hoe hij het varken ontginnen zal.' — Eine junge Frau hängt ihrem alten Mann einen Mantel über: **28.** 'Zij heeft hem eene blaauwe buik omgehangen.' 'Froukens, die geern hier en daar den offer ontfanghen, moeten haer mans de blau huycke omhanghen'. — Ein Mann füttert die Schweine mit Blumen: **29.** 'Roozen strooien voor de varkens.' Diese in mittelalterlichen Kirchen oft dargestellte Szene (Maeterlinck 1910 p. 200. 244. 275. 821. 291) geht natürlich zurück auf die Weisung bei Matth. 7, 6 'Neque mittatis margaritas vestras ante porcos'; vielleicht beruht sie auf einer Verwechslung von lat. margarita (Perle) mit französ. marguerite (Blume). Wander 3, 1210 führt an: 'Turpe rosas suibus, sanctum dare turpe catellis.' Auf der Haarlemer Kopie trägt ein Schwein eine Feuerzange, nach dem Sprichwort: 'Dit sluyt gelyck een tanghe op een verken' (Maeterlinck 1910 p. 289). — **30.** 'Als 't kalf verdronken is, wordt de put gevuld'; vgl. Maeterlinck 1907 p. 362. — **31.** 'Men moet zich krommen, wil men door de wereld kommen.' Harrebomée 2, 452a; Maeterlinck 1910 p. 293. Ein Bild von J. Patenier und A. Dürer bei Maeterlinck 1907 p. 244. — Ein geputzter Junker hält die Weltkugel wie der Gaukler das Lotterholz[1]) auf dem Daumen: **32.** 'Hy doet de wereld op zijnen duim draaien'; vgl. Maeterlinck 1910 p. 289 'Dese roert den duym.' — Durch ein Rad ist ein Stock gesteckt: **33.** 'Men zal een stok in zijn wiel steken.' — Zwei spielen das Steygerspel, Strebekatze, jeu de pannoye (Bolte-Seelmann, Niederdeutsche Schauspiele 1895 S. *31; oben 17, 244; Maeterlinck 1910 p. 90. 197. 213), aber indem sie eine Bretzel auseinanderzureissen suchen: **34.** 'Het achterste paar krijgt de krakelingen.' Bruegel hat ein Wortspiel zwischen krakeling (Bretzel) und krakeeling (Zänkerei) beabsichtigt. — Ein kniender Mann müht sich, den verschütteten Brei wieder in den Kessel zu löffeln: **35.** 'De zijne pap gestort heeft, kan niet alles weder oprapen.' — Ein Mann greift zugleich nach zwei weit auseinanderliegenden Broten: **36.** 'Hij weet naauwelijks van het eene brood tot het andere te geraken.' Vgl. Maeterlinck 1907 p. 362. — Unterm Tisch sucht einer mit der Laterne nach der Axt: **37.** 'Hij zoekt het bijltje.' — Ein Mann vor dem Ofen: **38.** 'Hij gaept tegen den oven'; vgl. Maeterlinck 1910 p. 181. 284. 295. — Ein Mönch hängt dem thronenden Christus einen Bart an: **39.** 'Hij doet Onzen Heere een vlasschen baart aan.' — Im Stall beleuchtet eine Laterne einen Kleiderständer: **40.** 'Het licht schijnt in de duisternis' (Ev. Joh. 1, 5). — **41.** 'Het hennenei grijpen en het ganzenei verwaarloozen'. 'Hij siet op het ey en laet het hoen loopen'; vgl. Maeterlinck 1910 p. 291. — Einer fällt durch den Korb: **42.** 'Door de mand vallen'; vgl. Stoett nr. 1273; De Cock, Spreekwoorden afkomstig van oude gebruiken 1905 p. 199. 347.

Die Figuren des Hintergrundes, der das letzte Drittel des Bildes (rechts oben) einnimmt, sind wegen ihrer Kleinheit nicht alle deutlich; auch erlaubt sich die Haarlemer Kopie hier mehrere Abänderungen. In dem Schuppen ganz rechts schneidet ein Mann Riemen aus einem Stück Leder, das ein anderer wegziehen will: **43.** 'Uit vreemde huiden snijdt men breede riemen.' — **44.** 'Den paling by den steert grypen.' — Einer rührt mit den Füssen das Wasser auf und sucht es mit einem Fächer zu beschatten: **45.** 'Hy benijt, dat de son int water schijnt';

1) Über das Lotterholz vgl. Acht Lieder aus der Reformationszeit, als Festgabe für R. von Liliencron 1910 hsg. von Bolte und Breslauer, zu nr. 6.

vgl. Maeterlinck 1910 p. 289 und Moerkerken, De satire in de nederl. kunst der middeleeuwen 1904 S. 203. — **46**. 'Stroom op zwemmen.' — **47**. 'In troebel water is 't goed visschen'; vgl. Stoett nr. 2092. 'Hij vangt den eenen visch met den anderen.' — **48**. 'Groote visschen eten de kleinen'; vgl. den Stich von Hieronymus Bosch bei Maeterlinck 1907 p. 229. — **49**. 'Hij vischt achter het net'. — In dem Türmchen (Narrenhäuschen?) links von der Brücke kniet ein Fiedler: **50**. 'De speelman is op het dak.' — Auf der Brücke fällt ein Mann vom Ochsen auf den Esel: **51**. 'Hy klimt van den os op den ezel'; vgl. Maeterlinck 1910 p 297. Stoett nr. 1491. — Zwei Bettler begehren auf verschiedene Art Einlass: **52**. 'Twee arme lieden voor eene deur.' 'Hij valt met de deur int huis.' — Aus dem Anbau stecken zwei Leute ihre entblössten Gesässe heraus: **53**. 'Twee schyten door een gat'; vgl. Maeterlinck 1910 p. 291. — Darüber ein Mann mit einer Fliegenklappe: **54**. 'Dat is twee vliegen mit een lap.' — Aus einem anderen Turmfenster sieht einer einem vorüberfliegenden Storche nach: **55**. 'Gelukkig, als de ooijevaar u toevliegt.' — Oben auf dem Torturme lässt einer den Mantel flattern: **56**. 'Hy hanght de huyck na de wint'; vgl. Maeterlinck 1910 p. 297; ebd. p. 291 'Dese wayt met alle winden.' — Ein anderer neben ihm schüttet einen Korb voll Federn aus: **57**. 'Hy telt de pluimen tegen den wind.' — Links vom Turm laufen dem Bauern, dem ein Brand im Hintern steckt, seine drei Schweine in die Saat: **58**. 'Lust hét u te jagen, zoo keer de zwarte zwijnen uit het koren.' — Am Flussufer wirft ein Junker sein Geld ins Wasser: **59**. 'Zijn geld in't water werpen.' — Ein Mönch legt seine Kutte ab: **60**. 'Hy smyt zyn kap over den haag'; vgl. Stoett nr. 923. — Ein Mann lässt zwei kleine Bären tanzen[1]): **61**. 'Hij leidt den beer' (er ist lustig; Stoett nr. 162). — Ein Gänsehirt in nachdenkender Stellung: **62**. 'Ben ik niet geroepen, om ganzen te boeden, laat het gansjes wezen.' 'Hierom en daarom gaan de ganzen barre voets'. Brant, Narrenschiff 1494 c. 24, 27: 'Wer sorget, ob die gänß gent bloß, und fägen will all gaß und stroß, der hat keyn fryd, rūw überal'. Böhme, Kinderlied 1897, S. 12. — Eine Frau mit einem Korbe steht hinter einem Pferde, vielleicht um dessen Mist aufzufangen, wie oben 20, 190: **63**. 'Paardenkeutels zijn geen vijgen'. — Ein Mann schleppt an einem Seile einen Schemel nach: **64**? — Ein Mann kniet vor einem brennenden Hause: **65**. 'Als het huis brandt, warmt men zich bij de kolen.' — Zwei Wölfe rennen hinter einer Frau her: **66**. 'Als gij den wolf ziet, zoek niet meer naar zijne voetstappen.' — Drei Männer mit Stäben schreiten vorsichtig hintereinander nach links, ähnlich dem bekannten Bilde Bruegels von den blinden Blindenleitern (Maeterlinck 1907 p. 319; vgl. Bosch ebd. p. 224; Jahrbuch der Kunstsammlungen des öst. Kaiserhauses 25, 129): **67**. 'Als de eene blinde den andern leidt, vallen ze beide in de gracht' (Matth. 15, 14). — Ein Segelboot: **68**. 'Men moet zeilen, terwijl de wind dient.' — Einer verrichtet unterm Galgen seine Notdurft: **69**. 'Dat is boter aan de galg gesmeerd.'

Schon waren die vorstehenden Zeilen gedruckt, als ich mich einer Darstellung französischer Sprichwörter entsann, die ich vor Jahren auf dem Kupferstichkabinett der Kgl. Museen in Berlin gesehen hatte, und bei nochmaliger Betrachtung ihre deutliche Verwandtschaft mit Bruegels Bild gewahrte. Es ist eine unbezeichnete Radierung, 34,5 *cm* hoch, 41,5 *cm* breit, aus zwei Hälften zusammengesetzt und nach dem Urteile des Herrn Direktors Dr. Max J. Friedländer um 1570 entstanden. Sie enthält 71 mit

1) Vielleicht ist das Bild 'Hy fluyt op den bessem' bei Maeterlinck 1910 p. 297 zu vergleichen.

Ziffern bezeichnete Gestalten oder Gruppen, also fast ebensoviele wie das Gemälde Bruegels. Doch vermissen wir die dort durch das grosse Wirtshaus und die Landschaft bewirkte Zusammenfassung der Einzelfiguren, wenngleich einige Nummern (27 und 64, 41 und 44, 42 und 61, 58 und 60) in eine lose Beziehung zueinander gesetzt sind und zwei Baulichkeiten (39 und 52) im Hintergrunde erscheinen. Auch fehlt die vielseitige Kunst, mit der Bruegel seine zahlreichen Gestalten charakteristisch zu unterscheiden weiss; manche Figuren (wie nr. 13, 31, 37, 46, 57) wären ohne die Unterschriften völlig unverständlich. Die linke Hälfte des Blattes nämlich enthält unterhalb des Bildes in Buchdruck 71 den Ziffern im Bilde entsprechende Sprichwörter in französischer Sprache, die unter der rechten Hälfte noch einmal aufgeklebt sind, vermutlich an Stelle einer verlorenen vlämischen Fassung. Denn dass wir hier nicht ursprünglich französische, sondern niederländische Sprichwörter vor uns haben, macht deren Inhalt wahrscheinlich und bestätigt der bisweilen mangelhafte französische Ausdruck[1]).

Unter diesen 71 Sprichwörtern nun befinden sich 39, die Bruegelschen Darstellungen entsprechen und deren oben aufgestellte Deutungen grösstenteils bestätigen[2]). Doch ist das Verhältnis des um 1570 arbeitenden Stechers zu Bruegel keineswegs als das eines frei verfahrenden Kopisten aufzufassen. Hätte er das 1559 vollendete Gemälde Bruegels vor Augen gehabt, so wären ihm so treffende Züge nicht entgangen, wie sie jenes zu seinen Nummern 2, 6, 8, 12, 16, 17, 26, 30, 63, 70 bietet. Anderseits darf man nicht übersehen, dass er bei den übrigen 30 Sprichwörtern, die bei Bruegel fehlen, ebenfalls mehrfach (nr. 4, 10, 42) aus älterer bildlicher Tradition schöpfte und dass wir noch in den oben angeführten vlämischen Bilderbogen des 18. Jahrhunderts auf dieselben Darstellungen niederländischer Sprichwörter stossen (nr. 4, 14, 15, 47, 66, 70); in zwei Fällen (nr. 16, 63) zeigen diese Bilderbogen sogar statt Bruegels Typus den unserer Radierung. Wir werden also anzunehmen haben, dass Bruegel und unser namenloser Stecher beide nicht bloss aus dem Volksmunde, sondern auch aus einer älteren gedruckten Sammlung niederländischer Sprichwörter schöpften und jeder eine Anzahl davon zu bildlicher Vorführung auswählten. Diese Vorlage zu ermitteln bleibe späterer Forschung überlassen[3]). — Die französischen Unterschriften mögen nun mit den nötigsten Verweisen folgen.

---

1) Vgl. nr. 10 du bourse, 11 son poitrine, 35 kye, 63 kyent, 1 huke, 62 blauhuke, 18 caitsent (= heizen, chauffent), 36 crogz (Rogen), 54 sist (sitzt, est assis).

2) Es sind in unsrer Numerierung von Bruegels Gestalten nr. 4, 5, 7, 8a—10a, 12b—15, 17—19, 20—24, 26, 28—32, 36, 38, 41, 44, 45, 49, 51—53, 56, 57, 62, 65, 69.

3) Aus den bei Harrebomée angeführten älteren Quellen konnte ich allein die 1854 von Hoffmann von Fallersleben (Horae belgicae 9, 3) ziemlich sorglos abgedruckten 'Proverbia communia' einsehen, in denen sich nur wenige der Bruegelschen Sprichwörter finden; vgl. zu Br. 2, 22, 35, 43, 46, 56, 62 die Proverbia communia 528, 493, 262, 776, 662, 507, 412. — Nicht gesehen hab ich die öfter aufgelegten Sprichwörterillustrationen

1. Cestui pend la huke au vent. (Bruegel 56.) — **2.** Cestui alume vne chandelle au diable. (Br. 22.) — **3.** Deux sotz en vn chapron. (Br. 8a.) — **4.** Ici combatent .vij. femmes pour vne braye. (R. Köhler, Kl. Schriften 2, 476. Maeterlinck 1910 p. 291: 'Hier vechten seven wyven om een mans broeck'.) — **5.** Cestui abaye contre le forne. (Br. 38.) — **6.** Cestui fait tourner le monde sur poulce. (Br. 32.) — **7.** L'vne fait quenouille que l'autre fille. (Br. 20.) — **8.** Cestui ne scait venir de l'vn pain à l'autre. (Br. 36.) — **9.** Cestui est vn soufleur d'oreille. (Vgl. Br. 23, wo gleichfalls ein Einbläser mit einem Blasebalge auftritt; 'Hij blaast hem in het oor'.) — **10.** Ici est l'amour à la costé du bourse. (Bolte, Tijdschrift 14, 144. 152.) — **11.** Cestui porte la mort à son poitrine. (Ein Mann trägt unter dem Mantel einen Totenschädel. 'Den dood in den boezem dragen'.) — **12.** Cestui pendt au chat la sonnette. (Br. 13.) — **13.** Qui scait pourquoy les oysons vont à piedz nudz? (Br. 62.) — **14.** L'homme tient la maison, et la femme s'enfuit. (Vlämischer Bilderbogen bei Maeterlinck 1910 p. 295: 'De man hout thuys, de vrou gaat lopen'.) — **15.** Cestui tourne à tous ventz. (Er hat Windmühlenflügel auf dem Rücken, wie bei Maeterlinck 1910 p. 291: 'Dese wayt met alle winden'.) — **16.** Cestui pisse contre la Lune. (Br. 7.) — **17.** Cestui vaine les plumes au vent. (Br. 57.) — **18.** Ceuxci caitsent l'vn à l'autre l'esteuf. — **19.** Cestui mord en vn pilar. (Br. 17.) — **20.** L'vn tond les brebis, et l'autre les porceaux. (Br. 19.) — **21.** La grue a ici appellé à manger le renart. (Br. 24.) — **22.** Cestui porte le iour dehors auec des bances. (Br. 21.) — **23.** Ici tire la truye le broche dehors. (Br. 14.) — **24.** Cestui estreme les roses deuant les porceaux. (Br. 29.) — **25.** Cestui regarde outre les doigts. (Br. 4.) — **26.** Cestui tend au poisson par desou les lacqs. (Br. 49.) — **27.** A tout beaucop de chien est la mort du lieure. (Veel honden zyn den haas zijn dood.) — **28.** Cestui se conseille desou le gibe auec le diable. (Br. 23.) — **29.** Auec les oyseaux on prent les oyseaux. (Met vogels vangt men vogels.) — **30.** Cestui ne peut pas endurer que le Soleil luyt en l'eauë. (Br. 45.) — **31.** Ilz ne sont pas tous cuisiniers qui portent larges couteaux. (Het zijn al geene koks, die lang messen dragen.) — **32.** Cestui regarde sur l'euf de la pouille, et l'euf de l'oyson s'enfuit. (Br. 41.) — **33.** Cestui a l'vn pied sur terre, et l'autre en la fosse. (Hij heeft den eenen voet op de aarde, den anderen op het water.) — **34.** Cestui courre la teste contre le mur. (Br. 18.) — **35.** Cestui kye sur le monde. (Br. 5.) — **36.** Cestui rosti le harinc pour le crogz. (Br. 9.) — **37.** Cestui a deux piedz blancz. (Hij heeft er een witten voet.) — **38.** Il se monstre come tenaylle sur vn porceau. (Zu Br. 29.) — **39** Il ne s'en soucie quel maison qui brule, quand il s'en peut chaufer au carbon. (Br. 65.) — **40.** Qui viendra premier, sera moulu premier. (Die ierst ter molen comt, sal ierst malen.) — **41.** Ici on accorde la harpe pour l'asne. (Men geeft den ezel de harp.) — **42.** Cestui veut aller tout droit au monde. (Gegenstück zu nr. 61. Maeterlinck 1907 p. 245: 'Met recht soudio gerne doer de werelt oommen.) — **43.** Il est mauais d'aprendre les vieux chiens aller aux lacz. (Het is kwaad, oude honden aan banden te leggen. Seiler, Zs. f. dt. Phil. 45, 256.) — **44.** Cestui monte du heuf sur l'asne. (Br. 51.) — **45.** Pource que Icare si hault voler vouloit, brusla ses ailes et tomboit. — **46.** Cestui a le visage au Soleil, et l'autre en l'ombre. (De een heeft de zon

---

des Johannes van Doetechum vom Jahre 1577. Der Stich enthält nach F. Muller (De nederlandsche geschiedenis in platen 1862—1882 2, 125 Nr. 3620 und 4, 79 nr. 763 A—B) 43 Nummern und ist überschrieben: 'De Blauwe Huycke is dith meest ghenaemt, Maer des Werrelts idel sprocken hem beeter betaemt'. Hier kehren z. B. die uns bekannten Sprichwörter wieder: 'Dese pist tege de Mane', 'Dese sith tusschen twe stoelen in de asse', 'Trouwe is lichter als een pluym', 'Dat sluyt gelijck een tanghe up een verrken'.

mede, de ander tegen.) — **47.** Il vault mieulx vn oyseau en la main, que sept en l'air. (Bilderbogen bei Maeterlinck 1910 p. 291: 'Beter een vogel inde hant als thien inde locht'.) — **48.** Cestui serrre le puis quant le veau est noyé. (Br. 30.) — **49.** Cestui prent l'anguille par la queuë. (Br. 44.) — **50.** Le singe demeure singe, combien qu'il seroit acoustré en or. (Een aap is een aap, al dragt hij eene gouden huif.) — **51.** Le baiser de Iuda. (Einer stösst dem von ihm Umarmten den Dolch in den Nacken.) — **52.** Cestui fait net son cu contre la porte. (Br. 52.) — **53** Ici est mis le sot sur les oeufz. (Maeterlinck 1910 p. 249. 281. 295. Bolte - Polívka, Anmerkungen zu Grimms KHM. 1, 316.) — **54.** Cestui sist entre deux chairs en cendres. (Br. 10.) — **55.** Ici appelle à manger le renart la grue. (Gegenstück zu nr. 21.) — **56.** Les asnes cheuaucent sur les mules. (De ezels rijden daar op muilen.) — **57.** Cestui mange son propre coeur. (Hij eet zijn hart op.) — **58.** La femme desrobe par deriere. — **59.** La foy est plus legiere que la plume. ('Trouw is ligter dan eene pluim'. In der einen Wagschale liegen zwei verschlungene Hände, in der andern eine Feder.) — **60.** Cestui a troué le fourne. (l. fourneau, ebenso oben nr. 5.) — **61.** Il m'en fault abbaisser pour aller au monde. (Br. 31.) — **62.** Ceste pendt la blauhuke à son mari. (Br. 28.) — **63.** Ceuxci kyent tous deux par vn trou. (Br. 53. Maeterlinck 1910 p. 291.) — **64.** Outre la volunté des chiens on ne prendra pas les lieures. (Met onwillighen honden is quaet jaghen.) — **65.** Cestui embreune le gibe. (Br. 69. Lies gibet, ebenso oben nr. 28.) — **66.** Cestui trouue le chien en le pot. (Br. 10a.) — **67.** Deux chiens à vn os. (Br. 26.) — **68.** Cestui porte le feu en l'vue main, et l'eauë en l'autre main. (Br. 15.) — **69.** Cestui est vn flateur. (Het is een pluimstrijker.) — **70.** Cestui parle à tous deux bouches. (Br. 12b.) — **71.** Cestui voyt par .ix. troux. (Hij ziet door negen schietgaten.)

Berlin.

Das Märchen vom 'Ritt auf den Glasberg' in Holstein.

Von **Wilhelm Wisser.**

Das Märchen vom Ritt auf den Glasberg[1]) hat folgenden Inhalt:

1. Einem Bauern wird jede Nacht Hafer oder Heu aus der Scheune gestohlen. Dumm' Hans, der in einem Bund Stroh verborgen aufpasst, wird von den Dieben, zwei Riesen, unbemerkt mit auf den Wagen geladen und mit in den Riesenberg gefahren, der sich auf ein Zauberwort öffnet und schliesst. Nachdem die Riesen schlafen gegangen sind, tötet Hans sie und findet dann in einem Stall drei stattliche Hengste vor mit drei prächtigen Rüstungen. Hierauf geht er nach Hause zurück, ohne hier von seinem Abenteuer etwas zu verraten.

2. Nun lässt der König ein dreitägiges Turnier ansagen, und zwar ein Reiten auf den Glasberg hinauf. Wer hinauf reiten kann und dort

1) Plattd. Volksmärchen (1914) S. 230 ff. Es empfiehlt sich, diese meine Bearbeitung vorher einmal überzulesen.

seiner Tochter einen goldenen Apfel aus der Hand nimmt, der soll sie zur Frau haben.

Nach ursprünglicher Überlieferung ist die Bekanntmachung des Königs natürlich nur für die Ritter bestimmt. Dass sich auch die Bauernsöhne an dem Reiten beteiligen dürfen, ist offenbar eine spätere Entstellung.

Dumm' Hans holt sich nun jeden Tag eine der drei Rüstungen und eins der drei Pferde aus dem Riesenberg und nimmt so an dem Reiten teil. Nachdem er das erstemal halb, das zweitemal etwas weiter, das drittemal ganz hinauf geritten ist und der Königstochter den Apfel aus der Hand genommen hat, sprengt er jedesmal unerkannt davon, bringt Pferd und Rüstung zurück und geht dann nach Haus, um wieder die Schweine zu hüten.

3. Da sich der Sieger nicht meidet, macht die Königstochter, die keinen anderen heiraten will als den unbekannten Ritter, sich auf, ihn im ganzen Lande zu suchen, und entdeckt ihn endlich in tiefster Niedrigkeit in seinem Elternhaus, wo der goldene Apfel ihn verrät. Sie nimmt ihn dann mit und heiratet ihn.

In der Überlieferung dieses Märchens herrscht die grösste Verwirrung. Unter den 15 Fassungen, die ich davon habe, — zu den zwölf von mir selbst in Ostholstein gefundenen kommen noch drei in Müllenhoffs handschriftlichem Nachlass befindliche aus dem westlichen Holstein — ist keine einzige, die den Inhalt richtig wiedergäbe.

Diese Verwirrung ist erstens herbeigeführt durch den Einfluss des Märchens vom weissen Wolf (Wisser, Wat Grotmodder vertellt 3, 31; ders., Plattd. Volksm. S. 266; Müllenhoff, Sagen, Märchen usw. der Hzgt. Schleswig-Holstein u. Lauenburg S. 385), wo die Königstochter auf ihrer Suche nach dem plötzlich verschwundenen Gemahl durch einen Glasberg gehen muss mit 'Allern un Slangen' drin. Weil dort der Gesuchte vorher in einen Wolf verwünscht gewesen und von ihr erlöst worden ist, so hat der Glasberg in unserem Märchen die irrige Vorstellung erweckt, es müsse sich auch hier um eine Erlösung, und natürlich um die der Königstochter handeln.

Dieser Irrtum war um so leichter möglich, als ein Sitzen auf dem Glasberg doch ohne Frage etwas Aussergewöhnliches und für die Erzähler Befremdendes hatte und es ihnen sehr wohl begreiflich erscheinen musste, wenn die Königstochter den Wunsch hatte, von diesem Sitzen auf schwindelnder und gefährlicher Höhe 'erlöst' zu werden. Ganz abgesehen davon, dass man es bei den Königstöchtern im Märchen ja gewohnt ist, dass sie aus irgendeiner heiklen Lage erlöst werden müssen, um dann den Retter zu heiraten. So heisst es denn also in 6[1]),

1) Die Zahlen beziehen sich auf die Fassungen, die in der Ordnung aufeinander folgen, wie sie mir erzählt worden sind. Meine Erzähler sind: 1. Tagelöhner Johann Schütt, Altenkrempe bei Neustadt (80 J.); 2. Steinbrücker Hans Hinrich Heise, Oldenburg (67); 3. Tagelöhner Johann Klüver, Altenkrempe (43); 4. Heizer Georg Rump, Lütjenburg (65); 5. Gärtnerlehrling Hugo Beuthien, Krempelsdorf bei Lübeck; 6. Gärtner August Ehlers, Lütjenbrode bei Heiligenhafen (51); 7. Kuhknecht Gottfr. Becker, Löhrsdorf bei Heiligenhafen (73); 8. Frau Mina Dohse, Görtz bei Oldenburg (77); 9. Tagelöhner Johann Glaser, Görtz (50); 10. Fischer Behrend Nikolas Wichmann, Lemkenhafen auf Fehmarn.

sie sei auf dem gläsernen Berg 'festgebannt' oder 'verzaubert', in 8, sie sei 'verwünscht', in 4. 6—9, sie solle 'erlöst' werden. Da sie nun nicht wirklich, d. h. nicht in ein anderes Wesen verwünscht ist, so konnte die Erlösung natürlich nur darin bestehen, dass man sie von dem Berg herunter holte. Demnach heisst es denn auch in 10. 11. 13 nicht erst, sie solle erlöst, sondern gleich, sie solle herunter geholt (hendąl hąlt) werden. In 7 finden sich 'erlösen' und 'hendąl hąl'n' nebeneinander.

Bei den meisten dieser Erzähler war nun aber die Erinnerung an die Überlieferung noch zu lebendig, als dass der Einfluss des Wolfsmärchens tiefer hätte eindringen können. Die Ausdrücke 'verwünscht' und 'erlösen' sind in diesen Fassungen nichts als leere, bedeutungslose Worte, der Inhalt ist unberührt geblieben. So ergibt sich in 8 aus dem weiteren Verlauf der Erzählung, dass es sich nur darum handelt, hinaufzureiten und den goldenen Apfel zu holen. Ebenso in 6, wo es sogar ausdrücklich heisst: de herup riden kann un ęhr den goll'n Appel vun 'n Kopp nehm'n, de hett ęhr erlöst. In 3 soll sie gar erlöst werden, ohne dass sie auf einem Glasberg sitzt, und obwohl dann nur ein Wettreiten mit ihr stattfindet. Von den vier Fassungen, in denen sie 'herunter geholt' werden soll, lassen drei (7. 11. 13), unbekümmert um das vorher Gesagte, sie ruhig oben sitzen.

In 9. 10 ist auch der Inhalt entstellt. In 9, wo sie erlöst, in 10, wo sie herunter geholt werden soll, bringt der Ritter sie wirklich vor sich auf dem Pferd mit herab. Dass nach dieser Entgleisung eine Rückkehr auf den rechten Weg unmöglich war, leuchtet ein. Und so hat hier das Wolfsmärchen die ganzen Fassungen verdorben.

In 9 bringt der Ritter die Königstochter zunächst ins Schloss. Statt dann nun aber gleich da zu bleiben und die Königstochter zu heiraten, bringt er erst sein Pferd zurück in das Wirtshaus, wo die drei Pferde untergebracht sind, so dass er in der königlichen Kutsche noch wieder abgeholt werden muss. Dies Zurückreiten ist offenbar eine Erinnerung daran, dass der Ritter auch das drittemal unerkannt davonsprengt und sein Pferd in den Riesenberg zurückbringt. Nachdem nun so der Erzähler vom rechten Weg abgeirrt war, kann man sich nicht wundern, wenn er zunächst noch eine Strecke weiter irrte und noch ein Stück aus einem anderen Märchen einschob: der König will seine Einwilligung noch nicht geben, und der Ritter muss zuvor noch eine andere Bedingung erfüllen. Nach diesem Einschub kehrt er dann, freilich nicht auf den rechten Weg — das war unmöglich —, aber doch zu unserem Märchen wieder zurück. Aus der Erkennungsszene im Elternhaus wurde ein Besuch bei den Eltern nach der Hochzeit. So konnten die im Gedächtnis haften gebliebenen Reste der Überlieferung, wenn sie auch der neuen Lage angepasst werden mussten, doch noch an den Mann gebracht werden.

Auch in 10 hätte von Rechts wegen unmittelbar auf das Herunterholen die Hochzeit folgen müssen. Nun aber erinnerte sich der Erzähler — oder einer der Erzähler, durch deren Kopf und Mund diese Fassung hindurchgegangen ist —,

(61); 11. Tagelöhner Fritz Schuldt, Lemkendorf a. F. (37); 12. Heinr. Rossau, Petersdorf a. F., im Armenhaus (70). Aus Müllenhoffs Nachlass: 13. Unbekannt, woher; 14. Aus Marne; 15. Von Advokat Griebel in Heide eingesandt (Müllenhoff S. 437 Anm.). Ehlers (6), ein Sohn der Frau Dohse (8), will seine Geschichte nicht von seiner Mutter gehört haben, sondern von einer alten Frau Adrian in Heiligenhafen. Rossau (12) hat seine Geschichten alle von einem alten Seilermeister Huper in Burg auf Fehmarn, dem er jahrelang das Rad gedreht hat.

dass der Ritter auch das letztemal davongesprengt sei. Wie war dies möglich, wenn er die Königstochter vor sich auf dem Pferd hatte? Der Erzähler hatte sich fest erzählt und musste sich wieder los erzählen. Dazu kam aber noch eins. Wie er sich erinnerte, hatte die Königstochter den Ritter später an einem Zeichen wiedererkannt. Dass dies ein goldener Apfel gewesen sei, hatte der Erzähler vergessen oder war ihm nicht miterzählt. Denn die Bekanntmachung des Königs fordert in dieser Fassung nur ein Herunterholen. Es musste also nicht bloss ein Mittel erfunden werden, dass der Ritter seine Dame wieder los wurde, sondern auch ein Zeichen, an dem sie ihn später wiedererkennen konnte. So sann sich denn der Erzähler, indem er sich in des Ritters Lage versetzte, folgendes aus: Der Ritter bittet die Königstochter, sie möge einen Augenblick absteigen; er müsse 'abslut êrs mal pissen'. Sie durchschaut aber seine Hinterlist und will nicht. Wenn ik afstig', denn giffs du din Pêrd de Spąr'n un ritts weg. Un ik stąh hier wedder in de Schit. Da springt er ab und reisst sie mit herunter. Awer de lütt Dêrn is so vęl klôker: se hett em so fass üm 'n Liw fąt un bitt em in de Back. Er wird sie dann aber doch los, springt rasch auf und galoppiert davon. Nun lässt der König bekanntmachen, der Ritter, der sie herunter geholt habe, solle sich melden. Hans meldet sich aber nicht. Da müssen alle jungen Leute des Landes zum Schloss kommen und unter dem Fenster der Königstochter entlang gehen. Hans bleibt aber zu Haus. Da müssen alle Eltern kommen und aussagen, ob sie noch Söhne zu Hause gelassen haben. Und so gesteht denn der Vater, er habe noch einen, ąwer de ward je ne tell't. Ja, dat helpt ne; wenn hé dąr is, schall he hęr. So muss denn Hans herbei. Wie er noch zehn Schritt entfernt ist, ruft ihm die Königstochter zu: Kumm man hęr, min Jung! Denn dat Têken, wat se em geben hett, is echt wess. Do kann he ne utkrupen: hé mutt je mit ęhr. Un do ward de Hochtit. Nun erinnerte sich aber der Erzähler, dass die Geschichte in Hans' Elternhaus geschlossen habe. Und so wurde, wie in 9, aus der Erkennungsszene im Elternhaus wieder ein Besuch bei den Eltern nach der Hochzeit.

Eine zweite Quelle der in der Überlieferung herrschenden Verwirrung bildet die irrige Vorstellung, dass mit dem Reiten die Sache abgetan sein und dann gleich die Hochzeit folgen müsse. Wir begegneten dieser Vorstellung schon in 9, wo die Königstochter ins Schloss gebracht und die Hochzeit nur noch durch den Eigensinn des Königs hinausgeschoben wird. In dieser Fassung wurde die Vorstellung durch das Herunterholen nahegelegt. Sie findet sich aber auch in solchen Fassungen, wo die Königstochter nicht herunter geholt wird.

So in 2 (Grotm. 2, 55). In dieser Fassung, die in dem, was auf das Reiten folgt, mit 9 grosse Ähnlichkeit hat, wird der Ritter, nachdem er sich das drittemal auch den dritten Apfel herunter geholt hat, durch die Bajonette der Soldaten, die den Berg umstellt haben, zurückgehalten, dann aber, wie er verspricht, gleich wiederzukommen, durchgelassen. Er bringt hierauf das Pferd, das er reitet, zurück in den Riesenberg und kommt dann auf dem anderen Pferd — es sind hier nur zwei — wieder angeritten. Dass er davonreitet, ist natürlich eine Erinnerung daran, dass er auch nach dem letzten Ritt unerkannt davonjagt. Einen Sinn hat dieser Wechsel des Pferdes nicht. Sein Zurückkommen dagegen widerstreitet dem Plan des Märchens und ist nur eine Folge der falschen Erzählung. Er muss dann zu der Königstochter, die also mittlerweile von anderen herunter geholt sein muss, in die Kutsche steigen und fährt mit ihr ins Schloss, wo sofort die Hochzeit gefeiert wird. Da bei dieser Darstellung zu einer Erkennungsszene kein Raum bleibt, so wurde aus dieser wieder ein Besuch nach der Hochzeit, wie in 9. 10.

Die goldenen Äpfel sind hier nur ein gedankenlos beibehaltener Rest der Überlieferung. Eine Bedeutung haben sie nicht. Wenigstens nicht die, die sie nach dem Plan des Märchens haben sollen, als Erkennungszeichen zu dienen. Sie könnten hier deshalb ebensogut fehlen.

Ganz ähnlich wird in 15 erzählt, wo denn der goldene Apfel auch wirklich fehlt und nur ein dreimaliges Hinaufreiten verlangt wird. Anders als in 2, reitet er hier, nachdem er auch das drittemal davongesprengt und dann erst nach Hause gegangen ist, freiwillig zum König zurück, um die Königstochter zu heiraten. Diese freiwillige Rückkehr ist durch nichts motiviert und hat nach dem dreimaligen Davonsprengen gar keinen Sinn. Aus der Erkennungsszene wurde dann natürlich wieder ein Besuch nach der Hochzeit.

Dieser Besuch im Elternhaus nach der Hochzeit kommt in meiner Sammlung achtmal vor, viermal hier, zweimal beim 'Drachentöter' und je einmal beim 'Hasenhüter' und dem 'König vom goldenen Berg' (KHM. Nr. 92; Grotm. 1, 49. 2, 40; Plattd. Volksm. S. 171. 221). Bei unserem Märchen ist er infolge falscher Erzählung aus der Erkennungsszene entstanden. In die anderen vier Fassungen ist er offenbar aus entstellten Fassungen unseres Märchens widerrechtlich eingedrungen oder vielmehr ganz äusserlich ihnen angehängt. Er liess sich ja bequem jedem Märchen anhängen, in dem der Held die Königstochter bekommt.

Auch in 3 wird nach Beendigung des Reitens gleich die Hochzeit gefeiert.

In 1 folgt nach dem Reiten zunächst noch ein Stück aus dem 'Grindkopf'. Da der Held in 1 nur in einem Ringreiten der Soldaten gesiegt hat, ein solcher Sieg ihm aber natürlich kein Anrecht gibt auf die Hand der Königstochter, so muss er, um sich dies Anrecht zu erwerben, dem König noch erst einen Krieg gewinnen. Daran schliesst sich dann aber sofort die Hochzeit. Zu einer Erkennungsszene ist hier keine Gelegenheit.

Während in den besprochenen Fassungen die Erkennungsszene entweder ganz ausgelassen oder in einen Besuch nach der Hochzeit umgewandelt ist, hat sie anderswo weniger gelitten. Ganz unberührt aber ist sie nur in zwei Fassungen (6. 7) geblieben, die freilich, wie wir sehen werden, dafür andere Trübungen aufweisen. In allen übrigen Fassungen ist sie irgendwie entstellt.

In der Fassung 8, die sich sonst vielfach mit 6. 7 berührt, fehlt in der Erkennungsszene die Königstochter. Wie im Elternhaus bei Tisch von der Bekanntmachung des Königs gesprochen wird, dass der sich melden solle, der seine Tochter erlöst habe, sagt dumm' Hans: Vadder, ik kunn mi uk je mell'n, worauf der Vater ihm mit 'du Snappsnut!' die Zipfelmütze vom Kopf schlägt, so dass der Apfel heraus rollt. Hier ist es erstens falsch, dass Hans sich selbst verrät, und zweitens, dass nicht auch die Königstochter, gerade die Hauptperson dieser Szene, sondern nur seine Angehörigen in ihm den unbekannten Ritter erkennen.

In 12, wo — ähnlich wie in 10 — alle, die beim Reiten zugegen gewesen sind, unter dem Fenster der Königstochter vorübergehen müssen und, wie der unbekannte Ritter nicht darunter ist, die beiden Brüder hingeschickt werden, um den nach Aussage des Vaters zu Hause gelassenen jüngsten Sohn zu holen, findet die Königstochter den Gesuchten dadurch, dass sie ihn in Hans wiedererkennt.

Dass die Szene hier vor dem Schloss spielt statt im Elternhaus, ist ohne Belang. Nicht aber darf die Königstochter den Ritter am Gesicht wiedererkennen, statt an dem goldenen Apfel. Nach dem Plan des Märchens soll der Apfel offenbar das Zeichen sein, an dem der Ritter, wenn er keine Rüstung trägt, wiederzuerkennen ist, nicht etwa bloss ein Zeichen, an dem er zufällig wiedererkannt wird. Wäre er auch sonst, etwa am Gesicht, wiederzuerkennen, so würde der

Apfel ganz überflüssig sein. Das Märchen nimmt also zweifellos an, dass der Ritter jedesmal mit geschlossenem Visier bei dem Glasberg erscheint, oder, um dafür die Vorstellung der Erzähler einzusetzen, die ja von einem Visier nichts wissen, dass die Rüstung ihn völlig unkenntlich macht. In diesem Fall aber ist ein Wiedererkennen am Gesicht unmöglich und deshalb hier falsch.

In 4 soll der Ritter, der in einem dreitägigen Wettreiten mit der Königstochter jedesmal gesiegt und sich dadurch ein Anrecht auf ihre Hand erworben hat, aber auch das drittemal davongesprengt ist, sich melden. Da meldet sich nach vielen anderen auch dumm' Hans und weist sich aus durch die drei goldenen Äpfel, mit denen sie ihn beim Reiten geworfen hat. Hier widerstreitet es dem Plan des Märchens, dass der Sieger sich freiwillig meldet und sogar die Äpfel vorzeigt. Er darf dies schon deshalb nicht, weil er nach dem Reiten jedesmal davongesprengt ist.

In 11, wo die Königstochter herunter geholt werden soll, in Wirklichkeit aber nur ein dreimaliges Hinaufreiten gemeint ist, zieht er ihr das erstemal einen Schuh aus, zieht ihr das zweitemal einen Ring vom Finger und gibt ihr das drittemal einen Kuss, sprengt dann aber jedesmal unerkannt davon. Wie dann die königliche Familie, um den Ritter zu suchen, 'dat Land dǫrę̈ten' will und dabei auch in Hans' Elternhaus kommt, wirft dieser den Ring in die Kaffeetasse der Königstochter, und bei der hierauf folgenden Nachfrage gesteht er dann ein, dass er den Ring hinein geworfen habe. Hier entsprechen Schuh, Ring und Kuss nicht dem Plan des Märchens, wonach sie ihm den Ring freiwillig überreicht haben müsste. Und zweitens ist es, wie in 4, wieder verkehrt, dass er sich selbst absichtlich verrät.

In der stark entstellten Fassung 14, wo auch der König mit auf dem Glasberg sitzt, zieht der Ritter der Königstochter jedesmal einen Ring vom Finger, steckt ihr dann aber das drittemal die beiden ersten Ringe wieder an, worauf sogleich die Hochzeit gefeiert wird. Hier ist das Erkennungszeichen zu einem sinnlosen Nichts zusammengeschrumpft.

In der ebenfalls fehlerhaften und zudem durch Stücke aus anderen Märchen verunstalteten Fassung 13 ist der Held ein Königssohn, der von dem ungetreuen Ritter Rød um seine Papiere betrogen, sich im Schloss eines anderen Königs als Küchenjunge vermietet hat. Beim Reiten sollen die Ritter angeblich die Königstochter herunterholen, in Wirklichkeit aber ihr nur den goldenen Apfel aus der Hand nehmen. Auf den Rat seines Mentors, eines alten Mannes, lässt der Küchenjunge, der unerkannt an dem Reiten teilnimmt, sie die beiden ersten Male mit ihrem Apfel sitzen. Das drittemal nimmt er ihr den Apfel ab und gibt ihr einen Kuss — in 10 eine Ohrfeige —, kehrt dann aber, nachdem er erst davongeritten ist, freiwillig zurück, und zwar in seinem Küchenkleid, das er über die Rüstung gezogen hat. Beim Mahl übergiesst er nun den Ritter Rød mit der Suppe, und dieser erkennt ihm eine grausame Strafe zu. Da wirft er das Küchenkleid ab und gibt sich zu erkennen, um dann den Ungetreuen zu entlarven und die Königstochter zu heiraten. Hiervon ist das meiste unserem Märchen fremd. Aber auch das wenige, was dazu gehört, ist ausnahmslos falsch. So, dass der Held ein Königssohn ist, dass er das drittemal freiwillig zurückkommt, dass er an seiner Rüstung erkannt wird statt an dem Apfel, der denn auch am Schluss ganz vergessen ist, dass die Erkennungsszene im Schloss stattfindet und seine Angehörigen nicht zugegen sind.

Drittens hat zu der Verwirrung der Umstand beigetragen, dass die beiden ersten Teile des Märchens irrtümlich in einen inneren Zusammenhang miteinander gebracht sind.

Während der erste Teil ursprünglich nur die Bedeutung hat, dass er dem Helden die Pferde verschafft, die allein auf den Glasberg hinaufkommen können, und die Bekanntmachung des Königs und das Zusammentreffen mit der Königstochter erst in den zweiten Teil gehört, trifft Hans in mehreren Fassungen schon im Riesenberg mit der Königstochter zusammen (3. 7) oder wenigstens schon vor dem Reiten (1. 6) und wird schon von dieser (1. 7) oder wenigstens schon vor dem Reiten (4) von allem unterrichtet.

In 7 trifft er, nachdem er die beiden Riesen getötet hat, eine Königstochter. Diese erzählt ihm, sie sei verwünscht gewesen unter die Riesen und jetzt habe er sie erlöst. Aber eins habe er noch zu tun. Der Riesenberg werde, wenn sie heraus wäre, nach drei Tagen zu einem Glasberg. Auf diesem werde sie sitzen. Und wer sie dann herunterholen könne, zu Pferde, und ihr den goldenen Apfel aus der Hand nehme, der habe sie erlöst und bekomme sie zur Frau. Hinaufkommen aber könne kein anderer als er. Nachdem sie ihm dann noch einen Zaum gegeben hat, den er schütteln müsse, um Pferd und Rüstung zu bekommen, und Striegel und Bürste, die er aneinander scheuern müsse, um beides wieder los zu werden, ist sie plötzlich vor seinen Augen verschwunden. Hierauf erlässt dann der König seine Bekanntmachung, und das Reiten findet statt. Nachdem Hans das drittemal ganz hinauf geritten, dann aber mit dem Apfel wieder davongesprengt ist, ist sie weg, vom Glasberg fort, und dieser ist wieder ein Erdberg.

Die Fehler und Widersprüche dieser Darstellung liegen klar zutage. Wenn der Ritter sich erst durch den Apfel verraten soll, darf die Königstochter natürlich nicht schon vorher lang und breit mit ihm gesprochen haben. So, wie hier erzählt ist, weiss sie ja ganz gut, wer der Ritter ist, so dass sie, wenn sie sich nachher aufmacht, ihn zu suchen, nicht die Absicht haben kann, wie es das Märchen will, zu erfahren, wer der unbekannte Ritter ist, sondern nur einen Bekannten, der sich verborgen hält, wiederzufinden.

In 6 ist der Dieb, den Hans beim Heustehlen ertappt, ein Pferd. Wie dies nicht weichen will, haut er ihm mit seiner Sense den Kopf ab, worauf ein lauter Knall erfolgt und plötzlich eine Königstochter vor ihm steht. Diese sagt ihm, er habe sie erlöst. Aber eins habe er noch zu tun. Nachdem sie ihn hierauf — ähnlich wie in 7 — von allem unterrichtet und ihm einen Ring gegeben hat, durch den er sich aus dem grossen Birnbaum in seinem Garten Pferd und Rüstung verschaffen könne, ist der weitere Verlauf wie in 7.

In 4 ist der Dieb, den Hans beim Kleestehlen trifft, ein kleiner Kerl, der für die drei Hengste im Riesenberg zu sorgen hat. Hans geht mit ihm in den Berg. Auf seine Frage, was er mit den Hengsten mache, erzählt er ihm, in vier Wochen solle eine Königstochter erlöst werden, und das könne nur, wer die drei Hengste habe. Nachdem ihm dann Hans hinterrücks eins mit seinem Knüppel über den Kopf gegeben hat — eine Reminiscenz an die Tötung der Riesen —, erfolgt am nächsten Tag die Bekanntmachung des Königs. Hier ist die vorherige Ankündigung des Reitens nicht weiter von Bedeutung, da sie keinen Widerspruch zur Folge hat.

In 1 ist es wieder die Königstochter, die dem Helden von dem Reiten vorher Bescheid sagt. Des Königs Schweinehirt, der sich nach Tötung eines dreiköpfigen Riesen Spinnrad, Haspel und Winde, alles von Gold, aus dem Riesenberg geholt und sich dadurch bei der Königstochter die Erlaubnis erwirkt hat, ihr immer etwas 'vǫrfleiten un singen' zu dürfen, erfährt von ihr, der König, ihr Vater, wolle ein dreitägiges Ringreiten der Soldaten veranstalten. Er nimmt dann — ohne ihr Vorwissen, wie es scheint — an dem Reiten teil und trägt, da sie ihn von den

Gegenanstalten des Königs immer vorher unterrichtet, jedesmal den Sieg davon. Hier ist also der erste Teil unseres Märchens verdrängt und ersetzt durch ein Stück aus einer anderen Geschichte, dem Märchen 'Schweinehirt und Königstochter.' Und mit diesem Stück ist dann der zweite Teil in Verbindung gesetzt.

In 3, wo dumm' Hans, wie in 2. 7. 10. 12, von den Heudieben mit in den Berg gefahren wird — hier allein sind es Räuber, sonst immer nach richtiger Überlieferung Riesen —, trifft er drinnen 'so 'n hübsches Fräulein'. Sie erzählt ihm, sie sei die Tochter des Königs von Spanien und sei von den Räubern geraubt. Wenn er sie rette, solle er sie zur Frau haben. Er tötet hierauf die Räuber und reist dann mit ihr zu ihrem Vater. Die drei Pferde, die er in der Höhle findet, nimmt er mit. Der König verlangt nun aber, ehe er einwilligt, noch eine Probe im Reiten, und nach deren glücklichem Ausfall findet dann die Hochzeit statt. Hier ist also aus dem ursprünglichen Märchen eine ganz andere Geschichte geworden, deren Kern der erste Teil des Märchens bildet, während der zweite, der Hauptteil, der Ritt auf den Glasberg, nur dazu dient, die Geschichte zu erweitern, die Erzählung noch etwas hinauszuspinnen.

Die vierte Quelle der Verwirrung bildet der Umstand, dass sich der seltsame und fremdartige Ritt auf den Glasberg in der Phantasie der Erzähler umgewandelt hat in ein gewöhnliches Reiten in der Ebene. Und zwar ist in 1 ein holsteinisches Ringreiten daraus geworden, in 3 ein schnelles Reiten zwischen zwei Reihen Soldaten entlang, in 4 ein Wettreiten mit der Königstochter. Trotz dieser Umwandlung aber haben sich einzelne Züge der ursprünglichen Überlieferung deutlich erkennbar erhalten.

So in 1 der Riesenberg, aus dem alles herausgeholt wird, die Dreizahl der Pferde und der Rüstungen und das dreitägige Reiten. Wenn ferner der König für den zweiten Tag Soldaten bestellt, die den Reiter nicht durchlassen sollen, so finden wir diesen Zug in dem Glasbergmärchen wieder. In 2. 11 nämlich lässt der König zu gleichem Zweck den Berg mit Soldaten umstellen; in 15 sollen die Soldaten den Ritter greifen. In 9 ist von einer Wache die Rede, in 7 von Nachstellenden, unter denen freilich besonders die zuschauende Volksmenge zu verstehen ist, die den Ritter nicht durchlassen will. Das der Reiter beide Male die Gegenanstalten vereitelt, indem er z. B. das zweitemal sich Mannschaft mitbringt, die die Soldaten zur Seite stossen, ist offenbar eine Erinnerung daran, dass der Ritter jedesmal durch die Soldaten oder die Zuschauer hindurchbricht oder über sie hinwegsetzt.

In 3 sollen die Soldaten ihn greifen (fąt kriegen). Das ist offenbar derselbe Zug. Und wenn er dann die Nachstellungen der Soldaten dadurch vereitelt, dass er Geld unter sie wirft, so begegnet dieser Zug auch schon in 15.

In 4, dem Wettreiten mit der Königstochter, weist die Dreizahl der Pferde und der Rüstungen, das dreimalige Reiten, die Annahme, dass die Königstochter 'verwünscht' ist und 'erlöst' werden soll, deutlich darauf hin, dass diese Fassung nichts ist als eine Entstellung des Glasbergmärchens. Ebenso die drei goldenen Äpfel, mit denen die Königstochter ihn wirft, um einen Vorsprung vor ihm zu gewinnen. Wenn nicht aus den übrigen Zügen mit Sicherheit hervorginge, dass das Glasbergmärchen hier zugrunde liegt, so könnte man vermuten, der Erzähler habe einmal eine Geschichte gehört wie die von der Atalante, der ja bei ihrem Wettlauf mit Melanion von ihrem Gegner in gleicher Absicht drei goldene Äpfel hingeworfen werden. So aber ist entweder anzunehmen, dass es eine Fassung unseres Märchens gegeben hat, in der die Königstochter auf dem Glasberg dem Ritter den goldenen Apfel zuwirft, oder — was wahrscheinlicher ist, da sie ihn durch die Äpfel aufhalten will —, dass zwei Züge miteinander vermischt sind: das Überreichen des Apfels und das Geldausstreuen unter die Soldaten.

In der Grimmschen Sammlung fehlt bekanntlich unser Märchen. Ein Stück daraus aber — worauf ich bei dieser Gelegenheit aufmerksam machen möchte — scheint sie doch zu enthalten. Es findet sich eingeschoben in das Märchen vom 'Eisenhans' (Nr. 136). Nachdem der 'Grindkopf', der Gärtnerjunge mit dem goldenen Haar, als Ritter verkleidet, die Feinde des Königs geschlagen hat, dann aber, ohne erkannt zu sein, wieder verschwunden ist und sich verborgen hält (genau wie dumm' Hans in unserem Märchen), lässt der König, um den unbekannten Ritter heranzulocken, ein dreitägiges Fest ansagen, bei dem die Königstochter den Rittern jedesmal einen goldenen Apfel zuwerfen soll. Hier sind alle Züge mit Ausnahme der Verwundung, die zu dem Grindkopfmärchen selbst gehört und hier nur an eine falsche Stelle geraten ist, dem Glasbergmärchen zuzuweisen: das dreitägige Fest, die Dreizahl der Pferde und der Rüstungen, die goldenen Äpfel, der Zug, dass der Ritter jedesmal mit dem Apfel davonsprengt, und endlich, dass der Sieger sich, wie in 4, durch die Äpfel ausweist.

Dass der Abschnitt, wie er in der Grimmschen Sammlung erzählt wird, entstellt ist, liegt auf der Hand. Man muss sich das Bild nur einmal ausmalen. Eine Schar von Rittern ist versammelt, natürlich alle zu Pferde, die Königstochter wirft ihnen einen Apfel zu, ein Ritter fängt ihn auf und reitet damit fort — was ist das für ein wunderliches Fest!

Fünftens ist die Verwirrung dadurch herbeigeführt, dass in eine Anzahl von Fassungen Stücke aus anderen Märchen eingedrungen sind. So finden wir, abgesehen von Zügen aus nicht näher zu bezeichnenden Märchen in 9. 11, Stücke aus 'Schweinehirt und Königstochter' in 1. 14, Stücke aus dem 'Grindkopf' oder dem 'wilden Mann', einem Märchen, das ja in der Anlage dem unsrigen sehr ähnlich ist, in 1. 13, mehrere Motive aus dem 'Drachentöter' in 13. Die Fassung 5 endlich biegt nach dem Eingang gleich ab in das Märchen vom 'tapferen Schneiderlein'.

Zu den aus den angegebenen Quellen stammenden Entstellungen kommen nun endlich noch eine Unmenge kleinerer Fehler, die von den einzelnen Erzählern in unwesentlichen Dingen gemacht sind. Von diesen Fehlern sei hier nur einer erwähnt, als Beispiel dafür, was alles die Phantasie eines Erzählers fertig bringt. In 12 lässt der König bekannt machen, hé hett 'n gläsern Barg torech bôn ląten, dąr sitt sin Dochter op. Un de dąr herop riden kann, ąbu'ndem dat hê Glas intwei mąken deit — se sitt dąr binn'n in —, de schall ęhr to 'n Frô hebb'n.

Meine Ausführungen verfolgten zunächst nur den Zweck, die Quellen nachzuweisen, aus denen die Verwirrung der Überlieferung entstanden ist. Sollte mir das gelungen sein, so wäre damit zugleich ein Ergebnis gewonnen, das vielleicht auch für andere Märchen von Bedeutung sein dürfte, das Ergebnis, dass die besprochenen Fassungen des Glasbergmärchens nicht etwa gleichwertige und gleichberechtigte Varianten sind, sondern nur grössere oder geringere Entstellungen einer ursprünglich vorhanden gewesenen einheitlichen Form.

Oldenburg i. Gr.

Ein salomonisches Urteil.

(Gesta Romanorum nr. 196.)

Von **Theodor Zachariae.**

In den Gesta Romanorum nr. 262 Oesterley (= nr. 54 Dick) lesen wir von einem römischen Kaiser Valerius, der sehr reich und freigebig war. Er hatte drei Söhne und unzählige Sklaven. Die Sklaven lohnte er so reichlich, dass er seine Besitzungen, sein Gold und sein Silber an sie verschenkte. Schliesslich blieb für ihn und seine Erben nur ein wunderbarer Baum übrig: alle Kranken — die Aussätzigen ausgenommen —, die von den Früchten dieses Baumes assen, erlangten ihre Gesundheit wieder. Als aber der Kaiser starb, vermachte er den Baum seinen drei Söhnen. Von diesen erhielt der Jüngste den Baum durch einen Urteilsspruch.

Über den Urteilsspruch selbst erfahren wir nichts Näheres; wir erfahren nicht, ob sich die drei Söhne etwa um den Besitz des Baumes stritten und warum der Baum gerade dem jüngsten Sohne, als dem rechtmässigen Erben, zugesprochen wurde. Wohl aber erfahren wir das in einer volleren, übrigens in der Einleitung etwas abweichenden Form der eben mitgeteilten Erzählung: Gesta nr. 196 Oesterley (nr. 146 Dick; Gesta Romanorum, das ist der Römer Tat, hsg. von A. Keller 1841 S. 50ff.; Gesta Romanorum deutsch von Grässe 2, 147; The early English versions of the Gesta Romanorum ed. Herrtage 1879 S. 431ff.). In Rom regierte der Kaiser Ezechias[1]); der hatte drei Söhne, die ihm sehr lieb waren. Er führte ein silbernes Schild mit fünf roten Rosen[2]). Dieser Kaiser

---

1) Ezechias (= Hiskia) Oesterley S. 608; Ochozyas (= Ahasja) Dick S. 92. Die Form dieser Namen schwankt in den von Oesterley S. 9ff. analysierten Handschriften ausserordentlich. Ich verzeichne die Varianten Athisias, Azias, Echiás, Othosias, Echozias, Ochezias, Achoysas, Athoyfas, Chayfas, Thosias, Chosias, Kosias, Kostes. In der anglo-lateinischen Rezension der Gesta lautet der Name des Kaisers: Anselmus (Oesterley S. 186ff.; vgl. Herrtage S. 431). Auffällig ist die Namensform Josias bei Grässe 2, 147. Die Grimmsche Handschrift der deutschen Gesta in Berlin, der Grässe folgt, bietet nach Oesterley S. 228, 10 die Form Kosias, nicht Josias. Hat Grässe willkürlich geändert, hat er mit Absicht an die Stelle des unbekannten Kosias den Namen des bekannten jüdischen Königs Josias gesetzt? Wie der Kaiser von Rom in den Gesta nr. 196, so hatte auch Josias, König von Juda, drei Söhne (nach der besten Überlieferung; doch vgl. 1. Chronica 3, 15); und ebenso wie der Kaiser der Gesta im Kampfe wider einen König Ägyptens tödlich verwundet wird, so fiel Josias in der Schlacht bei Megiddo, die er dem Pharao Necho lieferte (2. Könige 23, 29f.; 2. Chron. 35, 20ff.).

2) Diese Bemerkung über das Wappenschild des Kaisers fehlt bei Oesterley, Keller und Grässe, sie steht aber bei Dick und in der anglo-lateinischen Rezension der Gesta, s. Oesterley S. 192. 195 und vgl. Herrtage S. 431: Ancelme, whiche bare in his armes a shelde of syluer, with fyue reed rosys.

führte beständig Krieg wider den König von Ägypten, wodurch all sein Hab und Gut aufgezehrt wurde, bis auf einen Baum von wunderbarer Heilkraft. Einst wurde er in einer Schlacht, die er dem König von Ägypten lieferte, tödlich verwundet; und als er sein Ende herannahen fühlte, da berief er seinen Erstgebornen zu sich und vermachte ihm von jenem Baume alles, was unter der Erde und darüber, 'quod est sub terra et supra'. Darauf vermachte er dem zweiten Sohne von dem Baume die Länge, die Breite und die Tiefe[1]); dem jüngsten Sohne endlich vermachte er alles, was an dem Baume trocken und feucht (dürr und grün), 'omne illud, quod est siccum et humidum.' Nach dem Tode des Vaters erhob jeder von den drei Söhnen Anspruch auf den ganzen Baum. Der Jüngste aber bat, Zank und Streit zu unterlassen, und riet, die Angelegenheit einem in der Nähe wohnenden König[2]) vorzutragen und sich seinem Urteil zu unterwerfen. Der Rat gefiel den Brüdern wohl. Und so gingen sie alle hin zu dem König und legten ihm ihre Sache dar. Da sandte der König nach einem Bader; der musste den ältesten der Brüder am rechten Arme zur Ader lassen. Danach fragte der König die Brüder, wo ihr Vater begraben sei. Sie antworteten: „An dem und dem Orte." Da liess der König den Leichnam ausgraben, einen Knochen aus der Brust herausnehmen und den Leichnam wieder beerdigen. Darauf rief er seine Diener und sprach zu ihnen: „Nehmt den Knochen und taucht ihn in das Blut des Erstgebornen, damit der Knochen so viel Blut aufsaugt als er nur kann. Dann setzt ihn der Sonne und dem Winde aus, damit das Blut fest daran haftet!" Die Diener taten, wie ihnen geheissen war. Als aber das Blut eingetrocknet war und der Knochen ganz blutig aussah, da befahl der König, den Knochen mit Wasser zu waschen. Und so geschah es. Kaum aber hatte das Wasser den Knochen berührt, da verschwand das Blut, und der Knochen sah aus wie zuvor. Ebenso wurde der zweite Bruder zur Ader gelassen, und der Knochen wurde mit seinem Blute bestrichen und der Sonne und dem Winde ausgesetzt. Als man

---

1) Longum, latum et profundum (Dick); omne quod erat in altitudine et in summitate (Oesterley).

2) Eamus ad regem qui est prope nos, Oesterley S. 608. Bei Dick S. 93 wird der König als ein in der Nähe wohnender Rex rationis bezeichnet (Herrtage p. 432: kynge of reason); wohl s. v. a. Gerichtsherr, Schiedsrichter. Dr. A. Hilka verweist mich auf ratio = ius, causa, iudicium; rationis consules = iudices; rationem dicere = causam dicere bei Ducange s. v. ratio und ferner auf die Ausdrücke Auxilium Egencium oder Miserorum, womit in der Disciplina clericalis (p. 25, 12. 26, 11. 27, 1 ed. Hilka und Söderhjelm) ein weiser Richter bezeichnet wird. (Auxilium miserorum heisst ein kluger Ratgeber bei Étienne de Bourbon, Anecdotes historiques nr. 86.) Beide Ausdrücke, rex rationis und auxilium miserorum, sind augenscheinlich Ausdrücke orientalischen Ursprungs und letzten Endes nichts anderes als Bezeichnungen oder Beinamen des weisen Salomo. Der 'philosophus, qui cognominabatur Auxilium egencium' in der Erzählung 'Ölfässer' Disc. clericalis 25, 12 heisst geradezu Salomo in einer Novelle des Sercambi bei R. Köhler, Kleinere Schriften 2, 601.

aber den Knochen wusch, da verschwand das Blut, und der Knochen gewann sein früheres Aussehen wieder. Endlich verfuhr man ebenso mit dem Blute des Jüngsten. Aber als das Blut in den Knochen gedrungen und gut eingetrocknet war, da gelang es nicht, das Blut von dem Knochen herunterzubringen, man mochte reiben und waschen so viel man wollte. Der Knochen blieb durchweg blutig. Da sagte der König zu dem Jüngsten: „Wahrlich, du bist der rechtmässige Sohn des Kaisers, denn dein Blut ist aus diesem Knochen hervorgegangen[1]); deine Brüder sind Bastarde. Dir und deinen Erben überweise ich den Baum.“ Und alles Volk pries die Weisheit des Königs, der ein so kluges Urteil gefällt hatte. —

Wir fragen jetzt: woher stammt dieses kluge Urteil? Woher stammt die Blutprobe, die zur Feststellung der Echtheit des jüngsten Sohnes dient? Nach Grässe in den Anmerkungen zu seiner Übersetzung der Gesta (2, 280) wäre unsere Erzählung ‘völlig mystisch und selbsterfunden’; übrigens ist sie, fügt Grässe hinzu, ähnlich der Erzählung der lateinischen Gesta, wo die drei Söhne nach dem Leichnam ihres Vaters schiessen (nr. 45 Oesterley; nr. 103 Dick). Die Erzählung ‘Schiessen’, wie sie Oesterley, oder ‘Herzschiessen’, wie sie Klapper[2]) nennt, wird von Grässe mit Recht zum Vergleich herbeigezogen. Ich werde weiter unten auf diese Erzählung zurückkommen. Die Erzählung aber, die uns hier beschäftigt und die man nach Oesterleys Vorgang ‘Baumerbe’ zu nennen pflegt, ist von dem Kompilator der Gesta sicherlich nicht erfunden worden. Für den ersten Teil der Erzählung (drei Söhne streiten sich um einen Baum von wunderbarer Heilkraft, den ihnen der Vater vermacht hat) vermag ich allerdings keine Quelle nachzuweisen. Von dem zweiten Teil aber, der die sonderbare Blutprobe enthält, möchte ich behaupten, dass er jüdischen Ursprungs ist, dass er wenigstens mittelbar auf eine jüdische Quelle zurückgeht[3]). Damit behaupte ich nichts anderes, als was man für mehr als eine Erzählung der Gesta schon längst angenommen hat[4]). Von jüdischen Texten aber, die genau oder

1) Herrtage p. 433: this blode is of the nature of this bone.

2) Erzählungen des Mittelalters hsg. von Joseph Klapper 1914 S. 392.

3) Siehe bereits M. Steinschneider, Hamaskir (Hebräische Bibliographie) 13, 134.

4) So für Gesta nr. 159 Oesterley (Eigenschaften des Weins; vgl. Gesta übers. von Grässe 2, 276; Perles, Monatsschrift für Geschichte und Wissenschaft des Judentums 22, 16; Steinschneider, Hebräische Bibliographie 13, 134; R. Köhler, Kleinere Schriften 1, 577f.; doch vgl. auch Hanns Oertel, Transactions of the Connecticut Academy of Arts and Sciences 15, 194f.); für Gesta nr. 256 (Straussei; siehe Gesta ed. Oesterley S. 748; ed. Herrtage S. 508; Perles a. a. O.; Steinschneider a. a. O. 18, 59; The Jewisch Encyclopedia 11, 230); für Gesta nr. 45 (Schiessen; vgl. Steinschneider a. a. O., 13, 133; Israel Lévi, Revue des études Juives 33, 233f.; Der babylonische Talmud in seinen haggadischen Bestandteilen übersetzt von A. Wünsche 2, 2, 164f.; Köhler, Kleinere Schriften 2, 562; A. Wesselski, Mönchslatein S. 200f.).

fast genau dieselbe Blutprobe enthalten, wie die Erzählung der Gesta, sind mir die folgenden bekannt geworden[1]):

Die erste Erzählung unter den 'Gleichnissen des Königs Salomo' (Meschalim schel Schelomo), die A. Jellinek, Bet-ha-Midrasch 4, 145ff. veröffentlicht hat[2]), lautet nach der Übersetzung von A. Wünsche, Aus Israels Lehrhallen 2, 13f.:

Mit einem Menschen in den Tagen Davids, des Königs von Israel, trug es sich zu, dass er sehr reich war, Knechte und Mägde und viele Güter hatte, aber nur einen einzigen Sohn besass. Was machte der Mann? Er kaufte viele Waren und gab sie seinem Sohne. Der Sohn bestieg ein Schiff, ging nach Afrika und blieb daselbst viele Jahre. Innerhalb dieser Jahre starb sein Vater und hinterliess sein Besitztum einem Knechte, der bisher der Verwalter seines Schatzes gewesen war. Der Knecht fing an, alle Hausgenossen mit verschiedenen Leiden zu drücken, so dass sie ihn verliessen und davon gingen, und er allein mit dem ganzen Vermögen blieb, das ihm sein Herr hinterlassen hatte. Er ass und freute sich, weil ihm nach dem Vermögen gelüstete. Nach einiger Zeit kehrte jener Jüngling von den Küstenstädten des Meeres nach dem Hause seines Vaters zurück und fand, dass sein Vater in das Haus der Ewigkeit (den Friedhof) abgeschieden war. Als er in sein Haus treten wollte, ging ihm der Knecht entgegen, stiess ihn fort und sprach zu ihm: Was hast du in meinem Hause zu schaffen, du Nichtswürdiger? Was machte der Jüngling? Er nahm den Stock, fing an, ihn auf sein Haupt zu schlagen und sprach zu ihm: Knecht, du hast alle meine Mühe und die Mühe meines Herrn Vaters an dich gerissen und weidest dich an diesem Reichtum! Es entstand ein grosser Streit, und niemand warf sich als Vermittler zwischen ihnen auf, bis der Sohn des Alten die Flucht ergriff, zum Könige ging und ihn bei diesem verklagte. Er sprach: Ewig lebe der König! Der Mann N. N. hat das ganze Vermögen, welches mein Herr Vater mir hinterlassen hat, genommen, und er sagt zu mir: Nicht du bist der Sohn des Alten, sondern ich. Der König sprach: Hast du Zeugen? Nein! war seine Antwort. Hierauf rief der König den Knecht und sprach zu ihm: Hast du Zeugen? Nein! war seine Antwort. Der König sprach nun zu dem Knechte: Gehe in Frieden! du hast nicht nötig, etwas zu erwidern. Als der Sohn des Alten das hörte, fing er an vor dem König zu weinen und zu schreien. Ebenso schrie er ein zweites und ein drittes Mal, bis der König ihn anfuhr und zu ihm sprach: Wenn du es wiederholst, werde ich die Hand gegen dich ausstrecken; hast du Zeugen, so ists gut, wo nicht, was kann ich für dich tun? Der König Salomo[3]) hörte die Sache, rief den Sohn bei Seite und sprach zu ihm: Schreie nochmals zum König, und gerät er über dich in Zorn, so sprich zu ihm: Mein Herr König! wenn du mir nicht Recht schaffen

1) Die jüdischen Parallelen (sowie eine andere, die ich weiter unten bringen werde) habe ich, mit einer Ausnahme, bereits kurz angeführt in meinem Aufsatz: 'Ein Gottesurteil', Wiener Zeitschrift für die Kunde des Morgenlandes 24, 344—349.

2) Über ältere Ausgaben vgl. Steinschneider, Hebräische Bibliographie 18, 38. Zu den Meschalim schel Schelomo ('Erzählungen vom König Salomo', wie Steinschneider übersetzt) und zu der oben mitgeteilten Erzählung vgl. namentlich Steinschneider in der Hebräischen Bibliographie 13, 134. 18, 39 und in seinem Catalogus librorum Hebraeorum in bibliotheca Bodleiana p. 624.

3) Zum Auftreten des Salomo vgl. Wünsche a. a. O. S. 27; G. Weil, Biblische Legenden der Muselmänner 1845 S. 215ff.; V. Chauvin, Bibliographie des ouvrages Arabes 8, 99 (David corrigé par Salomon).

kannst, so lege meine Sache in die Hand deines Sohnes Salomo. David legte sie in die Hand seines Sohnes Salomo, damit er entscheide. Salomo fragte den Jüngling: Weisst du, an welchem Orte dein Vater begraben ist? Der Jüngling antwortete: Nein! Hierauf rief er den Knecht und fragte ihn: Kennst du das Grab deines Vaters? Jawohl! gab dieser zur Antwort. So geh, fuhr der König fort, und bringe mir einen Arm deines Vaters. Der Knecht ging, schnitt einen Arm des Alten ab und brachte ihm denselben. Dann sprach der König zu ihnen: Lasset euch beide zur Ader und ein jeder fange sein Blut in seinem Gefässe auf. Der König wandte sich an den Knecht und sprach: Tauche den Knochen in dein Blut! Er tauchte ihn ein, aber er veränderte seine Farbe nicht. Dann sprach er zu dem Sohne des Alten: Tauche auch du den Knochen in dein Blut! Derselbe veränderte sofort seine Farbe und der König zeigte ihn dem ganzen Volke. Sehet, sprach er zu ihnen, dieses Blut ist von diesem Knochen hervorgegangen[1])! Ganz Israel geriet in Verwunderung. Das ganze Vermögen ging nun an den Jüngling über, und er herrschte über den Knecht wider dessen Willen. Darum heisst es (1. Reg. 3, 12): 'Und Salomo war weiser als alle Menschen.'

Die vorstehende jüdische Erzählung von dem Knechte und dem Sohne findet sich auch in dem Buch der Frommen (Sefer Chasidim; § 232) und in dem jüdisch-deutschen Volksbuch Seelenfreude (Simchath hannefesch)[2]). In diesen beiden Büchern tritt aber nicht Salomo, sondern der Gaon Saadja ben Josef (892—942) als der scharfsinnige Richter auf. Das Buch der Frommen ist mir nicht zugänglich. Doch wird die dort vorliegende Fassung der Erzählung schwerlich von der verschieden sein, die wir in dem Buche Simchath hannefesch lesen. Hier lautet die Erzählung[3]):

Einer is über jam (Meer) gezogen mit sein Knecht in ein fremde Medine (Grossstadt, Land) handeln un' hat gross Geld mit genommen un' die Frau hat er der heim gelasen me'ubereth (schwanger). Nun der Soḥer (Händler) is gestorben un' hat viel Geld gelasen un' der Knecht hat als behalten; denn der Knecht hat gesagt, er is sein Sohn. Nun die Frau der heim hat ein Sohn gewonnen, un' er is der zogen geworn; aso hat die Muter zu dem Kind geret: Mein Kind, dein Vater hat aso viel Gut gelasen un' is als bei dem Knecht geblieben; zig abin tomar (sagt sie), werstu das Gut bekommen. Aso is er abin gezogen. Wie er ahin kommen is, hat er gesehen der Knecht is sehr taḳḳīf (mächtig) gewesen un' hat grosse šiddūchīm (Heiratspläne) mit seine Kinder getan mit die grösste ḥiššūbīm (Berechnungen). Als er hat more (Furcht) gehat ein Wort zu reden un' is gangen ein stin bei den Rabb, der hat geheissen Rabbi Sa'adja ben Josef un' hat nit weln essen bis er erst derzelt hat wie es is gut. Aso hat Rabbi Sa'adja ihm ein 'eza (Rat) geben er soll es den Melek (König) klagen. Aso is er gangen zum Melek. Aso hat der Melek geschikt nach Rabbi Sa'adja, er soll dem paseḳ

---

1) So sagt der König zu dem Sohne in den Gesta S. 94, 16 ed. Dick: Vere tu es filius eius legittimus, nam sanguis tuus ex osse isto procedebat.

2) Verfasser: Elchanan Hähndel (nach Steinschneider, Catalogus librorum Hebraeorum p. 624) oder Hähndel Kirchhahn. Siehe Karpeles, Geschichte der jüdischen Literatur[2] 2, 351.

3) Sulzbacher Ausgabe von 1797, Blatt 11a. Ich verdanke den Text der Güte des Herrn Prof. Paul Kahle.

(Entscheid, Urteilsspruch) geben in der Sach. Aso hat Rabbi Sa'adja geheissen, man soll beide zu der Oder (Ader) lasen un' das Blut in ein besonder Beckin tun. Der nach hat Rabbi Sa'adja geheissen, man soll ihm brengen ein Knöchlein von den Vater von Sohn un' hat ein Knochen genommen von ein andern Toten un' hat erst das fremd Bein an beide ihr Blut getan, is das Bein nit rot geworn von den Blut. Der nach hat er genommen das Bein von den Vater un' hat es in des Knecht sein Blut getan; hat das Beinche kein Blut an sich gesoft. Der nach hat er das Beinche in den Sohn sein Blut getan, is das Bein ganz rot geworn un' das Blut hat sich in Bein arein gezogen, der weil es ein gūf (Leib, Körper) is, Vater un' Sohn. Hat der 'ebed (Knecht) das Geld müsen wieder geben den Sohn.

Auf die Darstellung in dem Buche Simchath hannefesch gründet sich die metrische Bearbeitung der Erzählung, die A. Tendlau unter der Überschrift: 'Das ist Bein von meinem Bein und Fleisch von meinem Fleische' geliefert hat (Das Buch der Sagen und Legenden jüdischer Vorzeit, 1842 S. 174 Nr. 32, vgl. S. 253). Dieselbe oder eine ähnliche Bearbeitung findet sich nach Steinschneider auch in dem Buche Tendlaus: Fellmeiers Abende; Märchen und Geschichten aus grauer Vorzeit 1856 S. 262. Dieses schwer zu beschaffende Buch steht mir jetzt nicht zur Verfügung.

Eine besondere Erwähnung verdient noch die Form der Erzählung, die Jochanan Alemanno (2. Hälfte des 15. Jahrhunderts) in seinem Kommentar zum Hohenliede (Cheschek Schelomo, 'die Lust Salomos') überliefert hat[1]). Auszüge aus der Einleitung zu diesem Kommentar, 'mit grossenteils abgeschmackten, in Alemannos Text unmerklich übergehenden Zusätzen', wurden von Jakob Baruch zusammengestellt und in Livorno 1790 u. d. T. Scha'ar ha-Cheschek gedruckt. Ein Neudruck erschien in Halberstadt [1861]. Diese Ausgabe liegt mir vor. Hier lautet die Erzählung[2]):

Ich sage, unsere Väter haben uns erzählt eine Geschichte, die geschah zwischen zwei hebräischen Männern, die über einen Mann stritten. Der eine sagte: Ich bin sein Sohn und du bist sein Sklave, der in seinem Hause geboren; und der andere sprach: Ich bin sein Sohn und du bist sein Sklave, der in seinem Hause geboren. Und sie wollten die ganze Schwere seines Reichtums erben, und keiner wusste, wer der Sohn der Herrin und wer der Sohn der Magd sei. Und es gab kein Zeugnis und keinen Beweis. Und sie kamen vor den Vater der Prüfung, und er prüfte ihre Rede auf natürliche Weise (er prüfte ihren Charakter?), und die Abstammung blieb verborgen. Und er zapfte jedem von ihnen beiden Blut ab in zwei Gefässe. Und er befahl einen Knochen von ihrem toten Vater zu bringen und teilte ihn in zwei Teile, und er legte den einen

1) Alemannos Quelle für die Erzählung ist mir nicht bekannt. Steinschneider im Sabbat-Blatt 1846 S. 62 bemerkt, der Autor scheine 'aus einer getrübten orientalischen Quelle' geschöpft zu haben. Von nichtjüdischen Quellen, die Alemanno für seinen Kommentar benutzt habe, spricht Steinschneider in der Hebr. Bibliographie 5, 28 vgl. 21, 130 ff. Zu Alemanno vgl. sonst Karpeles, Geschichte der jüd. Literatur[2] 2, 210. 472.

2) Blatt 13a, 5 v. u. Die Übersetzung verdanke ich der Güte des Herrn Prof. Brockelmann.

Knochen in das Blut des einen und den anderen Knochen in das Blut des anderen vor dem ganzen Volk, und er schrieb ihre Namen auf ihr Blut, und er legte sie in ein Gewahrsam bis zum Morgen. Und siehe am Morgen war der eine Knochen mit dem Blute des einen fest verwachsen wie Fleisch mit dem Knochen, und der andere Knochen war mit dem Blute gar nicht verwachsen. Und er sprach sein Urteil.

Dazu die Bemerkung (von Alemanno herrührend?): 'Hier ist wegen der Abstammung das Blut von dem Sohne zum Knochen des Vaters gekommen, denn mit der Abstammung der Wesen verhält es sich wunderbar: wie man gehört hat vom Blute des Erschlagenen, das gegen den Totschläger herauskommt, wenn er ihm begegnet, weil sein Blut gegen den Missetäter aufwallt.' Die letzten Worte enthalten eine deutliche Anspielung auf das bekannte Bahrrecht oder Bahrgericht (iudicium feretri), das man ja auch als eine Blutprobe bezeichnen kann und in der Tat so bezeichnet hat. Die Blutprobe der jüdischen Erzählungen und das Bahrgericht verfolgen denselben Zweck insofern, als sie dazu dienen sollen, die Wahrheit an den Tag zu bringen; ausserdem ist ihnen gemeinsam: die Befragung eines Toten[1]). Und so ist es nicht auffällig, dass auch ein neuerer Autor die uns beschäftigende Blutprobe und das Bahrgericht zusammengebracht hat. Emilian Lilek[2]) behandelt in seinem Aufsatz 'Gottesurteile und Eidhelfer in Bosnien und der Hercegovina' die in diesen Ländern üblichen Gottesurteile, das Stahlheben, die Wasserprobe usw. Unter der Überschrift 'Die Blutprobe' bespricht er zunächst das Bahrgericht; dann den Glauben, dass der Mörder vom Blute des Ermordeten angezogen werde, dass er sich nicht vom Schauplatz des Mordes entfernen könne; an dritter Stelle bringt Lilek unter der Überschrift 'Des Vaters Bein saugt des Kindes Blut auf' die uns aus den Gesta und aus der jüdischen Überlieferung wohlbekannte Blutprobe. Dafür kann er aber nur eine kurze Erzählung anführen, die ihm ein Softa an der Scheriatsrichterschule in Sarajevo aufgeschrieben hat. In ihren Hauptzügen stimmt diese Erzählung mit den bereits mitgeteilten Erzählungen überein; nur erscheint an Stelle des weisen Salomo wiederum ein anderer Richter: der Scheih Jujo.

Nach dem Tode eines Königs wurde ihm ein Kind geboren. Es war zweifelhaft, ob dies sein rechtmässiges Kind sei oder nicht. Der Mostarer Scheih Jujo, in dieser Angelegenheit um Auskunft gefragt, bedeutete die Frager, man möge ein Bein aus dem Grabe des Königs nehmen, dem Kinde am Leibe einen Schnitt machen und des Kindes Blut auf des Vaters Bein träufeln. Wenn das Bein das Blut aufsaugen würde, so sei das Kind rechtmässig, wenn nicht, so

---

1) Vgl. Wiener Zs. für die Kunde des Morgenlandes 24, 349.

2) Wissenschaftliche Mitteilungen aus Bosnien und der Hercegovina 2 (1894), Abteilung für Volkskunde S. 467—472. Vgl. dazu Friedr. S. Krauss im Globus 62, 268ff., der die Erzählung von Jujos klugem Urteil wiedergibt und nur bemerkt, sie sei keineswegs slawischen Ursprungs.

stamme es von einem anderen. Und wahrhaftig, bei diesem Versuche sog des Vaters Bein das Kindesblut auf, was bei einem anderen fremden Beine nicht der Fall war. (Scheih Jujo war geboren in Mostar 1061 nach der Hedschra und starb 1119.)

Die in den vorstehenden Erzählungen zur Feststellung der Blutsverwandtschaft dienende Blutprobe dürfte auf einen Volksglauben zurückgehen, der den Stempel der höchsten Altertümlichkeit an sich trägt. Ich habe diese Vermutung schon an anderer Stelle ausgesprochen[1]), und ich möchte auch hier wieder auf eine in Tonkin übliche oder früher übliche magische Prozedur[2]) hinweisen, die zur Feststellung der ausserehelichen Vaterschaft vorgenommen wird und der Blutprobe, die uns bisher beschäftigt hat, sehr ähnlich ist. Der tonkinesische Brauch findet sich beschrieben in dem Buche des französischen Missionars La Bissachère[3]) über den gegenwärtigen Zustand von Tunkin, Cochinchina und der Königreiche Camboja, Laos und Lac-tho, wo es nach der deutschen Übersetzung von E. A. W. v. Zimmermann (Bibliothek der neuesten und wichtigsten Reisebeschreibungen 47, 217) heisst:

> Kommt ein Mädchen oder eine Witwe mit einem Kinde nieder, welches sie einem Manne zuschreibt, der es nicht anerkennen will, und wenn er behauptet, dass er keinen verbotenen Umgang mit ihr gehabt, oder dass sie solchen mit anderen Männern gehabt habe, so zieht man einige Tropfen Blutes aus dem Körper des Kindes und des vorgeblichen Vaters, und wenn diese Blutstropfen, zusammengebracht sich miteinander vermischen und schnell zusammenfliessen, so hält man diese schnelle Vereinigung und Ähnlichkeit für einen Beweis, dass der Angegebene der Vater sey.

Wir kehren noch einmal zu Gesta Nr. 196 zurück. Wie schon bemerkt wurde, lässt sich die Erzählung in zwei Teile zerlegen. Im ersten Teil wird erzählt, wie sich die drei Söhne eines Kaisers um eine von ihm hinterlassene Erbschaft, einen Baum, streiten: Baumerbe[4]). Im zweiten

1) In der Wiener Zs. für die Kunde des Morgenlandes 24, 348.

2) Diese Bezeichnung des tonkinesischen Brauches entlehne ich den Arbeiten von A. H. Post; vgl. die folgende Anmerkung und Ausland 64, 87.

3) Angeführt von Post, Die Grundlagen des Rechts 1884 S. 436; Grundriss der ethnologischen Jurisprudenz 2, 456, Anm.

4) Herr Prof. Bolte weist mich darauf hin, dass ein Baum als Erbe auch vorkommt in einer der Fabulae extravagantes in Steinhöwels Äsop (S. 223 Nr. 13 ed. Oesterley; auch in anderen älteren Äsopausgaben: vgl. z. B. Gesta ed. Herrtage S. 508) und bei Aegidius Albertinus, Lucifers Königreich und Seelengejaidt ed. Liliencron S. 139. Doch ist die Erzählung 'De patre et tribus filiis' in Steinhöwels Äsop (ausführlich behandelt von A. L. Stiefel im Archiv für das Studium der neueren Sprachen 90, 3 ff.) für uns nur von geringer Bedeutung, da in ihr der Streit um das Baumerbe gar nicht entschieden wird. — Erzählungen, in denen sichs um Erbteilung, um Streitigkeiten wegen einer Erbschaft, handelt, sind nicht selten: Gesta Romanorum Nr. 89. 90. 91. 120 ed. Oesterley; Fr. Kreutzwald, Ehstnische Märchen 1869 Nr. 11 ('Der Zwerge Streit'; vgl. dazu Köhler, Kleinere Schriften 1, 54. 60f. 311f.; Antti Aarne, Vergleichende Märchenforschungen 1908 S. 129ff. 138).

Teil wird das Erbe dem jüngsten Sohne zugesprochen. Denn er allein ist der echte Sohn des Kaisers; und diese Echtheit wird erwiesen durch eine Blutprobe. In der Erzählungsliteratur begegnen uns aber noch andere Mittel, noch andere Beweise, die zur Feststellung der Blutsverwandtschaft dienen. So wird z. B. unter mehreren Söhnen der als der echte angesehen, der seinem Vater oder seiner Mutter gegenüber die grössere Pietät oder Keuschheit[1]) an den Tag legt. Keine Deszendenzprobe aber ist so berühmt, wie die, die in der weitverbreiteten Erzählung[2]) 'Schiessen' vorgenommen wird: vier um die Oberherrschaft (pro dominio regni) streitende Söhne eines Königs werden aufgefordert, nach dem Leichnam des Vaters zu schiessen. Derjenige unter den Söhnen, der sich nicht entschliessen kann, einen Pfeil auf den Vater zu richten, wird für den wahren Sohn und den rechtmässigen Erben der Krone erklärt. Es wäre nun durchaus nicht auffällig, wenn wir auf Fassungen der Erzählung 'Baumerbe' stiessen, in denen die Deszendenzprobe 'Schiessen nach des Vaters Leichnam' an die Stelle der Blutprobe getreten ist; oder wenn — wie man sich auch ausdrücken könnte — die am Anfang dieses Aufsatzes analysierte kurze Erzählung Gesta Nr. 262 eine andere Auflösung gefunden hätte als die, die uns in der ausführlichen Erzählung Gesta Nr. 196 entgegentritt. Die von mir zunächst nur als möglich angenommene Kombination Baumerbe + Schiessen kommt tatsächlich vor. Mir sind die folgenden Texte bekannt geworden, in denen der Streit um das Baumerbe nicht durch eine Blutprobe, sondern durch Schiessen nach dem Erblasser entschieden wird:

1. Le Roman de Renart le Contrefait. Auf das Vorkommen unserer Erzählung in diesem Buche hat meines Wissens zuerst Robert

---

1) Ich verweise auf die beiden Erzählungen, die ich aus A. Musil, Arabia petraea 3, 350 und aus L. Reinisch, Die Somali-Sprache 1, 260 (= D. H. Müller, Die Mehri- und Soqoṭri-Sprache 1, 70) in der Wiener Zs. f. d. Kunde des Morgenlandes 24, 347 angeführt habe: namentlich aber auf die zweite, wo es sich um die Unterscheidung zweier Brüder handelt, von denen der eine von einer abessinischen Sklavin, der andere von einer Araberin geboren worden ist. Die Araberin richtet an ein altes Weib die Frage: „Wie soll ich den Sohn, den ich geboren habe, erkennen?“ Darauf die Alte: ‚Lege dich nackt vor das Haus, und wenn die zwei Knaben kommen, so ist derjenige, der dich zudeckt, dein Sohn.“ — Ich erinnere an die Varianten des salomonischen Urteils, die ich oben 16, 133 ff. (vgl. Lucas oben 17, 124 f.) ans Licht gezogen habe. Die Frau, die sich keusch und züchtig benimmt, ist unschuldig, die andere wird wegen ihrer Schamlosigkeit als schuldig erkannt.

2) Siehe Gesta Romanorum nr. 45 ed. Oesterley; dazu die reiche Literatur bei Oesterley S. 719 und in R. Köhlers Kleineren Schriften 2, 562. Höchst bemerkenswert und bisher wenig beachtet ist die Form der Erzählung, die A. Wesselofsky aus der russischen Palaea mitgeteilt hat (wiedergegeben im Mistére du viel testament ed. Rothschild 4, S. CXVIII). Ein Mann hat sechs Söhne und eine Tochter. Diese soll 1000 Gulden, der älteste Sohn soll den ganzen Rest des Vermögens erben. Nach dem Tode des Vaters entsteht Streit zwischen den Söhnen. Salomo befiehlt ihnen, den Vater auszugraben und die rechte Hand des Toten herbeizuholen. Es ergibt sich, dass nur der älteste Sohn legitim, die anderen fünf Söhne aber Bastarde sind.

hingewiesen. Er gibt in seinen Fables inédites des XIIe, XIIIe et XIVe siècles (1825) 1, S. XCVff. eine Analyse der Fabulae Aesopi extravagantes dictae[1]) und bemerkt zu der 13. dieser Extravaganten (drei Brüder prozessieren um ein Erbe: um einen Birnbaum, einen Bock und um eine Mühle) folgendes: De semblables inepties se rencontrent dans plusieurs recueils de facéties anciennes. Ainsi le premier legs du père, le poirier, se trouve dans Renard le contrefait, réuni au fabliau connu sous le nom du Jugement de Salomon (entsprechend der Erzählung 'Schiessen' Gesta nr. 45; siehe Legrand d'Aussy 2, 167; Barbazan-Méon 2, 440).

In der vor nicht langer Zeit erschienenen Ausgabe[2]) des Renart le Contrefait, der beiläufig der ersten Hälfte des 14. Jahrhunderts angehört, steht die von Robert angezogene Erzählung unmittelbar vor dem salomonischen, von uns vorzugsweise so genannten Urteil (jugement des deux mères); sie beginnt mit den Worten:

Ung preudhoms en ce temps estoit,
Lequel trois enffans si avoit.

Der Vater vermacht von einem Birnbaum dem ältesten Sohne le tort et le droit[3]), dem zweiten Sohne le vert et le secq, dem jüngsten tout ce dedens terre et dehors. Der Richter ist der weise König Salomo:

Salomon en la ville vint,
Qui ses plais et jugemens tint.

Nach Raynaud[4]) findet sich dasselbe salomonische Urteil, und zwar in dramatischer Form[5]), auch im

2. Mistére du viel Testament ed. James de Rothschild [und Émile Picot], Bd. 4, Vers 34636—35927. Eine Inhaltsangabe und eine Besprechung des umfangreichen Stückes hat Picot S. CXII—CXIX geliefert. Hervorzuheben ist, dass das salomonische Urteil in dem Streite zwischen den beiden Müttern im Mistére die erste Stelle einnimmt; dann erst folgt das Urteil in dem Streite der drei Söhne um das Baumerbe. Im Renart le Contrefait haben wir die umgekehrte Reihenfolge. Sonst

---

1) Siehe Steinhöwels Äsop ed. Oesterley 1873 S. 192—242.

2) Le Roman de Renart le Contrefait publié par Gaston Raynaud et Henri Lemaitre, Paris 1914. Hier Bd. 1, 93f., Vers 8913—9014.

3) 'Ex piro omne quod habet rectum et tortum' heisst es in der Extravagante bei Steinhöwel, Äsop S. 223.

4) Raynaud, Renart le Contrefait et ses deux rédactions: Romania 37, 256, Anm. 3; Ausgabe des Renart le Contrefait 1, 328. Vgl auch den Grundriss der romanischen Philologie 2, 1, 1234f.

5) Die Erzählung 'Schiessen' ist mehr als einmal dramatisiert worden; vgl. die Literaturangaben bei Köhler, Kl. Schriften 2, 562. Nicht weniger als neun Urteile Salomonis behandelte Christian Zyrl in seinem Drama 'Salomon' 1592 (Vierteljahrsschrift für Literaturgeschichte 2, 228—246. Ad Biogr. 45, 580).

bestehen in der Darstellung der Erzählung 'Baumerbe + Schiessen' keine nennenswerten Unterschiede zwischen Mistére und Renart. Allerdings ist der Baum im Mistére kein Birnbaum, wie im Renart, sondern ein 'bel arbre', ausgezeichnet durch seine Grösse, durch die Schönheit seines Laubwerks und die Güte seiner Früchte (Picot p. CXIII). Aber wenn es im Mistére heisst, dass der erste Sohn von diesem Baume 'le tort et le droit', der zweite 'le sec et le vert', der dritte 'le dehors et dedens' erhalten soll (v. 35571 ff.), so stimmen diese Angaben fast wörtlich zu Renart 8948 ff.

Picot p. CXIV zerlegt die dramatisierte Erzählung im Mistére ganz richtig in zwei Teile, deux légendes distinctes (Baumerbe + Schiessen). Wenn er aber hinzufügt: 'Sur l'une, l'histoire de cet arbre légué par son propriétaire à trois personnes différentes, nous n'avons pu nous procurer aucun renseignement', so muss diese Äusserung befremden. Offenbar hat Picot die Erzählung 'Baumerbe' Gesta Nr. 196 und somit auch die merkwürdige Blutprobe, die dort vorgenommen wird, gänzlich übersehen[1]).

3. gehört hierher das Exemplum de arbore diuisa bei Joseph Klapper, Erzählungen des Mittelalters 1914 S. 389 Nr. 188. Ein König hat vier Söhne. Von einem Baume, der mehr wert ist als das ganze Königreich, soll der älteste Sohn alle Zweige, der zweite die ganze Rinde, der dritte alle Wurzeln, der jüngste alle Früchte nach dem Tode des Vaters erben. Noch bei Lebzeiten des Königs erhebt sich der Streit um das Baumerbe. Um den Streit seiner Söhne zu schlichten, lässt sich der von einer tödlichen Krankheit befallene König an der Wand aufrichten und heisst die Söhne nach seinem Herzen schiessen. Der jüngste Sohn weigert sich zu schiessen. Ihm, der sich als treu erwiesen hat, spricht der König das Baumerbe zu.

4. In einer Exempelsammlung des Britischen Museums, Harley 7322, findet sich folgende Erzählung: Alexander bequeaths a certain tree to

1) In der Anmerkung auf S. CXIV zitiert Picot nach Rabbinowicz, Législation civile du Thalmud 4, 181 (mir nicht zugänglich) aus dem Traktat Baba Bathra eine Erzählung, von der er nicht mit Unrecht sagt, dass sie mit dem 1. Teil der Erzählung 'Baumerbe' eine gewisse Ähnlichkeit besitze. Nach A. Wünsche, Der babylonische Talmud in seinen haggadischen Bestandteilen 2, 2, 164 lautet die Erzählung: 'Ein Mann sagte (als er im Sterben lag): Das Fass mit Erde komme an den einen meiner Söhne, das Fass mit Knochen an den anderen meiner Söhne und das Fass mit Wolle komme an den dritten meiner Söhne. Die Hinterlassenen wussten nicht, was der Vater hiermit gesagt hatte. Sie kamen vor R. Banaa. Er fragte sie: Habt ihr ein Feld? Ja! versetzten sie. Darauf jener: Habt ihr Vieh? Diese: Ja! Jener: Habt ihr Kleidungsstücke (Polster)? Diese: Ja. Folglich hat das euer Vater gemeint'. — Unmittelbar auf diese Entscheidung folgt im Talmud die Erzählung von dem Urteil des R. Banaa in dem Streit der zehn Söhne um das väterliche Erbe (der echte Sohn wird daran erkannt, dass er nicht auf das Grab des Vaters schlagen will) Das ist die Erzählung, aus der man, wie schon oben bemerkt wurde, die Erzählung 'Schiessen' Gesta Romanorum nr. 45 herleiten will.

each of his three sons; judge bids them shoot at the corpse, and awards the tree to the youngest, who refuses to shoot: 'Refert Trimegistus in libro suo de ortu Dei'. — Also eine Kombination von Gesta Romañorum nr. 196 (Baumerbe) und nr. 45 (Schiessen), wie Herbert richtig bemerkt hat: Catalogue of Romances in the department of MSS. in the British Museum 3, 176, Nr. 113.

5. Dieselbe Kombination liegt vor in dem 'exemple dun rice homme qui donna son arbre a ses quatre filz et a chascun a par soy' in einer Sammlung von Exemples moraux, die Herbert a. a. O. S. 441—449 beschrieben hat. Von den vier Söhnen des Mannes werden die beiden ersten als Bastarde, die beiden anderen als die wahren Söhne erkannt (Herbert S. 443, 3).

Zum Schluss verzeichne ich noch die interessante Tatsache, dass auch in der oben mitgeteilten jüdischen Erzählung von dem Knechte und dem Sohne ein anderer Beweis für die Echtheit des Sohnes an die Stelle der Blutprobe getreten ist, — dass auch diese Erzählung, um Steinschneiders[1]) Ausdruck zu gebrauchen, eine sinnigere Wendung genommen hat. Josef Ibn Sabara, Arzt in Barcelona (um 1200), verfasste einen ethisch-satirischen Roman u. d. T. Sefer Scha'aschu'im (Buch der Belustigungen). In diesem Buche werden unter anderem drei Proben von der Weisheit eines angesehenen Richters gegeben; die dritte Weisheitsprobe ist die Erzählung von dem Knechte und dem Sohne. Eine Übersetzung von Saharas Erzählung lieferte A. Sulzbach in dem Buche: Dichterklänge aus Spaniens besseren Tagen; Auswahl aus den Meisterwerken jüdisch-spanischer Dichter 1873 S. 98 ff., und dann wieder in dem Sammelwerk von J. Winter und A. Wünsche, Die jüdische Literatur seit Abschluss des Kanons 3, 148f. Eine englische (gekürzte) Übersetzung gab J. Abrahams in der Jewish Quarterly Review 6, 521. Die Erzählung verläuft bei Sabara ungefähr ebenso wie in den Meschalim schel Schelomo bis zu dem Punkte, wo der Sohn, der nach längerer Abwesenheit in die Heimat zurückgekehrt ist, den Sklaven im Besitz des väterlichen Erbes findet und von diesem aus dem Hause gejagt wird. Dann heisst es weiter:

Der wirkliche Sohn begab sich zu unserem Richter und trug ihm seine Leidensgeschichte vor, und wie der Sklave, dem sein Vater so viel Gutes erwiesen, ihn noch misshandelt habe. Der Richter liess den Sklaven rufen, befragte ihn, ob er denn wirklich derjenige sei, für den er sich ausgebe: der Sohn jenes reichen verstorbenen Mannes. „Gewiss bin ich es", erwiderte jener, „wie hat der Verstorbene mich geliebt, wie ich ihn, und all sein Gut hat er mir hinter-

---

1) Ersch und Grubers Encyclopaedie, Sekt. 2, Teil 31, S. 94 f., wo Steinschneider, wohl als der erste, auf Sabaras Erzählung hingewiesen hat. Vgl. sonst auch Steinschneider in der Hebräischen Bibliographie 13, 133.

lassen.“ Auf die Bemerkung des Richters, dass er für seine Behauptungen Beweise beibringen solle, kennt er ganz gut die juridische Regel, dass der Fordernde den Beweis für die Richtigkeit seiner Forderung beizubringen habe. Da gibt der Richter beiden auf, Zeugen für ihre Dependenz zu bringen, doch soviel ein jeder sich auch Mühe gibt, keiner kann dieser Aufforderung genügen. Wie sie nun wieder vor dem Richter, aber ohne Zeugen, erscheinen, fragte dieser: „Wer weiss das Grab des Verstorbenen?“ „Ich,“ entgegnete der Sklave, „habe ich ihn ja mit aller Pracht bestatten lassen und bin daher wohl imstande, das Grab anzugeben.“ „Gut, so lasset uns zum Grabe jenes Abscheulichen hingehen, der pflichtvergessen die Seinigen ohne Verfügung über sein Vermögen hinterlassen, und so Zank und Streit zurückgelassen hat; aus dem Grabe wollen wir seine Gebeine schleudern und sie verbrennen.“ Der Sklave war mit diesem Richterspruch einverstanden, doch der wahre Sohn schrak zurück und sprach: „Gott bewahre, mag jener alle Reichtümer behalten, ehe ich zugebe, dass meines Vaters Grab und Gebeine geschändet werden!“ „Jetzt sehe ich“, begann nun der Richter zu diesem gewendet, „dass du der wirkliche Sohn bist; geh, tritt deine Erbschaft an und jener Bösewicht sei verurteilt, dir lebenslänglich als Sklave zu dienen!“

Halle a. S.

Aus den

Sitzungs-Protokollen des Vereins für Volkskunde.

Freitag, den 18. Dezember 1914. Der Vorsitzende Hr. Geh. Regierungsrat Prof. Dr. Roediger widmete dem verstorbenen Hofrat Dr. med. Höfler in Tölz, Mitglied seit Bestehen des Vereins, warme Worte der Erinnerung. Seine Verdienste um die deutsche Volkskunde auf den Gebieten der Volksheilkunde, der Kultopfer, insbesondere der Gebäckformen, sind bekannt, und die Zeitschrift des Vereins enthält zahlreiche Beiträge seiner rastlosen Feder. Ein anderes Mitglied, Dr. A. Levy, Prediger und Schulvorsteher, starb jäh auf der Kanzel, und ein jüngerer Forscher, Dr. Robert Pelissier, der in der Maisitzung d. J. dem Verein einen wertvollen Vortrag hielt, fiel auf dem Felde der Ehre im Westen. Der Vorsitzende teilte mit, dass neuerdings der 2. Band der Anmerkungen zu den Kinder- und Hausmärchen der Gebrüder Grimm, bearbeitet von Joh. Bolte und G. Polívka, erschienen sei. Die aus äusseren Gründen in dieser Sitzung statt in der des November vorgenommene Ausschusswahl ergab folgende Liste: Verlagsbuchhändler A. Behrend, Oberlehrer Dr. Fritz Boehm, Oberlehrer Dr. Ebermann, Geh. Regierungsrat Ernst Friedel, Prof. Dr. Ed. Hahn, Prof. Dr. A. Heusler, Frl. Elisabeth Lemke, Prof. H. Ludwig, Kontrolinspektor H. Maurer, Prof Dr. E. Samter, Prof Dr. Schulze-Veltrup, Dr. James Simon. — Hr. Oberlehrer Dr. F. Boehm sprach sodann über „Volkstümliche Motive in der antiken Kriegsdichtung“. Eigentliche kriegerische Volkslieder des Altertums gibt es nicht, wohl aber volkstümliche Lieder, das sind Kunstlieder, die im Volke heimisch geworden sind. Päane an verschiedene griechische Götter und ihnen gleichgestellte berühmte Krieger sind uns erhalten. In den Skolien, d. i. Trinksprüchen, z. B. denen des Kallistratos, finden sich Anklänge volkstümlicher kriegerischer Poesie. Wahrscheinlich ist aber viel verloren gegangen. Die Kunst war mit dem Alltagsleben bei den Griechen inniger verbunden als bei irgendeinem anderen Volke. Von Kallinos, dem ersten Elegiker, rührt ein höchst kriegerischer Anruf oder Kriegsruf an die Jugend her. Solche Anrufe finden sich auch oft in der Ilias und bei Solon und Tyrtäos. Bei letzterem und Kallinos sind Ansprachen an die Krieger, sozusagen Marschlieder, in Anapästen häufig. In griechischen Grabinschriften finden sich ferner oft patriotische Motive. Sie werden meist ohne Grund dem Simonides zugeschrieben. Im Kampfe wird der Feige so gut erkannt wie der Mutige. Auch grimmer Humor zeigt sich, wie bei Homer in der Schilderung von Achill und Lykaon. Den Schild zu verlieren gilt als Schimpf für den Krieger. Ähnlich werden im deutschen Kriegsliede die Fliehenden als Ohnehosen verspottet. Ruhmlos in den Hades zu gehen ist den griechischen Helden ein schrecklicher Gedanke. Aber bei Homer findet sich doch mehr naive Lebenslust als bei Simonides und Tyrtäos, die den Heldentod als den schönsten feiern. Eine eigenartige Erscheinung ist Archilochos aus Paros im 7. Jahrh. Bei ihm ist alles Erlebnis, voll poetischer, volkstümlicher Kraft und Frische. Einen grossen Teil seines Lebens verbrachte er auf Schlachtfeldern, und seine Dichtungen erinnern an Landsknechtslieder, schwankend zwischen Erhabenheit und Gemeinheit; eine sog. problematische Natur. Von ihm wurde vielleicht Hybrias aus Kreta beeinflusst. In hellenistischer Zeit waren gespreizte Feldherren, Kopien des grossen Alexander, häufig. Der Miles gloriosus wurde eine der volkstümlichsten Figuren der griechischen und nach ihr der römischen Komödie. Die Friedenssehnsucht der athenischen Kleinbürger wird von Aristophanes burlesk geschildert. Edlere Töne dafür fand Bakchylides. — Frl. Gesa Friedel legte Materialien für volkstümliche Seidenwebereien der Tridentinerinnen vor. Sie setzen ihren Stolz darein, sich aus Abfallseide zwei farbenschöne Bettdecken selbst zu weben. Hr. Geheimrat Friedel zeigte Holzarbeiten russischer Kriegsgefangener, die er durch Hrn. Leutnant Grafen von Schlieben aus dem Gefangenenlager in Halbe bei Königs-Wusterhausen erhalten hat. Es sind verschieden gestaltete Tauben, die als Deckengehänge in Bauernstuben sehr beliebt sind, und ein Schüsselkranz zum Absetzen heisser Gefässe. Hr. Prof. Schulze-Veltrup erinnerte hierbei an die mittelalterlichen Heiliggeisttauben in den Kirchen, die wohl als Vorbild für den weit verbreiteten Volksbrauch gedient haben dürften. Hr. Prof. Dr. Ed. Hahn legte eine Anzahl koptischer Osterfahnen aus Kairo vor, die unseren Weihnachtsfahnen entsprechen, und einen Puppenkopf, etwa aus der Zeit von 1860, von einem Berliner Kirchhof, wahrscheinlich Beigabe aus einem Kindergrabe. Hr. Prof. Ludwig sprach über Rauch- und Fischerhäuser in Horst an der Ostsee unter Vorlage von zahlreichen Ölskizzen. Das dortige Bauernhaus ist wie das Niedersachsenhaus mit grosser Längsdiele ohne Decke versehen, es hat Lehmfussboden und ist mit Verwendung von Eichenholz im Fachwerkbau von den Bewohnern selbst errichtet. Am Ende der Diele befindet sich der niedrige Feuerherd, neben ihm ein Stein, genannt Sommersett, für die Hausfrau. Die in die Wand gebauten Betten heissen Norup. Am Giebel befindet sich das sog. Schwalkenloch. Hr. Prof. Mielke wies auf die allgemeine grosse Altertümlichkeit der Fischerhäuser hin und bemerkte, dass sich der Ausdruck 'Norup' für Wandbett nur in einigen Dörfern an der Ostsee finde. Vielleicht sei er einem Scherzwort (Nur rup) wegen der meist hohen Lage dieser Betten entsprungen. Von den Rauchhäusern sei häufig in jedem Dorfe nur eins zurückgeblieben. Hr. Geheimrat Roediger wies zum Schluss auf den zwar primitiven, aber für die Ordnung der Typen doch nur in zweiter Linie zu berücksichtigenden Charakter des Rauchhauses hin. Ihre Unterscheidung sei nach Grundriss und Baugefüge zu treffen, wie es die Hausforschung tue.

Freitag, den 22. Januar 1915. Der Vorsitzende, Hr. Geheimrat Roediger, erstattete den Jahresbericht und der Schatzmeister F. Treichel den Kassenbericht. In der folgenden Wahl wurde der bisherige Vorstand durch Zuruf wieder ernannt. Er besteht aus den Herren Roediger, Bolte, Treichel, Minden, Brunner, Sökeland und Mielke. Zum Obmann des Ausschusses wurde Hr. Friedel wiedergewählt. Hr. Oberlehrer Dr. Fritz Boehm legte eine von Prof. Dr. Robert Holsten verfasste Volkskunde des Weizackers (Stettin 1914) vor. Dann berichtete Frau Prof. Helene Dihle über die Schachspielkunst in Ströbeck, Kr. Halberstadt. Diese Kunst wird seit Jahrhunderten im Dorfe gepflegt; bereits in der Schule wird sie den Kindern gelehrt. Sagenhaft ist der Ursprung des Brauches. Ein Bischof von Halberstadt soll einmal im 11. Jahrh. den Ströbeckern einen vornehmen Gefangenen zur Bewahrung gegeben haben, der seinen Wächtern das edle Spiel gelehrt habe. In der Sage spielt Kaiser Heinrich II. eine Rolle, doch gibt es auch einige andere Varianten. Das Ortswappen von Ströbeck zeigt 64 Schachfelder. Urkundlich wird das Ströhecker Schachspiel bereits i. J. 1515 in Wernigerode erwähnt, und es sind viele alte Erinnerungszeichen im Orte vorhanden. So soll der Grosse Kurfürst ein wertvolles Schachspiel gestiftet haben, dessen Figuren nach der Sage von vergoldetem Silber waren. Ob aber die jetzt in Ströbeck noch vorhandenen alten Elfenbeinfiguren etwa vom Grossen Kurfürsten herstammen, ist auch ungewiss. Nach altem Brauche wird bei Hochzeiten Schach gespielt, und der Bräutigam hatte, wenn er verlor, die Zeche zu bezahlen. Auch werden andere mit dem Ströbecker Schachspiel zusammenhängende Bräuche von der Karnevalsfeier des Herzogs in Wernigerode in alter Zeit erwähnt. Die Ströbecker hatten das alte Recht, Fürsten auf freiem Felde eine Partie Schach anzubieten. „Vadder, mit Rat“ war der einzige Spruch, der beim Schachspiel der Ströbecker gesagt werden durfte; ein gewisser Söllig († 1788) soll ihn schon als Knabe dem Herzog zugerufen haben. Dieser Söllig war ein bekannter Schachspieler aus Ströbeck, später Theolog. Doch ist kein Schachspieler von Weltruf aus dem Orte hervorgegangen. Die Spielregeln sind in Ströbeck vielfach vom Üblichen abweichend. Die Rochade ist z. B. verboten, weil es schimpflich für einen König sei, sich zu verkriechen. Die drei Freudensprünge des Schachbauern könnten mit den volkstümlichen Ostersprüngen verglichen werden. Im ganzen spielen die Ströbecker vornehm, ohne viel zu schlagen; es gilt mehr den Gegner in Schach zu ziehen. Charakteristisch für Ströbeck ist das komplizierte Kurierspiel. Übrigens befindet sich im Palais Kaiser Wilhelms I. zu Berlin ein kostkostbares, von der Gemeinde Ströbeck dem König Wilhelm I. gestiftetes Schachspiel. Hr. F. Treichel legte im Auftrage von Frl. E. Lemke einige volkstümliche Arbeiten aus Oberägypten vor, darunter eine Holzkette, die nach Auskunft von Direktor Minden dazu bestimmt sei, die Finger zum Schreiben geschmeidig zu halten, und einen taschenförmigen Fächer. Hr. Geh. Rat Roediger zeigte einige Bilder aus dem neuen Landesmuseum für sächsische Volkskunst in Dresden sowie erzgebirgische Weihnachtsleuchter aus Holz in Form von Engeln, Bergleuten u. dgl. Hr. Prof. Ludwig machte dann noch Mitteilungen über Kinderreime, Segen und Kriegsamulette, welche zurzeit viel hergestellt werden. Hieran knüpften sich Bemerkungen der Herren Monke, Weinitz, Minden, Boehm und Dihle.

Berlin. Karl Brunner.

Lebens- und Rechtsbräuche der Bulgaren.[1])

Von Josef Kohler.

I.

Es handelt sich hier um die Bräuche eines Volkes, welches gerade neuerdings in den Kreis der weltbewegenden Ereignisse eingetreten ist und schon aus diesem Grunde das lebhafteste Interesse erweckt; doch bereits andere Motive lenken unsere Aufmerksamkeit auf eine Bevölkerung, die, von mongolischer Abstammung, die lebendige Triebkraft dieser Rasse kundgibt, so sehr sie sich auch mit slawischem Wesen umgeben und slawische Bräuche angenommen hat. Es verhält sich hier wie bei derartigen Völkern überhaupt: sie haben eine mächtige Schicht fremden Trieblebens angenommen, dann und wann aber rückt die genialische Kraft ihres ureigensten Wesens wieder hervor.

Die Bräuche, um die es sich hier handelt, zeigen noch manchen Zusammenhang mit dem ureigenen asiatischen Wesen, sie sind aber so sehr mit slawischen Anschauungen und Lebensformen durchflochten, dass die Elemente sich kaum mehr auseinander halten lassen. Jedenfalls haben sie ein ganz besonderes Interesse, welchen Ursprunges sie auch sind; sie zeigen ein Volk von kräftigem Schlage, ein Volk von Zucht und Sitte, von tüchtigem Familiensinn und dabei doch von grosser Heiterkeit, so dass seine Lebensformen uns vielfach an die germanischen Bräuche erinnern, deren Eigenart eben in einer merkwürdigen Verbindung von sittlicher Zucht und ausgelassenem Frohsinn besteht.

In der neueren Zeit hat ein Bulgare namens Barbar mir eine grosse Reihe von Aufzeichnungen zur Verfügung gestellt, die teils aus direkter Beobachtung, teils aus bulgarischen Quellenschriften entnommen sind[2]). Ich habe sie in der Zeitschrift für vergleichende Rechtswissenschaft aufgenommen: sie bieten ein ausserordentlich schätzenswertes Material sowohl für das Recht, als auch für die Volkskunde.

1) Die Arbeit ist die erweiterte Fassung eines Vortrags, den ich in dem Verein für Volkskunde hielt; sie erscheint auch in der Zeitschrift für vergleichende Rechtsgeschichte.

2) Zs. f. vergleichende Rechtswissenschaft Band 27, 29, 31, 32 (künftig einfach nach Band und Seite angeführt). Einiges von bulgarischen Hochzeitsbräuchen schildert Iwanoff in der Zeitschrift für Volkskunde 4, 206; vergleiche ferner F. S. Krauss, Sitte und Brauch der Südslawen (1885) und seine Gewährsmänner.

II.

Im allgemeinen sei über das Familienwesen der Bulgaren folgendes bemerkt:

Gewöhnlich spielt sich bei ihnen die Eheschliessung in drei Stufen ab. Zunächst die kleine Verlobung, dann die grosse Verlobung, dann die eigentliche Trauung mit Festlichkeiten, die gewöhnlich mehrere Tage dauern (Barbar 29, 122. 126; 31, 233 und sonst). Zwischen der Verlobung und Trauung liegt oft eine längere Zeit, ein Jahr (31, 380), oft auch zwei, drei Jahre, oft bis zu fünf oder sechs Jahren (Barbar 29, 127. 134; 31, 229. 230. 400 und sonst)[1]). Man pflegt aber darauf zu halten, dass die Brautleute in der Zwischenzeit einander in der nötigen Entfernung bleiben; ja gewisse Wochen vor der Hochzeit ist die Braut gar tabu, und der Bräutigam darf sie nicht sehen (29, 126).

Der Kiltgang ist nicht unerhört, aber wohl selten (Barbar 29, 127).

Kinderverlobungen, die sich sonst bei den Slawen finden[2]), sollen in alter Zeit vorgekommen sein (29, 134), sind aber nicht mehr Sittte.

Die Verlobung ist meist eine Innenverlobung — im gleichen Dorf (Barbar 32, 19).

Die Auflösung der Verlobung kommt vor, aber doch selten und erregt grosses Aufsehen (31, 401). In manchen Gegenden hat sich über die Auflösungsgründe eine eigene Norm gebildet (29, 127; 32, 20).

Was die Ehe betrifft, so gilt folgendes:

Der Grundsatz: die Ehe macht mündig, gilt, sofern die Brautleute einen neuen Hausstand begründen (29, 145).

Gütergemeinschaft besteht nicht: die Frau behält ihr Vermögen, das höchstens in die Verwaltung des Mannes kommt (29, 144; 32, 36). Dagegen hat der Mann persönlich über die Frau eine ziemlich vollkommene Herrschaft; früher nahm man sogar an, dass er sie verkaufen dürfe (29, 142). Ebenso ist sein Recht über die Kinder fast unbeschränkt (29, 144).

Die Ambilanakehe, d. h. die Einheiratung des Mannes in das Haus einer Erbtochter, hat auch hier ihre Besonderheiten. Der Bräutigam nimmt nicht die Frau aus der Familie heraus, sondern er tritt selber in ihre Familie ein, hat aber hier wenig Rechte (29, 147; 31, 381), und das Familienvermögen gehört der Frau und ihrer Familie, die Kinder gehören der Mutter und tragen ihren Namen (32, 36)[3]).

Die Ehescheidung ist äusserst selten; doch gilt der Satz, dass nach zehnjähriger Verschollenheit des Mannes die Frau wieder heiraten darf

1) Der Bursche pflegt in dieser Zwischenzeit die Militärpflicht abzudienen. Hat er schon gedient, dann ist meist die Zwischenzeit kürzer (31, 400; 32, 19).

2) Z. B. bei den Weissrussen, Zeitschrift für Volkskunde 22, 415.

3) So auch sonst bei den Südslawen (Krauss S. 466).

(29, 140. 141). Nach dem Tode gilt eine Trauerzeit für den Mann wie für die Frau (29, 142).

Elternlose Mündel stehen unter der Vormundschaft von Verwandten (29, 149); die Vormundschaft ist, wie überall auf dieser Kulturstufe, fast ausschliesslich Verwandtenvormundschaft.

Die reichliche Entwicklung der künstlichen Verwandtschaft ergibt sich unten von selbst.

III.

Die Bräuche, welche sich um das Eheleben schlingen, sind zum Teil direkt aus juristischen Motiven hervorgegangen, als letzter Rest alter Rechtsvorstellungen, deren Wesen verschwunden ist, aber noch einen sinnigen Glanz von Erinnerungen zurückgelassen hat. Unwillkürlich ranken sich alte Vorstellungen weiter, die längst im Leben ihre Bedeutung verloren haben, so wie der Traum in anmutigem Weben das weiterspielt, was wir im Leben gefühlt und getragen haben.

Eine Menge anderer Bräuche aber stammt aus Gebieten, die tiefer liegen, aus Gebieten, in welchen das Recht seinen Ursprung hat; es sind religiöse Vorstellungen, deren Mächte entweder das Recht aus sich geschaffen oder das aus selbständigem Lebensdrange hervorgegangene Recht Schritt für Schritt begleitet haben. Hier sind die anmutigsten Lebensäusserungen zu verzeichnen. Wo immer noch der Gedanke weilt, dass das Recht etwas Heiliges, in der tiefsten Religion Verankertes ist, da wird das Leben verklärt, und reizvolle Dichtung schlingt ihre Ranken um das Walten des Rechts. Was das Volk im Rechte denkt und fühlt, das ist hier mit seinem ursprünglichsten Wesen verwachsen. Hier ist das Recht etwas Eigengeschaffenes, dem innersten Volksgeist Entsprungenes; es ist dem Volke nicht von aussen auferlegt, es ist nicht das Erzeugnis der Kanzleistube.

Was zunächst die Bräuche juristischer Art betrifft, so spiegeln sie Ehevorstellungen und Heiratsformen wider, die ehedem wirklich gewesen sind. Eine Reihe von Bräuchen erinnert an den Übergang von der Gruppenehe zur Individualehe, andere klingen als Reminiszenzen an den Frauenraub und den Frauenkauf an.

Diejenigen Bräuche aber, die mit der religiösen Weihe verbunden sind, sogenannte Weihebräuche, beziehen sich meist auf den Geisterkult und bekunden das Bestreben, teils die Geister der Eheleute zu einer mystischen Einheit zu verknüpfen, teils die guten Geister heranzuziehen, die bösen Geister zu verscheuchen. Sie verbinden sich häufig mit den Bräuchen des Naturkults, denn die Natur ist bei den Völkern vergeistigt; die Einwirkung auf die Geister erfolgt durch die Natur: in der Naturwelt beherrschen wir die Geisterwelt. Aber, wie die Natur, so sind auch die menschlichen Einrichtungen vergeistigt: Haus, Hof, Herd bilden eine zweite Natur, welche von der Geisterwelt bestrahlt wird. Und wie die menschlichen Einrichtungen, so haben auch die menschlichen Tätigkeitsformen ihre Weihe, und diese kommt auch in den Ehegebräuchen zum Ausdruck, daher die Heiligkeit des Begattungsaktes.

Auf diese Weise sind die Hochzeitsbräuche wissenschaftlich zu ordnen und in ein festes System zu fügen.

Dabei muss aber der sehr wichtige Grundsatz der Veränderlichkeit des Gedankeninhaltes in Betracht gezogen werden, dessen Verkennung zu grossen Irrtümern und zu unzähligen Streitigkeiten geführt hat. Es kommt nämlich häufig vor, dass ein Ritus zuerst einem bestimmten Gedankenkreise entstammt, dann aber, nachdem diese Denkform verlassen ist, sich dazu bequemt, eine andere Gedankenwelt in sich aufzunehmen. Daher kann es vorkommen, dass die Form bleibt, der Inhalt wechselt: man hat nicht selten eine Form als Trägerin eines anderen Inhalts, als Umhüllung eines anderen Kernes beibehalten, bis dann endlich auch der letzte Kern verschwand und nur noch die wesenlose Hülle blieb. Aber auch in dieser inhaltlosen Gestaltung entbehrt die Zeremonie nicht jeder Bedeutung: sie wird zum Symbol und umgibt die Rechtshandlung mit dem Hauche der Poesie; ist doch die Poesie vielfach nichts anderes als der aus der Geisteranschauung zurückgebliebene Blütentraum eines höheren und inhaltreicheren Lebens. Ja, selbst wenn die Zeremonie auch nicht mehr symbolisch wirkt, wenn sie nur als Erinnerung vergangener Zeiten in uns die Empfindung wach ruft, dass dem Leben ein gewisser tieferer Sinn innewohnt, ist sie nicht bedeutungslos. Darum der Mahnruf: zerstört nicht die alten Symbole und Lebensformen und behaltet aus alten Zeiten etwas bei von der volkstümlichen Heiligkeit des Rechts! Jene halbgebildeten Aufklärer haben der Menschheit auch im Rechte die schlimmsten Übel zugefügt.

IV.

Aus den Zeiten, als sich die Menschheit von der Gruppen- oder Gattungsehe zur Individualehe wandte, stammt eine Reihe von Bräuchen, welche kundgeben, dass man in der Individualehe etwas Unheiliges oder doch etwas den Geistern Unwillkommenes erblickte. In diesem Zusammenhang haben viele Stämme den Brauch, dass die Brautleute bei den Hochzeitsfeierlichkeiten abwesend bleiben oder sich scheu zurückhalten: die sog. verschämte Ehe[1]). Bei den Bulgaren kommt derartiges selten vor, aber es kommt vor; so müssen mitunter die Brautleute an der Wand stehen, bis die Gäste geschmaust haben (Barbar 31, 227). Verbreiteter ist der demselben Gedankenkreis entsprungene Brauch der Schwiegerscheu, jene universelle Erscheinung, wonach die Ehegatten eine Zeitlang ihren Schwiegereltern ausweichen müssen (29, 126. 137)[2]); die Ehefrau

1) Sprechende Beweise dieses Rechtsgedankens bietet mein Schüler Darinsky, Zs. f. vgl. Rechtswissenschaft 14, 183 f.; vgl. ferner meine Nachweise ebenda 14, 341.

2) Vgl. Krauss S. 463.

darf die Schwiegermutter erst nach einigen Tagen ansprechen (31, 369), oder doch erst nach der Schleierabnahme (32, 33). Die Scheu findet sich aber auch gegenüber dem eigenen Paten (29, 137; 31, 228), dem man sich nur unter gewissen Voraussetzungen nähern und den die Verheiratete erst nach der „Verzeihung“ ansprechen darf (31, 273. 278. 279. 378. 387. 411). Diese Verzeihung ist ein anderer Ausfluss des nämlichen Rechtsgedankens: eine Verzeihung für die Ehe, für den Bruch des alten heiligen Brauchs der Gattungsehe; man erbittet sie auch vom Bruder und Vater des Ehemannes (31, 379).

V.

Reichhaltiger sind diejenigen Rechtsbräuche, welche auf Frauenraub und Frauenkauf hindeuten. Findet sich doch der Frauenraub, die Entführung, bei den Bulgaren noch in Wirklichkeit; selbst Entführung wider Willen kommt vor (Barbar 29, 130; 31, 375; 32, 21), wobei der Entführer mit einer Schar, mit der sog. „druzina“ auf den Fang ausgeht (32, 52); meist aber erfolgt die Entführung freiwillig, wenn die Eltern das Mädchen nicht hingeben wollen oder der Kaufpreis unerschwinglich ist (29, 129. 132; 32, 21). Bei den Pomakern im Rhodopegebirge soll die Hälfte der Ehen durch Entführung zustande kommen (31, 394). Wie sonst, tritt der Anführer mit Gehilfen auf, die Frau wird auf ein Pferd gesetzt und fortgebracht (29, 132); natürlich erregt dies Ärger und Streit, der dann nach einiger Zeit beglichen wird (31, 395).

Der Entführung ähnlich ist es, wenn das Mädchen, das von dem Burschen entehrt wurde, sich in das Haus der Eltern des Burschen begibt, um dort als Frau des Verführers zu leben: sie wirtschaftet am Herd, backt Brot; lässt man sie zu, nimmt man das Brot von ihr an, so gilt sie nun als Mitglied der Familie, allerdings in recht untergeordneter und oft erbarmungswürdiger Stellung (29, 130 und 133).

Auf die Entführung deuten noch viele Bräuche, die nicht nur allen Indogermanen, sondern auch sonstigen Völkern gemeinsam sind, die sich insbesondere auch bei den Mongolen finden: die Braut wird versteckt und muss aus dem Versteck hervorgeholt werden (Barbar 29. 122. 126; 31, 247. 406; 32, 17). Es kommt auch vor, dass die Brautleute eingesperrt werden: die Braut wird scheinbar gesucht und dem Bräutigam gebracht (31, 235). Sodann gibt es auch Scheinkämpfe: der Ehemann gibt ihr Schläge mit dem Gürtel (32, 31), tritt sie auf den Fuss (31, 406; 32, 17), was später als Zeichen der Herrschaft gedeutet wird; sie wird mit gebundenen Händen vorwärts gezogen (32, 7); früher wurde sie gar mit einem Stecken zur Kirche getrieben (32, 78)[1]); aber auch sie wehrt sich und sucht dem Bräutigam ein Tuch umzuwerfen und ihn zu überwältigen (32, 65). Auch das deutet auf die Raubsitte hin, dass die Hoch-

1) Vgl. auch Krauss S. 442.

zeitsgäste hergebrachtermassen kleine konventionelle Diebstähle im Hause der Braut zu begehen pflegen (31, 244; 32, 28). Auch noch die weitere Erscheinung gehört hierher, dass die Vermittler, welche die Verlobung in Szene setzen, die Sache zunächst umgehen und sich sehr weitläufig ausdrücken, oder Dinge vorbringen, die nur in weitem Zusammenhange mit der Sache stehen oder eine Analogie darstellen, z. B. die Frage, ob der Vater ein Kalb zu verkaufen habe (29, 126; 31, 232). Es ist eine bekannte Erscheinung des Völkerlebens, dass man die Eheabsicht verhüllt, ebenso wie man die Braut verbirgt, so dass sie mit scheinbarer Gewalt hervorgeholt wird. Wer einen Einblick in die indischen Bräuche und die Bräuche der Naturvölker gewonnen hat, dem sage ich hiermit nichts Neues[1]).

Dass die Verschleierung der Braut (31, 225. 235. 242) ursprünglich auf die Entführung zurückzuführen sei, ist lebhaft bestritten worden; aber man verkennt hierbei die oben besprochene Veränderlichkeit des geistigen Lebens, das so oft die Form mit neuem Inhalt erfüllt. Bei dem wirklichen Frauenraub wurde allerdings der Entführten ein Tuch umgebunden, damit sie als Gefangene weggeschleppt werden konnte. Und als der Frauenraub zur Zeremonie wurde, blieb auch diese Form bestehen, weshalb sich noch jetzt in manchen bulgarischen Gegenden die Braut gegen die Verschleierung wehren muss (32, 29). Aber wie andere Bräuche, so nimmt auch dieser Brauch eine andere Wendung: er setzt sich fort als religiöse Zeremonie; man verschleiert die Braut, wie man die Priesterin verschleiert, die angesichts der Gottheit steht. Dem entspricht dann die Sitte, dass eine geweihte Person, dass insbesondere der Pate oder die Patin die Verschleierung vornimmt (31, 245. 251. 256. 272. 385); und das Schleiertuch trägt die lichte rote Farbe des Lebens.

Auch das Wehklagen der Braut bei der Trennung von ihrer Familie geht auf die Übung des Frauenraubes zurück (29, 135; 31, 385; 32, 26. 28 und sonst); sinnig ist es, wenn der Vater der Braut nachruft: Ihr Frauen seid Fremde (31, 249). Das Weinen ist nicht etwa ein einfaches Abschiedsweinen, sondern ein rituelles Wehklagen: die Art des Weinens ist Gegenstand des Lobes und des Tadels (32, 29). So auch bei uns;

---

1) Man hat behauptet, dass dies nur zeitausfüllende Spielereien seien; solche Behauptungen sollten überhaupt nicht aufgestellt werden. Die Sache kehrt auf der ganzen Erde wieder. Sie zeigt sich im badischen Schwarzwald wie bei den Hindus, bei den Malaien, bei den alten Azteken. Im Schwarzwald findet der Hochzeiter das Tor verschlossen (vgl. meine Schrift: Aus Kultur und Leben, 1904, S. 53); im Pendschab werden die Brautholer von den Verwandten der Braut mit Schmähungen überhäuft (Zs. f. vgl. Rechtswiss. 7, 227), bei den Azteken wurde der Brautwerber das erstemal abgewiesen (Zs. f. vgl. Rechtsw. 11, 58), bei den Malaien wird dem Bräutigam der Eintritt verwehrt und er muss ihn sich erkämpfen (Aus Kultur und Leben S. 54), in Birma wird, wie in so vielen Gegenden, ein Seil über die Strasse gezogen, wogegen der Bräutigam sich den Durchgang mit Geld erkaufen muss (Shway Yoe, The Burmans p. 57) usw.

noch meine Mutter erzählte von einer Braut, sie habe sehr schön 'geblaischt'[1]).

Auch der Brautführer (djever) mit seiner oft zahlreichen Gehilfenschaft ist ein Überrest aus der Zeit des Frauenraubes; denn es ist begreiflich, dass bei diesen Gewalttätigkeiten der Bräutigam selbst zurücktritt uud die brutaleren Tätigkeiten seinen Genossen überlässt. Der Djever findet sich überall: er ist der Anführer des ganzen Hochzeitsschwarms, er hat den Bräutigam zu stützen usw. (31, 229 und 250).

Noch folgende Erscheinung ist zu erwähnen: Der Frauenraub endete mit der Versöhnung, die Brautleute kehrten in den Frieden des Hauses zurück; daher die häufige Sitte, dass einige Zeit nach der Verheiratung die Verehelichten bei den Eltern erscheinen — nicht etwa einzeln und persönlich, sondern in vollem Zuge: das ist die Zurückkehr oder puratki (31, 277. 387; 32, 14 und 33).

VI.

Der Frauenkauf findet sich noch in ziemlich realer Weise[2]): Der Bräutigam hat an den Brautvater die sogenannte Vatergebühr zu bezahlen, das baba haki, in einzelnen Orten auch prit genannt. Diese Gabe ist allgemein, scheidet sie doch die kleine und die grosse Verlobung: bei der kleinen Verlobung wird der Frauenpreis im allgemeinen festgelegt, bei der grossen Verlobung wird er mitgebracht und bezahlt. Unendlich häufig ist davon die Rede (vgl. z. B. Barbar 31, 228. 232. 240. 242. 244. 246. 249. 253. 269. 271. 273. 274. 276. 278. 285 usw.). Es kommt vor, dass man ihn dem Vater der Braut entgegenwirft (31, 280), wobei mitunter die Anwesenden etwas hinzuwerfen (31, 376). In einigen Gegenden schiebt der Vater einen Teil des Preises der Braut selbst zu (den kibin, [so 31, 233. 249. 273. 279. 286. 369]), in anderen bringt der Bräutigam neben dem baba haki einen Kranz Goldstücke und händigt sie der Braut ein (29, 125; 31, 229): diese Goldstücke werden ihr gewöhnlich um den Hals gelegt, daher der Name nanis = Halsbandschmuck. Es gibt auch Gegenden, wo der volle Brautpreis direkt der Braut übergeben wird, die mitunter dem Bräutigam einen Teil zurückzahlt (31, 255). Damit geht das Brautkaufgeld in das Wittum über, welcher Übergang bei den Bulgaren allerdings meist erst in neuerer Zeit eingetreten ist (32, 17. 25).

Üblich ist, dass der Bräutigam auch sonstige Geschenke an die Brautfamilie gibt, Schuhe, Tücher, auch Geld (29, 133; 31, 253. 413 und sonst), bekommt er doch auch derartige Dinge zurück. Aber allerdings,

---

1) Das Blaischen im Schwarzwald ist ein Schmollen, eine Äusserung der Verstimmung, ein Fremdtun; alles dies darf natürlich nicht gewisse Grenzen überschreiten und muss die gebräuchlichen Formen annehmen. Im übrigen ist es Sache weiblicher Feinheit und ironischer Koketterie.

2) Der Frauenkauf ist sowohl mongolisch, wie altslawisch; der kalym der Mongolen ist bekannt; vgl. auch Rockhill, Diary of a journey through Mongolia p. 156.

solche Geschenke von Tüchern oder Kleidungsstücken haben noch einen besonderen Sinn: im Kleid wird ein Stück des Wesens übertragen, dem Kleid werden die Wünsche und der Zauber der Person eingehaucht, und wenn die Braut das Kleid selbst fertigt, so wandern damit ihre Gedanken, Gefühle und Wünsche an den Bräutigam und begleiten ihn: es ist der Personenzauber, der durch das Kleid wirkt. Daher der allgemeine Brauch der Völker, dass die Braut dem Bräutigam ein Hemd oder ein Tuch fertigt, das er am Leibe zu tragen hat, und derartiges findet sich auch bei den Bulgaren (31, 229. 244. 255. 277). Auf diesen doppelten Sinn der Gaben habe ich bereits anderwärts hingewiesen; man darf weder den einen noch den anderen Gesichtspunkt allein in Betracht ziehen[1]).

Sonst bringt die Frau meist nur eine Ausstattung mit, zu deren Spende der Vater verpflichtet ist, sofern die Ehe nicht wider seinen Willen erfolgte (29, 133). Gegen eine sonstige Mitgift sträubt man sich; es heisst: Frauengut bringt kein Glück (29, 140). Allerdings kommt es vor, dass der Brautvater eine Kuh, Schafe, ja ein Landgut schenkt (29, 124; 31, 271. 282), aber dies hat einige Schwierigkeit; er lässt sich die Gabe mehr und mehr abdringen: ein Bursche steht mit dem Messer vor der Türe des Hauses, und der Brautzug tritt nicht eher ein, bevor der Vater die Mitgiftzusage gegeben hat; der Pate kommt dem Zuge mit der Axt entgegen und verlangt die und jene Zusagen, und bei jeder Zusage schlägt er zum ewigen Gedächtnis eine Kerbe in das Tor; oder das Geld für die Braut muss auf ein Tuch vor der Schwelle ausgebreitet werden, bevor sie weiter schreitet (31, 230. 231. 235. 237. 286; 32, 30).

Allerdings gibt es auch Gegenden, die soweit modernisiert sind, dass die Mitgift in die erste Stelle tritt; gibt es doch auch überall Mädchen, denen mit der Mitgift nachgeholfen werden muss (31, 230. 242. 254).

VII.

So die Bulgaren; sie stehen mit diesen juristischen Bräuchen nicht allein: diese kehren bei den verschiedensten slawischen Völkern, namentlich bei den Südslawen wieder. Dass die Brautleute bei der Hochzeitsfeier ferngehalten werden, wird in einem alten Bericht (aus dem 17. oder 18. Jahrhundert) aus Russland erzählt[2]); und dass die Braut allein essen muss, finden wir auch bei den steierischen Slowenen[3]). Dahin gebört auch der Brauch, dass sich die Neuvermählte 40 Tage lang vor jedem, der sie antrifft, zu verneigen hat (Lilek 7, 308. 328).

1) Zs. f. vgl. Rechtswiss. 31, 340 im Hinblick auf Corso, Kleiderabgabe ebenda S. 321f. Dass die Braut dem Bräutigam Hemden fertigt, findet sich in Deutschland vielfach, z. B. im Coburgischen, Zs. f. Volksk. 14, 282. Vgl. auch mein „Orientalisches Recht“ in „Kultur der Gegenwart“ S. 16.

2) Kahle, Zeitschr. f. Volkskunde 11, 437 glaubt, dass dies auf einem Missverständnis des Berichterstatters beruhe. Das Missverständnis liegt anderswo.

3) Lilek in den Mitteilungen für Bosnien 7, 328.

Die Entführung (otmica) ist bei den Südslawen eine ziemlich häufige Erscheinung und beschäftigt in Bosnien noch heutzutage die Gerichte, wovon wir in der Darstellung von Lilek, Bosnische Mitteilungen 7, 292f. lehrreiche Mitteilungen erhalten, vgl. auch Krauss, Sitte und Brauch der Südslawen S. 245.

Auch die auf Entführung deutenden Bräuche finden sich bei den Südslawen, z. B. in Bosnien das Anhalten des Hochzeitszuges (Lilek 7, 647), das Wehklagen der Braut und auch der Brauch, dass den Brautwerbern zuerst die Türe verschlossen und dann ein altes Weib vorgeführt wird (Lilek 7, 310. 315), ein Brauch, der bei den steierischen Slowenen wiederkehrt (7, 315)[1]). Auch die weiteren Heiratsformen sind in Übung, so das Verhüllen der Braut in Russland (Kahle, Zs. f. Volksk. 11, 437), so das Ohrfeigen der Braut bei den Kroaten (Krauss S. 385), so die feierliche Wiederkehr der Brautleute bei ihren Eltern (Krauss S. 464) u. a. Und so finden wir bei ihnen auch den Brautpreis und die damit verbundenen Bräuche (Lilek 7, 305).

VIII.

Der Zauber der Seelenvereinigung vollzieht sich durch Speisegemeinschaft und Kleiderknotung. Bei den Bulgaren ist namentlich die Sitte des Mehlsiebens allgemein verbreitet[2]); man siebt beim Bräutigam und bei der Braut Mehl und vereinigt beides, oder der Bräutigam schafft mindestens die Hefe oder doch einen Teil der Hefe herbei (29, 135; 31, 224. 233. 240. 245. 254. 256. 271. 275. 280. 284. 402 und sonst); auch dass auf einem Tuch gemahlen wird, kommt vor (31, 234); auch dass man das Mehl durch einen Ring herunterlaufen lässt (31, 377), oder dass man den Brautring hineinbackt (32, 21). Sodann wird das gemeinsame Trinken der Brautleute erwähnt (29, 125; 32, 93), selbst das gemeinsame Trinken ihrer Mütter kommt vor (31, 247). Daneben findet sich die allgemein übliche Sitte der Kleiderknotung, die wir ja bis zu den alten Azteken verfolgen können: jeder der beiden Teile hat ein Taschentuch in der Hand, und diese werden zusammengebunden (31, 256); oft kettet auch der Pate beide Brautleute zusammen, wenn sie das Haus betreten (32, 30); und ähnlich der indischen Vorhangsszene ist es, wenn beide Teile unter ein Tuch gestellt werden, durch welches dann ein Loch geschossen wird (31, 246).

Die guten Geister aber lockt man herbei: es geschieht durch den bekannten Ritus der Getreidebeschüttung, den man dann später als Symbol der Fruchtbarkeit gedeutet hat (29, 140; 31, 237. 405). Dass aber die

1) Das Vorschieben der „falschen Braut" hat wohl noch den andern Sinn, dass das Unheil von der richtigen Braut abgelenkt werden soll, vgl. Ehrenzweig, Zs. f. vgl. R. 21, 282.

2) Vgl. auch Krauss S. 437. So auch bei den Albanesen, vgl. Brassloff, Zs f. vgl. R. 22, 147.

Beziehung zur Kinderzeugung nicht der ursprüngliche Sinn ist, ergibt sich daraus, dass vielfach nicht nur das Brautpaar überschüttet wird, sondern die Braut die Gäste überschüttet (32, 28. 69) wie man ja auch den Neugeborenen mit Hirsekörnern belegt, um ihn gegen böse Geister zu sichern (32, 46). Ähnlich ist der Brauch, Brotstücke nach allen Richtungen hin auszuwerfen (31, 225)[1].

Man ändert aber auch sein Äusseres, um die Geisterwelt zu beeinflussen. So werden die Augenbrauen der Braut bestrichen, um die bösen Geister abzuwehren (32, 60), und von der Haarschur finden wir als Überrest das feierliche Rasieren des Bräutigams (31, 281. 283. 373. 404): es geschieht bei Gesang und Kerzenlicht (32, 25), und das abrasierte Haar wird aufbewahrt (32, 26)[2]. Bei der Braut flicht man Seitenzöpfe (31, 228. 244).

Auch rhythmische Handlungen zaubern die Geisterwelt heran. Der Tanz hat u. a. auch einen gottesdienstlichen Charakter, daher auch die Sitte, dass bei dem feierlichen Horotanz nicht gesprochen werden darf (29, 124). Dem rhythmischen Kultus gehören ferner die Umwandlungen an: es sind die Amphidromien der Alten, die sich noch jetzt bei den Griechen finden (Zeitschr. f. Volkskunde 18, 122). Bei den Bulgaren wird der Brunnen umwandelt (31, 386), wird der Altar umwandelt (32, 9), und die Hochzeitsgesellschaft umwandelt das Brautpaar (31, 245. 252). Kultlich sind auch die Verbeugungen, welche die Brautleute gemeinsam zu machen haben (31, 226; 32, 12. 70).

Daneben kommt auch der Antizipationszauber vor: es gibt Bräuche, welche die Zukunft heranzaubern. Man gibt der Braut, bevor sie das Haus betritt, ein zweijähriges Kind auf den Arm oder statt dessen eine Puppe (31, 271. 282; 32, 70).[3]

IX.

Die Weiheformen richten sich aber vor allem an die Natur, denn die Natur ist unsere belebte durchgeistigte Göttin. Sonne und Jahreszeit sind für den Kultus bedeutsam; der Sonnenverehrung entspricht es, dass in einem feierlichen Augenblick alle Anwesenden sich gegen die Sonne kehren müssen (32, 29 und sonst). Bestimmte Jahreszeiten oder auch bestimmte Tage sind für die Eheschliessung durchaus üblich (29, 134 und sonst); man heiratet am Elias-, Petrus-, Muttergottestage (31, 413), man heiratet vom 8. September bis zum Demetriustag (31, 418) u. a.

1) Über den ursprünglichen Sinn der Körnerbeschüttung hätte man nach den überzeugenden Nachweisen von Wilken, Verspreide Geschriften 1, 563f. überhaupt nicht mehr zweifeln sollen. Er hat Beweise genug geliefert, dass der Brauch auch bei Totenfesten, Kriegsfesten vorkommt, wo an Fruchtbarkeit nicht zu denken ist; dazu tritt der häufige Brauch, dass ein Huhn herbeigebracht wird, das solche Körner aufpickt, um den Geistern gegenüber als Lockvogel zu dienen.

2) Vgl. Krauss S. 442.

3) Vgl. auch Krauss S. 448.

Wasser, Feuer, Erde sind beseelte Gebilde: sie sind daher auch Hilfsmittel, um auf die Geister einzuwirken. Die Wasserweihe spielt eine grosse Rolle: man übergiesst sich mit Wasser, um die Seele von ihren Flecken zu reinigen; dies ist die überall im Leben der Völker auftretende Lustration[1]). Auch bei den Bulgaren wird sowohl den Brautleuten, als auch den Gästen Wasser über die Hände gegossen (29, 136. 137; 31, 236. 242. 247. 256. 283. 415 und sonst); die Braut wirft einen Kessel voll Wasser um und überschüttet damit den Boden (31, 386. 409; 32, 77. 86); kreuzweise wird über den Weg Wein ausgegossen (31, 408); die Verzierungen, die während der Hochzeit an der Stange hängen, werden zuletzt ins Wasser geworfen und verschwinden hier (31, 413).

Auch im Feuer waltet der Geist des Lebens (31, 386; 32, 29); Kerzen umgeben die Braut beim Ankleiden, sie werden nachher ins Feuer geworfen (32, 29). Das Rasieren des Bräutigams geschieht bei Kerzenlicht. Die Braut trägt Fackeln (32, 15). Die Kerzen, die in der Brautnacht brennen, sind Lebenskerzen: ihre Reste werden aufbewahrt bis zur Leichenfeier (31, 372).

Den Fluch der Geister der Erde vermeidet man, indem man Decken legt und auf Teppichen wandelt (32, 65 und so häufig).

Auch das Eisen ist rituell: es schützt vor bösen Geistern; man legt ein Stück Eisen neben das Ehepaar (31, 273) oder befestigt es am Hause.

Vor allem aber misst man den Blumen und Früchten besonderen Zauber bei. Keine Blume spielt bei den Bulgaren eine grössere Rolle als die Basilikumblume (31, 224. 234. 239. 241. 244; 32, 17 und sonst); aber auch das Geranium (31, 224 und 242) und der Rosenstrauch sind rituell (31, 368): auf den Rosenstrauch wird der abgenommene Brautschleier gelegt (32, 33); auch das Efeu (31, 403). Vor allem aber ist der Apfel eine Gabe der Liebe (31, 224. 245. 246. 284): die Braut gibt dem Bräutigam einen Apfel oder wirft ihm ihn entgegen (31, 251. 277); ebenso ist auch die Zitrone eine Frucht des Lebens und der Liebe (31, 285 und sonst). Im Gegensatz dazu sollen die Dornen die bösen Geister abwehren, daher der Weg mitunter mit Dornen eingefasst wird (31, 228), wie auch anderwärts die Dornen als Mittel gegen Hexen gelten[2]).

Die Tanne steht sehr in Ehren: die Mädchen tragen einen geschmückten Tannenbaum (32, 23), und man übergibt ihn (31, 278. 285), man umrankt ihn mit Blumen (32, 56), behängt ihn mit Mais, mit Trauben, mit einer Zitrone (31, 385). Ein Rest dieses Baumsymbolismus ist die Fahne: der Stamm mit der in den Lüften flatternden Zierde; er findet sich auch bei der bulgarischen Hochzeit (29, 135; 31, 403. 415 und sonst);

---

1) Vgl. auch Grosch, Wasserweihe als Rechtsinstitution, in Zs. f. vgl. Rechtswiss. 23, 420. 434 f.

2) Lilek, Bosnische Mitteilungen 7, 301.

man trägt eine Fahne, man pflanzt sie auf einem Hause auf (31. 241 und sonst), man schneidet den Stamm bei dem Hochzeitszug ein und bricht ihn vor dem Hofe des Bräutigams entzwei; die Brautleute erhalten die Stücke (31, 238. 245): sie nehmen damit die Hochzeitsweihe mit in die Ehe. Möglicherweise ist dies auch ein Rest ehemaliger Baumehe[1]).

Hierbei spielt die Farbensymbolik eine grosse Rolle. Die Braut wird auf einem weissen Pferde abgeholt (29, 136), die Treppe wird beim Einzug weiss belegt (31, 233), man erscheint in weissen Kleidern (31, 225. 226), den Ochsen am Wagen werden die Hörner mit weissen Tüchern umwunden (31, 275); weiss ist die Farbe der guten Genien, weiss die Farbe, die die bösen Geister verscheucht. Aber ebenso findet sich die rote Farbe, die Farbe des Lebens: man schwenkt weisse und rote Tücher auf einer Stange (31, 245), die Vermittler werden mit roten Tüchern beschenkt (31, 249), die Brautleute schreiten über ein rotes Tuch (31, 230. 231), die Braut trägt einen roten Kopfschmuck (31, 225), rot ist ihr Brautschleier (31, 286. 370 und sonst); der Brautführer hält eine Stange mit roten oder mit weissen und roten Tüchern (31, 245. 281. 269); ein roter Schleier um die Mütze der Boten bekundet, dass die Braut jungfräulich war (32, 32). Wie das Rot, so auch das Violett: man schenkt ein violett angestrichenes Lamm (32, 11); und so endlich das vegetative Hoffnungsgrün: eine Fahne wird eingepflanzt an einer grünen Stange (29, 135); die Fahne wird mit Wolle grün und rot verziert (31, 404). Dass die Familie der Braut mitunter schwarz gekleidet ist, gehört zum rituellen Wehklagen (31, 225).

Auch menschliche Gebrauchssachen stehen mit der Geisterwelt in Verbindung: der Braut wird ein Spiegel an den Arm gebunden: der Spiegel als Lebenssymbol spielt ja auch sonst im Leben der Völker eine grosse Rolle (32, 26).

Der Bräutigam wird mit Pelz bekleidet, auch im Sommer (29, 139; 32, 27), die Brautleute sitzen auf einem Fell usw.

Vor allem ist die Symbolik des Schubes und Pantoffels häufig: der Schuh hat eine erotische Bedeutung, die sich ja in ungesunden Gemütszuständen bis zum Fetischismus steigert. Man schenkt Pantoffeln (31, 276), das bekannte Ehesymbol, oder Schuhe (31, 279. 283), man trinkt aus dem Pantoffel (31, 407) und anderes[2]).

Der Ring ist ein allgemeines Pfand, welches das Versprechen bindend macht: er ist auch hier als Verlobungspfand häufig (31, 272. 274. 282. 283. 413). Man gibt der Braut einen Ring oder ein Halsband

1) Vgl. Ehrenzweig, Zs. f. vgl. R. 21, 284. Über die Pflanzenehe bei den Indern habe ich seinerzeit Nachweise gegeben, Zs. f. vgl. R. 10, 119. 12, 214.

2) Hierher mag auch der Brauch gehören, dass das Mädchen, das dem Vaterhause entläuft, die Schuhe, die ihm der Vater geschenkt, nicht mitnimmt, ein Brauch, den Krauss S. 250 von den Bulgaren erzählt.

(31, 473). Der Ring wird in einen Kuchen eingebacken, er wird über das Haus geworfen (32, 55).

Haus und Hof und die Plätze, in welchen sich das bäuerliche Leben abspielt, sind geweihte Stätten. Am Brunnen des Hauses wird die Braut entschleiert oder werden auch sonstige reinigende Bräuche vorgenommen (31, 238. 243), ebenso am Dreschplatz (31, 241; 32, 23).

Der Herd ist der 'Altar im Haus', die Anwesenden reinigen sich mit der Asche des Herdes (31, 237), der Ehevermittler hat im Herde herumzugraben (31, 383; 32, 16), die Braut, die das Haus betreten hat, verneigt sich vor dem Herd (32, 70). Ebenso ist die Schwelle des Hauses geweiht: die Braut wird über die Schwelle getragen, was allerdings auch auf ehemaligen Frauenraub hindeutet (31, 226). Tür und Schwelle des neuen Hauses segnet die Braut und bestreicht sie mit Honig (31, 237. 246. 386; 32, 10).

X.

Es braucht kaum erwähnt zu werden, dass alle diese Vorstellungen, alle diese Ahnungen, Befürchtungen, alle diese Weihezauber- und Gegenzauberformen sich auch sonst bei den Slawen finden; sind sie doch allgemein menschlich und kennen wir sie doch reichlich aus unserer germanischen Heimat. Bei vielen Südslawen ist es Brauch, dass die Braut aus dem Glas des Mannes trinkt (Krauss S. 400). In Bosnien werden über die Braut Mandelkerne geworfen (Bosn. Mitt. 6, 639), und die Braut wirft Gerste über sich (Lilek 7, 305), sie streut Weizen im Hause herum (Krauss S. 451) oder wirft einen Apfel über das Haus (Lilek 7, 305. 310); bei den steirischen Slowenen wird Getreide auf das Dach geworfen (Bosn. Mitt. 7, 316), bei den Russen wird die Braut mit Hopfen bestreut (Zs. f. Volksk. 11, 436), in Galizien werden ihr Körner in den Schuh gelegt (Zs. f. Volksk. 4, 171), bei den Rumänen werden Haselnüsse in der Kirche ausgestreut (Draganescu, Zs. f. vgl. R. 23, 97); bei ihnen werden auch Braut und Bräutigam mit einem Gürtel zusammengeschnürt (ebenda 23, 102).

Die Lustration der Braut findet sich überall (Krauss S. 391), so auch bei den Ruthenen, in christlicher Weise durch Weihwasser (Kaindl, Zs. f. Volksk. 11, 286), so bei den Rumänen (Zs. f. vgl. R. 23, 98). Auch die Kerze als Lebenskerze kehrt bei den Rumänen wieder (ebenda 23, 101).

Der Apfel wird als Pfand gegeben (Bosn. Mitt. 6, 368), Kirschen- und Zwetschgenblüten, Haselstauden, Weinreben sind in Bosnien geweihte Hochzeitspflanzen (Bosn. Mitt. 7, 308. 323), und der Hochzeitsbaum wird auch bei den Ruthenen erwähnt (Zs. f. Volksk. 11, 164). Der Zauber der roten Farbe kehrt in Bosnien wieder (Lilek 7, 305).

In Bosnien küsst die Braut Türschwelle und Herd (Bosn. Mitt. 6, 640; 7, 310), legt ein Geschenk auf Herd, Krippe, Stall (Bosn. Mitt. 7, 303. 316), opfert am Herd (ebenda 7, 303), schürt das Herdfeuer (Krauss S. 399).

Bei den Ruthenen schenkt der Bräutigam Schuhwerk (Zs. f. Volksk. 11, 160. 162), bei den Slowenen werden die Schuhe gegenseitig im Schlafgemach ausgezogen (Zs. f. Volksk. 4, 179). Und dass die Brautleute auf einem Schafspelz sitzen, ist Brauch der Rumänen (Zs. f. vgl. R. 23, 101).

Die Haarschur findet sich bei den Weissrussen, wobei beide Ehegatten auf einem Backtrog sitzen (Zs. f. Volksk. 22, 415).

Dass ein Kind gereicht wird, ist allgemein südslawische Sitte (Krauss S. 399. 431), auch bei den Rumänen (Zs. f. vgl. R. 23, 97); in Galizien übergibt man eine Puppe (Zs. f. Volksk. 21, 252). Und wie bei den Slawen, so bei den Germanen, so auch sonst auf der Erde.

Welche Bedeutung bei uns Deutschen der Hochzeitsbaum hat, ist schon von Weinhold und Bolte gezeigt worden (Zs. f. Volksk. 4, 101; 20, 125). Den Blumenzauber von Rosmarin und Thymian kennt jeder[1]). Die Farbensymbolik ist allgemein: weiss als Schutzmittel gegen böse Geister, rot als Sinnbild des Lebens, auch zur Steigerung der Potenz (Berkusky, Zs. f. Volksk. 24, 154. 250 usw.). Schuh und Pantoffel bei den Deutschen als erotisches Symbol ist schon unzählige Male besprochen worden (vgl. Sartori, Zs. f. Volksk. 4, 166). Über die Reisbeschüttung in Indien s. Zs. f. vgl. Rechtswiss. 10, 105, über die Beschüttung mit Konfetti in Savoyen s. Revue d'Ethnographie 3, 224; über die Kleiderknotung in Indien s. Zs. f. vgl. Rechtswiss. 3, 347; 8, 113; 9, 329; 10, 110; über die Vorhangszene (Antarpat) in Indien ebenda 10, 105; über die Umwandlungen in Indien ebenda 3, 347; 10, 109; über die Wasserbegiessung ebenda 3, 347; 10, 107; über das Feuerdurchschreiten als rituellen Akt auf Tahiti vgl. Smithsonian Report 1901, p. 539. Über das Haaropfer bei der Heirat, namentlich bei malaiisch-polynesischen Stämmen vgl. die Nachweise bei Wilken, Verspreide Geschriften 1, 576 f.; es findet sich als Heiratszeremonie auch bei den Azteken und anderen Amerikastämmen, Zs. f. vgl. Rechtswiss. 11, 59. Das Bestreichen der Augenbrauen zur Abwehr böser Geister ist verbreiteter indischer Brauch, vgl. meine Beiträge zum Animismus (Ausland 1891, nr. 35).

Beispiele der Nahrungsvereinigung finden sich auf der ganzen Erde: bei den Papuas, den Azteken, wie bei den Japanern, Chinesen, Birmanen, wie bei allen indogermanischen Völkern. Vgl. z. B. über die Papuas Zs. f. vgl. Rechtswiss. 7, 372; über die Azteken ebenda 11, 58; über die Japaner 10, 446; über die Chinesen 6, 366 und meine Rechtsvergleichenden Studien 1889 S. 187; über die birmanischen Katschins vgl. Anthropos 8, 370; über die Inder Zs. f. vgl. Rechtswiss. 9, 330, wo von beiden Teilen Reis zusammengebracht wird; bekannt ist die Confarreatio der Italiker usw.

Ebenso finden wir die Kleiderknotung bei den alten Azteken (Zs. f. vgl. R. 11, 58), wie bei den Malaien, vgl. Wilken, Verspreide Geschriften 1, 553.

---

1) Vgl. auch Durmayer, Reste altgermanischen Heidentums S. 42.

Auch der Antizipationszauber, dass der Braut ein Kind auf den Schoss gesetzt wird, ist allgemein; er findet sich selbst bei malaiischen Stämmen, Wilken 1, 561 f.

XI.

Der Gedanke, dass die eheliche Begattung etwas Unheiliges sei, stammt aus den Zeiten in welchen die Individualehe noch erst im Entstehen war und darum als etwas dem allgemeinen Völkerbrauche Widersprechendes erschien; weshalb auch noch südslawische Sprachen den leiblichen Vater als den Vater durch Sünde bezeichnen (Krauss S. 455).

Ein anderer Brauch, der aber auch dem Frauenraub entspricht, ist die bekannte Sitte der Tobiasnächte, wonach die Begattung erst einige Zeit nach der Ehe erfolgen darf[1]). Auch bei den Slawen ist ebenso wie bei den Germanen dieser Glaube vertreten (Krauss S. 456); die Bulgaren weisen allerdings nur seltene Spuren auf (Barbar 31, 374). Sonst ist, wie bei sehr vielen germanischen Stämmen, der Gedanke völlig verflattert; im Gegenteil, die Begattung gilt als etwas Heiliges: sie wird nicht nur als Naturgebot empfunden, sondern als ritueller Akt in den Kanon von Recht und Sitte aufgenommen; und wo immer noch die bösen Geister das Brautgemach heimsuchen wollen, weiss man sich durch Gegenzauber zu helfen: der Begattungsakt wird offiziell.

Auf diese Weise müssen so viele Bräuche der Völker aufgefasst werden; sie zeugen von einer fast kühlen Keuschheit: die Scheu des Geschlechts schwindet vor dem Gedanken der sozialen Pflicht, der die Ehe geweiht ist, vor der Gottesbestimmung, der sich das Menschengeschlecht widmet.

Daher wird der Begattungsakt in die Gesamtheit der Hochzeitsformen eingefügt. Der Pate gestattet, dass sich die Braut mit dem Bräutigam zurückzieht (31, 226. 246); die Patin oder eine andere Frau entkleidet die Braut und legt ihr das Brauthemd um (31, 242). Oder die Entkleidung geschieht wechselweise, und beide stehen sich in weissem Linnen gegenüber, „damit die Kinder weiss werden“ (32, 31). Manchmal wird auch die Entkleidung durch die Hochzeitsgesellschaft symbolisiert (31, 237). Ein paar Burschen stehen Wache an der Türe des Gemaches (31, 242. 246. 273), ja man gibt bei längerem Zuwarten Zeichen der Ungeduld (32, 32): ein Revolverschuss zeigt die Vollendung des Begattungsaktes an (31, 237), worauf das Paar wieder vor der Hochzeitsgesellschaft erscheint.

Allgemein ist die Jungfernprobe mit Prüfung des blutigen Lakens (z. B. 29, 137; 31, 237. 246. 248. 252. 272. 273. 276. 282. 283. 286; 32, 13

1) Beispiele dieser universellen Rechtssitte brauchen nicht angeführt zu werden. Sie findet sich selbst bei den Azteken und anderen Amerikavölkern, Zs. f. vgl. Rechtswiss. 11, 59. Vgl. mein Orientalisches Recht (in Kultur der Gegenwart) S. 9.

und 32): es wird herumgetragen, man giesst gar Wein darüber, um zu sehen, ob die Flecken bleiben (31, 243 und 270). Allgemeine Glückwünsche folgen; Freudenzeichen werden oben auf dem Hause befestigt, und auch in der Nachbarschaft herrscht heller Jubel (31, 238).

Begattungsunfähigkeit ist Trennungsgrund (32, 35); oft sollen es böse Geister sein, die den Mann hindern, und man opfert, damit der Zauber weiche (32, 75).

Erweist sich die Braut nicht mehr als Jungfrau, so herrscht allgemeine Verstimmung; das Hochzeitsfest hört auf, die Musik verstummt, die Neuvermählte wird durch ein Wasser geführt und eingehend ausgefragt, wer sie verführt hat (31, 254. 278; 32, 74). Der Mann kann zurücktreten (32, 35); womöglich aber wird die Sache beglichen, und der Vater bezahlt ein Strafgeld (31, 253. 255. 278). Früher liess man die uneheliche Braut (wie die Ehebrecherin) zur Strafe öffentlich nackt baden oder nackt Holz hacken (32, 35 und 39): auf Schamlosigkeit sollte Schamlosigkeit als Strafe erfolgen.

Der Derbheit des Landvolkes entsprechen eine Reihe obszöner Bräuche, wie z. B. dass man unter sehr anzüglichen Sprüchen mit einem Stössel Milch stampft (31, 227), dass man einen Hahn versteigert, verkauft oder verschenkt (31, 236. 275. 285), und der obzöne Sinn ergibt sich auch daraus, dass der Hahnenverkäufer und die Hahnenverkäuferin das Paar ins Brautgemach führen (31, 386). Der Mann, der sich als begattungsunfähig erweist, wird zum Hohn mit einem Ochsen eingespannt (31, 227) u. a.

Ähnliche Brautgemachszenen gelten auch bei den übrigen Slawen. In Bosnien und bei den Ruthenen sind es Mädchen, welche vor dem Brautgemach singen, bis der Bräutigam erscheint (Bosn. Mitt. 6, 640; 7, 312. 316); und dass die Jungfernprobe über die ganze Erde verbreitet ist, bedarf für den Ethnologen keiner besonderen Erwähnung. Vgl. Lilek, Bosn. Mitt. 7, 325; über die Russen Zs. f. Volksk. 11, 438; 15, 438; über die Ruthenen Kaindl ebd. 11, 167; über die Rumänen Draganescu, Zs. f. vgl. R. 23, 103f.; über die Jungfernprobe in Indien Zs. f. vgl. R. 3, 348; bei den Azteken ebd. 11, 59; in China s. meine Rechtsvergleichenden Studien 1889 S. 188.

XII.

Die Hochzeitslust führt zu Ausgelassenheiten und diese zu Spässen, zu gutartigen Verhöhnungen. Auch darin zeigt sich eine kräftige Seelenstimmung. Daher macht sich der derbe Humor vielfach geltend, so z. B. dass dem Bräutigam ein Tisch mit Kuchen auf den Kopf gestellt wird (Barbar 31, 234), dass man dem Brautführer den Kuchen auf den Kopf legt und allerlei seltsame Fragen stellt (31, 377), dass man zum Schein die Aussteuer versteigert usw.

Doch scheint sich die Ausgelassenheit nicht in Streit und Hader auszutoben; mindestens wird von solchen Ausbrüchen nichts erzählt. Der mächtige Humor, der das Ganze durchleuchtet, scheint durch die Sitte in Zucht gehalten zu werden; das ist das Zeichen eines gediegenen Volkes.

XIII.

Neben der Ehe sind es die künstlichen Verwandtschaftsformen, welche das soziale Leben der Bulgaren beherrschen.

Von künstlicher Verwandtschaft spricht man, wenn nicht durch den gewöhnlichen Weg des Blutes und der Zeugung, sondern in anderer Weise ein Verhältnis geschaffen wird, welches das Recht als Verwandtschaft behandelt und mit Verwandtschaftsfolgen versieht. Natürlich reicht auch dies tief in den Natur- und Geisterkultus hinein: solche Verbindungen als körperlose Seelenverbindungen sind den Völkern nicht denkbar, ohne dass die Geisterwelt waltet; diese allein vermag zu einigen, was in der Erscheinungswelt getrennt ist.

Eine Art der künstlichen Verwandtschaft ist die Milchverwandtschaft, die sich auch bei gewissen bulgarischen Stämmen findet. Das Kind wird verwandt mit der Amme, und die von derselben Amme gesäugten Kinder gelten als Geschwister; die Folge ist ein Eheverbot. Bekanntlich spielt diese Verwandtschaft im Islam eine sehr grosse Rolle, und es ist wohl anzunehmen, dass sie durch den Islam zu den Bulgarenstämmen und auch zu anderen Balkanvölkern[1]) gekommen ist. Sie wird deswegen auch hauptsächlich aus solchen Gegenden berichtet, in denen Türken und Bulgaren zusammen leben (Barbar 32, 99).

Dem Christentum eignet dagegen eine andere Verwandtschaft, die zu der grossen Klasse der Weiheverwandtschaften gehört. Wie bei den alten Deutschen die Jünglingsweihe zwischen dem Weihevater und dem Jüngling eine Verwandtschaft begründete, so besteht nach dem Christentum eine Verwandtschaft zwischen dem Täufling und dem Taufpaten, ja selbst zwischen den Kindern, welche den nämlichen Paten haben.

Diese Patenschaft hat bei den Südslawen noch eine ganz aktive Bedeutung[2]), sie ist nicht eine abgeblasste Erinnerungsform wie bei uns; namentlich das Ehehindernis zwischen Pate und Täufling wird auf dem Balkan sehr scharf eingehalten. So auch bei den Bulgaren. Der Pate ist der zweite Vater: er hat das Kind mit $1^1/_2$ Jahren einzukleiden (29, 147); er hat die Brautleute zusammenzugeben; die Patin verschleiert die Braut und entschleiert sie; der Pate gibt der Braut hergebrachte Geschenke (napetak) (31, 269. 273. 277. 278. 281. 383. 284. 370 und sonst); er legt ihr ein Halsband um den Hals (31, 284); der Patengruss ist überall ein notwendiger

1) Ciszewski, Künstliche Verwandtschaft bei den Südslawen (1897) S. 18 f.

2) Krauss S. 611 .

Teil der Hochzeitsform (29, 136; 31, 224. 251 und sonst); der Pate wird mit einem Kranz geschmückt (31, 275), er hat die Verzeihungsformel zu sprechen (31, 278); ja mitunter ist es sogar der Pate, der das Paar traut (31, 242); er trägt die Brautfahne (32, 5). er beglückwünscht das Paar nach der Begattung (31, 237) und hat das Brautlaken zu besichtigen (31, 272. 278).

Daneben findet sich bei den Bulgaren auch die Kindesannahme und als Gegensatz dazu die Vatersannahme. Die Kindesannahme kann eine einfache Pflegvaterschaft ohne Erbfolge sein, sie kann aber auch eine eigentliche Ankindung werden mit kindlichem Erbrecht, sobald dies besonders ausgemacht ist. Bei der Ankindung wird ein Familienfest gefeiert: besondere Bräuche werden nicht mitgeteilt (29, 147; 32, 43)[1]): es wird nur erzählt, dass man das Kind zu wiegen pflegt, um dann später, wenn sich Differenzen ergeben, nach der Zunahme des Gewichtes zu ermessen, wieviel man dem Kinde geleistet hat (29, 148).

Mehr als Ankindung ist es, wenn das angenommene Kind von der Adoptivmutter gesäugt wird; dann spielt der Gedanke der Milchverwandtschaft hinein, und es entsteht eine innigere Verbindung (32, 43)[2]).

Wie man ein Kind annehmen kann, so kann man auch einen sogenannten Nachvater (pobastim) annehmen; doch hat dies nur eine vorübergehende Bedeutung: der Pobastim hat bei der Eheschliessung den Vater zu vertreten. Denn die Völker nehmen an, dass nur, wer Eltern hat, sich in vollkommenem Lebensstande befindet (31, 382; 32, 101), weshalb nur solche Kranzjungfern, welche noch beide Eltern haben, das Mehl sieben dürfen[3]).

XIV.

Der Balkan ist aber vor allem das klassische Land der Verbrüderungen und Verschwesterungen[4]). Und wie die Heiraten, so erfolgen die Verbrüderungen meistens an einem bestimmten Tage im Jahr; wie bei den Heiraten, so ist auch hier das Überschreiten des Feuers üblich (27, 457; 31, 223; 32, 26), und dem steht es gleich, wenn beide Teile rechts und links von der Feuersglut auf einem Brette stehen (32, 94). Auch das gegenseitige Bluttrinken wird erwähnt (27, 457). Meist aber erfolgt die Verbrüderung durch eine feierliche kirchliche Zeremonie, indem vor dem Altar um beide Wahlbrüder ein Gürtel geschlungen wird und beide das Evangelium küssen (31, 381; 32, 27 und 89). Aber auch sonst werden die verschiedensten Weihegelegenheiten benützt, um den Verbrüderungsvertrag zu einem rechtlich wirksamen zu gestalten. Aus dem Heiden-

1) Vgl. auch Krauss S. 599.
2) Über den Ritus der Säugung bei der Kindesannahme Zs. f. vgl. Rechtsw. 18, 73.
3) So auch bei den Albanesen (Brassloff, Zs. f. vgl. R. 22, 147).
4) Ebenso wie der Kaukasus; vgl. hierüber Darinsky (Ztschr. f. vgl. Rechtswiss. 14, 169 f.).

tum stammt der Brauch, dass beide Wahlbrüder sich an einen Ort begeben, wo die Eschenwurz wächst, weil dies der Versammlungsort der Waldgeister war. Aber auch wenn beide Teile in einem heiligen Kloster miteinander durch ein Loch schlüpfen, ja wenn sie auch nur eine gemeinsame Wallfahrt machen, oder wenn sie zusammen im Jordan baden, soll der Verbrüderungsvertrag seine Weihe empfangen und wirksam werden. Und auch die Feierlichkeit der Hochzeit enthält einen solchen Zauber, dass man daran Verbrüderungen anschliessen kann (32, 26).

Besonders interessant ist es, dass man, wie bei anderen Völkern, sich der Verbrüderung bedient, um irgendein Unheil abzuwenden. Zwei Kinder, die im nämlichen Monat geboren wurden, sind miteinander in der Art verbunden, dass, wenn das eine stirbt, sein Tod auch den Tod des anderen nach sich zieht. Dem sucht man dadurch zu entgehen, dass man dem toten Kinde einen Stein oder eine Wachskerze mit ins Grab legt (wodurch man sich von ihm loslöst) und sich sodann mit einem anderen Kinde verbrüdert (32, 97): der Lebende tritt an Stelle des Toten.

Auch Verbrüderungen von ganzen Gemeinden finden sich, ebenso wie bei den alten Galliern und wie bei malaiischen Stämmen[1]) mit gegenseitigem Eheverbot (27, 459).

Auch sonst ist die Verbrüderung eine häufige, schon aus früheren Jahrhunderten bekannte Erscheinung der Südslawen[2]); sie findet sich in verschiedenen Graden, als kleine und grosse Verbrüderung, in Montenegro[3]); sie ist auch bei den alten Polen nachweisbar, als eine Einrichtung, die an einem bestimmten Tage des Jahres auf Jahresfrist begründet wurde[4]).

In diesen Bräuchen spielt sich das Leben eines Volkes ab, das vom Schicksal bestimmt ist, ein wichtiger Faktor der Weltschicksale zu werden.

Berlin.

---

1) Vgl. Enzyklopädie der Rechtswissenschaft 1, 32.

2) Krauss S. 625. — 3) Ciszewski S. 33. — 4) Ciszewski S. 48. 56.

Ein Nagelstein aus Naumburg a. S.[1]

Von **Karl Brunner**.

(Mit einer Abbildung.)

Da gegenwärtig in Deutschland so reichlich Gelegenheit gegeben wird zu Kriegerwohlfahrtszwecken unter Geldopferung Nägel in hölzerne Standbilder und allerlei Symbole, wie Türen, Wappenschilde, Adler, Kreuze, Säulen, einzuschlagen, dürfte es zeitgemäss sein, auf einige feierliche Formen der Nagelung einzugehen, welche von alters her im Volksleben eine Rolle spielten.

Als Grundlage der Betrachtung möge uns hier ein roher Steinblock dienen, der in der Kgl. Sammlung für deutsche Volkskunde zu Berlin vorhanden und an einer Breitseite mit zahlreichen eisernen Nägeln beschlagen ist. (Abb. 1.) Der Stein ist 95 *cm* hoch, seine grösste Breite beträgt 68 *cm* und seine Dicke 20—37 *cm*. Nach Angabe des Herrn Geheimrat Dr. Keilhack von der geologischen Landesanstalt in Berlin ist der Stein ein feinkörniger, dichter Braunkohlenquarzit. Die eine recht unebene Breitseite ist mit etwa 250 eisernen Nägeln, anscheinend vorwiegend Hufnägeln, beschlagen. Durch Herausnahme eines derselben wurde festgestellt, dass er nur etwa 1,5 *cm* lang und verbogen war. Da die Oberfläche des Steines hier von Natur recht löcherig ist, so dürfte das Einschlagen kurzer Nägel keine besonderen Schwierigkeiten verursacht haben. Nach Aussage eines Zeugschmiedes in Naumburg hat man die Stangen der breitkuppigen Hufnägel, welche man in die Verwitterungslöcher unseres Steines treiben wollte, zuvor glühend gemacht, so dass sie sich beim Einschlagen genau der Höhlung anschmiegten; zu lange Nägel seien vorher gekürzt worden[2]).

Der Stein hat vorher in Naumburg a. S. vor einem Eckhause der Salz- und Lindenstrasse gestanden. Dieses Haus soll früher, bis etwa 1830, eine Schmiede gewesen sein, die hart an dem ehemaligen Salztore stand. Rud. Virchow vermittelte seinerzeit die Übergabe des Steines an das Kgl. Museum in Berlin[3]).

Die Urheber der Benagelung unseres Steines, der bei einer Schmiede stand, dürften also hauptsächlich Schmiede und solche Gewerbetreibende ge-

---

1) Die folgenden fünf Aufsätze erscheinen gleichzeitig in den 'Mitteilungen aus dem Verein der Königlichen Sammlung für deutsche Volkskunde zu Berlin' Bd. 4, Heft 4

2) Herm. Grössler, Altheilige Steine in der Provinz Sachsen, Halle 1896.

3) Verhandl. d. Berliner anthropol. Gesellsch. 1886, S. 65.

wesen sein, die dort zu tun hatten. Nach der Erhaltung der Nägel ist zu schliessen, dass sie im 18. bis 19. Jahrh. eingeschlagen wurden. Über die Beweggründe dazu ist nichts mitgeteilt.

Nun ist es aber bekannt, dass sich in dieser Gegend zahlreiche Steine finden, die in übereinstimmender Weise benagelt sind. Grössler

Der Nagelstein aus Naumburg a. S.

führt 1896 dreissig solcher Fälle im Übergangsgebiet aus Thüringen zur grossen norddeutschen Tiefebene an, die im folgenden kurz aufgeführt werden sollen.

1. Apolda, südlichster Fundort.
2. Flurstedt zwischen Apolda und Sulza, im Dorfe.
3. Naumburg. 2 Steine in der Stadt an Strassenecken.
4. Wethau b. Naumburg, an einer Wegkreuzung bei dem Orte, gen. der Hohe Stein. 100 Schritt von ihm auf dem sog. alten Raine ein Quarzitstein mit Nägeln. In der Nähe von Naumburg bei Crössuln, Teuchern oder Osterfeld ehemals noch mehrere Nagelsteine.

5. Einzingen, am Rande des Dorfteiches.
6. Schraplau-Alberstedt, rechts am Wege auf einer Höhe, gen. der Kutschstein.
7. Nebra an der Unstrut.
8. Eisleben, an einer Hausecke am Markt.
9. Aseleben; zwischen Ort und salzigem See auf dem Steinberge waren früher zahlreiche Nagelsteine vorhanden.
10. Krimpe, südlich vom Dorfe bei Vorwerk Bolzenshöhe, am Wege nach Höhnstedt mehrere Nagelsteine, gen. die vier Steine.
11. Müllerdorf b. Schochwitz, Mansfelder Seekreis. In der Kirche eingemauert.
12—13. Halle. 2 Steine an Strassenecken.
14. Dölauer Mark b. Halle, gen. der lange Stein oder steinerne Jungfrau. Braunkohlensandstein.
15. Teicha b. Halle, dicht an der Kirchenmauer.
16. Düben, beim Orte.
17. Zörbig, beim Orte.
18. Welfesholz, südwestlich von Gerbstedt, sog. Hoyerstein oder löcheriger Stein, am Schnittpunkt von Fuchsrain und Grafenrain.
19. Welfesholz, nordwestlich, nach Wiederstedt zu, sog. Graf Hoyerstein oder der verwohrene Stein. Wie meistens sind die Breitseiten nach Ost und West gekehrt, an der Ostseite die meisten Nägel.
20. Belleben, beim Orte. Unter diesem Nagelstein sollen Urnen- und Knochenreste gefunden sein.
21. Ermsleben, auf dem Markt an der Rathausecke.
22. Sinsleben b. Ermsleben. An diesem Stein sollen früher die Gemeindeversammlungen stattgefunden haben.
23. Aschersleben. Sog. Speckseite, Nagelstein auf einem früher von Linden umgebenen Hügel an der Strasse nach Winningen. Auch ein beim Bahnhof Güsten i. Anh. stehender unbenagelter Findling trägt den Namen Speckseite [1]).
24. Krottorf a. d. Bode b. Oschersleben, neben der Kirche Nagelstein auf Urnen- und Knochenresten.
25. Winningen-Hecklingen-Aschersleben, auf öder Feldflur, sog. Blaue Gans.
26. Wilsleben, beim Spritzenhaus.
27. Quedlinburg-Rieder, am Wege.
28. Hohen-Etlau, Saalkreis, am Schulzengarten.
29. Zerbst, beim Bahnhof. Zweifelhaft.
30. Sotterhausen, bei der ehemaligen Georgskapelle, Steinkreuze mit Nägeln beschlagen, um Krankheiten zu heilen.

Die Prüfung der an diese Steine geknüpften Volksüberlieferungen ergibt hinsichtlich der Sagen kein einheitliches Bild, und man kann daraus schliessen, dass der Benagelung kein wesentlicher Anteil bei der Sagenbildung zuzuschreiben ist. Das Alter der Benagelung kann also nicht beträchtlich sein, was ja auch bei der obigen Beschreibung unseres Naumburger Nagelsteines schon ausgesprochen worden ist. Ebenso stimmen die allerdings meist recht sagenhaften Überlieferungen betreffs der Urheber der Benagelungen ziemlich genau mit dem überein, was im Naumburger Falle festgestellt worden ist.

Dagegen scheint die wiederholte Beobachtung nicht unerheblich zu sein, dass die Steine ihre Breitseiten nach Ost und West kehren. Ausdrücklich wird diese Angabe bei Nr. 19, 23 und 25 der obigen Liste ge-

1) Zeitschr. d. Ver. f. Volksk. 23, 335.

macht. Hieraus kann vielleicht der Schluss gezogen werden, dass die Aufrichtung der Steine einst aus Kultusgründen erfolgte, wie ja alte Gräber und später die christlichen Kirchen oft eine bestimmte Richtung nach der aufgehenden Sonne besitzen. Auch ist bei allen indogermanischen Völkern die Verehrung ragender Steine oder Bäume bezeugt. Im Konzil von Tours 567 wurde den Priestern befohlen, denjenigen Leuten den Eintritt in die Kirchen zu verwehren, welche aufgerichtete Steine verehrten[1]). Da also die Errichtung mancher dieser Steine in uralte Zeit zurückreichen dürfte, so kann es nicht wundernehmen, in ihrer Nähe auch vorgeschichtliche Bestattungsspuren zu finden, wie sie bei Nr. 20 und 24 der obigen Liste festgestellt wurden. Denn die Örtlichkeiten alter religiöser Überlieferungen wurden von jeher für die Anlage von Gräbern bevorzugt, da sie ihren Frieden und Schutz auf den Toten ausdehnten.

In den alten Nachrichten über die Verehrung aufgerichteter Steine und Säulen findet sich aber keine Bemerkung über eingeschlagene Nägel. Und doch sind feierliche Nagelungen bereits im Altertum bekannt. Nach Livius VII, 3 wurde im alten Rom alljährlich an den Iden des September von der höchsten obrigkeitlichen Person in Jupiters Heiligtum ein Nagel eingeschlagen. Solche Nagelungen geschahen später auch aus besonderen Anlässen, z. B. bei der Pestilenz d. J. 391 d. St., und Augustus befahl, dass die abgehenden Zensoren im Tempel des Mars Ultor einen Nagel einschlagen sollten[2]).

Neben dieser amtlichen Nagelung wurde solche auch damals bereits im Privatleben ausgeführt, und zwar allgemein entsprechend den noch heute bekannten Volksgebräuchen zur Krankheitsheilung und zum Zauberbann. So soll nach Plinius durch Einschlagen eines Nagels Epilepsie geheilt und das Gift des Taxusbaumes unschädlich gemacht werden. Zu Tyana in Kappadozien stand eine Säule, zu der das Volk wallfahrtete und mit Nägeln sein Fieber hineinschlug[3]).

In neuerer Zeit ist der Nagelungsbrauch in weiter Verbreitung oft bezeugt. Abgesehen von den offiziellen Gelegenheiten, z. B. der Nagelung von Fahnen, dann bei den sinnentsprechenden Grundsteinlegungen und Hausrichtefeiern, gibt es eine Fülle von volkstümlichen Nagelungen, deren Hauptzwecke hier mit einigen bedeutungsvollen Proben dargelegt werden sollen.

A. Die häufigsten Fälle von Nagelung bezwecken Krankheitsheilung oder -Übertragung. Es ist eins der gewöhnlichsten sympathetischen Heilverfahren. Vor allem sind es Zahnschmerzen, die durch Übertragung auf einen Baum geheilt werden sollen. Der Krankheitsstoff geht

1) Grössler a. a. O.
2) Preller, Römische Mythologie[3] 1, 258.
3) Rich. Andree, Ethnographische Parallelen 1, 34 (1878).

auf den Baum über und verschwindet in seiner Lebenskraft. Gewöhnlich wird die Nordseite des Baumes bevorzugt, wo man einen mit dem kranken Zahn in nahe Berührung gebrachten Nagel einschlägt. In Bayern sind besonders Bäume in der Nähe von Kultquellen für diesen Zweck beliebt oder solche, die ein Kruzifix oder Heiligenbild tragen. Auch andere Krankheiten, wie Fallsucht, Schwindsucht, Bruchleiden, Gicht. werden so behandelt. Beliebt sind besonders schnell wachsende Bäume, aber es braucht schliesslich nicht immer nur ein Baum zu sein, in den die Krankheit genagelt wird; es genügt wohl auch totes Holz, eine Wand, ja die Erde[1]).

B. Damit der Gegensatz nicht fehle, konnten nach dem uralten Wahn auch Krankheiten durch Nageln beigebracht werden. Es ist der sog. Bosheitszauber, wovon aber zur Ehre der menschlichen Natur nur wenige Beispiele aus neuerer Zeit angeführt werden könnten. So wird von der oberen Nahe im Fürstentum Birkenfeld der Volksglaube berichtet, dass man Schwindsucht anhexen könne, wenn man sich von der betreffenden Person einige Haare verschaffe und sie in ein Loch verzapft, das einem Obstbaum bis ins Herz gebohrt ist. So wie der Baum abstirbt, schwindet auch die Person dahin[2]). Ähnliche böse Ziele sollen erreicht werden, wenn man in einen Baum Schnitte macht oder Nägel einschlägt, der bei der Geburt des Bedrohten gepflanzt wurde[3]). Nägel vom Kirchhof in die Haustür oder die Viehkrippe geschlagen bringen Tod[4]).

C. Als Gegenzauber bei solchen Angriffen wirkte es nach dem Volksglauben von Herisau im Kanton Appenzell, wenn Kranke, die behext zu sein glaubten, durch Vermittlung eines 'Sachverständigen' geschmiedete Nägel unter bestimmten Gebräuchen und zu ausgewählter Geisterstunde in eine Tanne schlagen liessen[5]).

D. Ein weiterer Nagelbrauch ist das Festmachen oder Bannen. Dieser dem gewöhnlichen Zwecke des Nagels überhaupt am meisten entsprechende Volksbrauch ist z. B. aus der Schweiz bezeugt, wo man nach einem alten handschriftlichen Arzneibuche zur Kirrung der Tauben an den Schlag Taubenfedern in ein dort eingebohrtes Loch verpflöcken soll[6]).

Im Kanton Zürich war ferner der Volksglaube verbreitet, dass man einen Dieb mit Hilfe von Nägeln ermitteln oder ihn bewegen könne, das

---

1) Wuttke, Volksaberglaube § 490. Zeitschr. d. V. f. Volkskunde 7, 48. 8, 203. 24, 200. Drechsler, Sitte in Schlesien 2, 299. Sébillot, Folklore de France 3, 413. 4, 138. Auch die von Sepp, Altbayerischer Sagenschatz 1876 S. 589 angeführten benagelten Holzkreuze und Bäume in Galizien, Kroatien, Italien und im Orient gehören wohl zumeist in diese Gruppe.

2) Zeitschr. f. rheinische u. westfäl. Volkskunde 2, 204.

3) Schweizer. Archiv f. Volkskunde 13, 208 f.

4) Zeitschr. d. V. f. Volkskunde 8, 399. Drechsler, Sitte in Schlesien 2, 107.

5) Schweizer. Archiv f. Volkskunde 17, 185. Drei Hufnägel in der Türschwelle hindern Hexen einzutreten (Zeitschr. d. V. f. Volkskunde 24 416).

6) Schweizer. Archiv f. Volkskunde 6, 57.

gestohlene Gut wieder zu erstatten[1]). Auch Geister sollen nach altserbisch-bulgarischem Volksglauben mit Nägeln festgemacht werden können. Man schlägt bei Begräbnissen, sobald die Leiche aufgehoben ist, in die Aufbahrungsstelle einen Nagel, um die Todesfrau an diese Stelle zu bannen[2]).

E. Nicht ganz klar sind die Beweggründe für Nagelungen, die sich finden an Bäumen in der Nähe von Grenzsteinen[3]), an den Nagelsteinen der Prov. Sachsen, die vielleicht auch hier und da als Grenzsteine gedient haben mögen, ferner an auffallenden Bäumen wie die St. Kilianslinde zu Mühlhausen i. Thür.[4]), einer alten Gerichtsstätte, ebenso wie die Linde auf dem Grabhügel von Evessen in Braunschweig, und an der Linde beim angeblichen Grabe Till Eulenspiegels in Mölln[5]), schliesslich an dem bekannten 'Stock im Eisen' der Stadt Wien[6]). In allen diesen Fällen scheint im allgemeinen kein übereinstimmender Gedanke den Anlass zur Nagelung gegeben zu haben, sondern nur das Beispiel der Vorgänger und die bei Reisenden, besonders jüngeren Alters, meist vorhandene Lust, Merkpunkte ihrer Wanderung irgendwie zu bezeichnen. Man könnte diese Gruppe von Denkmälern etwa Erinnerungs-Nagelungen taufen. Natürlich ist es keineswegs ausgeschlossen und auch bezeugt, dass in einzelnen Fällen hier auch Nägel zum Zwecke der Krankheitsübertragung und anderen Zaubers eingeschlagen worden sind, aber die Überlieferungen weisen doch vorzugsweise auf wandernde Handwerksgesellen als Urheber der Nagelungen und auf einen Brauch hin, dessen Grundlage im Gefühle sozialer Zusammengehörigkeit beruht. Mit dieser Annahme stimmt es auch gut überein, dass solche Denkmäler zwar schon in alter Zeit genannt werden, dass aber von ihrer Benagelung erst spät, im 18. Jahrhundert, die Rede ist.

F. Eine gewisse Urverwandtschaft mit unserer heutigen Fahnennagelung weist der Walliser Brauch der Matze oder Mazze auf. Diese Geheimgesellschaft wird bereits i. J. 1414 erwähnt. Der Matzenmeister hatte einen Kolben (italien. mazza = Keule), in den alle Mitglieder einen Nagel feierlich einzuschlagen verbunden waren. Es war das Symbol ihrer gegenseitigen Verpflichtung. Wir haben hier also wie bei der heutigen Fahnenweihe die Nagelung als Gelübde oder Weihung. Bei den Umzügen der Matze wurde ein holzgeschnitztes, menschenähnliches Bild mit wallendem langen Bart an öffentlichen Plätzen aufgestellt und als Frucht-

---

1) Ebenda 2, 265. 267. Kuhn, Westfälische Sagen 2, 194. A. John, Sitte in Westböhmen 1905 S. 277. Der Alb wird angenagelt: Kühnau, Schlesische Sagen 3, 115. 125.
2) Zeitschr. d. Vereins f. Volkskunde 1, 157 und 11, 265.
3) E. Strassburger in der Harzzeitschrift 1912, 86.
4) Mühlhäuser Geschichtsblätter 4.
5) Grabowsky im Globus 1895, 1.
6) A. Burgerstein in Xenia Austriaca, Festschrift, Bd. 2, Abt. 7, 3. Wien 1893.

barkeitssymbol verehrt. Die Mitglieder zogen den frommen Leuten in die Häuser und assen und tranken, was sie fanden[1]). Dieser Brauch erinnert nach der gegebenen Schilderung mit allem Vorbehalt sehr an die verschiedenen Perchtenläufe und andere Umzüge, wie der des Samson und das 'Frau tragen', Aufzüge, die ebenfalls als Reste uralter Fruchtbarkeitsriten zu gelten haben[2]). Hoffmann-Krayer hält die Matze für ein fetischartiges Wahrzeichen, wie es auch z. B. bei den Loango-Negern vorkomme, die bei Beschwörungen Nägel in ein hölzernes Götzenbild von Menschengestalt einschlagen. Solche Vernagelungen von Fetischen sollen bei Naturvölkern als Unschuldsbezeugung häufig sein.

G. Als eine Hauptgruppe der Nagelungen sind schliesslich diejenigen Bräuche zu betrachten, welche auf die uralte Verehrung des Eisens zurückgehen und als Opfer-Nagelung zu bezeichnen wären. Opfer wurden von jeher den übersinnlichen Mächten dargebracht, um sie günstig zu stimmen. Nägel wurden in bestimmten Felsen von Heiratslustigen eingeschlagen nach Sébillot, Folklore de France 4, 63. Die Opfergaben haben oft zugleich eine Dämonen abwehrende Kraft, so vor allem das Eisen[3]).

Grössler (S. 38) sagt: Der Nagel galt auch den Germanen als Unterpfand oder Bürgschaft der Hilfe derjenigen Gottheit, an deren Tempelwand, heiligem Baum oder Stein man seinen Nagel einschlug.

Dieser schon aus dem Altertum überkommene Nagelbrauch als Opfer wird auch aus dem heutigen Frankreich und Bayern berichtet, indem man an dem Tage, wo Neumond und Freitag zusammentreffen, vor Sonnenaufgang mit drei Schlägen einen Hufeisennagel als Opfer- und Weihegabe in einen Eichbaum oder Birnbaum eintreibt[4]). Ob der Nagel hier als Ersatz des Hufeisens und letzten Endes des Rosses zu gelten hat, wie v. Negelein andeutet, mag dahingestellt bleiben. Der uralte Glaube an die abwehrende Kraft des Eisens scheint zur Erklärung durchaus genügend.

Vereinigt oder vermischt ist aber der Gedanke des Abwehr-Opfers mit der Erinnerung an Christi Kreuzesleiden in der Darbringung von Nägeln an christlich geweihten Stätten. Solche Fälle sind die öfter beobachteten Nagelungen von Kreuzen aus Holz, u. a. im Bistum Como[5]), oder auch aus Stein, wie solche z. B. in der obigen Liste von Nagelsteinen aus der Provinz Sachsen unter Nr. 30 aufgeführt sind. So trugen die Bauern von Bagnes in der Schweiz soviel Nägel als Opfer zum

1) Schweizer. Archiv f. Volkskunde 15, 111 und 16, 54.

2) M. Andree-Eysn, Volkskundliches S. 73 u. 156. Zeitschr. d. Ver. f. Volkskunde 9, 154. Ein Bild vom Samson-Umzug in Tamsweg, Lungau, befindet sich im städt. Museum in Salzburg.

3) A. Wuttke, Der deutsche Volksaberglaube der Gegenwart, § 119. E. Samter Geburt, Hochzeit und Tod 1911 S. 51.

4) Zeitschr. d. Ver. f. Volkskunde 12, 386.

5) Schweizer. Archiv f. Volkskunde 15, 111.

Grossen St. Bernhard, als man Zähne hat. Ein etwas seltsamer, aber doch wohl hierher gehöriger Fall wird von St. Wolfgang am Abersee in Oberösterreich berichtet. Noch 1899 stand dort ein schönes steinernes Bildstöckl, ein sog. Marterl, für einen Verunglückten namens Nagel. In einer Höhlung des Steines fand man eine grosse Menge grosser und kleiner Nägel, die als Opfergaben hineingelegt waren[1]). Im Tessin und in der Lombardei werden eiserne Nägel in die Osterkerzen gesteckt, offenbar zur Erinnerung an Christi Kreuzesnägel[2]).

Von den oben erwähnten benagelten Kreuzen sind jene Nagelkreuze zu unterscheiden, die sich nach Dachler[3]) an der Grenze von Niederösterreich, Steiermark und Ungarn, in der sog. Buckligen Welt, z. B. bei Edlitz finden. An ihnen hängt an einer Kette ein Nagel, der von den vorüberwallenden Frommen in Erinnerung an Christi Kreuzestod geküsst wird.

Wenn wir nun die verschiedenen, oben kurz berührten Nagelbräuche zusammenfassend betrachten, so können wir feststellen, dass sie sich an zwei Hauptgedanken knüpfen, die wesentlich voneinander verschieden sind. In dem einen Gedankengange ist der Nagel nur das Mittel zu dem eigentlichen Zwecke der Übertragung der Krankheit auf Bäume usw. oder der Befestigung (A—D der obigen Gruppierung). Der andere Gedanke (F—G) ist der des Opfers und der Weihe, in dem die abwehrende Kraft des Eisens ursprünglich wirksam ist. In der Mitte zwischen beiden steht der abgeblasste Gedanke der Erinnerung (E), der nach den beiden anderen Grundgedanken gelegentlich hinüberschwankt.

Dieser mittleren Gruppe gehören, wie wir sahen, u. a. unsere Nagelsteine an.

Zum Schlusse die Frage, welcher Sinn den eingangs dieser Ausführungen erwähnten, jetzt beliebt gewordenen patriotischen Nagelungen von Standbildern u. dgl. zugrunde zu legen sei! Da besteht wohl kein Zweifel, dass es sich nicht um Wiederaufnahme eines der alten, oben gekennzeichneten Volksbräuche handelt, sondern um Unternehmungen, die an die alten Nagelgebräuche des Opfers und der Weihe zwar erinnern, aber doch andersartige Beweggründe und Formen haben. Da diese Gründe aber auf der Pflicht beruhen, zum Wohle des Vaterlandes und seiner Heldensöhne nach Kräften beizutragen, so muss das Bedenken gegen die Form einzelner dieser Denkmäler jetzt schweigen und die Nagelung aufgefasst werden als Gelübde, für das deutsche Vaterland und unser Volk allewege einzustehen und ihm jedes Opfer freudig darzubringen.

Berlin.

---

1) Zettelsammlung K. Weinholds.

2) Schweizer. Archiv f. Volkskunde 15, 111.

3) Zeitschr. f. österreich. Volkskunde 10, 49.

Die Sieben freien Dörfer bei Münchberg i. F.

Von Robert Mielke.

Mit drei Abbildungen.

Westlich und südlich von der Fichtelgebirgsstadt Münchberg liegen sieben Dörfer, die unter der Bezeichnung „die Sieben vereinigten Dörfer“, „die Sieben alten oder die Sieben freien Dörfer“ sich durch ihre Verfassung eine eigenartige Stellung in der Umgebung errungen hatten. Nur wenig ist über sie in der örtlichen Literatur gedruckt worden; selbst Meitzen, der in seinem grossen Siedlungswerk solchen Bildungen ein besonderes Interesse zugewandt hat, erwähnt sie nicht, obwohl er der oberfränkischen Siedlung ein grösseres Kapitel gewidmet hat. Heute entschwindet die Kenntnis über diese Dörfer auch der Bevölkerung. Ältere Leute konnten mir noch einiges berichten: bei der jüngeren Generation ist die Erinnerung fast erloschen. Wiederholt sind mir auf meine Fragen Dörfer genannt worden, die gar nichts mit den Sieben freien Dörfern zu tun haben. Andere hatten überhaupt von ihnen nichts gehört.

Die Dörfer sind Ahornberg, Almbranz, Jehsen, Laubersreut und Meierhof im Westen, Ölschnitz und Querenbach im Süden von Münchberg. Wie Städte und Märkte hatten die Sieben Dörfer einen gemeinsamen Rat von vier Bürgermeistern und acht Ratsherren, die am Tage der unschuldigen Kindlein (28. Dezember) in Ahornberg zur Beratung gemeinsamer Angelegenheiten zusammenkamen. Zu diesen gehörten die Wahl der Bürgermeister, der Ratsherren, der Viertel- und Gemeindeleute und die Erledigung öffentlich-rechtlicher Geschäfte, während die besonderen Gemeindesachen innerhalb der einzelnen Dorfbehörden behandelt wurden. Den Vorsitz bei diesen Verhandlungen führte nach einem alten verbrieften Recht der Stadtrichter von Münchberg. Weiter hatten die Dörfer das für eine Landgemeinde ungewöhnliche Privilegium, dass Handwerkern die Ausübung städtischer Gewerbe gestattet war. Von der Verpflichtung der Leistung des Fronhafers, der anderen Dörfern als Ausdruck der Abhängigkeit von einer Herrschaft auferlegt war, waren die Sieben Dörfer befreit; ausserdem blieben sie in Kriegszeiten von Einquartierung verschont[1]); sie mussten aber mit den Bürgern von Münchberg und Wirsberg, einem 10 *km* südwestlich von jener Stadt gelegenen Flecken, Mannschaften für die Warte auf dem Weissenstein bei Stambach (zwischen Wirsberg und Münchberg) stellen und zur Zeit des Hofer Jahrmarktes die Wache in der Untreu, einem 10 *km* südwestlich Hof gelegenen

---

1) Archiv für Geschichte und Altertumskunde von Oberfranken 2, 2, 87 (Bayreuth 1843).

Walde, halten[1]). Als Wappen führen die Sieben freien Dörfer einen Schild mit zwei Hälften, auf deren linker Hälfte die schwarzweissen Farben der Hohenzollern, auf deren rechter ein Ahornbaum auf einem Hügel ist. Da die Hohenzollern das Gebiet 1318 als Reichsafterlehen erwarben, werden sie vermutlich stark an der Verleihung der Privilegien beteiligt sein. Erst 1811 sind diese und die gemeinsame Verfassung der Sieben Dörfer aufgehoben worden; aber noch 1843 wird berichtet, dass die Dorfbewohner in der Untreu die Wache zur Zeit des Hofer Jahrmarktes hielten, weil sie befürchteten, die Befreiung von der Abgabe des Fronhafers zu verlieren, wenn sie die Wache vernachlässigten[2]).

Die Originalurkunden über die Freiheiten der Sieben Dörfer sind nicht erhalten; doch geben Nachrichten über die Streitigkeiten mit der Stadt Münchberg, die sich über ein Jahrhundert erstrecken, ein einigermassen befriedigendes Bild ihrer Freiheiten[3]). Zu den städtischen Rechten gehörte die Beschränkung der Gewerbe, besonders der der Schneider, Schuhmacher, Schmiede und vor allem des Brauens und des Verkaufes der Biere auf das Stadtgebiet. Sie mussten mit den gewerblichen Freiheiten der Sieben freien Dörfer in Widerspruch geraten. Aus den verschiedenen Anklagen, Begründungen, Verteidigungen und Urteilen gewinnt man den Eindruck, dass es vorwiegend sich um Bekämpfung dieses der Stadt Münchberg unbequemen Wettbewerbes, der ihr zudem noch von den Ämtern Hallerstein und Stockenrot erstand, handelte; daneben aber tritt auch mit besonderer Schärfe ein Gegensatz zwischen Münchberg und Ahornberg zutage, der seine eigenen Ursachen haben muss.

Zunächst werden die Dörfer Ölschnitz, Querenbach, Almbranz und Meierhof 1369 erwähnt, als sie von Burggraf Friedrich V. von Nürnberg von dem Geschlecht der Schlegler erworben wurden[4]). Sieben Jahre später heisst es in einem Briefe desselben Burggrafen, dass er auch Ahornberg, Jehsen und Laubersreut erworben habe[5]). Dann hören wir erst 1498 wieder etwas, als ihnen in einer burggräflichen Wartordnung die Teilnahme an dem Dienst auf dem Weissenstein auferlegt wurde[6]). Mit dem Jahre 1539 beginnen dann die Streitigkeiten mit Münchberg,

1) Über den Ursprung des seltsamen Namens ist nichts bekannt. Im Frühjahr 1910 erzählte mir ein alter Einwohner aus dem benachbarten Konradsreut wörtlich: „Der Wald wird die Untreu geheissen; man sagt von 1848 her. Da war er viel grösser. Damals sind viel Fuhrwerke gekommen, und die von Ahornberg hielten die Wacht. Es mag manches passiert sein.“ Möglich ist es, dass die Benennung des Waldes und des ihn durchfliessenden dunklen und moorigen Untreubaches von einer unbekannten Gewalttat herrührt. Doch ist zu beachten, dass es dicht bei Laubersreut auch ein Unfriedsdorf gibt.

2) Archiv 2, 2, 95.

3) Archiv 2, 2, 86f. Zapf, Versuch einer Geschichte der Stadt Münchberg (Bayreuth 1829) S. 120 u. f.

4) v. Schütz, Corpus Historic. Brandenburg. dipl. 1, 210.

5) Longolius, Sichere Nachrichten von Brandenburg-Culmbach 3, 39.

6) Bayreuther wöchentl. histor. Nachrichten 49 (1766), S. 417.

das die Burggrafen 1373 teilweise erworben hatten. Ein Hofgerichtsurteil sprach den Dörflern in diesem Jahre das Recht zu, ihr Bier in Ahornberg brauen lassen zu dürfen. Zwar wurde auf Betreiben Münchbergs die Verfügung drei Jahre später wieder aufgehoben, aber offenbar ohne den gewünschten Erfolg, denn 1563 wurden beide Parteien erneut auf ihre Privilegien verwiesen. Neue Streitigkeiten entstanden, als die Sieben Dörfer ihr altes Recht beanspruchten, ein „ordentliches Erb- und Helfgericht und die Befugnis, ihre Gerichtsschreiberei durch den Schulmeister in Ahornberg besorgen“ zu lassen, ferner brauen und schenken und verschiedene Handwerker aufnehmen zu dürfen, was ihnen von den Landesbehörden auch 1653 zugebilligt wurde. Auf den Einspruch Münchbergs, das auf die Schmälerung seiner Einkünfte und auf die Minderung der landesherrlichen Privilegien hinwies, wurden, nachdem ein 1660 versuchter Vergleich nicht zustande gekommen war, die Forderungen der Sieben Dörfer im allgemeinen anerkannt, aber mit der Einschränkung, dass die Braugerechtigkeit der beiden in Frage kommenden Ahornberger Wirte sich auf Festlichkeiten und auf die drei nächstgelegenen Dörfer Almbranz, Jehser und Meierhof zu erstrecken hätte. Die anderen Dörfer sollten dagegen ihr Bier aus der Stadt beziehen, an die auch die Bauern von Ahornberg gewiesen wurden, wenn dort einmal kein Bier zu haben wäre. In der Handwerksfrage wurde dahin entschieden, dass nur je ein solcher aus den verschiedenen Gewerben in den Kirchorten, also in Ahornberg und in Laubersreuth, geduldet werden sollte.

Damit war der alte Streit äusserlich beendet. Im einzelnen mag er noch oftmals erneuert worden sein, denn der Gegensatz zwischen der kleinen und wohl auch armen Stadt und den reichen Bauerndörfern, über deren Übermut von den Münchbergern in den Streitschriften oft geklagt wird, hat sicher noch Anlass zu kleinen Reibereien gegeben.

Die Verleihung städtischer Gerechtsame an einen Dörferverband mit durchaus ländlichen Wirtschaftsformen dürfte einzig in Deutschland und gewiss auch sehr alt sein. Unwahrscheinlich ist es freilich, dass sich hier der Rest altgermanischer Markenverfassung erhalten habe, wie er u. a. in der Holtingsgenossenschaft der sogenannten Freien im hannöverschen Amte Ilten als Vierzehn-Dörferbund mit vielfach gleichen Vergünstigungen bis Mitte des 19. Jahrhunderts bestanden hat[1]). Schwer wird sich auch der slawische Ursprung der Dörfer begründen lassen, der von älteren Geschichtsschreibern Oberfrankens angenommen wird. Es bleibt nur übrig, in der späteren mittelalterlichen Besiedlung des Gebietes die Wurzeln dieser eigenartigen Dorfverfassung zu suchen.

---

1) Meitzen, Siedlung und Agrarwesen der Westgermanen und Ostgermanen, der Kelten, Römer, Finnen und Slawen 3, 71 (Berlin 1895). Heise, Die Freien im Hannöverschen Amte Ilten (Zeitschr. d. histor. Vereins für Niedersachsen 1856 und 1859).

Leicht lässt sich die Annahme einer altgermanischen Überlieferung widerlegen. Zwar ist die Tatsache nicht vereinzelt, dass sich auf einer ehemals grossen Mark eine Reihe von Dörfern bildete, die in einem engen Verbande blieben — es sei nur an die Mark Heppenheim, die einst einen grossen Teil des Odenwaldes umschloss, erinnert —[1]); auch könnte es für die Besiedlung von Einfluss gewesen sein, dass unser Gebiet von einem geschlossenen Gürtel umgeben ist, in dem alte deutsche Gewanndörfer der Hermunduren und Bajuwaren aus vorkarolingischer Zeit bestehen[2]); aber auf der anderen Seite sprechen geschichtliche Nachrichten[3]), Flur- und Ortsnamen und Bevölkerung gegen eine so frühe Besiedlung der unwirtlichen Höhen des Fichtelgebirges. Auch die Annahme einer slawischen Herkunft stösst auf Schwierigkeiten. Ältere und jüngere Lokalforscher[4]) sind schnell bei der Hand, alle Dörfer des Fichtelgebirges als slawische Rundlinge anzusprechen; indessen zeigt ein Blick auf die Ortspläne, besonders auf Almbranz (Abb. 1), Meierhof (Abb. 2) und Lochau (Abb. 3), das in der Umgebung als ein charakteristischer Rundling gilt, dass eine solche Anlage nicht vorhanden ist. Eine Stütze findet freilich die Annahme eines slawischen Ursprungs in Meitzen, der in den blockartigen Feldaufteilungen in Seulbitz und Crottendorf bei Bayreuth Reste der vordeutschen slawischen Besiedlung erkennen will[5]). Mit gleicher Wahrscheinlichkeit kann man aber auch auf ehemalige Weileranlagen schliessen. Sein Hinweis auf andere Rundlinge in der Umgebung (Posseck bei Kronach, Prebitz, Seidwitz, Nairitz, Zödlitz, Preisach, Dollnitz, Riggau bei Creussen, Pressat), der zum grössten Teil von der slawischen Färbung der Ortsnamen beeinflusst ist, kann seine Vermutung nicht wahrscheinlicher

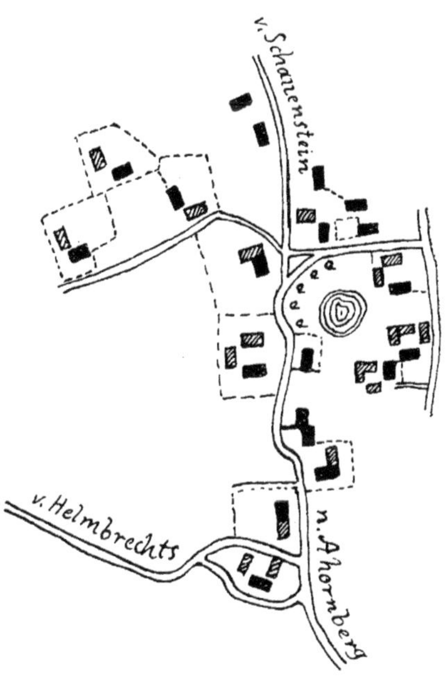

Abb. 1. Skizze des Dorfes Almbranz.

1) 795 lagen innerhalb der Mark die Dörfer Fürth, Rietbach, Mörlenbach, Birkenau, Weinheim, Hemsbach, Laudenbach, Bensheim, Auerbach, Lörsch und Börstadt. v. Maurer, Einleitung zur Geschichte der Mark-, Hof- und Dorfverfassung (Erlangen 1862/63) S. 47.

2) Meitzen, Siedlung 2, 411 und Anlage 40.

3) Zapf, Versuch einer Geschichte der Stadt Münchberg (Bayreuth 1829) S. 10 u. f.

4) Zapf, Münchberg S. 14. Zeitschr. Volkskunst u. Volkskunde 6, 1 (1908).

5) Meitzen, Siedlung 2, 413 erkennt die Schwierigkeiten einer solchen Folgerung an; dem Flurbilde gegenüber hält er sie indessen nicht für wichtig.

machen, da die slawische Rundlingstheorie an und für sich auf schwachen Füssen steht[1]) und vor allem dadurch, dass in diesen Dörfern deutsche Gewannaufteilungen nachzuweisen sind. Meitzen nennt überdies selbst eine grosse Anzahl von Dörfern aus der unmittelbaren Umgebung von Münchberg mit unverkennbarer Waldhufenteilung, die sich stellenweise sternförmig um das Angerdorf legt, ohne dabei den Waldhufencharakter zu verwischen (Bobengrün, Gerlas, Leopoldsberg bei Naila, Hegnabrunn, Neuenmarkt bei Kulmbach, Hödlenreut, Walpenreut bei Berneck, Oberreinbach bei Sulzach, Klein-Schloppau, Benk, Bärlas, Stöckenreut, Gross- und Klein-Losnitz, Müssen, Schweinsbach, Mechlenreut bei Münchbach). Danach muss die Besiedlung nachslawisch sein. Auch Querenbach und

Abb. 2. Skizze des Dorfes Meierhof.

Ölschnitz scheinen früher waldhufenartige Feldereinteilung gehabt zu haben, während die anderen der Sieben Dörfer noch heute die Reste der einstigen blockartigen Aufteilung erkennen lassen[2]). Geschlossene slawische Siedlungen, durch Geschichte, Orts- und Flurnamen kenntlich, sind fast allein nur an der oberen Eger und ihren Zuflüssen mit ihren offenen und fruchtbaren Tälern zu suchen. Den Wald zu roden, war nicht die Stärke der slawischen Stämme. Dagegen bezeugen die vielen Ortsnamen auf -wald, -reut, -grün, -berg, -dorf, -las u. a., dass die Rodung in dem oberen Waldgebiet des Fichtelgebirges von deutscher Seite erfolgte. Von den 50 Ortsnamen der näheren Umgebung Münchbergs und

1) Schlüter, Die Siedlungsgeschichte Nordthüringens.

2) In einem Rezess von 1663 werden „strittige Wege, Stege, Rainungen, Aus- und Einfahrten, Hut und Triften“ in den Sieben Dörfern geordnet, was nur auf Gewanndörfer zu beziehen ist. Archiv 2, 2, 93.

der Sieben Dörfer endigen 15 auf -reut oder -rot, 6 auf -bach, 5 auf -grün, 4 auf -dorf, je 2 auf -las und -hof und je einer auf -stein, -berg, -brand, während der Rest (Lipperts, Ahornis, Strass, Müssen, Plösen, Grossenau, Grund, Pferdt, Sparneck, Benk unverkennbare deutsche Züge zeigt, und nur drei (Jehsen, Ölschnitz und Mödlitz) äusserlich slawisch erscheinen[1]). Von den Sieben freien Dörfern sind mindestens 5 deutsch benannt: Ahornberg[2]), Almbranz[3]), Laubersreut[4]), Meierhof und Querenbach[5]). Nur Jehsen[6]) und Ölschnitz[7]) bleiben als slawische Ortsnamen bestehen. Da sie indessen beide auf Wasserverhältnisse hinweisen[8]), und da

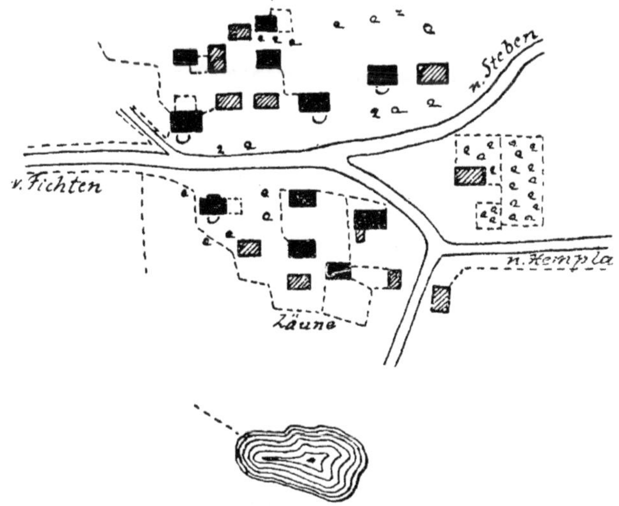

Abb. 3. Skizze des Dorfes Lochau bei Steben.

gerade die Flussnamen in dem Fichtelgebirge oft von der deutschen Bevölkerung übernommen worden sind, so haben sie für einen slawischen

1) Meitzen, der den Nordgau nach slawischen Ortsnamen durchforscht hat, stellt (Siedlung 2, 403) 4665 deutschen nur 258 slawische Namen gegenüber, wobei er als sicher voraussetzt, dass die Itz- und Audörfer und auch die mit -wind, -windisch, -wenden verbundenen der nichtdeutschen Bevölkerung angehören, doch macht Beck (Korrespondenzblatt d. Gesamtver. deutscher Gesch. u. Altertumsvereine 1913 Sp. 230 u. f.) darauf aufmerksam, dass sie sich zwanglos auf got. winja = Weide, afd. winne, wünne, wonne zurückführen lassen. (Zs. f. Volkskunde 24, 282.)

2) 1323 Ahrenburch. Longolius, Nachrichten 3, 40

3) Früher Allenbranz, Almbranz (vermutlich Almbrand). Longolius 3, 40.

4) Lewesrewt. 1396 Leubsreut. Später Laybersreut, Laibersreut, Laubersreut. Struv, Von den Allodien des Reiches. Kap. III § 28 S. 218.

5) Querbach, Querrebach. Longolius, Nachrichten 3, 42.

6) Jessen, Jochsen, Jassen, Josan, Giessen. Longolius 3, 40.

7) Oelsnitz, Oelschnitz, Olsnitz, Ölzniz. Longolius 3, 42.

8) Eine Ölsnitz findet sich bei Berneck; eine andere hat der Stadt Ölsnitz im Vogtlande den Namen gegeben. Jehser ist wohl das slawische Jezero = See und dürfte auf eines der vielen kleinen, moorigen Gewässer in der Umgebung des Dorfes zurückgehen.

Ursprung beider Dörfer nur wenig Beweiskraft. Immerhin ist es nicht ausgeschlossen, dass in beiden slawische Hörige von deutschen Grundherren angesetzt worden sind, was Meitzen in seinem angezogenen Werke wiederholt belegt. Doch ist es recht unwahrscheinlich, dass die freien deutschen Dörfer sollten Gemeinwesen mit slawischen Hörigen in ihren Verband einbezogen haben.

Es bleibt demnach nur übrig, die Besiedlung der ganzen Gegend und die Anlage der Sieben Dörfer in die Zeit der deutschen Kolonisation des 10. Jahrhunderts zu setzen. Das wird unterstützt durch die äussere Geschichte. Im Jahre 804 hatte Karl der Grosse die Thüringische Mark gebildet und Oberfranken bis zu den Kämmen des Böhmerwaldes in Besitz genommen. Wie weit die Grenze über den 805 bestimmten Limes sorabicus nach Osten reichte, ist unsicher; doch scheint Ende des 10. Jahrhunderts das ganze Gebiet widerspruchslos dem deutschen Reiche angegliedert worden zu sein. Die von Meitzen verwerteten Urkunden lassen die Besiedlung durch deutsche Bauern bis zu einer Linie Effelter (8 *km* westlich von Nordhalben) — Kulmbach — Bayreuth — Wunsiedel als eine vollzogene Tatsache erscheinen. Das Gebiet der Sieben Dörfer lag noch ausserhalb der Besiedlung. Da indessen 1007 das Bistum Bamberg, dem die Münchberger Gegend anfangs zugeschlagen war, und da in den Jahrbüchern der Stadt Hof bereits 1080 die Grundherren des Hof-Münchberger Gebietes, die Edlen von Sparneck, genannt werden, so dürfte für die Rodung des Waldes und für die Ansetzung von deutschen Bauern die Zeit von 1007 bis 1080 anzusetzen sein.

Es steht damit im Einklange, dass in dem späteren Nordgau öfter Königshufen[1]) bezeugt sind, jene Hufenart, die häufig bei der Anlage deutscher Dörfer in den Mittelgebirgen zur Anwendung kam. Freilich werden daneben auch gewöhnliche Hufen erwähnt[2]), aber dies schliesst keineswegs aus, dass wir darunter ebenfalls Königshufen zu verstehen haben. Jedenfalls sind in diesen und anderen, von Meitzen angeführten Urkunden nur deutsche Hufen (Königs-, Wald- und gewöhnliche Hufen) genannt; von slawischen kleinen Hufen, die so oft in Sachsen, Schlesien, Brandenburg und anderen Gebieten erscheinen, ist nirgends eine Spur zu erkennen.

Wie und wann sind nun die Sieben Dörfer zu ihrer eigenartigen Verfassung gekommen? Erwähnt wird sie zuerst in der oben angezogenen hohenzollerischen Wartordnung von 1498, in der die Dörfer angewiesen werden, die Warte auf dem Weissenstein gemeinsam mit den Bürgern von Münchberg und von Wirsberg zu versehen. Der Marktflecken Wirs-

1) 950 in Affeldrahe (Effelder) „regales huobas XV" (Dronke, Cod. dipl. Fuld. 1850 S. 325). — 1054. „6 reg. mansos in pago Nortkowe (Meitzen, Siedlung 2, 449, Anm. o).

2) 846 „3 mansi in terra Slavorum" (Erben. Regesta ad ann. 846). 1066 „hubae in Droubelinga" (Traubling. [Ried, Cod. dipl. Ratispon. 1, 161]).

berg, der zu gleicher Zeit Sitz eines gleichnamigen Geschlechts ist, hat später keine Beziehungen mehr zu den Sieben Dörfern. Seine Beteiligung blieb offenbar auf diesen Dienst beschränkt. Man wird daraus den Schluss ziehen können, dass der Wachdienst ein für die Verfassung der Dörfer völlig nebensächliches Ereignis ist. Dagegen nimmt Münchberg eine Art Vorortstellung in den Dorfverband ein, die auf einem alten Herkommen beruhen muss, die indessen von den Sieben Dörfern abzuschütteln versucht wird. In den vielen Streitigkeiten der letzteren mit der Stadt geht das Bestreben hervor, sich von der Führerschaft Münchbergs freizumachen. Daneben macht sich noch eine besondere Nebenbuhlerschaft zwischen Ahornberg und Münchberg geltend. Innerhalb der Sieben Dörfer erscheint das Dorf als das Haupt, das vielleicht einmal in älterer Zeit ein höheres Ansehen als die Stadt und sie nur widerwillig an diese abgetreten hatte. Es spricht dafür der Umstand, dass auf dem Wege zwischen Ahornberg und Helmbrechts in alter Zeit ein Ahornbaum (?) gestanden haben soll, der durch ein Gehege geheiligt und geschützt wurde[1]), und der wohl auf einen Gerichtsbaum zu deuten ist.

Sowohl die Flureinteilung als auch die Bezeichnung 'alte' Dörfer bezeugen, dass diese sieben Dorfschaften in der ersten Zeit der deutschen Rodung angelegt worden sind, und zwar auf grundherrlichem Boden. Das wird durch die Wald- und Königshufen erhärtet und durch den Ortsnamen Meierhof, der den Sitz eines grundherrlichen Beamten, eines villicus, anzeigt. Wer die Grundherren waren, ist unbekannt. Es erscheinen hier frühzeitig die Edlen von Schlegel, von Mangelsreut und von Sparneck. Behält man im Auge, dass die letzteren schon 1080 hervortraten und noch später über den grössten Grundbesitz[2]) verfügten, dann wird man in ihnen das grundherrliche Geschlecht erkennen, das bei der Kolonisierung den grössten Einfluss gehabt hat. Von den Sieben Dörfern befanden sich, soweit es die Urkunden erkennen lassen, nur Ahornberg und Jehsen anfangs in der Hand der Sparnecker, also gerade die Orte, die innerhalb des Siebenerverbandes die angesehensten und wohl auch ältesten sind. Da Ölschnitz, Almbranz, Querenbach und Meierhof ursprünglich in dem Besitz der Familie Schlegler waren, die ihren Namen von dem der Stadt Münchberg benachbarten Orte Schlegel führten, Laubersreut den Herren von Mangelsreut gehörte, so scheinen einst verschiedene Grundherrschaften das Gebiet der Sieben Dörfer besessen zu haben, von denen es den Spar-

1) Zapf, Münchberg S. 9. Der Ahornbaum ist vermutlich ein späterer Ersatz oder eine geschichtliche Einschiebung.

2) Zapf, Münchberg S. 22 nennt die Burgen Sparneck, Hallerstein, Uprode, Buch, Weissdorf, Stockenrot, Abburg, Bucheck, Grünstein, Stein und die Ortschaften Münchberg, Zell, Ahornberg, Weisslenreut, Jehsen, Querenbach, Schweinsbach, Mechlenreut, Wulmersreut, Gottersdorf, Strass, Solg, Plösen, Schödlas, Ahornis, Hildbrandsgrün, Ottengrün, Käferngrün, Unfriedsdorf, Markersreut, Poppenreut, Müssen um 1200 als Besitz der Sparnecker.

neckern gelang, in wenigen Jahrzehnten eine überragende Stellung zu gewinnen. Die Zersplitterung der Sieben Dörfer unter mindestens drei Grundherren beweist, dass ihre Freiheiten nicht so alt sein können wie die Dörfer selbst, sondern dass sie erst erworben wurden, als sie in der Hand der Sparnecker vereint waren, d. h. um 1200.

Die Sieben alten Dörfer sind, wie wahrscheinlich gemacht wurde, im 11. Jahrhundert gegründet worden. Das kann von der Stadt Münchberg nicht behauptet werden, die erheblich jünger sein muss. Zuerst wird sie als Stadt 1298 erwähnt[1]). Von einem vorangegangenen Dorfe hören wir nichts, wohl aber von einer Franziskanerniederlassung, von der die spätere Stadt den Namen führte, und die von sechs Konventualen und einem Probst besetzt war. Und nicht nur vorübergehend, denn in der Bevölkerung blieb die Erinnerung an die geringe Anzahl der Mönche in der Bezeichnung 'Siebenbrüderhaus' lebendig[2]). Das regt die Vermutung an, dass zwischen den Sieben freien Dörfern und dem Siebenbrüderhaus alte Beziehungen bestanden haben müssen.

Die ältesten Nachrichten von Münchberg[3]) erzählen nun von zwei Kapellen, deren eine dem St. Gangolf, deren andere dem St. Dietrich geweiht war. Beide Kapellen bestehen längst nicht mehr; nach Zapf[4]) aber war die Stelle der ersteren noch zu seiner Zeit auf dem 'Kirchnersäckerlein' bekannt, während die andere in dem Flurnamen 'St. Dietrich' und in der Sage von einer benachbarten wundertätigen Quelle weiterlebte. Ob wir in dem nur vereinzelt vorkommenden St. Dietrich die Substituierung eines heidnischen Gottes (Tor?) zu sehen haben — die Quelle spricht sehr dafür — mag dahingestellt bleiben; aber bei St. Gangolf können wir unbedenklich mythologische Beziehungen vermuten[5]). Durch ihn, der besonders im Elsass ein grosses Ansehen geniesst, und zu Pfingsten starken Zulauf bei den zahlreichen St. Gangolfskapellen findet, wird nahegelegt, dass die Errichtung der beiden Kapellen abseits jeder anderen Siedlung in einem engen Zusammenhange mit der Örtlichkeit stehen muss. Man wird nicht fehlgehen in der Annahme, dass an einer Stelle, die vor der Einführung des Christentums ein besonderes Ansehen genoss, die Kapellen errichtet wurden, und dass der Gottesdienst in ihnen von dem nächstgelegenen Kirchdorf Ahornberg versehen wurde, bis er dann von den Brüdern der Franziskanerniederlassung abgelöst wurde.

---

1) Longolius, Nachrichten 6, 331. Ders. Programme de Mönchberg 1750. Zapf, Münchberg S. 27.

2) Gross, Burg- und Markgräflich-Brandenburgische Landes- und Regenten-Historie (Schwabach 1749) S. 223

3) Zapf, Münchberg S. 17.

4) Zapf S. 17.

5) Hertzog, St. Gangwolf. Korrespondenzblatt der deutschen Gesellschaft f. Anthr., Ethnol. und Urgeschichte 32 (1901), S. 49. Braun, Légendes du Florival, Saint Gangolf.

Die Wahrscheinlichkeit spricht weiter dafür, dass die Sieben Dörfer in irgendeiner Weise für den Unterhalt der klösterlichen Niederlassung verpflichtet wurden. Die ältesten kirchlichen Beziehungen weisen nach dem Bistum Würzburg, dessen Sprengel anfangs auch die Gegend von Münchberg umfasste. Da jedoch dieses Bistum schon 751 begründet wurde, und die Sieben Dörfer durch die Waldhufen in eine spätere Zeit gewiesen werden, so dürfte das Bistum Bamberg, das einen Teil des Würzburger Sprengels übernahm, die ersten Kult- und staatlichen Einrichtungen geschaffen haben. Es hat Ahornberg, da die Kirche von Laubersreut eine jüngere Schöpfung ist, zur Mutterkirche der benachbarten Dörfer gemacht und dadurch zu dem Vorort für diese erhoben. Vermutlich hat sich die gottesdienstliche Versorgung von zwei entfernt stehenden Kapellen zu umständlich und wohl auch das Nachleben heidnischer Gebräuche an der Quelle zu kräftig erwiesen; darum wurde in ihrer nächsten Nachbarschaft die klösterliche Niederlassung angelegt, bei der in verhältnismässig kurzer Zeit die Stadt Münchberg erstand.

Bei dieser politischen Entwicklung haben offenbar die Herren von Sparneck, die um 1200 neben vielen anderen auch die Sieben alten Dörfer in ihrer Hand vereinigt hatten, erheblich mitgewirkt. Sie haben die an der Klosterniederlassung entstehende Siedlung stark begünstigt und sie, da sie an dem uralten Wege lag, der über die Pässe des Fichtelgebirges in das Vogtland führte, bald zur Stadt erhoben. Mit einiger Wahrscheinlichkeit lässt sich auch die Zeit dieser Erhebung angeben Denn seit 1179 die Stadt Eger von Kaiser Barbarossa zur Reichsstadt und zum bevorzugten kaiserlichen Standort gemacht worden war, fiel dem bei Münchberg nach Osten sich abzweigenden Egerer Wege über das Fichtelgebirge eine erhöhte Bedeutung zu und damit auch dem Kreuzungspunkte, der aus diesem Grunde zur Stadt erhoben wurde. In diese Zeit muss die Gründung der Stadt fallen, zugleich aber mit ihr die Vereinigung der Sieben Dörfer zu einer politischen Einheit. Jedenfalls müssen sie noch in der Hand der Sparnecker gewesen sein, die ihnen gewissermassen zur Entschädigung für die Gründung einer Stadt auf ihrem Gebiete, jene Privilegien erteilten.

Nach den Lokalforschern soll die Unsicherheit des Weges, der von Nürnberg über Münchberg nach Hof und Leipzig führte, die Veranlassung für die Vereinigung gewesen sein. Für die Sicherhaltung des Weges sollten dann den Dörfern die genannten Freiheiten verliehen worden sein. Das ist sehr unwahrscheinlich, denn die alte Strasse berührte keines von den Sieben Dörfern. Eine Sicherung des Weges hätten die an ihm selbst gelegenen Dörfer Strass, Reutlas, Weisslenreut, Konradsreut u. a. viel besser gewährleisten können; ausserdem hätten sie sich, wenn die Begründung stichhaltig wäre, mindestens dem Siebenerverband angeschlossen. Veranlassung für diese Vermutung gab nur die hohenzollerische Verordnung von 1458, die nicht einmal allein steht, sondern mit der gesamten vorsichtigen Verkehrspolitik der hohenzollerischen Burggrafen zusammenhängt. Mit den Privilegien der Sieben Dörfer hat die Warteordnung nichts zu tun.

Berlin.

—

Form und Herstellung der Getreidepuppen im Fürstentum Lippe.[1]

Von Karl Wehrhan.

Zum Trocknen und zur leichteren Handhabung des Getreides wird letzteres beim Mähen und Aufstellen in Bündel geschnürt, die in der wissenschaftlichen Welt infolge ihrer Ähnlichkeit mit Puppen als Getreidepuppen bezeichnet werden, ein Ausdruck, der dem Volke natürlich fremd ist, das andere Namen dafür kennt, die wiederum nach der Gegend verschieden sind. In Lippe gibt es zwei Arten von Getreidepuppen, die 'Garbe' (fem.) und den 'Schauf' (masc.), die sich nach der Art ihrer Herstellung wieder auf eine Einheit, den 'Duw' (masc.) zurückführen lassen. Der Duw entsteht dadurch, dass der hinter dem Mäher stehende Abnehmer (das Wort steht immer, obgleich der Abnehmer fast ausschliesslich ein weibliches Wesen ist, im Maskulinum) mit der Harke das durch die 'Schwan' (Sense) nach dem noch stehenden Getreide zu niedergelegte Korn 'abnimmt' und in kleine, gleichmässige, handliche Häufchen ordnet; ein 'ordentlicher' Abnehmer muss diese Duwe in wohl ausgerichteten Reihen niederlegen, was mit der Harke unter Zuhilfenahme des Fusses geschieht. Bei den nun folgenden Arbeiten ergibt sich ein Unterschied zwischen den Bauern (den grösseren Grundbesitzern) und den 'geringeren Leuten'.

Die Bauern binden die Duwe zu Garben. Gleich hinter dem Mäher und dem Abnehmer (meistens arbeiten mehrere Mäher und Abnehmer zusammen hintereinander) folgen einige Mädchen, die aus den Duwen die Garben binden; je zwei Duwe bilden eine Garbe. Letztere werden dann aufgerichtet, und zwar in zwei mit den Köpfen aneinander gelehnten Reihen oder in runden Haufen, die hier und da wieder mit einer um-

1) Für den Bericht, den der Unterzeichnete auf dem Grazer Verbandstage 1909 (Zs. f. Volkskunde 19, 472) über die Aufstellungsarten des geschnittenen Getreides und des Heues erstattete, sind ihm die beiden folgenden Berichte zugegangen. Die sehr bemerkenswerten Tatsachen rechtfertigen eine Veröffentlichung, die hier in der Hoffnung erfolgt. dass sie zu weiteren Beobachtungen und Veröffentlichungen anregen mögen.

Robert Mielke.

gekehrten Garbe als Dach bedeckt sind. Je dreissig Garben bilden wieder einen 'Hauf'. Nach Haufen wird die Menge des geernteten Getreides berechnet und angegeben; auf einen Hauf rechnet man auch ein bestimmtes Durchschnittsquantum von Korn; ergibt sich beim Dreschen mehr Korn, so 'hat es tüchtig gegült'.

Etwas anders wickelt sich die Art des Einerntens bei den geringeren Leuten ab, die nicht so viel Getreide bauen können. Sie machen in der Regel aus den Duwen keine Garben, sondern formen eine bedeutend grössere Puppe, den 'Schauf'. Es werden sechs Duwe zu einem Schauf gerechnet, d. h. also drei Garben, nach denen hier jedoch nicht gezählt wird. Beim Aufrichten des Getreides, d. h. beim Herstellen und Aufrichten der Puppen kommt gewöhnlich die Nachbarschaft und hilft, auch die Kinder werden zum Helfen dabei herangezogen. Einer (wieder das Maskulinum, trotzdem dieser eine für gewöhnlich eine Frau ist) muss das Binden besorgen, was mit neuem Korn geschieht; den unteren Teil des Schaufes bindet man erst beim Einfahren mit einem Seile aus altem (vorjährigem) Stroh; als Material dazu werden im Laufe des Jahres schon einige besonders dazu geeignete, aus langem Stroh bestehende Schauf (oder Schäuwe) beiseite gestellt, aus denen dann vor der Ernte die voraussichtlich notwendig werdenden Seile verfertigt werden. Die übrigen Aufrichter tragen die Duwe herbei; jedem Teilnehmer wird vor Beginn der Arbeit angegeben, wieviel Duwe er herbeitragen muss, ein Kind trägt gewöhnlich einen, die Erwachsenen zwei Duwe. Mehr als zwei Kinder lässt man nicht gern mit aufrichten, weil die 'Schauf' oder die 'Schäuwe' sonst leicht zu lose auf den Boden gesetzt werden und dann beim Wind um so leichter umfallen. Das Aufrichten ist nämlich auch eine 'Kunst'; die Aufrichter stellen sich in einen durch die Form des Schaufs erforderten Kreis, einer kommandiert: 'Einen — Hopp!'; auf 'Einen' lüftet (hebt) jeder das von ihm gebrachte und nunmehr aufrecht auf dem Boden gestellte Getreide, um es auf 'Hopp' etwas scharf niederzusetzen und zugleich nach innen zu drücken, so dass die verschiedenen Duwe mit ihren Köpfen ineinander gesteckt werden. Die Füsse der Duwe bleiben gespreizt, um dem trocknenden Windzuge Zutritt zu lassen. Die einzelnen Schäuwe werden so dicht aneinander gestellt, dass sie sich in ihrem unteren Teile nicht nur berühren, sondern ineinander stecken, wodurch die so notwendige Standfestigkeit vergrössert werden soll. In der Regel werden zehn Schauf oder Schäuwe (beide Plurale sind gebräuchlich) in eine Reihe gestellt; sie bilden wieder einen Hauf, nach dem auch hier die Menge des Getreides angegeben wird. Zwischen den einzelnen Haufen bleibt gewöhnlich ein kleiner Zwischenraum. Das Aufrichten des Getreides bei den kleinen Leuten geschieht erst, wenn das Stück (die Breite) Feld ganz abgemäht ist; oft beteiligt sich auch der Mäher selbst mit am Aufrichten.

Unter 'Korn' versteht man entweder wie im Hochdeutschen das ausgedroschene Getreide, oder nur den Roggen im engeren Sinne. Die oben angegebene Zählart in Duwe, Garben und Schauf gilt nur für Roggen, Weizen und Hafer; die Gerste bindet man nicht in Garben oder Schauf, sie wird nur 'in Bünde gesammelt'. Das 'Mengekorn' (Roggen und Weizen vermengt) wird wie Roggen, das 'Weisskorn' (Gerste und Hafer vermengt) meistens wie Gerste behandelt; das 'Rauhfutter' (Schweine- oder Tiekebohnen mit Gerste und Hafer vermengt), wie auch das 'Ballerkorn' (Tiekebohnen, Futtererbsen u. a.) wird ebenfalls in Duwe abgeteilt; in diesem Falle rechnet man aber nur vier Duwe zu einem Schauf.

Warum binden die Bauern in Garben und die andern Leute in Schauf? Die Bauern müssen beim Einfahren und beim 'Aufbansen' (Aufstapeln in der Scheune, auf dem Balken oder in der Getreidefinne) die Garben hoch 'aufstecken', d. h. mit der Forke hoch hinaufreichen, wozu die Schäuwe zu schwer wären. Damit brauchen die übrigen Leute bei ihrem geringeren Getreidevorrat nicht zu rechnen.

Frankfurt a. M.

Die Getreide- und Heuernte in Württemberg und Norwegen.

Von **Theodor Traub.**

(Mit 3 Abbildungen.)

Im allgemeinen wird in Württemberg, wo die Maschine noch nicht eingeführt ist, das Korn in der Weise geschnitten (mit der Sichel, oft auch mit der Sense), dass ein Acker der Länge nach in einzelnen, einander parallel laufenden Zügen durchschnitten wird. Der Weg, den die Schnitter dabei zurücklegen ist also der gleiche wie der des Pflügers (*βουστροφηδόν*). Der Hausvater ist dabei der vorderste in der Reihe. Als etwa 12 jähriger Knabe habe ich auf dem Land einmal beim Schneiden des Korns mitgeholfen und mir meinen Arbeitsplatz etwas vor dem der andern ausgesucht; da sagten mir die älteren Söhne des Hauses, dass ich das nicht dürfe, der Vater müsse den vordersten Platz haben. — Das Korn bleibt, wenn überhaupt (bei Regen oder Feuchtigkeit) in diesen einzelnen Reihen liegen, wird dann hier zu Garben gebunden, die Garben werden zusammengetragen und sofort aufgeladen.

Gewöhnlich ist der Gang des Heuens in Württemberg folgender:

1. Ausbreiten des Grases gleichmässig auf dem Boden der Wiese, nach einiger Zeit 'Wenden' desselben, damit die der Sonne abgekehrten Teile nun zu oberst kommen.
2. Zusammenfegen des trocken gewordenen Grases zu kleinen, niederen Haufen (soviel ich mich erinnere, heisst man dies 'Warbeln').
3. Wiederausbreiten des Heus und 'Wenden' desselben.
4. Zusammenhäufen des Heus auf grosse, nicht ganz mannshohe Haufen.
5. Nochmaliges Ausbreiten des Heus auf dem Boden. Dann wird es zusammen'gerecht' (mit dem Rechen) und mit der Heugabel auf den Wagen geladen.

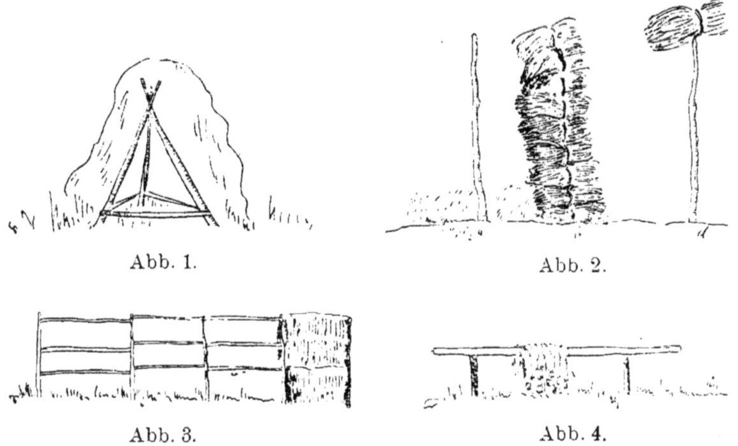

Abb. 1. Abb. 2.

Abb. 3. Abb. 4.

In manchen Gegenden, hauptsächlich auf der Alb, habe ich die unter 1 skizzierten Holzgestelle gesehen, über die das Heu im letzten Stadium (oft auch Klee) geworfen wird. — Ich glaube, es soll verhüten (da es innen hohl bleibt), dass die Mäuse sich in die Haufen hereinziehen.

In Norwegen wird das Korn anfangs September geschnitten. In den günstig gelegenen Gegenden ist es dann reif, oder doch nahezu reif. Zum Austrocknen oder Ausreifen werden die Garben auf Pfähle (welche Naturform haben, manchmal auch glatt geschnitzt sind) in der Grösse von etwas mehr als Mannesgrösse (Abb. 2, a) übereinander (je eine über der andern, u. z. etwa 8—12) aufgesteckt (Abb. 2, b), gewöhnlich so, dass die oberste Garbe die in der Mitte der vorletzten Garbe noch hervorstehende Spitze der Stange von oben her zudeckt. — Abb. 2, d zeigt, wie die zu unterst kommende Garbe von oben hineingesteckt wird: also so, dass die Garbe von der Stange in ihrer Mitte durchbohrt wird.

Im Gebirge hat das Getreide im September kaum die halbe Höhe unsrer reifen Ähren erreicht und ist noch grün. So wird es geschnitten, und die kleinen Garben bleiben noch zum Weiterreifen auf dem Felde stehen; ab und zu habe ich auch solche Garben auf den Rasendächern der Bauernhäuser gesehen. Die Garben sind dann je zwei aneinander angelehnt. Im Gebirge habe ich die Aufspiessung der Garben auf die Stangen nicht gesehen.

Das Heu-Gras wird auf zaunartigen Trockengerüsten so ausgebreitet, dass die Halme zum Boden herabhängen und dass das ganze Gerüst vorn und hinten von ihnen bedeckt wird. Das Gerüst besteht aus primitiv zusammengefügten Pfählen, gewöhnlich sind die senkrecht stehenden Pfähle durch drei in verschiedener Höhe übereinander angebrachte wagerechte Stangen verbunden (Abb. 3). Länge und Höhe dieser Gerüste sind sehr verschieden; oft ziehen sie sich weit über eine Wiese hin, oft haben sie nur etwa Hauslänge. Soweit ich mich noch erinnere, reicht ihre Höbe etwa soweit, dass man noch mit der Hand das Heu herunterholen kann. Die unterste Längsstange bleibt oft auch leer.

Die Vorrichtung zum Trocknen des Klees ist etwas einfacher; über zwei etwa 1 *m* hohe Pfosten wird eine möglichst weit nach beiden Seiten über dieselben hinausragende Längsstange aufgenagelt und daran der Klee aufgehängt (Abb. 4). Solche Stangen habe ich in der Nähe von Kristiania ab und zu gesehen; wahrscheinlich wird man auch die Heugerüste zur Trocknung des Klees verwenden können.

Die Magenbürste.

Von **Franz Weinitz.**

Vor mir liegt ein recht umfangreiches Buch, betitelt: D. Johann Philipp Seip, Fürstl. Waldeckischen Hofraths und Leibmedici, der Königl. Gesellschaften zu London und Berlin Mitglieds, Beschreibung der Pyrmontischen Mineralwasser und Stahlbrunnen . . . . Mit dem Anhange der Pyrmontischen Krankengeschichte. Vierte neu vermehrte Auflage. Hannover und Pyrmont. 1750. — Wie wohl die meisten dieser alten Bäderbücher ist es lehrreich, unterhaltlich und auch oft recht belustigend, und das vor allem in dem Anhange, den des alten Seips Sohn, D. Joh. Christoph Ludwig S., Medicus in Hamburg, zusammengestellt hat. Eines geht aus diesen Berichten über die Kuren in Pyrmont mit Sicherheit hervor: die Kranken verschluckten riesige Mengen des gewiss ganz nützlichen Wassers.

Da ist ein Christian Friedrich Melzer, Chirurgus 40. annorum, geboren zu Berlin 1686. Dreizehn Wochen lang, im Sommer 1726, trank er des Morgens gegen Verschleim- und Versäuerung des Magens und scorbutisches Geblüte den Pyrmonter Sauerbrunnen, und zwar im Durchschnitt täglich „eher mehr als weniger“, 4 Quartier oder 8 Pfund des Wassers. Auch gegen den Durst trank er nichts anderes als Sauerbrunnen. Aber nicht diese Wasservertilgung ist's, die mich beim Lesen besonders interessierte. Da heisst es nämlich weiter, dass der Chirurgus Melzer sich dabei auch der Magenbürste bedient habe. Der Magenbürste? Was mochte das wohl sein? Der Bericht (S. 500) nun lautet so:

„Von diesem Chirurgo muss ich andern zur Nachricht und Exempel noch dieses anführen, daß er sich noch vor der Brunnencur zu dem bekannten Instrument der Magenbürste gewöhnet hatte, um sich nach Befinden dann und wann vom Schleim zu entledigen. Er machte seine Magenbürste selbst von Birkenreisern, etwas über eine Elle lang, die Reiser so dick als ein starker Rockenhalm gedoppelt zusammen genommen, mit Zwirnfaden umwickelt, und mit weißem linnen Band umzogen. Unten ohngefähr auf acht Zoll lang, als eine Bürste mit kurz geschnittenen Pferdhaaren ausstaffiret. Diese Maschine steckte er die ganze Länge hinunter in den Magen, daß die oberste Spitze nur ein wenig zwischen den Zähnen hervorstund; er konnte bey dieser Application vernehmlich sprechen, was er wollte, auch allerhand Feuchtigkeiten dabey hinunter trinken. Wenn er das Instrument als eine Pumpe auf- und niederzog, kam der Speichel und Schleim häufig empor.

„Nach der Brunnencur hielt er zu seiner eigenen Veränderung sich noch einige Monate zu Pyrmont auf, und wenn er zuweilen einige Unverdaulichkeit im Magen verspürete, so applicirte er seine Magenpumpe, mit welcher er aber endlich gar zu dreiste, und die Maschine endlich mürbe und zerbrechlich wurde, so, daß ihm das Unglück begegnete, daß das Instrument zerbrach, sich ablösete, und der unterste Theil mit der Bürste bey 14 Zoll lang im Magen stecken blieb. Worauf er starke Kolikschmerzen und Herzensangst bekam, als schwindsüchtig sehr abnahm und auszehrete. Ich gab ihm etliche Brech- und Purgirmittel, es kam aber vorerst von der Maschine nichts heraus. Er wurde auch nach gerade wieder besser, und meynte, es hätte sich der Plunder aufgelöset und verzehret, er trank auch das Pyrmonter Wasser immer weg den ganzen Tag, bis ihm nach ohngefähr 6 Wochen, als den 5. September 1726 ein starkes Erbrechen ankam, mit welchem zwey Stücker von den Birkenreisern (das eine 6 Zoll, das andere 5 Zoll lang, wie ich solche noch in Verwahrung habe) weg giengen, ganz schwarzbraun gefärbet, sonst aber noch dichte und fest waren. Die Bürste selbst ist einige Tage hernach, wie er mir gesaget, auch unten weggegangen; und also hatte er für dasmal seine Rolle zu Pyrmont gespielet, und reisete gesund und frisch ab, hat auch hernach noch etlichemal die Brunnencur zur Präservation wiederholet.“

Dies die Schilderung des Doktors Seip von dem tragikomischen Vorfall, der dem Christian Friedrich Melzer mit seiner Magenbürste in Pyrmont begegnete. Was sagt uns nun die Geschichte der Medizin über dieses sonderbare Instrument, über die Magenbürste? — ein Wort, das dem harmlosen Leser doch einen gewissen Schauder einzuflössen vermag. Aus dem Handbuche der Geschichte der Medizin von Neuburger und Pagel 2, 686 (Jena 1903) erfahren wir, dass die Magenbürste, excutia ventriculi, von den Wilden in Amerika übernommen worden sein soll. Das Instrument ist also nicht als Erfindung eines gelehrten Arztes anzusprechen, sondern hat in der Hausmedizin seinen Ursprung. Es erfuhr seine Verbesserung und Verfeinerung (Stiel aus Fischbein oder Messingdraht) natürlich in Europa. Melzers Exemplar, sein eigenes Fabrikat, erscheint freilich wenig kunstvoll. Um die Mitte des 17. Jahrhunderts (1659) ward die Magenbürste in London von dem Engländer W. Rumsey als organum salutis angepriesen und feilgeboten. In Deutschland wurde sie in Leipzig und anderen Orten hergestellt. Gegen alle möglichen Übel sollte sie von Nutzen sein. Zedlers Universal-Lexikon Bd. 19, 266 (1739) widmet der Magenbürste eine ausführliche Abhandlung. Lichtenberg (Briefe hsg. von Leitzmann und Schüddekopf 2, 287) nennt sie 1786 die 'Hippokratische Kratzbürste'. Diese Abart von Sonde, die wissenschaftliche Mediziner jener Zeit ein remedium durum et rusticum nannten, geriet im 18. Jahrhundert allmählich in Verruf und Vergessenheit. Ob sie aber für immer abgetan, ist keineswegs so sicher (s. Leube, Die Magensonde 1879 S. 15).

Berlin.

Deutsche Märchen aus dem Nachlass der Brüder Grimm.

Von Johannes Bolte.

2. Der dankbare Tote.

(Oben S. 31—51.)

Beilage A: Storia di Stellante Costantina[1]).

Avventure di Stellante Costantina, figlia del gran Sultano, la quale fu rapita dai Cristiani a suo padre, e poscia venduta al giovine Bellafronte di Vicenza. — Firenze, Tipografia Adriano Salani, Viale Militare 1909. 22 S. 12°.

Storia di Stellante Costantina.

1. Poiché da bel pensier spinto il Brunetto
Questa bell' opra a tutti far palese,
Narrar vuo' di Vicenza il bel soggetto,
Per esser poco lungi al mio paese.
Per spasso, per piacere e per diletto,
Leggendo, sentirete varie imprese:
D'una, che figlia fu del gran Sultano,
E di un giovin suo amante, il caso strano.

2. Vedendo un vecchio padre il caro figlio
Condotto per amore in mala via,
Per levar l'occasion del gran periglio
Lo mandò con sua nave in mercanzia;
E dandoli assai savio e buon consiglio,
Bene l'istrusse come far dovria.
Ora ascoltate ben, se non v'è oltraggio
La mercanzia acquistata nel viaggio.

---

1) Oben S. 41. Die älteste bekannte Ausgabe ist betitelt: Istoria bellissima di Stellante-Costantina figliuola del Gran Turco la quale fu rubata da certi cristiani che teneva in corte suo padre e fu venduta a un mercante di Vicenza presso Salerno: con molti intervalli e successi, composta da Giovanni Orazio Brunetto. Venezia, Cordella 1801. (F. v. d. Hagen, Briefe in die Heimat 3, 107. La novella di messer Dianese ed. A. d'Ancona 1868 p. 6). — Das hier wiederholte Exemplar verdanke ich der Güte von Herrn Prof. Dr. S. Singer in Bern.

3. Il vecchio mercadante saggio e accorto
Al suo caro figliuol: 'Andiam', dicia,
Accompagnollo poi sopra del porto
E per Levante ne drizzò la via.
'Il sommo Iddio, figliuol, ti dia conforto
Con buon ritorno e miglior mercanzia.'
Spiega il giovin le vele in alto marc . . .
Or sentirete ciò ch' ebbe a passare.

4. Solcando le sals' onde il giovin bello,
Prospero il vento alle sue vele avrìa,
Incontrò per la via un bel vascello,
Che una vaga donzella entro tenia.
Domandar fece al condottier di quello,
Di qual luogo e qual parte ne venia;
Gli fu data la nuova in quell' istante,
Ch'eran cristian fuggiti di Levante.

5. Vide il giovin la vaga creatura,
Colma di grazie e di gran leggiadria;
Il giovinetto tuttavia procura
Di conquistare quella mercanzia
Di domandare a loro egli procura,
Se la donzella vendere si avrìa.
Risposero di sì, di buon talento,
Ma trentamila scudi vuon d'argento.

6. Non lascia il giovinetto per denari
Di aver in man la singolar bellezza;
Ma la donzella facea pianti amari,
Essendo priva della sua grandezza.
Il giovine la nave pose al pari,
Per guidarla al paese con dolcezza.
Sparando artigliera al porto intorno,
Onde annunziare al padre il suo ritorno.

7. 'Ben venga', disse il padre, 'o figlio bello,
Che mercanzie sì presto fatte avete?'
Rispose e disse: 'Padre, un bel gioiello
Vi porto di gran pregio; ora vedrete,
Che val più che città o gran castello,
Che mai più bello visto non avete:
La figlia del Sultano di Turchia
Vi porto per la prima mercanzia'.

8. Il padre si turbò di simil sorte,
Con rabbia, con orgoglio e con dispetto
Dicendo: 'Figlio ingrato e malaccorto,
A mercanzie di donne hai l'intelletto?'
Il figlio disse: 'Padre, per consorte
Me la darete, e per maggior diletto
Di questo, padre, fatemi contento,
Che tanto mi sarà di gradimento!'

9. E di nave fu tosto uscita fuore
La donzella, ch' è tutta leggiadria;
E tanto al vecchio padre entrò nel cuore,
Che di tanta beltade ei pur godia.
Faceva festa ognuno e grand' onore.
Spara la nave grossa artiglieria,
E con gran festa la fu battezzata,
Stellante Costantina fu chiamata.

10. Il giovin poi con lei lieto godea,
Fatta che l'ebbe sua fedel consorte;
Quello che piace all' un, l'altro volea,
Contenti entrambi di sì lieta sorte.
Alfine il vecchio padre gli dicea:
'Caro figliuolo mio, con voglie accorte,
Tornate in mercanzia con buon talento,
Di poi che il ciel v'ha dato tal contento!'

11. Il figlio si mostrò tutto obbediente
Per far quel che suo padre far volea;
Ma nel suo petto gran dolore sente,
Pensando sua moglier lasciar dovea;
Stellante Costantina era presente.
Con gli occhi lacrimosi, egli dicea:
'Attenditi, cor mio, a governare,
Che in mercanzia mi convien tornare!'

12. Per la grande beltà del giovinetto,
La vaga donna gran ben gli volia;
Dell' aurec trecce sue fece un mazzetto,
Con un gioiello al collo le ponia,
Dicendo: 'Del mio cor unico oggetto,
Spero la tua venuta presto sia:
Il cielo e i venti siano in tuo favore,
Torna presto da me, torna, mio cuore!' . . .

13. Molto contento il giovine cortese
Di giorno e notte navigando gìa;
Alfine giunse in lontano paese,
Dove spera acquistar la mercanzia;
E di Levante già nel porto scese,
Menando molti servi in compagnia;
Allo smontar che fece sopra il porto
Vide da un canto stare un corpo morto.

14. Tosto domandò il vago giovinetto
'Che vuol dir questo morto maltratto?'
Da un uomo molto vecchio gli fu detto,
Che costui un mercante era già stato,
Che la fortuna lo lasciò soletto,
Che in povertà estrema era cascato;
I creditori al morto hanno impedito,
Che se non paga, non sia seppellito.

15. Mosso il giovine allora a compassione,
Per la cittade un bando fece fare,

Che qualunque mercante o altre persone
Che polizza o scrittura può mostrare,
Che tosto si portasse a sua magione,
Che per il morto era pronto a pagare.
Pagò molti denari ben contanti
E fè maravigliare i mercadanti.

16. Un monumento poi gli fece fare
Dentro una chiesa nel luogo maggiore;
Da molta gente ce lo fe' portare
Con molta pompa, con molto fervore.
Fe' tutta la città maravigliare,
Avendo il morto avuto tal onore;
Quando fu seppellito il corpo morto,
Con la sua nave si partì dal porto.

17. Il giovan Bellafronte, navigando
Senza denari e senza mercanzia,
Giva coi suoi pensieri travagliando
Come suo padre accolto l'averia.
Né si pentiva già di quel gran danno,
Nè del bene che al morto fatto avrìa;
E subito che in porto fu entrato,
Davanti al padre si fu presentato.

18. Bellafronte in ginocchio, lacrimando,
Diceva: 'Ascolta, padre, in cortesia!
Al porto di Vicenza io arrivando
Venner due navi con gran mercanzia.
Andai sopra il vascello negoziando,
Per poter quella roba farla mia;
Pagato ch'ebbi tutto in bei contanti,
La notte sen fuggiro i mercadanti.'

19. Il vecchio padre si mosse turbato,
Colmo d'orgoglio e di malinconia;
Maledicendo il figlio ed il suo stato,
Con la sua moglie poi lo cacciò via,
Dicendo: 'Per figliuol sei rinunziato!'
Il giovin con sua moglie se ne gìa
Fuor della terra in cerca d'abitare,
Senza denari e roba da mangiare.

20. Piangeva il giovin forte con dolore
Pensando alla sua moglie con affetto:
E questa pena gli rodeva il cuore,
Vedendosi a tal passo esser costretto.
Ella disse: 'Non piangere, mio amore,
Chè avendoti con me ho gran diletto,
Io mi compiaccio assai di lavorare,
E di denar non ti farò mancare.'

21. La vaga donna di giudizio altera
Chè di pennello sì ben ritraea,
Fe' sei quadri, dipinti in tal maniera,
Ch'ogni pittor di sè stupir facea.
Per il marito li mandò alla fiera
Assendogli il prezzo che volea.
Disse: 'Sei mila scudi voglio in oro;
Bada, non dir, chi ha fatto tal lavoro.'

22. Giunse alle fiera il giovine pulito
Per far de' belli quadri mercanzia;
Mercanti turchi entrarono in partito,
Perché questa pittura assai paicìa.
Il gran Sultano questi avea spedito,
Offrendoli gran premio tuttavia.
I Turchi, che conobber tal fattura,
Disser: 'Trovato abbiam nostra ventura.'

23. I Turchi domandaron de' ritratti,
Di tutte sei, quanto egli ne chiedìa;
E domandando ancor, chi li avea fatti.
Lui disse: 'Fatti gli ha la donna mia.'
Subito fur d'accordo di tai patti,
E richiesero a quello in cortesia,
Se con la donna potean ragionare,
Chè altri ritratti volean fargli fare.

24. Con i mercanti il giovine s'invìa.
Non eran del cammin poco lontano,
Giunti i Turchi, ognun di lor dicia:
'Questa è la figlia del nostro Sultano.'
Inginocchiato avanti ognun piangìa,
Vedendosi qui giunti: 'Oh, caso strano!'
Turcheschi le parlar: 'Mandati siamo
Dal gran Sultano e a lui condur vogliamo.'

25. La bella donna turchesca parlava,
Che si levasser tal pensier dal cuore;
Dipoi ognun di loro licenziava,
Ma prima gli faceva grand' onore.
Il marito i mercanti accompagnava,
Che a lui chiedean per via questo favore,
Dicendo: 'Deh, venite in nave nostra,
Ma conducete insiem la moglie vostra!'

26. Trovossi compromesso il giovinetto
Per far che sua parola fosse vera.
Disse alla moglie sua con gran diletto:
'Domani andremo ad osservar la fiera.'
Andaron sopra il mol, senza sospetto;
I Turchi si celaro in tal maniera,
Che lei pigliaro, e verso la Turchia
Con la lor nave presero la via.

27. Or sentirete il mesto giòirnetto,
Dall' aspro pianto e la crudel passione
Come gridava e si straziava il petto.
Si pone in via con gran disperazione;
Per selve e boschi andò sempre soletto,
Senza aver guida di alcune persone,
Gran tempo camminò per luoghi alpestri,
Trovando fiere ed animal silvestri.

28. Più non sapendo il giovin dove gire,
Per gran dolor già esso venìa manco;
Guarda uno scoglio, vede un rivo uscire,
Dov'era un vecchio tutto curvo e bianco.
Lo salutò costui con gran desire;
Guardollo il vecchio con la mano al fianco
E disse: 'Dimmi, chi t'ha qui inviato?
Figlio, all estremo passo sei arrivato.'

29. Rispose il giovanetto, che piangia:
'Consigliami, in qual modo m'abbia a fare!'
'Se non ritorni per la propria via,
Caro figliuolo, non potrai campare.
Io non ti voglio usare villania,
Ma non voler la strada seguitare.'
Il giovinetto disse: 'In cortesia
Accettami in vostra compania!

30. 'Se pur tu vuoi restare in questo loco,
Ti convien sopportare molte pene.
Figlio, ciò ch'io ti dico, ascolta un poco!
Giurami stare al male e stare al bene,
Se pure una sardella abbiamo al foco,
La spartiremo, come si conviene!
Coll' amo, con la canna e la barchella
Noi potremo pigliar qualche sardella.'

31. Il giovane fe' al vecchiò giuramento,
Al male e al bene star sino alla morte
Ed ubbidire al suo comandamento
Ed essergli fedel, costante e forte.
Ma in breve tempo ebbe felice evento,
Lieta e beata prospera sua sorte.
E se la mente al mio parlar porgete,
Tutto il successo appresso intenderete.

32. Il giovine col vecchio un di pescando
Coll' amo e la barchetta in compagnia,
Certi Corsar di mar venner passando,
Gli presero e il menaron in Turchia.
Il giovinetto tutto allegro stando,
Che sapea ben quel, che nel cor tenia,
Bramava di trovar la persa moglie;
Per questo andava pur con liete voglie.

33. Furo in Costantinopoli menati
E presentati al giardinier maggiore,
Il qual gli accolse e fece, che zappati
Avessero quei prati con sudore.
Una mattina, gli occhi avendo alzati,
Il giovin vide il suo leggiadro amore,
La persa moglie nel real palaggio,
Che parea proprio come rosa in maggio.

34. Il giovinetto con sua chitarrina
Cantava dolci versi e belli accenti;
E dalla sera fino alla mattina
Donava molto gusto a quelle genti.
Levandosi dal letto la Reggina,
Ascoltava i bei versi, i bei concenti,
Dicea: 'Mi par il canto del consorto,
Che a Vicenza lasciai sopra del porto.'

35. Avea più volte il vago giovinetto
Con dolci canti e suono di viola
Fatta levar la giovine dal letto,
Ed al balcon veniva sola sola.
Il canto e suono ascolta con diletto,
Di tal dolcezza mai non si consola;
Per piccol paggio lo mandò a chiamare,
Segretamente in camera il fe' entrare.

36. Appena questi in camera fu ito,
Andò la donna incontro prestamente;
Il giovine rimase tramortito
E non facea più sensi veramente.
Ella gli disse: 'Caro mio marito,
Ecco le vostre e mie voglie contente?'
Con allegrezze si abbracciaro stretti
E ringraziaro i Ciel di tal diletti.

37. Per più e più giorni assai segretamente
Godè la donna il nobil giovinetto;
Stellante Costantina, assai prudente,
Di qualche tradimento avea sospetto
E si dispone tornare in ponente
Con suo marito a Vicenza, già detto.
La donna tolse al padre gran tesoro
E di notte partir senza dimoro.

38. Subito un brigantin si fe' menare
Con quaranta cristian di buon talento,
Dicendo a tutti: 'Libertà vuò dare
E più molti denari, oro ed argento

Nel più bel tempo, ch'è del navigare.'
Esclamò Bellafronte: 'Oh me dolente!
Conviene ritornarmi sulla via.'
Tutta la gente e sua moglie piangia.

39. Disse la nobil donna: 'O mio consorto,
Perché addietro dobbiamo ora tornare?'
A lei rispose: 'Oimel fui malaccorto;
Non vo' il vecchio compagno abbandonare.'
Disse la donna: 'L'armata è nel perto,
Certo mio padre mi fa seguitare.'
Il giovin disse: 'Io vo' prima morire
Che senza di costui voler partire.'

40. Il giovine fedel, saggio ed accorto
Dispone tosto indietro ritornare,
Il vecchio ritrovò sopra del porto.
In un istante lo fece imbarcare
Con molto gaudio, festa e gran conforto,
Felice evento al dolce navigare.
O bel viaggio prospero e felice!
Ma ascolta il vecchio tutto quel che dice.

41. Avanti che giungesse a lor paese,
Si volle il vecchio a un'isola fermare.
Disse: 'Figliuol, tu sai nostre promesse;
Nel giuramento fatto non mancare!'
Al vecchio disse il giovine cortese:
'Quanto tu mi comandi, voglio fare.'
Allora il vecchio al giovane dicia:
'Di tanto non convien la parte mia.'

42. Il giovin disse: 'I nostri patti furo
Di stare al male e al ben senza bugia.
Ecco nelle man vostre argento ed oro,
Per me sol salverò la donna mia.'
'Di tutto', il vecchio, 'io vuo' senza dimoro
E della donna, acciò che giusto sia,
La parte mi conviene. E non mancare,
Se i nostri patti vogliamo osservare!'

43. Vedendo lo stupito giovanetto
Non potere la donna allor salvare,
Pregava il vecchio con lacrime al petto,
Che la sua moglie non voglia pigliare.
Ma il vecchio già ostinato in tal effetto
Disse: 'Nel mezzo si convien tagliare.'
Piangendo tutti due pel caso strano,
La scimitarra il giovin prende in mano.

44. Della sua moglie piangeva il consorto,
Chè con sua man dovea la dimezzare.
Alzando il braccio salta il vecchio accorto,
Disse: 'Ferma, figliuol, non la tagliare!
E tu figliuola, ancor prendi conforto,
Che tutto il fatto io ti vo' palesare.
Io son quel vecchio, che tu sotterrasti
Con molto onor, miei debiti pagasti.

45. Da quell'ora, figliuol, t'ho seguitato
Per volontà del sommo Onnipotente.
In quello scoglio fui vecchio formato
Sol per guidarti a proprio tuo talento.
Ora, figliuol, tutto ti sia donato,
E segui il tuo viaggio a salvamento.
Ora quanto dovevo, ho soddisfatto,
Vattene in pace!' E li disparve a un tratto.

46. Giunse a Vicenza il nobil giovinetto
Con la sua moglie e tutta quella gente.
Il genitor di lui n'ebbe diletto,
E tutta la città generalmente.
Il Sultano, che n'ebbe gran dispetto
Della fuggita figlia, immantinente
Un' armata mandò in quel paese
E Vicenza distrusse in men d'un mese.

47. Di mezzo Agosto fu la gran giornata;
Di notte entrando quel fiero nemico
Tutta la gente si trovò avviata
Al gran Tempio che ora qui vi dico.
Era distante due miglie di strada
Nel luogo detto santa Maria al Fico;
Li quella gente si trovò ridutta.
Allor Vicenza fu presa e distrutta.

B. Mortuis bene facere multum valet[1]).

(Hermannus Bononiensis, Viaticum narrationum s. v. Mortui.)

Erat in Francia quedam iuvencula, filia regis, que orbata fuit utroque parente. Quam cum alloquerentur consiliarii et iurati xii. sive barones regni, ut nubat, ipsa

1) Vgl. oben S. 46. Aus der Kopenhagener Hs. Gamle kongelige Samling fol. 380, Bl. 47a, die sich 1707 noch in Gottorf befand. — Eine wenig abweichende, aber unvoll-

pecit inducias duorum annorum, eo quod non haberet annositatem[1]). Expletis duobus annis iterum eam allocuntur, ut prius[2]). Que annuit, quesivit tamen, de quo consulerent ei[3]). Cui consiliarii predicti proponebant multos[4]) reges et duces, de quibus unum posset ducere. Illa respondit: 'Libenter ducerem meliorem militem, quem habet mundus, si vobis placeret, quia pater meus fuit melior miles, quam mundus habuit, sicut scitis.' Illi dicebant: 'Et quomodo poterimus illum invenire, qui sit melior inter tot milia militum?' Illa respondit: 'Bene inveniemus. Si vobis placet, mittamus legatos per omnes terras et denunciare faciamus festum regine Francie. Et quicumque ibi inventus fuerit optimus miles, ille habebit reginam in uxorem et erit rex.' Istud placuit omnibus et mittuntur legati cum litteris regine[5]) per omnes terras; et multi reges, multi duces et barones et milites ibi conveniunt, et quilibet sperat, quod debeat esse rex Francie. Omnia hospicia civitatis replentur, ymmo et civitates et ville vicine.

Fuit tunc in partibus Theutonie quidam miles strenuus, sed pauper, qui nullos habebat redditus, sed vixit de lucro, quod lucrabatur[6]) in torneamentis. Hi cogitabat ire ad festum illud, non ut regnum optineret, sed ut aliquid lucraretur. Cumque autem iret et iam appropinquaret civitati, in qua erat regina, misit famulum suum ad civitatem quandam, que adiacebat illi civitati, ut hospitaretur; sed adeo plena erat hospitibus, quod non poterat ibi habere locum. Unde coactus fuit procedere ad civitatem, in qua fuit regina; et dum ibi[7]) quereret hospicium, iterum adeo plena erat, quod non poterat alicubi habere locum; sed tandem invenit pauperem domunculam, in qua erat funus, et illud stabat in domo in feretro, ubi nullus voluit hospitari propter funus. Sed miles ille necessitate compulsus petivit ibi hospicium a domina domus, que ipsum recepit. Miles cum se posuisset, quesivit a domina domus, quis esset defunctus. Illa respondit: 'Domine, maritus meus fuit, et fuit melior, quem habuit Francia. Sed modo ad tantam inopiam devenimus, quod non habemus tantum, quod possumus eum sepelire honorifice.' Hiis auditis miles illi compassus statim misit servum suum baldekinum afferre et poni iussit super feretrum et iussit eum emere duabus puellis domus novas vestes de panno viridi et fecit ei in mane cantari x. missas pro defunctis et [47b] dedit denarios portantibus funus ad ecclesiam et ad offerendum in missis et cum magno honore fecit sepeliri illum defunctum.

Peractis exequiis profectus est miles ad locum, ubi debuit esse festum, ubi regina cum suis consiliariis in quodam eminenti edificio ad hoc preparato residebat, ut diligenter posset videre, quis esset melior miles. Cum autem exiret civitatem et esset in via, occurrit ei quidam sedens sine sella in dextrario pulcherrimo, qualem numquam quis prius vidit. A quo quesivit, unde veniret et quo vellet. Qui respondit: 'Veni huc vendere istum equum optimum.' Dum miles quereret de precio, respondit ille: 'Pro ccc. marcis dabo et non minus.' Miles statim cc. et l. sibi exhibuit, quia miles non habuit nisi ccc. marcas de toto; et ideo sibi tantum exhibuit, ut aliquid sibi ad expendendum retineret. Famulus nullo modo voluit dare pro tanto, sed recessit a milite. Cumque recessisset ali-

---

standige Fassung B in einer anderen Kopenhagener Hs. (Ny kong. Samling oct. 135c, Bl. 7b: 'Narratiunculae sermone latino', 15. Jh. 8 Bl. Kleinquart) beginnt: 'Fuit quedam iuvencula filia regis Francie, que utroque orbata parente, cui alloquebantur consiliarii regni, optimates et nobiles regni, ut nubat, ut regem habere possent, ut deceret.'

1) sufficientem ad hoc etatem B — 2) ut virum accipiat et ipsi regem habeant B — 3) ei, ut sibi maritum accipiat B — 4) multos ac nominabant B — 5) regni A — 6) annuatim B — 7) illi A

quantulum spacii, servus cum dextrario insecutus est militem, et cum venisset ad militem, quesivit, quare non emeret equum. Ille respondit: 'Quia non babeo argentum.' Tunc famulus ait: 'Ex quo non habetis precium, ponam vobis istam condicionem: si placet vobis, accipite dextrarium! Si fuerit lesus vel mortuus in torneamento, meum sit dampnum; si autem sanus manserit, tunc dabitis mihi dimidietatem omnium, que lucratus fueritis equo meo.' Quod audiens miles gavisus est valde et dixit: 'Numquam ita bonum forum emi' et promisit. Statim posuit sellam suam super dextrarium illum et concessit illi famulo, ut secum iret ad torneamentum. Qui se induxit volle esse bonum socium et adiuvare illum, quia in illo ludo expertus esset. Illi duo cum uno servo procedebant.

Et cum venisset ad locum statutum, miles ille cum duobus servis stravit tapetum suum et armavit se et post modicum fecit precones clamare, si aliquis esset, qui auderet congredi secum. Statim multi nobiles, multi potentes et fortes viri se sibi obiecerunt, quos omnes unum post alium de suis dextrariis deiecit. Equos statim dedit histrionibus, sed milites promissione facta fecit [abire], ut in sero ad suum hospicium venirent. Breviter dicendo, ita viriliter fecit, ut ipse solus illo die omnes, qui aderant, sibi subiugavit.

Quo viso regina cum suis consiliariis fecit eum vocari ad se. Qui postquam arma deposuerat et se laverat, venit miles formosus. Quem alloquens regina primo eius inquisivit condicionem. Cui ille: 'Miles sum pauper, nullos redditus habeo, sed singulis annis lucror victum meum in torneamentis. Si haberem bona, essem natus[1]) de nobili prosapia.' Regina respondit: 'Quia hodie egistis viriliter, eritis maritus meus et rex Francie.' Et ille primo t[r]epide renuens[2]) credidit esse iocum[3]), postea gaudens concessit. Regina statim iubet instaurari convivium. Sed miles dixit: 'Non potest, domina, hoc modo esse, quia omnes captivi nostri comedent mecum hoc vespere.' Quod multum placuit regine, et fecit ei illo vespere omnia necessaria preparari et in suo hospicio ministrari.

Mane facto cum omnes de stuba rediissent, dixit ille omnibus captivis suis, quod unusquisque rediret ad propria, et nichil accepit de omnibus, que ei tenebant [debebant?], sed et insuper eis equos et alia munera dabat dicens iniustum esse eos, quos regina ad festum vocaverat, aliquid dampnum debere sustinere.

Interea socius, qui sibi dextrarium sub condi-[48a]cione concesserat, cum equo suo ipso nesciente recessit; de quo non modicum doluit, et missis pro eo nunciis diversis eum minime invenerunt. Post aliquod tempus, dum nupcie essent celebrate et aliqui filii procreati, socius ille rediit et alloquitur regem monens eum de promisso, scilicet quod secum dividat omnia, que lucratus fuit cum suo equo. Rex fatetur promissum et condicionem interpositam et sine contradiccione dividit secum regnum. Regno diviso dicit, quod adhuc non haberet debitam porcionem, quia deberet eciam secum dividere uxorem et pueros, quos genuerat in regno. Quod rex admisit licet dolens. Quo facto dicit ille rex socio: 'Opcio iam tibi datur, antequam fiat divisio uxoris, an eam per medium secem aut per transversum.' Qui respondit, per medium eam velle dividi. Quod rex audiens valde turbatur, quia fidem dedit de divisione facienda et tamen invitissime caret de uxore. Dum alloquitur uxorem de verbo isto, illa hoc audiens pocius per medium dividi elegit quam aliquo alio modo ab eo separari. Angustiae regi sunt undique: fidem violare nullatenus voluit, uxorem non libenter interficere. Tunc socius ille misertus regis

1) Si . . . natus] licet natus sum B — 2) recusans ac se indignum et ineptum ad hoc B — 3) iocum. Sed videns et audiens ipsam reginam seriose hoc dicere et velle B (damit bricht B ab).

dixit, quod ipsa sit anima illius militis, quem ipse ita honorifice fecit sepeliri, et quia ipse absolvit eum a gravi purgatorio, ideo ipsum ab omni porcione absolutum dimitteret et liberum etc.

C. St. Nicolaus und der Jüngling[1]).

(Johannes Junior, Scala celi, Lubec 1476 Bl. 116b—118a s. v. Elemosina.)

Item dicitur, quod in Burdegala fuit quedam mulier habens unicum filium, quem cupiebat ditari et ideo eum tradidit cuidam avunculo suo, ut doceret eum in mercacionibus peragendis. Cum ergo posuisset in societate .l. libras et iuvenis fuisset missus propter mercationem ad quandam civitatem, in sermone audivit, quod nihil erat, quod tantum ditaret hominem sicut largicio elemosinarum. Et quia in itinere corruerat quedam ecclesia sancti Nicolai, pro cuius constructione petebantur elemosine, iuvenis suas .l. libras amore Dei dedit. Rediens ergo ad suum dominum et narrato facto expulsus est de eius hospicio, sed ad fletum matris reductus eo, quod promisisset emendam[2]), et centum libre fuissent posito in societate.

Post multa vero tempora iuvenis ultra mare mittitur cum magna pecunia et cum navi, et quia pirate rapuerant filiam Soldani, exhibuerant venalem. Cuius pulcritudinem, mores et conversationem bonam aspiciens iuvenis precio .c. librarum eam emit et peracto navigio ad Burdegalam eam adduxit. [117a] Quam cum vidisset pater suus et mater, suspicantes, quod ex hoc eam emerat, ut immundiciis cum ea vacaret, ambos de domo sua eiecerunt.

Tunc ad fidem Christi conversa est baptizata et tante devocionis fuit erga crucem et circa beatam Virginem, ut iuvenem, qui eam emerat, ad magnam sanctitatem provocaret. Tandem sponsalia celebrantur inter eos, nec motus immundicie propter virtutem crucis oriebantur in eis. Et quod satis erant pauperes, ipsa induxit iuvenem ad emptionem diversarum specierum serici et auri, ex quibus fecit iocalia mire pulcritudinis et precipue unum pannum aureum tante pulcritudinis, ut omnem videntem verteret in stuporem. Tunc iuvenis per eam missus ad Allexandriam informatus est, ut in determinato festo Sarracenorum iocalia cum panno in platea exponeret ad vendendum et de panno non minus quam duo milia florenorum reciperet, quia, cum ibi essent signa, que nullus vivens in mundo sciebat facere nisi ipsa, propter amorem filie pater dabit omne precium. De uno tamen fuit informatus iuvenis, ut pro solutione pecunie non iret ad castrum patris, sed in platea pecuniam expectaret ante traditionem panni. Fecit iuvenis, sicut ipsa preceperat, et in die festo iocalia exposuit. Pannus a Soldano desideratur; quantum petit, liberalissime elargitur. Sed ad castrum Soldani iuvenis non accessit, licet multum fuit rogatus.

Regreditur ad virginem cum magnis et mirabilibus diviciis. Possessiones emunt, nec ipsa vult adhuc matrimonium copulare, quousque plures divicias congregassent. Emitur igitur ab eo sericum mire pulcritudinis et preciositatis, fiunt iocalia longe pulcriora et meliora quam prima, et pannus componitur tante pulcritudinis, quod nunquam fuit visus [117b] talis. Remittitur iuvenis apud Allexandriam cum informationibus primis, et in die magne festivitatis pannus et iocalia extenduntur et de panno .x. milia librarum requiruntur. Cui quam citat[im] condescendens Soldanus propter amorem filie verbis dulcibus seduxit iuvenem, ut

1) Vgl. oben S. 46.
2) emenda = Entschädigung, damni reparatio (Du Cange).

ad castrum pro solutione habenda [veniret]. Qui cum fuisset castrum ingressus, statim capitur et eculeo elevatur et relevatur ab eo, quod filia Soldani in Burdegala in camera et in tali hospitio maneret. Mittuntur galeae illo manente capto, iuvencula reperitur, capitur et ad patrem reducitur valde tristis. Iuvenis liberatur, tota pecunia sibi solvitur et apud Burdegalam est reversus.

Sponsa igitur non inventa, posita pecunia in redditibus, apud Allexandriam est reversus cum uno pulcro iocali, quod sibi dederat sponsa sua. Per magnum tempus ibi moratur nec potest eam videre. Tandem per subtilitatem sui hospitis, cui secrete hoc revelaverat, ductus ad quoddam viridarium eam vidit et cognitus est ab ea. Repelluntur ambo, sed ipse in civitate expectat. Tandem corruptis custodibus sub similitudine emendi illud iocale, quod ipsa sibi dederat, iuvenis introducitur, cum ea loquitur, et conveniunt, quod in determinato festo navigium preparasset, cum tunc ipsa oportunitatem fugiendi haberet et non alias. Exit iuvenis letus. Appropinquat festum determinatum, sed navigium minime reperitur. Tandem cum summo diluculo festivitatis tristis venisset ad portum nec navis ibi esset aliqua, lugendo et flendo dixit: 'O beate Nicolae, modo possetis optime restituere hoc, quod in fabrica vestre ecclesie propter reverenciam Dei donavi.' Et dum sic fleret, vidit in capite portus quandam navem disponentem se ad recessum, et scita veritate, [118a] quod apud Burdegalam ibat, facto precio de naulo recessit ad locum per iuvenculam destinatum. Et ecce iuvencula venit onerata gemmis et thezauro mirabili, et clam fugientes ambo sunt recepti in navi. Qui cum apud Burdigalam terram accepissent et omnes thezauros extraxissent, subito navis disparuit, et completo matrimonio Deum et Virginem laudaverunt.

Beiträge zur volkstümlichen Namenkunde.

Von **Wilhelm Schoof.**

(Vgl. oben 24, 272–292.)

---

3. Sängersberg, Vogelsang, Simonsberg.

Wie Arnold in seinem Buch 'Ansiedlungen und Wanderungen deutscher Stämme' (Marburg 1881) S. 528ff. ausführt, ist allen Jäger- und Hirtenvölkern eine ungemeine Schärfe der Sinne eigen. Auch die Germanen, die beim Eintritt in die Geschichte noch viel mehr ein Jäger- und Hirtenvolk als ein Bauernvolk waren, lassen diese ursprüngliche Eigenschaft noch an den feinen Unterschieden erkennen, womit sie die zahlreichen Bäche und Quellen, die Form der Berge, die Art des Waldes bezeichneten. Während wir uns heute im allgemeinen mit 'Berg' und 'Hügel' begnügen, hatte die Sprache unserer Altvorderen überaus mannigfaltige Abstufungen und Schattierungen zur Hand, unterschied das Auge die Art der Bodenverhältnisse aufs genaueste, und hiernach wurde das Gelände benannt. So kommt es, dass die Fülle von alten Bergnamen wie aran, bil, bouc (Bogen), bühel, geis, grind, hauk, kopf, kessel, katz, küppel, noll, man, ros, stirn, stoss usw. uns heute ganz unverständlich geworden und daher infolge von volksetymologischer Umdeutung argen Missdeutungen ausgesetzt ist. Ganz ähnlich verhält es sich mit den zahlreichen Ausdrücken für Wald (busch, strauch, struth, holz, horst, loh, hain, hecke, hard, hege, schlag, mark, almende usw.), Jagd und Weide.

Die Kultur der alten Germanen lässt sich an der Hand der reichen Synonymik für den Weidebetrieb ebenso wie für die Jagd ziemlich genau erschliessen. Während heute Hute, Trift und Weide als ausreichend gelten, unterschied man in alter Zeit die Weidegrundstücke je nach ihrer Bestimmung für die einzelnen Gattungen von Weidevieh, der Art der Bodenbeschaffenheit und der Lage der Gemeinweideplätze. Diese Namen sind heute in der lebendigen Sprache längst vergessen und werden selbst im Volksmund nicht mehr verstanden. Sie fristen noch ein kümmerliches Dasein in zahlreichen volksetymologischen Umdeutungen, indem das aus dem lebendigen Sprachschatz geschwundene Wort infolge von Laut- und Begriffsvermengung an andere Wörter angeglichen wurde, die nach volkstümlicher Anschauung in irgendwelche Beziehung zu der Örtlichkeit gebracht werden konnten.

Ein solches Wort ist neben ahd. win, winne (vgl. oben 24, 282f.) und neben ahd. siazza, ags. seote, das mhd. senne für Alpenweide, Bergweide, dann überhaupt Weide[1]), ferner Rindviehherde, die sich unter Aufsicht eines Sennen den Sommer über auf den Alpen aufhält. Ausser diesem Wort, das noch heute in Oberbayern und der Schweiz in Sennhütte, Sennalp, Sennweide, Senner, Sennerin fortlebt, gibt es noch as. sinithi, ahd. sinidi, sinedi (1001), mhd. senidi in der Bedeutung 'Heide', das nach Grimm a. a. O. wohl vom vorhergehenden unabhängig ist und in dem Namen der Senne, eines eine Meile langen Heidestreifens südlich vom Teutoburger Walde sowie in dem schwäbischen Wort Sente f. (14. Jh. die Senti) 'Milchviehherde, Viehhof, Weideplatz'[2]) fortlebt.

Wenn beide Wörter ursprünglich auch nichts miteinander zu tun haben mögen, so ist doch in Schwaben und anderswo schon früh Vermengung der beiden Wörter eingetreten, ähnlich wie bei ahd. win, winne und winid, und dies wurde die Veranlassung zu den mannigfachsten Umdeutungen. Wie bei win, winne (oben 24, 283) können wir verschiedene Stufen volksetymologischer Umdeutung verfolgen:

1. Die ursprüngliche Form ist erhalten geblieben.
2. Es traten ablautende Bildungen an ihre Stelle (sonne, sunne).
3. Es trat Lautvermengung mit altd. sinidi, senidi ein (Send, Sand, Sund).

---

1) Weigand, Dt. Wb. 2, 850; Grimm, Dt. Wb. 10, 1, 599ff.
2) Vgl. Buck, Oberdeutsches Flurnamenbuch S. 257f.

4. Es fand dialektische Angleichung statt (Sang, sengen).
5. Es fand Umdeutung aus einem anderen Vorstellungskreis statt:
   a) unter dem Einfluss von örtlichen Nebenumständen,
   b) „ „ „ „ sagenhaften Erinnerungen,
   c) „ „ „ „ Mythologie und Christentum.

Die ursprüngliche Form senne (sinne), die nach Arnold a. a. O. S. 532 zunächst Rinderweide bedeutet und jedenfalls von hohem Alter ist, finden wir in einer Reihe von Feld-, Wald- und Bachnamen bewahrt, so in Hessen: die Senn, Feld bei Roth-Wenkbach, der Sennberg, Wald bei Frielendorf mit dem Sembergsfeld, der Sennacker bei Gilserberg, auf der Senne, Feld und Wiesen bei Gross-Seelheim (in der gleichen Flur die Sandwiesen und die Sonnwiese), der Semberg bei Todenhausen (Kr. Ziegenhain) und bei Heskem, das Sembergsfeld bei Holzhausen (Kr. Kirchhain), das Sennrod, Feldlage am Wald zwischen Weidelbach und Vockerode, die Sennebecke, Feldlage (einst auch Bach) bei Hombressen, das Sennchen, eine Heide bei Bieber, der Sinneborn im Feld bei Netra, wahrscheinlich auch die Orts- und Flussnamen schmale, breite Sinn, Burg-, Ober-, Mittelsinn, Dorf Sinn bei Herborn (1270 Synde), Sinnsberg u. a. m.

Wie winne zu wonne, wunne, so ward senne (sinne) zu sonne, sunne umgedeutet, meist, wie es scheint, unter dem Einfluss örtlicher Verhältnisse (südliche, sonnige Lage); in Hessen: die Sonnwiese, heute Garten bei Grossseelheim (in gleicher Flur die Sandwiese, bei der Senne), die Sonnseite, Wald bei Frohnhausen (Kr. Marburg), Sonneborn, Wüstung bei Waldkappel (1141 Sunnebrunne, 1369 Sunneborn), Somborn bei Gelnhausen, sowie die Feld- und Waldorte Sonnenborn, Sonnenbreite, Sonnenbrück, Sonnenliede, Sonnenseite usw.; in Nassau[1]): in der Sonne, in der Sonn, Morgensonne, Sonnäcker, Sonngrund, Sonntagsberg, Sonntagsborn, Sonntagswies, Sonnenbach, Sonnenberg (z. B. bei Wiesbaden), Sonnengrab, Sonnenrech, Sonnenstruth usw.; in Thüringen[2]): der Sonnenberg, 1594 am Sonnenberge, Flur Haarhausen, Sonnenstein, Forstname zwischen Leina und Apfelstädt, Hohe Sonne, Forstname zwischen der Weinstrasse und der Schweina[3]), die Sonnen- oder Sundflur, Wiese in der Flur Alschleben, die Sonne, schwacher Wassergraben in der Flur Nauendorf, uf dem Sonnbach 1492, Flur Emleben, der Somm- oder Sonnberg mit dem Sombach, Flur Körner, Sonneborn, ma. Sumborn (1025 Sunnibrunno, 1147 Sunnebrunnen, 1185 Sonneborn, 1321 Sunneborn) usw.

Wie aus Weinberggrund Weibergrund (oben 24, 284), so ward aus Sonnbergseite oder Sombergseite Sommerseite, aus Sonnberggarten Sommergarten usw. infolge von Assimilation. Hier spielen zweifellos örtliche Ver-

---

1) Kehrein, Volkssprache und Volkssitte 3, 566. — 2) Gerbing, Die Flurnamen des Herzogtums Gotha S. 72. 79. 87. 106 u. ö. — 3) In der Nähe die Sennewiese, heute Sängerwiese.

hältnisse mit, entweder sommerliche oder sonnige Lage an einem Südhang oder als Gegenstück zu einer Winterseite, Winterliede, wie überhaupt die Gegenüberstellung bei der volksetymologischen Umdeutung von Flurnamen eine grosse Rolle spielt, vgl. Hungerborn—Silberborn, Golgraben—Silbergraben, Hungerkamp — Goldkamp, Hungerwiese — Schmandwiese, Süsse Wiese — Saure Wiese, Himmelreich — Höllental, Hungerbrunnen—Springbrunnen usw. So finden sich zahlreich: Sommerau, Sommerbach, Sommerberg (tautologisch, meist gegenüber ein Winterberg), Sommerfeld, Sommergraben, Sommerbeck, Sommerhöll (Gegensatz: Winterhöll, Winterhalde), Sommerland, Sommerseite, Sommerthal; in Nassau[1]): im Sommerich, Summerich[2]); in Thüringen[3]): Sommerleite in der Flur Weingarten, Sommerstein in der Flur Winterstein, Sommergarten, Sommerwand (Südhang), Sommerberg, Sommerbach usw.; in Oberdeutschland[4]): Summerhalde, Sumarberch (Sommerberg) usw.

Die Lautvermengung mit altd. sinidi, senidi veranlasste, ähnlich wie bei winid (zu Wind, Wand, Winter, Wende), Weiterbildungen von älteren Lautformen wie Senne, Sinne, Sanne, Sonne, Sunne, Sünne zu Send, Sind, Sand, Sond, Sund, Sünd und entsprechenden Zusammensetzungen. Die Weiterbildung wurde dadurch unterstützt, dass die Erinnerung an die frühere Verwertung des Bodens erloschen und statt dessen eine neue Hauptvorstellung herrschend war: die Beschaffenheit des Bodens bei dessen Rodung. Da dieser entsprechend seiner Lage wenig fruchtbar war, ergab sich die Umdeutung von Senne, Sanne zu Sand ebenso leicht wie die von Winne zu Wind und Winter. So erklären sich zahlreiche Orts- und Flurnamen, deren eigentliche Bedeutung meist verkannt wird. In Hessen z. B.: im Sand bei Leidenhofen, am Sand bei Schwarzenborn (Kr. Ziegenhain), der Sandweg bei Ebsdorf, das Sandfeld bei Holzhausen (Kr. Kirchhain), bei Wiera und bei Nausis, der Sandgarten bei Ernsthausen (Kr. Kirchhain), das Sandackerfeld mit den Sandbergwiesen bei Hachborn, am Sandstrauch (mit dem Sambel, d. h. Sandbühel) bei Oberaula, die Sandwiesen bei Grossseelheim (in derselben Flur die Senne), die Sandbach (mit dem Sandfeld und dem Sembergsfeld) bei Holzhausen (Kr. Kirchhain), im Vogelsand, Feld bei Rosental: besonders häufig in der Rhöngegend, die bis zum heutigen Tage noch vorwiegend Weidewirtschaft betreibt. Sandborn, Sandstrauch, Sandberg, Sandgraben, Sandbach, Sand u. ä. finden sich dort wiederholt sowohl als Orts- wie als Flurnamen. Ebenso häufig in Nassau und Thüringen. Vgl. auch den Bergnamen Säntis, Buck a. a. O. S. 228.

Durch dialektischen Einfluss wird nd oft zu ng und so in die Schriftsprache übernommen. So findet sich neben Sandfeld der Sang in der Flur

1) Kehrein a. a. O. 3, 566. — 2) Vgl. dazu Winterich an der Mosel. — 3) Gerbing a. a. O. — 4) Buck a. a. O.

Wiera, neben Altesand Altesang (z. B. bei Harterode), neben Vogelsand sehr häufig Vogelsang, neben Sommerseite im Singtal (z. B. Flur Löhlbach), neben Sende im Senge usw. Die von Arnold a. a. O. S. 570f. verzeichneten Bergnamen: der Sang (z. B. bei Meckbach im Seulingswald), die Sange (am Abhang des Heppersbergs bei Marburg), Sangeberg (zwischen Ober- und Niedergrenzebach), der Seng (Waldhöhe bei Wiera), Sangelplatte (ein Wald bei Lischeid, in der Nähe der Waldname Winterscheid) gehören vielleicht hierher und nicht zu sangjan 'sengen, durch Brand roden', ebenso die bei Vilmar, Idiotikon von Kurhessen S. 382 und bei Arnold a. a. O. weiter angeführten Feld- und Waldnamen. Da die meisten Weideplätze später zum Anbau gerodet wurden und die Rodung sich vielfach durch Ausbrennen von Grund und Boden vollzog, wurde sangjan 'sengen' später eingedeutet. So finden sich Namen wie: im Seng, im Gesenge, der Senge unterschiedslos neben der Sang, in der Sang, im Gesang, im Vogelgesang. Dass die Bedeutung von 'sengen, ausroden' in der Zeit des beginnenden Anbaus massgebend wurde, beweist auch der Genuswechsel unter Anlehnung an 'der Sang' = der Brand. Buck S. 228 ist daher im Irrtum mit seiner Annahme, dass Sang ursprünglich männlichen Geschlechts gewesen und unter dem Einfluss von sange f. 'Bündel, Büschel' sein Genus geändert habe, wie überhaupt bei ihm die Voraussetzungen in der Deutung von Sang irrig sind.

Neben Sangeberg, Sengeberg findet sich auch Singeberg und entsprechend Singtal, Singental, Singelberg (neben Sengelberg, Singesgrube, Singenrain, Singen usw.) Wie aus Weinberggasse eine Weibergasse und Webergasse, aus Sonnberg- oder Somberggarten ein Sommergarten wurde, so konnte aus Sandberg- oder Sangbergmühle eine Sangermühle und sodann eine Sängermühle werden (vgl. z. B. die Sängermühle und das Sangermüllersteil bei Riebelsdorf), falls nicht die Ableitung aus Sanghardmühle vorzuziehen ist. So dürfte ein Sängersberg entweder aus Sanghardsberg oder aus Sendhardsberg, Sendersberg zu erklären sein. Ähnlich wurde Sindbühel zu Simpel, Sandbühel zu Sambel (ma. Saambel), Sendbühel zu Sembel, andererseits Singbühel, Sangbühel, Sengbühel zu Singel, Sangel, Sengel. Vgl. dazu: der Simpel, Wald bei Schönstedt, der Sambel bei Oberaula und bei Seigertshausen (ma. Saambel), das Sambelsfeld bei Albshausen, die Sembelsgarten bei Seigertshausen und der Sebbel, Berg zwischen Ottrau und Schorbach, andererseits Singelberg, Sengelsberg (z. B. bei Niedenstein), Sengelhart (z. B. im Wald unterhalb Hilgershausen), Sangelplatte (z. B. im Wald bei Lischeid), lauter Bergnamen. So erklärt sich vielleicht auch Sängermühle infolge von Dissimilation aus Sengelmühle wie Sängerrain aus Sengelrain, Sängerwiese aus Sengelwiese, Sängerberg aus Sengelberg. Als 'bühel' nicht mehr verstanden wurde und zum bedeutungslosen Suffix herabsank, verdeutlichte man die Bezeichnungen durch tautologische Zusätze wie -berg, -rain, -platte, -rück.

Die Umdeutung ging aber noch weiter: aus Sendbühels, Sindbühels- Sandberg wurde sowohl Sembelsberg, Simbelsberg, Sambelsberg als auch Semmelberg, Simmelberg bzw. Simmelsberg (z. B. in der hohen Rhön), Sammelberg. So erklären sich in Hessen der Semmelberg nördlich von Grebenhagen mit der Semmelmühle, der Simmelsrück bei Salzschlirf, der Simmelsberg bei Gersfeld, in Nassau die Sämmelwies, der Sammelplatz, der Sammelstein, in Thüringen der Semmelstieg, 1665 Sammelstieg, Forstname, vielleicht auch der grosse Simmel oder Sömmel bei Eischleben, in Steiermark der Semmering (aus Semmelring, 1253 Semering, 1271 Semerinkus)[1]).

Ob der Ortsname Singlis hierher zu stellen und ähnlich wie Singelberg, Sengelbach, Sengelhart zu deuten ist, vermag ich nicht ohne weiteres zu entscheiden. Dazu gehört neben genauester topographischer Kenntnis des Ortes Vertrautheit mit den Feld- und Waldnamen der Gemarkung. Die urkundlichen Belege Sungeslon (1123), Sungsule (12. Jahrh.), Sungelsen (1265), Sungilschen (1385), Sünglisch[2]) (1585), Singlis (1747) und die volkstümliche Bezeichnung Singelschen, Sungelschen lassen einen sicheren Schluss nicht zu. Wenn wir Arnold folgen, so wäre der Name als Sengesloh (richtiger wohl Sengeslohun, Dat. Plur. zu Sengesloh) zu deuten und demnach gleichlautend mit Sengelhart (s. oben) im Sinne von 'Weidebergwald, Gemeinweidewald'. Ein Beweis für das hohe Alter solcher Rodungen ist damit noch nicht erbracht, wie Arnold S. 571 annimmt, vielmehr nur ein erneuter Beweis für die Ausbreitung germanischer Weidetriften, die später zur Zeit des beginnenden Anbaues gerodet wurden. Da die älteste uns überlieferte Schreibung erst dem 12. Jahrh. angehört und die zum Ackerbau weniger geeigneten Weidehügel erst verhältnismässig spät bei der Rodung in Betracht kamen, so darf im Gegenteil angenommen werden, dass Singlis ebenso wie die übrigen Ortsnamen, die mit altd. sinidi zusammengesetzt sind, jüngere Rodungen sind, genau wie die mit winne, winid gebildeten Ortsnamen.

Wie Sonnberg- oder Sombergfeld zu Sommerfeld wurde, so konnte aus Sinnberg- oder Simbergfeld Simmerfeld werden. Entsprechend erklären sich die Namen Simmerwiese, Simmerbach oder Simmersbach, Simmersheck, ohne dass damit gesagt sein soll, dass alle derartig zusammengesetzten Ortsnamen mit ahd. sinid zusammenhängen müssen, wie denn z. B. Simmershausen bei Kassel und bei Hilders zweifellos anderen Ursprungs sind. Dagegen ist es möglich, dass manche Simmerwiese und

1) [Der Simeliberg im schweizerischen Volksliede wird im Schweiz. Archiv f. Volkskunde 16, 196 von Simon abgeleitet. Damit vergleichen die Brüder Grimm (Anmerkungen zu KHM. nr. 142) wohl mit Unrecht den Berg Semsi eines münsterländischen Märchens und eine Fuldaer Urkunde von 867 bei Pistorius, Rerum Germanicarum veteres scriptores ed. Struvius 1726 3, 632: 'montes, qui a quibusdam Similes [d. h. die Gleichen], a quibusdam vero Steinberg et Bernberg vocantur'.]

2) Vgl. dazu das Sengisch bei Frauenwald.

mancher Simmerberg später durch Kanzleistubengelehrte zu einem Zimmerberg und einer Zimmerwiese verunstaltet wurden, wie z. B. eine Semmetwiese auch zu einer Zimmetwiese werden konnte. Je unverständlicher die Namen im Laufe der Jahrhunderte bei dem allmählichen Rückgang der Weidekultur wurden, um so mehr suchte man ihnen einen Sinn zu geben, der irgendwie mit den örtlichen Verhältnissen in Einklang gebracht werden konnte. So scheint das ahd. semida (carvex, Riedgras), dass sich obd. als Kollektiv Gsemd (= gesemidi) noch findet, in eine Reihe von Namen eingedeutet zu sein. 1223 findet sich oberdeutsch 'in den Semidin'. Ähnlich dürften sich die hessischen Flurnamen Semeteborn, Semetsenberg, Simmetenweg, Simmetsenwiesen, der Semmet (z. B. Wiese bei Marbach, Kr. Marbach) erklären lassen, falls nicht bei einigen eine Umdeutung aus mhd. meinde, meine (Koll. gemeinde, gemeine 'gemeinschaftlicher Besitz, Grundeigentum einer Gemeinde', vgl. mhd. almeide almeide, almeinde 'Gemeindebesitz der Gemeinde an Dorf, Feld und Wald, ager communis, compasenum, terra inculta communis' das in den Mundarten als Almand, Almend, Almet, Alm, Elmen fortlebt) vorzuziehen ist. Dann würde sich der Semmet (der Genuswechsel bleibt noch unaufgeklärt) aus *Senn-meinde, *Sennmeide (vgl. Almeide), *Semmete als 'gemeinsamer Besitz an Sennweide, compascuum' deuten lassen und Flurnamen wie der Semm (z. B. Wiese bei Hassenhausen), das Semm (z. B. Feld bei Frohnhausen, Kr. Marburg) als eine Kontraktion aus Sennmeine, ähnlich wie Alm aus Almeine ergeben. Bei dem Mangel an jeglichen urkundlichen Belegen muss jedoch diese Vermutung mit allem Vorbehalt aufgestellt werden. So erklären sich denn vielleicht auch die hessischen Namen: in den Simmenwiesen bei Kirchhain, der Simmenborn bei Leidenhofen, das Semmenfeld bei Stausebach, die Sammetwiesen bei Viermünden, das Sammtholz, Wald bei Landerscheid, die vordere und hintere Sammetseite bei Viermünden, Simmenhausen, Wüstung bei Balhorn, in Nassau: Simmeacker, Simmebüsch, Simmedviesch, Simmepfuhl, Simmesbusch, Simmetseller, Simmetscheck, Simetzgraben usw.

Da sich das Volk unter einem Simmen- oder Simmensberg nichts vorstellen konnte, ergab sich unter dem Einfluss des Christentums die weitere Umgestaltung zu einem Simonsberg sehr leicht, besonders dann, wenn diese Orte Wallfahrtsstätten waren und eine Kapelle dort errichtet wurde, die dann dem heiligen Simon geweiht wurde. Aber auch ohne dies entstand diese Anlehnung zur Blütezeit der Klöster entweder von selbst oder unter kirchlichem Einfluss, wie denn die Heiligennamen im Mittelalter bei der Umdeutung von Namen eine nicht geringe Rolle spielen (vgl. St. Wendelsberg, Marienberg, Petersberg u. a., die oft nichts anderes als Umdeutungen älterer Namen sind). So finden wir in Hessen eine Simonsmühle bei Hatzbach, einen Simonskopf bei Neustadt und einen Ort Symonshusen um 1500, heute Ober-, Mittel- und Untersimtshausen bei

Wetter, in Nassau Simonsboden, Simonsdell, Simonsheck, Simonswies usw Der Sendberg (im Volksmund Semberg), zwischen Verna, Todenhausen und Dillich, lautet 1234 Semidinberch, 1283 Simedenberg, 1577 Simmenberg und zu Anfang des 16. Jh. Simonsberg. Eine Kapelle, St. Simonis geweiht, stand früher auf dem Berge[1]).

Während es bei diesen Namen zweifelhaft bleibt, ob Anlehnung an ahd. semida stattgefunden hat und damit nasses Drieschland bezeichnet werden soll, das seiner Unfruchtbarkeit wegen nicht bebaut und von dem nur etwas Gras gewonnen wird, oder ob mhd. meinde, meine = compascuum, terra inculta communis eingedeutet worden ist (was übrigens den gleichen Sinn ergäbe wie 'Gemeindeland, das sich nicht zum Anbau eignet'), scheint die südliche Lage einiger Gemarkungsteile den Anlass zur Anlehnung an ahd. sund bzw. sundana (ndd. sud) 'Süden, Mittagsgegend' gegeben zu haben[2]): Sondheim bei Homberg (13., 14. Jh. Suntheim), Süntel, Berg im Kreis Rinteln (782 Sundtal), Sündeberg zwischen Wehrda und Gossfelden, Sontra, Stadt an der Sonter (13. Jh. Suntrahe neben Sunterha, Suntra, im Volksmund Sonder), Sondra bei Waltershausen, Sondershausen (1216 Sandirshusen, 1432 Sundershusen), und in einer Reihe Lokalnamen: der Sonter, Waldort im Reinhardswald, im Sonder, Waldort zwischen Gertenbach und Berlepsch, Sonder, kleines Gehölz bei Trendelburg, Sonderkopf, zwischen Vaake und Hilwartshausen, Sundhof (1355 Suntheim, 1525 Sontholb) und Sonderbach bei Gensungen usw.; in Nassau[3]): Sünderbach, Sünderberg, Sündergraben, Sündensuhl usw.; in Thüringen[4]): in der Sundflur oder Sonnenflur, auf der Sundflut usw.

Während diese Namen vorwiegend solche Umgestaltungen boten, die dem Hauptbegriff adäquat waren, d. h. die sich in der Regel mit der grösseren oder geringeren Ertragsfähigkeit des Bodens befassten, gibt es auch Umdeutungen, die aus einem ganz anderen Vorstellungsgebiet stammen, bei welchen irgendwelche zufällige Begebenheiten oder geschichtliche Legenden mitgewirkt haben. An die Stelle der einstigen Hauptvorstellung sind Nebenvorstellungen getreten. Während ein Senseberg (z. B. bei Ramholz) noch den Hauptbegriff des Anbaues, der Ackerbestellung in sich schliesst, ebenso eine Sammetwiese oder Zimmtwiese (vgl. Schmandwiese) auf guten Boden deutet, ist bei der Umdeutung von Vogelsand zu Vogelsang, im Vogelgesang, Vogelsangsmühle (als Strassen- und Flurname ziemlich häufig) die Umdeutung des Bestimmungswortes massgebend gewesen, vielleicht auch die nebensächliche Tatsache, dass sich dort Bäume oder Sträucher zum Aufenthalt für die Vögel befanden. Uhland in Pfeiffers Germania 3. Jahrg. 2. Heft gibt die Erklä-

1) Vesper, Der Kreis Homberg (Marburg 1908) S. 114; Hessler, Hess. Landeskunde 1, 2 (Marburg 1907), 352, Anm. 2.

2) Vgl. dazu Sonnenseite, Sommerseite, Sommerwand u. a. — 3) Kehrein S. 579. — 4) Gerbing S. 72, 79 u. ö.

rung: „Den durch die Singvögel belebtesten Gehölzen gab man früher an vielen Orten kurzweg den Namen Vogelgesang“, eine Deutung, die auch Ernst Grohne[1]) noch 1912 sich zu eigen macht. Zwar ist auch er der Ansicht, dass diese Benennung ursprünglich ein Flurname ist, der seit dem 13. Jh. im ganzen Bereich des deutschen Sprachgebietes gleichzeitig und häufig auftaucht, und dessen weite Verbreitung durch die Kultur des Minnegesangs verbreitet sei, die das Gefühl verfeinerte und sich neben der Farbenpracht der 'bluomen' auch gern des Gesanges der 'vogelin' als lyrischer Staffage bediente[2]). Zwar hebt er hervor, dass der Name von ausgesprochen ländlichem Charakter ist — besonders Einzelhöfe und Mühlen tragen den Namen —, doch auch in Städten ziemlich früh zu finden sei. Das begründet er damit, dass die älteren Städte meist innerhalb ihres Mauerrings nicht völlig ausgebaut waren, dass es dort unbebaute Stellen, Gärten, lokale Wüstungen gab, die von den zahlreichen verheerenden Feuersbrünsten herrührten. Auf ihnen habe zuweilen üppiges Gestrüpp gewuchert, und hier habe sich inmitten der Kultur das Vogelleben besonders konzentriert. Diese Darlegung vermag nicht völlig zu überzeugen. Die ältesten Gassennamen sind zweifellos aus Gemarkungsnamen entstanden, da der Boden meist eher den Namen hatte als der Ort. Eine Erklärung der Strassennamen ohne eingehende Kenntnis und Heranziehung der Flurnamen ist daher schlechterdings unmöglich. Die Flurnamen aber verdanken in ihrer älteren, noch nicht umgedeuteten Form ihren Ursprung 'natürlichen markanten Kennzeichen'[3]). Erst später wurden sie nach mehr zufälligen, gelegentlichen Kennzeichen ein- oder mehrmals umgestaltet, je nach dem Zeitgeschmack und der Zeitrichtung. Nun ist es, wie Grohne S. 7 richtig ausführt, eine häufige Erscheinung, dass die Benennung eines besonderen Teiles der Stadtflur auf das Grundstück und somit auch auf das Haus übertragen wird, natürlich nur auf solche Häuser, die in dem entsprechenden Stadtteil durch Grösse und Bauart hervorragten und in ihrem Bezirk die einzigen waren. Solche Bezirke waren nicht allzu gross, denn neben den Strassenzügen, die selten einheitliche Namen besassen, gab es, ähnlich wie in der Feldmark, eine Unzahl von Lokalnamen, die sich hier und da in der früheren Hausnamenbildung widerspiegeln. In anderen Fällen, wenn solche Benennungen sich ausserhalb des ursprünglichen Mauerrings befanden, wurden Einzelgehöfte oder Mühlen, die auf dem Grundstück angelegt waren, danach benannt (so z. B. bei Treysa die Vogelsangsmühle) oder, bei späterer Ausbreitung des Stadtgebietes, auch Strassen, die durch den Gemarkungsteil hindurchliefen, wie dies z. B. in Hersfeld der Fall ist. Wie die Ge-

1) Die Hausnamen und Hauszeichen, ihre Geschichte, Verbreitung und Einwirkung auf die Bildung der Familiennamen (Göttingen 1912) S. 8 f.

2) Vgl. Jakobs, Vogelgesang. Beiträge zur deutschen Philologie, J. Zacher gewidmet. Halle 1879. — 3) Grohne S. 157.

markungsnamen ursprünglich ein viel grösseres Gebiet umspannten und bei dem Anbau des Bodens allmählich auf kleinere Gebiete beschränkt wurden, so dürfte es auch mit den Flurnamen gewesen sein, die bei der Besiedlung der Gegend als Gassennamen von Dörfern oder Städten übernommen wurden. Deshalb finden wir in vielen älteren Städten heute noch Strassennamen, die anderswo als Flurnamen wiederkehren, und umgekehrt. Die Fortschritte auf dem Gebiet der Flurnamenforschung belehren uns darüber auf Schritt und Tritt.

Nun ist es aber eine Tatsache, dass Flurnamen, deren Sinn man nicht mehr verstand, weil ihre Bedeutung und ihr Zweck dem Volk fremd geworden war, mehrfachen Umdeutungen unterworfen waren. Solche Umdeutungen erfuhr auch der Flurname Vogelgesang zweifellos.

In Thüringen heisst ein hochgelegener Flurteil der Gemarkung Petriroda (Amtsgerichtsbezirk Ohrdruf) nach Hohenkirchen zu amtlich der Vogelgesang, im Volksmund aber der Vaulsand, in Hessen ein Feld bei Rosental im Vogelsand, und in Nassau wird sowohl ein Gemarkungsname Vogelsand wie auch Vogelsang bezeugt. Das bestätigt unsere obige Aufstellung, dass sang unter dialektischer Einwirkung für älteres sand gebraucht wird, das seinerseits wieder auf sann (so noch im Thüringer Volksmund 'der Sann' für amtliches 'der Sand', vgl. Gerbing S. 230) und senn, senne zurückzuführen ist. Die Lage der thüringischen Flur am Grenzgebiet der Gemarkung und auf einer Anhöhe passt vortrefflich auf einen Gemeinweideplatz für die umliegenden Ortschaften. Es würde sich demnach für Vogelsang der ältere Sinn Vogelweide ergeben, und wenn wir an die ausgedehnten Vogeljagden des Mittelalters denken (vgl. z. B. Heinrich den Vogler), so könnte man geneigt sein, Vogelsang als einen Ort, wo Vögel gefangen wurden, zu deuten. Aber so wenig wie z. B. Vogelherd (ma. Volhard, der zweite Teil wahrscheinlich gleichbedeutend mit hard, ahd. hart Trift, Wald, Bergweide, Weidewald) als Flurname etwas mit dem Vogelfang ursprünglich zu tun hat, ebensowenig wird Vogelsang ursprünglich damit zusammengebracht werden dürfen, vielmehr scheint auch das Grundwort älteren Ursprungs zu sein. Ob darin ahd. volo, mhd. vol, vole 'Hengst, junges Pferd' enthalten ist und vogelsang also dem obd. Flurnamen volenwaide (1292), vollenweide entspricht (vgl. auch Volenbrunnen), oder ob darin mhd. vol 'wildes Schwein' steckt, ist nicht ohne weiteres zu entscheiden, da ältere urkundliche Belege von Vogelsang fehlen. Da jedoch im Volksmund vogel häufig voel, vol, voil lautet, wäre Dialektübertragung einer missverstandenen Form vol nicht ausgeschlossen. Vgl. auch volengassen (1406), vollenhalden (1420), obd. Flurbezeichnungen, andrerseits Hof Vogelsburg bei Eschwege und Hof Volmersburg bei Harsfeld, die beide auf einer ehemaligen Flur Vogelsberg liegen, die ihrerseits vielleicht umgedeutet ist aus Volnberg (Vollmersburg tautologisch aus Volnberg, Volmberg, Vollmerg, Vollmer, vgl. in Nassau aufm Vollmer, Volmerstall, Vollmersberg, Volmersheck, auch aufm Vollbert, Vollbertsberg usw.). Da nach Arnold S. 528 in der altgermanischen Weidewirtschaft an erster Stelle die Schweine — bis tief in das Mittelalter das wichtigste Kulturtier —, an zweiter die Pferde und an dritter erst die Rinder und Schafe kamen, wäre das Wort Vogelsang vielleicht ein Zeuge jener alten Zeit, das später, als es nicht mehr verstanden wurde, zweifache Umdeutung durchmachte, einmal als jagdlicher Ausdruck (Vogelweide) und, als auch dies nicht mehr sinnentsprechend war, als Lokalname. Auf die ausgedehnte Pferdezucht weisen jedenfalls noch andere Namen hin, die auch später zum Teil umgedeutet wurden: Rosengarten, Rosenberg (statt Rossberg), Füllenstall (z. B. bei Gottsbären), Gaulskopf, Goldberg, ma. Gollbärgk, Goldwiese, ma. Gollwiese u. a. m. Bemerkenswert ist, dass bei Wellerode (Kr. Kassel) nahe bei einem Gemarkungsteil Pferdemark sich ein Vogelsangsborn, nahe bei dem Rosengrund in der Gemarkung Ropperhausen sich ein Vogelsgrund, und dass in der Gemarkung Rosental sich ein Vogelsand findet. Die Flurnamenforschung wird hier noch manches Dunkel aufhellen müssen, ehe wir zu einer ganz einwandfreien Deutung von Vogelsang gelangen werden.

Ähnlich wie bei Vogelsang wird bei der Umgestaltung von Sennberg zu Sendberg eine neue Hauptvorstellung aus einem andern Vorstellungskreis geweckt. Da mhd. sent, ahd. senôd 'beratende, richtende Versammlung', dann auch später vorwiegend 'beratende geistliche Versammlung, geistliches Rügegericht' bedeutet, wurden manche Berge, die früher Semberg, Sindberg, Simmenberg u. ä. lauten, zu einem Sendberg umgedeutet, weil ihre einstige Bedeutung als Weideberg längst vergessen war, dagegen ihre spätere Verwendung als Versammlungsplatz noch in der Erinnerung des Volkes fortlebte, oder er wurde willkürlich durch die Klöster umgedeutet ohne Rücksicht darauf, dass früher dort Sendgerichte stattgefunden hatten, und aus dem Bedürfnis heraus, dem Namen einen Sinn zu geben. So lautet der Semberg bei Spiesskappel, der, wie schon oben erwähnt wurde, früher Semidinberch, Simons- und Simmenberg bezeugt ist, heute amtlich Sendberg, und Landau[1]) ist der Ansicht, dass von einem Sendberg, wie man ihn 'infolge eines Schreibfehlers' jetzt gewöhlich nenne, nicht die Rede sein könne, trotzdem er als Sitz einer alten Walstätte urkundlich nachgewiesen ist. Es liegt also hier Umdeutung des ursprünglichen Namens unter der Einwirkung des mittelalterlichen Rechtslebens vor (vgl. ähnlich am Gericht, am Richtplatz, am Hundsrück u. a. m.).

Neben dem Rechtsleben hat, wie schon oben angedeutet worden ist, die Einführung des Christentums entscheidenden Einfluss auf die Umgestaltung alter Gemarkungsnamen ausgeübt. Hierher gehören Umgestaltungen durch die Klöster wie Simmen(s)berg zu Simonsberg, Fronberg (1633) zu Frauenberg und zu Veronikaberg (ma. Frunbärgk)[2]), Mer-

---

1) Beschreibung des Hessengaues (Halle 1866) S. 158. — 2) Gerbing S. 522.

gental zu Mariental, Fitziesborn[1]) zu Faciusborn und Bonifaciusborn, Marken- oder Morgenwiesen (zu ahd. march Gemeindebesitz) zu Martinswiese, Wendeberg zu St. Wendelsberg usw. So wurde, wie es scheint, altd. senne nicht nur zu sand, sang, sondern auch zu Sankt umgedeutet, vgl. Sanktholz, Sanktmikel, Sanktwendel, Sankt Bonifazius usw. Veranlassung dazu gab die entsprechende Umdeutung des Grundwortes in kirchlichem Sinn. Zuweilen wurde Sankt solchen ungedeuteten Namen auch einfach hinzugefügt, um den Sinn zu verdeutlichen.

Mythologische Anklänge oder sonstige sagenhafte Erinnerungen haben vielleicht mitgewirkt bei Umdeutungen zu Sündenfuhl, Sündflut, Sünderbach, Sünderberg, Sündergraben usw., ähnlich wie man aus Marckflecken, Marktflecken einen Mordfleck[2]) oder aus einem Hetzenberg, Hessinberg ein Hexenberg[3]) gestaltete. Hierher gehört auch die schon oben erwähnte Umdeutung von Sennewiese, Senneweg zu Sängerwiese, Sängerweg oberhalb des Marientals bei Eisenach zwischen Wartburg und Hohe Sonne. Zweifellos hat bei dieser Umdeutung die Erinnerung an Landgraf Hermann und den Sängerwettstreit eines Heinrich von Ofterdingen, Walther von der Vogelweide und anderer berühmter Sänger mitgewirkt.

Unerschöpflich tätig zeigt sich hier die Volksphantasie in dem Bedürfnis nach neuer Deutung, das, wie Regell betont[4]), nichts anderes ist als ein poetischer Versuch, den abgestorbenen Namen sinnvoll wieder zu beleben.

Hersfeld.

---

1) Vgl. Fitz, Fetz, Fitze sehr oft in Flurnamen zur Bezeichnung nassen Bodens, wahrscheinlich zu Pfütze zu stellen. — 2) Gerbing S. 518.

3) Wahrscheinlich zu Hetz, Hetze Ziege. Vgl. Buck S. 109: Haesenacker (983), Hasinacker (1028), Hechsenacker (1156), Haissenacker (1662), jetzt Hexenacker.

4) Etymologische Sagen aus dem Riesengebirge (Germanist. Abhandl. Heft XII. Festschrift für Karl Weinhold. Breslau 1896) S. 134.

Kleine Mitteilungen.

Das Volkslied im jetzigen Kriege.

(Fragebogen des Verbandes deutscher Vereine für Volkskunde.)

Mit allen guten Geistern unseres Volkes hat auch das deutsche Lied unser Heer ins Feld begleitet. Selbst der Tagesbericht unseres Hauptquartiers hatte seiner begeisternden Wirkung zu gedenken. Es verdient künftigen Geschlechtern im einzelnen aufbewahrt zu werden, welche Rolle das deutsche Lied im grossen deutschen Kriege gespielt hat; für den Feldzug der Jahre 1870/71 liegen darüber nur unzureichende Mitteilungen vor. Wir wären daher aufrichtig dankbar, wenn besonders folgende Punkte ins Auge gefasst und uns Mitteilungen über das Beobachtete gemacht würden:

1. Welche Soldaten- und allgemeinen Volkslieder, welche volkstümlichen und Kunstlieder werden im Felde überhaupt gesungen, welche mit besonderer Vorliebe?
2. Werden bei besonderen Truppengattungen oder besonderen Truppenteilen gewisse Gesänge des allgemeinen Liederschatzes bevorzugt, haben sie besondere, nur ihnen eigene Lieder?
3. Wurden landschaftlich, stammlich begründete Unterschiede bemerkt?
4. Sind im Laufe des Feldzuges Veränderungen, Vermischungen im Liederbestande beobachtet worden, etwa ein Neuauftauchen und Sichausbreiten bestimmter Lieder, Wandern eines einzelnen Liedes von einem Truppenteil zum andern u. dgl.?
5. Bei welcher Gelegenheit wird vorzüglich gesungen?
6. Sind etwa bestimmte Tätigkeiten regelmässig von bestimmten Liedern begleitet?
7. Welche Rolle spielt im besonderen das religiöse, welche das gehobene vaterländische Lied (Deutschland über alles, Wacht am Rhein u. ä.)? Welche Lieder dieser Art, wann und wo werden sie gesungen?
8. Wer sind die Sänger? Einzelne (welchen Bildungsgrades?) oder die Gesamtheit? Verteilt sich etwa der fortlaufende Text und der Kehrreim auf Einzelne und die Gesamtheit?
9. Sind an Worten und Weisen bekannter Lieder auffällige Eigentümlichkeiten, vielleicht auch Veränderungen während des Feldzugs beobachtet worden?
10. Was konnte über Neudichten von Liedern durch gebildete oder ungebildete Feldzugsteilnehmer beobachtet werden?
11. Hat sich der Gesang irgendwo sprachlich, musikalisch, sachlich aus Feindesland etwas angeeignet?
12. Welche Rolle spielen geschriebene oder gedruckte Liederbücher beim Singen und Verbreiten der Lieder?

Es kommt bei Beantwortung der gestellten Fragen nicht auf Aufzeichnung der Texte an (so willkommen uns etwa auch solche wären); es genügt vielmehr, die Lieder mit den Anfangsworten tunlichst eindeutig zu bezeichnen. Gütige Mitteilungen erbitten wir entweder an den Herausgeber der Zeitschrift oder an das von Prof. Dr. John Meier geleitete 'Deutsche Volksliedarchiv' in Freiburg i. Br.

Neue Kehrverse zu alten Soldatenliedern.

Vor einiger Zeit wurde im Verein für Volkskunde die in den letzten Jahren entstandene 'Weiterdichtung' des Uhlandschen „Ich hatt' einen Kameraden“ besprochen. (Vgl. den Nachtrag.) Das um einen Kehrvers bereicherte, von jeher beliebte Lied wird, soweit ich es beurteilen kann, von allen Volks-, Soldaten- und Marschliedern in unseren Tagen von Soldaten und Nichtsoldaten weitaus am häufigsten und liebsten gesungen. Oft konnte ich auf heissen und anstrengenden Märschen beobachten, wie von allen angestimmten Liedern nur noch dieses 'zog' und sich wenigstens beim „Gloria, Gloria, Viktoria!“ immer noch ein ganz stattlicher Chor von Sängern und Pfeifern zusammenfand. Die bisher im allgemeinen bekannte Weiterdichtung ist übrigens noch um zwei Verse vermehrt worden, wenigstens pflegen die aus Berlin und Umgebung stammenden Soldaten im Anschluss an die Worte „In der Heimat, da gibt's ein Wiedersehn!“ nach der Melodie des Kehrverses von „Ich schiess' den Hirsch“ weiterzusingen:

„Wer weiss, ob wir uns wiedersehn
Am grünen Strand der Spree!“

wobei sich dann meine zahlreichen Pankower Kameraden meist die lokalpatriotische Umdichtung „am grünen Strand der Panke-Panke-Panke“ (letzteres in 6 Achtel aufgelöst) erlaubten. Bisweilen wird im Anschluss daran noch der Kehrvers des bekannten Ruderer- und Seglerliedes „Wir halten fest und treu zusammen, Hipp, hipp, hurra!“ gesungen. Als andere Varianten sind, wie Prof. Dr. Max Friedlaender im 'Tag' 1915, nr. 205 schreibt, weit verbreitet in der zweiten Strophe: „Mit Herz und Hand, mit dem Säbel in der Hand fürs Vaterland“, in der dritten: „Gloria, Gloria, schön sind die Mädel von siebzehn, achtzehn Jahr, ja mit Herz und Hand“ usw. Endlich: „Drum, Mädchen, weine nicht, sei nicht so traurig, mach deinem Musketier das Herz nicht schwer! Denn dieser Feldzug ist bald vorüber, dann kehr ich heim, mein Schatz, und bleib bei dir.“

I.

Dem eben genannten Lied: „Ich schiess' den Hirsch“ werden zur Erweiterung Teile von zwei anderen bekannten Liedern angehängt: Nach den Schlussversen „Und dennoch hab' ich harter Mann die Liebe auch gefühlt“, oder ähnlich, wird nach der üblichen Melodie gesungen:

„Was glänzt dort vom Walde im Sonnenschein?
Hör's näher und näher brausen!
Das ist Lützows wilde, verwegene Jagd!“

und wieder daran anschliessend, ebenfalls in der üblichen Melodie:

„Ja, ja, — Im Wald und auf der Heide,
Da such' ich meine Freude,
Ich bin ein Jägersmann!
Halli, hallo, halli, hallo,
Bei uns geht's immer je länger je schlimmer!
Halli, hallo, halli, hallo,
Bei uns geht's immer so!“

Zu bemerken ist, dass diese beiden angehängten Teile nach allen drei Strophen mit gleichlautendem Text gesungen werden, nicht etwa den späteren Strophen der Lieder entsprechend, aus denen sie entnommen sind; sie sind also völlig zum Kehrvers erstarrt.

II.

Ein bei den Königsberger Truppen besonders beliebtes Marschlied ist: „Musketier sind lustge Brüder“. Jeder Strophe wird folgender Kehrvers angehängt:

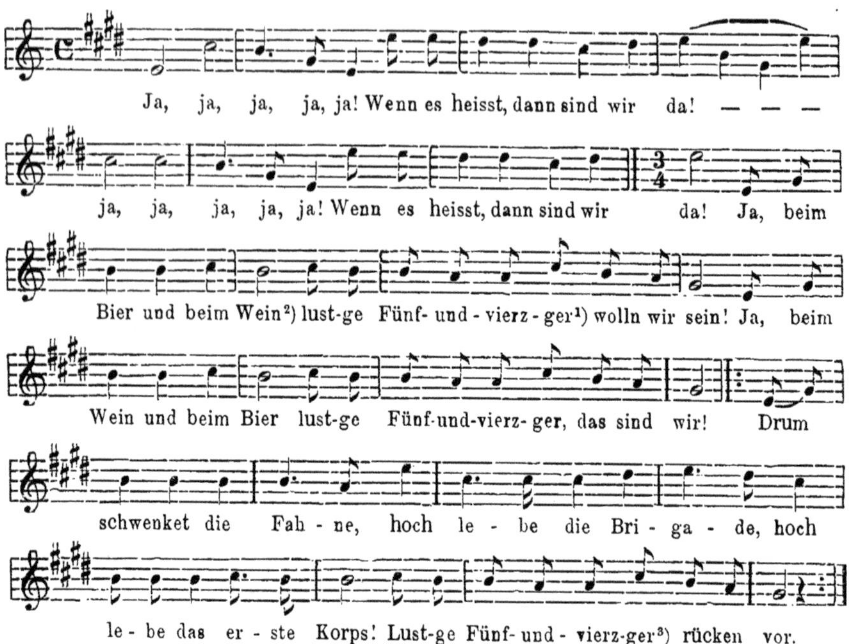

III.

Eine besonders umfangreiche Erweiterung, die auch von einer Umformung der ursprünglichen Dichtung und Singweise begleitet ist, hat das Lied: „Wenn die Soldaten durch die Stadt marschieren“ erfahren, das in folgender Form gesungen zu werden pflegt:

---

1) Hier wird jedesmal die entsprechende Regimentsnummer oder 'Musketiere, Grenadiere, Kanoniere' u. dgl. eingesetzt.

2) Auch: 'Ja, zu unserm Pläsir. lustge — — das sind wir'.

3) Auch: 'Insterburger Fünfundvierzger rücken vor' oder 'Insterburger Fünfundvierzger vor'.

Auffallend ist die Übereinstimmung der Melodie zu dem zweimaligen „Halleluja“ mit der zu den Worten „Nach Hause“ in dem bekannten „Wenn ich den Wandrer frage“. Da niemals anders gesungen wird als „bloss wegen das kleine bisschen usw.“, liegt die Annahme nahe, dass diese Neubildung in Berliner Soldatenkreisen ihre Wurzel hat.

Nicht nur der Kehrvers, sondern auch der Anfang des Liedes hat eine stereotype Form bekommen, da alle Strophen mit den Worten „Wenn die Soldaten durch die Stadt marschieren“ begonnen werden.

Im Verse wird, soweit ich feststellen konnte, immer gesungen: „Zweierleier (!) Tücher, bärtige Männer herzen und küssen die Mädchen so gerne“; offenbar werden das „zweifarben Tuch“ und die „Sterne“ der ursprünglichen Dichtung nicht verstanden, und man behilft sich mit dem Reime, so gut es eben geht. Eine gewisse Bescheidenheit spricht sich in der allgemein gesungenen Umformung der 3. Strophe aus: „So ein bisschen Sauerkohl und ein Stückchen Braten“ statt „Eine Flasche Rotwein usw.“

Mir bisher nicht bekannte, oft gesungene Strophen desselben Liedes sind:

Ja, es kommt wohl öfter vor[1]),
Dass so'n alter Knochen
Abends nach dem Zapfenstreich
Kommt über'n Zaun gekrochen.

Ja, es kommt wohl öfter vor,
Dass beim Manövrieren
So ein junger Musketier
Ein Mädchen tut verführen.

Tapfere Krieger,
Zeigt eure Wunden,
Zeigt sie den Mädchen,
In einsamen Stunden!

IV.

In dem Liede „Lippe-Detmold, eine wunderschöne Stadt“, das zu meiner Freude sehr gern auf dem Marsche gesungen wurde, wird nach jeder

1) Durch Auflösungen in Achtel und Zusammenziehungen in Viertel werden die Worte der Singweise angepasst.

Strophe ein kehrversartiger Zwischensatz nicht gesungen, sondern gepfiffen. Die Melodie, bei der ich zurzeit nicht feststellen kann, ob es sich um eine Neuschöpfung oder um Entlehnung handelt, ist folgende:

Der Grund für die in unserer Zeit besonders stark hervortretende Vorliebe für den Kehrvers liegt wohl darin, dass die eigentlichen Liedertexte immer nur einer beschränkten Anzahl von Sängern bekannt sind, während die Kehrverse musikalisches Gemeingut sind oder doch sich wegen ihrer Stereotypie leicht dem Gedächtnis einprägen und daher von jedem leicht mitgesungen werden können. Dazu scheint für das Soldatenlied noch ein zweiter Grund zu kommen. Für den Marsch wie für andere eintönige Betätigungen des Soldaten („Putzen" u. dgl.) sind vor allem lange Lieder erwünscht, die, einmal angestimmt, eine Weile vorhalten und so die Sänger ein gutes Stück vorwärts bringen. Uhlands „Guter Kamerad" mit seinen drei Strophen ist, wenn man ruhig danach marschiert, in noch nicht $1^1/_2$ Minuten durchgesungen; singt man dagegen die erweiterte Form mit „Gloria" usw., so füllt das Lied fast fünf Minuten aus. Ungefähr das gleiche Verhältnis von 1 : 3 gilt für das Lied „Musketier sind lustge Brüder", und bei „Wenn die Soldaten" stellt es sich sogar auf 1 : 4.

Für die Kehrverse selbst ist, um sie volkstümlich zu machen, ausser dem gleichbleibenden Text eine entweder aus der Schule oder von der Gasse jedem bekannte oder infolge ihrer Banalität allen leicht einprägbare Melodie erforderlich. Ein gutes Beispiel lieferte mir dafür das Lied „Preisend mit viel schönen Reden". Der eigentliche Text war nur wenigen so vertraut, dass sie kräftig mitsingen konnten. Auf mein Betreiben sangen wir daher hinter jeder Strophe ein mir aus meiner Schülerzeit bekanntes „Anhängsel", indem zunächst der Text jeder Strophe in einer sehr banalen Melodie wiederholt und dann nach derselben Melodie nur „Schingdara!" u. dgl. gesungen wurde. In dieser entstellten Form wurde das Lied sehr gern gesungen und war eine zeitlang geradezu des Schiboleth meiner Korporalschaft; natürlich konnte man immer beobachten, dass bei dem rein klangmalenden Schingdara der Chor am stärksten war.

Einen Gedankenzusammenhang zwischen dem ursprünglichen Lied und dem zugesungenen Kehrvers aufzusuchen, scheint mir in den meisten Fällen ein vergebliches Bemühen; in der erweiterten Form von „Ich schiess' den Hirsch" liegt ein gewisser äusserlicher Zusammenhang vor, doch wird dieser schon durch das „bei uns geht's immer" usw. völlig durchbrochen. Die Weiterdichtung des „Guten Kameraden" psychologisch zu erklären, wie seinerzeit in unserem Verein versucht wurde, halte ich für verkehrt. Das Bedürfnis nach einer flotten, leicht zu behaltenden und umfangreichen Melodie dürfte in erster Linie die Entstehungsursache dieser „Potpourris" — denn um solche handelt es sich z. T. geradezu — gewesen sein. Wenn auch in besonderen Fällen, beim Überschreiten der feindlichen Grenze, nach einem siegreichen Gefecht u. dgl. der Inhalt des gesungenen Liedes den Sänger ergreift und mitreisst, so ist doch für die marschierende Truppe der Gesang in erster Linie nur Ersatz für Instrumentalmusik; an den Inhalt des Gesungenen wird im allgemeinen wenig gedacht.

Königsberg i. Pr. Fritz Boehm.

Nachtrag: Gloria, Viktoria.

Über den Ursprung des jetzt allgemein gesungenen Kehrverses zu Uhlands Lied vom „Guten Kameraden“ schreibt Herr Geheimrat Prof. Dr. Max Friedlaender im 'Tag' vom 2. September 1915 nr. 205:

Von wem die neue Fassung des Liedes mit der Fortsetzung „Gloria Viktoria“, „Die Vöglein im Walde“ und „In der Heimat, da gibt's ein Wiedersehn“, herrührt, weiss niemand. Im Schützengraben ist sie nicht entstanden, vielmehr wurde sie bereits vier Jahre vor Ausbruch des Krieges aus dem Volksmund aufgezeichnet und von Dr. Othmar Meisinger in seinem Aufsatz „Volkslieder aus Baden“ in der Zeitschrift „Alemannia“ (1910, S. 155), später in Meisingers Sammlung: „Volkslieder aus dem Badischen Oberlande“ (1913, S. 159), veröffentlicht. Inzwischen waren zwei Bearbeitungen erschienen: von W. Lindemann in Berlin und von Anton Bruggaier in Augsburg (op. 7a für Männerchor, um 1911), in denen der moderne Kehrreim: Gloria usw. bereits benutzt ist. Für diesen Kehrreim hat das Volk mehrere Fragmente verwandt, zunächst die Verse „Gloria Viktoria! Ja mit Herz und Hand fürs Vaterland“ aus einem von dem früheren Königl. Preussischen Hofpoeten George Hesekiel 1864 gedichteten Soldatenliede, das altfriederizianische Motive benutzt:

> Mein Preussen steht so stolz und gross,
> Drum lieb ich's auch so grenzenlos;
> Gott hat's in mancher heissen Schlacht
> Durch seine Kön'ge gross gemacht!
> Gloria! Viktoria! Gloria! Viktoria!
> Herz und Hand fürs Vaterland,
> Für das liebe Preussenland!

Verbreitet wurden diese bereits von Bismarck zitierten Verse zuerst in den Rheinlanden durch eine Männerchorkomposition des tüchtigen Remscheider Musikdirektors J. D. Eickhoff — Vater des bekannten Reichstagsabgeordneten — dann in noch weiteren Kreisen durch G. Piefkes Armee-Marsch „Preussens Gloria“, der laut Kabinettsorder dem 64. Infanterie-Regiment als Parademarsch verliehen worden ist. Die folgenden Worte „Die Vöglein im Walde, sie singen ach so wunderschön“ werden dem Weihnachtsliede „Ihr Kinderlein kommet, o kommet doch all“ untergelegt, dessen Text der bekannte Jugendschriftsteller Christoph von Schmid um 1790 gedichtet hat. Die in jedem deutschen Hause gesungene Melodie dazu wird Johann Abraham Peter Schulz zugeschrieben, dem berühmten Kapellmeister des Prinzen Heinrich in Rheinsberg († 1800), indessen ist es mir nicht gelungen, sie in Schulz' Werken zu finden. Der Berliner Pastor Gustav Knak hat sie dann um 1850 zu dem Liede verwandt: „Wo findet die Seele die Heimat, die Ruh“, das durch die evangelischen Jünglingsvereine allgemeine Verbreitung erlangt hat. Auch dieses Gedicht wird für unseren Kehrreim benutzt: sein Endvers „Die Heimat der Seele ist droben im Licht“ erfährt hier eine weltliche Umgestaltung: „In der Heimat, da gibt's ein Wiedersehn“; gesungen werden diese Worte zu der Melodie des berühmten Liedes „Home, sweet home“, das der Amerikaner John Howard Payne im Jahre 1823 für seine in London aufgeführte Oper „Clari oder das Mädchen in Mailand“ gedichtet hat. Die Melodie dazu ist höchstwahrscheinlich sizilianischen Ursprungs. Der englische Komponist der „Clari“, Sir Henry Bishop, hat sie einer Sammlung von Volksmelodien entnommen, die er mit Klavierbegleitung versehen und im Jahre 1820 in London veröffentlicht hat, später gab er sich übrigens als ihr Autor aus.

Aus Württemberg führt schon C. Voretzsch (Unsere Soldatenlieder, München 1902, S. 13) einen andern zum „Guten Kameraden“ gesungenen Refrain an, dem Inhalt nach ein Schlachtenbild in kurzen Zügen, der Melodie nach teilweise eine Wiederholung der Hauptmelodie, teilweise völlig neu:

Kavallrie rückt vor,
Infantrie gibt Salven ab,
Das ganze Jägerkorps
Rückt aus mit Sack und Pack.

Kavallrie muss attackieren,
Die Franzosen müssens retirieren,
Die Franzosen müssens sehen,
Dass wir Deutsche Sieger sein.

Ein ostpreussisches Weihnachtspiel.

Im Dorfe Grallau bei Soldau, Kreis Neidenburg, aufgezeichnet Weihnachten 1913.[1])

Die heiligen drei Könige treten auf, einen mit buntem Seidenpapier überzogenen Stern in der Hand, der sich um seine ein brennendes Licht tragende Achse drehen lässt, und singen:

2. Wir Weisen, wir zogen den Berg hinauf,
Herodes, der sah zum Fenster hinaus.
Herodes, der dachte in seinem Sinn:
Da kommen drei Weisen, wo wollen die hin?

3. Sie wollen, sie wollen ins jüdische Land,
Da sind die drei Weisen unbekannt.
Sie wollen ziehn nach Davids Stadt,
Wie es der Stern verkündigt hat.

4. Bist du der König aus Mohrenland,
So zeig mir deine rechte Hand!
— Meine rechte Hand, die zeig ich dir nicht,
Du bist der Herodes, der Bösewicht.

1) Das vorliegende Adventspiel, zu dem wir aus Ostpreussen kein Seitenstück anzuführen vermögen, reicht, wie F. Vogt 1901 (s. oben 11, 95) für die ganze Gattung nachgewiesen hat, in das Jahrhundert der Reformation zurück. Noch älter ist wohl das voraufgestellte Dreikönigslied der Sternsinger; vgl. Erk-Böhme, Liederhort 3, 109 nr. 1191—1201; F. Vogt, Weihnachtspiele 1901 S. 299. Die lustige Person Hans Piepedeckel ist an die Stelle des alten Knechts Ruprecht getreten. Ganz andern Charakter trägt das ausführliche Salzburger Weihnachtspiel oben 18, 129. — J. B.

5. Der Stern leucht't uns ins Haus hinein,
Da fanden wir das Kindelein.
Maria bei der Krippe sass,
Der alte Josef verfroren was.

6. Sternlein, steh still und leuchte klar!
Da uns das Kind geboren war,
Da war ein Esel und ein Rind,
Maria bei dem lieben Kind.

Der Engel Gabriel mit einem Schwerte tritt auf und spricht:

Gabriel, Gabriel bin ich genannt,
Ich trage das Schwert in meiner Hand.
Will jemand Böses sprechen,
So will ich ihn zerhauen, zerstechen
Und ihm die Rippen im Leibe zerbrechen.
Schwert, schwing herfür,
Schwing nach der Tür
Und ruf den heiligen Petrus herfür!

Der heilige Petrus mit dem Schlüssel tritt auf und spricht:

Petrus, Petrus bin ich genannt,
Ich trage den Schlüssel in meiner Hand.
Gibt jemand mir ein gutes Wort,
So schliess ich ihm die Himmelspfort.
Gibt jemand mir ein böses Wort,
So schliess ich ihm die Höllenpfort.
Schlüssel, herfür,
Schwing nach der Tür
Und ruf den heiligen Christ herfür!

Das Christkind tritt auf, ein mit brennenden Lichtern geschmücktes Weihnachtsbäumchen in der Hand haltend, und spricht:

Ich bin der wahre, heil'ge Christ,
Der freundlich zu den guten Kindern ist.
Will sehen, ob sie beten, und ob sie gern
Und fleissig in die Schule gehn.
Und wenn sie das nicht tun,
So hab' ich draussen einen gerechten Mann,
Der heisst Hans Paul Peter Piepedeckel.
Piepedeckel, komm herein
Und setz die bösen Kinder in den Schornstein!

Hans Piepedeckel tritt mit läppischen Sprüngen, einen hohen Filzhut auf dem Kopfe, auf und spricht:

Guten Abend, in dieser alten Kat'!
Wer mich nicht grüsst, geh seine Naht!

Er sieht sich im Kreise um und zeigt auf einzelne Zuschauer:

Der mit der Bombennase,
Der mit der Feuernase,
Die mit dem Rosenfell,
Ihr seid aus der Höll.

Dann nimmt er seinen Filzhut vom Kopfe und spricht:

Ich hab' vertrunken mein Vatergut
Und mein Muttergut
Bis auf diesen letzten Filzhut.
Filzhut, Filzhut hat ein Loch.
Bruder Lustig, lebst du noch?

Er wirft sich auf die Erde und schnarcht, worauf ihn der Engel Gabriel wachrüttelt:

Hans steh auf, die Menschen kommen!

Doch Piepedeckel dreht sich auf die andere Seite:

Loat se man koame!

Wieder rüttelt ihn Gabriel:

Hans steh auf, die Vögel singen!

Hans: Loat se man singe![1])

Da ruft ihm der Engel zu:

Hans, steh auf, das Mus ist gar!

Und Hans springt auf:

Wo ös min Läpel
Vom Halfschäpel?

Zum Schlusse singen alle Spieler nach der oben mitgeteilten Weise:

Wir hören die Frauen mit Schlüsseln klingen,
Sie wollen uns eine Verehrung bringen.
Und wenn sie bringen, so bringen sie bald,
Die Hände und Füsse werden uns kalt.

Nach Empfang der Gaben:

Wir treten auf einen breiten Stein,
Unsre Reise muss noch weiter sein.
Wir treten auf ein Lilienblatt,
Gott geb euch eine gute Nacht!

Marggrabowa, Ostpr. Karl Plenzat.

Eine zur Kriegszeit entstandene ostpreussische Sage.

Die 'Königsberger Woche' vom 11. März 1915 brachte folgendes Gedicht

Der Wächter von Szillen.

(Nach der Erzählung einer Flüchtlingsfrau.)

Der Wächter von Szillen blies Mitternachtsstund',
Da trat ein kleines Männlein aus dem Schattengrund.
„Pfeif dreizehn!“ es sprach und liess ihm keine Ruh,
Es kam jede Nacht, und es bat immerzu.
Und als er geblasen zum dreizehnten Mal,
Drei Särge standen vor ihm im Nebelstrahl.

---

1) Schon Fischart (Gargantua 1582 Kap. 6 = 1891 S. 117) kennt diesen Volksscherz: 'Eben wie jener Knecht, da man in frü weckt, die Vögelcken pipen schon inn die Rörcken. O, lat pipen, sagt er, lat pipen; die Vögelcken hefen kleine Häuptcken, hefen bald utgeschlapen, aber sein Häubtchen sey gar grot, thu im mehr Schlapen noht'. Ebenso Neue preuss. Provinzialblätter, 2. Folge 7, 346 (1855. Hans und seine Mutter); Schröer, Deutsche Weihnachtspiele aus Ungern 1858 S. 82 v. 385; Zs. f. den dt. Unterricht 7, 272 (1893). — J. B.

Der erste, der war von Blut so rot.
„Ach kleines Männlein, sag, deutet das meinen Tod?"
„„Ach Wächter, dein Blut, das füllt ihn nicht.
Ach Wächter, dein Blut, das hüllt ihn nicht.
Das ist das Blut von vielen tausend Reiterlein,
Die müssen nach Russland und Frankreich hinein.
Das ist das Blut von tausenden Frauen und Knaben,
Die werden die Füchse und die Krähen begraben."“

Der zweite, der war voll Wassers rein.
„Ach Männlein, wird das ein böser Szaktarp sein?"
„„Ach Wächter, Memelwasser ist im Frühling kalt wie Eis.
Das rinnt nicht so bitter und so salzig und so heiss.
Das sind der Witwen Tränen um das vergossene Blut,
Der Heimatlosen Tränen um das verlorene Gut,
Um das blökende Vieh, das auf der Strasse stirbt,
Um den Weizen, den der Feind in der Scheuer verdirbt."“

Der dritte war so leer, darin war nichts zu sehn,
Kein Leichentuch, kein Kissen von Sägespän'.
„O kleines Männlein, sage, wer soll denn da hinein?"
„„Das wird der ganze Wohlstand eines Landes sein:
Was lebenslang ihr schafftet mit Fleiss und Sorg und Treu,
Und dein Hof und dein Gut, die sind auch dabei,
Und dein Sohn ist dabei. Und du wirst sein Grab nicht sehn.
Und du selbst wirst heimatlos nach Westen betteln gehn."“

Der Wächter von Szillen fiel auf sein Angesicht,
Er rief den Herrgott an; die Särge schwanden nicht.
Er sprach das Vaterunser und betete und rang;
Das Männlein ward ein Riese, dem vom Mund die Flamme sprang.
Da sah er auf vom Boden und faltete die Hand:
„Gib, dass ich's freudig gebe fürs Vaterland!"
Da klangen hell die Glocken vom nahen Kirchelein,
Und über Dach und Wiesen glitt der Mondenschein.

Ich bat die Verfasserin der in ihrer Schlichtheit ergreifenden Verse, Fräulein Charlotte Wüstendörfer in Königsberg i. Pr., in einem Briefe um nähere Auskunft über die Erzählung der Flüchtlingsfrau und entnehme ihren freundlichen Mitteilungen folgendes:

Das Gedicht ist zum erstenmal in Prof. H. Sohnreys Zeitschrift „Das Land" (23. Jahrgang, Nr. 11 vom 1. März 1915) mit einigen Bemerkungen der Dichterin veröffentlicht. Sie hat — so schreibt sie dort — die Sage von einer alten litauischen Besitzerfrau gehört, die ihrer Mutter vom „Unterkunftsbureau für Flüchtlinge" zugesandt worden war. Auch erläutert sie das jedem Ostpreussen bekannte litauische Wort Szaktarp: „Es bezeichnet einen meist im Frühjahr oder im Herbst infolge von Eisgang und Hochwasser eintretenden Überschwemmungszustand des Memelmündungsgebietes, das leichter Frost mit einer zum Überschreiten zu dünnen Eisdecke bedeckt hat. Der Szaktarp unterbricht jeglichen Verkehr und hält oft sechs Wochen und länger an."

In einem Briefe an mich macht dann Fräulein Wüstendörfer noch folgende wichtige Mitteilungen: „Was die Erzählung anbetrifft, so habe ich den Schluss allerdings aus eigener Phantasie hinzugesetzt, ebenso einige Einzelheiten. Auch habe ich die Handlung eigenmächtig nach Szillen verlegt, weil mir die Angabe eines Ortes für den volkstümlichen Balladenton gut zu passen schien. Die Frau sagte nur, dass die Geschichte in der Gegend von Memel passiert sei. Die schlichte Sage lautet wie folgt: Ein Nachtwächter pfiff im Jahre 1913 eines Nachts die Mitternachtsstunde aus. Da trat aus dem Schatten ein kleines Männchen zu ihm und bat: „Pfeif doch dreizehn!“ Der Nachtwächter lachte und sagte: „Das gibt es doch nicht!“ Da verschwand das Männchen. — In der nächsten Nacht kam es wieder und bat ihn diesmal viel eindringlicher: „Pfeif doch dreizehn!“ Der Wächter wies es wieder ab. Aber die Sache kam ihm doch merkwürdig vor, und er ging am nächsten Morgen zum Amtsvorsteher und erzählte ihm alles. Der riet ihm: „Wenn das Männchen wiederkommt, dann pfeif ruhig einmal dreizehn!“ — In der dritten Nacht tat es der Wächter wirklich. Da sah er drei Särge vor sich stehen. Einer war voll Blut, einer war voll Wasser, und der dritte war ganz leer. — Das hat doch sicherlich den Krieg bedeutet. In dem ersten Sarg, da war das viele Blut, das fliessen wird, in dem zweiten Sarge waren die Tränen, und der dritte Sarg bedeutet das arme leere Ostpreussenland, wo die Russen alles ausgeraubt und verdorben haben.“

Marggrabowa, Ostpr. Karl Plenzat.

Ihr sagt es, nicht ich!

Unter dieser Überschrift hat M. Gaster, Germania 25, 287 drei Texte zusammengestellt. Zunächst einen Abschnitt aus den Deutschen Sagen der Brüder Grimm² (Nr. 395; Sage von Rodulf und Rumetrud). Als der König (der Heruler) Rodulf fest auf die Tapferkeit der Heruler baute und ruhig Schachtafel spielte, hiess er einen seiner Leute auf einen nahestehenden Baum steigen, dass er ihm der Heruler Sieg (über die Langobarden) desto schneller verkündige; doch mit der zugefügten Drohung: ‘Meldest du mir von ihrer Flucht, so ist dein Haupt verloren.’ Wie nun der Knecht oben auf dem Baume stand, sah er, dass die Schlacht übel ging; aber er wagte nicht zu sprechen, und erst wie das ganze Heer dem Feinde den Rücken kehrte, brach er in die Worte aus: ‘Weh dir Herulerland, der Zorn des Himmels hat dich betroffen!’ Das hörte Rodulf uud sprach: ‘Wie, fliehen meine Heruler?’ ‘Nicht ich’, rief jener, ‘sondern du König hast dies Wort gesprochen’ (Quelle: Paulus Diaconus, Historia Langobardorum 1, 20).

Fast wörtlich stimmt — so fährt Gaster fort — die in beiden Talmuden enthaltene Erzählung von dem Tode des R. Jehudah ha-Nassi mit dieser deutschen Sage überein, ohne dass wir an eine unmittelbare Entlehnung[1]) glauben können.

1) An eine solche ist allerdings nicht zu denken. Paulus hat das, was er vom Herulerkönig erzählt, aus dem Born der alten Volksüberlieferungen geschöpft, ebenso wie den bei ihm gleich darauf folgenden, ‘poetischen und ganz sagenhaften Zug’: Als die fliehenden Heruler blühende Flachsfelder vor sich sahen, meinten sie vor einem schwimmbaren Wasser zu stehen, breiteten die Arme aus, in der Meinung zu schwimmen, und sanken grausam unter der Feinde Schwert. Vgl. R. Köhler, Kl. Schriften 1, 112; Liebrecht, Zur Volkskunde S. 115 und namentlich Michel Buck, Der Schwank von den Sieben Schwaben, Germania 17, 318. Von besonderem Interesse für uns ist die von Buck mitgeteilte Volksanekdote: Man erzählt sich von einem hohen Herrn, gegenwärtig [1871] muss es der verstorbene König Wilhelm von Württemberg sein, der ein krankes Leibross gehabt und einem Diener den Auftrag gegeben hatte, vom Befinden des Pferdes hin und wieder Nachricht zu bringen, falls er aber den Tod melde, solle ihm

Der Talmud[1]) erzählt nämlich: Als R. Jehudah ha-Nassi auf dem Sterbebette lag, drohten seine Jünger (im jerusalemischen Talmud die Einwohner von Sepphoris) jedem mit dem Tode, der ihnen die Nachricht vom Verscheiden des Nassi bringen würde. Als Bar Kapparah ihnen die Nachricht bringen wollte, zerriss er sein Kleid und zog es mit dem Risse nach rückwärts an, darauf trat er aus der Wohnung des Nassi heraus und sprach: 'Die Engel und Frommen haben gegenseitig um den Besitz der heiligen Lade gerungen, die Engel jedoch haben den Sieg davongetragen.' 'Wie, ist Rabbi gestorben?' 'Ihr saget es und nicht ich.'

Auch die Contes Mogols[2]) — so schliesst Gaster — enthalten eine ähnliche Wendung, wo der König [besser: Sultan] durch eine Detaillierung des Zustandes den Tod seines geliebten Falken erfährt, und voll Zorn ausruft: 'Wie! ist mein weisser Falke tot?' 'Euere Majestät saget es selbst', wird ihm darauf geantwortet, und dadurch entgeht der Betreffende der auf diese Nachricht gesetzten Todesstrafe.

Im folgenden gestatte ich mir Gasters Mitteilungen zu ergänzen. Vor allem versuche ich die Quelle aufzudecken, woraus die Geschichte von dem Falken, dessen Tod nicht gemeldet werden durfte, geschöpft worden ist.

Der Verfasser der Contes Mogols, dessen Namen Gaster anzugeben unterlassen hat, ist Gueulette, 'der wichtigste Nachahmer morgenländischer Märchen unter den Franzosen' (Dunlop-Liebrecht, Geschichte der Prosadichtungen S. 414ff. R. Fürst, Die Vorläufer der modernen Novelle im 18. Jahrh. S. 50ff. P. Martino, L'orient dans la littérature Française au XVIIe et au XVIIIe siècle p. 260). Er schrieb u. a. auch Contes Tartares[3]) und Contes Chinois. Der eigentliche Titel der Contes Mogols ist: 'Les Sultanes de Guzarate, ou les songes des hommes éveillés.' Über die Quellen, die er für seine Erzählungen benutzte, hat sich Gueulette fast nirgends ausgesprochen. Mir ist nur seine Äusserung über die Geschichte von den drei Bucklichten in den Contes Tartares, 13.—19. Viertelstunde, bekannt. In dem Avis au lecteur zu den Contes Mogols (Cab. des fées 22, 247) gesteht er, diese Geschichte den Piacevoli notti des Straparola entnommen zu haben[4]). Es unterliegt aber keinem Zweifel, dass Gueulette, neben

'der Kragen umgedreht werden.' Als das gefürchtete Ereignis eingetreten, kommt der Diener mit dem Bericht: 'Herr der Schimmel frisst nicht mehr, er sauft nicht mehr, er schnauft nicht mehr und regt sich nicht mehr!' 'Alle Wetter!', donnert der Herr dazwischen, 'dann ist er ja tot!' 'Ihr habt es selber gesagt, o Herr!' erwidert der Diener erleichterten Herzens. — Von den Varianten dieser 'Volksanekdote', die mir bekannt sind, steht die indische Fassung (vgl. den Schluss dieses Artikels) der deutschen am nächsten. Nur ist das Tier, dessen Tod nicht gemeldet werden darf, in Indien kein Pferd, sondern ein Elefant.

1) Vgl. A. Wünsche, Der babylonische Talmud in seinen haggadischen Bestandteilen 2, 1, S. 65f.

2) Lille 1782, Bd. 2, S. 8—10. Diese Ausgabe ist mir nicht zugänglich. Ich benutze den Abdruck der Contes Mogols im Cabinet des fées, Bd. 22—23 (Genève 1786). Vgl. daselbst 23, 10ff.

3) Max Poll in seiner Schrift über die Quellen zu Pfeffels Fabeln 1888 S. 40 bemerkt, die 'Contes Tartares' hätten ihm nicht zur Verfügung gestanden. Das rührt vermutlich daher, dass er in seiner Quelle (bei Nivernois) die Contes Tartares ohne den Namen des Verfassers zitiert gefunden hat. Beiläufig steht die Geschichte, die Pfeffel in seinem Gedicht 'Das Beinerhaus' (Poetische Versuche 3, 19; Poll S. 39f.) bearbeitet hat, in der 72. Viertelstunde der Contes Tartares (Cab. des fées 21, 453).

4) A. Pillet, Das Fableau von den Trois bossus ménestrels 1901 S. 46. Chauvin, Bibliographie des ouvrages Arabes 8, 72.

freier Erfindung, auch sonst starke Anleihen bei seinen Vorgängern gemacht hat. Er verarbeitete europäische Geschichten, denen er orientalische Färbung z. B. dadurch verlieh, dass er den auftretenden Personen orientalische Namen beilegte. Er verarbeitete aber auch orientalische Geschichten. Man sehe nur die Nachweise bei Dunlop-Liebrecht S. 198. 280. 284. 297. 415f.

Was nun die Geschichte vom Falken in den Contes Mogols angeht, so hat uns Gueulette selbst einen Fingerzeig gegeben, wo wir uns nach dem Original umzusehen haben. In der Vorrede zu den Contes Mogols sagt er, dass er zur Erklärung der fremdartigen Namen von Ländern oder Städten, von Göttern oder Königen zahlreiche Anmerkungen dem Text beigefügt habe, die er namentlich aus Herbelots Bibliothèque orientale und aus den berühmtesten Reisebeschreibungen schöpfe[1]). Zu letzteren gehören die von Chardin, Tavernier, Thévenot u. a. m. In der Tat führt er diese Werke oft genug an, teils mit, teils ohne Quellenangabe. Er hat aber diesen Werken stillschweigend auch Geschichten entlehnt, wie ich jetzt an der Geschichte vom Falken und noch an einem zweiten Beispiel zeigen werde.

In den Contes Mogols, 16.—23. Abend, erzählt Aboul-Assam, der Blinde von Chitor, seine Erlebnisse (Cab. des fées 22, 472—23, 45). Um einer Lebensgefahr, in die er geraten ist, zu entgehen, gibt er sich vor dem Sultan von Golconde für einen Wahnsinnigen aus und nennt sich Dambac, König von Mouscham[2]). Unter diesem Namen spielt er sehr geschickt die Rolle eines Hofnarren am Hofe des Sultans. Bei Gelegenheit eines Festes verheiratet ihn der Sultan mit einer jungen Sklavin; der Narr muss in seiner Gegenwart den lectus genialis besteigen, worauf sich der Sultan zurückzieht. Trotz aller Leidenschaft für seine junge Frau beschliesst der Narr, dem Sultan einen Auftritt zu bereiten. Er verlässt seine Frau in eiliger Flucht und rennt alles nieder, was sich ihm entgegenstellt. Vor den Sultan gebracht, muss er diesem auseinandersetzen, warum er die Flucht ergriffen habe (s. unten). Der Sultan beruhigt ihn und beschenkt ihn reichlich. Befriedigt kehrt der Narr zu seiner Gattin zurück.

Dieses scherzhafte Geschichtchen, das Gueulette nicht ohne Witz erzählt und zu einem Abenteuer des Aboul-Assam gestempelt hat, ist nichts anderes als eine der bekannteren Bahalul-Geschichten, wie Chauvin (Bibliographie 7, 127: 'Le mariage') gezeigt hat. Die von Chauvin angeführte Bibliothek Herbelots ist ohne Zweifel Gueulettes Quelle gewesen. Bahalul (Behlul, Belul), der anderwärts als der Held der Geschichte gilt, war der Hofnarr des Kalifen Harun al Raschid:

Es lebte sonst an Sultan Haruns Hof
Ein seltner Mann, halb Narr, halb Philosoph,
Und wie wir in der Chronik lesen,

---

1) Dunlop S. 411 (Liebrecht) spricht von der Erleichterung, die den Nachahmern orientalischer Erzählungen durch die in d'Herbelots Bibliothèque Orientale und in Chardins Reisen mitgeteilten Belehrungen dargeboten wurde. Namentlich Herbelot ist viel benutzt worden; vgl. z. B. Chauvin, Zentralblatt für Bibliothekswesen 17, 320f. und Martino, L'orient dans la litt. Française p. 145. Aus Herbelot, Artikel 'Babaram Gur', hat Gueulette seine Geschichte von Baharam-Guri, z. T. wörtlich, entlehnt (Contes Tartares, 73.—76. Viertelstunde; vgl. Pfeffels Gedicht 'Babaram', Poet. Versuche 2, 3). Auf Herbelots Artikel 'Timour' und 'Cadhi' (Maestrichter Ausgabe S. 882 und 210) gehen, allerdings nicht unmittelbar, Pfeffels Gedichte 'Timur und Amedi' 6, 44 und 'Das Testament' 9, 162 zurück; zu letzterem Gedicht vgl. auch Dunlop-Liebrecht p. 297b, wo bereits auf die Bearbeitung Gueulettes in den Contes Tartares verwiesen worden ist.

2) Die Anmerkung über Dambac, Cab. des fées 22, 493, ist fast wörtlich aus dem Artikel 'Dambac' bei Herbelot entlehnt.

So hörte der Kalif ihn weit geneigter an,
Als wär er nichts als Philosoph gewesen,

beginnt Pfeffel[1]) sein Gedicht 'Behlul'. Bahalul wird zuweilen auch als Verwandter (Bruder oder Neffe) des Harun bezeichnet. Er gehört, nach der Schilderung, die Herbelot von ihm entwirft[2]), und nach dem, was Josef Horovitz (Spuren griechischer Mimen im Orient S. 51f.) ausgeführt hat, zu den 'vernünftigen Verrückten'.

Um zu zeigen, wie eng sich Gueulette an Herbelot angeschlossen hat, stelle ich jetzt die Worte, mit denen Aboul-Assam seine Flucht dem Sultan gegenüber begründet, und die entsprechende Stelle bei Herbelot (1776 S. 157a) einander gegenüber:

Gueulette (Cab. des fées 23, 7).

Tu m'avois promis toute sorte de satisfaction en me donnant une femme; mais je me suis vu bien loin de mes espérances: à peine ai-je été couché auprès de ma nouvelle épouse, qu'il m'a semblé entendre sous la couverture un bruit extraordinaire; attentif, et prêtant l'oreille, j'ai cru entendre dans son ventre plusieurs voix claires et fort distinctes, dont l'une demandoit une chemise, l'autre un turban, une robe et des pabouches, une troisième, du pain, du ris, et de la viande; qui pis est, il m'a paru que toutes les personnes qui parloient ainsi s'entrebattoient; de sorte qu'épouvanté par leurs cris, je me suis promptement échappé, dans la crainte de devenir père d'une grosse famille, qui me témoignoit déjà ses besoins que je n'aurois pas le moyen de lui fournir, et dont j'ai voulu éviter les reproches.

Herbelot.

Bahalul répondit qu'il lui avoit promis toute sorte de satisfaction en lui donnant une femme, et que cependant il s'étoit trouvé bien déchu de ses espérances. car il ne s'étoit pas plutôt trouvé dans le lit avec sa femme, qu'il avoit entendu un fort grand bruit dans son ventre; et que s'étant rendu plus attentif à ce bruit, il avoit oui plusieurs voix fort distinctes, qui d'un côté lui demandoient un habit, une chemise, un bonnet et des souliers; et de l'autre, du pain, du riz, et de la viande: de plus, il avoit entendu des cris et des pleurs: car les uns rioient, et les autres s'entrebattoient; de sorte que ce bruit l'avoit tellement épouvanté, qu'il crut qu'aulieu du repos qu'il pensoit trouver, il deviendroit encore infailliblement plus fou qu'il n'étoit, s'il demeuroit plus long-temps avec sa femme, et devenoit le pere d'une grosse famille[3]).

Aboul-Assam bringt nun eine glückliche Zeit mit seiner jungen Gattin zu. Im übrigen spielt er seine Rolle weiter. Dabei hütet er sich, den Neid und den Hass der Hofleute zu erregen, wie er es bei einer früheren Gelegenheit, als er der Leibarzt des Sultans von Chitor war, getan hatte. Im Gegenteil, er bemüht

1) Poetische Versuche 6, 97. Quelle: Herbelot (durch Blanchet vermittelt? Vgl. Chauvin 7, 126: 'Les dangers du trône').

2) Bahalul vivoit sous le Khalifat de Haroun Raschid, et étoit un de ces gens qui passent parmi les Musulmans, ou pour saints, ou pour insensés (danach Gueulette, Cab. des fées 22, 492: Les insensés dans l'Orient sont respectés et regardés comme des saints). Vgl. auch Herbelot unter Haroun und Megnoun (Maestrichter Ausgabe S. 401b. 580a).

3) Näheres über Bahalul und die von ihm erzählten Geschichten findet man (ausser bei Herbelot, Artikel 'Bahalul') bei Galland, Paroles remarquables, im Supplement zu Herbelots Bibliothèque 1780 p. 206 (daraus entlehnt: Cab. des fées 22, 10 u.). Chardin, Voyages 3, 239 (1735; vgl. dazu die Chronik des Wiener Goethevereins 6, 44ff. 8, 15f.). Cardonne, Mélanges de littérature orientale 2, 119ff. Flögel, Geschichte der Hofnarren 1789 S. 171ff. (aus Herbelot). Niebuhr, Reisebeschreibung 2, 301. Chauvin, Bibliographie 7, 126f. Bruno Meissner, Neuarabische Geschichten aus dem Iraq 1903 S. V. Josef Horovitz, Spuren griechischer Mimen im Orient 1905 S. 51, Anmerkung.

sich, den Hofleuten Gefälligkeiten zu erweisen, wo er nur kann. Gelegenheit dazu bietet sich ihm einmal, als der Lieblingsfalke des Sultans gestorben war, und als der Oberfalkner für die bewiesene Nachlässigkeit den Tod erleiden sollte. About-Assam schlägt sich ins Mittel, rettet den Falkner und erhält von ihm ein reiches Geldgeschenk.

Dies ist die Geschichte vom Falken, dessen Tod nicht gemeldet werden durfte; die Geschichte, von der Gaster a. a. O. einen nur allzu kurzen Auszug gegeben hat. Sie ist so wenig eine Erfindung Gueulettes, wie die vorhin behandelte Bahalul-Geschichte. Aber woher hat er sie entlehnt? Man könnte vermuten: ebenfalls aus Herbelot. Dies ist jedoch nicht der Fall. Wir müssen uns nach einer anderen Quelle umsehen. Allerdings hat uns Gueulette das Suchen nicht leicht gemacht. Die Geschichte steht in Chardins Reisebeschreibung[1]; aber nicht in den Kapiteln, wo der berühmte Reisende Übersetzungen aus der persischen Literatur gibt und auch persische Sentenzen, Fabeln, Erzählungen mitteilt, sondern in der Beschreibung der Stadt Ispahan, die Chardin noch in ihrem früheren Glanze sah.

In der Vorstadt Deredechte, so berichtet Chardin 2, 113 (= 8, 124 L.), zeigt man das Haus des Kel-Anayet, der der Hofnarr des Schahs Abbas des Grossen und berühmt wegen seiner witzigen Antworten war[2]. Drei Geschichten teilt Chardin von ihm mit; die dritte ist die Geschichte vom Falken, die Gueulette dem Aboul-Assam in den Mund gelegt hat. Ich gebe den Text der Geschichte nach Chardin, wobei ich alle Ausdrücke, die bei Gueulette wörtlich oder fast wörtlich wiederkehren, durch Sperrdruck hervorhebe.

Ce Monarque [Abas le Grand] avoit un Faucon blanc, qu'on lui avoit envoyé du Mont Caucase, et qu'il aimoit beaucoup. Le Roi voulant un jour le faire voler, il le trouva malade. Il appella le Grand-Fauconnier, nommé Hossein-Bec[3]), et lui dit: Prenez garde à ce Faucon, car quiconque me viendra dire qu'il est mort, je lui ferai ouvrir le ventre[4]). Cependant le Faucon mourut au bout de huit jours. Hossein-Bec étant au desespoir, vit passer Anayet devant la Fauconnerie, qui alloit à la Cour. Il lui conta la chose, le conjurant avec larmes de le sauver de la mort. Anayet, touché de son malheur: Bien, dit-il, laissez-moi faire; si le Roi[5]) fait mourir quelqu'un pour lui dire que le Faucon est mort, ce sera lui-même qu'il fera mourir. Il suivit son chemin, et trouva heureusement le Roi qui achevoit de diner, et étoit de belle humeur. Teigneux[6]), lui dit-il, d'où viens-tu? Anayet prenant l'air le plus gai, lui répondit: Sire, je viens de votre Fauconnerie. Ecoutez-moi bien, car je veux vous raconter la chose la plus curieuse et la plus extraordinaire qu'on ait jamais vue. J'ai trouvé Hossein-Bec, le balai à la main, qui balayoit une place en quarré, au-devant de la Voliere dorée. Il l'a arrosée ensuite, et après il a étendu dessus un petit tapis de soye, qu'il a semé de fleurs. Après il a été querir

---

1) Wie Herbelot, so ist auch Chardin viel benutzt worden; vgl. z. B. Martino, L'orient dans la littérature Française 1906 S. 294f. Chardins Reisebeschreibung zitiere ich nach der Amsterdamer Ausgabe v. J. 1735: daneben auch die von Langlès (= L.), Paris 1811.

2) Eine kurze Erwähnung des Kel-Anayet auch bei Chardin 2, 76 (8, 16 L.): Kelanajet, qui étoit le Bouffon d'Abas le Grand, fameux pour son esprit et pour ses reparties.

3) Gueulette hat dem Falkner den Namen Menoulon (den er aus Herbelot 1776 p. 583 entlehnt haben mag) beigelegt. Ich sehe den Grund nicht, weshalb er für den Eigennamen, der ihm bei Chardin vorlag, einen anderen eingesetzt hat.

4) ouvrir le ventre] Gueulette: couper la tête.

5) le Roi] so hier auch Gueulette. Sonst nennt er den Herrscher immer: Sultan.

6) Le Roi appelloit cet esprit bouffon, Ketchel-Anayet, c'est-à-dire, Anayet le teigneux, au-lieu de Kel-Anayet, qui étoit son nom (Chardin 2, 114).

votre Faucon blanc, et pleurant à chaudes larmes, il l'a couché sur le dos. Le Faucon étoit étendu là, les ailes déployées, le bec en-haut, les jambes serrées, les yeux fermés. Le Roi surpris du récit, l'interrompit en s'écriant: Comment donc! mon Oiseau est mort? Sire, repartit Anayet, que votre tête soit sauve: c'est vous-même qui l'avez dit[1]).

Doch Chardin ist nicht der einzige Reisende, der die vorstehende Geschichte überliefert hat. Ein Zeitgenosse Chardins, der Arzt Engelbert Kämpfer, der von 1683—94 den Orient bereiste, hat in seinen Amoenitates Exoticae, Lemgoviae 1712, zwei besondere Paragraphen dem 'Kalèh Enajèt, contracte Kalenajèt dictus' gewidmet (p. 292—97) und hier fünf Geschichten von ihm mitgeteilt[2]). Darunter befindet sich auch die Geschichte, worin erzählt wird, wie einst Kalenajet dem Magister falconum das Leben rettete. Sie lautet:

Aliquo tempore Rex [Abassus I.] ex aucupio redux, falconem ubi magistro redderet: 'Curam', ait, 'hujus avis gerite, quia nihil illâ mihi carius! primus, qui mortuum mihi dixerit, morietur!' Paucis post diebus falco moritur. Magister, consilii inops, invitatis Senatoribus ostendit cadaver, avis sibi funestae, si primus mortuum nunciaverit. De modo ambigui, Kalenajetum advocant, qui referat. Is verò: 'quando me vitae poenitebit, faciam', inquit. Gemebundi instantes, tandem impetrant. Ad Regem igitur ingressus, cum quid novi vidisset, interrogaretur; histricis gestibus graphicèque narrat, quid spectaverit in Ornithotrophio, à morte falconis cautissimè abstinens: nimirum, se vidisse, dicit, avem pulcherrimam, jacentem in aulaeo, ad magnificentiam expanso, capite, alis cruribusque decoré extensis; circumsedisse Senatores demissis vultibus suspirantes: plorantem verò falconum magistrum, de corio suo solicitum. Quo ipso Rex rem intelligens: 'Quid', ait, 'num falco meus mortuus est?' Tum Kalenajetus: 'Indoleo, Rex, Tuae vitae, quia primus dixisti falconem mortuum.' Ita declinato à Magnatibus fato, Principem inultus edocuit.

Ob oder wo die Geschichte vom Falken in der persischen Literatur vorkommt, vermag ich leider nicht zu sagen. Zum Ersatz dafür will ich die Geschichte in Indien nachweisen und somit Gasters Angaben noch nach einer anderen Richtung hin ergänzen. In der indischen Geschichte handelt sichs um einen Elefanten, dessen Tod nicht gemeldet werden darf. Diese Geschichte ist eine von den Robaka-Geschichten[3]), über die ich oben 17, 181 f. berichtet habe, so dass ich mich hier auf das Nötigste beschränken kann. Der König von

1) Gueulette: C'est votre majesté même qui l'a dit, m'écriai-je en ce moment, que sa tête soit sauve!

2) Die erste Geschichte wird ganz kurz auch von Chardin erzählt (2, 64 f.; vgl. 7, 471 L., wo Langlès auf Kämpfers Amoenitates verwiesen hat); aber der Held der Geschichte heisst bei ihm: Melec-Ali. Die zweite Geschichte: Kalenajet veranlasst Abbas den Grossen, das Verbot, Opium zu geniessen, wieder aufzuheben, steht ebenfalls bei Chardin (2, 113 f.).

3) Diese Rohaka-Geschichten sind namentlich dadurch von allgemeinerem Interesse, dass sich unter ihnen die 'Non dormio, sed penso'-Episode vorfindet, die öfters, zuletzt wohl von Cosquin, Romania 40, 517 ff., behandelt worden ist. Cosquin hat (zuerst?) auf S. 522 auf eine Erzählung bei Radloff (Proben der Volksliteratur der nördlichen türkischen Stämme 6, 198 ff.: 'Das kluge Mädchen') hingewiesen, wo die genannte Episode, in einer eigentümlichen Form, eingeschachtelt ist. Cosquin meint, die Episode sei durch persische Vermittlung aus Indien zu den Türkstämmen gelangt. Dazu möchte ich bemerken, dass es in der Tat eine indische Erzählung gibt, die eine grosse Ähnlichkeit mit der türkischen Darstellung aufweist. Die Antworten allerdings, die auf die Frage: 'Woran denkst du' erteilt werden, weichen in der indischen Erzählung ab. Die Erzählung steht in dem oben 16, 133 von mir erwähnten tamulischen Buche Kathāmañjarī unter Nr. 55.

Ujjayinī hat beschlossen, den klugen Knaben Rohaka, der in der Nähe der Stadt in einem Schauspielerdorfe wohnt, zu seinem Minister zu machen. Vorher aber will er ihn durch eine Reihe von Aufgaben, die er lösen muss, auf die Probe stellen. Die fünfte Aufgabe lautet[1]):

Einst schickte der König einen alten, mit Krankheiten geplagten, dem Tode nahen Elefanten in das Dorf, mit dem Befehle: 'Wenn dieser Elefant gestorben ist, so darf es nicht gemeldet werden. Es ist jedoch täglich über sein Befinden Bericht zu erstatten; andernfalls wird eine hohe Strafe über das Dorf verhängt.' Da versammelten sich alle Dorfbewohner und fragten den Rohaka. Der sprach: 'Gebt ihm Futter! Was nachher geschehen soll, dafür lasst mich sorgen!' Auf sein Geheiss gaben sie dem Elefanten Futter; der aber starb in der Nacht. Darauf schickte Rohaka einen Dorfbewohner zum König und liess ihm sagen: 'Majestät! Heute legt sich der Elefant nicht nieder, noch steht er auf; er nimmt weder einen Bissen (er frisst nicht), noch macht er eine Entleerung[2]); er atmet weder aus noch ein; kurz, er zeigt die Bewegung eines Lebendigen nicht mehr.' Darauf der König: 'Wie, ist der Elefant tot?' Darauf der Dorfbewohner: 'Eure Majestät sagt das, nicht wir.' Da schwieg der König; die Dorfbewohner begaben sich nach Hause.

Halle a. S. Theodor Zachariae.

Simulierte Epilepsie im 16. Jahrhundert.

Im Anschluss an den interessanten Aufsatz von Alfred Martin (oben Bd. 24, 113. 225) möchte ich auf eine Stelle in Valentin Boltz' kulturgeschichtlich bedeutungsvollem 'Weltspiegel'[3]) v. J. 1550 hinweisen. V. 4633ff. rühmt sich der 'Kilwyh bettler':

Die lieben heilgen sant Kürin vnd Felten[4])
Můß ich loben, kann sy nit schelten;
Darzů sant Tengen[5]) vn̄d sant Vyt
Bringend mir zwegen manche büt.
Kylchwyh vnd Merckt ich nit versumen,
Fall nider vnd heb an zů schumen;
Ich thůn mich dorinn gantz beflyssen,
Das ich dzen vff einandren byssen,
Verkehr den mundt vnd auch die augen,
Vff das mir alle menschen glauben.
Mit schumen thůn ichs alle geuchen[6]):
Ich trag im mul ein stückly seipffen;
Wen ich im mundt das küwen wol,

---

1) Antarakathāsaṃgraha bei Pullè, Un progenitore Indiano del Bertoldo 1888 S. 5 (Text) und S. 20 (Übersetzung); vgl. Studi italiani di filologia Indo-iranica 2, 5, 144ff. Die Rohaka-Geschichten finden sich auch in der längeren Fassung von Ratnasundaras Kathākallola (einer Rezension des Pañcatantra) und sind neuerdings daraus mitgeteilt worden von Joh. Hertel, Das Pañcatantra, seine Geschichte und seine Verbreitung 1914 S. 194ff.

2) So wörtlich. Abweichend der von Hertel übersetzte Text: 'Er frisst weder, noch säuft er'.

3) Schweizerische Schauspiele des 16. Jahrhunderts, bearbeitet unter Leitung von J. Bächtold 2, 294 (Zürich 1891). — 4) Quirin und Valentin. — 5) Anton. — 6) Zum Narren halten.

So geiffer ich ein küpfflin[1]) vol;
Man treit mich vff ein ort hinumb,
Biß ich wider zů mir selbs kumb.
So fahend frumm lüt zammen heben,
Vil gelt vnd müntz mirs zammen legen.
Wenn ich nun kumm vß disen kempffen,
Nimm ichs gelt und heb an zedempffen[2]).
Bin nit vmbsunst ein bettler worden,
Ich weiß vff erd kein frybren orden!

Basel. Eduard Hoffmann-Krayer.

Dieser bei Boltz beschriebene Betrug listiger Bettler wird schon früher verschiedentlich erwähnt. In einem um 1440 geschriebenen Nachtrage zu Knebels Basler Chronik (Kluge, Rotwelsch 1, 9. 1901) werden unter den abgefeimten Bettlern zuerst beschrieben die „Grantener, die mit dem Sprung umbegant; wenne die sebent, das man den Segen in der Kirchen gitt, es sie Obendes oder Morgens, so man gesungen hett, so nement sie Seiffe in den Munt und stechent sich mit eym Halm in die Naßlöcher, das sy bluten und schummen werdent, und vallent denn vor den Lüten nider, als ob sie den Siechtagen haben.“ — Auf die gleiche Quelle geht ein Bericht in der Chronik des Matthias von Kemnat z. J. 1475 (Kluge 1, 21) zurück; ebenso das 8. Kapitel des 1510 erschienenen Liber vagatorum (Kluge 1, 42); „Die [Grantner] sprechen in des Hautzen Boß (d. h. Bauern Haus): Ach lieber Fründ, sehen an, ich bin beschwert mit dem fallenden Siechtagen Sant Valentin, Sant Kurin, Sant Vits, Sant Anthonius vnd han mich gelopt zu dem liben Heilgen mit 6 Pfunt Wachs, mit eim Altertuch, mit eim silberin Opfer vnd mus das samelen mit frummer Lüt Stur vnd Hilf, darumb bit ich euch, das ir mich wôllen stüren ein Heller, ein Rüfchen Flachs, ein Vnderbant Garn zu dem Altar, das uch Got vnd der lieb Heilig wôl behüten vor der Plagen oder Sichtagen. Item etlich fallen nider vor den Kirchen, auch allenthalben vnd nemen Seiffen in den Mund, das yuen der Schum einer Fust groß vff gat, vnd stechen sich mit eim Halm in die Naßlöcher, das sie bluten werden, als ob sie den Siechtagen betten, vnd ist Bubenteding“ . . . Ebenso in der niederdeutschen Ausgabe des Liber vagatorum (Kluge 1, 64) und in der gereimten Fassung (Pamphilus Gengenbach, hsg. von Goedeke 1856 S. 355). Auch Contz Haß erzählt in dem Gedicht ‘Der valschen Bettler Teuscherey’ v. 250 (Kluge 1, 118):

Der ander nympt ein wenig saiffen,
Thuts in den mund, biß daß er schaumptt,
Vnd ligtt ain weil, als hab im traumptt.
Ist das nit große bueberey?

Berlin. Johannes Bolte.

Richard Wünsch †.

Am 17. Mai 1915 fiel als Hauptmann der Landwehr an der Spitze seines Bataillons durch einen Kopfschuss der ordentliche Professor an der Universität Münster Richard Wünsch. Mit ihm ist einer der besten Mitarbeiter auf dem Gebiete der Volkskunde allzufrüh von uns geschieden. Wünsch war klassischer

1) Ein Hohlmass. — 2) Schlemmen.

Philolog, der Altertumswissenschaft galt seine Haupttätigkeit, aber er hat der Volkskunde stets ein reges Interesse gewidmet. Die ersten Anregungen zur Beschäftigung mit unserer Wissenschaft hat er vermutlich während seiner Bonner Studienzeit durch Hermann Usener empfangen, dann aber vor allem durch seine Freundschaft mit dem uns auch allzufrüh entrissenen Albrecht Dieterich. Seine erste Arbeit auf diesem Gebiete erschien 1910 in der Festschrift zu Wolfgang Helbigs 60. Geburtstage. Der junge deutsche Archäolog, der von Rom scheidet, trinkt aus der Fontana Trevi, deren Strahlmündung mit brennenden Wachskerzchen umsteckt wird, dann wirft er mit abgewandtem Gesicht eine päpstliche Münze in das Bassin der Fontana. W. zeigt, wie alle diese heut geübten Zeremonien genau antiken Riten entsprechen, wobei es dahingestellt bleibt, ob ein bei den Römern neuerer Zeit erhaltener und von der deutschen Archäologie einmal übernommener Volksbrauch vorliegt oder ob ein junger Gelehrter irgendwann nach antiken Mustern die Sitte erfunden hat. Die Volkskunde geht auch das zwei Jahre später erschienene Büchlein „Das Frühlingsfest der Insel Malta“ an. Wünsch geht darin aus von einem im 16. Jahrhundert geschriebenen Bericht eines Arabers über ein maltesisches Frühlingsfest und sucht zu zeigen, dass hier der Rest eines antiken Adonisfestes vorliege. Mag er in der Analyse der Riten im einzelnen auch geirrt haben, wichtiger als einzelne Irrtümer ist es, dass er sich klar darüber war, wie wertvoll derartige Nachrichten über mittelalterliche oder neuere Feste für das Verständnis der antiken Religion sein können. Ausschlaggebend für W.s volkskundliche Tätigkeit wurde dann seine Berufung an die Universität Giessen. Dort hatte die Volkskunde eben einen grossen Aufschwung genommen durch die organisatorische Kraft Stracks und den Feuergeist Dieterichs. In dem Titel der Zeitschrift des Hessischen Vereins war eine kleine Änderung vorgenommen worden, die bedeutungsvoll war für die neue Auffassung der Volkskunde: aus den „Blättern für Hessische Volkskunde“ waren die „Hessischen Blätter für Volkskunde“ geworden. W. wurde sofort ein eifriger Mitarbeiter der Zeitschrift. Er veröffentlichte hier mittelalterliche Texte über Traumdeutung und Fieberzauber, ferner einen Odenwälder Zauberspiegel, der ihm Gelegenheit bot, über die Weissagung aus Spiegeln zu sprechen, die besonders bei Griechen und Römern eine grosse Rolle spielt. Abgedruckt wurde in der Zeitschrift auch ein in der Hessischen Vereinigung für Volkskunde gehaltener Vortrag „Griechischer und germanischer Geisterglaube“, der als erste Einführung in diesen Gegenstand dienen sollte. „Die Kunde von unserem eigenen Volke, die zu fördern sich die Hess. Blätter bestreben“, so beginnt ein anderer Aufsatz, „bleibt unverstanden, solange der Sinn nicht über die Grenzen des engeren Vaterlandes hinausgetragen wird.“ Unter dem Titel „Was sich das griechische Volk erzählt“ berichtet er darin auf Grund eines Werkes von Polites über die im heutigen Griechenland noch lebenden Märchen und sonstigen antiken Traditionen. Führt er hier nach dem neuen Griechenland, so ist ein späterer hübscher Aufsatz der antiken Volkskunde gewidmet, „Die Zauberinnen des Theokrit“, er übersetzt darin dies Gedicht Theokrits und erläutert die darin vorkommenden magischen Riten. — Die Universität Giessen führt im Wappen das sogenannte Antoniterkreuz. Das gab Wünsch Veranlassung, der Geschichte dieses Zeichens nachzugehen und seine Entstehung bis auf das ägyptische Henkelkreuz, das Zeichen des Lebens, zurückzuführen. Aber nicht nur auf die Hessischen Blätter beschränkte sich Wünschs volkskundliche Tätigkeit. 1905 erschien als Beiheft des Archäolog. Jahrbuchs das Buch „Pergamenisches Zaubergerät“, das auch für die Volkskunde von Interesse ist. Auch seine Aufsätze und kleinen Mitteilungen in Dieterichs Archiv für Religionswissenschaft enthalten mancherlei Volkskundliches. Nach Dieterichs Tode übernahm er selbst die Leitung des Archivs, und er hat sie in Dieterichs Geist, also auch zu Nutzen und Frommen der Volkskunde fortgeführt. Wie andere Schriften des Freundes hat er auch Dieterichs „Mutter Erde“ neu herausgegeben und im Anhange vielerlei neue volkskundliche Hinweise hinzugefügt. Für die vom Verbande der Volkskunde-Vereine unternommene Sammlung der Zaubersegen war er als Kommissionsmitglied tätig. Reiche Verdienste um die Volkskunde hat er sich auch durch die Anregungen erworben, die er seinen Schülern gab, und durch die Herausgabe der „Religionsgeschichtlichen Versuche und Vorarbeiten“, die er zuerst mit Dieterich, dann mit Deubner zusammen leitete.

Alle Arbeiten Wünschs legen Zeugnis ab von der Auffassung, dass die Altertumswissenschaft der Befruchtung durch die Volkskunde bedarf, dass aber auch die Volkskunde auf die Hilfe der Altertumswissenschaft angewiesen ist.

Als ich im November 1913 Wünsch von der Gründung der „Religionswissenschaftlichen Vereinigung“ Mitteilung machte, da schrieb er mir zurück, er werde, wenn er einmal nach Berlin komme, gern an den Sitzungen teilnehmen, aber „für 1914/15 sind mir die Reiseflügel dadurch gestutzt, dass ich die nächste Philologenversammlung vorbereiten muss.“ Nun hat er noch vor der Philologenversammlung die weite, weite Reise antreten müssen! Wir aber müssen uns trösten über seinen Verlust in dem Gedanken, dass sein Leben wie das so vieler Tausender der grossen Sache des Vaterlandes zum Opfer gebracht ist, trösten aber auch mit dem Gedanken, dass sein Wirken nicht vergebens gewesen ist und nicht nur in seinen Schriften, sondern auch in seinen Schülern fortlebt.

Berlin. Ernst Samter.

Berichte und Bücheranzeigen.

Neuere norwegische Märchensammlungen.

Das heutige Märchenstudium arbeitet mit einer grossen Stoffmenge, so dass man bei der Erforschung eines Märchens eigentlich nie sicher sein kann, alle dazu gehörigen Varianten beisammen zu haben. Dazu gesellen sich noch sprachliche Schwierigkeiten; wer die Geschichte eines Märchens untersuchen will, müsste eigentlich alle Sprachen beherrschen. Zwar besitzen die Märchenforscher jetzt ein überaus wertvolles Hilfsmittel in den von Bolte und Polívka herausgegebenen Anmerkungen zu den Grimmschen Märchen, bei deren Lektüre man jedesmal über die Ausdehnung und den Reichtum der Märchenwelt staunen muss. Doch von Jahr zu Jahr wachsen die Variantenreihen durch neu erscheinende Sammlungen, und viele Märchentypen sind in der Grimmschen Sammlung nicht vertreten. Auch in Norwegen sind in den letzten Jahren einige Sammlungen erschienen, die neben Märchen Sagen und Mitteilungen über Sitte und Brauch enthalten. Über ihren Inhalt möchte ich kurz berichten, indem ich mich auf die Märchen beschränke und bei den Sagen nur deren Art andeute. Bei der Bestimmung der Märchen verwende ich das Typensystem Aarnes (Verzeichnis der Märchentypen, von Antti Aarne, FF. Communications 3, Helsinki 1910), hie und da auch die Nummer bei Grimm hinzufügend.

Zuerst erschienen ist das Buch 'Norske Eventyr og Sagn', optegnet av Sophus Bugge og Rikard Berge, Kristiania, Gyldendal 1909, 78 S. gr. 8°, und als zweiter Band 'Ny Samling', ebenda 1913, 84 S. gr. 8°. Aus dem Nachlasse des berühmten Gelehrten Sophus Bugge, der auf seinen Reisen viele volkskundliche Aufzeichnungen machte, hat Berge diese Märchen und Sagen veröffentlicht, nebst einigen von ihm selbst gesammelten Stücken. Die beiden Bände sind schön ausgestattet und werden noch interessanter dadurch, dass lediglich volkstümliche Bilder, die einheimische Künstler auf Türen, Hausgeräten usw. geschnitzt oder gemalt haben, zum Schmuck verwandt sind. Wie der jüngst verstorbene Professor der Volkskunde, Moltke Moe, in der Einleitung darlegt, sind diese Bilder freilich nicht als eigentliche Märchenillustrationen aufzufassen, wie auch die bildende Kunst des Volkes eine ganz andere Entwicklung als die epische und lyrische durchgemacht hat und noch ganz auf der kindlich-naiven Stufe steht. Ihre Motive scheinen am häufigsten aus den Volksbüchern und der Bibel entnommen zu sein, im zweiten Bande liegt indes ein Fall vor, wo sicher ein Märchen das Motiv abgegeben hat. Die Bilder sind natürlich meistens sehr unbeholfen, besitzen aber eine jugendliche Naivität und Frische, die zum schlichten Ton des Märchens vortrefflich stimmt.

Der Inhalt des ersten Bandes ist: S. 11 (nr. 1) 'Bukkefalóm' (Bukephalos): Aarne 531. Ein armer Knabe hilft dem Sohn des Riesen, bekommt ein Wunderpferd, das ihm hilft, die ihm vom König auferlegten Arbeiten auszuführen. — S. 20 (2). Ein Schwank vom ungeschickten Liebhaber. — S. 21 (3). 'Sante Pær aa den Slemme' (St. Peter und der Teufel). Ein Mann soll auf sieben Fragen des Teufels antworten, wie oben 11, 404. — S. 23 (4). 'Guten og herremannen' (der Knabe und der Edelmann): Aarne 1832. — S. 25 (5). Sage über die Entstehung einer Melodie. — S. 28 (6). 'Vonde menneskje æ verre hell fanen' (Böse Menschen sind schlimmer als der Teufel). Die bekannte mittelalterliche Erzählung vom bösen Weibe, das zwischen zwei Eheleuten Zwietracht sät, was der Teufel nicht vermochte; vgl. R. Köhler, Kl. Schriften 3, 12[1] und O. Hackman in FF. Communications 6, 15. — S. 31 (7). Sage von Unterirdischen. — S. 34. Sage von Riesen. — S. 41 (9). 'Mannen som fekk bökaaren aa bjönnen aa reven ti maagar' (Der Mann, dessen Töchter mit dem Widder, dem Bären und dem Fuchs verheiratet wurden). Er besucht die drei Paare; da wird in wunderbarer Weise Essen zubereitet, was der Mann zu Hause mit sehr schlechtem Erfolge nachzumachen versucht. — S. 47 (10). 'Kongen og den gevorbne' (Der König und der Geworbene). Soldat verpfändet den Degen und ersetzt ihn durch einen hölzernen. Als einer hingerichtet werden soll, ruft der Soldat: 'Möge der Degen in Holz verwandelt werden!' — S. 49 (11). Sage vom Manne, dem ein Meerweib Rat gibt. — S. 51 (12). 'Finnkongjens dotter' (Die Tochter des Finnenkönigs): Aarne 870, Grimm 198. — S. 61 (13). Under-epli' (Die Wunderäpfel): Aarne 566. Grimm 54. 122. Anwachsen von Hörnern. — S. 67 (14). Reven og björnen som var av og broggi kòs (Der Fuchs und der Bär beim Baumfällen): Aarne 15, 5. — S. 70 (15). Tykkebonde (Der dicke Bauer): Aarne 331, im norwegischen gewöhnlich Häufungsmärchen. — S. 72 (16). Sage vom Lindwurm. — S. 73 (17). Lisle Vidunder (Das kleine Wunder): Aarne 706, Bolte-Polívka 2, 236[2].

Die 'neue Sammlung' enthält mehrere Märchen: S. 15 (1). 'Kong kat paa Höiborg slot med fireogtyve forgyldte kroner' (Der Katzenkönig auf dem Schlosse Höiborg mit 24 vergoldeten Kronen): Aarne 545b, Grimm 33a. — S. 19 (2). 'Manden som traf Skaane' (Der Mann, der Skaane traf). Mann kommt zum Hofe des Riesen. Dieser hat früher in derselben Gegend wie der Mann gewohnt, erprobt seine Stärke. Zum Anfang vgl. Asbjörnsen und Moe 1911 1, 73 'Der siebente Vater im Hofe'; oben 7. 207. 327. — S. 20 (3). 'Mass i smio' (Mass in der Schmiede), etwas verworren. Schmied entscheidet in dem Zwist zweier Brüder, wird belohnt, findet Zauberpferd, das ein verzauberter Prinz ist; befreit ihn, wird belohnt. — S. 24 (4). 'Joleskreia'. Unvollständige Variante zu Aarne 1161, eine besser erhaltene gibt der Herausgeber in der Einleitung. Illustration merkwürdig, weil nachweisbar zum Märchen gehörig: ein Gemälde auf einer Tür im selben Hofe, wo die unheimlichen Gäste erschienen. — S. 26 (5). 'Gullfuggelen og gull-linda' (Der goldne Vogel und die goldne Linde). Fuchs als Helfer: Aarne 550, Grimm 57. — S. 31 (6). 'Bukkjen aa bökaaren, som sille te Brakaudalen aa föc seg' (Der Bock und der Widder, die nach dem B.-Tale sollten, um das Essen zu bekommen): Aarne 130. Grimm 27. — S. 33 (7). 'Guten, som bytte gampeskròtten' (Vom Knaben, der den Pferdekörper teilte). Etwa Aarne 302. Leben des Riesen von einem Sandkorn abhängig, das unter der Zunge eines anderen Riesen liegt. — S. 37 (8). Sage vom Manne, der eine Unterirdische heiratet und sie schlecht behandelt, bis sie ihm einmal ihre Stärke zeigt; vgl. Asbjörnsen und Moe 1911 1, 135. — S. 39 (9). 'Hauen aa höna i netaskogen' (der Hahn und die Henne im Nusswalde). Häufungsmärchen. Grimm 80. — S. 43 (10). 'Svein i hei og jomfru Agnusmöy': Aarne 313C. — S. 48 (11). 'Guten aa falkjen' (Der Knabe und der Falke). Der jüngste Sohn tötet mit Beistand eines Falken den Riesen und befreit die Prinzessin. Etwa Aarne 553; doch mit mehreren anderen Motiven. — S. 52 (12). Erzählungen von einem im Tale bekannten Manne. — S. 58 (13). 'Heibergs-gubben'. Der Riese will Pate sein, wird aber eingeschüchtert, so dass er nicht erscheint, gibt doch ein grosses Patengeschenk. Eigentlich schwedisch vom Riesen im Hoberge auf Gotland erzählt; ein oft in Volksbüchern behandeltes Motiv. — S. 60 (14). 'Kaangjen som sende guten av i glastonna' (Vom Knaben, den der König in einer gläsernen Tonne wegschickte): Aarne 675. Grimm 54a. — S. 65 (15). 'Den blinde kaangjen' (Der blinde König). Eigentümlich. König jagt nach einem unbekannten Tier, erblindet; auch die Wasserquelle im Schlosse versiegt; Bauernsohn erhält von einem alten Weibe Nachricht, wie er den König heilen und Wasser verschaffen kann. Durch einige Motive (Wassermangel, Blindheit) mit Aarne 613 verwandt, sonst ist die Geschichte eine andere. — S. 69 (16). 'Jessus aa den vonde aa ferjemannen' (Jesus, der Teufel und der Fährmann). Legende vom heiligen Christophorus. - S. 70 (17). 'Askepot, som fik kongsdatteren til at le' (Der Aschenpuster, der die Königstochter zum Lachen brachte): Aarne 571. Grimm 64. — S. 73 (18). 'Kvernhustroldet paa Flatland' (Riese in der Mühle). Sage, vgl. Aarne 1131. — S. 14 (19). Guten aa tròllhesten' (Der Knabe und das Zauberpferd): Aarne 314. — S. 78 (20). 'Guten aa dei tri munkeprestanne' (Der Knabe und die drei Mönchspriester): Aarne 1537. R. Köhler 1, 65. 3, 164.

Aus der Gegend nördlich von dem Fjord bei Drontheim stammt die schöne und sehr reichhaltige Sammlung in zwei Bänden, die R. Braset herausgegeben hat: 'Gamalt paa Sporbumaal 1. Öventyr, sagn. 2. Hollraöventyra, Svanöventyra'. Sparbu 1910. 296, 377 S. 8 Kr. (Altes in der Sparbusprache. 1. Märchen, Sagen. 2. Märchen von Waldfrauen und Schwänen). Der erste Band beginnt mit einem Volksliede von der toten Mutter, die ihre von der Stiefmutter schlecht behandelten Kinder besucht. Sonst sind Sagen und Märchen nicht auseinander gehalten. Auf einige Tiersagen (Kuckuck S. 17, Frosch S. 22) folgt S. 24 die Legende von dem Heilande, dem faulen Knaben und dem fleissigen Mädchen. S. 24 mehrere Schwänke, darunter S. 24 Aarne 1457; S. 26 von schwerhörigen Leuten, der Mann beim Wahrsager, verwandt mit Aarne 1739. — S. 42 'Hann Lilt-Nils aa hann Stor-Nils' (Der grosse Nils und der kleine) und S. 51. 'Hann Lilt-Per som va saa gla ti go mat' (Der kleine Per, der gutes Essen so gern hatte): Aarne 1535, R. Köhler 1, 190. — S. 54. 'Gamlingan opp i Steinbærgji' (Die Alten im Steinberge): Aarne 1539, Grimm 61. — S. 61. 'Guten som stedd sæg aa tjen te præsten ha vorti arm' (Vom Knaben, der dienen sollte, bis der Pfarrer arm würde): Aarne 1725. — S. 68—69 zwei Schwänke vom Pfarrer. — S. 73. 'Flores aa Floredilla': Aarne 313 A, Grimm 51; etwas lückenhaft. — S. 77. 'Guten som skoll te hælvettes aa hennt brannskatten' (Vom Knaben, der in die Hölle sollte, die Steuer zu holen); wohl auch Aarne 313 A, der Schluss anders. — S. 79. 'Hu Meistermöy: Aarne 313 C. — S. 85 'Hann Peik som nara kaangin' (Von Peik, der den König foppte): Aarne 1539, auch Motive aus 1535, Grimm 61. — S. 91. 'Guten som skoll bygg brua' (Vom Knaben, der die Brücke bauen sollte): Aarne 1685, 1696, Grimm 32. — S. 98. 'Kjærringdöttra aa kalldöttra' (Die Tochter der Frau und die des Mannes): Aarne 1453, Grimm 155. — S. 100—104. Schwänke von der Brautschau, S. 103 Aarne 1457. — S. 105. 'Da kjærringdöttra skoll ut aa tjen' (Als die Tochter der Frau dienen sollte): Aarne 480. — S. 107. 'Da'n villa itt gaa in igjönnöm döra' (Der Tag wollte durch die Tür nicht eingehen), vgl. Aarne 1245. — S. 108. 'Dæm tænkt paa ka de fósst skoll heit' (Sie bedachten, wie das erste [Kind] heissen sollte): Aarne 1450, Grimm 34. — Dann folgt (S. 108—127) eine Reihe von Lokalsagen (vom Kirchenbau 111, vom Riesen 114), weiter (S. 131—141) Sagen von Gespenstern und Schätzen (S. 141 Gottesdienst der Toten in der Neujahrsnacht). Dann (S. 149—184) von Zauberei und Zauberern, besonders haben die Finnen (Lappen) als Zauberer einen grossen Ruhm. S. 186—226 Aberglaube und Sitten, darunter Zaubermittel (S. 198 f.); Weihnachten (S. 220); die Jahreszeiten (S. 226), schliesslich Sagen über Tiere, Pflanzen und Steine (S. 233—295), darunter Sagen von der Schwalbe (278—280), vgl. Aarne, Ursprungssagen (FF. Communications 8, 16 nr. 85. 86), Dähnhardt, Natursagen 2, 126.

Der 2. Band enthält mehr Märchen. Auf ein Volkslied von den Freuden des Himmels folgen (S. 19—33) Sagen von Menschen in Tiergestalt, wie sie als Bär, Wolf (Werwolf) und Fuchs umlaufen können; dies scheint besonders eine Spezialtät der Finnen gewesen zu sein. Weiter (S. 34—55) Sagen von Riesen und Menschen. S. 34. 'Gjetarguten aa Bærgtraalle' (Der Schäferknabe und der Riese): Aarne 1060, 1049, Grimm 20. — S. 35. 'Bærgtraalle som kom som julsvænn' (Der Riese, der zu Weihnachten erschien): Aarne 1161, R. Köhler 1, 72. — S. 38 etwa nach Aarne 327 B. — S. 40. 'Guten aa Bærgtraalle' (Der Knabe und der Riese): Aarne 1060, 1062, 1052, 1049; auch S. 43: Aarne 1052, 1086. — S. 47. 'Guten som skoll aatt bærgtraalli aa tjen' (Vom Knaben, der beim Riesen dienen sollte): Aarne 1088, 1004, 1115. — S. 49. Der Riese will Gevatter sein, vgl. Bugge-Berge 2, 58. — S. 50. 'Sjöl brennt mæg' (Selbst hat mich gebrannt): Aarne 1136. — S. 51. 'Jutin i Hölbærgji' (Der Riese im H.-Berge): Aarne 1030. — Dann folgen (S. 57—62) Sagen von den Waldfrauen und ihrer Leidenschaft für Männer, weiter (S. 66—110) Sagen von Unterirdischen, darunter auch von Inseln, die nur zu gewissen Zeiten aus dem Meere auftauchen, und (S. 111—133) Sagen von den mythischen Wesen, die in den Flüssen, Seen und im Meere wohnen, besonders von der unheimlichen Gestalt des 'draug', dessen Erscheinen ein Vorzeichen des Todes ist. — S. 134—140 einige Tiermärchen; S. 134 vom Lindwurm; S. 135 vom Manne, der das Bärenfell verkaufte, ehe er den Bären erlegt hatte; S. 137 'Kolles bjönn' mest rompa' (Wie der Bär den Schwanz verlor): Aarne 2; S. 138 'Da bjönn aa mann skoll sjaa't kæun som bles stærkest' (Der Bär und der Mann wollen nachsehen, wer am kräftigsten blies): Aarne 157, Grimm 72; S. 140 'Da bjönn skoll vaarraa me ræva aa staallaa smör' (Der Bär soll mit dem Fuchse Butter naschen): Aarne 15, Grimm 2. — Dann folgen die eigentlichen Märchen (S. 145—276): S. 145 'Hann far sjöl' (Der Vater selbst): Aarne 116. — S. 146. 'Ölvstu' (Die Tiere in der Grube), vgl. Asbjörnsen og Moe 2, 50 (1911). — S. 147. 'Höna som sopa gölve' (Die Henne, die den Fussboden fegte). Häufungsmärchen. — S. 149. 'Da 'en Per aa'n Paal aa'n Askfis skoll faa kaangsdöttra te aa le' (Die Königstochter zum Lachen zu bringen): Aarne 571, Grimm 64. — S. 151. 'Bokkjen som itt villa tu arteraakra' (Der Bock, der aus dem Erbsenacker nicht wollte). Häufungsmärchen. — S. 154. 'Guten som maatt faa kaangsdöttra' (Vom Knaben, der die Königstochter bekam). Schwierige Aufgabe: nicht reitend, nicht gehend; vgl. Aarne 921. — S. 156. 'De tri kraakan som holl saammaarleik omkreng ein stein' (Die drei Krähen, die um einen Stein ihren Sommertanz aufführten): Aarne 400. — S. 158. 'Hu Askduss aa kjærringdöttra' (Aschenbrödel und die Stiefschwester): Aarne 510A, Grimm 21. — S. 161. 'Kaangsdöttra i slaatti me gollstölpaam' (Die Königstochter im Schlosse auf den goldnen Säulen): Aarne 545A. — S. 165. 'Slaatte austafer sol aa vestafer maani' (Das Schloss östlich von der Sonne, westlich von dem Monde): Aarne 425A, Grimm 127. — S. 167. 'Öventyre om hu Askdös' (Aschenbrödel): Aarne 510B, Grimm 65. — S. 172. 'Jomfrua som saa mang villa haa' (Die Jungfrau, die so viele haben wollten): eher Sage. Eine Jungfrau soll einen heiraten, den sie nicht liebt, entflieht; ein altes Weib führt sie auf einem Schiffe zu ihrem Geliebten. — S. 173. 'Veikjaan som dæm villa bærre ont henn gjikk de saa vel' (Das Mädchen, dem alle Böses zudachten, hatte nur Glück): Aarne 480. Zum Schluss die Episode mit dem Schuh aus 510. — S. 179. 'Jomfru Solea': Aarne 400. Schluss mit dem Wiederfinden ist weggefallen. — S. 186. 'Kaangsdöttrin som va bort' aa dansa om nettra' (Die Königstöchter, die nachts zum Tanze gingen): Aarne 306, Grimm 133. Sie tanzen im Haine mit Rittern: der Junge hat eine Tarnkappe, folgt ihnen nach, gewinnt die Hand der jüngsten. — S. 189. 'Kalldöttra' (Die Tochter des Mannes): Aarne 480, Schuhepisode 510. — S. 196. 'Slaatte sór fer sol aa nol fer maan' (Das Schloss südlich von der Sonne, nördlich von dem Monde): Aarne 400. — S. 200. 'De tri kaangssönnin som skoll ut aa fri' (Die drei Königssöhne, die auszogen, ihre Braut zu gewinnen): Aarne 550, Grimm 57. — S. 204. 'De tri mastrin' (Die drei Tanten): Aarne 501, Grimm 14. — S. 208. 'Guten som skoll fri aatt döttran hennes Mor i Kron' (Der Knabe, der um die Tochter der Frau in Kron werben sollte): Aarne 402, Grimm 63. 106. — S. 212. 'De to baana som vart ferellerlaus' (Die zwei Kinder, die ihre Eltern verloren). Etwas lückenhaft. Knabe vertauscht die ererbten Tiere mit drei Hunden, die ihm helfen, den Riesen zu töten und seine Schätze zu nehmen. — S. 215. 'De tri kaangssönnin som skoll leit-opp gollföggeln' (Die drei Königssöhne, die den goldenen Vogel aufsuchen sollten): Aarne 550, Grimm 57. — S. 221. 'Guten som ha ein skjelling aare' (Der Knabe, der für das Jahr einen Heller haben sollte): Aarne 592, Grimm 110. — S. 226. 'Guten som dæm itt villa slæpp fram fer præsten' (Vom Knaben, den der Pfarrer nicht konfirmieren wollte); er gibt verkehrte Antworten; Schluss Aarne 922, Grimm 152. — S. 228. 'Kaannaa som villa bli leksom Gud' (Die Frau, die Gott gleich werden wollte): Aarne 555, Grimm 19. — S. 231. 'De toeina fölka som kaangin villa gjörrö lökkele' (Die zwei einsamen Leute, die der König glücklich machen wollte). Er erprobt die Neugierde der Frau, Maus in der Schüssel: R. Köhler 3, 13. — S. 231. 'Kusin som itt ha naakkaa hjart' (Der Riese, der kein Herz hatte) und

233 'Hann Bækkhuv-Hans' (Hans mit der Pechhaube): Aarne 302, Grimm 197; im letzteren einige andere Motive. — S. 238. 'Hann Peik', vom listigen Knaben, der den König foppt: Aarne 1539, 1535. Grimm 61. — S. 242. 'Florentina', wohl zu Aarne 400, einige andere Motive. — S. 249. 'Hann Rik-Per hannlar' (Reicher Per, der Kaufmann): Aarne 461, Grimm 29. — S. 252. 'Da'en Per aa'n Paal aa'n Askfis skoll paa kaangensbure aa staallaa' (Als die drei im Speicher des Königs stehlen sollen. Schluss Aarne 1653B) und S. 255 (Sie sollen den Widder stehlen), zwei Diebsmärchen. — S. 257. 'Bergtraalle som ha æg' ti' sinn brors liv i Ängellann' (Der Riese, der Anteil hatte am Leben seines Bruders in England): Aarne 302. — S. 257. 'De tri söstrin som fann gollrengen' (Die drei Schwestern, die den goldenen Ring fanden), etwa Aarne 1406; Liebrecht, Zur Volkskunde S. 124. — S. 258 zwei kleine Geschichten. — S. 260. 'Naar ein ga eitt, fekk'en ti igjæn' (Wer eins gibt, erhält zehn wieder): Aarne 1735; S. 261 'Ag seie store, böge aa lange prekaa' (Ich predige grosse, hohe und lange Predigten), etwa Aarne 1641, 1825B; S. 262 zwei Bruchstücke von Märchen; S. 264 'Kaangsdöttra som va saa fin i olaam' (Die Königstochter in Worten zu fangen): Aarne 852, Grimm 112; S. 266 'Guten som skoll byggj' gjeitbrua' (Der Knabe, der die Ziegenbrücke bauen sollte): Aarne 1696, 1685; S. 270 'Hann som ingen teng va rædd' (Der sich vor nichts fürchtete): Aarne 326, Grimm 4 und Motiv von den Lebenslichtern (aus 332). Diese Verbindung findet sich auch in dänischen Märchen; vgl. Grundtvig, Gl. d. Minder 2, 3 nr. 13; E. T. Kristensen, Fra Bindestue og Kölle 2, 137 nr. 22. — S. 275. 'Hann som villa haa i menniskj te aa fölgj sæg' (Der Mann, der einen Menschen als Begleiter suchte). Aus mehreren Motiven verbunden: Der blinde Mann (Aarne 613), auch die Tobiasgeschichte (vgl. Aarne 506): eine Frau hat sieben Männer gehabt, die sämtlich in der Brautnacht vom bösen Geiste entführt wurden.

Aus Nordland, dem nördlichen Teile Norwegens, stammt die Sammlung von O. T. Olsen, Norske Folkeeventyr og Sagu, samlet i Nordland. Kristiania, J. W. Cappelen 1912. XIV, 303 S. (Norwegische Volksmärchen und Sagen, in Nordland gesammelt).

Der erste Teil (S. 1—155) enthält die Sagen, die in verschiedene Gruppen geordnet sind. Sie handeln von Zwergen und Unterirdischen, besonders aber von Meergeistern (Draug), die hier sachgemäss einen breiten Platz einnehmen. Weiter S. 67 interessante Beiträge zum Volksglauben an die 'Fylgia', eine Art von Geistern, welche die Menschen begleiten. Endlich S. 96 allerlei Erzählungen von Zauberei, besonders von den Finnen, wie sie durch ihre Kunst vermochten, die 'Ganfliegen' auszuschicken (S. 119), im ekstatischen Zustande über Abwesende Nachrichten einzuholen (S. 139) usw.

Im letzten Teil (S. 159—162) finden sich die Märchen, zu denen Professor Moltke Moe in einer Nachschrift einige Anmerkungen geliefert hat. Die Märchen sind: S. 159 (nr. 114). 'Daverdana av Egretetand': Aarne 400, nebst einigen fremden Motiven. — S. 167 (115). 'Den som i Guds navn gir en skilling, faar tidobbelt igjen' (Wer in Gottesnamen einen Heller gibt, erhält ihn zehnfach wieder): Aarne 1735. — S. 170 (116). 'Manden, som skulde bede til jul' (Der Mann, der Weihnachtsgäste einladen sollte): Ein Totenschädel als Gast; das geheimnisvolle Lachen und seine Ursache. Zs. f. vgl. Litgesch. 13, 389. — S. 172 (117). 'De to granner' (Die zwei Nachbarn). Die gewitzte Frau tischt alle Gerichte auf, die der Nachbar verlangt. — S. 174 (118). 'Skademanden i steden' (Der Schädiger an der Stelle). Ein Knabe hat ein Haferkorn, das ein Hahn verschlingt, er bekommt den Hahn usw.: Aarne 1653, Bolte-Polívka 2, 201. — S. 177 (119).

'Kvinden, som ikke turde föde barn' (Die Frau, die es nicht wagte, Kinder zu gebären): Aarne 755. Oben 10, 432; 14, 113. — S. 181 (120). 'Kongesönnen og husmandssönnen' (Der Königssohn und der Pächtersohn): Aarne 303, Grimm 60. — S. 193 (121). 'Kjærringen mot strömmen' (Die widerspenstige Frau fliesst stromaufwärts), mit Varianten: Aarne 1365 A—B, R. Köhler 1, 506. — S. 195 (122). 'Risen i kvernhuset' (Der Riese in der Mühle): Aarne 1136. — S. 197 (123). 'Tosten i Trollbotnen': Aarne 328. — S. 203 (124) und 204 (125). Zwei Schwänke: Wie der Fuchs den Namen Michel erhielt, und von den schwerhörigen Leuten. — S. 206 (126). Sage von einem Riesen, der die Arbeit eines Mädchens ausführt, sich als Lohn bedingt, eine Nacht bei ihr schlafen zu dürfen, und eingeschüchtert wird. — S. 208 (127). 'Kjærringsönnen i trollets tjeneste' (Der Frauensohn im Dienste des Riesen): Aarne 1137. — S. 215 (128). 'Gutten som tjente hos trollet' (Vom Knaben, der beim Riesen diente), mehrere Episoden: Aarne 1060, 1050, 1051, 1052, 1088, 1084, 1063, 1003, 1012, 1150, 1122, 1136. — S. 286 (129). Von einem Toten, der dem Teufel dient, bis ihn der Pfarrer erlöst. — S. 229 (130). 'Manden som skulde til Ranvatnet' (Vom Manne, der zum Ransee sollte): Aarne 1360B, Grimm 95. — S. 233 (131). 'Kvitserk af Norislot': Aarne 400, Grimm 92. Zum Namen (Weisshemd) sagt Prof. Moe in der Nachschrift, dass er 'aus der keltischen Welt stamme und dem mittelalterlichen walisischen Name 'Rhonwen' entspreche. — S. 238 (132). 'Guldfisken' (Der goldene Fisch): Aarne 675, Grimm 54a. — S. 246 (133). 'Groens taknemmelighet' (Die dankbare Kröte.) Mann rettet eine Kröte, die ihn später heilt. — S. 247 (134). 'Kjeip'. Vom schlauen Knaben: Aarne 1527, Grimm 61. — S. 255 (135.) 'De to jenter som tjente hos Risen' (Von den zwei Mädchen, die bei dem Riesen dienten): Aarne 480. — S. 264 (136). 'Lonkentus': Aarne 301A, Grimm 91. — Die drei letzten Nummern S. 276 Vom Knaben, der die Prinzessin erlöste, S. 286 Vom verwandelten Liebhaber, S. 289 Das Kind vom Walde, sind, wie Prof. Moe in der Nachschrift bemerkt, keine eigentlichen Märchen, sondern nur lose Verbindungen aus Märchen und Sagen.

Dreissig Märchen aus dem südwestlichen Norwegen enthält die Sammlung von Johannes Skar: Sogur 1 (Gamalt or Sætesdal VI) Kristiania, O. Norli 1913. 135 S. 2 Kr. (Märchen I. Altes aus dem Sätersdal VI). Ein zweiter Band war vorbereitet, aber der Herausgeber ist inzwischen gestorben. J. Skar ist einer der bedeutendsten der norwegischen Sammler gewesen. Schon 1872 besuchte er das abgelegene Tal Sätesdalen, eigentlich, um Volkslieder zu sammeln. Ursprünglich war er Student, hat aber wegen Krankheit seine Studien unterbrechen müssen und hat sich alsdann in Sœtesdal niedergelassen, wo er als Blechschmied sein Brot verdiente und seine unermüdliche Sammelarbeit betrieb. In einer Reihe von Bänden 'Altes aus dem Sätesdal' hat er allerlei Sagen und Erzählungen aus alter Zeit veröffentlicht. Er benutzte die eigentümliche Mundart des Tales, und besonders in den Märchen zeigte er sich als meisterhafter Erzähler. Der Stil der der Märchen ist ausgezeichnet; die kurzen, knappen Sätze und die malerischen Beiworte erinnern oft an die treffliche Prosa der altnordischen Sagadichtung. Die Märchen sind durchgängig sehr wohl erhalten, sie scheinen in diesem Tale noch in unseren Tagen lebendig gewesen zu sein.

Der Inhalt der Sammlung ist:

S. 5. 'Reven og Bukkjen' (Der Fuchs und der Bock), vgl. Asbjörnsen og Moe 1, 93 (1911). — S. 6. 'Tussen og Borni' (Der Riese und die Kinder): Aarne 311, Grimm 46; hier rettet eine Mutter ihre Kinder aus der Gewalt des Riesen. — S. 8. 'Horpa som let yver sjau Kongerikje' (Die Harfe, die über sieben Königreiche klang): Aarne 328. Ein Mädchen stiehlt mit Hilfe einer Katze die Schätze eines Riesen, um den Königssohn zu gewinnen. — S. 12. 'Gjenta i Jordhola' (Das Mädchen in der Erdhöhle): Aarne 870, Grimm 198. — S. 15. 'Ranei paa Steinen' (Ranei auf dem Steine): Aarne 313C, Grimm 113. — S. 20. 'Reven og Hanen' (Der Fuchs und der Hahn): Aarne 61. — S. 28. 'Dyret i Hagjen (Das Tier im Garten): Aarne 425C, Grimm 88. — S. 34. 'Rysen og dei tri Systane' (Der Riese und die drei Schwestern): Aarne 311. — S. 38. 'Den brune Folen' (Das braune Füllen): Aarne 531. Grimm 126. — S. 45. 'Mannen som vilde reise fraa Kaanaa si' (Der Mann, der seine Frau verlassen wollte): Aarne 923. Grimm 179. 'Wie lieb hast du mich?' 'Wie den Wind im warmen Sonnenschein'. — S. 46. 'Den lysande Apalen i Tunet' (Der strahlende Apfelbaum im Hofe): Aarne 510A, Grimm 21. — S. 52. 'Lille-Hans' (Klein-Hans): Aarne 952. Grimm 199. — S. 57. 'Havtrollet' (Der Meerriese). Bruchstück, wohl Aarne 302. — S. 58. 'Sol Ramme': Aarne 400. — S. 65. 'Oskefis' (Der Aschenpuster), mehrere Episoden: Aarne 1049, 1031, 1051, 1088, 1115. — S. 69. 'Sverdet som fyrst le'ast, og Hunden som fyrst gjöydde, og hesten som fyrst kneggja' (Das Schwert, das sich zuerst bewegte, der Hund, der zuerst bellte, und das Pferd, das zuerst wieherte): Aarne 303. — S. 77. 'Kongsdotteri og Dronningdotteri' (die Tochter des Königs und die der Königin). Königin will ihre Stieftochter töten; Riese kommt; es gelingt dem Mädchen, mit Hilfe einer Katze, der sie Milch gegeben, den Riesen zufrieden zu stellen; sie wird reichlich belohnt; die Stiefschwester aber wird getötet; etwa nach Aarne 480. — S. 79. 'Hjurdingguten og Havtrollet' (Der Schäferknabe und der Meerriese): Aarne 330. — S. 84. 'Ljose Grjotslid': Aarne 123. — S. 86. 'Skomakaren som slo femtan i Hel med eitt Slag' (Der Schuster, der mit einem Schlage 15 tötete): Aarne 1640, Grimm 20. — S. 90. 'Den svarte Jomfruva' (Die schwarze Jungfrau): Aarne 307. — S. 95. 'Staven som var tung som Bly og lett som Fjöyr' (Der Stab, der so schwer war wie Blei und so leicht wie eine Feder). Knabe hütet die Herde des Königs, bekommt von einer alten Frau den Stab, womit er Riesen tötet und Prinzessinnen befreit. Ein Ritter gibt sich für den Retter aus, schliesslich alles entdeckt: Aarne 300—304, oder 305. — S. 105. 'Tobaksguten' (Der Tabaksknabe): Aarne 611. — S. 112. 'Dei tri Ormane i Fjöllet' (Die drei Schlangen im Berge): Aarne 302, doch etwas abweichend. — S. 116. 'Kvitebjörn Kong Valemon' (Der Weissbär, König Valemon): Aarne 425A. — S. 124. 'Den umskapte Prinzessa' (die verwandelte Prinzessin): Aarne 403A, ohne die Einleitung. — S. 127. 'Tumeliten' (Der Däumling). Das Däumlingsmotiv ohne Bedeutung; es ist das Märchen vom starken Knaben: Aarne 650A. — S. 132. 'Musi som var so fæl til aa eta' (Die Maus, die so viel frass). Häufungsmärchen: Aarne 333. — S. 135. 'Katten aa Mysnann' (Die Katze und die Mäuse): Aarne 111.

Im vorigen Jahr erschien eine dreissig Märchen enthaltende Sammlung aus Telemarken, von dem hochverdienten Märchenforscher und Sammler R. Berge herausgegeben: Norske Folkeeventyr samla og sagde av Rikard Berge. Kristiania, J. W. Cappelen 1914. 92 S. (Norwegische Volksmärchen, gesammelt und erzählt). Sie enthält folgende Märchen: S. 5. 'Svartlitin', wie Skar 6, 77. — S. 8. 'Björnen som vilde til marakatten etter gull-lekkje' (Der Bär, der beim Affen eine goldne Kette holen wollte). Die bekannte Erzählung von den zwei Genossen im Reiche der Affen, hier als Tiermärchen von Bären und Fuchs; vgl. Odo von Ceritonia 27a bei Hervieux, Fabulistes 4, 428. H. Sachs, Fabeln 2, 72. 3, 286. — S. 9. 'Ulven paa Skinnarberge' (Der Wolf auf dem Skinnarberge): Aarne 425 A. — S. 16. 'Gjenta som vilde ikkje gifte seg fyrr ho fekk ein med raudt haar og gult skjegg' (das Mädchen, das nur einen heiraten wollte, der rotes Haar und gelben Bart hatte); sie bekommt schliesslich einen solchen; er ist aber der Teufel, der sie zerreisst. — S. 17. 'Jomfruva paa Rabialand' (Die Jungfrau in Rabialand): Aarne 314 mit dem Motiv von den Fragen, Aarne 460—462. — S. 25. 'Lill-lill-lye'. Den über den Tod der Mutter weinenden Kindern sagt ein alter Mann, die Mutter werde wiederkommen, falls man auf ihr Grab die Blume setze, die das schadloseste Tier für die schönste erkläre. Kinder fragen den Bären und Fuchs; zuletzt sagt der Hase, es sei die Blume mit dem obigen Namen. Mutter wieder belebt. — S. 27. 'Liti pila mus' (Die kleine Maus): Aarne 327 A, Grimm 15. — S. 29. 'Dei tvo kraakune' (Die zwei Krähen), Nachahmung der Tiersprache. — S. 30. 'Lonkentus': Aarne 301 A, Grimm 91. — S. 36. 'Katten og musi' (Die Katze und die Maus): Aarne 111. — S. 36. 'Rulleskaft': Aarne 500, Grimm 55. — S. 38. 'Jomfru Maria og dyri' (Die Jungfrau Maria und die Tiere). Pferd und Wolf wollen sie nicht tragen; Bär trägt sie und darf deshalb den Winter verschlafen. Vgl. Aarne, Ursprungssagen (FF Communications 8, 11 nr. 59). — S. 39. 'Guten som tente i tri aar for tri skilling' (Der Knabe, der drei Jahre für drei Heller diente), Anfang wie Aarne 592, Grimm 110; er erhält Zauberstab, überwindet Riesen, befreit Königstochter. — S. 44. 'Jasen som hev hūs i kvar busk'. Was der Hase im Sommer und im Winter sagt. — S. 44. 'Dei fyrretjūge rövarane' (Die vierzig Räuber): Aarne 676, Grimm 142. — S. 46. 'Musi i sylvkrusi' (Die Maus in der silbernen Schüssel): R. Köhler 3, 73. — S. 48. 'Smörball'. Vgl. O. Hackmans Katalog (FF Communications 6, 6 nr. 327**). — S. 51. 'Musi som badde eti so lite' (Die Maus, die so wenig gefressen hatte): Aarne 333. — S. 57. 'Aase piltr i skinnstakk' (Kleine Aase im Rock von Tierfell): Aarne 510 A. — S. 57. Was die Ziege und die Kuh sagten. — S. 57. 'Prinsessa paa glasberge' (Die Prinzessin auf dem Glasberge): Aarne 530. — S. 64. 'Hanen og höna som plukka netar' (Der Hahn und die Henne, die Nüsse pflückten): Grimm 80. — S. 67. 'Gullskjori' (Die goldne Elster): Aarne 311. — S. 71. 'Mannen som köyrde heim beit til jol' (Vom Manne, der für Weihnachten Heu nach Hause fuhr): Aarne 154. — S. 74. 'Aasmund min Herre' (Aasmund mein Herr): Aarne 545 B. — S. 79. Was die Henne und der Hund sagten. — S. 79. 'Kvitebjörnen som sat paa tröya av far' (Der Weissbär, der auf der Jacke des Vaters sass): Aarne 425 A. — S. 85. 'Gjertrudsfuglen': Aarne 751 A. Dähnhardt 2, 123. — S. 86. 'Gauken og orren gjer uppset' (Der Kuckuck und der Auerhahn verabreden sich). Sie streiten über eine Kuh, wer zuerst erwacht. — S. 86. 'Guten som tente hjaa rysen' (Vom Knaben, der beim Riesen diente). Mehrere Episoden: Aarne 1000, 1060, 1002, 1004, 1115, 1029, 1135, 1137.

Die fünf hier besprochenen Sammlungen haben wohl kaum das Bild, das Asbjörnsen und Moe von der norwegischen Märchenwelt gaben, wesentlich verändert; denn zu den meisten Stücken lässt sich bei jenen Entsprechendes nachweisen. Einiges Neue jedoch ist hinzugekommen, durch abweichende Züge, durch Verwendung der Volkssprache sind ein paar frische Farben auf das alte Bild aufgetragen, und einige Unterschiede der Volksüberlieferung in den verschiedenen Gegenden unseres ausgedehnten Landes sind klarer hervorgetreten. Für die vergleichende Märchenforschung aber, die mit Hilfe der Varianten die geschichtlich-geographische Entwicklung eines Märchens zu enträtseln sucht, wird gewiss jeder neue Zuwachs des Materials von Bedeutung sein.

Schliesslich möchte ich mit einigen Worten der neuen Ausgaben unserer grundlegenden Märchensammlungen gedenken, welche neuerdings erschienen, weil gerade hundert Jahre seit der Geburt der ersten Sammler vergangen sind: Asbjörnsen wurde 1812 und Moe 1813 geboren. Mehrere Umstände haben dazu geführt, dass zwei Ausgaben von verschiedenen Verlegern veranstaltet wurden, die natürlich teilweise in ihrem Inhalt übereinstimmen.

Wie bekannt, waren die ursprünglichen Sammlungen: 'Norske Folke-Eventyr, fortalte av P. Chr. Asbjörnsen og Jörgen Moe' 1842; 'Norske Huldreeventyr og Folkesagn' (Norw. Märchen von Huldern und Volkssagen) von Asbjörnsen 1845 bis 1848 und 'Norske Folkeeventyr, Ny Samling, med bidrag af Jörgen Moes reiser og optegnelser' (Norw. Volksmärchen. Neue Sammlung mit Beiträgen aus den Reisen und Aufzeichnungen J. Moes) von Asbjörnsen 1871. — Von den neuen Ausgaben ist die eine ein sehr stattliches Werk in zwei Bänden mit dem Titel: 'Norske Folke- og Huldreeventyr' av P. Chr. Asbjörnsen og J. Moe, illustreret av norske kunstnere. Kristiania, Gyldendal 1914. Professor Moltke Moe, der in einer geistvollen Einleitung kurz die norwegische Volksdichtung bespricht, hat die Ausgabe besorgt, und nach seinem Tode ist die Arbeit von A. Krogvig abgeschlossen. Einen trefflichen Schmuck des Werkes bilden die vielen Illustrationen, besonders die der Künstler Werenskiold und Kittelsen, deren Gestalten für uns mit den Märchen untrennbar verwachsen sind. — Diese Ausgabe ist übrigens aus mehreren späteren Sammlungen 'ausgewählter Märchen' zusammengesetzt, die aus den drei ursprünglichen schöpften. Im ersten Bande steht S. 200 ein neues Märchen: 'Fiskersönnene' (Die Fischersöhne): Aarne 303, aufgenommen; es wurde zuerst von Asbjörnsen 1882 in einem illustrierten Kalender veröffentlicht. Auch der zweite Band enthält Neues. S. 117. 'Jomfru Maria og Svalen' (Jungfrau M. und die Schwalbe; vgl. Aarne, Ursprungssagen F. F. Communic. 8, nr. 85) und S. 126 'De tre kongsdötre i berget det blaa' (Die drei Königstöchter im blauen Berge: Aarne 301 A), beide aus der Auswahl 'Eventyrbog for börn' I—III, 1883—87. — Die andere Ausgabe 'Norske Huldreeventyr og Norske Folkeeventyr' (Kristiania, H. Aschehoug og Co. 1914) erschien ebenfalls in zwei Bänden, aber ohne Illustrationen. Der zweite Band wiederholt die erste Sammlung v. J. 1841 (8. Ausgabe), der erste die Sammlung Asbjörnsens von 1845—48 (4. Ausgabe). Ein Anhang bringt zwei novellistische Stücke von Asbjörnsen, die, wie er selbst sagt, im wesentlichen Betrachtungen über Märchen und Sagen enthalten.

Schon in den Ausgaben, die Asbjörnsen selbst besorgen konnte, war er eifrig bemüht, die Sprache zu revidieren, um die Darstellung auf der Höhe der sich rasch vollziehenden Sprachentwicklung zu erhalten, und diese Arbeit übertrug er bei seinem Tode dem Professor Moltke Moe, dem Sohne Jörgen Moes. M. Moes und A. Krogvigs Umgestaltung zeigt sich gerade in der neuesten Ausgabe besonders eingreifend. Die einrahmenden Schilderungen von Natur und Volksleben, in welche die Erzählungen eingeflochten sind, wurden modernisiert, und die Märchen und Sagen, soweit es anging, in die Mundart der betreffenden Gegenden umgesetzt. Gegen dies Verfahren, wie gegen diese Ausgabe überhaupt haben sich freilich viele Stimmen erhoben; doch ist zu bedenken, dass sie nie unsere einzige Märchenausgabe sein wird und mit ihrer frischen, neuen Erzählungsweise immerhin anziehend wirkt. Nimmt man noch hinzu, dass im Verlage Gyldendal 1914 eine von Moe und Krogvig revidierte Ausgabe der neuen Sammlung Asbjörnsens vom Jahre 1871 erschienen ist, so ersieht man mit Genugtuung, dass das Werk der beiden bahnbrechenden Forscher, das für die norwegische Kulturentwicklung so grosse Bedeutung gewann, noch lebendig ist und auch in der Zukunft belebend wirken kann.

Kristiania. Reidar Th. Christiansen.

Norsk Folkekultur, Folkeminne-Tidskrift styrt av Rikard Berge under Medverknad av Alexander Bugge, O. Olafsen og Kristofer Visted. Kristiania, Erik Gunleiksons Forlag, 1915 (bisher drei Hefte, S. 1—160). Der Jahrgang zu 4 Heften, 4 Kronen.

Die Norweger haben oft geklagt, dass über ihren volkskundlichen Zeitschriften weniger Segen lag als über denen der Schwestervölker. Das war auch zu verwundern bei einem Lande, dessen Gesamtgesittung so viel völkischer aufgebaut ist als z. B. die deutsche, dessen literarische Blüte im vergangenen Jahrhundert so stark durch das Folklore befruchtet war, und das so hervorragende Sammler und Forscher auf volkskundlichem Boden gestellt hat. Die Zeitschrift 'Norvegia' brachte es auf zwei Jahrgänge, das 'Tidskrift for norsk Bondekultur' nur auf einen, und 'Syn og Segn' wandte sich dem heimisch Volkskundlichen ab. Die vorliegenden drei Hefte bedeuten einen neuen Anlauf. Diese Zeitschrift will kein Organ für Philologen und Dialektforscher sein: sie wendet sich an die breiteren Schichten des Landes, die für die heimische Überlieferung jeder Art, für die äussere und innere volkstümliche Kultur ein Herz haben. „Was der Norvegia den Garaus machte, war zweifellos die Philologie"; die Leute mögen nicht diese grundgelehrten, ellenlangen Abhandlungen (S. 2). Und sie wollen eine einfache, fassliche Lautschrift. Die wissenschaftliche Seite ist jetzt gut aufgehoben bei der vortrefflich bedienten Zeitschrift 'Maal og Minne'. An örtlichen Vereinen und Blättern für Heimatskunde fehlt es in Norwegen nicht, aber sie haben keine Fühlung untereinander. Die neue Zeitschrift will hier verbindend und sammelnd wirken. Die stattliche Zahl der Männer, die die Einladung unterzeichnen (einige 70 Schulmeister, Pfarrer, Gelehrte, Zeitungsschreiber, Landwirte), weckt gute Aussichten für das Unternehmen, nicht minder die Person des Blattleiters, Rikard Berge, der besonders als Balladenkenner einen Namen hat. Von ihm rühren zahlreiche und die gehaltvollsten Beiträge zu den drei Heften her. Wenn man seinen feinen Ausführungen über die Arten der Märchenstilisierung (die novellistisch-umdichtende, die realistisch-ordnende, die sagaartige, die impressionistische, S. 12ff.), über die Glockenreime und ähnliches (S. 34ff.) oder über zertrümmerte und durcheinander gewirrte Balladentexte (S. 51ff., 71ff.), wie auch den gelehrten Noten Eitrems über Münzen als Opfergaben (S. 117ff.), die 'philologische' Haltung durchaus zuerkennen wird, so soll dies hier nur Lob bedeuten; es ist gewiss keine Philologie, die trocken und ellenlang die Leser im Volke erschrecken wird! Im übrigen ist der Inhalt echt volkstümlich und vielseitig, erstreckt sich auf Sagen und Bräuche, Lieder und Sprichwörter, bringt Lebensläufe von Volkskundlern, Bücheranzeigen und Frageecken. Dem Programm gemäss herrscht Mitteilung und Beschreibung vor der erklärenden Untersuchung vor.

Die heimische Geschichtswissenschaft (im weiteren Sinne) regt heute in Norwegen eifrig die Hände; die politische Neuordnung hat sichtlich die Geister befeuert, und auf die Generation der Sophus Bugge, Undset, Johan und Gustav Storm ist eine rührige Schar von Jüngeren und Jungen gefolgt. Möge auch der norwegischen Volkskunde und ihrem neuen Organ dieser Aufschwung zugute kommen!

Berlin. Andreas Heusler.

Folkminnen och Folktankar, populär-vetenskaplig tidskrift redigerad av C. W. von Sydow, fil. dr., docent i folkminneforskning vid Lunds universitet. 1. Band (6 Hefte). Lund 1914. 4 Bl., 216 S. 8°. 3 Kronen. — 2. Band, 1.—4. Heft. Lund 1915. 128 S.

Mit Energie und Geschick geht v. Sydow, nachdem nunmehr die schwedische Volkskunde zum Prüfungsfach an der Universität Lund erhoben ist (oben 23, 91), an die Organisation der Sammelarbeit. Wohl besitzt Schweden für das Studium von Haus, Gerät und Tracht ausgezeichnete Museen und eine besondere Zeitschrift 'Fataburen', auch für die geistige Kultur des Volkes, die Volksdichtung und den Volksglauben liegen einzelne treffliche Arbeiten und eine gelehrte Zeitschrift 'Svenska landsmålen' vor; allein, um weitere Kreise des Volkes anzuregen und den vorhandenen reichen Überlieferungsschatz zu bergen, ehe es zu spät wird, bedarf es einer ausgebreiteten Werbetätigkeit. Diesem Zwecke dient die oben genannte, zugleich volktümliche und wissenschaftliche Zeitschrift vor allem durch kurze, leichtfassliche Einführungen in die Volkskunde und deren Einzelgebiete. Sydow skizziert (1, 1—7) die bisherige Forschung in Schweden und den Nachbarländern und gibt (1, 177—216) eine ausführliche Anweisung zur Aufzeichnung der Volksüberlieferungen. Er legt diese Aufgabe nicht nur den Predigern, Lehrern, Richtern und anderen Beamten ans Herz, sondern schlägt auch Vorträge in den einzelnen Landgemeinden und Volkshochschulen und Nachfragen in den städtischen Kranken- und Armenhäusern vor; er gibt für die Erforschung von Glauben und Sitte ein vollständiges System, das er Feilberg verdankt, verzeichnet die Typen der Sagen und nach Aarnes Register die Stoffe der Märchen, bespricht die Lieder, die Tänze und Spiele, die Rätsel, Sprichwörter usw. Einer Reihe von Rätseln aus Schonen schickt er eine Betrachtung über die verschiedenen Systeme der Anordnung von Volksrätseln (2, 65—80) vorauf, die Rolland, Wossidlo, Petsch und zuletzt Lehmann-Nitsche (oben 24, 240) aufgestellt haben; er selber gruppiert folgendermassen: 1. Sachrätsel (Vergleichungen oder Beschreibungen), 2. Situations- oder Ereignis-, 3. Verwandtschafts-, 4. Scharfsinnsrätsel, 5. Scherzfragen, 6. gelehrte Rätselfragen. Über die schwedischen Tanzspiele der Kinder und der Erwachsenen gibt M. P. Nilsson (2, 1—20) einen Überblick, der sie jedoch nicht typologisch wie Thurens Aufsatz in den Danske Studier 1908, 129 klassifiziert, sondern historisch die Entwicklung der mimischen Tänze seit den ältesten Zeiten verfolgt. Über Volksmedizin handelt Å. Campbell (1, 13—19. 60—68. 2, 27—31). — Diesen Einführungen geht die Bekanntmachung des gesammelten Stoffes zur Seite. Das Gebiet des Aberglaubens wird vertreten durch den Abdruck eines 'Schwarzkunstbuches' (2, 117—127), dessen Titel 'Suprania' aus 'Cyprianus' entstellt ist, und viele Mitteilungen über kluge Leute und Krankheitsheilungen (1, 90. 101. 151. 2, 21. 45). Einen alten Fruchtbarkeitsritus erblickt S. Andersson (1, 103—109) in dem Södermanlander 'Misttanz': Knechte und Mägde nehmen, nachdem sie den Acker gedüngt haben, ein Bad und ordnen sich in Festkleidern zu einem Hochzeitszuge. Von Maifesten und Mailiedern ist 1, 25—36 die Rede. Die Sagen betreffen den wilden Jäger (1, 175), die Grabesruhe (1, 56—59), Trolle (1, 110f.), Gespenster (1, 78. 161) und Drachen (1, 22). Unter den Märchen entspricht 'Lille Pär skytt' (1, 37—40) dem gelernten Jäger bei Grimm nr. 111, 'Den svarta halta hunden' (2, 33) dem Löweneckerchen bei Grimm nr. 88, 'Prästen och klockaren' (2, 38) Grimm nr. 142, 'När pågen skulle gå till möllan' (2, 40) Grimm nr. 143. Natürlich fehlen Lieder (2, 62), Tanzweisen (1, 96), Rätsel (1, 43. 2, 59. 81), Sprichwörter (1, 21. 41. 2, 111) nicht. — Aus dem

Volksleben der Gegenwart wird gelegentlich ein Blick in die alte Zeit zurückgeworfen. K. Krohn (1, 54) verweist zur Ziege Heidrun in der Grimnismál auf rabbinische Beschreibungen des Landes, wo Milch und Honig fliesst, und Sydow, der schon einmal (Danske Studier 1910) sich mit Thors Fahrt nach Utgard beschäftigt hatte, liefert eine mythologische Untersuchung grösseren Umfanges (1, 113—150 = Danske Studier 1914, 113) über den Becher des Riesen Hymir, den er abweichend von früheren Forschern wie Mogk und Hellqvist mit dem Märchen vom Riesen ohne Herz zusammenhält (ebenso übrigens F. v. d. Leyen, Sagenbuch 1, 50). Biographischen Charakter trägt des Herausgebers Nachruf auf Moltke Moe (1, 8—12) und sein Glückwunsch an Axel Olrik (1, 49—53). — Obwohl die Zeitschrift gelehrte Zitatenhäufung und schwierig zu lesende Dialektorthographie grundsätzlich ausschliesst, zeigt sie doch wissenschaftliche Haltung und wird, zumal die wichtigeren Beiträge auch in hübsch ausgestatteten Sonderabdrücken (Folkminnen från Skytts härad, 1. Sagor. 2. Svartkonstbok. 3. Gåtor. — Nilsson, Våra danslekar. — Sydow, Folkminnena och deras insamling) zu beziehen sind, hoffentlich die gewünschte Verbreitung und Wirkung finden.

Berlin. Johannes Bolte.

E. V. **Aničkov**, Das Heidentum und das alte Russland. St. Petersburg, Typographie von Stasulevič 1914. XXXVIII, 386 S. Preis 2 Rbl.

Des Verfassers wertvolles Werk über 'Das Lied des Frühlingskultus im Westen und bei den Slawen' ist Zeitschrift 15, 220 und 17, 232 besprochen worden. Eine gedrängte Darstellung des Verhältnisses der Volkspoesie zur alten slawischen Mythologie gab er in einem Sammelbande, über den Zeitschrift 19, 441 berichtet wurde.

Im vorliegenden Werk stellt sich A. die Aufgabe, die Literaturdenkmäler, die sich auf die Bekehrung Russlands beziehen, für die Erkenntnis der alten heidnischen Religion fruchtbar zu machen. Eine ausführliche kritische Behandlung zweier Schriften, deren Text am Schlusse des Bandes gebracht wird, legt dazu den Grund (S. 26ff. 58ff.), eine Reihe anderer wird kurz besprochen. Die Texte verteilen sich auf das 11.—17. Jahrh.; ihr Wert ist naturgemäss ungleich. A.s scharfsinnige, die Interpolationen ausscheidende Kritik lässt erkennen, dass sich die christliche Propaganda weit weniger gegen das reine Heidentum richtete, als gegen die 'neuen Leute', die Neubekehrten, die Lauen und Doppelgläubigen, die noch an vielen zauberischen Bräuchen ihrer Väter hangen und noch im Banne des alten Glaubens an böse Geister und feindliche Mächte stehen.

Einen breiten Raum nehmen die Verbote der festlichen Bankette und Spiele ein (Kap. 7), soweit sie noch heidnischen Charakter tragen. Unterdrückt werden sie jedoch nicht, sondern nur gemässigt und als eine feststehende Institution der fürstlichen Gefolgschaft in christlichem Sinne umgedeutet. Die Spielleute werden nach und nach durch die Pilger ersetzt, und die gottlosen Tänze und Lieder weichen erbaulichen Gesprächen und geistlichen Dichtungen. Wertvolle Bemerkungen fallen hierbei ab über die Institution der wandernden Bettler und Pilger und ihre noch bis auf den heutigen Tag gern gehörten Gesänge, die A. den chansons de geste und dem Liede des scop in Hroðgars Halle an die Seite stellt.

Im zweiten Teile seines Werkes spricht A. über Götter und Kult. Die Textkritik der Denkmäler erlaubt die Feststellung, dass dem Kulte Peruns der Glaube an Vampyre, Baum- und Wassergeister. der sich, wie bezeugt, in Opfern äusserte, voranging, also wohl als urslawisch anzusprechen ist. Dieser Glaube hat sich viel länger und fester erhalten, als die Verehrung der offiziellen Götter. Der Grund ist der, wie A. einleuchtend zeigt, dass sich die Christianisierung zunächst auf den fremden Fürsten mit seinen Gefolgsmannen beschränkte, das slawische Volk dagegen blieb in seinen entlegenen Dörfern ziemlich unangefochten heidnisch. Die Priester und Zauberer freilich wurden verfolgt, und man durfte sich bei Missernten, Seuchen und sonstigen allgemeinen Unglücksfällen nicht mehr an sie, sondern nur noch an die Vertreter des Christengottes wenden. Allein auch das Zauberwesen überdauerte die Einführung der neuen Staatsreligion lange Zeit und ist in seinen Resten, vor allem auf dem Gebiet des Ackerbaues selbst heute noch allenthalben verbreitet. A. ist der Meinung, dass sich die alte Religion der Ostslawen nicht wesentlich von derjenigen unterschieden habe, welche man auf Grund der neueren ethnographischen Forschungen für die finnisch-ugrischen Nachbarvölker voraussetzen dürfe, wie er denn auch der dunklen Göttin Mokoš finnische Herkunft zusprechen möchte und dem slawischen volchv den finnischen Zauberer an die Seite stellt (275 ff.).

Weiterhin geben Bemerkungen über den slawischen Feuerkultus (S. 291), die freilich Jagić nicht überzeugend widerlegen, ferner die Angaben über Baum- und Wasserverehrung ein deutliches Bild von den engen, auf der Praxis der Landwirtschaft beruhenden Beziehungen der heidnischen Slawen zu der umgebenden Natur. Es ist eine Bauernreligion im strengsten Sinne des Wortes; Krieg und Heldenverehrung liegen ausser ihrem Bereich.

Der folgende Abschnitt über die Götter bringt manche neue und interessante Folgerung. Die Quellen sind hier die Friedensabkommen der Kijever Warägerfürsten mit Byzanz. In den Jahren 907 und 971, wo Fürst und Volk in fremdem Lande den Frieden beschwören, werden Perun und Volos erwähnt, 945 dagegen in Kijev, wo Igor und sein Gefolge (aber nicht das Volk!) nur die Zeremonie des deutlich erkennbaren nordischen vápnatak beobachten, doch keinen Schwur leisten[1]), ist nur vom Standbild Peruns die Rede. Volos, der auch ständig als der 'Gott des Viehes' bezeichnet wird, fand am Fürstenhof sicherlich keine Verehrung. Er war der Gott der Bauern und handeltreibenden Schicht, die mit dem Fürsten Züge nach Byzanz unternahm, wo nicht nur politische, sondern auch sehr wichtige kaufmännische Ziele zu verfolgen waren. Sein Bild war ausserhalb des vom Fürsten und seinen Mannen bewohnten Teiles der Stadt errichtet, es wurde vom Volke verehrt und auch von den fremden Handelsleuten, die seines Schutzes vor allem bedurften. — Auf Volos, als den vermutlichen Gott der Fruchtbarkeit, geht A. nicht ein. Es scheint ihm auch unbekannt zu sein, dass Volos mit dem auf Island bezeugten Vǫlsi in eine recht überzeugende Verbindung gebracht wird[2]).

Perun jedoch war ursprünglich nur der Gott des Fürsten und der Gefolgschaft, erst Vladimir errichtete ihm, um das wankende Heidentum zu stützen, ein Standbild ausserhalb des Gebietes des fürstlichen Frohnhofes. A. schliesst sich der Etymologie Torps an, stellt lit. Perkunas zu got. fairguni, aisl. Fiǫrgyn und fasst Perun als den Gott, der im heiligen Haine verehrt wurde. Rożnieckis Identifizierung von Perun und Þórr lehnt A. gewiss mit Recht ab, geht aber leider nicht auf die Frage ein, die der Gang der Untersuchung ihm eigentlich nahelegte, wieweit etwa Óðinn auf Perun eingewirkt habe.

1) Was A. übersehen hat; ihm entging der Nachweis hierzu bei Tiander, Izvěstija Ak. Nauk VII, 3, 391 f.

2) Heusler, Zeitschrift 13, 34.

Der Abschnitt über die Götternamen im Igorliede (Kap. 14) tastest naturgemäss im dunklen. Dieser, dem Zwange des pathetischen Stiles so stark unterworfenen Quelle sichere Resultate abzugewinnen, dürfte eben doch unmöglich sein.

Den Beschluss machen gute Bemerkungen über die zahlreichen lokalen Götter der Slawen, die in hölzernen und steinernen Idolen, aber auch im Baum, im Stein oder Felsen selber verehrt wurden. A. zeigt auch hier wieder, dass die Ostslawen ungefähr auf der gleichen primitiven Stufe standen, wie ihre Nachbarn finnischen Stammes im Norden und Osten. Dagegen deutet hier nichts auf eine Verwandtschaft mit germanischen Gestalten, nichts auf einen Götterstaat, und nirgends finden sich Ansätze zu einer poetischen Tradition über die Götter. Die Konzeption von Mythen lag den Slawen zweifellos vollkommen fern.

Endlich ist eine anscheinend ziemlich vollständige Liste aller der Schriften zu erwähnen, die Äusserungen über Heidnisches enthalten. Leider beeinträchtigt das Fehlen der Seiten- oder Kapitelangaben die Brauchbarkeit dieser sonst dankenswerten Zusammenstellung.

Die Form der Darstellung A.s hat ihre Mängel: sie ist allzu wortreich und verliert sich oft in Abschweifungen. Auch die Anlage der Untersuchung hätte straffer und übersichtlicher sein können. Doch ist es A. geglückt, der spärlichen Überlieferung das Mögliche abzugewinnen und ein in den Hauptsachen zutreffendes Bild des heidnischen Russlands zu zeichnen.

Berlin. August v. Löwis of Menar.

G. **Bergsträsser**, Neuaramäische Märchen und andere Texte aus Ma'lūla, hauptsächlich aus der Sammlung E. Pryms und A. Socins hsg. Leipzig, Brockhaus 1915. XXII, 95. X, 110 S. 8°. (Abhandlungen für die Kunde des Morgenlandes hsg. von der Deutschen Morgenländischen Gesellschaft 13, 2—3).

In erster Linie dient das vorliegende Werk natürlich den Sprachstudien der Orientalisten; denn die hier vereinigten 42 Texte sind 1869 von Prym und Socin, 1889 von Stumme und 1914 von Bergsträsser in einem Dorfe des Antilibanon nordnordöstlich von Damaskus aufgezeichnet worden, dessen Bewohner, Christen wie Muhammedaner, einen aramäischen Dialekt reden, den letzten Überrest der einst über ganz Syrien verbreiteten, jetzt vom Arabischen verdrängten Sprache. Aber gleich den früheren Veröffentlichungen von Prym-Socin und Stumme bietet auch diese durch die beigegebene Verdeutschung der vergleichenden Volkskunde hochwillkommenes Material, da jene Texte zumeist Märchen aus dem Munde einer einzigen Erzählerin darstellen, freilich nicht immer in tadelloser Überlieferung, sondern bisweilen in bunter Mischung verschiedener Motive. Auf einige eigenartige Fassungen bekannter Stoffe, denen der Herausgeber leider keine Überschriften verliehen hat, möchte ich besonders hinweisen; neben orientalischen und europäischen Märchen erscheinen auch christliche Legenden.

In nr. **2** ertränkt die böse Schwieger die Heldin und heiratet, was der Wahrscheinlichkeit allerdings widerspricht, den eigenen Sohn, ohne von ihm erkannt zu werden; also eine Variante der untergeschobenen Braut (Bolte-Polívka, Anmerkungen zu Grimms Märchen 1, 85 nr. 11). — Nr. **3** besteht aus Elementen der klugen Bauerntochter (Bolte-Polívka 2, 354 nr. 94), der Giletta von Narbonne (Boccaccio, Decameron 3, 9) und der Zusammenführung des getrennten Elternpaares durch den Sohn (Chauvin, Bibliographie arabe 8, 78). — Nr. **4**. In der Hand des Mörders verwandelt sich die Traube in einen Menschenkopf (R. Köhler, Kl. Schriften 1, 154); auch das parallele Motiv, dass der dem Sohne des Ermordeten gegebene Name die Entdeckung des Täters bewirkt (Bolte-Polívka 2, 535 nr. 115), tritt auf, wird aber nicht ausgenutzt. — **5**. Geschichte des biblischen Joseph. — **6**. Die schweigende Prinzessin wird durch ehrenrührige Beschuldigungen zum Reden verlockt (griechisch bei Misotakis S. 42 = Geldart p. 106; türkisch bei Kúnos, Stambul S. 45). — **7**. Der Esel als Richter wiedergefunden (oben 6, 93. Bolte-Polívka 1, 59[1]). — **9**. Wie drei Männer sich über die Untreue ihrer Weiber trösten. Die bekannte Rahmenerzählung der 1001 Nacht (Chauvin 5, 188. Cosquin, Revue biblique 1909. Rosen, Tuti-Nameh 2, 71). — **10** und **32**. Katze im katzenlosen Lande verkauft (Bolte-Polívka 2, 71 nr. 70). — **12**. Der geängstigte Buhler im Kasten (Chauvin 6, 175. 8, 69. 142. 177). — **13**. Das fliehende Mädchen und der rasch wachsende Weizen (Dähnhardt, Natursagen 2, 61. Oben 19, 94). — **14** und **33**. Die vor dem verliebten Vater fliehende Tochter (Bolte-Polívka 2, 45 nr. 65 'Allerleirauh'). — **15**. Der prophetische Traum des Knaben (Bolte-Polívka 1, 324 nr. 33). — **17**. Tobias. Der 'Teilhaber' tötet die nachts aus dem Munde der Braut kriechende Schlange, wie in einigen Fassungen des dankbaren Toten oben S. 41. 49). — **18**. Einem Bauern wird in der Stadt ein Korb als Zaubergabe verkauft, dafür prellt sein Freund drei Städter um ihre Waren und Kleider. Gehört zum Kreise des Unibos oder Bürle (Bolte-Polívka 2, 1 nr. 61). — **19**. Das Urteil Schemjäkas (Benfey, Pantschatantra 1, 394. R. Köhler 2, 578. Chauvin 8, 203. Keleti Szemle 2, 182). — **20**. Der Grindkopf (Grimm nr. 136. Panzer, Hilde-Gudrun 1901 S. 251). — **21**. Der Fisch speit der ehebrecherischen Königin ins Gesicht (R. Köhler 2, 605. Çukasaptati, textus simplicior nr. 5. 9); über die erste der eingelegten Geschichten vom voreilig getöteten Falken s. Chauvin 5, 289. — **22**. Der dreimal unterschlagene Gänsebraten (Chauvin 6, 179. Bolte-Polívka 2, 129 nr. 77). — **23**. Ein Narr gebietet dem Mehl, allein nach Hause zu gehen, ebenso dem Esel (Bolte-Polívka 1, 521[1] zu nr. 32 und 59). — **25**. Die Formel 'Im Namen des Kreuzes' schützt die Geräte vor bösen Geistern. — **26**. Die Legende von Marina, die Männerkleidung anlegt, um in ein Mönchskloster einzutreten (Acta Sanctorum Julii 4, 278. Usener, Legenden der Pelagia 1879). — **30**. Reicher Ersatz für ein Weizenkorn (Bolte-Polívka 2, 201 zu nr. 83. Cosquin, Contes pop. de Lorraine nr. 62). — **31**. Der ermordete Stiefsohn (Bolte-Polívka 1, 412 nr. 47 'Machandelboom').

Berlin. Johannes Bolte.

Robert Holsten, Die Volkskunde des Weizackers. In: Die Bau- und Kunstdenkmäler des Regierungsbezirks Stettin, herausgeg. von der Gesellsch. für Pommersche Geschichte und Altertumskunde. Anhang zu Heft VII, Stettin 1914. Mit 6 Textbildern, 38 grossenteils farbigen Tafeln und einer Karte.

Diese Arbeit des Pyritzer Gymnasialdirektors beruht zum grossen Teil auf der Vorarbeit des Prof. Dr. Karl Blasendorff, der durch den Tod an der Vollendung seines Werkes gehindert wurde. Die kurze Einleitung über die Vorgeschichte des Weizackers konnte um so eher fehlen, als sie bezüglich der älteren Perioden für die Volkskunde unergiebig ist. Von erheblicher Wichtigkeit scheint dagegen die geschichtliche Betrachtung zu sein, die der Verf. an die Kolonisierung des Weizackers durch das Colbatzer Cisterzienserkloster im 13. Jahrh., sowie an die Urkunden des Werbener Schöffenbuches von 1552ff. und die Pyritzer Kleiderordnung von 1616 knüpft. Aus der Beobachtung nämlich, dass die Grenzen des Klosterbesitzes von Colbatz sich mit denen der Weizacker-Volkstracht decken, kann mit Fug und Recht auf eine ja auch sonst oft beobachtete Beeinflussung der Volkstracht durch das Kloster geschlossen werden. Und aus den erwähnten Urkunden ergibt sich ohne Frage, dass eigenartige Bestandteile dieser Tracht bereits am Ausgange des 16. Jahrh. vorhanden waren. Daraus darf aber nicht die Übereinstimmung der Tracht im 16. und im 19. Jahrh. gefolgert werden, denn eine solche Stagnation ist selbst in der überaus konservativen Volkstracht unerhört. Zu diesen Beweisen vom Alter der Weizacker-Volkstracht kommt als Stütze die Beobachtung hinzu, dass die acht von Friedrich d. Gr. im Weizacker neu kolonisierten Ortschaften die Volkstracht nicht besitzen. Von grossem Interesse ist das Kapitel über die Herstellung der Tracht und ihre Kosten. Einige Schnittmuster und zahlreiche farbige Tafeln geben ein deutliches Bild dieser alten prächtigen Volkskunst, welche bald ausgestorben sein wird.

Das Bauernhaus des Weizackers ist das von Rob. Mielke so getaufte „Dielenhaus“, wie es auch in der Mark häufig ist und dem altsächsischen Hause verwandt erscheint. Pessler nennt es altsächsisch-mitteldeutsche Mischform, wogegen m. E. nichts einzuwenden ist. Es ist ein Einheitshaus mit Wohnung, Wirtschaftsräumen und Ställen unter einem Dach. Der Giebel ist der Strasse zugekehrt und hat hier eine Haustür und kleine Diele oder Flur. Die Wohnräume liegen beiderseits dieser Diele an der Strasse. Dahinter liegt eine fensterlose Küche in der Mitte des Hauses, und hinter oder neben ihr ist ein quer in das Haus führender Flur mit Haustür. Nur dieser Flur heisst nach den von Holsten gegebenen Grundrissen „Achterhaus“, nicht, wie der Text andeutet, das ganze hintere Haus. Es bricht hier wieder die alte Bedeutung des Flurs als Urhaus mit der Feuerstelle durch. In der Inneneinrichtung des Hauses überrascht die Farbenpracht der Möbel. Leider ist nur eine Tafel gegeben, welche eine Bauernstube in Sabor aus dem 18. Jahrh. darstellt. Von grosser Kunstfertigkeit zeugen die phantastisch geschmückten Spinnrocken, Brautleuchter und die von einem Mühlenburschen angefertigte Deckenschnitzerei der Kirche in Brietzig. Merkwürdig ist es, dass die eigentümliche Form der Holzleuchter auch in Russland volkstümlich ist. Unter den Kapiteln, welche die Volksgebräuche behandeln, ist besonders das über die Hochzeit ausführlich und mit vielen alten Erinnerungen ausgestattet, z. B. den zur Belustigung der Festgäste auftretenden „Schimmelreiter“ und „Schnappbock“. Die letztere Maske, die leider nicht abgebildet ist, entspricht dem Tiroler „Krapfenschnaggler“, während der Schimmelreiter in der Salzburger „Habergais“ seine Parallele findet. Dem Totenkultus diente im Weizacker wie auch anderwärts die Totenkrone, die aber nur jungen Mädchen als Ersatz für die entgangene Brautkrone auf den Sarg gestellt wurde. Auf uralte Volksüberlieferung weist der Brauch, ein neugekauftes Pferd oder Rind über Axt und Besen in den Stall treten zu lassen. Die unheilabwehrenden Kräfte dieser Geräte sind bereits für den Volksglauben im römischen Altertum bezeugt, wie E. Samter nachgewiesen hat.

Schliesslich sei noch auf einige unerklärte Wortbildungen hingewiesen, wie 'josip' für das weibliche Wulstmieder, 'sprögel' für eine Art Spinnrocken, 'busshaken' für einen älteren Pflug, 'pojstock' oder 'pollstock' für einen kurzen, beim Garbenbinden gebrauchten Stab.

Im Schlusskapitel über das Volkstum des Weizackers erwähnt Holsten noch einmal den engen Zusammenhang des behandelten Gebietes mit der Mark, der eben auf der Kolonisierung durch deutsche Bauern beruht, welche die Colbatzer Mönche aus der Altmark holten.

Möchten noch viele deutsche Gebiete recht bald so gründliche und gut ausgestattete Bearbeitungen ihrer volkstümlichen Überlieferungen finden, wie sie uns Holsten hier über den pommerschen Weizacker geliefert hat! Der furchtbare Weltkrieg dieser Zeit, an dem der Verf. auch unter deutschen Fahnen teilnimmt, wird der Volkskunde durch Erkenntnis ihrer Werte wohl ungeheuer nützen, aber vielleicht ebensoviel schaden, indem er das ganze Denken des Volkes in seinen Bann zwingt und die alten Überlieferungen auslöscht.

Berlin-Steglitz. K. Brunner.

Emanuel Friedli, Bärndütsch als Spiegel bernischen Volkstums, 4. Band: Ins. (Seeland I. Teil) Mit 171 Illustrationen im Text und 10 Einschaltbildern nach Originalen von A. Anker, R. Münger, W. Gorgé, F. Brand, sowie nach photographischen Originalaufnahmen von Dr. E. Hegg, Dr. Ed. Blank und anderen, einer Karte und zwei geologischen Profilen. Herausgegeben mit Unterstützung des Kantons Bern. Bern, A. Francke 1914. IX, 628 S. 8°. 12 Fr.

Friedlis umfassendes Werk der Berner Volks- und Landeskunde (vgl. oben 15, 359; 18, 334 und 23, 330) sollte mit dem vierten Bande, der das Seeland behandeln sollte, abgeschlossen werden. „Indessen, das vielgestaltige Ins und seine nähere und weitere Umgebung boten so reichhaltigen Stoff, dass bald nach Beginn der Darstellung an eine Erweiterung des Bandes oder an eine Verdoppelung desselben gedacht werden musste.“ So entschloss sich denn die mit der Leitung des Unternehmens betraute Kommission, dem Seelande noch einen weiteren Band zu widmen, dessen Ausgangspunkt das am Westufer des Bieler Sees gelegene Twann bilden soll. „Die für beide Seeland-Bände ausgewählten Materien werden nicht etwa territorial, sondern sachlich verteilt. 'Ins' und 'Twann' sollen gleichsam Brennpunkte einer Ellipse sein, von deren jedem aus in gegebenen Fällen das gesamte Seeland volkskundlich und sprachlich beleuchtet wird.“

Der vorliegende Band behandelt in der aus den früheren Bänden bekannten eindringenden Darstellung Friedlis die Bodenbeschaffenheit des Landes, die Lebensbedingungen und Lebensweise, sowie die Sprache seiner Bewohner. Ein umfangreiches Kapitel ist vorwiegend dem Leben und Schaffen des aus Ins stammenden Malers Samuel Albrecht Anker gewidmet, von dem auch zahlreiche Skizzen den ohnehin reichen Bilderschmuck des Buches vermehren. Aus dem Kapitel 'Das Seeland im Krieg' wird besonders die Beschreibung eines Manövers im Moos zurzeit allgemeineres Interesse erregen. Eine Darstellung des Gerichtswesens bildet den Schluss. — Auch in Ins fand der Verfasser lebhaftes Verständnis für seine Arbeit, so dass er sich der Unterstützung durch viele sachkundige Ortseinwohner erfreuen konnte. Der wichtige alphabetische Nachweiser fehlt dieses Mal, er ist wohl für den Schlussband zurückgestellt worden.

„Anlässlich der Berner Hochschulfeier am 30. November 1912 wurden die beiden an dem Bärndütsch-Unternehmen vorzugsweise Beteiligten, der Verfasser Emanuel Friedli und der Verleger Alexander Francke, zu Ehrendoktoren ernannt.“ Deshalb ist der vorliegende Band der philosophischen Fakultät der Berner Hochschule zum Danke gewidmet.

Berlin-Halensee. Oskar Ebermann.

Pommersche Jahrbücher. Herausgegeben vom Rügisch-Pommernschen Geschichtsverein zu Greifswald und Stralsund. Band 15. Greifswald, Julius Abel, 1914. 166 Seiten.

Die Liebe zur Heimat und der festgewurzelte Sinn für die Vergangenheit, die das gesegnete Pommernland auszeichnen, haben auch in Kriegszeiten den neuen (15.) Band der „Pommerschen Jahrbücher" rechtzeitig herausgebracht. Die Kontinuität der Arbeit ist auch auf diesem Gebiet ein Beweis für die selbstbewusste Ruhe des deutschen Lebens. So dürfen die Greifswalder Hochschullehrer Bernheim, Curschmann, Frommhold und Glagau, die als Herausgeber zeichnen, unseres doppelten Dankes gewiss sein.

Wenn auch der Rahmen der einzelnen Artikel ein historischer ist, so fällt doch überall mehr oder weniger für die Volkskunde ab. G. Frommhold behandelt in liebevoll-sorgsamer Weise „Das wiedergefundene Rentenbuch der geistlichen Brüderschaften zu Bergen auf Rügen (Diplomatarium Bergense)", das, aus dem Nachlass seines Schwiegervaters in seinen Besitz übergegangen, sich als ein lange verschollenes Urkundenbuch in niederdeutscher Sprache aus dem Ende des 15. und Anfang des 16. Jahrhunderts entpuppte. — Artikel 2 von P. Zunker schildert auf Grund der Akten des Pfarr-Archivs „Das Kirchspiel Neuenkirchen bei Greifswald um die Zeit des Dreissigjährigen Krieges". Viele und vielerlei Bräuche des ländlichen Volkslebens der damaligen Zeit werden durch tatsächliche Vorgänge aktenmässig belegt. — M. Wehrmann beschreibt „Das italienische Reisebuch eines pommerschen Edelmanns vom Jahre 1590", dessen Wert mehr in der Tatsache solcher Reisen als im Inhalt liegt. — Der letzte Artikel bietet den ersten Teil von „Konrad Friedliebs Kämpfen mit der Universität Greifswald" durch G. Prochnow. Nach Erscheinen des zweiten Teils wird darüber noch etwas zu sagen sein.

Auf einige Besprechungen (von Joh. Rassow) folgt zum Schluss ein sehr beachtenswertes Verzeichnis der geschichtlichen und landeskundlichen Literatur Pommerns 1913 von Joh. Asen. Da gerade unsere Zeitschrift sich in den letzten Jahren auch mehrfach mit der Volkskunde Pommerns beschäftigt hat, sei hierauf besonders hingewiesen. Die Folgen des Weltkrieges werden sich nicht zum wenigsten auch in einer vermehrten Pflege alles dessen, das die Heimat angeht, zeigen. So begrüssen wir denn auch diesen Kriegsband als einen Markstein auf dem Wege zu neuer deutscher Zukunft.

Greifswald. Heinrich Spies.

Notizen.

J. Bolte, Das Görlitzer Weihnachtspiel von 1667. S.-A. aus den 'Mitteilungen der Schlesischen Gesellschaft für Volkskunde' hsg. von Th. Siebs 16, 249—258. Breslau 1914. — Als Ergänzung zu Wenzels Arbeit über die oberlausitzischen Weihnachtspiele im 15. Bande der Mitteilungen veröffentlicht B. den Text des 1667 von Chr. Funcke (geb. 1626, seit 1666 Rektor in Görlitz) verfassten und am Görlitzer Gymnasium zur Aufführung gebrachten Schul-Weihnachtspieles. Ausser dieser in Alexandrinern, dreifüssigen Jamben und Trochäen abgefassten 'Christ-Handlung' sind ein zweites Versspiel von 1688, das mit dem von 1667 z. T. wörtlich übereinstimmt, und eine 1668 gespielte prosaische Weihnachtskomödie reicheren Inhalts von Funcke erhalten. Die von B. gegebene Zusammenstellung der von Funcke in den Jahren 1667—1695 in Görlitz veranstalteten Schulaufführungen zeigt dessen vielseitiges Interesse; neben Opitz, Gryphius und Weise und seinen eigenen Stücken liess er auch Übersetzungen (Shakespeare, Corneille, Guarini u. a.)

aufführen. — Dasselbe Heft der Mitteilungen bringt ein zuerst 1812 gedrucktes altes Weihnachtslied in schlesischer Mundart wieder in Erinnerung. — (F. B.)

Bürgers Gedichte, kritisch durchgesehene und erläuterte Ausgabe, hsg. von E. Consentius, mit zwei Bildnissen Bürgers, zwei Handschriftenproben und 18 Notenbeilagen. Berlin, Bong & Co. [1914]. 2 Teile. CLX, 246. 462 S. 8°. Geb. 5 Mk. — Die ausgezeichnete neue Ausgabe von Bürgers Gedichten, die C. der fünf Jahre zuvor von ihm veranstalteten folgen lässt, bringt auch unsrer Wissenschaft Wichtiges. Eingehend würdigt die auch die wirtschaftlichen und literarischen Zustände der Zeit berücksichtigende Biographie Bürgers Begeisterung für das Volkslied, die ihn vor allem nach dem Titel eines Volksdichters streben liess, seine Bearbeitung von Volkssagen wie die Übertragung englischer Balladen. Der 2. Band enthält eine Nachlese der in der Gesamtausgabe von 1789 fehlenden Gedichte, durch neue Funde vermehrt, in der man freilich oft peinlich empfindet, dass Bürgers Natur das Masshalten versagt war, und ausführliche Beigaben: einen Kommentar, der ausser der philologischen Worterklärung die Entstehung und das Fortleben der Gedichte darlegt, die Kompositionen, Nachahmungen, Übersetzungen, Parodien, die Urteile der Zeitgenossen sorgsam verzeichnet und manches ungedruckte Material verwertet. — (J. B.)

R. Th. Christiansen, Die finnischen und nordischen Varianten des zweiten Merseburger Spruches, eine vergleichende Studie (F. F. Communications no. 18). Hamina 1915. VI, 218 S. 8°. — Dass wir in dem alten Merseburger Zauberspruche wider die Verrenkung des Pferdes einen Rest der heidnischen Poesie unserer Vorfahren besitzen, ist neuerdings mehrfach bezweifelt worden. Christiansen, ein Schüler Krohns, gibt der Streitfrage eine breitere Grundlage, indem er die sämtlichen nordischen und finnischen Verrenkungssegen (auf finnischem Gebiet allein sind über 400 Varianten vorhanden) einer umfassenden und gründlichen Prüfung unterzieht. Diese Segen tragen insgesamt christlichen Charakter; statt Wodan und Frija erscheint Christus mit Maria oder Petrus, bisweilen auch Martin, Stephan, Michael, Paulus u. a. zu Pferd oder zu Fuss auf dem Wege durch die Wiese, über eine Brücke, zur Kirche, und die Verrenkung trifft entweder das Tier des Reiters oder den Fuss des Wanderers. Auch in dem erst vor fünf Jahren aufgetauchten ahd. Trierer Segen 'contra equorum egritudinem' (Zs. f. dt. Alt. 52, 174), der dem Merseburger Spruche jedenfalls nahe steht, reiten Christus und St. Stephan. Somit wäre auch für den gegen die anderen Verrenkungssprüche so scharf abstechenden epischen Teil des Merseburger Segens ein christlicher Ursprung wohl denkbar, da die Kirche unstreitig einen grossen Anteil an der Schöpfung und Verbreitung dieser Gattung hatte. Wenn sie anderseits oftmals gegen sie polemisierte, so finden wir darin eine Erklärung für einige norwegische, schwedische und lettische Sprüche, in denen nachträglich ein heidnischer Name wie Odhin, Thor, Perkunas für den christlichen eingesetzt wurde. Nimmt man mit Christiansen an, dass das heidnische Aussehen des Merseburger Spruches ebenfalls nur die Färbung eines christlichen Motivs ist, so begreift man, warum manche so wenig zu unserer sonstigen Überlieferung stimmende mythologische Namen darin aufgenommen sind. Phol deutet der Vf. mit Bugge als Paulus, in den vier Göttinnen sieht er Maria mit ihren Jungfrauen. — (J. B.)

O. Dähnhardt, Sagen vom Ursprung des Todes. Xenia Nicolaitana, S. 42—58. — Bedeutungsvoll lautet der Titel der letzten Schrift unsres verehrten Mitarbeiters, der auf französischem Schlachtfelde den Heldentod fand, ehe er sein grosses Werk über die Natursagen ganz zu Ende führen konnte. Er mustert verschiedene afrikanische, indonesische und indianische Märchen, in denen die Gottheit dem Menschen verkünden lässt, dass er sterben und wieder aufleben soll, der Mensch aber durch die Bosheit des Boten oder das Dazwischentreten eines anderen Geistes oder Tieres nur die Botschaft von seinem Tode erhält. In einigen Erzählungen jedoch wird wie in dem biblischen Bericht vom Sündenfall das Sterben auf eigene Verschuldung des Menschen zurückgeführt. — (J. B.)

Meister Johann Dietz, des Grossen Kurfürsten Feldscher und Königlicher Hofbarbier, nach der alten Handschrift in der Königlichen Bibliothek zu Berlin zum ersten Male in Druck gegeben von E. Consentius. Ebenhausen bei München, W. Langewiesche-Brandt [1915]. 368 S. kart. 1,80 Mk. — Die Beschreibung, die der 1665 zu Halle

a. S. geborene und 1738 ebenda verstorbene Barbier von seinen Lehr-, Wander- und Meisterjahren hinterlassen hat, liefert ein beachtenswertes Dokument des kleinbürgerlichen Lebens jener Zeit. Sind auch seine Zänkereien mit neidischen Innungsgenossen und seine ehelichen Prüfungen nicht immer kurzweilig zu lesen, so hat er sich doch bis zum 30. Jahre wacker in der Welt umgesehen und erzählt ausführlich von seinen Erlebnissen als Feldscher bei den 1686 nach Ungarn gesandten brandenburgischen Truppen und als Schiffsarzt bei holländischen Walfischfängern. Trotz seines Glaubens an Gespenster äussert er bei Zusammenstössen mit Hexen und Werwölfen kritische Bedenken (S. 182), und nimmt auch im Riesengebirge die Berichte über Rübezahl, wie er die Leute vexiere und über die, so ihm spotteten, Gewitter machen könnte (S. 50), mit einigem Zweifel entgegen, notiert aber allerlei über die Lebensweise der Zigeuner, Eskimos und Lappländer. Der bewährte Herausgeber hat durch fleissige Anmerkungen, urkundliche Nachweise und Nachbildungen gleichzeitiger Kupferstiche für den Leser aufs beste gesorgt. Zu dem ekelhaften Arzneimittel 'Mumie' (S. 67) vgl. Wiedemann, Zs. f. rhein. Volkskunde 3, 1; zu dem Gesellschaftsspiele 'Ich fisch in meines Herren Teich' (S. 248) oben 19, 408 nr. 34. — (J. B.)

Gisela Etzel, Aus Jurte und Kraal. Geschichten der Eingeborenen aus Asien und Afrika. München, Die Lese 1911. XIV, 184 S. — 'Diese Sammlung von Erzählungen aus Asien und Afrika will in erster Linie ein Unterhaltungsbuch sein; sie ist eine bunte Auslese aus Werken deutscher, französischer, englischer und italienischer Forscher, Missionare und Folkloristen', heisst es im Vorwort. Die Verf. hat es noch mehr als Seidel in seinen 'Geschichten der Afrikaner' (1894) und in der 'Anthologie aus der asiatischen Volksliteratur' (1898) auf Heraushebung des einem grösseren Kreise Interessanten abgesehen und bietet den Forschern, zumal Quellenangaben im einzelnen fehlen, kaum etwas Neues. — (J. B.)

K. Haller, Volksmärchen aus Österreich, aus dem Volksmunde, aus Zeitschriften und Büchern gesammelt und hsg. Mit vielen Originalzeichnungen. Wien-Stuttgart-Leipzig, Loewes Verlag. [1915.] 135 S. 8°. — Hoffentlich wird das schmuck ausgestattete Büchlein vielen Kindern auf den Weihnachtstisch gelegt, es verdient aber auch von seiten der Wissenschaft Beachtung. Unter den 33 Stücken steht, der Vielsprachigkeit des Kaiserreiches entsprechend, ein italienisches Märchen aus Wälschtirol, ein serbisches, rutenisches, polnisches, čechisches, slowakisches. Die deutschen Märchen, unter die sich ein paar Sagen eingeschlichen haben, sind zum Teil aus den Sammlungen von Žiška, Zingerle, Peter, M. Meyer, Franzisci, Kosch, Laube herübergenommen, zum Teil bisher ungedruckt. Von diesen geht S. 3 'die stolze Fohre' allerdings unmittelbar auf Žiška 1822 S. 38 zurück; dagegen ist S. 32 'Mühle, Mühle, mahle mir' eine hübsche Variante zu Grimm nr. 103, S. 38 'Bei der schwarzen Frau' eine solche zu Grimm nr. 3; S. 116 'die gescheite Königstochter' gehört zu Grimm nr. 40, S. 132 'da Guglhupf' zu Grimm nr. 24. Unstreitig hat die Sammeltätigkeit der letzten Jahrzehnte sich mehr den Sagen und Liedern des Volkes als den Märchen zugewandt. Hallers Büchlein zeigt, dass auch unter diesen noch mancher schöne Fund zu machen ist. — (J. B.)

Richard Halm, Der Fund mittelalterlicher Gefässe im Baugrunde alter Häuser zu Liegnitz und dessen Bedeutung für die Volkskunde (aus: Mitteilungen des Geschichts- und Altertums-Vereins zu Liegnitz, 5. Heft). 52 S. — Der Vf. schildert die in Liegnitz zwischen den Grundmauern vieler Häuser aus dem 14. bis 17. Jahrhundert gefundenen Tongefässe, die mit Fleisch, Früchten oder Getränken gefüllt schon beim Hausbau eingesetzt sein müssen, und vergleicht sie mit den von Hänselmann und Rzehak beschriebenen Braunschweiger und Brünner Funden. Er sieht darin ein Bauopfer, aber nicht für die Seelen Verstorbener, sondern für die Erdgeister, gestützt auf ein höchst interessantes Zeugnis im Beichtspiegel eines Frater Rudolfus aus dem 13. Jahrh., das Klapper in einer Breslauer Hs. auffand: 'In novis domibus sive quas de novo intrare contigerit, ponunt ollas plenas rebus diversis diis penatibus, quos Stetewaldiu vulgus appellat, sub terra in diversis angulis'. Stetewaldiu ist also der dem Kobold (aus Kobewalt) entsprechende Name der Wichtel oder Erdmännchen, die nach dem Hausbau in das Amt der Hausgeister aufrückten, und deren Walten aus manchen Volkssagen bekannt ist. — (J. B.)

E. Hoffmann-Krayer, Volkskundliches aus dem Soldatenleben, eine Anregung. Aus der Allgem. Schweizerische Militärzeitung 1915, nr. 16—17. — Der wirklich- zeitgemässe Fragebogen bezieht sich 1. auf Mittel, sich dem Militärdienst zu entziehen. 2. Bräuche bei der Rekrutierung. 3. Bräuche vor, während und nach der Schlacht. 4. Mittel, das Leben zu schützen, wie Amulette, Zettel. 5. Medizinische Volksmittel gegen den 'Wolf' und andere Leiden. 6. Mittel, sicher zu treffen. 7. Vorzeichen des Krieges. 8. Prophezeiungen. 9. Schlachtfeldsagen. 10. Lieder der Soldaten. 11. Komische Aufschriften. 12. Signaltexte. 13. Soldatensprache. — Wir empfehlen diese von der Schweizerischen Gesellschaft für Volkskunde in Basel ausgehende Anregung allen unseren Freunden dringend und nehmen gern jeden Beitrag zu diesem Thema entgegen. — (J. B.)

F. Jöde, Ringel Rangel Rosen. 150 Singespiele und 100 Abzählreime, nach mündlicher Überlieferung gesammelt. Leipzig-Berlin, B. G. Teubner 1913. XI, 163 S. 1,50 Mk. — Die von einem Hamburger Lehrer zusammengebrachte Sammlung reiht sich den hübschen Veröffentlichungen von Singspielen der Kinder an, die M. Radczwill und G. Meyer in gleichem Verlage erscheinen liessen. Eine so abgeschmackte Kindergartenpoesie wie nr. 86 'Das gemeinsame Spielen macht uns alle so froh' würde ich freilich lieber missen. Die angehängten Anmerkungen operieren noch immer mit den veralteten Deutungen aus der germanischen Mythologie, wenn sich auch bisweilen ein gelinder Zweifel hervorwagt. Hier konnte G. Schläger mit seinen Erläuterungen zu Lewalters hessischen Kinderliedern als Führer dienen. — (J. B.)

E. M. Kronfeld, Der Krieg im Aberglauben und Volksglauben. Kulturhistorische Beiträge. München, Hugo Schmidt (1915). 270 S. 8°. — Die für ein grösseres Publikum bestimmte Schrift, deren Titel eine unglückliche Scheidung zwischen Aberglauben und Volksglauben macht, zerfällt in die Abschnitte: 1. Der Aberglaube der Jahrtausende. 2. 'Die Sterne lügen nicht'. 3. Amulette und Talismane. 4. Festmachen und Freikugeln. 5. Orakel, Prophezeiungen, Glücks- und Unglückstage. 6. Metalle und Edelsteine. 7. Tiere. 8. Wund- und Blutstillungszauber. 9. Aus der alten Wundapotheke. 10. Zauberkräuter. — Nach diesem Inhaltsverzeichnis könnte von den beiden Anforderungen der Reichhaltigkeit und Zuverlässigkeit, die man an ein solches Werk stellen muss, die erste beinahe erfüllt scheinen. Aber in den zusammengetragenen Notizen überwiegt (abgesehen etwa von Abt. 9) der anekdotenhafte, feuilletonistische Charakter; zu einer historischen Übersicht oder einer zusammenfassenden Charakteristik eines Gebietes macht der Vf. keinen Versuch. Statt J. Grimm, Wuttke oder Sartori benutzt er meist Autoren dritten Ranges und zitiert ausgiebig Dichtwerke von Schiller, F. W. Weber, Baumbach, J. Wolff, Ebers. Von den Spezialuntersuchungen über die Barbarossasage, die List der ausgehungerten Belagerten, über Amulette, Alraune, Herzessen usw. schweigt er und führt von den Fachzeitschriften allein die Zs. für österr. Volkskunde an. Zur Zuverlässigkeit gehört, wenn man auch billigerweise nicht überall ein Zurückgehen auf die ersten Quellen verlangen wird, ein gewisses Mass von Kritik. Wo bleibt aber diese, wenn S. 136 ein hochdeutsches Gedicht mit einem dreifachen Akrostichon 'Wilhelm' abgedruckt wird, das 1688 von einer holländischen Wahrsagerin verkündet sein soll? Oder wenn S. 170 die Geschichte von zwei bei Granson und bei Nancy erbeuteten Diamanten Karls des Kühnen mit denselben Umständen erzählt wird, ohne dass ein Verdacht gegen diese auffällige Gleichmässigkeit aufsteigt? S. 200 wird der Kentaur Cheiron der Grossvater Achills und dazu ein gesuchter Apotheker im trojanischen Kriege genannt! Höchst ungleichmässig sind die Quellenangaben. Wo hat Luther (S. 31) gesagt: 'Wir sind Herren über die Gestirne'? Was soll man mit Zitaten wie 'Neue metaphysische Rundschau' oder 'Zentralblatt für Okkultismus' ohne Band- oder Jahreszahl anfangen? Von den schiefen mythologischen und etymologischen Deutungen und den Druckfehlern in Eigennamen könnte man manches bemängeln. Es steht daher zu befürchten, dass das oberflächliche, nicht ausgereifte Buch mehr Verwirrung als Nutzen stiftet. — (J. B.)

Ed. Kück, Wetterglaube in der Lüneburger Heide. Hamburg, Richard Hermes 1915. VI, 176 S. 1,50 Mk. — In überraschender Fülle breitet der treffliche Kenner des Volkslebens der Lüneburger Heide die Überlieferungen über das Wetter vor uns aus, das freilich für den Landmann eine ganz andere Bedeutung hat als für den Städter. Die meist in gereimter Form auftretenden Regeln und Voraussagungen gehen teils von bestimmten Zeiten, Wochentagen, Kalenderheiligen, kirchlichen Festen und Lostagen aus, teils von dem Verhalten der Tiere und Pflanzen, der Sonne und des Mondes. Neben einer feinen Beobachtungsgabe tritt uns der fromme kirchliche Sinn des Niedersachsen, sein zähes Festhalten am Überlieferten, sein Humor und seine Phantasie entgegen (S. 168). Vieles erscheint auch in den benachbarten Landschaften, und zweifellos stammt manches aus den gedruckten Prognostiken und Wetterbüchlein vergangener Jahrhunderte, aber neben der gelehrten muss auch eine mündliche bäuerliche Überlieferung angenommen werden. Wir hören von der noch jetzt im Mai abgehaltenen Hagelfeier (S. 39), von der Bedeutung des Karfreitagregens (S. 65), von mancherlei Bräuchen beim Gewitter (S. 140), von dem auf die Hexen zurückgeführten Sonnenregen (S. 115), den alten Fasten- und Zahlungstagen Quatember (S. 160). Mit dichterischer Anschaulichkeit führt ein Rätsel Mond, Sonne und Wind als Brüder vor (S. 19), einen aufsteigenden Nebel bezeichnet der Ausdruck 'Der Fuchs badet' (braut oder schmökt S. 132), beim Flimmern der Luft heisst es: 'Die Wetterkatzen laufen' (S. 136). Die Sommerfäden nennt man Mettensommer (S. 86), d. h. nach Kücks Erklärung Schleppe der Mettena, der messenden Schicksalsgöttinnen oder Nornen, woraus durch Umdeutung Mädchensommer, Altweibersommer oder Mariengarn wurde. Auch für die Redensart 'Das Blättchen wendet sich' bringt der Verfasser S. 72 eine neue Deutung bei, indem er auf den Volksglauben verweist, dass zu Johanni die Blätter der Pappel ihre Stellung ändern und keinen Schutz mehr gegen Regenschauer gewähren. — (J. B.)

G. J. Kuhn, J. R. Kuhn und F. Wäber, Volkslieder und Gedichte, eingeleitet und neu herausgegeben von H. Stickelberger. Bern, E. Kuhn 1913. XLIV, 186 S. 8°. geb. 3 Mk. — Der Berner Pfarrer Gottlieb Jakob Kuhn, geb. 1775, gest. 1849, hat mundartliche Gedichte verfasst, die zum Teil Volkslieder geworden sind, wie 'Ha a-n-em Ort es Blüemeli gseh' und 'Der Ustig wott cho'. Dem Neudrucke liegt die 2. Ausgabe der Gedichte (1819) zugrunde, dann folgen die Gedichte aus den Kühreihen (1826) und den Alpenrosen, sowie einige Stücke seines älteren Bruders und seines Freundes Wäber. — (J. B.)

R. Mielke, Die angeblich germanischen Rundbauten an der Markussäule in Rom (Zs. f. Ethnologie 1915, 75—91). — Die von Meitzen und Stephany hoch bewerteten Reliefs der Siegessäule des M. Aurelius geben schematische Hausdarstellungen, die den Kulturzustand eines Barbarenvolkes vor Augen führen sollen nach der landläufigen Vorstellung von barbarischen Verhältnissen mit Anlehnung an die runden Hütten auf den Feldern Latiums. — (J. B.)

Friedrich v. Müller, Spekulation und Mystik in der Heilkunde. München, J. Lindauer (Schöpping) 1914. 39 S. 4°. 1,60 Mk. — Der Verfasser, zurzeit Rektor der Universität München, hat die für die Feier des Wintersemesterbeginns verfasste Rede, die des Krieges wegen nicht gehalten wurde, in etwas erweiterter und veränderter Form dem Druck übergeben. Seine Darstellung gibt in der Hauptsache einen Überblick über die an der Ingolstadt-Landshut-Münchener Universität seit Beginn des 19. Jahrhunderts bis auf die Neuzeit vorgetragenen medizinischen Lehrmeinungen und ihre Hauptvertreter. Während hier anfangs eine durchaus transzendental-spekulative, jeder Empirie abholde Auffassung vom Wesen der Heilkunde herrschte, trat allmählich — der allgemeinen Entwicklung der Philosophie (Schelling) entsprechend — eine romantisch-mystische Richtung in den Vordergrund mit engen Beziehungen zur Theologie und zum Okkultismus. Dem Volkskundler wird die Abhandlung, der eine kurze allgemeine Übersicht über die Mystik in der Heilkunde bei den Primitiven, im Altertum und Mittelalter eingefügt ist, sehr interessant sein, da sie zeigt, wie bis tief in das 19. Jahrhundert hinein auch in der wissenschaftlichen Medizin Vorstellungen herrschten, die er sonst nur in der Volksheilkunde anzutreffen gewohnt ist. Dass der medizinische Aberglaube auch unter den Gebildeten unserer Zeit viele Anhänger hat, ist ja leider nur zu bekannt. Eine Besserung dieses Zustandes sieht der Verf. in einem tieferen Eingehen auf das Seelenleben der Patienten. — (F. B.)

Th. Preuss, Tiersagen, Märchen und Legenden in Westpreussen gesammelt und erzählt. Danzig, A. W. Kafemann 1912. 67 S. 8°, geb. 1,20 Mk. — Unter den 27 ansprechend erzählten Stücken befinden sich verschiedene Varianten zu Dähnhardts Natursagen, wie der Teufel und die Ziege, mehrere Fuchsabenteuer, Hunde und Katzen, Hasen und Frösche, aber auch einige neue, wie der Name des Kuckucks (S. 60) und des Esels (S. 63), die Entstehung der Johannisbeere (S. 62). Von Märchen begegnet S. 25 Grimms nr. 13 'Die drei Männlein im Walde', S. 30 das tapfere Schneiderlein (Grimm 20), S. 56 Sechse kommen durch die ganze Welt (Grimm 71), S. 39 'Männlein Werweiß', als Rübezahlgeschichte bei Musäus, doch auch ohne diesen Namen bei Colshorn 1854 nr. 27 überliefert. Zu dem Schwanke von der Kur der faulen Frau S. 14 vgl. oben 18, 53; zu der Legende von Methusalem S. 13 vgl. R. Köhler, Kl. Schriften 2, 100. 678; zu S. 47 'Das gefangene Elend' Bolte-Polivka, Anm. zu Grimms KHM. 2, 420; zu S. 53 'Der Teufel in der Kirche' Zs. f. vgl. Litgesch. 11, 249; zu S. 65 'Die rasch wachsende Gerste' Dähnhardt 2, 61. — (J. B.)

Leo van Puyvelde, Schilderkunst en tooneelvertooningen op het einde van de middeleeuwen, een bijdrage tot de kunstgeschiedenis vooral van de Nederlanden. Gent, A. Siffer 1912. 318 S. mit 56 Tafeln. 12 Fr. — Mehrfach ist in den letzten Jahrzehnten das Verhältnis zwischen dem mittelalterlichen Schauspiel und der bildenden Kunst untersucht worden. Begnügten sich Karl Meyer (1886), Paul Weber (1894), Tscheuschner (1904) damit, eine Reihe von Übereinstimmungen zwischen den Darstellungen der Passion Christi, des Sündenfalls, der personifizierten Synagoge und Kirche u. a. festzustellen und eine Beeinflussung der Künstler des 15. bis 16. Jahrh. durch die geistlichen Dramen als möglich anzunehmen, so behauptete der Franzose Mâle (1904), dem sich der Belgier G. Cohen (1906) anschloss, um 1400 sei die religiöse Kunst durch die Mysterien vollständig erneuert worden; doch waren seine Übertreibungen so offenbar und seine Begründung oft so schwach, dass er durch den belgischen Kritiker Mesnil eine scharfe Bekämpfung erfuhr. Zu diesem Streite nimmt nun Puyvelde gründlich und besonnen Stellung. Es fällt ihm nicht ein, den auffallenden Umschwung, den die Malerei, besonders die niederländische, um 1400 in Inhalt und Ausdruck erkennen lässt, allein auf die Wirkung der Bühne zurückzuführen; vielmehr zieht er für das Aufkommen der realistischen Richtung verschiedene Faktoren in Betracht: weniger die Berührung mit der italienischen Frührenaissance als den Volkscharakter der Niederländer, ihre Lebensformen und die der franziskanischen Mystik eigene Versenkung in die Dinge des Alltags. Für die Auswahl und Ausführung ihrer Stoffe waren die Maler von den Geistlichen abhängig, die zugleich öfter ihre Hilfe bei den Aufführungen von Schauspielen und lebenden Bildern in Anspruch nahmen. Der Vf. mustert sodann auf Grund eines reichen kunstgeschichtlichen und literarischen Materials und mit scharfer Berücksichtigung der Chronologie die biblischen Szenen, in denen ein Einfluss des Dramas wahrscheinlich ist, wie die Verkündigung, die Geburt und das Leiden Christi, und die Schilderung des Himmels, des Hausinnern, der Hölle. Was sich aus den Gemälden über das mittelalterliche Theater, die Dekoration, das Kostüm entnehmen lässt, stellt er in zwei weiteren Kapiteln dar, ohne freilich hier viel Neues zu bieten. Hervorzuheben ist die gute Ausführung der beigegebenen Bildtafeln. — (J. B)

J. E. Rabe, Sünd ji all dor? Althamburgische Kasperszenen. Hamburg, Quickborn-Verlag. 59 S. 8°, kart. 0,50 Mk. (Quickborn-Bücher 8.) — Für die niederdeutschen Feldgrauen, die in den Mussestunden hinter der Front sich Puppentheater angefertigt haben, bietet Rabe zehn lustige Kasperszenen, die er bis auf eine aus seinem prächtigen Buche Kasper Putschenelle (oben 22, 214) entnommen hat. Mögen sie unseren wackeren Kriegern einige heitere Stunden bereiten! — (J. B.)

E. Samter, Homerunterricht und Volkskunde. S.-A. aus den Neuen Jahrbüchern (B. G. Teubner), Jahrg. 1914, 2. Abt., 24. Bd., 9. Heft, S. 508—512. — Die Ergebnisse der volkskundlichen Forschung im Unterricht auf den höheren Schulen heranzuziehen, ist für den Lehrer eine äusserst dankbare Aufgabe, die aber leider immer noch viel zu oft nicht genügend berücksichtigt wird. An mehreren Beispielen aus der Ilias (κῆρες, Verstümmlung von Leichen, Meineid) zeigt der Verf., wie erst die volkskundliche Erklärung dem Schüler das psychologische Verständnis mancher Homerstelle ermöglicht und zugleich sein Interesse für die Volkskunde im allgemeinen weckt. Jeder, der ähnliche Versuche gemacht hat, weiss, wie gern, und oft auch mit welchem Verständnis die Schüler auf volkskundliche Hinweise eingehen, und es wäre nur zu wünschen, dass möglichst viele Lehrer von diesem Mittel Gebrauch machten. — [F. B.]

H. Scheu und A. Kurschat, Pasakos apie paukščius. Žemaitische Tierfabeln, Text, Wörterverzeichnis und Übersetzung herausgegeben. Heidelberg, C. Winter 1913. 335 S. 8°. — Diese Veröffentlichung der Litauischen literarischen Gesellschaft in Tilsit enthält 81 Tierfabeln, die von Scheu aus dem Munde verschiedener russischer Litauer (Žemaiten) aufgezeichnet, durch einen schriftgewandten Žemaiten umgeschrieben und von Kurschat revidiert und mit einem Wörterbuch und einer Verdeutschung versehen wurden. Abgesehen von dem sprachlichen Werte der Sammlung, erregt unsre Aufmerksamkeit die grosse Zahl von antiken äsopischen und phädrianischen Fabeln, die vermutlich aus einer gedruckten litauischen Übersetzung in den Erzählungsschatz der ungelehrten Landarbeiter übergegangen sind, bisweilen freilich wie nr. 4 'Der Hirsch im Stalle' in starker Umwandlung und Aufschwellung. Doch auch mittelalterliche Fuchsfabeln und anderweit verbreitete Stoffe treffen wir an. Einige Parallelen aus Dähnhardts Natursagen hat schon der Herausgeber angeführt; aus Grimms Märchen notiere ich zu nr. 6 'Sperling und Katze' und 10 'Lerche und Schlange' Bolte-Polivka, Anmerkungen 2, 206; zu 34 'Huhn und Bohne' ebd. 1, 293. 2, 100. 146; zu 47 'Gänse und goldene Brücke' ebd. 2, 209; zu 51 'Der Wolf mit dem Stumpfschwanz' ebd. 2, 530[3]; zu 52 'Mensch, Bär und Fuchs' ebd. 2, 420; zu 53 'Mensch, Fuchs und Wolf' ebd. 2, 111; zu 54 'Mensch und Fuchs' ebd. 1, 518[1]; zu 61 'Das Alter des Menschen' Grimm nr. 176; zu 64 'Wolf und Hund' Bolte-Polivka 1, 424; zu 71 'Zaunkönig' Grimm nr. 171; zu 75 'Mensch und Löwe' Bolte-Polivka 2, 96; zu 79 'Mann und Hahn' ebd. 1, 132 (ohne Erwähnung der Tiersprache). Von der nachdenklichen Betrachtung des Tierlebens als einer lehrreichen Abspiegelung menschlicher Verhältnisse zeugen endlich manche neue Erzählungen, wie nr. 21 'Hahn und Uhr', 27 'Des Bären Krebsfang', 31 'Hahn und Katzen', 35 'Igel holt Hefe', 56—58 Storchfabeln. — (J. B.)

H. Siegert, Sagen des Sachsenlandes. Leipzig, E. Wunderlich 1914. IV, 157 S. mit Zeichnungen von W. Müller. — 32 zumeist geschichtliche Sagen, für die Jugend ausgewählt und in ansprechender Form wiedergegeben. — (J. B.)

J. Stief, Sitte, Brauch und Volksglauben in Mährisch-Neustadt und Umgebung. 25. Jahresbericht des k. k. Staatsgymnasiums in Mähr.-Neustadt (1911/12). 26 S. 8°. — Von seinen Sammlungen über die Volkskunde des im Titel bezeichneten engeren Bezirkes bietet der Verf. als Probe den Abschnitt über Sitte und Brauch im Kreislaufe des Jahres. Von der Benutzung schriftlicher Quellen absehend, gibt er die Mitteilungen wieder, die ihm aus seinem Schüler- und Bekanntenkreise gemacht worden sind. So ist es zu erklären, dass für manche Abschnitte und Feste des Jahres, wie Pfingsten und Weihnachten, Nachrichten fehlen. Aus dem Inhalte sei hervorgehoben: 'Glückheben' am Andreastage und zu Silvester, Umgang der 'Nikelmutter' zu Mariae Empfängnis, Streit zwischen Sommer und Winter und 'Bassbegraben' beim Fasching (vgl. Sartori, Sitte und Brauch 3, 125), örtliche Volksfeste, wie der Jaischerletag und das von den Frauen begangene Wachsstockfest, tierquälerische und daher jetzt mit Recht verbotene Kirchweihbelustigungen, wie das 'Schofköppen' und 'Gänseschlogn'. Hoffentlich bietet sich dem Verf. bald eine Gelegenheit zur Veröffentlichung seiner weiteren Sammlungen, die, wie die vorliegende Probe zeigt, zu P. Drechslers 'Sitte, Brauch und Volksglaube in Schlesien' eine erwünschte Ergänzung darstellen. — (F. B.)

H. Tardel, Zwei Liedstudien, 1. Die englisch-schottische Raben-Ballade. 2. Das Lammerstraten-Lied. Progr. Bremen 1914. 70 S. — T. verfolgt mit ausgebreiteter Literaturkenntnis die englische Ballade von den drei Raben und dem toten Ritter auf ihrem Wege durch Schottland, Deutschland, Russland und Skandinavien und geht ebenso gründlich dem Ursprunge des oben 17, 395 angeführten Hamburger Liedes 'Jan Hinnerk wahnt up de Lammerstraat' zu Leibe. Zugrunde liegt das in deutschen, vlämischen, französischen, italienischen und schwedischen Liedchen auftretende Motiv der tonmalenden Nachahmung von Musikinstrumenten (Ich bin ein Musikant und komm aus Schwabenland), aus dem sich der Tausendkünstler-Typus (Vetter Michel auf der Hafenstrass, er kann machen, was er will) und unter der Einwirkung eines vlämischen Spottliedes auf verschiedene Städte (Ik kwam lestmael langs de Lombaerdstraet) der hanseatische Text entwickelt hat. — (J. B.)

M. L. Wagner, Il Malocchio e credenze affini in Sardegna (S.-A. aus 'Lares, Bullettino della Società di Etnografia Italiana', vol. 2 fasc. 2—3). Rom, E. Loescher (W. Regenberg) 1913. 21 S. 8°. — Als Ergänzung zu Seligmanns Werk über den Bösen Blick und auf Anregung dieses Gelehrten stellt der Verf. die in Sardinien verbreiteten Volksmeinungen über die 'Jettatura' zusammen. Die Darstellung, umfassender als die von F. Valla im Arch. per lo studio delle trad. pop. 13. 419—432, gründet sich auf eigenen Forschungen des Verf. und besonders auf Mitteilungen von ihm befreundeten Sardiniern, sie behandelt u. a. die Namen für den Bösen Blick und die mit ihm Behafteten sowie die mannigfaltigen Mittel, ihn abzuwenden oder die durch ihn hervorgerufenen Krankheiten zu heilen (Speichel, Berührung, Amulette u. a.). Von Vergleichungen mit dem Aberglauben anderer Völker hat der Verf. an dieser Stelle abgesehen; solche mit dem des Altertums drängen sich in reicher Zahl auf, so bei dem auch an sich sehr interessanten Verfahren, die Behexung auf dem Wege der Hydromantie festzustellen. — (F. B.)

K. Wehrhan, Gloria Viktoria. Volkspoesie an Militärzügen. 200 Wagenaufschriften gesammelt, mit Einleitung und Anmerkungen herausgegeben. Leipzig, W. Heims 1915. 40 S. 8°. 0,50 Mk. — Unter Hinweis auf die oben 24, 431 gebrachte Notiz über die Sammlung von Ahnert sei auch auf dieses Büchlein aufmerksam gemacht. Ausser den nach Gruppen geordneten Inschriften enthält es am Schlusse ein paar spassige 'Speisefolgen', 'Spielpläne' u. dgl., in denen sich ebenfalls ein zwar blutig klingender, aber im Grunde harmloser Soldatenhumor ausspricht. — (F. B.)

A. Wesselski, Das lachende Buch. Mit 50 Zeichnungen von H. Meyer. Leipzig, J. M. Meulenhoff 1914. 318 S. 1,50 Mk. — Diese Auslese von 216 kurzen europäischen und orientalischen Schwänken, bei der sich der belesene Herausgeber absichtlich auf die Zeit bis zum 16. Jahrhundert, der eigentlichen Blüte der Schwankdichtung, beschränkt, dient keineswegs bloss flüchtiger Unterhaltung. Eine sachkundige Einleitung sucht an einigen Beispielen, welche primitive Anschauungen wie die Identität des Bildes mit dem dargestellten Menschen oder Gott, die Sprache der Tiere, die Realität des Traumerlebnisses in humoristischer Weise kritisieren, darzulegen, dass der Schwank so gut wie das Märchen, das Sprichwort, der Volksbrauch ein Kulturdokument darstelle, und streift auch die Frage nach der unabhängigen Entstehung oder Wanderung dieser Erzählungen. Hübsche Beispiele von späteren Umformungen äsopischer oder indischer Stoffe bieten die Nummern 40, 57, 68, 120. — (J. B.)

R. Wossidlo, Volkssagen aus Mecklenburg, 1. Heilige Berge (Rostocker Anzeiger 1915, 2. Sept. Nr. 204). — Probe aus einer auf fast 14000 Nummern angewachsenen Sagensammlung: Riesen, Räuber, Musik, Schätze, Zwerge, schlafendes Heer. — (J. B.)

Aus den

Sitzungs-Protokollen des Vereins für Volkskunde.

Freitag, den 26. Februar 1915. Vorsitz: Geh. Rat Roediger. Hr. Prof. Dr. Joh. Bolte sprach über Flieger und Flugzeuge in der älteren Volksmeinung und Dichtung. Seit Jahrtausenden hat der Mensch vom Fliegen geträumt und diesem Gedanken in manigfaltiger Weise Ausdruck gegeben. Die Seele wird als Vogel gedacht, und Plato spricht von beschwingten Seelen. Die griechischen Götterboten sowohl als auch die christlichen Engel sind beschwingt, nicht minder Odins Töchter, die Walküren, und die Schwanjungfrauen der Sage. Die höheren

Götter aber fahren auf Rossen durch die Wolken, Aphrodite in einem von Tauben gezogenen Wagen. Für Ganymeds Adlerflug ist vielleicht ein altbabylonisches Vorbild vorhanden, wie es Tontafeln und Siegelsteine andeuten; Ezechiels feuriger Wagen aber dürfte eher auf das Blitzphänomen zu beziehen sein. Auf praktische Versuche in der Flugkunst weist Ovids Schilderung von Dädalus Luftfahrt hin, die auch in pompejanischen Wandgemälden dargestellt wird. Seltsam ist die Ausgestaltung eines Flugzeuges im mittelalterlichen Alexander-Roman, wo hungrige Greifen, denen der Held Fleisch vorhält, diesen im Korbe durch die Luft tragen. Auf Fallschirm-Versuche beziehen sich die Berichte von einem Sarazenen, der 1161 von einem Turm in Konstantinopel abfliegen wollte, und vom Schneider von Ulm. Mannigfaltig sind die erträumten Fluggeräte, vom Pegasus des Altertums und dem Zauberteppich des orientalischen Märchens bis zum Wunschhut des Fortunatus, dem Faust-Mantel und Münchhausens lustiger Erfindung. Aber der dem Dädalus entsprechende germanische Sagenheld Wieland der Schmied ist zugleich ein Vorläufer unseres Lilienthal, insofern er den Vogelflug genau beobachtete und seiner Erfindung zugrunde legte. Während im Altertum die grosse Menge mit Aristophanes und Lucian diese kühnen Plänemacher verspottete, sah das christliche Mittelalter sie als Frevler an. Dem Hans Sachs galt das 'Nebelschiff' als Narrheit. Das Jahr 1783 endlich war das grosse Jahr der Luftschiffahrt, als Montgolfier das tausendjährige Sehnen des Menschengeistes in die Wirklichkeit übertrug. Dennoch gab es Stimmen wie die von Justinus Kerner, welcher in Eisenbahn und Luftschiff das Grab des idealen Naturgenusses erblickte. Ihm trat indes Gottfried Keller alsbald entgegen. Hr. Oberlehrer Dr. O. Ebermann wies dazu auf Feldhaus 'Die Technik der Vorzeit' hin und bemerkte, die Nachahmung des Vogelfluges sei alten und neuen Versuchen gemeinsam, Papierdrachen seien schon den alten Griechen bekannt gewesen, wie aus Vasenbildern hervorgeht; auch Leonardo da Vinci habe sich mit dem Problem beschäftigt. Hr. Rektor Monke erinnerte an den Drachen, welchen die Mongolen in der Schlacht bei Liegnitz als Feldzeichen benutzten. Hr. Oberlehrer Dr. Boehm sprach von dem antiken Fliegerpfeile, auf dem Abaris flog, und Hr. Direktor Dr. Minden brachte noch die Beobachtung K. von den Steinens bei, dass die südamerikanischen Indianer die Sonne als Vogel betrachteten. — Hr. Prof. Dr. Ed. Kück hielt sodann einen Vortrag über den Engländer im niederdeutschen Volksmunde. Infolge der Stammesverwandtschaft und der zeitweiligen englischen Herrschaft in Hannover, ferner durch die vielfachen Berührungen mit dem Inselvolke in Seefahrt und Handel sind die Niedersachsen die besten Kenner der Engländer vor dem jetzigen Kriege gewesen. Diese Kenntnis des englischen Charakters spricht sich in manchen volkstümlichen Wendungen aus. Daher bedeutet 'grotbritansch' soviel wie anmassend und überhebend. Es ist ja bekannt, dass die einseitig nationale Erziehung des Engländers ein grosses Selbstbewusstsein erzeugt. Anderseits hat die englische Knauserigkeit in der Lüneburger Heide die Bezeichnung 'engelsch' für geizig hervorgerufen. Bekannt ist ferner die Wendung 'splienig' vom engl. spleen, die soviel wie verrückt bedeutet. Dagegen ist das Wort vom 'perfiden Albion' zur Zeit der französischen Revolution zuerst ausgesprochen worden. Andere Ausdrücke des Volksmundes sind z. B. 'Polscher Engländer' in Ostpreussen, 'Er ist auf London', d. h. im Schuldgefängnis, 'Langenglisch' für den sonst Anglaise genannten Tanz; in Stettin sagt man: 'Hier gehts langengelsch (d. h. lustig) her'. Nach kräftigen Geisselhieben auf die auch in diesem Kriege bewiesene Grosssprecherei, Rücksichtslosigkeit und Verlogenheit der Engländer schloss der Redner mit dem herzlichen Wunsche voller Erfüllung der Schillerschen Prophezeihung: „Hinter dem U kommt bald das Weh, das ist die Ordnung im ABC." —

In der anschliessenden Besprechung wurden noch die im Volksmunde gebräuchlichen Wendungen 'sich englisch drücken' und 'englische Visite' für einen langen und langweiligen Besuch erwähnt, welche der Vorsitzende als Ausdrücke für etwas uns Fremdes und Ungewohntes erklärte. — Zum Schlusse trug Hr. Dr. Boehm einige Lieder mit Lautenbegleitung vor, darunter eine zeitgemässe Umwandlung des hanseatischen Jan Hinnerk auf der Lammerstrat.

Freitag, den 26. März 1915. Der Vorsitzende, Geh. Rat Roediger, begrüsste die anlässlich einer Zusammenkunft der Volksliedkommission erschienenen Gäste und machte Mitteilung vom Ableben des Mitgliedes Prof. Dr. Reinhardt. Hr. Prof. Rob. Mielke sprach unter Vorführung zahlreicher Lichtbilder über das Dorf und Bauernhaus in unsern westlichen und östlichen Grenzgebieten. Die auch auf dem Gebiete der Dorfsiedelungen und des Bauernhauses erkennbare Vielgestaltigkeit tritt im Westen deutlicher hervor als im Osten, wo eine ziemliche Einförmigkeit herrscht. Im Westen weist der Boden vielfach Volksüberschichtungen auf. Meitzen suchte die Einzelsiedelung auf keltische Einflüsse zurückzuführen. Die deutschen Dorfansiedelungen gehen nach Mielke auf die Grosshufe mit 8 Gehöften und der typischen deutschen Gewannteilung nach der örtlichen Lage ohne geometrisches Schema zurück. Das holländische Haus ist, wie schon Gallée nachwies, aus mehreren Einzelhäusern zusammengewachsen, und es mischen sich hier altsächsische und altfränkische Hausformen. In Holland ist auch der sogen. Pottstall in vertiefter Lage zu Hause. Spuren desselben glaubt Mielke in der Mark Brandenburg bei Belzig gefunden zu haben und führt diese Erscheinung auf brabantische Kolonisation zurück. In der Eifel scheint das Bauernhaus aus ursprünglich zwei Gebäuden zusammengerückt zu sein. Ein elsässisches Haus mit eigentümlicher Stalleinrichtung wird für das Berliner Museum im Modell nachgebildet. Charakteristisch ist für das Elsass die straffe stadtartige Ansiedelungsweise der Bergdörfer. Keltisch ist der rings umbaute Hof, dessen Gebäude keine Fenster nach aussen zeigen. Er tritt besonders in Südfrankreich und in Italien auf. Im deutschen Osten muss man zwischen deutsch beeinflussten Gegenden und polnisch-litauischer Siedelung unterscheiden. Das Angerdorf deutet auf slawischen Einfluss; für Litauen ist die Streulage der Gehöfte charakteristisch. Eigenartig ist im alten litauischen Hause die Herdanlage. Die deutschen Dörfer im östlichen Grenzgebiete zeigen behäbig-breite Bauart in Fachwerk mit Backsteinen Das Vorhallenhaus eignet dem polnischen Gebiete. Die ostpreussischen Städte fallen durch ihre riesigen öden Marktplätze auf, wo sich nur zu manchen Zeiten ein überaus starker Verkehr entwickelt. Für Russland ist das Strassendorf charakteristisch; oft werden verschiedene Dörfer sogar durcheinander gebaut. Stubenfenster haben die Häuser gewöhnlich drei; die innere Einrichtung ist mehr als einfach; Flurbildung und Zaunformen erinnern an Skandinavien. Die deutschen Kolonistendörfer in Russland zeigen vielfach Übertreibungen des mitgebrachten Baustiles. — Sodann sprach ein mit dem Eisernen Kreuze geschmückter verwundeter Offizier, Hr. Rektor Plenzat aus Marggrabowa über ein von ihm in dem ostpreussischen Dorfe Grallau, Kr. Neidenburg, aufgefundenes deutsches Weihnachtsspiel, das von Knaben in Vermummungen aufgeführt wird und mit schlesischen Weihnachtsspielen verwandt ist. Eine der komischen Figuren heisst Piepedeckel. Die beim Spiele üblichen Liedweisen trug der Redner mit Lautenbegleitung vor. Hr. Prof. Bolte bemerkte, dass derartige Adventspiele seit der Reformation in Deutschland sehr gepflegt wurden, und wies auf einige bereits im 16. Jahrh. vorkommende Züge hin. Hr. Rektor Monke glaubte an die Weihnachtslieder erinnern zu sollen, welche seinerzeit in Tiefwerder bei Spandau festgestellt wurden.

Freitag, den 23. April 1915. Der Vorsitzende, Geh. Rat Roediger, teilte mit, dass dem Verein auch in diesem Jahre wie bisher ein Zuschuss von 600 Mk. für Herausgabe der Zeitschrift durch das Kultusministerium bewilligt worden sei. Der Herausgeber der Zeitschrift, Dr. Fritz Boehm, ist zum Heeresdienste einberufen, doch hat Hr. Prof. Dr. Bolte sein Amt wieder übernommen. Von unseren Mitgliedern ist Stadtschulrat Dr. Michaelis hier verstorben. Der Unterzeichnete legte eine grössere Anzahl von Zierkämmen aus den Beständen der Kgl. Sammlung für deutsche Volkskunde vor. Im Gegensatze zu Reinigungskämmen sind die Zierkämme durchgehends gewölbt. Die Zierweisen sind recht mannigfaltig; die meisten Kämme sind mit einer feinen Säge bearbeitet, andere sind gepresst, graviert, vergoldet oder gleichzeitig in mehreren dieser Techniken verziert. Das Material ist vorwiegend Horn und Schildpatt, seltener ist Holz und Silber. In der bürgerlichen Tracht erscheint der Kamm für den männlichen Haarschmuck zur Zopfzeit und später, vorwiegend aus Messing gearbeitet. In der weiblichen bürgerlichen Tracht tritt der Zierkamm um 1810 auf und wird auf dem Scheitel zur Befestigung der Haarzöpfe getragen; um 1825 setzt man ihn mehr auf den Vorderkopf, und um 1865 dient er zur Befestigung des Chignons über dem Nacken. In der Volkstracht tritt der Zierkamm bei den Männern auf im Weizacker, in den Kreisen Stendal, Eckartsberga, Querfurt, Schleusingen und in Westfalen in der Form des sogenannten Krummkammes, um das Haar aus dem Gesicht zu streichen. Grössere Verbreitung hat der Zierkamm aber in der weiblichen Volkstracht gefunden. In Battenberg und den katholischen Dörfern Hessens trägt man ihn ohne Haube. Im nordwestlichen Taunus wird von den Evangelischen ein hoher Kamm aufgesteckt, wenn keine Haube getragen wird, dagegen ein niedriger unter der Haube. Auch im 'Bassenheimer Ämtchen' im oberen Taunus gehört der Zierkamm zur Volkstracht. Im westfälischen Münsterlande trug man recht grosse Kämme, unter der geräumigen Haube, welche dadurch erst ihren rechten Sitz erhielt. Im Bergischen Lande und in Ostfriesland spielte der Zierkamm ebenfalls eine Rolle, nicht minder im Allgäu, in Tirol (z. B. in Achenkirch, Passeyertal und Lechtal), in Ober- und Niederösterreich, sowie in Krain. Als typische Formen für bestimmte Gebiete konnten silberne Zierkämme für Ostfriesland, dunkle Hornkämme mit schmalem, nur wenig verziertem Rande für Oberhessen und weisse Knochenkämme mit roter Zinnfolie hinter den ausgesägten Verzierungen für Sterzing ermittelt werden. Schliesslich wurden noch einige mit besonders feinen Verzierungen geschmückte Beinkämme besprochen, die mit mehr oder weniger Sicherheit als Meisterstücke von Kammmachern gelten können. Hr. Prof. Dr. Bolte wies auf einen Bauernmeineid hin, der in einer deutschen Sage berichtet wird: „So wahr mein Schöpfer und Halter über mir ist.“ Unter dem Schöpfer meinte der Listige einen in dem Hut verborgenen Löffel, und mit dem Halter war der Haarkamm gemeint. — Hr. Oberlehrer Dr. Paul Przygodda berichtete über 'Volkskundliches aus Masuren'. Der Redner, selbst ein Masure, rühmte die eigenartige Schönheit der Landschaft in seiner Heimat. Barten, Sudauen und Galindien sind die alten Bestandteile Masurens. Das Land ist polnisch und mit der Geschichte des deutschen Ritterordens eng verknüpft. Seit 1525 ist es wie ganz Ostpreussen mit Ausnahme des Ermlandes evangelisch. In der teils sandigen und kümmerlichen, teils sumpfigen Landschaft liegen kleine Städte mit Ordensschlössern, wie Ortelsburg, Nikolaiken u. a., eingebettet zwischen Seen. Die Urbewohner waren Goten, dann kamen die Preussen und später fränkisch-thüringische Kolonisten ins Land. Aber nach der Schlacht bei Tannenberg 1410 siedelten sich viele Polen an, und die deutschen

Ortsnamen verschwanden. Die herrschende Sprache ist ein polnischer Dialekt, vermischt mit deutschen Worten. Infolge mangelnder Verbindung mit Westdeutschland lebten die Masuren bis um 1860 recht erbärmlich, ihre Trunksucht war berüchtigt, aber mit dem Bau der Ostbahn und ihrer Verzweigungen wurde es besser. Das Land ist vorwiegend von Bauern bewohnt; Rittergüter gibt es wenig. Infolge der Landflucht waren die Bauern in der letzten Zeit in eine schwierige Lage geraten; denn ihre Arbeiter zogen nach dem Westen und verbesserten so ihre Lebenshaltung oder sie kamen mit ihren Ersparnissen zurück, um sich selbständig anzusiedeln. Das Wohnhaus des Masuren enthält vor allem die grosse Wohnstube, die isba, mit offenem Kamin, grossem Kachelofen und dem warmen Ofenwinkel. Neben der grossen Stube ist die kleine, isbetka, für den Altsitzer. Die Wirtschaftsgebäude sind um den Hof gruppiert. Grossvieh wird im Wohnhaus nicht gehalten. Alle Gebäude sind aus Holz mit einfachen Verzierungen. Die Masuren sind ein Bauernvolk; sie sind voll religiöser Inbrunst, dem Namen nach evangelisch, aber noch voller Aberglauben. An Kreuzwegen findet man in Masuren oft Federkiele und andere Überreste, die durchaus nicht im Hause bleiben dürfen. Lappen, die am Wege liegen, dürfen ja nicht berührt werden, weil sie verhext sein könnten. Eine grosse Rolle spielen geweihte Lichte. Auch feiert der Masure viele katholische Feiertage. In der Adventszeit und zu Weihnachten sind Umzüge und kirchliche Festspiele üblich. Ehedem gab es in Masuren nur wenig Kirchen, aber die Landbewohner strömten Sonntags schon frühzeitig aus der ganzen Umgegend in die Kirchdörfer und stimmten lange vor Eröffnung des Gottesdienstes fromme Lieder an. Auch zu Hause sangen sie gern Kirchenlieder, und religiöse Versammlungen, die sogenannten Gromadken, vereinten die zahlreichen Frommen im Lande. Der Masure liebt den Gesang, die Poesie; dennoch gibt es kein masurisches Schrifttum. Die Kirchenlieder sind Übersetzungen aus dem Deutschen. Zu Hause spricht man zwar polnisch, aber man lernt gern deutsch. Die wenigen noch erhaltenen masurischen Volkslieder versetzen uns in bäuerliche, jetzt verflossene Verhältnisse. Ein Grundthema dieser Lieder ist Ehe und Familie. Vernunftheiraten sind häufiger als Liebesbündnisse. Daher drohen in der Ehe auch Schläge des Mannes. Beliebt sind auch Kriegslieder, Trinklieder und seltsamerweise Scharfrichterlieder. Der Ursprung des masurischen Volksliedes ist im Polnischen zu suchen; der Inhalt ist allgemein slawisches Gut. Literatur über Masuren haben u. a. Toeppen, Lohmeyer und Tetzner geliefert. Zum Schluss erfreute der Redner durch ausgezeichnet gesungene masurische Volkslieder in polnischer und deutscher Sprache mit Flügelbegleitung. — Hr. Oberlehrer Dr. Paul Schmidt wies anschliessend darauf hin, dass den Volksliedern einzelner Gebiete doch ein bestimmter Kranz von Motiven eigen sei. So unterscheiden sich die oberschlesischen polnischen Volkslieder in dieser Hinsicht von den masurischen. Aber der Text ist nicht allein ausschlaggebend. Man muss die Melodien mit betrachten, die trotz allgemein ähnlichem Text oft voneinander abweichen. In diesem Sinne kann man vielleicht doch von einem besonderen masurischen Volksliede sprechen. Hr. Rektor K. Plenzat teilte mit, dass er vor dem Kriege viele masurische Volkslieder gesammelt habe; leider seien diese Sammlungen durch den Russeneinfall in seine Heimat wohl vernichtet worden. Er berichtete ferner einiges über abergläubische Vorstellungen in Masuren.

Freitag, den 4. Juni 1915. Diese wegen des Pfingstfestes aus dem Mai in den Juni verlegte Sitzung gewann einen festlichen Ausdruck durch den von Frau Direktor Minden besorgten Schmuck des Vorstandstisches mit zahlreichen schönen

Feldblumensträussen und die feierliche Überreichung eines Doppelheftes der Zeitschrift des Vereins (25. Jahrg. 1—2) mit dem wohlgetroffenen Bilde des Vorsitzenden Geh. Rats Prof. Dr. Roediger und einer Widmung des Herausgebers an ihn, der 15 Jahre hindurch den nun 25jährigen Verein treu geleitet hat. Der zweite Vorsitzende, Prof. Dr. Johannes Bolte, wies in seiner Ansprache auf Geh. Rat Roedigers grosse Verdienste um den Verein hin und dankte ihm namens aller Mitglieder für seine selbstlose und erfolgreiche Arbeit zum Besten der Volkskunde. Hr. Geh. Rat Roediger dankte für die ihn völlig überraschende und hocherfreuende Anerkennung seiner Tätigkeit, besonders auch den Herausgebern der Zeitschrift, Prof. Bolte, Dr. Michel und Dr. Boehm, sowie den Mitarbeitern an dem so reich ausgestatteten und ihm gewidmeten Jubiläumshefte. Die ernste Zeit des Krieges verbiete natürlich eine Jubiläumsfeier, aber unsere Arbeit muss fortgesetzt werden, und wir können hoffen, dass die uns am Herzen liegende Pflege des guten und gesunden deutschen Volkstums auch im Kriege Frucht trägt. Hr. Prof. Dr. Samter widmete dem auf dem westlichen Kriegsschauplatz gefallenen Prof. Richard Wünsch, dem hervorragenden Philologen, anregenden Lehrer an den Universitäten Giessen und Königsberg und Herausgeber des Archivs für Religionswissenschaft, Worte des Gedächtnisses. Hr. Geh. Rat Roediger gedachte des ebenfalls in Frankreich gefallenen Leipziger Rektors Dr. O. Dähnhardt und seiner Verdienste um die deutsche Volkskunde. — Dann sprach Hr. Prof. Bolte über Kriegsprophezeiungen. Er erinnerte an die von Schiller in Wallensteins Lager genannten Kriegsvorzeichen und an die mancherlei Vorboten des Krieges im Volksglauben wie Mäuseplage, Raben, Elstern, weisse Schmetterlinge, Wipfelbruch der Bäume und Wut der Bienen. Vor Ausbruch des jetzt tobenden Weltkrieges wurden nach Wehrhan in Lippe-Detmold und am Hermannsdenkmal seltsame Himmelserscheinungen beobachtet. In Bayern sah man einen Reiter im Monde, und Wahrsagungen über den Verlauf des Krieges sind im Volke weit verbreitet. Die Zahl der Gläubigen ist gross und die Zuversicht auf schliesslichen Sieg des deutschen Schwertes allgemein. Der Unterzeichnete legte Abbildungen und Gegenstände aus der Kgl. Sammlung für deutsche Volkskunde vor, die sich auf Tracht und Volkskunst des pommerschen Weizackers bezogen. Der Besprechung legte er das neu erschienene Werk von Prof. Dr. Robert Holsten ‚Die Volkskunde des Weizackers' (Stettin 1914) zugrunde, das oben S. 426 eingehender gewürdigt worden ist. Hr. Prof. Rob. Mielke bestätigte anschliessend den Zusammenhang des Weizackers mit der Mark, den Holsten besonders betont hat. Bezüglich der Entstehung oder Entwicklung des Weizacker Bauernhauses erklärte er ein Zusammenwachsen aus zwei verschiedenen Hausformen wie Altsachsenhaus und oberdeutsches Haus für ausgeschlossen. Die kunsthistorische Betrachtung der Ornamentik in der Volkskunst könne ferner noch wichtige Ergebnisse haben für die Stammesgeschichte unserer östlichen Bevölkerungen. — Hr. Geheimrat Prof. Dr. Max Friedlaender zeigte dann unter Vorführung der Melodien am Klavier, wie die Weise des Liedes „Zu Mantua in Banden", dessen Geschichte er eingehend besprach, aus verschiedenen anderen Melodien zusammengeflossen sei.

Berlin. Karl Brunner.

Register.

(Die Namen der Mitarbeiter sind kursiv gedruckt.)

Druck von Gebr. Unger in Berlin, Bernburger Strasse 30

Zeitschrift für Volkskunde

Lightning Source UK Ltd.
Milton Keynes UK
UKHW020119090119
334943UK00005B/643/P